应用型本科金融学系列教材

方 杰 李杰辉 ◆ 编 著

金融工程学

JINRONG GONGCHENG XUE

（第三版）

厦门大学出版社 XIAMEN UNIVERSITY PRESS
国家一级出版社
全国百佳图书出版单位

图书在版编目(CIP)数据

金融工程学/方杰,李杰辉编著.—3版.—厦门:厦门大学出版社,2022.1
应用型本科金融学系列教材
ISBN 978-7-5615-8490-3

Ⅰ.①金… Ⅱ.①方… ②李… Ⅲ.①金融工程—高等学校—教材 Ⅳ.①F830.49

中国版本图书馆CIP数据核字(2021)第275244号

出 版 人 郑文礼
责任编辑 许红兵
封面设计 蒋卓群
技术编辑 朱 楷

出版发行 厦门大学出版社
社 址 厦门市软件园二期望海路39号
邮政编码 361008
总 机 0592-2181111 0592-2181406(传真)
营销中心 0592-2184458 0592-2181365
网 址 http://www.xmupress.com
邮 箱 xmup@xmupress.com
印 刷 厦门市金凯龙印刷有限公司

开本 787 mm×1 092 mm 1/16
印张 18.75
字数 628千字
印数 1~2 500册
版次 2022年1月第3版
印次 2022年1月第1次印刷
定价 60.00元

厦门大学出版社
微信二维码

厦门大学出版社
微博二维码

第三版前言

此次再版，距离第二版已有近三年时间。在这三年中，国内的资本市场，尤其是金融衍生品市场又有了长足的发展：沪深300指数期权、沪深300ETF期权等品种相继上市，各大商品交易所的商品期权品种已达20余种。在此背景下，本次再版对全书的部分章节内容进行了相应的增补和修正，以更好地反映国内金融衍生品市场的最新发展；特别是增补了最近几年发生的相关案例，以体现教材内容的与时俱进。

本教材由方杰和李杰辉主编，成员：杨双会。具体分工为：方杰，完成第1—2章及第12—14章和书后附录；李杰辉、杨双会共同完成第3—4章；方杰、李杰辉共同完成第5—11章内容的撰写。

为体现本书与国内相关学科竞赛的联系，本教材在每章课后练习中，补充了“中金所杯”全国大学生金融知识大赛的部分初试题库，相应的试题均在编号后加上了星号*以示区分。作为所学知识的扩展，在部分章节的末尾，增补了微信公众号，学员可通过扫描相应二维码来了解更多的业界和学界的相关动态。

在教材编写的过程中，编者得到了业界和学界多方面的支持与协助。在此，我们要感谢福建江夏学院金融学院领导和各位同仁的支持；感谢兴业证券投资者教育基地的支持；感谢宏源期货福州营业部总经理林敏女士对我们工作的支持；感谢招商银行总行私人银行部投资顾问团队主管、资深投资顾问卢迪先生对本书出版所提供的帮助；感谢青岛汉弩私募基金管理有限公司投资总监王兴隆先生给予的热情帮助。作为国内多所高校的选用教材，相关授课教师提出的中肯建议对本书的出版助益颇多。

教材的出版得到了福建省本科高校教育教学改革研究重大项目“以产为教 知行合一——金融类专业产教融合之路”（项目编号：FBJG20200164）以及福建省社科研究基地福建江夏学院金融风险管理研究中心、福建省金融科技创新重点实验室、福建省数字金融协同创新中心等学科平台的资助，在此一并表示感谢。

为满足读者在线学习的需求，编者已将授课视频上传到视频网站，感兴趣的读者可以登录以下网址学习更多内容：

https://space.bilibili.com/204026827

编者的电子邮箱是 james_fang_fe2016@163.com，选用此教材的教师，可发邮件索取配套的课程 PPT、习题参考答案和相关程序代码。本书虽经过多轮校对，但错误和缺漏之处仍在所难免，我们期待和恭候您的批评指正。

编者

2022 年 1 月

第二版前言

此次再版，距离第一版已有三年时间。在这三年中，国内的金融衍生品市场又有了长足的发展，继豆粕和白糖期货期权在2017年上半年先后上市，2年期国债期货和阴级铜期货期权分别于2018年8月和9月上市。本教材经过三年的使用，亟需针对国内市场的最新发展，对全书的部分章节内容进行增补和修正，具体如下：

在第七章(期权交易概述)补充了我国期权交易行情的阅读材料；将第一版中的第九章(期权定价理论)拆分成两章内容，并补充了波动率指数、大头针风险的介绍以及金融学与物理学关系的阅读材料，完善了对期权价格敏感性指标的介绍；在第十一章(期权交易策略)补充了盒状价差策略；在第十二章(互换及其交易机制)补充了隔夜指数互换和人民币利率互换的内容，对互换的估值部分进行了重新编写，并附上了相关的R语言代码；在第十三章(信用衍生产品)补充了部分阅读材料以及我国银行间信用风险缓释工具的介绍；在本书末尾增加了附录，作为学有余力的学员研修金融数学、数理金融等相关课程的基础。

本教材由方杰和李杰辉主编，成员：杨双会。具体分工为：方杰，完成第1—2章及第12—14章和书后附录；李杰辉、杨双会共同完成第3—4章；方杰、李杰辉共同完成第5—11章内容的撰写。

作为福建省“课程思政”教育教学改革精品项目——《金融工程学》教学中德育内容融合之探讨(项目编号：KC18090)的选用教材，本书将“大局意识、法治意识、职业道德、金钱观”等思政育人元素融入教材之中，体现了“立德树人”作为教育的根本任务的一种综合教育理念。同时，为体现本书与国内相关学科竞赛的联系，在每章课后练习中，补充了“中金所杯”金融衍生品知识竞赛的部分初试题库，相应的试题均在编号后加上了星号*以示区分。作为所学知识的扩展，在部分章节的末尾，补充了微信公众号，学员可通过扫描相应二维码来学习更多的内容。

在教材再版的过程中，编者得到了学界和业界多方面的支持与协助。在此，我们要感谢福建江夏学院金融学院领导和各位同仁的支持；感谢山东景弩金融工作室王兴隆给予的热情帮助；感谢我们的长期合作伙伴——海通期货福州营业部总经理杨慧女士对我们教学和人才培养工作一如既往的支持；感谢鲁证经贸有限公司刘京在我国场外市场发展方面提供的宝贵资料。作为大连商品交易所、海通期货股份有限公司合作开展期货人才培育项目的选用教材，相关机构的中肯建议对本书的顺利再版助益颇多。

编者电子邮箱是 james_fang_fe2016@163.com，选用此教材的教师，可发邮件索取配套的课程 PPT 和相关程序代码。本书虽经多轮校对，错误和缺漏之处仍在所难免，我们期待和恭候您的批评指正。

编者

2019 年 2 月

第一版前言

为了适应应用型本科突出技能与应用的要求，我们在多年相关课程教学的基础上，吸收国内外优秀教材之长处，编写了这本《金融工程学》教材。对于金融工程领域研究的内容，不同的金融学家侧重点各不相同，有的侧重于数理推导，有的侧重于金融衍生产品介绍，有的侧重于技术分析和市场操作。考虑到本书作为应用型本科规划教材的定位，本教材内容侧重于金融衍生产品的介绍，辅以金融衍生产品定价相关的简单数理推导，主要介绍了金融工程领域所涉及的主要金融衍生产品(远期、期货、期权、互换、信用衍生品)的基本概念、运作原理、交易制度、交易策略、定价方法、风险管理等知识。

由于金融工程学科属于经济学科与数理学科的交叉边缘学科，因此在课程的内容中不可避免地会运用到大量数学公式、符号和相关数理推导。考虑到应用型本科院校的办学和人才培养定位，我们在内容安排上，尽可能结合国内外经典案例，特别是国内金融衍生品市场的最新发展，对金融衍生产品加以介绍，努力做到理论与实践相结合。对于金融衍生产品定价的相关内容，我们参考了国内外大量的优秀教材，以平实浅显的语言阐述金融衍生品的定价原理，尽可能避免艰深的数学推导和表述。一些非关键的数学推导、程序代码等内容放在每章的附录中，以供学有余力的学生翻阅和验证。在写作中，我们对书中的数学知识和公式符号的处理非常谨慎，对于关键变量做到前后文的严格统一。为了便于学生课前预习和课后复习，每章的末尾给出了一定量的课后习题，以供学生及时检验学习效果。

本教材适用于金融类各专业学生学习，也适用于非金融类本科学生的选修课程。在教学安排上，建议在非金融类本科生的教学中，侧重金融衍生品的基本概念、交易制度、交易策略方面的讲解；对于金融类本科生，侧重于金融衍生品定价和风险管理方面的讲授。

本教材由方杰主编，成员：杨双会。具体分工为：方杰，负责第1—2章及

第6—13章;杨双会,负责第3章;杨双会、方杰共同负责第4章、第5章。

本教材在编写和出版过程中,得到了多方面的支持与协助。在此,我们要感谢福建江夏学院金融学院领导和同仁的支持,感谢国信证券股份有限公司资产管理部经理王兴隆的帮助。所谓教学相长,我们在多年的教学中,得到了金融学院历届学生的积极反馈,这是本教材能够成功付梓的关键,在此表示衷心感谢。同时,本教材在编写过程中参考了大量已出版的相关教材和研究论文,在此向这些文献资料的作者表示谢意。

由于时间仓促和知识水平有限,本教材可能存在着不妥甚至错误之处,恳请读者批评指正。

编者

2015年9月

目 录

第1章 金融工程概述

学习目的

通过本章的学习，理解金融工程的含义和风险的概念；掌握金融衍生工具的概念、分类及金融衍生工具的特点；了解金融工程发展的历史背景、研究方法，掌握终值和现值的相关计算。

案例导读

"金融工程师"的称谓起始于20世纪80年代初的伦敦金融界。区别于传统的金融理论研究和金融市场分析人员，金融工程师更加注重金融市场交易与金融工具的可操作性，将最新的科技手段、规模化处理方式（工程方法）应用到金融市场上，创造出新的金融产品、交易方式，从而为金融市场的参与者赢取利润、规避风险或完善服务。

金融工程师通常受雇于投资银行、商业银行、证券公司、各种各样的其他金融中介机构以及非金融性质的公司。由于金融工程师具备一系列专业化的、仅凭技术所无法达到的素质，并且，由于金融创新的速度超过了市场产生称职金融工程师的能力，金融工程师总体上供不应求，就业前景光明。

第一节 金融工程的含义

一、什么是金融工程

提到"工程"(engineering)一词，大家往往想到的就是机械工程、建筑工程等日常生活中常见的名词。以机械工程为例，它是一门涉及利用物理定律为机械系统作分析、设计、生产及维修的工程学科，需要对基础科学原理有牢固的知识，并利用这些知识去分析静态和动态物质系统，创造、设计实用的装置、设备、器材、器件、工具等。可见，工程一词的含义具有两个方面：一是将几个要件组成一个复杂的系统，与特殊的工具或器材一同工作；二是为获得某种功能上的完善而进行相应的调整。

那么金融工程(financial engineering)又是什么呢？对于金融行业来说，需要考虑两个重要因素：风险和收益。根据工程的定义，金融工程的第一层含义是利用市场上已有的金融工具(包括基础工具和衍生工具)，并加以有效组合，从而规避和管理市场风险，并保证可能的收益；相应的第二层含义就是寻找市场或交易对手的价格漏洞，通过套利的方式赚取收益，提升金融市场的效率。

当然，关于金融工程的定义、研究内容等问题，理论界和实务界的认识不尽相同。下面是几个具有代表性的观点：

1. 英国学者洛伦兹·格利茨(Lawrence Galitz，1995)认为："金融工程运用金融工具重新构造现有的金融状况，使之具有所期望的特性(即收益/风险组合特性)。"

2. 最早提出金融工程学科概念的学者之一约翰·芬纳蒂(John Finnerty，1988)认为，金融工程将工程思维引入金融领域，综合地采用各种工程技术方法(主要有数学模型、数值计算、网络图解、仿真模型等)设计、开发和实施新型的金融产品，创造性地解决各种金融问题。

3. 国际金融工程师学会常务理事 Marshall 等(1992)认为 Finnerty(1988)的上述定义对金融工程的研究范围作出了准确的概括。在此基础上，他们对定义中所述的金融产品作了进一步的阐述。他们认为金融产品既包括所有在金融市场交易的金融工具，比如股票、债券、期货、期权、互换等金融商品，也包括金融服务，如结算、清算、发行、承销等。设计、开发和实施新型的金融产品的目的也是创造性地解决金融问题，因此金融问题的解决(solution)也可看作是金融产品。

二、金融工程和风险

从直觉上，我们认为风险是未来发生意想不到损失的可能性，比如高速公路上遇到车祸的可能性。但是从金融工程的角度，风险可定义为"未来结果的任何变化"。这样的定义中既包括了不希望发生的损失，也包括了希望发生的收益。比如，利率的突然下降对于浮动利率借款人来说是好事，而对相应的贷款人则不是好事；相反，利率的突然上升对贷款人是好事，却不利于浮动利率借款人。从这个例子中可以看出，风险的上述定义是有现实意义的。

面对风险，金融工程有两个选择：一是用确定性来代替风险；二是仅替换掉于己不利的风险，保留对自己有利的风险。

对于第一种选择，常用的金融工具有远期合约、期货合约和互换合约。它们在未来市场价格变动对投资者不利的情况下，通过金融工具交易上的盈利，来弥补市场价格变动造成的亏损，从而获得确定性成本或收益。

对于第二种选择，常用的金融工具是期权合约。它们在未来市场价格变动对投资者不利的情况下，可以通过期权合约的盈利来弥补亏损，同时在未来市场价格变动对投资者有利的情形下，通过放弃行使权利的方式，保留对自己有利的风险。

金融工程的魅力在于，它为你提供了几乎无限的可能性，使得交易和避险活动精巧地搭配起来，从而满足不同市场参与者的需要。

三、金融衍生工具

(一)金融衍生工具的含义

金融衍生工具(financial derivatives),也称金融衍生产品、金融派生品,是以货币、债券、股票等传统金融商品为基础,以杠杆或信用交易为特征的金融工具。这里提到的传统金融商品也称标的资产或基础资产(underlying assets),前面所提到的金融工具(远期、期货、期权、互换)均归入金融衍生工具的范畴。

关于金融衍生工具的含义,要注意以下三点:

1. 金融衍生工具是从基础金融资产派生而来的。这个特征,决定了金融衍生工具的价格变动主要受基础资产价格变动的影响。

2. 金融衍生工具是对未来的交易。这类金融工具是对基础金融资产未来可能产生的结果进行交易,交易结果的盈亏在未来时刻才能确定。

3. 金融衍生工具的交易具有杠杆效应。这类金融工具是通过预测基础金融资产未来的市场行情走势,以支付少量保证金的方式参与合约的交易,因此这类交易具有以小博大的高杠杆效应。对于保值者来说,可以利用少量资金进行风险管理;对于投机者来说,可能带来数倍的收益,也可能产生巨额的亏损。

(二)金融衍生工具的分类

1.按照金融衍生工具交易方法分类

(1)金融远期(forwards),指合约双方同意在未来日期按照协定价格交换金融资产的合约。金融远期合约规定了将来交换的资产、交换的日期、交换的价格和数量,合约条款因合约双方的需要不同而不同。金融远期合约主要有远期利率协议、远期外汇合约、远期股票合约等。

(2)金融期货(financial futures),指买卖双方在有组织的交易所内以公开竞价的形式达成的,在将来某一特定时间交收标准数量特定金融工具的协议,主要包括货币期货、利率期货和股票指数期货三种。

(3)金融期权(financial options),指合约双方按约定价格,在约定日期内就是否买卖某种金融工具所达成的契约,包括现货期权和期货期权两大类,每类又可分为很多种类。

(4)金融互换(financial swaps),指两个或两个以上的当事人按共同商定的条件,在约定的时间内,交换一定支付款项的金融交易,主要有货币互换和利率互换两大类。

这四类衍生工具中,金融远期合约是其他三种衍生工具的始祖,其他衍生工具均可以认为是金融远期合约的延伸或变形。这种分类是最基本、最常见的分类,本书内容的安排,基本按这种分类方式进行。

2.按照基础工具种类的不同分类

(1)股权式衍生工具(equity derivatives),指以股票或股票指数为基础工具的金融衍生工具,主要包括股票期货、股票期权、股票指数期货、股票指数期权以及上述合约的混合交易合约。

(2)货币衍生工具(currency derivatives),指以各种货币作为基础工具的金融衍生工具,主要包括远期外汇合约、货币期货、货币期权、货币互换以及上述合约的混合交易合约。

(3)利率衍生工具(interest rate derivatives),指以利率或利率的载体为基础工具的金融衍生工具,主要包括远期利率协议、利率期货、利率期权、利率互换以及上述合约的混合交易合约。

3.按照金融衍生工具交易性质的不同分类

(1)远期类工具(forward-based derivatives)。在这类交易中,交易双方均负有在将来某一日期按一定条件进行交易的权利与义务,双方的风险收益是对称的。属于这一类的有远期合约(包括远期外汇合约、远期利率协议等)、期货合约(包括货币期货、利率期货、股票指数期货等)、互换合约(包括货币互换、利率互换等)。

(2)选择权类工具(option-based derivatives)。在这类交易中,合约的买方有权根据市场情况选择是否履行合约,换句话说,合约的买方拥有不执行合约的权利,而合约的卖方则负有在买方履行合约时执行合约的义务。因此,双方的权利、义务以及风险收益是不对称的。属于这一类的有期权合约(包括货币期权、利率期权、股票期权、股票指数期权等),另有期权的变通形式,比如:认股权证(warrants,包括非抵押认股权证和备兑认股证)、可转换债券(convertible bonds)、利率上限(caps)、利率下限(floors)、利率上下限(collars)等等。

值得一提的是,上述分类并不是一成不变的。随着金融衍生工具日新月异的发展,上述的分类界限正在模糊,由两种、三种甚至更多不同种类的衍生工具及其他金融工具,经过变化、组合以及合成这几种方式创造出来的再衍生工具和合成衍生工具正在出现,使衍生工具的传统分类模糊难辨。比如:由期货和期权合约组成的期货期权(option on futures),由期权和互换合成的互换期权(swaptions),由远期和互换合成的远期互换(forward swaps)等。

(三)金融衍生工具的特点

1.金融衍生工具的构造具有复杂性

这是因为人们对基本衍生工具如期货、期权和互换的理解和运用已经不易,而当今国际金融市场的“再衍生工具”更是把期货、期权和互换进行组合,使金融衍生工具的构造更为复杂。这种复杂多变的特性,导致金融产品的设计要求较高的数学方法,大量采用现代决策科学方法和计算机科学技术,仿真模拟金融市场运作。在开发、设计金融衍生工具时,采用人工智能和自动化技术,一方面使得金融衍生工具更具有充分的弹性,更能够满足使用者的特定需要;另一方面也导致大量的金融衍生工具难以为一般投资者理解,更难以掌握和驾驭。

2.金融衍生工具的交易成本较低

金融衍生工具可以用较为低廉的交易成本来达到规避风险和投机的目的,这也是金融衍生工具为保值者、投机者所喜好并迅速发展的原因之一。衍生工具的成本优势在投资于股票指数期货和利率期货时表现得尤为明显。例如,通过购买股票指数期货,而不必逐一购买单只股票,投资者即可以少量的资本投入及低廉的交易成本来实现其分散风险或投机的目的。又如,在浮动利率市场具有借款优势的借款人可与另一在固定利率市场具有借款优势的借款人进行利率互换交易,以达到双方均降低成本的目的。

3.金融衍生工具的设计具有灵活性

运用金融衍生工具易于形成所需要的资产组合,创造出大量的、特性各异的金融产品。交易者参与金融衍生工具的交易,有的是为了保值;有的是利用市场价格波动风险进行投机,牟取暴利;有的是利用市场供求关系的暂时不平衡套取无风险的额外利润。既然存在各种复杂的经营目的,就要有各种复杂的经营品种,以适应不同市场参与者的需要。所以,金融衍生工具的设计可根据各种参与者所要求的时间、杠杆比率、风险等级、价格参数的不同进行设计、组合和拆分。可见,金融衍生工具的设计具有较大的灵活性。

4.金融衍生工具具有虚拟性

虚拟性是指信用制度膨胀下,金融活动与实体经济偏离或完全独立的那一部分经济形态。它以金融系统为主要依托,其行为主要体现在虚拟资本(包括有价证券、产权、物权、金融衍生工具、资本证券化等)的循环运动上。虚拟经济是以信息技术为工具的经济活动,是一种涉及权益的经济。虚拟经济的运作需要以大量的衍生工具为媒介,人们的交易对象正是虚拟化了的产权、信用和风险,交易的目的在于谋取差价。金融衍生工具独立于现实资本运动之外,却能给持有者带来收益,是一种收益获取权的凭证,其本身没有价值,具有虚拟性。

第二节 金融工程的发展背景

作为一门新兴学科,金融工程一出现,就受到理论界、实务界以及监管当局的高度重视。与任何别的学科一样,金融工程并不是凭空产生的,而是有其自身广泛而深刻的历史背景。

一、环境诱因

20 世纪 70 年代,随着美元的不断贬值,布雷顿森林体系完全崩溃,国际货币制度由固定汇率制走向浮动汇率制。1973 年和 1978 年的两次“石油危机”使西方国家的经济陷入滞胀,国际市场的利率变动更加剧烈,利率风险骤然加大。进入 80 年代以后,主要发达国家不断放松对金融市场的管制,实行金融自由化政策,在促进金融行业自由竞争的同时,也使得市场波动更加频繁、剧烈。

面对金融市场上的这一系列的变化,传统的金融工具已无法低成本、高效率地满足投资者的避险需求,于是金融工程开始兴起,在它的带动下,一批以期货、期权、互换为代表的金融衍生产品应运而生。

二、内在动力

一方面,对于银行等金融机构来说,面临着巨大的市场竞争压力,必须努力拓展新的业务。受到金融自由化以及资产证券化的影响,在金融机构的激烈竞争中,投资人和筹资人更多地通过证券市场进行投融资,出现了金融脱媒问题。银行不得不面对传统存贷款业务急剧萎缩的现实。与此同时,随着利率、汇率以及股市风险的增大,银行迫切需要有效的避险工具。为了规避风险,并夺回失去的市场份额,银行积极地设计开发金融衍生工具，担当衍生品交易的中介和交易对手，推动了金融工程的发展。

另一方面，银行受到国际监管的压力而进行赢利模式的转型。以巴塞尔委员会为代表的国际银行业监管组织，为防止跨国银行的危机，对银行的资本充足性提出了越来越高的要求。为此，银行业掀起了表内资产表外化的热潮。而金融衍生品交易就是表外业务的重要内容，可以在无须增加银行资产的情况下，为银行带来丰厚的费用收入，从而成为银行业新的利润增长点。因此，衍生工具的强大魅力吸引了众多金融机构投身其中。

三、理论支持

金融理论的不断发展推动了金融工程的产生和发展。新兴金融工具的开发和金融策略的实施都离不开对金融产品的定价(pricing)。下面仅列出部分对金融学科的发展具有关键意义的理论。

1. 1896 年，欧文·费雪(Irving Fisher)提出净现值(net present value，NPV)方法，这一方法成为股票、债券等金融工具定价的重要框架和依据。

2. 1944 年，冯·诺依曼(von Neumann)和摩根斯坦恩(Morganstern)提出期望效用理论，描述了投资者的风险态度，开启了更广泛的风险和收益的描述方法。

3. 1952 年，马柯维茨(Markowitz)提出了资产组合选择(portfolio selection)理论，该理论使用均值和方差对投资组合的收益和风险进行定量化分析，引发了“第一次华尔街革命”，标志着人们对金融问题的认识从定性向定量的转变。

4. 1958 年，莫迪利亚尼(Modigliani)和米勒(M.Miller)提出关于资本结构的 MM 定理，指出在完全市场上，融资方式的选择(股票还是债券)与公司的价值无关。

5. 1963 年，威廉·夏普(William Sharpe)、林特纳(J.Lintner)和莫辛(J.Mossin)提出了著名的资本资产定价模型(capital asset pricing model，CAPM)。

6. 1973 年，费希尔·布莱克(Fischer Black)和迈伦·斯科尔斯(Myron Scholes)提出了期权定价公式；后来罗伯特·默顿(Robert Merton)等人在他们的基础上对期权定价模型的假设条件加以放松，使得模型的使用范围得以拓展。

7. 1976 年，斯蒂芬·罗斯(Stephen Ross)提出了套利定价模型(arbitrage pricing theory，APT)。

8. 1979 年，考克斯(Cox)、罗斯(Ross)和鲁宾斯坦(Rubinstein)提出了期权定价的二项式(binomial)方法，该方法为奇异期权、美式期权以及内嵌期权的金融产品的定价提供了依据。

9. 1979 年，卡尼曼(Kahneman)和特维斯基(Tversky)提出了展望理论(prospect theory)，这一理论被认为是行为金融学发展的重要里程碑。

四、物质基础

以计算机技术为代表的新技术革命为金融工程的产生和发展提供了重要的物质基础和硬件保证，只有在新技术的辅助下，结构复杂的衍生工具交易才能够顺利进行。高效率的信息处理系统能提供有关汇率、利率等经济变量的走势，帮助交易者识别、衡量并监控各种风险，寻找交易机会。金融分析理论的发展，与信息技术的紧密结合，为开发设计和推广金融衍生品奠定了坚实的基础。

第三节 金融工程的研究方法

一、金融产品供求的特点

提到金融产品，大家可能会想到股票、债券、外汇、基金等日常生活中碰到的这些金融产品，也可能会想到期权、期货、远期、互换等不多见的金融衍生产品。与普通产品相比，金融产品的供求具有独特性，决定了对金融产品，特别是金融衍生产品的研究不能使用通常的供求分析等常见的方法。下面将通过与普通产品的对比来阐述金融产品供求的特点。

（一）金融产品供给的特殊性

普通产品的生产需要原料、资本、劳动力等，但金融产品的生产过程主要依靠的却是智力，特别是依附于基础资产的金融衍生产品。在制造时间上，普通产品的生产需要必要的劳动时间，但金融产品几乎瞬时可以产生。所以，从供应量上看，普通产品的供给总是有限的，而金融产品的供给则是无限的，特别是在允许卖空的情况下。

（二）金融产品需求的特殊性

普通产品的需求是与人的生活与生产活动紧密相关的，而金融产品的需求却往往脱离了人的基本需求，甚至与基本需求无关。从功能上看，普通产品体现的是“使用”功能，而金融产品体现更多的却是“投资”或“投机”功能。从需求量上看，普通产品的需求在短时间内总是有限的，而且变化幅度也不大，但金融产品的需求由于脱离了基本需求，因而更容易受到个人信心和预期的影响，呈现易变的特点。在短时间内，金融产品的需求可以达到无穷大，也可以瞬时变为零，因为个人信心与预期可能受到经济、政治、社会等各种因素的影响。

表 1-1 给出了普通产品与金融产品两者在供给和需求上的主要区别。

表 1-1 普通产品与金融产品在供给和需求上的主要区别

	普通产品	金融产品 （特别是金融衍生产品）
主要成本	原材料、资本、劳动力	智力，生产过程几乎无成本
制造时间	必要的劳动时间	几乎可以瞬时产生
供应量	有限	如果允许卖空，而且保证金允许，供应量几乎可以达到无穷大
需求的影响因素	与人的生活、生产紧密相关	脱离人的基本需求，更容易受个人的信心和预期的影响
需求量	短时间内有限，且变化幅度小	短时间内变化幅度大，瞬间可以达到无穷大，也可以变为零
功能	使用	投资或投机

金融产品供求的特殊性，决定了金融产品往往很难利用供求关系直接进行定价，而是要通过风险/收益的均衡或者无套利定价原则进行定价。

要获取高收益，就要承担高风险，这是金融市场的基本规律。对于股票、固定收益债券等一般金融产品，其定价主要是通过收益与风险的均衡进行的。比如，对于股票的定价，往往要使用资本资产定价模型等相关定价方法；对债券等金融资产，往往要使用净现金流模型等方法定价。

而对于金融衍生产品的定价主要是通过无套利定价原则进行的。如果投资者发现，通过几种金融产品的买卖组合，在不承担任何风险的情况下就能获得收益，那么说明市场上存在无风险套利机会。投资者发现无套利机会后，就会实现这个套利机会，这影响了相对应的金融产品的供求关系，最终将使得市场定价趋于合理。所以，不存在套利是金融产品定价合理的根本依据。金融衍生产品就是根据这个无套利原则进行定价的。我们在进行金融工程的研究中，要经常使用货币时间价值和无套利分析的研究方法。

二、金融工程的研究方法——货币时间价值

货币时间价值(time value of money，TVM)，是指当前的1元钱比未来某时刻得到的1元钱价值要大。原因在于，我们可以将当前的1元钱进行投资，到未来某时刻得到的本金和利息之和会大于初始状态的1元钱；另外，由于通货膨胀的因素，会造成当前的1元钱购买力要大于未来的1元钱。正因如此，在金融的相关分析研究中，我们不能把不同时期的现金数额进行直接加总，因为各期现金的比较没有基准，这样的加总是毫无意义的。为了解决这个问题，我们需要通过求现值或终值的方式，使得不同期的现金数额在经过相关的调整和转换后，可以在一个基准上进行计算和比较。

(一)终值

我们将当前时刻的现金价值换算成未来时刻的价值，这个过程称作求终值(future value，FV)。假设当前有$1 000，将这笔钱存入银行，年利率为5%，如果存款时间为1年，则1年后可得到的本利和等于：

$$FV=\$1\ 000\times(1+5\%)=\$1\ 050$$

这里，我们可以称当前的$1 000在1年后的终值等于$1 050。

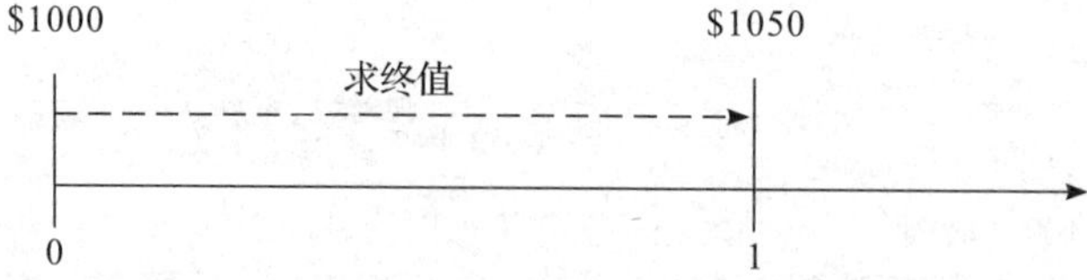

如果使用单利(simple interest)计息方式，则2年后可得到的本利和等于：

$$FV=\$1\ 000\times(1+5\%\times2)=\$1\ 100$$

也就是说，一年后的本金和利息当中，原始本金用于第二年利息的计算。如果一年后的本利之和作为第二年利息计算的依据，则称这种计算方式为复利(compound interest)计息。上面的例子中，如果采用复利计息，则第2年年末本利和等于：

$$FV=[\$1\ 000\times(1+5\%)](1+5\%)=\$1\ 000\times(1+5\%)^2=\$1\ 102.5$$

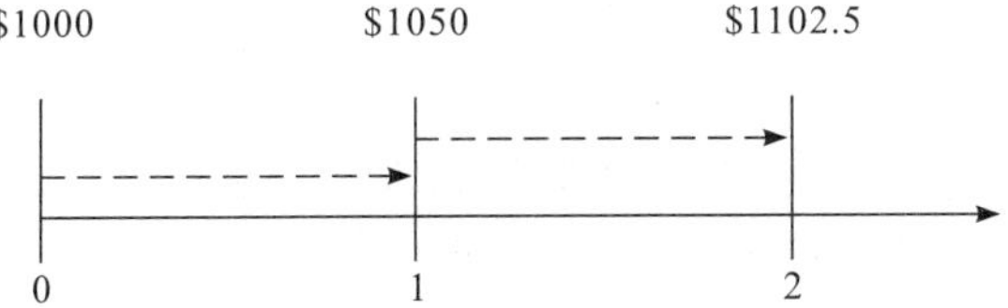

如果是以复利的方式计息，则 n 年后的本利和等于：

$$FV=\$1\ 000\times(1+5\%)^n$$

如果是一年计息两次，则复利计息条件下的 1 年后的本利和等于：

$$FV=\left[\$1\ 000\times\left(1+\frac{5}{2}\%\right)\right]\times\left(1+\frac{5}{2}\%\right)=\$1\ 000\times(1+2.5\%)^2=1\ 050.63$$

此时，实际的年利率为 5.063%，高于给出的 5%年利率。我们称前者（5.063%）为有效利率（effective rate），后者（5%）为名义利率（nominal rate）。相应的，在一年计息两次的情形下，n 年后的本利和等于：

$$FV=\$1\ 000\times\left[1+\frac{5\%}{2}\right]^{2\times n}=\$1\ 000\times(1+2.5\%)^{2\times n}$$

在极端情况下，若复利计息每时每刻都在进行，则这种计息方式称作连续复利（continuous compound），此时我们可以得到 n 年后的本利和等于：

$$FV=\$1\ 000\times e^{5\%\times n}$$

连续复利是我们在金融工程学习过程中常常要使用到的计息方法。上面结论的详细推导，请参考本章附录。

（二）现值

将未来时刻的现金价值换算成当前时刻的价值，这个过程称作求现值（present value，PV）。前面提到的求终值的方法可以用来解决诸如 \$1 000以 8%的年利率投资 10 年，可以得到多少本利和这样的问题。在现实中，我们常常还要考虑这样的问题：当前时刻我们需要投入多少资金，才能满足未来 8 年后子女入学所需的 \$15 000？为解决这一问题，我们需要计算未来一定数额资金在现在的价值。

假设未来一年后我们可以得到 \$1 000，投资的年收益率为 10%，则此时我们当前应当投入的资金数额应当为：

$$PV=\frac{\$1\ 000}{1+10\%}=\$909.09$$

这里的 \$909.09 就是未来一年后 \$1 000 的现值，现值的计算称作贴现或折现（discount），相应的利率 10%称作贴现率或折现率（discount rate）。对于第 n 期的资金 A，假设每期的贴现率是 i，则其现值就是：

$$PV=\frac{A}{(1+i)^n}$$

在进行贴现时，我们要使用复利计算方法。

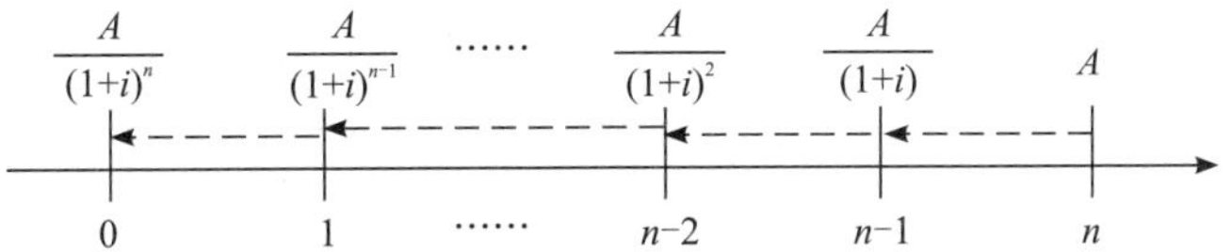

求现值可看作求终值的逆运算。因此，在连续复利条件下，现值的计算公式如下：

$$PV=Ae^{-i\times n}$$

现值计算的相关方法广泛地应用在股票、债券等金融资产的估价领域，是进行金融和投资领域研究的重要的方法和基础。在本门课程的学习过程中，我们会频繁地使用连续复利下的现值和终值计算公式。

三、金融工程的研究方法——无套利分析

套利(arbitrage)，是指在某项金融资产的交易中，交易者可以在不需要期初投资支出的条件下获取无风险的报酬。比如，同一个资产在两个不同的市场上进行交易，但是各市场的交易价格不同，这时交易者就可以在价高的市场上卖出该资产，同时在价低的市场上买入同样的资产，通过这种方式赚得套利的收益。

无套利分析是金融工程面向产品设计、开发、定价和交易中的基本分析技术。在该框架下，资产 A 如果与经过组合后产生的资产 B 完全相同，那么它们的价格以及相应的现金支付在任何时候均应相等。否则就会出现套利机会，套利者可以通过低买高卖的手段进行套利，这种方式会使得被低估的价格上升，被高估的价格下降，最终两项资产的价格完全相等，套利机会最终消失。

无套利分析是金融工程所研究的衍生产品定价的基础，在本门课程的后续章节，我们将基于无套利定价思想，对金融衍生产品进行分析和定价。

附录：连续复利终值和现值公式的推导

假设当前的投资本金数额为 A，名义年利率为 r，投资期限为 t 年，根据正文部分得到的结论，在采用复利计息方式，一年计息一次的情况下，第 t 年末，这项投资的终值应当是：

$$FV=A\ (1+r)^{t}$$

现在我们假设一年计息 n 次，仍然采用复利计息，则第 n 年末，这项投资的终值应当是：

$$FV=A\ \left[1+\frac{r}{n}\right]^{n\times t}$$

在连续复利情形下，每年的计息次数 $n\to\infty$，此时的终值可以写作：

$$FV=\lim_{n\to\infty}A\ \left[1+\frac{r}{n}\right]^{n\times t}=\lim_{n\to\infty}A\ \left[1+\frac{r}{n}\right]^{\frac{n}{r}\times rt}$$

由于：

$$\lim_{n\to\infty}\left(1+\frac{1}{n}\right)^{n}=e$$

因此，

$$FV=\lim_{n\to\infty}A\ \left(1+\frac{r}{n}\right)^{\frac{n}{r}\times rt}=A\ \left[\lim_{n\to\infty}\left(1+\frac{r}{n}\right)^{\frac{n}{r}}\right]^{rt}=Ae^{rt}$$

令 $FV=M$，则 M 的现值就是 A，所以

$$PV_M=A=FVe^{-rt}=Me^{-rt}$$

本章摘要

1.金融工程利用市场上已有的金融工具,并加以有效地组合,从而规避和管理市场风险,并保证可能的收益;寻找市场或交易对手的价格漏洞,通过套利的方式赚取收益,提升金融市场的效率。

2.面对风险,金融工程有两个选择:一是用确定性来代替风险;二是仅替换掉与己不利的风险,保留对自己有利的风险。

3.金融衍生工具是以货币、债券、股票等传统金融商品为基础,以杠杆或信用交易为特征的金融工具。

4.按照交易方法分类,金融衍生工具可分为金融远期、金融期货、金融期权和金融互换四大类。

5.金融工程的发展,既有外在环境的诱因,也有内在动力,更离不开金融理论的支持以及物质基础。

6.金融衍生产品的研究不能使用通常的供求分析方法。

7.货币时间价值和无套利分析法,是金融工程的重要研究方法。

8.由于货币时间价值,在金融的相关分析研究中,不能把不同时期的现金数额进行直接加总,需要通过求现值或终值的方式,使得不同期的现金数额在经过相关的调整和转换后,可以在一个基准上进行计算和比较。

9.无套利分析是金融工程所研究的衍生产品定价的基础。

练习与思考

一、名词解释

金融工程、风险、金融衍生工具、金融远期、金融期货、金融互换、金融期权、现值、终值、货币时间价值

二、简答

1.简述金融工程的含义。

2.金融工程发展的背景有哪些?

3.金融工程是如何处理风险的?

4.为什么不能使用通常的供求分析方法对金融衍生产品进行研究?

5.金融衍生工具有哪些主要类别?

参考文献

1.陈工孟.金融工程[M].清华大学出版社,2003.

2.施兵超.金融衍生产品[M].复旦大学出版社,2008.

3.叶永刚,彭红枫.金融工程学[M].东北财经大学出版社,2014.

4.张元萍,郗文泽.金融衍生工具[M].首都经济贸易大学出版社,2015.

5.郑振龙,陈蓉.金融工程[M].高等教育出版社,2012.

第2章 远期利率协议

学习目的

通过本章的学习，掌握远期利率的概念及计算方法；理解远期利率协议的含义；掌握远期利率协议的运作流程、避险原理、结算金的计算；掌握远期利率协议在风险管理中的应用。

案例导读

翰云公司是一家化工企业，其原材料需要从国外进口。2014 年 11 月，翰云公司的财务总监在制定 2015 年财务预算时，预计公司在 2015 年 5—11 月由于进口原材料而需要向银行借款 200 万美元，即在 2015 年 5 月份需要借款，而在 2015 年 11 月左右可还款。假设公司可以直接使用美元贷款和还款，不考虑汇率问题。由于美元利率市场化，未来的利率不确定。

财务总监担心，如果这几个月内美元利率上升，公司将要为此多付利息，从而增加借款成本。因此，公司希望能有一种金融产品，能够以较小的成本固定未来的借款利率，使得公司可以规避将来利率波动的风险。

第一节　远期利率的计算

一、远期利率的概念

提到远期利率(forward rate)，往往要涉及与之紧密联系的即期利率(spot rate)。即期利率的计息起点在当前时刻，比如银行的利率牌价，反映的就是不同期限的即期利率数值。相应的，远期利率的计息起点则在未来某一时刻。

假设某银行的即期利率牌价是 3 个月期年利率 5.25%，9 个月期年利率为 5.75%，我们可以相应画出图 2-1。

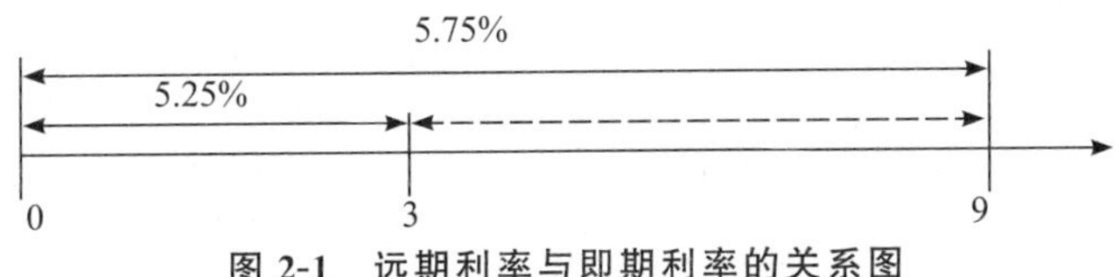

图 2-1 远期利率与即期利率的关系图

图中的两个实线双向箭头指示的分别是 3 个月和 9 个月即期利率的始末端。同时，在 3 个月到 9 个月之间的是虚线双向箭头，指示的则是 3 个月后起息的 6 个月期远期利率。若客户向银行申请这种形式的远期贷款，则在 3 个月后才开始贷款，贷款的期限为 6 个月，用 3×9 表示。

二、远期利率的计算方法

从刚才的例子中，我们虽然知道了两个不同期限的即期利率，但问题在于，3×9 的远期利率应该如何计算？要解决这个问题，我们需要使用无套利的分析方法。

假设投资者将数额为 A 的本金存入银行 9 个月，他所面临的选择有两个：

1.一次性地将这笔钱存入银行 9 个月，中间不发生支取的行为；

2.将这笔钱先存入银行 3 个月，然后将获得的本息取出，再以 3×9 的远期利率重新存入银行 6 个月。

在无套利分析框架下，这样的两种选择，最终得到的本息和应当相等，否则就会出现套利的机会，大量的投资者通过低买高卖的方式，最终使得套利可能消失。因此，我们可以得到在单利计息情形下的远期利率 r_F 计算等式如下：

$$A\left(1+5.75\%\times\frac{9}{12}\right)=A\left(1+5.25\%\times\frac{3}{12}\right)\left(1+r_F\times\frac{6}{12}\right)$$

对上面的等式进行简单求解，我们可以得到 $r_F=5.92\%$，这样求得的便是 3×9 的远期利率。

接下来，我们要将这个结论以普适公式的方式表示出来。假设即期利率分别为 r_1 和 r_2，对应的期限分别为 t_1 和 t_2 年，求 $t_1\times t_2$ 的远期利率 r_F（见图 2-2）。

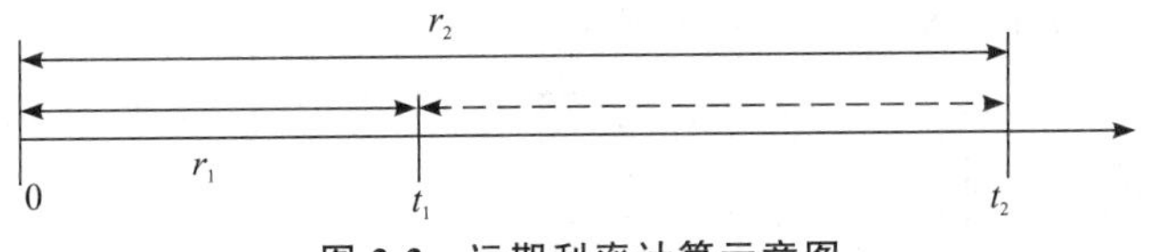

图 2-2 远期利率计算示意图

（一）单利计息情形

$$(1+r_1\cdot t_1)[1+r_F(t_2-t_1)]=(1+r_2\cdot t_2) \quad \Rightarrow$$

$$r_F=\frac{\dfrac{1+r_2\cdot t_2}{1+r_1\cdot t_1}-1}{t_2-t_1}=\frac{r_2\cdot t_2-r_1\cdot t_1}{(t_2-t_1)(1+r_1\cdot t_1)}$$

（二）复利计息情形

$$(1+r_1)^{t_1}(1+r_F)^{t_2-t_1}=(1+r_2)^{t_2} \quad \Rightarrow \quad r_F=\left[\frac{(1+r_2)^{t_2}}{(1+r_1)^{t_1}}\right]^{\frac{1}{t_2-t_1}}-1$$

（三）连续复利情形

$$\exp[r_1t_1]\exp[r_F(t_2-t_1)]=\exp[r_2t_2] \quad \Rightarrow \quad r_1t_1+r_F(t_2-t_1)=r_2t_2 \Rightarrow r_F=\frac{r_2t_2-r_1t_1}{t_2-t_1}$$

第二节　远期利率协议的定义与性质

一、远期利率协议的定义

远期利率协议，是在 20 世纪 80 年代的金融创新中产生的一种利率风险管理工具。所谓“远期利率协议”(forward rate agreement，FRA)，是一种关于利率的远期合约。在这一合约中，交易双方约定一个未来某时间的协议利率，并约定以某种利率为参考利率，到结算日时，如果参考利率与协议利率不同，则必须由一方向另一方支付一定的差额，以作为补偿。这一差额系根据参考利率与协议利率的实际偏差情况，以及合约所规定的期限和本金计算，并经过贴现而得到。

远期利率协议，实际上是由交易双方所订立的一种远期合约。在习惯上，远期利率协议的交易双方分别被称为买方与卖方。所谓“买方”(buyers)，是指通过远期利率协议来回避利率上升的风险的交易者，一般是那些准备于未来某日期借入资金的经济主体，即未来的债务人；而所谓“卖方”(sellers)，则是指通过远期利率协议来回避利率下降的风险的交易者，一般是那些准备在未来某日期贷出资金的经济主体，即未来的债权人。

在远期利率协议的买卖中，买方实际上并不向卖方支付任何费用(甚至连保证金也无须支付)。只有在远期利率协议的结算日，交易双方才会发生一定差额的收付行为。但这种收付行为将根据参考利率与协议利率的偏差方向来决定。在远期利率协议签订时，买方未必付款，而卖方也未必收款，他们只是对未来依约收付一定的利差做出了承诺。同时，远期利率协议中的本金只是名义本金，买卖双方并不进行实际的本金收付。

二、远期利率协议的报价方式

远期利率协议的作用是将未来的利率(即“远期利率”)加以锁定。因此，除了参考利率和名义本金之外，它的主要条款还包括协议利率、协议有效期以及起息日。所以，在远期利率协议的报价中，就必须比较明确地包括这些条款。

例如，在某年 3 月 1 日，一家银行报出的美元远期利率协议的价格为：

3×9　　8.05－8.10

在该报价中的“3×9”，一般称为“3 对 9”(three against nine)，它表示远期利率协议的期限。因远期利率协议的实质是买卖双方对未来支付利差所做出的承诺，故它实际上有着两个期限：一个是从买卖远期利率协议开始(签约日)，到债务的起息日(一般称为远期利率协议的到期日，利差的支付就发生于这一日）；二是从买卖远期利率协议到债务的到期日。所以，在本例中的"3×9"，就表示在3月1日，3个月后起息的6个月期美元债务的远期利率协议。因为从3月1日到债务起息日（6月1日）有3个月，而从3月1日到债务到期日（12月1日）则有9个月。因此，于3月1日达成的该远期利率协议将在3个月后进行利差的支付，而在计算支付金额时所依据的债务期限（即协议期限）则是6个月。

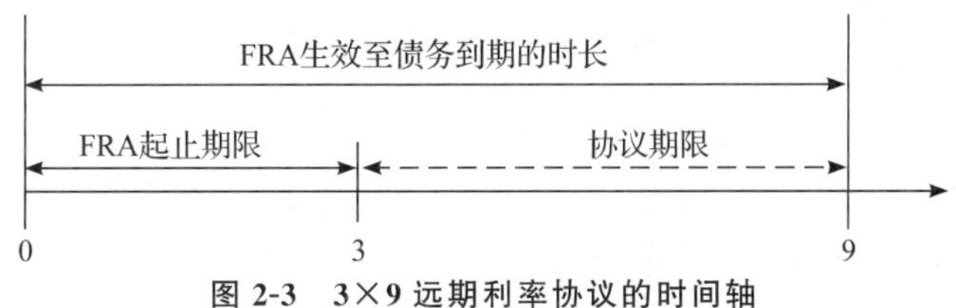

图 2-3 3×9 远期利率协议的时间轴

该报价中的"8.05－8.10"表示该远期利率协议的买入价为8.05%，卖出价为8.10%。这里所谓的"买入价"和"卖出价"都是对该报价银行而言的。这就说明，在某年3月1日，如果一家公司或另一家银行要从该银行买进3个月后（6月1日）起息的6个月期（6月1日至12月1日）美元远期协议，则协议利率为8.10%。而如果一家公司或另一家银行要向该银行卖出3个月后起息的6个月期美元远期利率协议，则协议利率为8.05%。买入价与卖出价之间的差额，就是该银行从事远期利率协议的买卖所取得的收益。

当然，对银行而言，从事远期利率协议的买卖究竟是否有利可图，不仅取决于这一买入价与卖出价之差，而且还取决于市场利率的变动。所以，在远期利率协议的交易中，银行实际上面临着一定的利率风险。为了避免风险，银行必须尽可能地将买进头寸与卖出头寸相匹配。

三、远期利率协议的运作流程

在介绍远期利率协议的支付金额之前，我们需要结合相关术语，了解它的基本运作流程。英国银行家协会远期利率协议（简称FRABBA）是远期利率协议的标准化文件，文件中规定了一系列重要的术语：

1. 合同金额（contract amount）：名义上借款的本金总额；
2. 合同货币（contract currency）：表示合同数额的货币币种；
3. 交易日（dealing date）：远期利率协议成交的日期；
4. 结算日（settlement date）：名义贷款开始的日期，也是利率差额支付的日期；
5. 确定日（fixing date）：参考利率确定的日期；
6. 到期日（maturity date）：名义贷款到期的日期；
7. 合同期（contract period）：结算日至到期日之间的天数；
8. 协议利率（contract rate）：在远期利率协议签订时商定的远期利率；
9. 参考利率（reference rate）：在确定日用以确定结算金的以市场为基础的利率；
10. 结算金（settlement sum）：在结算日，根据合同利率和参考利率之间的差额，由交易一方付给另一方的金额。

相应的远期利率协议的流程图如图 2-4 所示。

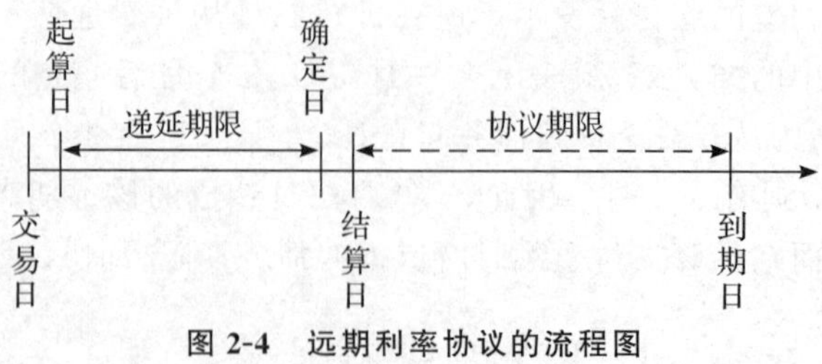

图 2-4　远期利率协议的流程图

在交易日，远期利率协议的双方同意交易的所有条件。我们假定交易日是 2016 年 3 月 1 日星期二，双方同意成交一份 3×9，金额为 100 万美元，利率为 6.25％的远期利率协议。那么，合同货币就是美元，合同金额是 100 万美元，协议利率为 6.25％。“3×9”是指起算日至结算日之间为 3 个月，起算日至名义贷款到期日之间的时间为 9 个月。交易日和起算日时隔一般为两天。在这里，起算日就是 2016 年 3 月 3 日星期四，相应的名义贷款在 2016 年 6 月 3 日星期五开始；到期日则是 2016 年 12 月 5 日星期一(12 月 3—4 日是周末，不是营业日)。因此，结算日是 2016 年 6 月 3 日，到期日是同年 12 月 5 日，协议的期限为 185 天。

这里特别需要说明的是，协议利率和参考利率的确定时间是不同的。协议利率是在合同签订后固定下来的，也就是交易日(例子中的 2016 年 3 月 1 日)；参考利率是在结算日之前的两个工作日(例子中的 2016 年 6 月 1 日星期三，流程图中的确定日)，以当时的市场利率(比如 LIBOR)为依据确定的。

在确定日，远期利率协议的交易双方将根据协议利率、参考利率以及名义本金的数额，计算结算日进行交割的结算金数额。

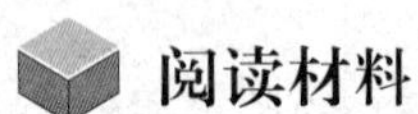

LIBOR

LIBOR(London InterBank Offered Rate)是伦敦银行同业拆借利率的缩写。是大型国际银行愿意向其他大型国际银行借贷时所要求的利率。它是在伦敦银行内部交易市场上的商业银行对存于非美国银行的美元进行交易时所涉及的利率。LIBOR 常常作为商业贷款、抵押、发行债务利率的基准。同时，浮动利率长期贷款的利率也会在 LIBOR 的基础上确定。LIBOR 同时也是很多合同的参考利率。

20 世纪 70 年代，全球知名咨询供应商路透社，通过向伦敦各家银行咨询有关利率报价，进行计算后公开发布。这便是 LIBOR 的雏形。

后来，英国银行家协会(British Banker’s Association, BBA)公布了 LIBOR 的生成机制，包括计算公式、公布时间等。其过程依然由供应商每天通过向有资格的入选金融机构咨询有关报价，然后按照各银行的报价进行排序，选取中间 50％数据处理，最后在每天伦敦当地时间中午 11 点 30 分进行公布。该利率一般分为两个利率，即贷款利率(ask rate)和存款利率(bid rate)，两者之间的差额为银行利润。通常，报出的利率为隔夜(两个工作日)、7天、1个月、3个月、6个月和1年期的,超过一年以上的长期利率,则视对方的资信、信贷的金额和期限等情况另定。

在伦敦金融市场上,有权对外报价的银行仅限于那些本身具有一定的资金吞吐能力,又能代客户吸存及贷放资金的英国大清算银行、大商业银行、海外银行及一些外国银行。这些银行被称作参考银行。由于竞争比较充分,各银行报出的价格基本没有什么差异。参与伦敦金融市场借贷活动的其它银行和金融机构,均以这些报价银行的利率为基础,确定自己的利率。

然而,自2012年6月,巴克莱银行被曝涉嫌操纵LIBOR和欧元同业拆借利率(EURIBOR)丑闻后,迅速将一系列涉及范围更广、更加严重的操纵事件引入公众视野,在全球引发海啸式的连锁反应。这些违规操纵事件一方面暴露出LIBOR定价机制的缺陷,另一方面也揭示了监管体系的不完善。

最终,纽交所母公司——纽约泛欧交易所集团(NYSE Euronext)于2013年7月9日以1英镑的象征性价格从英国银行家协会收购了LIBOR运营商BBA Libor Ltd.。英国监管部门希望,上述收购完成后,新管理者能够重建市场对LIBOR的信心。

Shibor

Shibor是上海银行间同业拆放利率(Shanghai interbank offered rate)的简称,以位于上海的全国银行间同业拆借中心为技术平台计算、发布并命名。从2007年1月4日开始正式运行,是由信用等级较高的银行组成报价团自主报出的人民币同业拆出利率计算确定的算术平均利率,是单利、无担保、批发性利率。目前,对社会公布的Shibor品种包括隔夜(O/N, OverNight)、1周(1W)、2周(2W)、1个月(1M)、3个月(3M)、6个月(6M)、9个月(9M)以及1年(1Y)。

Shibor报价银行团现由18家商业银行组成。报价银行是公开市场一级交易商或外汇市场做市商,在中国货币市场上人民币交易相对活跃、信息披露比较充分的银行。中国人民银行成立Shibor工作小组,依据《上海银行间同业拆放利率(Shibor)实施准则》确定和调整报价银行团成员、监督和管理Shibor运行、规范报价行与指定发布人行为。

全国银行间同业拆借中心授权Shibor的报价计算和信息发布。每个交易日根据各报价行的报价,剔除最高、最低各4家报价,对其余报价进行算术平均计算后,得出每一期限品种的Shibor,并于9:30对外发布。关于Shibor报价等详细信息,可以登录官网http://www.shibor.org/查看

四、远期利率协议结算金数额的计算

远期利率协议结算金的交割,目的是防范利率变动给投资者带来的利率风险。因此,结算金数额应当反映出协议利率与参考利率的利息差额。

在理想的状况下,投资者应当在贷款到期日(即上例中的12月5日)得到利息差额的给付以防范利率风险。然而,由于远期利率协议在结算日(即上例中的6月3日)就已经到期,因而结算金早在贷款的期初(6月3日)就已给付。客观存在的支付时间差,意味着

我们在计算结算金数额的时候，需要将利息差的数额进行贴现操作。我们假定投资者将得到的结算金，以未来时刻的参考利率进行再投资；当未来贷款到期时，可将再投资的本利和用于对冲增加的利息支出。因此，结算金的数额应当是利息差的贴现，并且贴现率使用的是未来时刻的参考利率。

例 2-1：将前文中的例子进行重新表述，假设投资者计划在 3 个月后筹集 6 个月短期资金 100 万美元，为避免市场利率上升带来筹资成本增加的损失，该投资者作为买方参与 3×9 远期利率协议。假设协议利率为 6.25%，协议金额为 100 万美元，协议天数为 90 天(3 月 3 日—6 月 1 日)，参考利率为 6 个月 LIBOR。如果到了结算日 LIBOR 为 6.5%，那么投资者从事远期利率协议的结算金数额应该是多少？

解答：首先，我们可以计算出这笔价值为 100 万美元、为期 185 天(6 月 3 日—12 月 5 日)的借款的额外利息支出：

$$(6.5\% - 6.25\%) \times \frac{185}{360} \times 1\ 000\ 000 = \$\,1284.72$$

根据前面的分析，由于结算金的支付时间(6 月 3 日)要早于真实利息支出的发生时刻(12 月 5 日)，因此要将利息差的数额进行贴现操作，也就是：

$$\text{结算金} = \frac{1284.72}{1 + 6.5\% \times \frac{185}{360}} = \$\,1243.2$$

这么做的原因在于货币是有时间价值的，对于理性的投资者而言，其在 6 月 3 日获得的结算金，可以市场利率再投资，进而获得利息收入。若以 6.5% 的利率投资 185 天，在未来时刻(12 月 5 日)，\$1243.2 的本金将变成 \$1284.72 的本息和。

根据例 2-1 的分析，我们不难得到远期利率协议当中结算金的计算公式如下：

$$S = \frac{A \cdot (r_r - r_c) \cdot t}{1 + r_r \cdot t}$$

其中：S 是结算金数额，A 是名义本金数额(即合同金额)，r_r 是参考利率，r_c 是协议利率，t 是远期借贷的期限(以年为单位)。这里远期借贷的期限 t 通常使用天数来推算，即协议期限 D 与天数计算惯例 B 的比值 D/B。天数计算惯例 B 的取值，美元为 360 天，英镑为 365 天。

从结算金的计算公式不难看出，其结果为正还是为负，与参考利率 r_r 和协议利率 r_c 之差有关：若 $r_r > r_c$，则结算金为正，说明远期利率协议的卖方要向买方支付这笔结算金；若 $r_r < r_c$，则结算金为负，说明远期利率协议的买方要向卖方支付结算金。

第三节 远期利率协议在利率风险管理中的应用

我们知道，利率风险实际上有两种：一种是利率上升的风险；另一种是利率下降的风险。对于借款者而言，若利率上升，将加重他们的利息负担。在利用远期利率协议来管理这种利率风险时，他们可买进远期利率协议。而对于贷款者或投资者而言，若利率下降，将造成他们的投资收益减少。在利用远期利率协议来管理这种利率风险时，他们可卖出远期利率协议。接下来，我们分别以借款者与贷款者的例子，说明如何利用远期利率协议来管理利率上升的风险和利率下降的风险。

例 2-2：在某年 6 月 1 日，X 公司准备在 3 个月后借入为期 3 个月的10 000 000美元资金，以满足经营上的需要。当时，以 LIBOR 表示的市场利率为 8.10%。但根据预测，市场利率将在近期内有较大幅度的上升。为回避市场利率上升，从而加重利息负担的风险，X 公司便于 6 月 1 日从 B 银行处买进一份远期利率协议。该协议的条款如下：

1. 协议期限：3×6；
2. 名义本金：10 000 000 美元；
3. 协议利率：8.10%；
4. 参考利率：美元 3 个月期 LIBOR。

假如到 9 月 1 日时，LIBOR 上升到 9.25%，求结算金的数额。

解答：根据协议的条款，可知：

$$r_r=9.25\%,\quad r_c=8.10\%,\quad A=10\ 000\ 000,\quad t=\frac{3}{12}=0.25$$

因此，结算金的计算结果如下：

$$S=\frac{A\cdot(r_r-r_c)\cdot t}{1+r_r\cdot t}=\frac{10\ 000\ 000\times(9.25\%-8.10\%)\times 0.25}{1+9.25\%\times 0.25}=28\ 100.28$$

最终，X 公司将收到 B 银行所支付的 28 100.28 美元的结算金。

假设三个月后(9 月 1 日)，X 公司将这笔结算金以 LIBOR 的利率进行再投资，则到 6 个月以后(12 月 1 日)，这笔结算金的本息之和等于：

$$28\ 100.18\times\left[1+9.25\%\times\frac{3}{12}\right]=28\ 750$$

另一方面，X 公司以 9 月 1 日的利率(LIBOR)进行借款，其未来要支付的利息等于：

$$10\ 000\ 000\times\left[9.25\%\times\frac{3}{12}\right]=231\ 250$$

将结算金未来的本息和用于冲抵借款的利息，最终的净利息数额等于：

$$231\ 250-28\ 750=202\ 500$$

因此，X 公司最终的借款利率等于：

$$r=\frac{202\ 500}{10\ 000\ 000}\times\frac{12}{3}=8.1\%$$

可以看到，X 公司通过购买远期利率协议，成功地将其未来借款的利率由 3 个月后的市场利率(9.25%)降至期初的市场利率(8.1%)的水平。最终实现了利率风险的规避。反过来，若 3 个月后市场利率下降至 8.1%以下，则 X 公司要向 B 银行支付结算金，最终其借款利率仍是 8.1%。这就说明，作为一种套期保值的工具，远期利率协议只能使套期保值者避免可能发生的损失，为此他们必须放弃可能获得的意外利益。

例 2-3：某年 4 月 1 日，某机构投资者预计将在 3 个月后有一笔金额为5 000 000美元的短期资金可存入银行 6 个月。但该机构投资者担心短期利率将在此 3 个月内下降。为避免短期利率下降，从而减少投资收益的风险，他向 C 银行卖出一份远期利率协议，其协议条款如下：

1. 协议期限：3×9；
2. 名义本金：5 000 000 美元；
3. 协议利率：7.5%；
4. 参考利率：美元 6 个月期 LIBOR。

假如到 7 月 1 日时，LIBOR 已降至 6.8%，求结算金的数额。

解答：根据协议的条款，可知：

$$r_r=6.8\%, r_c=7.5\%, A=5\ 000\ 000, t=\frac{6}{12}=0.5$$

因此，结算金的计算结果如下：

$$S=\frac{A\cdot(r_r-r_c)\cdot t}{1+r_r\cdot t}=\frac{5\ 000\ 000\times(6.8\%-7.5\%)\times 0.5}{1+6.8\%\times 0.5}=-16\ 924.56$$

由于这里的投资者是卖出远期利率协议，结算金为负，说明其收到 C 银行支付的数额为16 924.56美元的结算金。

与例 2-2 中的分析类似，当投资者得到结算金后，会将其以当时的市场利率进行再投资，所获得的本息和刚好可以冲抵投资收益减少的损失，最终使得投资收益率锁定在 7.5%的水平。同样，若未来市场利率上升，则投资者会因为支付结算金而放弃可能获得的意外利益。

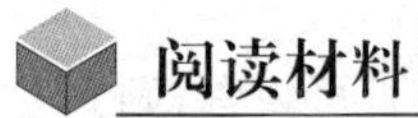

阅读材料

我国的远期利率协议

2007 年 10 月 8 日，中国人民银行发布公告([2007]第 20 号)，正式公布了《远期利率协议业务管理规定》，自 11 月 1 日起即可开展远期利率协议业务。随后中信银行股份有限公司与汇丰银行达成了第一笔人民币远期利率协议，该交易本金为 2 亿元人民币，参考利率是三个月 Shibor。

目前我国主要的远期利率协议的品种为：1M×4M；2M×5M；3M×6M；6M×9M；9M×12M 等。表 2-1 所示的是 2016 年 9 月 22 日远期利率协议的报价。

表 2-1　远期利率协议的报价

SHIBOR FRA		
A/360		
Tenor	Mid	Δbp
1×4	4.3	−10
2×5	4.3	−10
3×6	4.3	−10
6×9	4.1	−10
9×12	4	−10

表 2-1 当中，A/360 表示计息的方式采用实际天数/360 来计算，此处的天数计算惯例采用 360 天/年。表中的三列数据分别表示远期利率协议的品种、中间价(单位：百分比)和变动数额(单位：基点)。

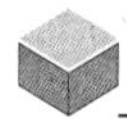

本章摘要

1. 即期利率的计息起点在当前时刻，远期利率的计息起点则在未来某一时刻。

2. 远期利率协议是一种关于利率的远期合约。在此合约中，交易双方约定一个未来某时间的协议利率，并规定以某种利率作为参考利率。到结算时，若参考利率与协议利率不同，则必须由一方向另一方支付一定的差额，以作为补偿。

3. 远期利率协议的交易双方分别被称为“买方”与“卖方”。所谓“买方”，是指通过远期利率协议来回避利率上升之风险的交易者；而所谓“卖方”，则是指通过远期利率协议来回避利率下降之风险的交易者。

4. 在远期利率协议中，由一方向另一方支付利差的金额系根据参考利率与协议利率的实际偏差情况，以及合约所规定的期限和本金计算，并经过贴现而得到。

5. 远期利率协议实际上是防范利率风险的、在场外交易的金融衍生工具。

6. 作为一种套期保值的工具，远期利率协议只能使套期保值者避免可能发生的损失，为此他们必须放弃可能获得的意外利益。

练习与思考

一、名词解释

远期利率协议、远期利率

二、单选题

1.FRA 合约中规定的未来买卖标的物的价格称为(　　)

A.即期价格　　B.远期价格　　C.理论价格　　D.实际价格

2.远期利率协议的买方相当于(　　)

A.名义借款人　　B.名义贷款人　　C.实际借款人　　D.实际贷款人

3.远期利率协议成交的日期为(　　)

A.结算日　　B.确定日　　C.到期日　　D.交易日

4.远期利率是指(　　)

A.将来时刻的将来一定期限的利率　　B.现在时刻的将来一定期限的利率

C.现在时刻的现在一定期限的利率　　D.过去时刻的过去一定期限的利率

5.已知下列即期利率：$r_{60}=4\%$，$r_{90}=5\%$，$r_{150}=6\%$(一年按 360 天计算)。请问一份 3×5 FRA 的协议利率为(　　)

A. 6.0%　　B. 6.9%　　C. 7.4%　　D. 7.9%

6. * 3×9M 的远期利率协议(FRA)的多头等价于(　　)。

A. 3 个月后借入资金为 9 个月的投资融资

B. 9 个月后借入资金为 3 个月的投资融资

C. 在3个月内借入贷款的一半，剩下的一半在9个月后借入

D. 3个月后借入资金为6个月的投资融资

7. * 某公司卖出一份6×12的FRA，买方为B银行，合约金额为100万元，FRA协议利率为4.68%，在结算日时的参考利率为4.94%，则该FRA的结算金额为(　　)元。

A. 1238.80　　B. 1241.88　　C.1268.66　　D.1270.28

8. * 按连续复利计息，3个月的无风险利率是5.25%，12个月的无风险利率是5.75%，3个月之后执行的为期9个月的远期利率是(　　)。

A. 5.96%　　B. 5.92%　　C. 5.88%　　D. 5.56%

9. * 2015年5月7日的3×6远期利率指的是(　　)的利率。

A. 2015年7月7日至2015年9月7日

B. 2015年7月7日至2015年10月7日

C. 2015年8月7日至2015年11月7日

D. 2015年8月7日至2015年9月7日

10. * 4月21日某银行FRA市场报价信息如下表所示，投资者预计2个月后卖出固定利率债券，并在第5个月末买回该债券。该投资者对冲利率风险的策略是(　　)。

3M Shibor		
Term	Bid	Ask
1M×4M	2.8215	2.8245
2M×5M	2.8235	2.8245
3M×6M	2.8315	2.8355
4M×7M	2.8325	2.8375

报价规则：日计数基准A/360

支付日营业日准则：修正的下一工作日

A.买入1M×4M的远期利率协议　　B.卖出1M×4M的远期利率协议

C.买入2M×5M的远期利率协议　　D.卖出2M×5M的远期利率协议

11. * 企业向银行买入3M×9M的FRA，名义本金1亿元，协议利率为5.2%，参考利率为Shibor。若3个月后对应的Shibor利率为6.2%，则该FRA引起该企业的现金流为(　　)。

A.流入50万元　　B.流出50万元

C.流入48.5万元　　D.流出48.5万元

12. * 有关远期利率协议(FRA)说法不正确的是(　　)。

A. FRA属于线性收益金融工具　　B. FRA不可视为利率互换的特例

C.非集中清算的FRA存在信用风险　　D. FRA可用于管理利率风险

13. * 假设市场中存在期限为1年、2年和3年的三种零息债券，到期收益率分别为6%、7%和7.5%，则第二年末的1年期远期利率为(　　)。

A. 7%　　B. 7.5%　　C. 8.01%　　D. 8.51%

三、计算题

1.某公司为防范未来借款成本的上升，决定购买 1x4 FRA 协议来避险.已知：名义本金数额为＄100 万，当前时刻一个月后开始的三个月远期利率为 5%，一个月后三个月即期利率为 6%

计算：交割结算日的结算金额，并说明交易双方中是哪方进行了支付。

2.A 公司的财务总监预计在 90 天后将收到＄1500 万的现金，并打算将这笔钱以 6 个月短期存款的形式存入银行.他预计在未来的 90 天里短期存款利率会下降，为了对冲风险，他决定使用 90 天后到期的 FRA 协议.FRA 协议的当前报价是 5%.90 天后，市场的参考利率是 4.5%.假定 FRA 协议的名义本金数额为＄1500 万。

问：财务总监应当多头还是空头 FRA 协议以实现套期保值？计算通过 FRA 协议，A 公司的盈亏数额

3.假设连续复利的零息利率如下表所示：

期限(月)	年利率(%)
3	8
6	8.2
9	8.4
12	8.5
15	8.6
18	8.7

计算：第 2 季度、第 3 季度、第 4 季度、第 5 季度和第 6 季度的远期利率。

4.假设连续复利的零息利率如下表所示：

期限(年)	年利率(%)
1	2
2	3
3	3.7
4	4.2
5	4.5

计算：第 2 年、第 3 年、第 4 年和第 5 年的远期利率。

参考文献

1.叶永刚，彭红枫.金融工程学[M].东北财经大学出版社，2014.

2.张元萍，郗文泽.金融衍生工具[M].首都经济贸易大学出版社，2015.

3.施兵超.金融衍生产品[M].复旦大学出版社，2008.

4.约翰·赫尔,王勇(译),索吾林(译).期权、期货及其他衍生产品[M].机械工业出版社,2012.

5.洛伦兹·格利茨,唐旭(译).金融工程学[M].经济科学出版社,2003.

微信公众号推荐:

兴业证券投教基地
微信号:xyzqtjjd

图解金融
微信号:visualfinance

中国货币市场
微信号:chinamoneymagazine

华尔街见闻
微信号:wallstreetcn

第3章 期货交易概述

学习目的

通过本章的学习，了解期货交易的定义和基本特征；掌握期货交易的相关概念和术语；熟悉期货合约的基本内容；了解期货交易、保证金结算的基本规则；了解期货交易的基本功能；熟悉期货交易的基本分类；了解期货市场的组织和管理者。

案例导读

对于武汉女子万群而言，2008 年 3 月 11 日是她人生中永难忘怀的一天。作为“武昌女期民半年内从 4 万做到1 450万”这一期市神话的主角，万群所持有的最后 300 手豆油合约因保证金不足于当日上午被强行平仓，其账户里最终剩下的资金不到 5 万元，一场千万富翁的“美梦”在持续了近半个月后，终告结束。

从 2007 年 8 月下旬起，万群开始重仓介入豆油期货合约，这也成为了万群期货交易的转折点。此后两三个月，豆油主力合约 0805 从7 800元/吨起步，一路上扬至9 700元/吨，截至 11 月中旬，万群已有 10 倍获利。但是，油脂的大牛市还远远没有结束，进入 2008 年，豆油上涨速度越来越快，主力合约在轻松突破10 000元/吨整数大关后，不断创出历史新高。2 月底，豆油 0805 已然逼近14 000元/吨，也就是在那时，万群的账面盈利突破了1 000万元，成为名副其实的“千万富翁”。

万群采取的是全仓操作的股票手法，并且利用期货交易浮动盈利可以开新仓的特点，全线扑入豆油期货，越涨越买。这种操作方式最大限度地利用了杠杆，可以将利润放至最大，但与此同时，风险也被放大到了顶点，一旦行情有所调整，满仓交易的万群将面临灭顶之灾。

2 月 28 日、29 日正值豆油连续涨停阶段，万群账户的浮动权益在 3 月 4 日达到顶峰，最高时竟达2 000多万元。不过，当天的行情出现剧烈震荡，豆油价格在一个小时内从涨停快速滑落至跌停，虽然尾盘收至平盘附近，但事后来看，当天的震荡行情正是豆油大牛市的拐点。在豆油价格从涨停到跌停的过程中，万群的账户因为保证金不足，已经被强行平去了一部分合约，但这并没有引起她的重视。出于种种考虑，万群错过了最佳的减仓时机。3 月 7 日和 10 日两天，豆油无量跌停，万群就是想平仓也平不了了，由于仓位过重，其巨大的账面盈利瞬间化为乌有。

第一节 期货交易的相关概念

一、期货交易的定义和基本特征

期货交易(futures transaction),是指交易双方在集中性的市场以公开竞价的方式所进行的期货合约的交易。

期货市场的基本特征主要有以下几个方面:

(一)期货市场具有专门的交易场所

期货交易是在专门的期货交易所进行的,一般不允许进行场外交易(除了期转现交易以外)。期货交易所不仅为期货交易者提供了专门的交易场所,提供了进行交易所必需的各种设备和服务,而且还为期货交易制定了严密的规章制度。同时,它还为所有在期货市场内达成的交易提供财务上和合约履行方面的担保。这就为期货合约的买卖双方创造了有利条件,使得交易者寻找交易对手更加容易,也使得交易者不必担心交易的安全性而专心致志于期货合约的买卖,从而使得期货交易所内买卖合约的活动比较频繁,提高了市场的流动性。

(二)期货市场的交易对象是标准化的期货合约

期货交易买卖的标的是标准化的期货合约,这正是期货交易区别于远期交易的重要方面。期货合约的数量、等级、交割时间、交割地点等条款都是标准化的,合约中唯一可变的变量是交易的价格。这种标准化合约的出现,既简化了交易手续,降低了交易成本,又防止了因交易双方对合约条款的不同理解而出现的争议和纠纷。同时,由于期货合约是标准化的,这就为合约持有者今后进一步转让合约创造了便利条件。

(三)适宜于进行期货交易的标的物商品具有特殊性

由于期货市场自身的特点,决定了并非所有的商品都适宜于进行期货交易,大多数适宜于进行即期现货和远期合约交易的商品,并不适宜进行期货交易。一般而言,商品期货上市的条件主要有以下几个方面:

1. 商品可以被保存相当长的时间而不易变质损坏;

2. 商品的品质和等级可以明确划分和评价,能为公众所认可,从而保证期货合约的标准化;

3. 商品的生产量、交易量和消费量足够大,以保证单个或少数参与交易者无法操纵市场;

4. 商品的价格波动较为频繁,以保证套期保值目的和投机目的可以实现。

(四)期货交易通过买卖双方的公开竞价方式进行

在期货交易中,买卖双方是通过代表众多买方和卖方的经纪人在交易所通过公开喊价或计算机自动撮合成交的方式达成的。期货市场是一个公开、公平、公正的竞争场所,由于期货市场和期货交易的这种特征,就使得期货市场上的期货价格能够较为准确地反映出现货市场上真实的供求关系及变动趋势。

（五）期货市场实行保证金制度

在期货市场进行交易需要缴纳一定数额的履约保证金（一般为成效金额的5%～15%），并且在交易的过程中，需要维持一个最低的履约保证金水平，随着期货合约到期日的临近，保证金水平会不断提高，这种做法的目的在于给期货合约的履约提供一种财务上的担保，也就是担保交易者在合约到期时有实力进行实物的交割。保证金制度对于期货交易来说至关重要，它增加了期货交易的安全性。

（六）期货市场是一种高风险、高回报的市场

期货交易采用保证金交易的方式，投入5%～15%的资金就可以进行100%的交易。正是由于这种杠杆原理，决定了期货交易是一种以小博大的高风险交易。交易者可能会获得数倍于其初始投资的高额回报，同时也面临着巨额的投资风险。正是期货市场的这一特征，吸引了越来越多的投资者加入到期货市场中来。

（七）期货交易是一种不以实物交割为最终目的的交易

交易者进行期货交易的目的主要有两种：套期保值和投机。这决定了期货交易往往不是以实物交割为最终目的。期货交易中最后进行实物交割的比例很小，一般只有1%～3%，绝大多数期货交易者都会在合约到期前以对冲的方式了结交易。

二、期货交易的术语

期货合约（futures contracts），是指由交易双方所订立的，约定于未来某日期以成交时所确定的价格，交割一定数量的某种商品的标准化合约。与期货合约交易相关的重要名词有：头寸、多头、空头、开仓、持仓、平仓、对冲。

（一）头寸、多头、空头的含义

头寸（position）一词来源于中国旧时银行钱庄等所拥有的款项。收多付少叫头寸多，收少付多叫头寸缺。这一名词引入期货市场，则是指投资者拥有的期货合约数量。

当期货合约的一方同意在将来某个确定的时间以某个确定的价格购买标的资产时，就称这一方为多头（long position）；与之相对应，另一方同意在将来某个确定的时间以某个确定的价格出售该标的资产，就称这一方为空头（short position）。换句话说，购买期货合约的一方称为持有多头头寸的投资者，出售期货合约的一方称为持有空头头寸的投资者。

（二）开仓、持仓、平仓、对冲的含义

无论投资者的初始交易是购买还是出售期货合约，我们都称这一行为是开仓（opening a position）；无论投资者是持有多头头寸还是空头头寸，我们都把这一行为称作持仓（holding a position）。

投资者在持仓的过程中，会根据市场价格发生的波动决定是否有必要将持仓合约在到期以前转让给其他交易者。若持仓者在到期日之前改变他已有的头寸，在市场上买卖与自己持有的合约品种相同但方向相反的期货，就称这一交易行为是期货合约的对冲交易（hedging transaction）。

期货交易的了结就是平仓（closing out a position）。期货合约的对冲只是期货平仓的一种方式，另一种方式就是持有期货合约到期时进行实物的交割（delivery）。

例 3-1：某交易员预计期货市场上铜期货将有一定幅度的上涨，于是买入 10 手 5 月份交割的阴极铜期货合约；随后价格果然上涨，10 个交易日后，该交易员认为行情见顶，于是通过卖出期货合约的方式了结交易。

在该例中，交易员买入 10 手阴极铜期货合约的行为就是开仓；随后的 10 个交易日他未作任何操作，这称为持仓；10 个交易日后，他通过卖出期货合约的方式了结交易，这一行为就是卖出平仓；最终结果是该交易员所持的头寸数额为零。

这里，我们要注意，对于买入开仓的合约，应该使用卖出平仓的方式了结头寸；对于卖出开仓的合约，应该使用买入平仓的方式了结。这一点在期货交易中尤其重要。我们在这里提到的开仓、平仓、多头、空头等名词，也适用于其他金融产品的交易。

三、期货合约的基本内容

期货合约是一种在规范的交易所内进行交易的标准化的远期合约，在合约中对有关交易的标的、合约规模、交割时间、标价方法等都有标准化的条款，同时，它也是一种大众化的公共约定。一张期货合约通常包括以下基本内容：

（一）交易品种

交易品种是指具有期货商品性能，并经过批准允许作为进入商品交易所进行期货买卖的品种，也叫做“上市品种”。根据品种的不同，期货一般可分为商品期货和金融期货两类。

（二）交易单位

交易单位(trading unit)也叫做合约规模(contract size)，是指交易所对每一份期货合约所规定的交易数量。在进行期货交易时，人们只需买进或卖出这一标准数量的某一整数倍，即买进或卖出多少份这样的期货合约，以简化期货交易的计算。但是，这也在一定程度上限制了人们根据自己的实际需要确定交易数量的余地。

（三）交割品级

交割品级是指某一商品具有代表性的标准。对于商品期货来讲，由于商品的规格、质量等存在差异，所以交易所一般要对期货加以规定。在商品期货进行交割时，如果实际交割的商品与期货的交割品级有差异，需要根据交易所的规定采用一定的升贴水对交割商品进行报价。

对于金融期货来讲，由于不存在品质的差异，所以交易所除对一些特殊的金融期货合约做必要规定外，一般不做其他具体规定。

（四）最小变动价位

最小变动价位(minimum price change)也叫最小价格波动、一个刻度(tick)，是指某一商品报价单位在每一次报价时所允许的最小价格变动量。类似于通常所用米尺上的最小刻度 1 毫米。有了最小变动价位的规定，竞价双方就都有了标准，在相同的价位上就可以成交。与最小变动价位相对应的是每手合约最小变动值。例如上海期货交易所锌期货合约的最小变动价位是 5 元/吨，合约规模是 5 吨/手，则相应的每手合约最小变动值是 25 元。

（五）每日价格波动限制

每日价格波动限制（daily price limit）是指为了防止过度投机而带来的暴涨暴跌，交易所对大多数的期货合约所规定的每天价格相对于上一日结算价可以波动的最大限度。如果价格变化超过这一幅度，交易就会自动停止。这种限制一般也称为“每日停板额限制”。在交易所规定了每日价格波动限制以后，若某种期货合约的价格已涨到其上限，但仍供不应求，则许多卖者要等到下一交易日价格可进一步上涨时再以更高的价格出售其持有的合约。这样，交易将处于停止状态。这种因价格已涨至上限而不能再涨所引起的交易停止状态称为“涨停板”（limit up）。反之，若由于价格下跌到下限而不能再跌所引起的交易停止状态就称为“跌停板”（limit down）。设置每日价格波动限制的主要目的是限制风险，保障期货交易者在期货价格出现猛涨或狂跌时，免受重大损失。但这一设置阻碍了价格迅速移向新的均衡水平，从经济效率上讲，它阻止了市场及时恢复均衡，限制了价格发现功能的实现。

（六）合约交割月份

合约交割月份（contract month）是指期货合约到期交收实物的月份。在金融期货交易中，除少数合约有特殊规定外，绝大多数合约的交收月份都定为每年的 3 月、6 月、9 月和 12 月。

我国的商品期货合约根据标的物的不同，交割月份也不相同。一般来说，大部分农产品期货品种的交割月份为每年的 1、3、5、7、9、11 月；大部分金属和化工产品期货品种交割月份覆盖全年 12 个月。而我国的金融期货——沪深 300 股指期货合约的交割月份为当月、下月以及随后的两个季月。具体合约的月份，可以从期货合约的名称中看出，比如 CU 1403，表示在上海期货交易所交易，2014 年 3 月到期的阴极铜期货合约。

（七）交易时间

交易时间（trading hours）是指交易所规定的各种合约在每一交易日可以进行交易的具体时间。不同的交易所可以规定不同的交易时间，在同一个交易所，不同的合约也可以有不同的交易时间。

我国商品期货的交易时间，在白天的交易时间分成三段，分别为：9：00—10：15；10：30—11：30；13：30—15：00。同时，为了保证部分商品期货品种的交易时间与国际上其他交易所的衔接，减小期货投资者隔夜持仓的风险，我国自 2013 年以来，陆续开启了商品期货的夜盘交易模式。截止 2021 年，已有多达 47 个商品期货品种在夜盘交易。夜盘交易时间均从周一至周五晚上 21：00 开始，大多数品种在晚上 23：00 收盘，只有上海期货交易所及其辖下的上海国际能源交易中心的部分品种在更晚的时间收盘。其中：有色金属相关商品期货合约（铜、铅、铝、锡、锌、镍、不锈钢、国际铜）在第二天凌晨 1：00 收盘；黄金、白银和原油期货在第二天凌晨 2：30 收盘。

（八）最后交易日

最后交易日（last trading day）是指由交易所规定的各种合约停止交易的最后截止时间。在期货交易中，绝大多数成交的合约都是通过对冲交易结清的，如果持仓者到最后交易日仍不作对冲交易，那就必须通过交接实物或结算现金来结清。对于商品期货来说，最后交易日过后，只能进行实物交割；而金融期货中绝大多数品种可以在最后交易日过后，采用现金结算方式了结交易。

(九)交割条款

交割(delivery)条款是指由交易所规定的各种期货合约因到期未平仓而进行实际交割的各项条款,包括交割日、交割方式及交割地点等。

表 3-1　上海期货交易所燃料油期货标准合约

交易品种	燃料油
交易单位	50 吨/手
报价单位	元(人民币)/吨
最小变动价位	1 元/吨
每日价格最大波动限制	上一交易日结算价±5%
合约交割月份	1—12 月(春节月份除外)
交易时间	上午 9:00—11:30,下午 1:30—3:00
最后交易日	合约交割月份前一月份的最后一个交易日
交割日期	最后交易日后连续五个工作日
交割品级	180CST 燃料油或质量优于该标准的其他燃料油
交割地点	交易所指定交割地点
最低交易保证金	合约价值的 8%
交割方式	实物交割
交易代码	FU
上市交易所	上海期货交易所

四、期货合约的标准化

从期货合约的基本要素中,我们可以清楚地看到期货合约最显著的特征就是合约的标准化。期货合约的标准化主要体现在以下几个方面:

(一)商品品质的标准化

商品的品质不同,则价格也不同。由于同类产品的产地或生产厂家不同,其产品的品质也不一定相同。为了使期货合约的买卖和转让能正常进行,首先必须对相关商品的品质进行标准化,制定相关商品品质的统一标准,以避免交易中产生的品质纠纷。同时,还制定了非标准品的质量升贴水规定,使得所有交易者进行买卖的对象完全是统一的标准合约,没有品质差异。商品品质的标准化,促进了合约的转让买卖,增大了交易市场的流动性。

(二)商品计量的标准化

在一份期货合约中,商品的计量单位和交易数量都有其标准化规定,以避免由于合约的买卖和转让交易频繁且交易量大所带来的结算和统计的不便。

（三）交割月份的标准化

期货合约按交割月份来划分。交易所必须指定在交割月份中可以进行交割的确切时期。对于许多期货合约来说，交割时期是整个交割月。交割月份随合约的不同而不同，由交易所根据客户的需要进行选择。在任何给定的时间，交易的合约包括有最近交割月的合约和一系列随后交割月的合约。由交易所指定特定月份合约开始交易的时刻，交易所同时也对给定合约的最后交易日作了规定。最后交易日通常是最后交割日的前几天。

在我国，期货的实物交割方式包括集中交割和滚动交割。集中交割是指到期的合约在最后交易日过后一次性交割的方式；滚动交割是指合约进入交割月以后，在第一个交易日至最后一个交易日前一交易日之间进行交割的交割方式。

（四）交割地点的标准化

交易所必须指定商品交割的地点。这对可能存在较大的运输费用的商品期货尤为重要。当指定几个交割地点时，空头方收取的价款有时会根据其选择的交割地点进行调整。

经过以上各项的标准化，期货合约交易单的内容变得十分简洁明了，在品名、交割期、买或卖、数量、价格中，只有价格是行情的变量，拟成交的数量与买卖方向由交易者的意愿而定，品种和交割期由交易者选定。

第二节 期货交易规则

一、保证金制度

如果两个投资者相互间直接接触并同意在将来某时刻按某一特定的价格交易一项资产，这就明显地存在风险。投资者中的一方可能会后悔该项交易，极力想毁约；或者，该投资者没有财力来保证该项协议的实施。为了有效防止交易者因市场价格波动而导致的违约给结算公司带来损失，交易所建立了保证金制度。因此，凡是参与期货交易的投资者，无论买方还是卖方，都必须按规定缴纳保证金。

当投资者进行交易后，经纪人会要求投资者建立一个保证金账户（margin account），以供存放保证金。保证金分为初始保证金、维持保证金和追加保证金三个类别。

初始保证金（initial margin）是指签约成交每一份新期货合约时，买卖双方都必须向交易所缴纳的存入其保证金账户的保证金。初始保证金按照合约价值的一定比率来计算，它是确保交易者履约的财力担保金，而不是交易中的定金或交易者应付价款的一部分。当合约履约后，原持仓人注销了这份合约时，该合约相关的已缴交易保证金在结算时予以全数退还，不计利息。若违约，则违约一方的保证金被收缴，用来冲抵违约所造成的损失，包括价格波动所带来的损失和应付违约罚金。这也被称作违约方必须付出的违约成本。

根据价格的一般波动幅度和结算制度，初始保证金比率大体为合约价值的5%～10%，这一比率由经纪人确定，但不得低于结算公司为此规定的最低标准。这就是说，在合约成交的下一个交易日，价格的波动幅度不会超过5%～10%，所交纳的初始保证金足以抵偿价格不利波动时所带来的账面亏损。

维持保证金(maintenance margin)则是指交易所或经纪人规定的、交易者在其保证金账户中所必须保有的最低余额的保证金。当交易者按规定比例缴足初始保证金,并买进或卖出一定数量的某种金融期货合约后,交易所的结算单位将在每天交易结束后,根据结算价格计算出每一交易者未平仓部位的盈亏金额,并增减其保证金账户的余额。若有盈利,使保证金账户的余额超过规定的初始保证金,则交易者可提取此盈余的部分;而若有亏损,使保证金账户的余额减少到维持保证金以下,则交易者会收到保证金追缴通知(margin call),需按要求追加保证金(variation margin),以使保证金账户的余额恢复到初始保证金的水平。否则,交易所或其结算单位将强行处置其未平仓头寸,并将损失从其保证金账户中扣除。

二、每日限价制度

价格限制即每日价格最大波动幅度限制,或"每日停板额限制",包括涨停板和跌停板两种。交易所对大多数的期货合约所规定的每天价格相对于上一日收盘价可以波动的最大限度,是为了防止过度投机而带来的暴涨或暴跌而制定的,如果价格变化超过这一幅度,交易就自动停止。不过,当价格波动较大时,也可适当调整期货合约的价格波动限制。在某一交易商品的期货合约中,需列明每日停板额,它是根据该合约的前一交易日结算价加减一定比例的金额计算出来的,交易者不得在确定的停板价格之外进行交易。

三、持仓限额制度

持仓限额(position limits)也叫做交易头寸限制,是交易所规定的会员或客户可以持有的,按单边计算的某一合约持仓的最大数额。如果同一客户在不同会员处开仓交易,则要将该客户的各账户下的持仓数合并计算。

在我国,持仓限额通常只针对一般投机头寸。套期保值头寸、风险管理头寸以及套利头寸可以向交易所申请豁免。

四、强行平仓制度

强行平仓制度是与持仓限额制度和每日限价制度等相互配合的风险管理制度。当交易者的交易保证金不足,并且未在规定的时间内补足;或交易者的持仓量超出规定的限额;或交易者违规时,交易所为了防止风险进一步扩大,将对其持有的未平仓合约进行强制性平仓处理,这就是强行平仓制度。

五、大户报告制度

大户报告制度是与限仓制度紧密相关的又一个控制风险、防止大户价格操纵的制度。当交易者持有的投机头寸达到交易所规定的投机头寸持仓限量的80%以上时,交易者就必须向交易所申报。申报内容包括客户的开户情况、交易情况、资金来源和交易动机等,便于交易所审查大户是否有过度投机和操纵市场的行为。

六、每日无负债结算制度

每日无负债结算制度又称逐日盯市制度(mark to market),是指每日交易结束后,交易所按当日各合约结算价结算所有合约的盈亏、交易保证金及手续费、税费等费用,对应收应付的款项实行净额一次性划转,相应增加或减少会员的结算准备金。经纪会员按同样的方法对客户进行结算。

该制度保证了交易者随着期货价格的变化所实现的盈亏立即进入保证金账户,同时也降低了期货交易的违约风险。如果结算后交易者保证金账户的余额低于维持保证金,则交易者要在下个交易日之前将保证金余额补足至初始保证金水平,否则会被限制交易,亏损严重者甚至会被强行平仓。

这里要说明的是我国商品期货交易的保证金分为结算保证金和交易保证金两大类,其中,结算保证金是由会员单位按固定标准向交易所缴纳,是为交易结算预先准备的资金;交易保证金是会员单位或客户在期货交易中因持有期货合约而实际支付的保证金。我国不区分初始保证金和维持保证金,它们统一在交易保证金里。

每日收盘结束时,若结算准备金低于最低余额,必须于下一交易日 8:30 之前(也就是下一交易日开盘前半小时)将资金追加到位。如果不及时追加,当结算准备金小于最低余额且数额为正时,禁止开新仓;当结算准备金数额为负时,会被强制平仓。

七、实物交割制度

虽然大多数期货交易者并不将其头寸保持到期,但如果一个头寸在其到期前没有被对冲,就需要对合同进行交割以平仓。

交割分为实物交割或现金结算两种形式。实物交割是指交易者按已到交割期的持仓合约的内容进行实物商品的交或收的履约行为。实物交割的主要形式有:

1. 标准仓单交割,由交易所认可注册的仓库根据卖方提交的合格实物开出交易所认可的标准仓单,合约卖方持此标准仓单到结算机构交割、结算货款。

2. 三日滚动交割,在期货合约规定的交割月份的第一交易日,到期持仓合约卖方可以提出交割要求,在第二交易日,到期持仓合约买方中的持仓时间最长者将被通知要准备交割,在第三交易日,该买卖双方按规定具体办理交割手续。这样在交割日期范围内,卖方每天都可提出交割要求。

3. 价差交割,主要用于金融期货合约的交割,是买卖双方补偿价差部分来实现合约平仓的办法。

多数期货合约允许有多个交割工具,在合约中通常指明多头向空头支付的价格要根据交割产品的质量进行调整。

一些金融期货,如标的物为股票指数的期货,是以现金结算的。这是由于直接交割标的物资产非常不方便或者是不可能。当合约以现金结算时,最后交易日的结算价格等于其基础工具的现货收盘价。所有的合约在这一天都要盯市,所有的头寸都将被关闭。

八、风险准备金制度

风险准备金制度是指期货交易所从自己收取的会员交易手续费中提取一定比例的资金，作为确保交易所担保履约的备付金制度。

交易所风险准备金的设立，是为了维护期货市场正常运转而提供财务担保和弥补因不可预见的风险而带来的亏损。

九、信息披露制度

交易所向会员、投资者和社会公众提供期货交易信息。内容涉及各种价格、成交量、成交金额、持仓量、仓单数量、申请交割数以及交割库库容情况等。

案例

意料之外的实物交割

为了说明期货的两种了结方式，我们引用 Hull(2010)中的案例来说明两者之间的关系。

某金融机构的新雇员是在金融界没有任何经验的新手。这家金融机构的一个客户为了对冲风险而常常在期货市场上建立多头头寸，并且通常在合约品种到期前的最后一个交易日发出平仓指令，而这位新雇员的职责便是管理这位客户的账户。

当期货合约接近到期日时，这位雇员发现客户仍有一份活牛期货合约(标的资产为40 000磅活牛)的多头头寸没有平仓，可是他错误地向场内的交易员下达了一份多头活牛期货合约的交易指令。这一错误的直接后果是使得金融机构持有两份活牛期货合约的多头，而当这个交易错误被发现时，期货合约的交易已经结束。

这个错误应当由金融机构承担，其直接后果便是金融机构必须去处理一群活牲畜的实物交割工作，而对于这种交割，金融机构毫无经验。根据期货合约的规定，只有在期货的空头方向交易所提供交割意向通知书时，期货多头方才能具体安排交接事务。

最后，金融机构终于收到了由交易所发出的通知书，其中注明了牲畜将在2 000英里外的一个地点进行交割，交割时间是通知发出后的第一个星期二，于是这位雇员被派往交割地点处理相关事务。

交割地点在每周二都有牲畜拍卖，期货的空头方将牲畜卖出后就进行了交付。不幸的是本周买下的牲畜只有在下周二才能拍卖，于是这位可怜的雇员只能留下来安排牲畜的喂养。

问题：这个案例体现了期货交易在平仓方式上具有怎样的特点?

第三节　期货交易的功能

一、风险转移功能

风险转移是期货交易最基本的经济功能。在日常经济活动中，市场主体常面临商品价格、利率、汇率和证券价格的变动（统称价格风险），所谓风险转移（risk shifting），就是将市场上变化的风险从不愿承担风险的人身上转移到愿意承担风险的人身上。有了期货交易后，生产经营者就可利用套期保值交易把价格风险转移出去，以实现规避风险的目的。

套期保值（hedge）是指在现货市场某一笔交易的基础上，在期货市场上做一笔价值相当、期限相同但方向相反的交易，以期保值。套期保值规避价格波动风险的经济原理是某一特定商品的期货价格和现货价格，应该是共同受相同的经济因素的影响和制约，也就是说，两者价格的走势具有趋同性。现货价格上升，期货价格也会上升，相反情况是很少的；而且，当期货合约临近交割时，现货价格与期货价格的差，叫做基差（basis），也往往接近于零，否则，会引起套利机会。所以，投资者只要在期货市场建立一种与其现货市场相反的部位，则在市场价格发生变动时，他在一个市场遭受损失，必然在另一个市场获利，以获利弥补损失，达到保值的目的。期货的套期保值分为两种形式：多头套期保值和空头套期保值。

多头套期保值（long hedge）又称买入套期保值，是指交易者通过当前买入期货合约的方式对将来在现货市场上买入的商品进行保值，以防止未来因现货市场价格上涨而带来的成本上升。

空头套期保值（short hedge）又称卖出套期保值，是指交易者通过当前卖出期货合约的方式对将来在现货市场上卖出的商品进行保值，以防止未来现货市场价格下跌而造成的损失。

对于大豆的加工商来说，未来要进一批大豆，然后将大豆榨油制成豆油和豆粕，他需要防范的风险包括未来进货时大豆价格上涨的风险和未来产成品豆油和豆粕价格下跌的风险。为了防范风险，他可以在期货市场对大豆进行买入套期保值，同时对豆油和豆粕进行卖出套期保值。

二、价格发现功能

价格发现（price discovering）是期货交易的另一重要功能。价格发现也叫价格形成（price formation），是指大量的买者和卖者通过竞争性的叫价而后造成的市场价格，它反映了人们对利率、汇率和股指等变化和收益曲线的预测及对目前供求状况和价格关系的综合看法。这种竞争性的价格一旦形成并被记录下来，通过现代化的通信手段迅速传到世界各地，就会形成世界性的价格。

期货交易正是在有组织的正规化的期货交易所内进行的，由买卖双方公开竞价而产生了期货价格，它反映出众多的买卖双方对当前、几个月及一年以后现货供求关系、价格走势预期的均衡。此外，按照期货交易所的价格报告制度，所有在交易所内达成的每一笔新交易的价格，都要向会员及其场内经纪人报告并公之于众。这就使所有的期货交易者及场内经纪人能及时了解期货市场上的行情变化，及时做出新判断，通过继续在期货市场开立多头或空头头寸，这种新判断又会反映到期货价格上，使期货价格具有了持续性和公开性的特征，这进一步提高了期货价格的真实性和预测性。

期货交易的价格发现功能有利于形成公平、合理、统一的价格，从而也有利于消除垄断，促进竞争，使各生产经营者、投资者和金融机构都根据这一价格做出合理的生产经营决策和投资决策，以实现公平合理、机会均等的竞争。随着期货市场的不断发展完善，尤其是随着国际性期货市场的出现，期货价格在更大范围内综合反映了潜在的供求关系及其变化趋势，期货交易的价格发现功能也就越来越完善。

但是，如果期货市场存在着过度投机或价格操纵行为，则会削弱期货价格的真实程度，甚至使价格完全扭曲，扰乱期货市场进而波及现货市场。为了防止期货价格出现不正常波动，各国期货交易所一致采取相应的防范措施，如规定每日最高合约数量限制、每日最高价格波动幅度限制等，这有利于期货市场的正常运行，有利于价格发现功能得到充分发挥。

三、投机功能

期货交易之所以能够规避价格风险，并不是因为期货交易本身能从根本上消除各经济主体在生产经营和投资过程中所面临的种种风险，而是因为通过期货交易，套期保值者能够将其面临的价格风险转移给别人。这种风险的转移，必须是以有人愿意承担风险作为基本前提的。在期货市场上，愿意承担风险的交易者便是投机者。

投机(speculation)是指人们根据自己对金融期货市场的价格变动趋势的预测，通过看涨时买进，看跌时卖出而获利的交易行为。期货交易具备良好的投机功能的原因，主要有以下几点：

(一)期货交易方便灵活

进行期货合约的买卖，其手续比较简单，只需在交易所的会员经纪公司中选择一家，签订委托书，投放一笔资金给经纪商，就可以由其委托代理买卖期货合约。在代理中，委托人有权提供一份买卖意向订单(包括品种、数量、交割期以及价格限制的范围)，经纪商需按意向订单的要求进行交易。交易的目的也很简单，只取决于价格波动可能带来的收益或亏损，一般并不涉及商品实物的运输与交割。若要退出期货交易，只需将持仓合约平仓后结算清楚，即可退出。

(二)保证金数额较低

对于一般的期货交易客户，所缴纳的交易保证金数额较低，一般为合约价值的5%～10%；而进行股票的买卖(融资融券类的交易除外)则需要支付全部金额，也就是100%的保证金交易。

(三)信息的系统性和公开性

期货交易实行公开竞价买卖，大量参与交易的交易者将商品供求状况的信息集中到了交易所，通过公开竞价将其公开化；同时价格的波动也会系统地反映出来，交易者可以从价格波动的系统性中捕捉机会。对比股票市场，股票的价格则主要取决于各个上市公司内部的情况，以及整个股市的情势，而这些情况往往是不系统、不透明的。

第四节 期货交易的种类

期货的品种从种类上可以分为商品期货和金融期货两大类。

一、商品期货

目前世界上的商品期货品种非常多，但大体上可分为农产品期货、黄金期货和金属与能源化工期货三个子类。

（一）农产品期货

农产品期货是最古老的期货品种，其中也可以分为三类：谷物和油菜籽、牲畜和肉类、食品和纤维。

谷物和油菜籽是最早的期货交易品种，它们在很多年中都是交易最活跃的期货。然而，在最近几年中，它们的交易额被金融期货超过。参与此类交易的主要是进行投机和套期保值的农场主、食品加工厂、谷物仓储公司、出口商和外国谷物进口商等。影响谷物和油菜籽期货价格的主要因素是农产品产量、气候、政府的农业政策和国际贸易。

牲畜和肉类期货曾被认为是完美的投机工具，但是在现实中并不比其他种类更具有投机性。这类期货的价格不但受一些明显因素的影响，如国内和世界肉类需求，还受到一些不太明显的因素的影响，如谷物价格、政府政策、人口趋势和国际贸易。参与交易的主要是农场主、肉类包装厂以及猪肉和牛肉的主要使用者，如快餐连锁店等。

食品和纤维期货包括的品种比较广泛，如咖啡、可可、棉花、橙汁、白糖等。它的价格也同样受到上述诸多因素的影响。此外，由于这一种类中的大多数商品是进口的，所以国际经济及政治条件也是一个重要的影响因素。

大连和郑州商品交易所是我国的农产品期货上市的主要交易所。其中大连商品交易所上市的相关期货品种有：玉米、玉米淀粉、黄大豆 1 号、黄大豆 2 号、豆粕、豆油、棕榈油、鸡蛋、粳米、纤维板、胶合板、生猪；郑州商品交易所上市的相关期货品种有：强麦、普麦、棉花、白糖、早籼稻、晚籼稻、粳稻、油菜籽、菜籽油、菜籽粕、棉纱、苹果、红枣、花生。

（二）黄金期货

世界黄金市场是世界间买卖黄金的场所，由分布在世界各国的近 40 个国际性黄金市场组成。目前黄金的期货交易已普及西欧、北美、亚洲以及澳洲等各地。纽约、伦敦、苏黎世和香港是世界四大黄金交易中心。我国的黄金期货交易设在上海商品期货交易所。

（三）金属和能源化工期货

除黄金以外，金属期货商品还有白银、铜、铝、铅、锌、镍、钯、铂等 8 种。能源产品有原油、取暖用油、无铅普通汽油、丙烷等 4 种。其中每一种商品都被认为是不可恢复的自然资源。这些商品中许多是由在政治上不稳定的国家生产的。这类商品的大部分现货和期货是在伦敦、巴黎、阿姆斯特丹和苏黎世进行交易的。国际政治和经济是影响此类期货交易的重要因素。

我国的金属期货主要是在上海期货交易所上市交易，主要品种有：铜、铝、锌、铅、镍、锡、白银、铁（螺纹钢、线材、热轧卷板、不锈钢）。除此以外，郑州商品交易所上市交易的品种还有硅铁和锰硅两个品种；大连商品交易所还上市了铁矿石期货。

我国上市的能源化工类期货品种较丰富，具体有：上海期货交易所上市的原油、低硫燃料油、石油沥青、天然橡胶、纸浆和20号胶期货；大连商品交易所上市的聚乙烯、聚氯乙烯、聚丙烯、焦炭、焦煤、乙二醇、苯乙烯和液化石油气期货；郑州商品交易所上市的PTA（精对苯二甲酸）、甲醇、动力煤、尿素、纯碱、短纤和玻璃期货。

二、金融期货

根据标的物的性质不同，金融期货也可分为三大类：外汇期货、利率期货和股票指数期货。

（一）外汇期货

外汇期货（foreign exchange futures）是指交易双方约定在未来特定的时期进行外汇交割，并限定了标准币种、数量、交割月份及交割地点的标准化合约。外汇期货也被称为外币期货（foreign currency futures）或货币期货（currency futures）。外汇期货产生于1972年，由芝加哥商品业交易所的国际货币市场（IMM）首创，最初的交易货币包括英镑、德国马克、瑞士法郎、加拿大元、日元等。此后，美国中美洲商品交易所、费城期货交易所等相继推出外汇期货交易。1982年9月，类似于IMM的伦敦国际金融期货交易所开张营业，1984年新加坡国际金融期货交易所也开始进行外汇期货交易。目前，世界上主要的期货市场大多都进行外汇期货交易。

（二）利率期货

利率期货（interest rate futures）是继外汇期货之后产生的又一个金融期货类别，它是指标的资产价格依赖于利率水平的期货合约，如长期国债期货、短期国债期货和欧洲美元期货。利率期货是有利息的有价证券期货，进行利率期货交易主要是为了固定资金的价格，即得到预先确定的利率或收益。1975年10月，芝加哥期货交易所推出了第一张利率期货合约——政府国民抵押协会（Government National Mortgage Association，GNMA）抵押凭证期货合约。1976年1月，国际货币市场（IMM）推出了3个月期的美国国库券期货合约，短期利率期货得到了迅速的发展。1977年8月，芝加哥期货交易所又推出了美国长期国债期货合约，从此长期利率期货蓬勃发展。目前，利率期货的品种繁多，交易也十分活跃。

（三）股票指数期货

股票指数期货（stock index futures）指期货交易所同期货买卖者签订的、约定在将来某个特定的时期，买卖者向交易所结算公司收付等于股价指数若干倍金额的合约。股票指数期货是所有期货交易中最复杂和技巧性最强的一种交易形式，其交易标的物不是商品，而是一种数字，可谓买空卖空的最高表现形式。股票指数期货交易于1982年2月，由美国堪萨斯期货交易所首创，堪萨斯交易所当时推出的合约是价值线（value line）综合平均指数期货。继堪萨斯期货交易所之后，芝加哥商品业交易所（1982年4月）、纽约证券交易所(1982 年 5 月)以及芝加哥期货交易所(1984 年 7 月)也相继开办了股票指数期货交易。

还有一种金融期货产品是股票期货,这是以单只股票作为标的物的期货,属于股票衍生品的一种,在 20 世纪 80 年代后期才开始出现,至今成交量不大,市场影响力较小。

第五节　期货市场的组织和管理者

期货市场是进行期货交易的场所。期货投资者通过期货经纪公司,在期货交易所内,根据交易所的交易规则买卖期货合约,最后在期货结算所进行结算,完成期货交易。在本节里,我们将分别介绍期货市场的参与者、组织结构以及管理。

一、期货市场的参与者

期货市场中的参与者有保值者、投机者、套利者、期货交易顾问、期货基金经理等。

(一)保值者

保值者,即套期保值者,是指那些把期货市场当作规避与转移价格风险的场所,利用期货合约作为将来在现货市场上买卖商品的临时替代物,对其现在已买进(或已经拥有或将拥有)准备以后售出的商品或者对将来需要买入商品的价格进行规避风险的交易者。换句话说,保值者就是在期货市场进行套期保值交易的个人或企业。

一般来说,保值者只从事与本企业的生产经营相关的商品的期货交易,他们进行期货交易的目的是寻求价格保障,尽可能地降低价格风险,从而把主要的精力集中于本企业的生产经营业务上,以此来取得正常的生产经营利润。保值者的交易活动,在现货与期货之间,近期与远期之间,建立了一种行之有效的对冲机制,可以很容易地把价格风险降低到最低限度,以减少生产经营者的价格风险,保证生产经营活动的正常进行。套期保值交易是整个期货市场保持稳定的基础,是期货市场的生命力所在,没有保值者参加的市场是不稳固的,期货交易也无法正常发挥其经济功能。

保值者的交易特点是交易量大;在期货市场中的头寸具有相对稳定性,一般不随意变动;期货合约的持有时间较长,只进行一次性平仓或实物交割,而不像投机者那样频繁转手。

(二)投机者

投机者是指通过预测期货价格的未来变动趋势,以低买高卖的手段赚取期货价格波动差额的交易者。

投机者与保值者的最根本区别在于两者参与期货交易的动机不同。投机者所追求的是期货价格的波动。他们对实际商品根本不感兴趣,除非万不得已,投机者是不会进行实物商品的交割的。而保值者所追求的则是规避价格风险,以期货市场上的赢利或亏损来冲抵现货市场上的亏损或赢利,以锁定预期利润或成本。

当投机者认为某种期货商品的价格将上涨时,往往选择时机买入期货合约,这种做法被称为“买空”或“多头”,而当投机者认为价格将要下跌时,他先在交易所内抛售期货合约，然后待机补进，这种做法被称为“卖空”或“空头”。无论是卖空还是买空，都存在着非常大的价格风险，同时也存在着巨大的获利机会，关键在于投机者的胆识和对价格的预测能力。

投机者的交易特点是每次的交易量一般都较小；在期货市场中的头寸方向经常变换；期货合约的持仓时间较短，合约转手率较高。

(三)套利者

套利者是指通过暂时存在的不合理的价格关系，通过同时买进和卖出相同或相关的期货合约而赚取其中的价差收益的交易者。

套利者与投机者的区别是：

1. 从交易的方式来看。套利者(包括各种价差交易者)都是同时做多头与空头。通过对冲买卖部位获取无风险利润。与套利者不同，投机者在某一特定时间往往只做其中之一，即当价格较低而预期价格上升时做多头，而当价格较高但预期价格下跌时做空头。如果预期正确，投机者可获利；如果预期错误，则投机者将受损。

2. 从利润的来源来看。投机者的利润来源于价格水平的变动，而套利者的利润来源于价格关系的变动。因此二者的获利机会未必同时存在，也未必同时消失。

3. 从承受的风险来看。由于套利者是根据客观存在的价格差同时做多头和空头的，而投机者是根据他们对价格变动的预测来进行交易的，在某一时间建立的往往是一种单一的头寸，所以，套利者承受的风险要远小于投机者所承受的风险。

(四)期货交易顾问

期货交易顾问是指以收取报酬为目的，直接或以通过出版物、文件或电子媒介向他人提供买卖期货或期权合约的建议人。由于期货是一种高度专业化的交易，影响价格的因素多种多样，各种技术指标纷繁复杂，因此期货投资者经常通过专业的期货交易顾问的帮助来进行期货交易。

(五)期货基金经理

期货基金经理就是通过出售股权和受益凭证方式向社会公众募集资金，全部或者部分用于期货投资的人。与期货交易顾问相比，期货基金经理能够向期货投资者提供较为廉价的专业服务，但其投资策略较为稳定，不允许投资者按照个人意志随意变更投资策略，而期货交易顾问则仅仅向投资者提供建议，最后的投资决定权在于投资者本身。

二、期货市场的组织结构

期货市场的组织构成包括期货交易所、期货结算所和期货经纪公司。

(一)期货交易所

期货交易所是专门供参加期货交易的交易者买卖合约的场所。它是由生产、经营或代理买卖同类或几类商品的企业和个人为进行期货交易而设立的经济组织。

期货交易所内最基本的活动就是期货合约的买进和卖出，交易所本身不参加期货交易，不拥有任何商品，不买卖期货合约，也不参与期货价格的形成，它只是为期货交易者提供一个场所。

期货交易所通常具有以下 5 个重要职能：

1.提供交易的场所、设施和服务

期货交易实行场内交易,即所有买卖指令必须在交易所内进行集中竞价成交。因此,期货交易所必须为期货交易提供交易场所,必要的设施、先进的通信设备、现代化的信息传递和显示设备等一整套硬件设施,再辅之以完备、周到的配套服务,以保证集中公开的期货交易能够有序运行。

2.设计合约,安排合约上市

制定标准化合约、及时安排合约上市是期货交易所的主要职能之一。期货交易所应结合市场需求开发期货品种,精心设计并选择合适的时间安排新的期货合约上市,增强期货市场服务国民经济的功能。同时科学合理地设计合约的具体条款,满足交易者的投资需求,并安排合约的市场推广。

3.制定并实施期货市场制度与交易规则

期货交易所通过制定保证金制度、涨跌停板制度、持仓限额制度、大户持仓报告制度、强行平仓制度、当日无负债结算制度、风险准备金制度等一系列制度,从市场的各个环节控制市场风险,保障期货市场的平稳、有序运行。

4.组织并监督期货交易,监控市场风险

在制定相关期货市场制度与交易规则的基础上,期货交易所组织并监督期货交易,通过实时监控、违规处理、市场异常情况处理等措施,保障相关期货市场制度和交易规则的有效执行,动态监控市场的风险状况并及时化解与防范市场风险。

5.发布市场信息

期货交易所须及时把本交易所内形成的期货价格和相关信息向会员、投资者及公众公布,以保证信息的公开透明。

期货交易所可分为会员制和公司制两种组织形式,由权力机构、行政机构和监督机构三部分组成。

会员制期货交易所是由全体会员共同出资组建,缴纳一定的会员资格费作为注册资本,以其全部财产承担有限责任的非营利性法人。会员制期货交易所一般设有会员大会、理事会、专业委员会和业务管理部门。其中,会员大会由会员制期货交易所的全体会员组成,它是全员制期货交易听的最高权力机构。理事会是会员大会的常设机构,对会员大会负责,执行会员大会决议。按照国际惯例,理事会由交易所全体会员通过会员大会选举产生。

公司制期货交易所通常是由若干股东共同出资组建,股份可以按照有关规定转让,以营利为目的的企业法人。公司制期货交易所的盈利来自通过交易所进行期货交易而收取的各种费用。公司制期货交易所一般下设股东大会、董事会、监事会、总经理等,他们各负其责,相互制约。其中,股东大会由全体股东共同组成,是公司制期货交易所的最高权力机构。股东大会就公司的重大事项做出决议。董事会是公司制期货交易所的常设机构,行使股东大会授予的权力,对股东大会负责,执行股东大会决议。监事会对股东大会负责,对公司财务以及公司董事、总经理等高级管理人员履行职责的合法性进行监督,维护公司及股东的合法权益。

目前,我国有三大商品期货交易所,分别是上海期货交易所(www.shfe.com.cn)、大连商品交易所(www.dce.com.cn)和郑州商品交易所(www.czce.com.cn),其中上海期货交易所下辖的上海国际能源交易中心则是面向全球投资者的国际性交易场所,其经营范围包括组织安排原油、天然气、石化产品等能源类衍生品上市交易、结算和交割,制定业务管理规则、实施自律管理,发布市场信息,提供技术、场所和设施服务。除此以外,我国的金融期货交易所是位于上海的中国金融期货交易所(www.cffex.com.cn),该交易所于2006年9月成立,是专门从事金融期货、期权等金融衍生品交易与结算的公司制交易所。

2021年4月19日,广州期货交易所在广州宣布成立。至此中国内地第五家期货交易所正式落地广州。与现有期货交易所不同,广州期货交易所是我国首家混合所有制交易所,该交易所被定位为创新型期货交易所,其设立将为粤港澳大湾区内企业、"一带一路"沿线企业提供更多风险管理工具,强化金融服务实体经济的能力,同时,将有助于粤港澳大湾区构建资本市场高地,加速推进国际金融枢纽建设,提高全球金融影响力。在《关于金融支持粤港澳大湾区建设的意见》中,广州期货交易所在未来将会涵盖科技、绿色、金融、环保等新兴的产业。

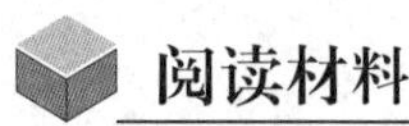

阅读材料

全球知名的期货交易所简介

一、洲际交易所

洲际交易所(InterContinental Exchange Inc,ICE)是一家全球领军的金融和商品期货的交易所和结算中心集团。2013年11月,ICE完成其对NYSE-Euronext的收购,形成现在的交易所体系。

ICE拥有23个交易所和交易市场,主要包括:

1.美国、加拿大、欧洲境内的ICE期货交易所;

2.美国、欧洲境内的LIFFE期货交易所;

3.纽约股票交易所;

4.泛欧集团股票交易所;

5.股权期权交易所;

6.OTC能源、信贷和股权交易市场。

在ICE交易的产品包括:能源、利率、信贷、外汇、债券、农业、贵金属、股权、交易所交易产品、股票期权。横跨主要投资领域的9700种在交易合约和证券。

二、芝加哥商品交易所

芝加哥商品交易所(Chicago Mercantile Exchange,CME)创立于1874年,是美国最大的期货交易所,也是世界上第二大买卖期货和期货期权合约的交易所。

2002年12月,芝加哥商品业交易所控股公司正式在纽约股票交易所上市,芝加哥商品业交易所也由此从会员制的非营利组织转变为营利公司。

2006年10月17日美国芝加哥商品交易所(CME)和芝加哥期货交易所(CBOT)宣布已经就合并事宜达成最终协议,两家交易所合并成全球最大的衍生品交易所——CME

集团。

CME主要提供利率、股票指数、外汇和商品的期货和期货期权合约的交易。

三、伦敦金属交易所

伦敦金属交易所(London Metal Exchange,LME)是世界上最大的有色金属交易所，成立于1876年。采用国际会员资格制，其中多于95%的交易来自海外市场。交易品种有铜、铝、铅、锌、镍和铝合金，交易所的价格和库存对世界范围的有色金属生产和销售有着重要的影响。

LME是香港交易所集团成员，是一个同时汇聚实物交易行业与金融业的稳健、受监管市场。这里，一天24小时，任何时候都有买方卖方，都有价格提供，都能够提供转移或承担风险的机会。

对投资者来说，LME既是活跃的期货交易所，也是与金属业息息相通的市场。LME遍布全球的认可仓库网络提供实物交割服务，LME也就成为金属业界进行套期保值的理想场地，为业内人士提供可信赖的基准价格。

四、纽约商品交易所

纽约商品交易所(The New York Mercantile Exchange,Inc.)是由The New York Mercantile Exchange(NYMEX)和The Commodity Exchange,Inc.(COMEX)于1994年合并组成，是全球最具规模的商品交易所。

根据纽约商品交易所的界定，它的期货交易分为NYMEX及COMEX两大分部。其中NYMEX负责能源、铂金及钯金交易;COMEX负责金、银、铜、铝的期货和期权合约。

(二)期货结算所

期货结算所又称“票据交换所”或“期货清算所”，是负责期货交易的结算，包括到期末平仓期货合约的交割和未到期合约的平仓，并承担每笔交易的清算和期货合约到期履约等责任的场所。

结算所的设立在期货交易中发挥着重要的作用:

1. 结算所充当买卖的第三方，使得期货交易者可随时通过其经纪人以反向买卖期货合约的方式平仓，简化了结算的手续，大大活跃了交易。

2. 结算所为每张期货合约的履行提供担保，即使合约的一方由于破产或其他原因无法履约，结算所仍负有履约的责任以保障合约持有者的合法权益。

3. 结算所简化了期货交易的实物交割手续。

结算所以两种形式存在:一是分离于期货交易所之外的独立的期货结算所;一是包含在期货交易所之中，作为交易所下设的一个职能部门。结算所的日常工作通常由结算所总裁负责，结算所内部通常设有登记部、结算部、经济部、信息部、交割部等职能部门。

结算所的会员分为两类:普通结算会员和全权结算会员。全权结算会员都是资金实力雄厚、组织机构与规章制度健全、信誉可靠的大公司，既可以为自己所从事的期货交易进行结算，也可以代理其他无结算会员资格的交易所会员进行结算;普通结算会员的综合实力稍差，只能为自己所从事的期货交易进行结算，而不能代理其他会员进行结算。

(三)期货经纪公司

期货经纪公司是专门从事接受非期货交易所会员(客户)的委托进行期货交易并收取佣金的民间公司。经纪公司的性质与交易所和结算所都不同,它属于营利性的经济组织,主要收入来自代客户从事期货交易所收取的服务报酬,即佣金。

绝大部分的期货交易都是通过期货经纪公司来进行的,所以经纪公司也是期货市场的一个重要的组成部分,它的重要作用如下:

1. 它是期货交易所的延伸,解决了非交易所会员参加期货交易不便的问题,充分地调动起潜在的期货交易者参与期货交易的动机,拓宽了交易所的服务功能,把广大的期货交易参加者和交易所紧密地连接在一起,促进了期货交易的发展。

2. 为交易者提供了财力保证,为每一客户设立专门的保证金账户,并负责监督客户的保证金状况和财力状况,防止个别客户超过其经济能力进行交易造成亏损、破产而给交易所维持期货交易的正常进行带来困难并影响经纪公司的经济利益。

3. 使期货交易进一步制度化和规范化,期货交易者进行交易要通过经纪公司履行一定的手续,经过一定的程序并随着交易状况的变动履行相应的义务、职责。

4. 拓宽了信息传播渠道,便于客户根据反馈的市场信息及时、灵活地调整交易方针,尽可能避免由于信息传递不及时、内容不完整带来的经济损失。

期货经纪公司内部一般要设立保证金账户部、结算部、信贷部、交易部、客户服务部、实物交割部、研发部、行政部等部门来保证其充分发挥作用。

三、期货市场的管理

期货市场的有效管理是市场顺利运转的必要保证,它能够防范和阻止囤积居奇、市场垄断和价格操纵现象的发生,加快流通速度,提高交易的效率,保证交易品种的稳定,保证市场上的交易情况能正确反映供求状况,传播正确的市场信息。

(一)美国期货市场的管理机构

美国商品期货交易委员会(Commodity Futures Trading Commission,CFTC)是美国联邦政府对期货交易实施全面管理的独立管理机构,负责监管商品期货、期权和金融期货、期权市场。CFTC 的任务在于保护市场参与者和公众不受与商品和金融期货、期权有关的诈骗、市场操纵和不正当经营等活动的侵害,保障期货和期权市场的开放性、竞争性和财务上的可靠性。

同时,CFTC 在 1974 年授权成立了一个全国性的行业协会——全国期货协会(National Futures Association,NFA),该协会是期货行业自律组织,属非营利性会员制组织。它的主要职责包括:

1. 实施有关条例,保护客户利益;

2. 审查和甄别会员与经纪人的资格;

3. 审计、监督会员、经纪人等期货专业人员的资本额、财务状况以及有关规则的执行情况;

4. 为期货交易出现的纠纷提供一个统一的仲裁系统;

5. 向会员及公众进行宣传教育。

(二)我国期货市场的管理机构

根据2007年3月6日《期货交易管理条例》,2007年8月21日中国证监会发布了《期货监管协调工作规程(试行)》([2007]139号),构建由中国证监会、证监局、期货交易所、中国期货保证金监控中心有限责任公司和期货业协会共同参与的监管协调工作机制,按照“统一领导、共享资源、各司其职、各负其责、密切合作、合力监管”的原则,形成监管有效的工作网络。

中国证监会负责监管协调机制统一领导、统筹协调和监督检查。期货部及各地证监局对期货公司及其分支机构进行监督管理。期货交易所、中国期货业协会依照有关法律、行政法规和本机构的章程、规则对期货公司实行自律管理。期货保证金监控中心对客户的保证金实施监控。

本章摘要

1. 期货交易是指交易双方在集中性的市场以公开竞价的方式所进行的期货合约的交易。

2. 期货合约是指买卖双方之间签订的在将来一个确定时间按确定的价格购买或出售某项资产的协议。在合约中对有关交易的标的、合约规模、交割时间、标价方法等都有标准化的条款。

3. 期货交易实行保证金制度,交易双方都必须根据交易所或经纪人的规定缴纳保证金。保证金分为初始保证金、维持保证金和追加保证金。初始保证金是开始交易时,按照规定的比例或规定的金额缴纳的保证金;维持保证金是交易所或经纪人规定的保证金账户中,必须保持的最低余额的保证金。若因连续亏损而使保证金账户余额低于维持保证金,则投资者必须追加保证金,以使保证金账户的余额恢复到初始保证金的水平。

4. 期货交易实行逐日结算制度,也称无负债制度。即在每个交易日结束后,结算单位将根据当日结算价格与上一交易日的结算价格计算出交易双方未平仓头寸的盈亏金额,并借记或贷记保证金账户。

5. 期货市场大致分为商品期货和金融期货两大类。商品期货分为农产品期货、黄金期货和金属与能源化工期货三个层次。金融期货也可分为外汇期货、利率期货和股票指数期货三大类。

6. 期货市场的有效管理是市场顺利运转的必要保证,它能够防范和阻止囤积居奇、市场垄断和价格操纵现象的发生,加快流通速度,提高交易的效率,保证交易品种的稳定,保证市场上的交易情况能正确反映供求状况,传播正确的市场信息。

练习与思考

一、名词解释

初始保证金、维持保证金、追加保证金、逐日结算制度

二、单选题

1.玉米期货每手为5000蒲式耳,初始保证金为500美元,维持保证金为300美元。

若交易者于 264.25 美分卖出玉米期货,其会被追缴保证金的价位是多少?(　　)

A. 264.25　　B. 268.25　　C. 268.5　　D.268

2.期货市场每日结算制度中,以何种价位作为计算当日持仓盈亏的基础?(　　)

A.当日收盘价　　B.当日最高价

C.当日最低价　　D.交易所决定的结算价

3.期货交易的违约概率会低于远期合约,其主要原因为:(　　)

A.期货合约是标准化的　　B.期货投资人大多在到期前平仓

C.结算机构的参与　　D.期货的到期时间较远期合约短

4.下列何者不是期货合约记载的内容?(　　)

A.标的物　　B.期货价格　　C.交割方式　　D.合约规格

5.下列何者不是期货合约的特性?(　　)

A.集中竞价　　B.每日结算保证金盈亏

C.买卖双方直接交易　　D.标准化合约

6.美国主管期货的自律组织是:(　　)

A. CFTC　　B. CBOT　　C. CME　　D.以上都不是

7.期货交易的保证金,其性质是:(　　)

A.交易保证　　B.履约保证　　C.交割保证　　D.结算保证

8.目前客户的保证金净值为 15000 美元,而其未平仓合约所需初始保证金为 24000 美元,维持保证金为 20000 美元,则客户必须补缴多少金额的保证金?(　　)

A. 6000 美元　　B. 3000 美元　　C. 9000 美元　　D.不必补缴

三、简答题

1.简述期货交易的含义和基本特征。

2.简述期货合约标准化的含义。

3.试述期货交易的规则。

参考文献

1.钱斯.衍生工具与风险管理[M].陈蓉,译.高等教育出版社,2005.

2.施兵超.金融衍生产品[M].复旦大学出版社,2008.

3.施兵超.金融期货与期权[M].上海三联书店,1996.

4.宋浩平.期货及期权投资实务[M].首都经济贸易大学出版社,2014.

5.陈工孟.金融工程[M].清华大学出版社,2003.

6.张元萍,郗文泽.金融衍生工具[M].首都经济贸易大学出版社,2015.

第4章 期货交易策略和定价原理

学习目的

通过本章的学习，了解期货套期保值的概念和原理；熟悉套期保值的分类，套期保值比率的概念及其计算；了解期货投机的概念；掌握期货套利策略的概念及其分类；了解期货的定价原理，以及金融期货的定价公式。

案例导读

“4200 万元的风险通过期货市场成功规避掉了，这一数字占企业全年利润的 1/3 左右。”在 2007 年锌价的大幅波动尤其是第四季度的大跌行情中，株洲冶炼集团股份有限公司(下称株冶集团)通过套期保值切实享受到了期货这一现代化风险管理工具的好处。

而在株冶集团董事长傅少武看来，锌期货上市对涉锌企业的影响还不仅限于此。“从定价方式的转变到产品质量的改进再到行业影响力的提升，锌期货正在潜移默化地改变着涉锌企业的生产、经营和管理方式。”

株冶集团主要是将进口原料和产品销售结合起来进行套期保值，即境外原料采取点价或者期货套期保值，境内就进行相应数量的反向期货交易。通过这种方法锁定原料和产品之间的价差，确保利润不会因价格大幅波动而被消耗。

“通过期货交易，公司避免了价格风险，资金能够及时足量收回，信用风险也得以化解，生产计划、资金使用计划的制定和执行也更加顺利，采购和销售渠道也被拓宽，可以说，期货市场给企业的生产经营提供了很多便利。”傅少武表示。

第一节 套期保值策略

在期货交易中，生产经营者可以通过套期保值，实现转移价格风险。在这一节里，我们将详细分析套期保值策略的原理及具体应用。

一、套期保值的基本原理

套期保值是指在现货市场某一笔交易的基础上，在期货市场上做一笔价值相当、期限相同但方向相反的交易，以期保值。

（一）套期保值的两个基本原理

套期保值之所以能够达到规避价格风险的目的，其基本原理有两个：

1. 同一品种的商品，其期货价格与现货价格受到相同的因素的影响和制约，虽然波动幅度会有不同，但其价格的变动趋势和方向有一致性。在某段时间，同一品种的现货价格与期货价格走势一致，一旦保值者在期货市场上建立了与现货市场相反的头寸，则无论市场价格朝哪一方向变动，均可避免风险，实现保值。不过，在套期保值中，保值者一般只能做到保值，而不能获利。因为，保值者在一个市场上获得的利润将被另一市场的损失所抵消。

2. 随着期货合约到期日的临近，期货价格和现货价格逐渐聚合，在到期日，两者的价差接近于零，期现价格大致相等。如果两者价格不一致，会引发期货市场与现货市场间的套利行为，众多交易者低买高卖的结果，会大大缩小两市场间的价差。

若假定在交割期间，期货的价格高于现货的价格。这就存在一个明显的套利机会：卖空期货合约并买入资产进行交割，这必定会赢利，该赢利额等于期货价格高于现货价格的那部分。一旦交易者发现这一套利机会，期货的价格就会下降。若假定在交割期间，期货的价格低于现货的价格，那么打算获得该标的资产的公司将会发现，购买期货合约然后等待空头方交割对公司更为有利。一旦公司进行如此操作，期货的价格就会上升。

一个期货品种的成功与否，套期保值能否达到既定目标，取决于该品种的期货价格与现货价格的联动关系，还取决于期货市场与现货市场的市场状况及有关交易规则是否有利于套利行为的发生。

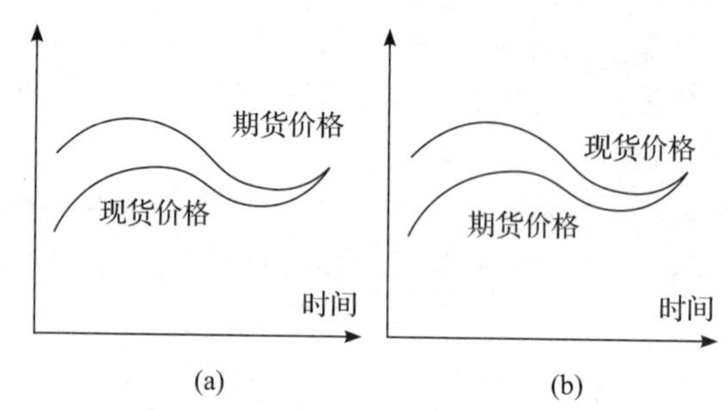

图 4-1 期货价格与现货价格的关系

（二）套期保值的作用

1. 规避现货价格波动带来的风险。价格波动风险是市场经济中客观存在的重要风险。现货的生产者、经营者通过套期保值，将价格波动风险转移给投机者，能不同程度地规避风险，从而保障正常的生产、经营利润。

2. 期货市场价格发现。众多的现货生产者、经营者对相关品种的市场情况往往有较为理性的预测，他们只有在价格变动对自己不利时，才会做出保值决策，这有助于增强市场价格发现的功能，并制约投机活动使之理性化。

3. 锁定相关品种的成本，稳定产值和利润。生产加工企业的目的是获得本行业的正常的预期利润。加工企业可通过保值锁定进货成本，从而保证加工利润；而生产企业则可利用期货市场预先卖出商品，达到稳定收入的目的。

4. 减少资金占用。由于期货交易保证金的杠杆作用，使保值者可以预先用少量的资金控制大量的现货资产，既能保证今后正常生产经营的需要，又能避免库存，减少资金占用，降低经营成本，加快资金周转。

5. 能够提前安排运输和仓储，降低储运成本。当所需要购买或销售的商品必须储存时，根据预期信息，可提前安排运输和仓储，降低储运成本，减少费用。

6. 提供购买和销售时机的更大选择权和灵活性。由于套期保值能提供某种程度的价格保护，使得现货买卖可以视情况需要选择购买和销售时机。

7. 能够提高企业的借贷能力。由于套期保值者的经营更加保险，所以企业往往更容易从银行融资，从而提高了企业的借贷能力。

(三)套期保值的分类

套期保值按其操作手法的不同，可以分为空头(卖出)套期保值、多头(买进)套期保值和交叉套期保值。套期保值在期货市场上的操作可分为两步：第一步，交易者根据现货交易情况，通过买进或卖出期货合约建立第一个期货头寸；第二步，在期货合约到期前，通过建立另一个相反的头寸将先前的合约平仓。

1. 空头套期保值

空头套期保值(short hedge)是指在现货市场处于多头的情况下，在期货市场做一笔相应的空头交易，以避免现货价格变动的风险。相关商品的空头情况意味着套期保值者交割相关商品有固定期货价格的承诺，或相关商品有很高的价格关联关系。

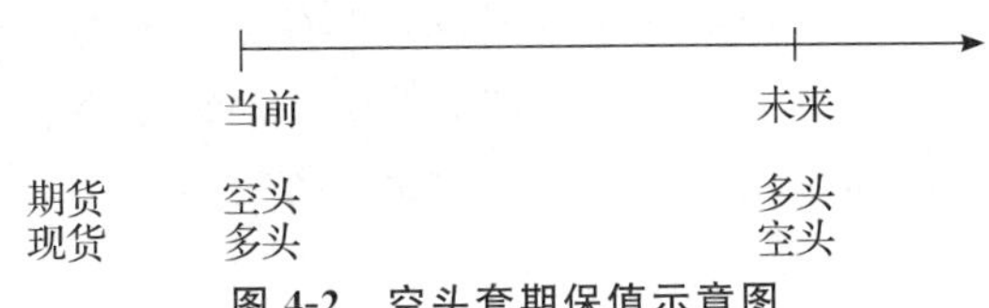

图 4-2 空头套期保值示意图

空头套期保值一般适用于持有商品的交易商担心商品价格下跌的情况，以及预测资产的未来销售。比如，一个公司决定在未来某一时刻进行借贷，借贷等同于发行债券，如果利率在借贷之前上涨了，贷款成本就增加了。与之类似的风险是公司发行浮动利率负债，由于利率是阶段性重新确定的，实际上公司是以不确定的利率签订了一系列贷款合同，面对这样的风险，公司可以做利率期货空头。如果利率上涨，期货交易将产生利润。这一利润至少会部分地抵消由于利率上涨所造成的贷款损失。

2. 多头套期保值

多头套期保值(long hedge)是指在现货市场处于空头的情况下，在期货市场做一笔相应的多头交易，以避免现货价格变动的风险。

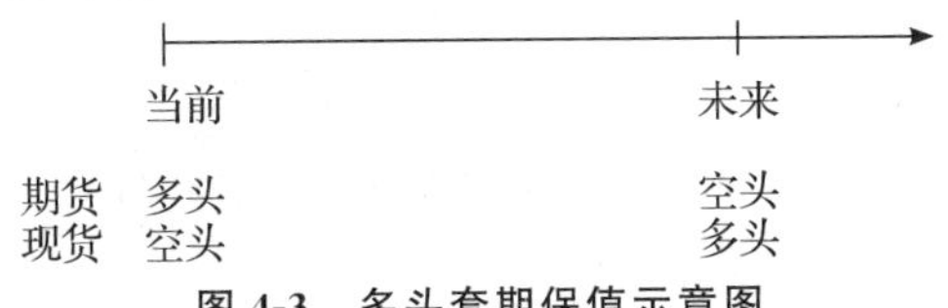

图 4-3 多头套期保值示意图

多头套期保值通常适用于类似这样的场合：投资者准备在将来某一时刻购买商品却担心商品涨价，或者某投资者在资产上做空头时，可用多头套期保值策略进行风险管理，这种应用并不广泛却十分有效。

表 4-1　套期保值策略小结

今天的条件	风险	合适的套期保值策略
持有资产	资产价格有可能下跌	空头套期保值
计划购买资产	资产价格有可能上涨	多头套期保值
已卖空资产	资产价格有可能上涨	多头套期保值

3. 交叉套期保值

交叉套期保值(cross hedge)就是当套期保值者为其在现货市场上将要买进或卖出的现货商品进行套期保值时，若无相对应的该种商品的期货合约可用，就选择另一种与该现货商品的种类不同但在价格走势互相影响且大致相同的相关商品的期货合约来做套期保值交易。在实际中，许多情况都是交叉套期保值，比如在甲地的小麦持有者可能拥有可交割的小麦期货，但由于运输到交割地方的成本很高昂使其成为不可交割期货合约。这就意味着在甲地和乙地的小麦价格不收敛，而且由于两个市场不确定的需求状况导致甲地和乙地两地小麦价格差也可能不确定。这就要使用交叉套期保值。比如，在白金的头寸上用银的期货进行套期保值，使用股票指数期货对单个股票头寸进行套期保值，使用国债期货对公司债进行套期保值，使用甲地小麦期货对储存于乙地的小麦进行套期保值等。

当进行交叉套期保值时，选择作为替代物的期货商品最好是该现货商品的替代商品，两种商品的相互替代性越强，套期保值交易的效果就越好。

(四)套期保值所需合约数量的确定

1. 简单避险法

在确定好套期保值的方式以后，我们自然要考虑一个问题：需要多少手的期货合约才能完成套期保值？比如，某铜冶炼厂要防范未来铜价下跌的风险，于是为其未来生产的5 000吨现货铜进行空头套期保值，假设他在上海期货交易所进行阴极铜期货的交易(5吨/手)，为进行套期保值而空头1 000手阴极铜期货合约。这种方法称为简单避险法(simple hedge method)。期货合约数量的计算公式如下：

$$\text{期货合约数量}=\frac{\text{现货头寸数量}}{\text{每手期货合约数量}}=\frac{5\ 000\text{ 吨}}{5\text{ 吨/手}}=1\ 000\text{ 手}$$

这种方法最为单纯，它并未考虑现货价格与期货价格之间的相关性。该方法的基本假设是：现货价格与期货价格的变动方向与幅度均相同，即不存在两者的价差(即基差)变动的风险。

2. 套期保值比率的概念

套期保值比率(hedge ratio，HR)，是指套期保值工具(即期货合约)的数额与套期保值对象的数额的比率。前面介绍的简单避险法当中，由于假设现货价格与期货价格的变动方向与幅度均相同，因此该方法的隐含前提是套期保值比率等于1。在上面的例子中，规模为 5 吨的阴极铜期货,可以为 5 吨的现货铜套期保值。

假设由于现货铜和期货铜的价格变动幅度不相同,规模为 5 吨的阴极铜期货,只能为 4 吨的现货铜套期保值,则此时的套期保值比率为 1.25(5÷4),由此而造成的套期保值所需合约的数量应当为1 250手(1.25×1 000)。因此,若考虑套期保值比率的因素,前文所述的期货合约数量的计算公式将进行如下修正:

$$期货合约数量=套期保值比率\times\frac{现货头寸数量}{每手期货合约数量} \tag{4.1}$$

将上面公式的各项使用符号,可表示如下:

$$N=\mathrm{HR}\cdot\frac{S}{F} \tag{4.2}$$

最终,如何计算套期保值所需合约数量的问题,就转变成如何确定套期保值比率 HR 数值的问题。

3.最佳套期保值比率

一般情况下,套期保值确实可以达到减小现货市场风险的目的,但由于期货和现货价格波动的幅度往往不同,从而引起基差发生变动,最终导致套期保值不能完全消除风险。因此,问题就在于如何调整套期保值比率,使得套期保值的风险最小。一般情况下,以未来收益变动的方差来测度风险,因此,风险最小化也就是未来收益的方差最小化。由此推导出最佳套期保值比率 h^* 的计算公式为:

$$h^*=\rho\cdot\frac{\sigma_{\Delta S}}{\sigma_{\Delta F}} \tag{4.3}$$

其中:ρ 是期现价格变动的相关系数;$\sigma_{\Delta S}$ 和 $\sigma_{\Delta F}$ 分别是现货和期货价格变动的标准差。(最佳套期保值比率的详细推导过程参见本章附录)

从最佳套期保值比率的公式,可以得到如下结论:

(1)期货价格与现货价格相关程度越高,套期保值所需的期货合约数量越多。反之,所需的期货合约数量越少。也就是说,期现价格变动的相关系数与最佳套期保值比率呈正相关。

(2)现货的标准差越大,即现货价格变动程度越大,套期保值所需的期货合约数量越多。反之,所需的期货合约数量就越少。也就是说,现货价格变动的标准差与最佳套期保值比率呈正相关。

(3)期货的标准差越大,即期货价格变动程度越大,套期保值所需的期货合约数量越少。反之,所需的期货合约数量就越多。也就是说,期货价格变动的标准差与最佳套期保值比率呈负相关。

从直观的角度看,如果现货价格的波动大于期货价格的波动,即 $\sigma_{\Delta S}>\sigma_{\Delta F}$,相应的两者的比率大于 1,意味着套期保值所需合约数比通常情况要多;如果现货价格的波动小于期货价格的波动,即 $\sigma_{\Delta S}<\sigma_{\Delta F}$,相应的两者的比率小于 1,意味着只需要较少的期货合约就可防范现货价格变动的风险。

例 4-1:某公司欲在 3 个月后购买 100 万加仑的航空燃料油。在 3 个月内,每加仑的航空燃料油的价格变化的标准差为 0.032。该公司选择购买热油期货合约的方法进行套期保值。在3个月内,热油期货合约的价格变化的标准差为0.040,且航空燃料油价格变化与热油期货合约价格变化之间的相关系数为0.8。试计算最佳套期保值比率和该公司应购买的合约数量(1手热油期货合约是42 000加仑)。

解答:根据题意,可得:

$$S=1\ 000\ 000, F=42\ 000, \rho=0.8, \sigma_{\Delta S}=0.032, \sigma_{\Delta F}=0.040$$

最佳套期保值比率:

$$h^{*}=\rho\cdot\frac{\sigma_{\Delta S}}{\sigma_{\Delta F}}=0.8\times\frac{0.032}{0.040}=0.64$$

套期保值所需合约数量:

$$N=h^{*}\cdot\frac{S}{F}=0.64\times\frac{1\ 000\ 000}{42\ 000}=15.24\approx 15\text{ 手}$$

需要说明的是,在进行期货的套期保值的过程中,由于盯市导致的期货合约每日的利润或损失会对套期保值产生很大影响,这就需要交易者随时调整套期保值比率,以达到风险最小或收入最大的目的,这被称作动态套期保值(dynamic hedging)。但是,在动态套期保值中,如果频繁地买卖期货,会造成交易成本的增加,进而影响到套期保值的最终效果,因此动态套期保值需要在交易成本与套期保值效果两方面加以权衡,合理调整期货交易的频率。

二、基差与套期保值

套期保值原理在实际应用时,效果也许并不理想,也就是说,没有达到完美保值的状态。影响保值效果的主要原因有:

1. 由于期货商品的品种限制,需要对冲其价格风险的资产与期货合约的标的资产可能并不完全一样;

2. 套期保值者可能并不能肯定购买或出售资产的确切时间;

3. 由于期货合约的交割月份标准化的限制,套期保值可能要求期货合约在其到期日之前就进行平仓;

4. 由于期货合约的交易单位标准化的限制,需要保值的资产的现货交易数量和期货交易数量也许不能相等。

由于套期保值策略具有上述的局限性,需要引入基差分析的方法。

(一)基差的相关概念

基差(basis)是期货市场的一个重要概念,它是指在某一时间、同一地点、同一品种的现货价格与期货价格的差,即:

$$\text{基差}=\text{现货价格}-\text{期货价格} \tag{4.4}$$

如果要进行套期保值的资产与期货合约的标的资产一致,在期货合约到期日基差应为零。但现货价格与期货价格的变化并不一定完全同步,而且多数时候变动幅度是不一样的,这就会引起基差的不断变动,基差可能为正值,也可能为负值,只不过其波动幅度比其价格的变动幅度要小得多。

当现货价格的上涨大于期货价格的上涨,或者现货价格的下跌小于期货价格的下跌时，基差也随之增加，称为基差扩大或基差变强（strengthening of the basis）；当现货价格的上涨小于期货价格的上涨，或者现货价格的下跌大于期货价格的下跌时，基差也随之减小，称为基差减少或基差变弱（weakening of the basis）。

对于商品期货而言，由于供需之间的不平衡及有时存储商品的困难，可能会导致基差的大幅度变化；对于金融期货来说，基差变动就比较小。基差的不可预期的变动可能会给套期保值者带来盈利，也可能使其产生亏损。

（二）基差风险对套期保值效果的影响

基差的变化是不确定的，这种基差变化的不确定性就被称为基差风险（basis risk）。我们使用以下一些符号来检验基差风险的本质：

符号	含义	符号	含义
S_1	在 t_1 时刻现货的价格	S_2	在 t_2 时刻现货的价格
F_1	在 t_1 时刻期货的价格	F_2	在 t_2 时刻期货的价格
b_1	在 t_1 时刻的基差	b_2	在 t_2 时刻的基差

根据基差的定义可知：

$$b_1=S_1-F_1,b_2=S_2-F_2$$

开仓 平仓

期货 F_1 F_2

现货 S_1 S_2

对于多头套期保值者，平仓时在期货市场的损益 $\pi_1=F_2-F_1$，在现货市场的损益 $\pi_2=S_1-S_2$，这时候的套期保值利润是：

$$\pi=\pi_1+\pi_2=(F_2-F_1)+(S_1-S_2)=(S_1-F_1)-(S_2-F_2)=b_1-b_2 \quad (4.5)$$

若 $b_1=b_2$，则刚好实现完全的套期保值；若 $b_1>b_2$，则套期保值会有些许盈利；若 $b_1<b_2$，则套期保值会有些许亏损。套期保值者通过多头套期保值，最终资产的有效价格是：

$$S=S_1-(b_1-b_2)=(S_1-b_1)+b_2=F_1+b_2 \quad (4.6)$$

相反，对于空头套期保值者，平仓时在期货市场的损益 $\pi_1=F_1-F_2$，在现货市场的损益 $\pi_2=S_2-S_1$，这时候的套期保值利润是：

$$\pi=\pi_1+\pi_2=(F_1-F_2)+(S_2-S_1)=(S_2-F_2)-(S_1-F_1)=b_2-b_1 \quad (4.7)$$

若 $b_1=b_2$，则刚好实现完全的套期保值；若 $b_1>b_2$，则套期保值会有些许亏损；若 $b_1<b_2$，则套期保值会有些许盈利。套期保值者通过空头套期保值，最终资产的有效价格是：

$$S=S_1+(b_2-b_1)=(S_1-b_1)+b_2=F_1+b_2 \quad (4.8)$$

现在，我们得出结论：在现货与期货数量相等的情况下，基差变弱对多头套期保值有利，这意味着实际支付的有效价格降低；基差变强对空头套期保值有利，这意味着卖出现货收到的有效价格升高。另外，还要注意，套期保值时会产生期货交易成本，如保证金、手续费、佣金等。如果持有资产，还要发生储存成本，如仓储费。这些成本会降低利润。

（三）基差交易

由于有基差风险的存在，套期保值交易并不能完全抵消价格风险。一般来讲，基差变动的风险比单纯价格变动的风险要小得多,但它毕竟还是会给交易者、消费者和生产者带来不利影响。基差交易策略是提高套期保值效果较好的方法。

基差交易是指为了避免基差变化给套期保值交易带来不利影响,所采取的以一定的基差和期货价格确定现货价格的方法。通常基差交易的双方至少有一方进行了套期保值,但其最终的实际现货交易价格并不是交易时的市场价格,而是根据下面这一公式确定的:

$$交易的现货价格=商定的期货价格+预先商定的基差 \tag{4.9}$$

通过基差交易,套期保值的基差被锁定,保值者刚好实现完全的套期保值。

第二节 投机策略

期货交易一向被认为是投机意识十足的投资工具,由于这种交易采取保证金方式,吸引了大量只想赚取价差,根本没有套期保值需求的投机者。

一、投机策略的特点

投机策略与套期保值策略相比,具有以下特点:

(一)以获利为目的

投机者制定投机策略,试图在期货市场上低价买进高价卖出或高价卖出低价买进来赚取利润,他们的根本目的是获利,这一点也是投机与套期保值的根本区别。

(二)不需实物交割,只做买空卖空

投机策略只关注期货合约的买卖价差,频繁买进卖出合约以赚取价差,并没有什么商品需要保值,也不关心实物交割。

(三)承担价格风险,结果有盈有亏

期货市场中的风险是客观存在的,套期保值需要转移价格风险,投机则必须承担风险。投机者大量介入,使期货市场的流动性大大增加,又使套期保值成为可能。买空卖空的风险是很大的,因而投机交易有盈也有亏。

(四)利用对冲技术,加快交易频率

期货投机的操作条件在于期货合约的对冲性。投机者在发现价格变化有利时,可以方便地对冲已有头寸,以获取价差带来的赢利;在价格发生不利变化时也可以方便地对冲已有头寸,迅速退出市场避免更大损失。另外,对冲技术的应用方便投机者加快交易频率,加速资金周转,从交易量的增加中获得更多的收益。

(五)交易量较大,交易较频繁

投机为市场提供了大量交易资金,同时降低了市场的交易成本。这样又吸引新的投机者加入,从而市场的交易量大为增加,交易比较频繁,使市场具有更大的流动性。

投机交易除了上述主要特点外,还有交易时间短、信息量大、覆盖面广的特点。这些为投机交易的迅速发展奠定了基础,也为期货市场的发展创造了条件。

二、投机策略的分类

根据投机者持仓时间的长短，投机分为一般头寸投机(position trade)、当日投机(day trade)和逐小利投机即抢帽子(scalp)。一般头寸投机者持仓时间较长，他们以多种商品期货为对象，一般利用较长时间的价差来获利，交易量较大；当日投机者只进行当天平仓期货交易，交易对象为他们认为有利可图的各种期货，希望利用较大差价获利；逐小利投机者是随时买进或卖出，赚取很小的差价，他们交易频繁，往往一天内买卖合约数次，其交易期货品种较为单一，但交易量一般较大，对增强市场流动性具有十分重要的意义。

按具体的操作手法不同，投机可分为多头投机和空头投机。多头投机是指投机者预期某期货合约的市场价格将上涨，从而先行买入合约，并于合约到期前伺机平仓，以从价格上涨中获取利润的交易策略；空头投机是指投机者预期某期货合约的市场价格将下跌，从而先行卖空合约，并于合约到期前伺机平仓，以从价格下跌中获取利润的交易策略。

 案例

“国储铜”事件

英国商品研究所2004年11月预测，2005年全球铜供应将出现10万多吨的过剩。2004年11月中旬举行的伦敦金属交易所(LME)年会上，国际大投资银行也大多预测2005年铜价会下调，市场将继续过剩。但实际情况却是国际铜价的逆市上涨，在2005年11月更是达到期铜市场百年来的最高纪录，每吨高达4 146.65美元。“国储铜”事件正是发生在有关机构预测国际铜价会下跌，但实际却持续上涨的时期。

2005年11月9日，国家物质储备局(简称国储局)发布的国家储备铜竞价销售公布称：为缓解当前国内铜供应紧张的状况，满足国内消费需求，国储调节中心受国储局委托，于2005年11月16日拍卖2万吨国家储备铜。

在此后短短的一个月内，国储局举行了四场现货铜拍卖会，拍卖起价一次比一次高，给市场带来的冲击一次比一次大，其中，第三场拍卖起价上海、宁波地区为每吨37 140元，但首批100吨的成交价格就达38 120元/吨，拍卖价远高过市场的预期。消息一经传出，沪铜期货和LME铜期货价格便快速上扬。

第四场现货铜拍卖会上，占2万吨拍卖总量80%的1.6万吨铜流拍的拍卖底价与市价不相上下，参与者怨声载道。尽管国储局声称抛售铜的目的在于满足国内铜的需求，平抑铜价，但市场更愿意相信国储局此举是在缓解其在期货市场的损失所带来的压力。

因为自2005年11月13日开始，外电纷纷披露，中国国储局一名交易员刘其兵在铜期货市场上通过LME场内会员SEMPRA，在每吨3 100多美元的价位附近抛空铜，建立空头头寸约15万至20万吨，这批头寸的交割日在2005年12月21日。

但自2005年9月中旬以来，国际基金不断以推高铜价的方式逼空国储局，铜价每吨

上涨600多美元。不断走高的国际铜价无疑会给国储局造成巨额亏损，所以国储局不得不通过不断抛售国内现货来缓解压力，挽回损失。

1. 曾经的明星交易员——刘其兵

刘其兵于1994年3月进入国储局，1995年就获得了难得的机会去伦敦金属交易所实习半年。他不仅在仕途上一路平坦，其不算长的交易生涯也可谓天赐良机。1997年7月，国储局同意刘其兵所任职的国储调节中心在期货市场进行套期保值业务，他被授权为国储调节中心在伦敦金属交易所开立的交易账户的交易下达人。自1998年起，国储调节中心通过LME进行自营期货业务，并在英国标准银行、AMT等期货经纪公司开设了多个期货交易账户，具体工作由刘其兵负责实施。仅仅1年后，铜市开始触底，并慢慢回暖，超级牛市便悄然开始。刘其兵首先发现了其中的机会。在2002—2003年间，当铜的价格还在每吨1 600美元时，刘其兵曾买入现货运到中国；在2004年铜价涨到每吨2 800美元时，他将其卖出，获利颇丰。可以说他有先见之明，在这轮牛市启动之初就开始积极囤积，做好储备工作，从铜价1 000多美元到3 000美元期间，他做得非常出色。

此外，刘其兵更擅长的是在上海期交所与LME之间做反向套利。尽管上海期铜一直是跟随LME走，被称为“影子市场”，但两个市场之间每吨有上千元甚至上万元价差，因此这种套利行为较为普遍。由于国储局强大的现货背景，刘其兵的一举一动引起了更多的追风者。因此，据称一度“国储调节中心在国内市场获利超过7亿元人民币”。这也创下了国储获利的神话。

从铜价涨上3 000美元开始，刘其兵就做出预测，未来铜价将下跌，2004年中国实施宏观调控后，受国内需求大幅下降的影响，国内铜价于下半年开始下滑，这加深了刘其兵看空铜市的判断，于是他的胆子更加大了。到2005年9月中下旬，刘其兵已累计开出8 000手空仓合约。

然而天有不测之风云，刘其兵不幸遇上了国际铜市史上绝无仅有的暴涨行情，国际铜价一次次刷新历史新高。

铜价不断暴涨，令刘其兵亏损严重。随后，刘其兵第一次离家出走，即发生在铜价越过3 000美元大关不久。2005年9月，伦敦金属交易所铜价从3 500美元/吨上攻至3 700美元/吨。深受原期货空头和结构性期权的双重压力，刘其兵终于爆仓。当年“十一”国庆长假过后，铜价突破4 000美元/吨大关。刘其兵再度失踪。此时，他所建的空头头寸已达到20万吨。按照法庭认定的数据，账面亏损达到了6.06亿美元。至此，“国储铜”的巨额亏损案才告一段落。2006年6月21日，刘其兵在云南昆明书林街富邦花园的一套住房内被捕。

2. 事件的成因

中国公司，尤其是那些没有取得期货交易资格的公司，之所以敢于冲破法律的限制，在海外做期货交易，关键是为了牟取私利。这些公司的账户往往是公私不分，换句通俗的话说，赚了钱是自己的，亏了钱是国家的。在这次事件中，国储中心之所以在国内和国外市场均选择做空，其根本原因也是“想挣钱”。这次“国储铜”事件，媒体披露出来的老鼠仓的情况同样令人触目惊心。据分析，刘其兵近两年通过在期铜上的投机，就给自己的小金库增加了不下3亿美元的收益，这是一笔可观的收益。假如不是此次空单被套，这重重黑幕，恐怕永远不会进入公众的视野。

一度被禁止的境外期货交易从2001年被国务院放开后，至今已经有30多家国有企业获得了从事境外套期保值业务的资格。为了控制风险，证监会制定了非常严格的监管规则。国储在境外从事铜期货交易早已不是秘密，但直至此次被套铜风波被媒体披露之后，证监会一位负责人称："因为国储属于国家机构，其在境外的交易不受证监会的监管。"此次国储铜伦敦被套风波再次显现了境外期货监管的真空地带。

3. 事件的启示

首先，要完善内部控制体系。所有的前车之鉴都无一例外地表明，巨亏事件之所以发生且损失巨大，内控不严格是直接的导火线。就期货等衍生产品的交易而言，与交易员的胆大妄为和所在单位主管领导及上级单位监管不力有直接关系。

其次，要完善期货法律体系。我国法律对境外期货市场监管的相关法律也应当与时俱进，跟上时代的潮流，相关立法部门应定期修改法律及条例，使期货市场更加合法化，让交易双方更放心。

最后，要科学管理市场风险。建立科学有效的风险管理体系，包括市场风险的识别、量化、监测和控制体系，以及与风险管理相适应的内部控制体系和内部激励约束机制；要有风险转移与对冲的手段和工具，实现风险定价和分散；要加强市场约束，信息披露和风险解释要充分。

第三节 套利策略

一、套利策略的特点

套利(arbitrage)是指人们利用暂时存在的不合理的价格关系，通过同时买进和卖出相同或相关的商品或期货合约，以赚取其中的价差收益的交易行为。其中，不合理的价格关系包括多种不同的情况：

1. 同种商品及期货合约在现货市场和期货市场间的不合理的价格关系；
2. 同种商品或期货合约在不同市场之间的不合理的价格关系；
3. 同一市场、同种期货合约在不同交割月之间的不合理的价格关系；
4. 同一市场、同一交割月的不同期货合约之间的不合理的价格关系。

所有这些不合理的价格关系一般只存在于一个较短的时间中，套利者的套利活动将很快矫正或拉平这些不合理的价格关系。

套利的实质是对不同的合约(包括现货)的价差进行投机，分别建立正反两个方向的头寸，这两种合约的联动性很强，所以套利的原理与套期保值的原理很相似：

1. 两合约的价格大体受相同的因素影响，在正常情况下价格变动趋势相同，但波幅会有差异。

2. 两合约间应存在合理的价差范围。在这个范围之外(超过或小于)是受到了外界异常因素的影响，影响消除后，最终还是会恢复到原来的价差范围。

3. 两合约间的价差变动有规律可循，价差的运动方式是可以预测的。

一般情况下，合约间价差的变化比单一合约的价格变化要小得多，且获利大小和风险大小都较易于估算，所以套利交易颇受投资基金和风格稳健的交易者青睐。另外，套利交易对整个期货市场的良好运行也有很大的贡献：

1. 有利于不合理的价格关系恢复正常。当市场价格不合理时，相关合约价差波动往往超过正常范围，这时就会引发大量的套利交易，大量的交易者低买高卖行为的结果往往会将价格拉回到正常水平。

2. 有利于抑制过度投机。欲操纵市场，进行过度投机的交易者往往利用各种手段将价格拉抬或打压到不合理的水平，以便从中获利。如果期货市场上有大量的理性套利者存在，过度投机行为就会被有效地抑制。

3. 有利于增强市场流动性。套利者一般交易量较大，通过在不同合约上建立正反头寸，可以有效地增强市场的流动性，并带动远月合约的交易。

二、套利策略的分类

从套利活动的操作方式来看，套利可分为期现套利、跨期套利、跨市套利和跨商品套利，后三种也被称为价差套利。

（一）期现套利

期现套利是指在期货市场和现货市场间套利。若期货价格较高，则卖出期货同时买进现货到期货市场交割；当期货价格偏低时，买入期货在期货市场上进行实物交割，接受商品，再将它转到现货市场上卖出获利。这种套利通常在即将到期的期货合约上进行。大量的期现套利有助于期货价格的合理回归。

期现套利一般仅涉及现货商人。因为涉及期货、现货两个市场，如果实物交割，还要占用大量的资金，且需要有相应的现货供、销渠道来买进或卖出现货。这样的条件是一般投机者所不具备的，所以一般的投机者很少在即将到期的合约上操作。而期现套利者却最关注进入交割月份的期货合约品种，只要基差足够大，超过预期投机成本，套利者就会入市，最终再根据市场情况灵活选择在期货市场平仓或是进行实物交割。

（二）跨期套利

跨期套利是指在同一交易所同时买进和卖出同一品种的不同交割月份的期货合约，以便在未来两合约价差变动于已有利时再对冲获利。跨期套利在套利交易中最为常见，有三种最主要的交易形式：牛市套利、熊市套利和蝶式套利。

1. 牛市套利

牛市套利，也叫买近卖远套利或买空套利，是指入市时买进近期月份期货合约，同时卖出远期月份合约的跨期套利形式。

在价格看涨的市场上，若同一种商品不同时间的期货合约之间的价格差距也看涨，也就是说，近月合约的价格上涨幅度大于远月合约的价格上涨幅度，则对冲手中的合约便会获利；在价格看跌的市场上，若近月合约的价格下跌幅度小于远月合约的价格下跌幅度，则对冲手中的合约也会获利。

我们用以下符号来分析牛市套利的盈亏状况：

符号	含义	备注
F_1	开仓时，近月合约的成交价格	
F_1'	平仓时，近月合约的成交价格	
F_2	开仓时，远月合约的成交价格	
F_2'	平仓时，远月合约的成交价格	
B	开仓时，近月合约与远月合约的价差	$B=F_1-F_2$
B'	平仓时，近月合约与远月合约的价差	$B'=F_1'-F_2'$

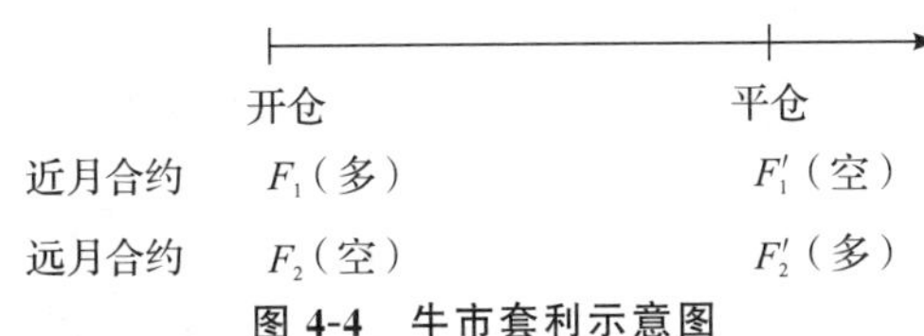

图 4-4 牛市套利示意图

对于牛市套利者，平仓时在近月合约上的损益 $\pi_1=F_1'-F_1$，在远月合约上的损益 $\pi_2=F_2-F_2'$，这时候的套利利润是：

$$\pi=\pi_1+\pi_2=(F_1'-F_1)+(F_2-F_2')=(F_1'-F_2')-(F_1-F_2)=B'-B \quad (4.10)$$

可见，牛市套利的盈亏实际上取决于两次交易的价差变化：若开仓价差小于平仓价差，即价差上涨，则赢利；若开仓价差大于平仓价差，即价差下跌，则亏损。

2. 熊市套利

熊市套利又叫卖近买远套利或卖空套利，是指入市时卖出近期月份期货合约，同时买进远期月份合约的跨期套利形式。与牛市套利相反，投资者希望看到价差的缩小，即在看涨的市场上，远月合约价格的上涨幅度大于近月合约价格的上涨幅度；在看跌的市场上，远月合约价格的下跌幅度小于近月合约价格的下跌幅度。

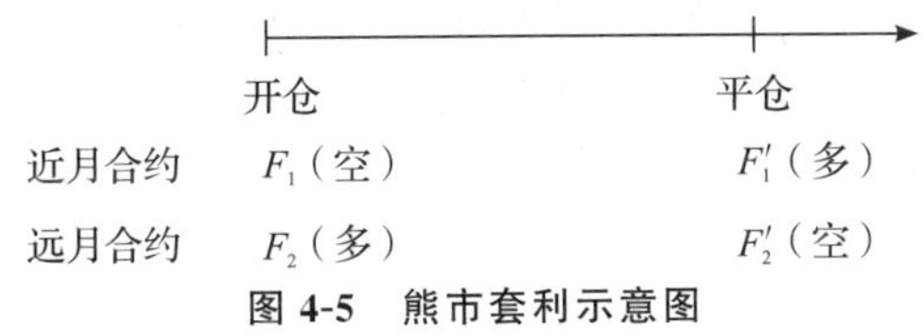

图 4-5 熊市套利示意图

与牛市套利相反，对于熊市套利者，平仓时在近月合约上的损益 $\pi_1=F_1-F_1'$，在远月合约上的损益 $\pi_2=F_2'-F_2$，这时候的套利利润是：

$$\pi=\pi_1+\pi_2=(F_1-F_1')+(F_2'-F_2)=(F_1-F_2)-(F_1'-F_2')=B-B' \quad (4.11)$$

可见，熊市套利的盈亏实际上取决于两次交易的价差变化：若开仓价差大于平仓价差，即价差下跌，则赢利；若开仓价差小于平仓价差，即价差上涨，则亏损。

3. 蝶式套利

蝶式套利是由牛市套利和熊市套利变化而来的，是指由两个共享居中交割月份的牛市套利和熊市套利组成的跨期套利方式。它的典型形式为“买 7 月铜 5 手、卖 8 月铜 10

手、买9月铜5手”以及“卖3月绿豆5手、买5月绿豆10手、卖7月绿豆5手”。前者依次是由一个牛市套利“买7月铜5手、卖8月铜5手”和一个熊市套利“卖8月铜5手、买9月铜5手”组成;后者依次是由一个熊市套利“卖3月绿豆5手、买5月绿豆5手”和一个牛市套利“买5月绿豆5手、卖7月绿豆5手”组成。所以,蝶式套利总可以被拆分成一个牛市套利和一个来熊市套利进行盈亏分析。

设开仓时蝶式套利近月合约与居中月份合约价差为 B_1,居中月份合约与远月合约价差为 B_2;相应的平仓时价差分别为 B_1' 和 B_2'。则对于类似“买7月、卖8月、买9月”组成的蝶式套利方式而言,套利者的实际收益为:

$$\text{实际收益}=\text{牛市套利收益}+\text{熊市套利收益}=(B_1'-B_1)-(B_2'-B_2)$$

套利者若想赢利,则最好前一个价差变强,后一个价差变弱。

与之相对应,对于类似“卖3月、买5月、卖7月”组成的蝶式套利方式而言,套利者的实际收益为:

$$\text{实际收益}=\text{熊市套利收益}+\text{牛市套利收益}=(B_1-B_1')-(B_2-B_2')$$

套利者若想赢利,则最好前一个价差变弱,后一个价差变强。

(三)跨市套利

跨市套利是指在两个不同的期货交易所同时买进和卖出同一品种同一交割月份的期货合约,以便在未来两合约价差变动于己有利时再对冲获利。跨市套利的风险及操作难度都比跨期套利更大,因为它涉及不同的交易所,交易者必须同时考虑两个市场的情形和影响因素。有时,虽然是同一品种,但各交易所的交易规则、交割等级、最后交易日、交割期的规定都有差异,期货市场上的流动性也不一样。若是做不同国家的跨市套利,还要考虑汇率变动的影响,如果对汇率的变动估计不足或估计错误,则投资者将面临严重的汇率风险,所以必须全面考虑各种因素,才能使套利取得成功。因此在国外一般是大的投资基金、投资银行才进行跨市套利交易。

同一品种在不同交易所存在价差,主要是由于地理空间因素所造成的,也有品质规格不一样等因素在起作用。正常情况下,市场应有合理的价差。一般来说,出现比价不正常的持续时间较短,套利者必须抓住时机入市。从实际情况来看,那些在不同交易所都有场内经纪人的投资机构最善于抓住这样的时机,他们交易量往往很大,在几分钟之内便可获巨利。

(四)跨商品套利

跨商品套利是指在同一交易所同时买进和卖出同一交割月份的不同品种的期货合约,选择的两种不同合约应在价格变动上有较强的联动性。跨商品套利可以分为相关商品套利和可转换性商品套利两种形式。

1. 相关商品套利

相关商品套利就是利用两种不同品种,但价格又相互关联的期货之间的差价变动进行套利。若两商品期货的价差为正,当预计价差扩大时,可采用这样的策略:入市时,买进价高商品期货,同时卖出价低的商品期货;当预计价差缩小时,则可采用相反的策略,即入市时卖出价高商品期货,同时买进价低的商品期货。比如在美国,玉米和燕麦之间的套利交易十分流行。这是因为二者用途相似且具有相互替代性。

2. 可转换性商品套利

可转换性商品指的是原材料与制成品,比如大豆、豆油、豆粕三者。大豆是生产豆油的原材料,豆油是制成品,豆粕是制油时产生的副产品,可以用来做饲料。利用可转换性商品期货间的价差进行的套利即为可转换性商品套利。由于大豆、豆油、豆粕在期货市场上都有交易,进行套利就非常方便,大豆的加工商经常利用这种套利来防止大豆价格的上涨及豆油和豆粕销售价格的降低。

首先,要计算三种商品之间的转换差额,即价格差别,公式如下:

转换差额$=A\times$每磅豆油期货价格$+B\times$每磅豆粕期货价格$-C\times$每磅大豆期货价格

其中,公式中的 A、B、C 表示在现有的社会平均加工水平下,C 磅大豆可以榨取 A 磅豆油,并生产出 B 磅豆粕。在美国,这三个值分别取 11、49、60,在中国,大豆、豆油、豆粕的成分比例为 1∶0.156∶0.78。

如果转换差额经计算为负数,则说明大豆原料价格过高,则套利者预测大豆的需求及价格可能相对下降,豆油和豆粕的需求和价格可能相对上升。于是,卖出大豆期货,同时,买进豆油、豆粕期货。当大豆价格下跌,豆油、豆粕价格上涨时,对冲获利。

如果转换差额经计算为正数,则说明大豆价格偏低,交易者可买进大豆期货,同时卖出豆油、豆粕期货,待大豆价格上涨,豆油、豆粕价格下跌时,再对冲获利。

案例

套利的代价——长期资本管理公司的巨亏

美国长期资本管理公司(Long-Term Capital Management,LTCM)成立于 1994 年 2 月,是一家主要从事定息债务工具套利活动的对冲基金,该基金曾经是当时世界上最出色的对冲基金之一。LTCM 掌门人梅里韦瑟(John Meriwether),这位被誉为能"点石成金"的华尔街债券套利之父,聚集了一批华尔街上证券交易的精英入伙:1997 年诺贝尔经济学奖获得者默顿(Robert Merton)和斯科尔斯(Myron Scholes),前财政部副部长及联储副主席莫里斯(David Mullins),前所罗门兄弟债券交易部主管罗森菲尔德(Rosenfeld),以至于有人称之为"梦幻组合"。

1994 年到 1998 年 4 月间,长期资本管理公司似乎能将这种天才变为惊人的利润,为它的投资者赚取了巨额财富。从 1994 年到 1997 年,LTCM 每年的投资回报率为 28.5%、42.8%、40.8%和 17%。资本金也从 12.5 亿美元增加到 48 亿美元。LTCM 的投资手法较为特别,在深信"不同市场证券间不合理价差会回归"的基础上,积极倡导投资数学化,运用电脑建立数量模型分析金融工具价格,利用不同证券的市场价格差异进行短线操作,不太注重交易品种的后市方向。LTCM 将金融市场历史交易资料、已有的市场理论、学术研究报告和市场信息有机结合在一起,形成了一套较完整的电脑数学自动投资模型。他们利用计算机处理大量历史数据,通过连续而精密的计算得到两个不同金融工具间的正常历史价格差,然后结合市场信息分析它们之间的最新价格差。如果两者出现偏差,并且该偏差正在放大,电脑立即建立起庞大的债券和衍生工具组合,大举套利入市投资；市场经过一段时间调节后，放大的偏差会自动恢复到正常轨迹上，此时电脑指令平仓离场，以获取偏差的差值。一言以蔽之，LTCM 就是采用“通过电脑精密计算，发现不正常的市场价格差，资金杠杆放大，入市图利”的投资策略。此策略并不关心某一股票或债券的价格是升还是降，而是赌在相关股票或债券的价格是否向“常态”收敛上。

1998 年，金融危机降临亚洲金融市场，LTCM 根据其模型认为：新兴市场国家债券和美国政府债券之间利率相差过大。LTCM 预测新兴市场国家债券利率将逐渐恢复稳定，二者之间差距会缩小。因此大量持有新兴市场国家的债券，同时抛空美国国债。然而，同年 8 月，小概率事件发生了，由于国际石油价格下滑，俄罗斯国内经济不断恶化，俄政府宣布卢布贬值，投资者纷纷从新兴市场退出，转而持有美国国债、德国国债等风险小、质量高的债券品种。由于 LTCM 做错了方向，它到了破产的边缘。从 5 月俄罗斯金融风暴到 9 月间，短短的 150 多天，其资产净值下降了 90%，出现 43 亿美元的巨额亏损，资本金仅余 5 亿美元。9 月 23 日，美联储出面组织安排，以美林、J.P.摩根为首的 15 家国际性金融机构注资 37.25 亿美元购买了 LTCM90%的股权，共同接管了 LTCM，从而避免了它倒闭的厄运。

第四节　期货的定价原理

一、期货价格与相关价格的关系

（一）期货价格与现货价格的关系

期货价格与现货价格的基本关系，也是期货套期保值策略依据的两个基本原理：①同一品种的商品，其期货价格与现货价格受到相同因素的影响和制约，虽然波动幅度会有不同，但其价格的变动趋势和方向有一致性；②随着期货合约到期日的临近，期货价格和现货价格逐渐聚合，在到期日，基差接近于零，两价格大致相等。

（二）期货价格与远期价格的关系

远期价格是否等于或近似于期货价格，应视具体情况而决定。从理论上说，若无风险利率一定，且远期合约与期货合约的到期日也一定，则远期价格将等于或接近于期货价格。然而，在一般情况下，无风险利率并不一定，而且人们又很难对它的变动做出准确的预测。于是，远期价格与期货价格可能有一定的差异。这是因为，期货交易实行逐日结算制度，而远期交易却并不实行这一制度。在利率变动时，标的资产的价格往往随之而变动。如果利率上升，而标的资产的价格也上涨，则期货的多头将获利，并可将此获利的部分用于再投资。在利率上升的情况下，这种再投资可获得较多的收益。于是，期货价格将高于远期价格。反之，如果利率上升，而标的资产价格却下跌，则期货的多头将受到损失。于是，期货价格将低于远期价格。

期货价格与远期价格是否相等或相近，还要看期货合约与远期合约的期限长短。如果两种合约的期限很短（如仅有几个月），则期货价格与远期价格即使有差异，这一差异也将很小，因而可以忽略不计。于是，期货价格与远期价格将比较接近，甚至完全相等。但是，如果两种合约的期限很长(如长达 10 年之久)，则期货价格与远期价格的差异亦将很大。所以，只要期货合约与远期合约的期限较短，即可用远期合约的定价方法来为期货合约定价。我们不难看到，在实践中，大多数期货合约和远期合约的期限都较短。因此，用远期合约的定价方法对期货合约进行定价应有一定的准确性。

除了以上所述的因素之外，在现实中，还有许多因素将影响期货价格与远期价格的关系，这些因素主要包括税收、交易成本、保证金、流动性及违约风险等。例如，期货交易实行保证金制度，而远期交易并不实行这一制度。对于交易者而言，缴纳保证金将增加其交易成本。这一因素自然也会引起期货价格与远期价格的差异。不过，这些因素及其对期货价格的影响是可以预见的。所以，如果我们在确定了一定期限的远期价格后，再将这些因素加以考虑，则就可得出比较准确的、相应期限的期货价格。

(三)期货价格与预期现货价格的关系

如果将来的现货价格可以完全准确预见的话，将没有任何人会再进行期货买卖了，所以资产的期货价格是否等于人们对将来的即期价格的预期是需要讨论的问题。

1. 期货价格等于预期现货价格

预期假说认为，期货合约当前的交易价格等于大家一致预期的在交割时的现货市场价格，用符号来表示就是：

$$P_F = E[P_S]$$

其中：P_F 是当前的期货合约的交易价格，$E[P_S]$是预期期货合约标的资产在交割日的现货价格。

这一理论比较客观地描述了期货价格和现货价格两者之间的内在联系。通常是建立在投机者风险中性的基础上的，这样，投机者就乐意在不需要风险升水补偿的情况下来与套期保值者合作。因为，如果这种假说是正确的，投机者将不可能通过在期货市场上作多头或空头来获取收益，当然，也不可能招致损失。

2. 期货价格低于预期现货价格

著名经济学家凯恩斯则认为，预期假说并没有正确地解释期货的价格，他认为，总体而言，套期保值者在期货市场上是以空头出现的，他们必须诱使投机者以多头的角色出现在期货市场上。因为承担多头的角色有风险，保值者需要通过多头所预期的回报率来吸引投机者充当多头的角色，所以期货价格的估计必然会低于将来的现货价格。换句话说，当交割期来临时，现货价格实际上要比期货市场所预测的价格略高一些，其差额是对投机者承担保值者不愿承担的风险的一种回报。用符号表示为：

$$P_F < E[P_S]$$

这样，一个 P_F 价格购买期货合约的投机者可希望他在交割日能以一个更高的价格 $E[P_S]$售出合约。期货价格和预期的现货价格之间的这种关系称为期货折价。

3. 期货价格高于预期现货价格

一个与之相反的假说则认为，套期保值者在期货市场上做多头，这样他们必须诱使投机者做空头。因为持有空头要承担风险，保值者就需要通过使持有空头的预期回报率比无风险状态下更高(即期货价格比预期的现货价格要高)，才能吸引投机者。用符号表示为：

$$P_F > E[P_S]$$

这样，一个持有空头的投机者以 P_F 的价格卖出的期货合约，将被预期在交割日以更低的价格 $E[P_S]$ 买回来，期货价格和预期的现货价格之间的这种关系被称为期货溢价。

二、商品期货的定价理论

持有成本理论商品期货定价的重要理论基础，持有成本理论(cost-of-carry theory)认为，期货价格等于标的资产现货价格，加上持有该商品至期货合约交割日期间的持有成本。据此定义，期货价格可以表述成如下形式：

期货价格＝现货价格＋持有成本

下面将具体介绍该理论。

(一)持有成本的分类

持有成本是指由目前持有现货商品到期货合约交割日的总成本。一般来说，持有成本可以分为以下四类：

1.储存成本

储存成本是指储存商品的仓储及保管成本。实体商品的保存，必须放置在设施完善的仓库；部分金融商品的储存成本很低(如国债与股票)，有些无实体的金融商品根本不需储存，因而无储存成本(如股价指数)。大体而言，金融商品的储存成本相对低于实体商品。

2.运输成本

运输成本是指商品交割时的运输费用。各种商品运输成本的重要性不同，尤其当仓储地点与交割地点相距很远时，运输成本较为可观；但对于金融商品而言，则仅有相当低的运输成本，或无须花费运输成本。

3.保险成本

有些储存的商品需要保险，例如，黄豆需要防范水灾，木材需要防范火灾，所以必须保险而产生保险成本。整体来说，保险成本占现货价格的比重很低，所以在期货定价时通常会将之忽略。

4.融资成本

融资成本是指借款来购买现货商品所必须支付的融资费用。一般而言，融资成本是最主要的持有成本。不论是实体商品或金融商品，融资成本通常都远大于其他的持有成本。

(二)便利收益的概念

持有现货商品固然会产生持有成本，但有些商品的持有也会产生收益。若将这种持有的收益考虑进来，则前面所述的持有成本公式就必须加以修正。对于制造业企业来说，拥有稳定的原料供应以规避原材料暂时短缺对生产造成的影响，由此所带来的收益称作便利收益(convenience yield)或持有收益。例如，钢铁厂可以因铁矿石的存放而保证生产过程不会中断，这种便利性就是便利收益。对于金融产品来说，在持有期内也会产生股利(股票)或利息收益(债券)。

由此可见，持有成本与便利收益对期货价格的影响是反向的，将这两个因素放在一块

考虑,原先的期货价格可以改写成如下形式:

期货价格=现货价格+持有成本-便利收益

由上式不难看出,期货价格与现货价格孰高孰低,取决于持有成本与便利收益的大小关系。若持有成本大于便利收益,此时的期货价格高于现货价格,此时称为正向市场(contango);若持有成本小于便利收益,此时的期货价格低于现货价格,称为反向市场(normal backwardation)。

三、金融期货的定价

下面我们将运用无套利定价原则给金融期货进行定价。以股票期货为例子,给只有"投资"或"投机"功能的金融期货进行定价。

(一)不支付红利情况下的金融期货定价

例 4-2:有一投资者手头持有 ABC 股票,他想在 3 个月后出售以获得现金。由于担心未来的股票价格下跌,他到期货市场上卖出 ABC 股票期货。假设当前的股票价格为每股 100 美元,3 个月期的年利率为 5%。另外,假设这 3 个月内 ABC 股票不发红利。

问题:他以多少价格卖出这个期货是合理的呢?

解答:为了得到该股票期货的理论价格,假定不存在交易成本(如保证金、佣金等),我们构造一个资产组合:

1. 以 3 个月期的年利率借入资金 100 美元;
2. 以借入的 100 美元去购入 1 股 ABC 股票;
3. 卖出 1 股 3 个月后交割的 ABC 股票期货。

看这个资产组合在期初和期末的现金流情况。由于期货交割是在期末进行的,假设不考虑买卖期货的保证金费用,所以对于期货交易的现金流只发生在期末。但是,3 个月后交割的期货价格则是在期初就规定好的,这也是我们要得到的期货理论价格 F。在期初,借入的 100 美元刚好用于购买一股股票,所以净现金流为 0。而到了期末,用持有的一股股票去交割卖出的期货,得到现金 F,另外要支付期初借入 100 美元的本息和 $100\exp[5\%\times 0.25]=101.26$ 美元。因此,期末的净现金流为 $F-101.26$。由于期初的净现金流为 0,所以按照无套利原则,期末的净现金流也应该为 0,即得到期货价格 $F=100\exp[5\%\times 0.25]=101.26$。现金流情况如表 4-2 所示。

表 4-2 ABC 股票多头和期货空头的无套利组合现金流

	期初现金流	期末现金流
借入 100 美元	100	$-100\exp[5\%\times 0.25]=-101.26$
多头 1 股 ABC 股票	-100	0
空头 1 股 ABC 股票期货	0	F
合计	0	$F-100\exp[5\%\times 0.25]=0$

为什么说期初的现金流为 0,期末的现金流也必须为 0 呢?因为若期末的现金流不为 0,则会存在无风险套利的机会,即投资者可以通过"空手套白狼"的方式无风险地获得

套利利润。所以不管期货的市场价格是高于还是低于理论价格,投资者都可以构造出一个无风险套利组合,并从交易中获得套利收益。

因此,在不考虑交易成本的情况下,当市场的期货价格高于理论价格时,投资者便可以通过买进现货、卖空期货的方式去构造无风险套利组合。大量投资者的相同操作,将导致现货价格随之上涨,期货价格随之下跌。从而导致市场上的期货价格下跌至无套利定价原则下计算出的理论值。反之,如果市场的期货价格低于理论价格,投资者通过卖空现货、买进期货的方式构造无风险套利组合,结果将导致现货价格下跌,期货价格上涨。两者最终导致市场的期货价格上升至理论值。因此,在期货价格与理论价格不同的情况下,无风险套利组合的存在影响了现货和期货的供求关系,最终将导致期货的市场价格趋于理论价格,这就是无套利定价原则的基本思想。

接下来,将上例中的信息进行一般化处理,我们可以得到不支付红利的金融期货定价公式如下:

$$F=S\cdot\exp[rT] \tag{4.12}$$

其中:F 是金融期货的理论价格,S 是现货的市场价格,r 是无风险利率,T 是期货的到期日。

(二)支付红利情况下的金融期货定价

例 4-3:有一投资者手头持有 ABC 股票,他想在 3 个月后出售以获得现金。由于担心未来的股票价格下跌,他到期货市场上卖出 ABC 股票期货。假设当前的股票价格为每股 100 美元,3 个月期的年利率为 5%。另外,假设 1 个月后 ABC 股票派发红利,每股红利 3 美元。

问题:他以多少价格卖出这个期货是合理的呢?

解答:如例 4-2,我们同样地构造一个无套利组合:

1. 以 3 个月期的年利率借入资金 100 美元;
2. 以借入的 100 美元去购入 1 股 ABC 股票;
3. 卖出 1 股 3 个月后交割的 ABC 股票期货。

在考虑这个无套利组合的现金流时,我们特别需要注意在组合持有期中派发的 3 美元股票红利。

假设一个月后派发的红利,按照给出的 3 个月期年利率 5% 投资于无风险资产两个月,在期末得到的现金为:$3\times\exp[5\%\times\frac{2}{12}]=3.025$ 美元。

表 4-3　ABC 股票多头和期货空头的无套利组合现金流(支付红利情形)

	期初现金流	期末现金流
借入 100 美元	100	$-100\exp[5\%\times0.25]=-101.26$
多头 1 股 ABC 股票	−100	$3\times\exp[5\%\times\frac{2}{12}]=3.025$
空头 1 股 ABC 股票期货	0	F
合计	0	$F-100\exp[5\%\times0.25]+3\exp[5\%\times\frac{2}{12}]=0$

如表 4-3 所示，期末的最终现金流为：$F-100\times\exp(5\%\times0.25)+3.025$ 美元。按照无套利定价原则，在期初现金流为 0 时，期末的现金流也为 0，所以得到期货价格为：$F=100\times\exp(5\%\times0.25)-3.025=98.23$ 美元。

接下来，将上例中的信息进行一般化处理，我们可以得到不支付红利的金融期货定价公式如下：

$$F=S\cdot\exp[rT]-I\cdot\exp[r(T-t)]$$

其中：F 是金融期货的理论价格，S 是现货的市场价格，r 是无风险利率，T 是期货的到期日，t 是期货到期日之前的红利支付日（$0<t<T$），I 是 t 时刻支付的红利数额。

将上式进行合并和变形，可得：

$$F=[S-I\cdot\exp(-rt)]\cdot\exp[rT]=(S-I_0)\cdot\exp[rT] \tag{4.13}$$

其中：$I_0=I\cdot\exp(-rt)$，即 t 时刻红利支付数额的现值。

考虑一个特殊情况，假设一个股票组合当中包含很多股票，该组合在到期前的任何时刻均能获得固定比率的红利支付。为了考虑问题的方便，假设红利收益率为 d，则上式可以进行如下改写：

$$F=S\cdot\exp[(r-d)T] \tag{4.14}$$

需要说明的是，式(4.13)和(4.14)将分别运用于金融期货中的长期国债期货和股指期货的定价当中。

附录：最佳套期保值比率的推导

在推导最佳套期保值比率之前，有必要列出相应的符号说明：

符号	含义
ΔS	现货价格 S 的变化（$\Delta S=S_2-S_1$）
ΔF	期货价格 F 的变化（$\Delta F=F_2-F_1$）
$\sigma_{\Delta S}$	ΔS 的标准差
$\sigma_{\Delta F}$	ΔF 的标准差
$\mathrm{Cov}(\Delta S,\Delta F)$	ΔS 和 ΔF 之间的协方差
ρ	ΔS 和 ΔF 之间的相关系数
h	套期保值比率
π	单位商品的套期保值赢利

根据套期保值比率的定义，对 1 单位的现货进行套期保值，需要 h 单位的期货合约。因此，当套期保值者进行空头套期保值时，当前时刻持有现货的多头和期货的空头，在套期保值期限内保值者的收益为：

$$\pi=(S_2-S_1)+(F_1-F_2)\cdot h=\Delta S-\Delta F\cdot h$$

与此类似，多头套期保值者的套期保值收益为：

$$\pi=(S_1-S_2)+(F_2-F_1)\cdot h=-\Delta S+\Delta F\cdot h$$

两种情况下，套期保值收益的方差均为：

$$\begin{aligned}\mathrm{Var}(\pi)&=\mathrm{Var}(\Delta S)+h^2\mathrm{Var}(\Delta F)-2h\cdot\mathrm{Cov}(\Delta S,\Delta F)\\&=\sigma_{\Delta S}^2+h^2\sigma_{\Delta F}^2-2h\cdot\mathrm{Cov}(\Delta S,\Delta F)\end{aligned}$$

对 h 求一阶和二阶偏导数，可得：

$$\frac{\partial\mathrm{Var}(\pi)}{\partial h}=2h\cdot\sigma_{\Delta F}^2-2\cdot\mathrm{Cov}(\Delta S,\Delta F)$$

$$\frac{\partial^2\mathrm{Var}(\pi)}{\partial h^2}=2\cdot\sigma_{\Delta F}^2>0$$

注意到套期保值收益方差的二阶偏导数大于零，因此，$\mathrm{Var}(\pi)$关于 h 的曲线一定是向下凸的，所以必然存在一点 h^*，使得 $\mathrm{Var}(\pi)$最小，即套期保值的风险最小。

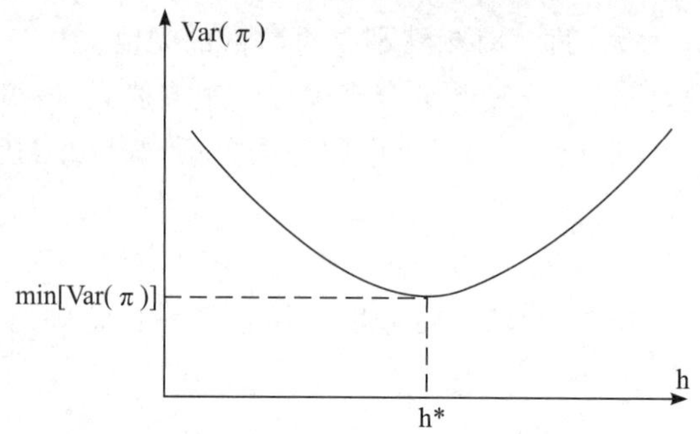

图 4-6　套期保值收益方差与套期保值比率的关系

因此，令一阶偏导数等于零(即：$2h\cdot\sigma_{\Delta F}^2-2\cdot\mathrm{Cov}(\Delta S,\Delta F)=0$)，就可求出 $\mathrm{Var}(\pi)$的最小值，此时的 h^* 就是最佳套期保值比率，其计算公式如下：

$$2h\cdot\sigma_{\Delta F}^2-2\cdot\mathrm{Cov}(\Delta S,\Delta F)=0\quad\Rightarrow\quad h^*=\frac{\mathrm{Cov}(\Delta S,\Delta F)}{\sigma_{\Delta F}^2}$$

由于 $\rho=\dfrac{\mathrm{Cov}(\Delta S,\Delta F)}{\sigma_{\Delta S}\cdot\sigma_{\Delta F}}$，因此，

$$h^*=\frac{\mathrm{Cov}(\Delta S,\Delta F)}{\sigma_{\Delta F}^2}=\rho\cdot\frac{\sigma_{\Delta S}}{\sigma_{\Delta F}}$$

本章摘要

1. 套期保值是指在现货市场某一笔交易的基础上，在期货市场上做一笔价值相当、期限相同但方向相反的交易，以期保值。套期保值按其操作手法的不同，可以分为空头套期保值、多头套期保值和交叉套期保值。

2. 确定套期保值所需的期货合约的规模，最重要的是确定最佳套期保值比率。最常用的估计方法是最小方差法。

3. 基差是期货市场的一个重要概念，它是指在某一时间、同一地点、同一品种的现货价格与期货价格的差，基差变化的不确定性称为基差风险。

4. 基差交易是指为了避免基差变化给套期保值交易带来不利影响所采取的以一定的基差和期货价格确定现货价格的方法。

5. 投机是指人们根据自己对金融期货市场的价格变动趋势的预测，通过看涨时买进，看跌时卖出而获利的交易行为。按具体的操作手法不同，投机可分为多头投机和空头投机。

6. 套利是指人们利用暂时存在的不合理的价格关系，通过同时买进和卖出相同或相关的商品或期货合约，以赚取其中的价差收益的交易行为。

7. 从套利活动的操作方式来看，套利可分为期现套利、跨期套利、跨市套利和跨商品套利，后三种也被称为套期图利或价差套利。跨期套利在套利交易中最为常见，有三种最主要的交易形式：牛市套利（买近卖远套利）、熊市套利（卖近买远套利）和蝶式套利。跨市套利涉及不同的交易所，风险及操作难度都比跨期套利更大。跨商品套利可以分为相关商品套利和可转换性商品套利两种形式。

8. 当无风险利率恒定不变时，标的资产和交割期限相同的期货合约的价格与远期合约的价格相等。

9. 商品期货定价需要考虑存储成本和便利收益。

练习与思考

一、名词解释

套期保值、空头套期保值、多头套期保值、交叉套期保值、套期保值比率、基差、基差交易、投机、多头投机、空头投机、套利、牛市套利、熊市套利、蝶式套利、持有成本、便利收益

二、单选题

1.随着期货合约到期日的临近，期货价格和现货价格的关系是（　　）

A.前者大于后者　　B.后者大于前者

C.两者大致相等　　D.无法确定

2. 2005 年 8 月，国内某豆油压榨企业计划在两个月后购进 1000 吨大豆，此时现货价格为 2900 元/吨，11 月的大豆期货合约的价格为 3050 元/吨。由于担心价格继续上涨，该企业决定通过期货市场进行买入套期保值，在大连商品交易所买入 11 月合约 100 手（每手 10 吨），到 10 月份，现货价格上涨至 3100 元/吨，而此时期货价格为 3250 元/吨。于是该企业卖出期货合约对冲平仓。该企业赢利（　　）

A. 8000 元　　B.盈亏相抵　　C. －8000 元　　D.无法确定

3.估计套期保值比率最常用的方法是（　　）

A.最小二乘法　　B.最大似然估计法

C.最小方差法　　D.参数估计法

4.在相关商品套利中，若两种商品期货的价差为正，当预计价差扩大时，可采用的策略是（　　）

A.入市时，卖出价高商品期货，同时买进价低的商品期货

B.入市时，买进价高商品期货，同时卖出价低的商品期货

C.入市时，卖出价高商品期货，是否买进不确定

D.入市时，买进价低商品期货，是否卖出不确定

5. * 假设上证 50 指数为 3000 点，市场利率为 3%，指数股息率为 1%，则 6 个月到期的股指期货合约的理论价格为(　　)点。

A. 3000　　B. 3030　　C. 3045　　D. 3120

6. * 假设一只无红利支付的股票价格为 50 元/股，无风险连续利率为 4%，该股票 6 个月后到期的远期理论价格为(　　)元/股。

A. 50.51　　B. 51.01　　C. 52.04　　D. 52.61

7.某交易者认为目前小麦的现货价格太低，所以买进小麦现货，并卖出等量的小麦期货合约，到交割日时，以现货交割，此做法称为：(　　)

A.空头套期保值　　B.交叉套期保值

C.套利交易　　D.以上都不是

8.假设目前有 6 月、9 月和 12 月的期货合约，请问如何建立空头蝶式价差交易？(　　)

A.买进 6 月、12 月合约各 1 手，卖出 9 月份合约 2 手

B.卖出 6 月、12 月合约各 1 手，买进 9 月份合约 2 手

C.买进 6 月、12 月合约各 1 手，卖出 9 月份合约 1 手

D.卖出 6 月、12 月合约各 1 手，买进 9 月份合约 1 手

9.某加工厂将大豆制作成豆油，而其主要利润来自于加工的过程，但由于大豆原料价格可能上涨或豆油价格可能下跌，而导致加工利润减少，为了规避此种风险，可以进行下列何种策略？(　　)

A.同时卖出大豆和豆油期货　　B.同时买入大豆和豆油期货

C.卖出大豆期货，买入豆油期货　　D.买入大豆期货，卖出豆油期货

10.金融期货的主要持有成本为：(　　)

A.保险费　　B.仓储费　　C.利息　　D.保管费

11.某企业未来将发行公司债券，为防范风险，目前卖出国债期货，该操作属于：(　　)

A.套利交易　　B.价差交易　　C.投机交易　　D.交叉套期保值

12.下列有关静态套期保值与动态套期保值的叙述，不正确的是：(　　)

A.动态套期保值的绩效较佳

B.静态套期保值交易成本较低

C.持有到期的套期保值策略，属于动态套期保值

D.动态套期保值的调整频率与交易成本负相关

13.某一咖啡进口商在现货与期货价格分别为 61.25 与 66.10 时，以期货来规避咖啡涨价的风险，最后在基差为－9.50 时结清期货头寸，该套期保值操作净损益为(　　)

A.每单位获利 4.85　　B.每单位获利 4.65

C.每单位损失 4.85　　D.每单位损失 4.65

14.套期保值效果与下列何者关系最密切？(　　)

A.目前期货的价格　　B.期货价格的走势

C.基差变动　　D.现货价格的走势

15.多头套期保值者在基差－7 时进行避险，在基差为－1 时结清头寸，其损益为：(　　)

A.获利 8　　B.损失 8　　C.获利 6　　D.损失 6

16.在基差为+2时,买入现货并卖出期货,在基差为(　　)时结清头寸会出现损失?

A. 4　　B. 2　　C. 3　　D. −1

三、计算题

1.某公司欲在3个月后购买100万加仑的航空油。在3个月内,每加仑航空油的价格变化的标准差为0.035。该公司选择购买热油期货合约的方法进行套期保值。在3个月内,热油期货合约的价格变化标准差为0.046,且航空油价格变化与热油期货合约价格变化之间的相关系数为0.73。

试计算最佳套期保值比率,以及该公司应购买的合约规模(一张热油期货合约是42,000加仑)

2.一个股指当前为3500点,无风险利率为每年5%(连续复利),股指的股息收益率为每年4%。4个月期的期货价格应该为多少?

参考文献

1.钱斯.衍生工具与风险管理[M].陈蓉,译.高等教育出版社,2005.

2.施兵超.金融衍生产品[M].复旦大学出版社,2008.

3.约翰·赫尔,期权、期货及其他衍生产品[M].王勇,索吾林,译.机械工业出版社,2012.

4.张元萍,郗文泽.金融衍生工具[M].首都经济贸易大学出版社,2015.

5.陈工孟.金融工程[M].清华大学出版社,2003.

第5章 金融期货的交易机制和定价

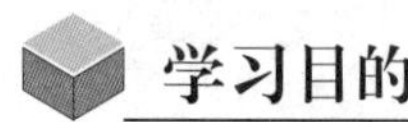

学习目的

通过本章的学习，了解外汇期货、利率期货、股指期货产生和发展简史；掌握金融期货的交易规则；了解利率期货的分类，以及利率期货的交割和结算制度；掌握发票金额、现金价格、最便宜可交割债券的含义；掌握金融期货的定价方法。

案例导读

2008年1月24日，法国第二大银行——法国兴业银行（下称法兴银行）宣布，该行交易员热罗姆·盖维耶尔(Jerome Kerviel)擅自投资欧洲股指期货，造成该行税前损失49亿欧元（约合490亿元人民币）。这起案件触发了法国乃至整个欧洲的金融震荡，并波及全球股市，引发暴跌。

自2007年年初开始，盖维耶尔在股指期货操作对欧洲股市未来的走向投下巨注，“悄然”建立起预计高达500亿至700亿欧元的多头仓位，豪赌欧洲市场将出现持续上升。直到2007年的年末，其交易还处于赢利水平。但在2007年圣诞节及2008年新年假期后，市场开始走向了他的对立面。他所交易的巴黎CAC-40指数开始大幅下挫。这意味着他所持的头寸出现了较大损失。

2008年1月18日，德国DAX指数下跌超过600点的时候，盖维耶尔可能已经损失了20亿欧元。法兴银行在此方面的损失曾受到了德国方面的警示。同天，法兴银行的一位法务官员发现一笔超过该行风险限制的交易。法兴银行立刻打电话给这笔交易的交易对手进行核实，而接到电话的一方声称他们从来没有进行过这笔交易。

2008年1月21日，法兴银行开始动手平仓，并持续了3天之久。法兴银行21日起的平仓举动引发市场猜测，该行低价贱卖这些仓位的行为，导致当天法国、德国和英国的股市全线下跌5%以上。

2008年1月24日，位于香港的法兴亚太总部向国内媒体公告，由于该行的交易员在股指期货操作上的欺诈行为，该行产生了49亿欧元的损失。随后法兴银行通过对盖维耶尔负责仓位的审查和对他所在部门负责的全部持仓的彻底分析，确认该欺诈交易事件为独立事件。

此次法兴银行的欺诈案刷新了单笔涉案金额最大的交易员欺诈的世界纪录。

第一节 金融期货产生和发展概述

一、外汇期货的产生和发展

外汇期货产生于1972年5月。当时之所以产生外汇期货，主要是由布雷顿森林体系的崩溃、汇率风险急剧增大这一特定的历史背景所决定的。

所谓"布雷顿森林体系"(Bretton Woods System)，是指第二次世界大战结束后所形成的以美元为中心的固定汇率制度。这一制度的基本内容有以下三个方面。

第一，美元与黄金挂钩。国际货币基金组织的各成员国都必须确认1盎司黄金＝35美元这一官价。各国政府均有维持此官价的义务，而美国则承担着各国政府或中央银行按此官价以美元兑换黄金的义务。

第二，国际货币基金组织的其他成员国货币与美元挂钩，即各国货币与美元建立固定汇率关系。根据1盎司黄金等于35美元的官价，1美元的含金量为0.888671克纯金，而其他各国也分别规定其货币的含金量(这一含金量一经规定就不得随意变更)。然后，按各国货币与美元的含金量之比(即货币平价)来确定各国货币与美元的固定汇率，并规定各国货币与美元的汇率波动幅度不得超过货币平价的上、下各1%，如超过此幅度，各国政府必须实行干预，从而加以矫正。

第三，除美国以外的其他各国的货币都不能直接兑换黄金，而只能按固定汇率兑成美元，再以美元按官价向美国兑换黄金。

布雷顿森林体系的建立，对战后世界经济的发展，特别是对西欧各国经济的复兴和国际金融秩序的稳定都曾经起过重要的积极作用。在那种制度下，各国货币之间的汇率波动被控制在极为有限的范围内，各经济主体的汇率风险相当有限，从而对汇率风险管理工具的需求较少。

但是，在20世纪50年代以后，特别是进入60年代以后，随着西欧各国经济的复兴，它们持有的美元越来越多，而美国的国际收支却连年出现巨额逆差，从而不断出现美元泛滥、黄金外流的"美元危机"。美元危机的频繁发生，使美国的政治、经济实力大为削弱。为挽救此局面，美国政府不得不于1971年8月15日宣布实行"新经济政策"，停止对外国政府和中央银行履行以美元兑换黄金的义务。1971年12月，"十国集团"在美国签订《史密森协定》，正式宣布美元对黄金贬值7.89%，黄金官价被上调为1盎司黄金＝38美元，并将各国货币对美元的汇率波动幅度扩大到货币平价的上下各2.25%。签订此协定的目的是企图恢复以美元为中心的固定汇率制度。但事与愿违，美元危机继续发生，且继续恶化。于是，1973年2月，美国政府不得不宣布美元再一次贬值10%。

美元的一再贬值，自然引起各同盟国的强烈不满。因而，在美元第二次贬值后，各国政府纷纷宣布其货币与美元脱钩。于是，布雷顿森林体系终于彻底崩溃，以美元为中心的固定汇率制度终于为浮动汇率制度所替代。

在浮动汇率制度下，国际金融市场上各种货币之间的汇率波动既频繁又剧烈。因而，广大投资者、生产经营者及各种金融机构普遍地面临着日益严重的汇率风险的威胁。在这种情形下，人们自然迫切地需要一种既便利又有效的防范或化解汇率风险的工具。外汇期货正是在这种条件下应运而生的。1972 年 5 月，正当布雷顿森林体系摇摇欲坠之际，在货币学派领袖米尔顿·弗里德曼(Milton Friedman)的建议下，美国芝加哥商品业交易所(CME)设立国际货币市场(IMM)分部，推出了 7 种货币的期货合约，开始了外汇期货的交易。

外汇期货的产生，满足了人们规避汇率风险的强烈需求。因此，外汇期货一经推出就受到了极大的欢迎。自从产生以来，它就获得飞速发展。

二、利率期货的产生和发展

作为一种套期保值的工具，利率期货是应人们管理利率风险的需要而产生和发展起来的。所谓利率风险(interest rate risk)，是指人们在经济活动中因市场利率的不确定变动而遭受损失的可能性。在 20 世纪 70 年代以前，世界各国几乎无一例外地实行严格的利率管制，因而利率的波动幅度相当有限，利率风险也因此很小。在这种环境下，人们对利率风险管理工具的需求自然也不大。然而，在 70 年代以后，随着布雷顿森林体系的崩溃、石油危机的冲击和通货膨胀的日益严重，金融风险越来越大，金融创新层出不穷，使原来的利率管制很难有效。于是，很多国家和地区纷纷放松或取消利率管制，从而实行利率自由化。在利率自由化后，利率波动不仅越来越频繁，而且波动的幅度也越来越大。利率的频繁而又大幅的波动，使各种经济主体，尤其是各类金融机构面临着日益严重的利率风险。为管理利率风险，就需要利用各种适用于利率风险管理的工具。利率期货正是人们管理利率风险的既简便又有效的工具。

1975 年 10 月，芝加哥期货交易所推出了有史以来第一张利率期货合约——政府国民抵押协会抵押凭证(Government National Mortgage Association Certificates，简称 GNMA)期货合约。这一期货合约的推出，在当时是一种比较重大的创新。这种创新对那些亟须防范和管理利率风险的金融机构来说不啻是雪中送炭。因此，它的推出受到了金融界的热烈欢迎。但是，由于交割对象比较单一，流动性比较缺乏，该种利率期货在后来却未能得到进一步的发展。不过，它的推出并获得一定程度的成功，毕竟是利率期货之发展史上的一个十分重要的开端。正是因为有了这一重要的开端，才引起了一系列新的利率期货品种的陆续登场。

1976 年 1 月，为满足人们管理短期利率风险的需要，国际货币市场推出的 3 个月期(13 周)的美国国库券期货合约。该期货合约一经推出，就立即得到迅速的发展。在整个 70 年代，它一直是交易最活跃的短期利率期货。

国库券期货之所以能获得如此成功，主要有如下几个重要的原因：

首先，国库券系由美国财政部发行，其信用等级最高。对投资者而言，它是一种最安全的投资工具。

其次，国库券的流动性最高。其持有者可随时将他所持有的国库券拿到二级市场出售，以换回现金。因此，在持有期间，投资者实际上是将国库券作为一种有收益的现金替代品。

再次，国库券的利率与货币市场上其他债务凭证的利率有着高度的相关性。因此，人们利用国库券期货，不仅可为国库券现货实行直接套期保值，而且还可为货币市场上的其他债务凭证实行交叉套期保值。

最后，国库券期货的交割比较方便。因为国库券期货的交割与国库券现货的交割一样，是通过联邦储备体系，以电汇方式完成的。

国库券期货固然很成功，但它只能被人们用来管理货币市场的短期利率风险，而无法用来管理资本市场的长期利率风险。上述抵押凭证期货虽然是一种长期利率期货，但由于它本身所固有的缺陷限制了它的发展。有鉴于此，1977 年 8 月，芝加哥期货交易所又推出了美国长期国债期货合约，同样获得了空前的成功。如今，该期货合约不仅在芝加哥期货交易所是成交量最大的一个品种，而且它还在美国的其他交易所，以及其他国家的金融期货市场也同样是交易活跃的一个品种。

继美国推出长期国债期货之后，其他国家也纷纷推出本国的中、长期国债期货合约。其中，比较成功的有日本、英国、法国和德国。

在利率期货的发展史上，另一个重要的里程碑是 1981 年 12 月，CME 的国际货币市场分部推出了 3 个月期欧洲美元定期存款期货合约(简称欧洲美元期货)。目前，这一期货合约的成交量早已超过美国国库券期货合约，而成为短期利率期货中交易最活跃的一个品种。

在利率期货的发展过程中，除了刚才指出的这几种比较重要的品种之外，还曾先后出现过许多其他各种利率期货。在这些利率期货中，有的发展得比较成功，至今仍然交易活跃，如芝加哥期货交易所推出的 10 年期、5 年期和 2 年期的美国中期国债期货合约。但也有一些品种却发展得并不那么成功，如芝加哥期货交易所的商业票据期货、芝加哥商品业交易所的国内可转让定期存单期货等。

三、股指期货的产生和发展

所谓“股指期货”(stock index futures)，是指以某一股票市场的价格指数作为标的物的期货交易形式。从产生的背景来看，这种期货实际上早在 20 世纪 70 年代即已由某些交易所设计并准备推出，但由于股指期货缺乏实物交收的条件，因而在当时无法推出。直到 1981 年 12 月，芝加哥商品业交易所推出欧洲美元期货，创造性地采用现金结算的办法代替实物交收，并取得成功。股指期货的设计者受其启发，于 1982 年 2 月正式开始了股指期货交易。

与其他各种金融期货一样，股指期货也首先产生于美国。1982 年 2 月，美国堪萨斯市期货交易所(Kansas City Board of Trade，KCBT)率先推出价值线综合指数(Value Line Composite Index)期货合约，开始了股指期货这一新品种的交易。1982 年 4 月，芝加哥商品业交易所开办标准普尔 500 种股价指数(Standard and Poor's 500 Index)期货交易。1982 年 5 月，纽约期货交易所(New York Futures Exchange)开办纽约证券交易所综合指数(New York Stock Exchange Composite Index)期货交易。1984 年 7 月，芝加哥期货交易所开办主要市场指数(Major Market Index)期货交易。

美国股指期货交易的产生和发展，不仅大大促进了美国国内期货市场及其交易规模的迅速扩大，而且还引起了其他国家和地区的竞相效仿，纷纷推出各有特色的股指期货合约，从而形成世界性的股指期货交易的热潮。现摘要列举如下：

1. 1983 年 2 月，悉尼期货交易所(Sydney Futures Exchange，SFE)以澳大利亚证券交易所普通股价指数(ASE)为基础，开办股指期货交易；

2. 1984 年 1 月，多伦多期货交易所(Toronto Futures Exchange，TFE)开办多伦多证券交易所 300 种股价指数(TSE300)期货交易；

3. 1984 年 5 月，伦敦国际金融期货交易所开办金融时报—证券交易所 100 种股价指数(FT-SE100)期货交易；

4. 1986 年 5 月，香港期货交易所开办恒生指数期货交易；

5. 1986 年 9 月，新加坡国际金融交易所开办日经 225 种股指期货交易；

6. 1988 年 9 月，东京证券交易所和大阪证券交易所分别开办东证股价指数(TOPIX)期货交易和日经 225 种股指期货交易。

除此以外，在欧洲、北美和亚太三个地区中，还有许多其他国家和地区分别在 20 世纪 80 年代末和 90 年代初开始其各自的股指期货交易。

四、我国金融期货的发展概况

2006 年 9 月 8 日，中国金融期货交易所(以下简称“中金所”)在上海成立，作为该交易所第一个上市的金融期货品种，沪深 300 指数期货于 2010 年 4 月 16 日上市交易；时隔五年，中证 500 和上证 50 指数期货于 2015 年 4 月 16 日上市交易。

在 2014 年，沪深 300 指数期货成交量 2.2 亿手，成交金额 163.1 万亿元，同比上年增加 14.2%和 15.9%。日均成交 88.43 万手，日均成交金额 6659 亿元，比上年增加 9.2%、12.6%。从单个产品的交易量和成交金额来看，沪深 300 指数期货已经是全球第四大和第二大股指期货产品。

我国的国债期货交易试点开始于 1992 年，但是由于“327”、“319”国债事件的发生，国债期货于 1995 年 5 月 17 日被证监会暂停交易。直到 18 年后，2013 年 9 月 6 日，国债期货在中金所重新上市交易，上市的品种是五年期国债期货合约。2015 年 3 月 20 日，十年期国债期货在中金所挂牌交易。(2018 年 8 月 17 日，2 年期国债期货挂牌上市)

第二节　外汇期货

一、外汇期货的概念和特点

(一)外汇期货的概念

外汇期货(foreign exchange futures)，是指交易双方约定在未来特定的时期进行外汇交割，并限定了标准币种、数量、交割月份及交割地点的标准化合约。外汇期货交易则是指在期货交易所中通过喊价成交的外汇合约买卖。外汇期货也被称为外币期货(foreign currency futures)或货币期货(currency futures)。

和大多数期货交易一样，外汇期货交易需遵守规定的交易程序，合约具有约束力，并需缴纳保证金。除此之外，它还具备以下特点。

（二）外汇期货的特点

1. 外汇期货合约代表汇价预测。外汇期货合约代表交易双方对有关货币汇价变动方向的一种预测。因此，当交易一方买入或卖出一份期货合约时，无须实际付出买入合约面值所表明的外汇，而是只需支付手续费。合约生效后，如果当天收市的实际外汇期货市价大于该期货合约上所标明的价格，则期货合约的买方需支付差价，卖方收入差价；反之，则买方受益，卖方亏损。

2. 外汇期货价格实际上是预期的现货市场价格。投机者希望期货价格会朝预期的现货市价移动，因此，在投机者的参与下，现货与期货的差价会保持一定，即期货价格与现货价格呈同一方向变动，且幅度也大致相同。当两者的变动幅度完全相同时，避险者可以完全规避价格变动的风险。事实上，由于预期因素的变化，两者的变动幅度一般都有差异，因此，利用外汇期货交易并不能回避价格变动的全部风险，而只能回避部分风险。

3. 外汇期货合约属于有形商品。外汇期货的交易品种货币虽然是商品的一种特殊形式，但它仍然是有形的商品，有着实际的价值。这是外汇期货合约和商品期货合约一致的地方。

外汇期货合约越接近交割日，现货与期货的差价将随之缩小，到交割日时，卖方可从现货市场购入即期外汇，交给买方以履行交割的义务。因此在外汇期货合约最后交易日收盘时，现货与期货间的差价必等于零，否则，套利者就可以从中获利。

二、外汇期货的交易规则

外汇期货为标准化的合约，每个交易所对外汇期货合约的交易币种、数量、交割月份、地点等都做了统一规定。以 IMM 为例，外汇期货合约的具体规定如表 5-1 所示。

表 5-1　外汇期货合约规定(IMM)

币种	交易单位	最小变动价位	最小变动值	每日价格波动限制
欧元	EUR 125 000	0.0001 (1 点)	USD 12.5	200 点 (USD 2 500)
日元	JPY 12 500 000	0.000001 (1 点)	USD 12.5	150 点 (USD 1 875)
加元	CAD 100 000	0.0001 (1 点)	USD 10	100 点 (USD 1 000)
英镑	GBP 62 500	0.0002 (2 点)	USD 12.5	400 点 (USD 2 500)
澳元	AUD 100,000	0.0001 (1 点)	USD 10	150 点 (USD 1 500)
瑞士法郎	SFR 125 000	0.0001 (1 点)	USD 12.5	150 点 (USD 1 875)

(一)交易币种

目前,在期货交易所进行外汇期货交易的币种包括英镑、欧元、瑞士法郎、加拿大元、澳大利亚元、日元等货币。

(二)交易单位

外汇期货的交易单位都以各种货币的某一特定的数量来表示。这一特定的数量由交易所根据各种标的货币同结算货币之间的某一正常的汇率确定。

(三)标价方式

统一以每种外币折合多少美元标价,报价采取小数形式,小数点后一般是四位数(日元例外)。

(四)最小变动价位

外汇期货的最小变动价位通常以一定的"点"(point)来表示。所谓点,是指外汇市场所报出的外汇汇率中小数点之后最后一位的数字。但是由于各种货币对美元的汇率中小数点以后的位数不同,所以,同为一个点,不同的货币有不同的含义。在 IMM,英镑、加拿大元和澳大利亚元这几种货币的 1 个点为 0.0001;对日元而言是 0.000001。

外汇期货的最小变动价位是指每一单位标的货币的汇率变动一次的最小幅度。这一最小幅度与交易单位的乘积便是每份外汇期货合约的最小变动值。

(五)每日价格波动限制

外汇期货的每日价格波动限制一般也以一定的点数来表示,并且价格波动幅度不能高于或低于前一交易日结算价的限度。需要注意的是,不同货币的点数的含义不同,所以外汇期货的每日价格波动限制不能根据点数的绝对值来比较大小。

还应注意的是,IMM 对各种外汇期货规定的每日价格波动限制只适用于开市后的 15 分钟,15 分钟以后就不再有任何限制。

(六)合约月份

交割月份是外汇期货合约规定的期货合约的期限,一般有 3 个月、6 个月、9 个月、12 个月,12 个月是最长的合约期限。由于绝大部分合约在到期前已经对冲,所以到期实际交割的合约只占很少的一部分。

(七)交易时间

交易时间,是指 IMM 规定的外汇期货合约在每一交易日可交易的时间。最后交易日是指 IMM 规定的外汇期货合约在到期月份中的最后一个交易日,即从合约月份第三个星期三往回数的第二个交易日上午 9:16。交割日期是指规定的因到期而未平仓的外汇期货合约进行实际交割清算的日期——合约月份的第三个星期三。

(八)交割地点

交割地点,是结算所指定的货币发行国的某个银行。

美国芝加哥商品业交易所国际货币市场对其上市的各种货币的期货合约都有九个方面的规定。其中:币种、交易单位、最小变动价位和每日价格波动限制这四个方面,因货币的不同而作了不同的规定。合约月份、交易时间、最后交易日、交割期和交割地点这五个方面的内容均未因货币的不同而有不同的规定。从 IMM 外汇期货合约规格的基本内容,可以看出外汇期货合约的标准化性质和外汇期货合约交易的严格规则。

三、外汇期货的定价

确定外汇期货价格的理论依据是国际金融领域著名的利率平价理论。根据利率平价理论，具有相同期限和风险的两国证券在定价上的差异应该等于两国利率的差异。根据第四章的讨论可知，在合理近似的情况下，期货价格可等于远期价格，我们用以下方法来给外汇期货定价。

假设外汇的报价采用直接标价法，即一单位外币(Foreign Currency，FC)等于若干单位本币(Domestic Currency，DC)，在此基础上，假设 t 时刻的即期汇率是 S，即一单位外币可兑换 S 单位本币。未来 T 时刻的远期汇率记作 F。假设某投资者 t 时刻持有一单位的外币，则其有两种方式进行投资：一是直接将外币投资于以外币计息的无风险资产(利率为 r_f)；二是将外币兑换成本币，并投资于本币计息的无风险资产(利率为 r)。在连续复利的前提下，外币形式的投资，在 T 时刻的本息和变为 $\exp[r_f(T-t)]$(外币标值)；本币形式的投资，在 T 时刻的本息和变为 $S\cdot\exp[r(T-t)]$(本币标值)。

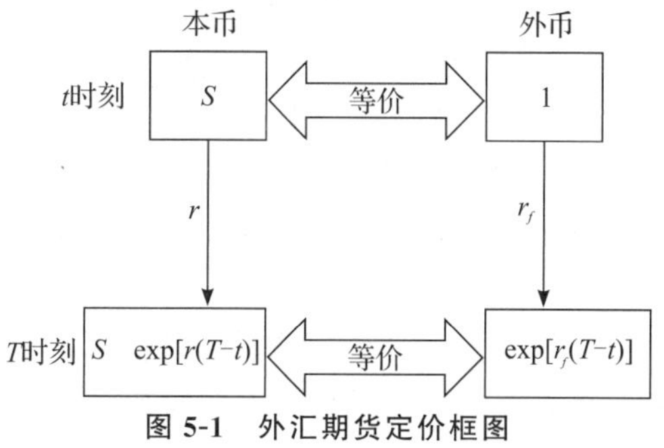

图 5-1 外汇期货定价框图

根据无套利定价原理，期初本币和外币的价值相等，则期末两者的价格也应该相等，否则就会出现无风险套利的机会。因此，在 T 时刻，本币的本息和应当与外币的本息和价值相等。所以，未来时刻的远期汇率应当等于：

$$F=\frac{S\cdot\exp[r(T-t)]}{\exp[r_f(T-t)]}=S\cdot\exp[(r-r_f)(T-t)] \qquad (5.1)$$

在合理近似的情况下，这个价格也是外汇期货价格。这里特别要注意的是，该公式只适用于直接标价法(DC/FC)的情形，如果采用的是间接标价法(FC/DC)，则上述公式有误。

第三节 利率期货

一、利率期货的概念和种类

(一)利率期货的概念

利率期货(interest rate futures)是指交易双方在集中性的市场，以公开竞价的方式所进行的利率期货合约的交易。利率期货合约是指由交易双方订立的，约定在未来某日期以成交时确定的价格交收一定数量的某种利率相关产品的标准化合约。这里的“利率相关产品”，是利率期货的标的物，其价格的变动主要受利率变动的影响，如债券、存款等。

(二)利率期货的种类

利率期货的种类很多，因为可作为利率期货之标的物的利率相关商品种类很多。根据标的物的期限，利率期货可分为短期利率期货与长期利率期货两大类别。所谓短期利率期货，是指期货合约之标的物的期限不超过一年的各种利率期货。也就是说，凡是以货币市场的各种债务凭证为标的物的利率期货就是短期利率期货，如各种期限的商业票据期货、国库券期货及欧洲美元期货等。而所谓长期利率期货，是指期货合约之标的物的期限超过一年的各种利率期货。也就是说，凡是以资本市场的各种债务凭证作为标的物的利率期货就是长期利率期货，如各种期限的中、长期国债期货就是长期利率期货的典型。

自从利率期货产生以来，各种新的合约不断涌现，使利率期货的品种越来越多。但是，在推出的各种利率期货中，有些是比较成功的，也是比较重要的，而有些则是不成功的。这些不成功的利率期货自然在以后被淘汰了。在美国，目前几乎所有重要的，且交易活跃的利率期货都集中在两个交易所：一是芝加哥期货交易所(CBOT)；二是芝加哥商品业交易所(CME)的国际货币市场分部。在这两个交易所中，前者以长期利率期货见长，而后者则以短期利率期货见长。在长期利率期货中，最有代表性的是 30 年期的美国长期国债期货及 10 年期的美国中期国债期货；而在短期利率期货中，最有代表性的则是 13 周的美国国库券期货及 3 个月期欧洲美元期货。

由于在其他国家和地区所推出的各种利率期货合约，基本上都是以这 4 种利率期货合约作为蓝本的，因此后面将以美国市场最具代表性的利率期货合约为对象，介绍利率期货的交易规则。

二、利率期货的交易规则

(一)短期国库券期货的交易规则

在短期利率期货中，短期国库券期货是产生最早的一个品种，也是较成功的一个品种。目前，在金融期货市场较发达的国家与地区，几乎都有国库券期货的交易。其中，最有代表性的，是 CME 上市的美国 13 周国库券期货。

1. 短期国库券期货的报价方式

在现货市场上，短期国库券是以贴现方式发行，到期偿还面值，其发行价格为短期国库券面值减去按一定的贴现率(discount rate)和一定的期限算出的利息。在期限一定时，贴现率越高，价格就越低；贴现率越低，则价格越高。

在期货市场上，短期国库券期货通常采用指数报价法。所谓指数报价法，是指以 100 减去年收益率或年利率作为该期货的价格报出。对于短期国库券期货来说，其报价方式如下：

短期国库券期货报价指数＝100－年贴现率

例如，当国库券的年贴现率为 6％时，期货市场报出的国库券期货的价格为 94；而当国库券的年贴现率降到 5.5％时，期货市场报出的国库券期货的价格就上涨到 94.5。期货市场之所以用指数方式报价，主要是因为国库券的年贴现率与国库券的价格是反向变动的。实行指数报价法可直接报出国库券期货的价格，而且这种报价方式也比较符合交易者低价买进、高价卖出的报价习惯。这一报价方式为 IMM 首创，故亦称 IMM 指数。

2. 短期国库券期货的合约规格

短期国库券期货合约的交易单位是面值 1 000 000 美元的 3 个月期(13 周)美国国库券(Treasury-bill，T-bill)，到期采用实物交割的方式。

为了确保用于交割的现券供给充裕，可用于交割的并不限于交割时新发行的 3 个月期美国国库券。原来发行的 1 年期和 6 个月期国库券，只要还有 90 天剩余期限，则也可用于交割。

CME 上市的 13 周美国国库券期货产生于 1976 年 1 月，至今已有近 40 年。在此期间，该期货的合约规格随着交易的进行而不断地做出调整。因此，现在该期货的合约规格与 30 余年前的合约规格有着较大的不同。例如，最小变动价位已由原来的 1 个基点(basis point，即 0.01%)改为 0.5 个基点，从而使最小变动值由原来的每合约 25 美元减少到每合约 12.50 美元(即 $1\ 000\ 000 \times 0.005\% \times \frac{1}{4} = 12.5$)。

需要说明的是，IMM 指数并不是期货合约交易的真正价格，实际上，每 100 美元的期货价格是用如下公式计算的：

$$f = 100 - (100 - \text{IMM 指数}) \times \frac{90}{360} \tag{5.2}$$

由于一份合约的面值是 1 000 000 美元，因此，一份期货合约的价格等于：

$$F = \frac{1\ 000\ 000}{100} \cdot f = 1\ 000\ 000\left[1 - \left(1 - \frac{\text{IMM 指数}}{100}\right) \times \frac{1}{4}\right] \tag{5.3}$$

在进行短期国库券期货交易盈亏的计算中，IMM 指数的变动会造成期货合约价格发生相应变动，其变动的数额既可以使用(5.3)式加以计算，也可以使用前面提到的最小变动值来求解，最终的结果完全相同。

例 5-1：3 月 6 日，交易员买入 13 周美国国库券期货合约 50 份，报价为 91.75，并于当天收盘前以 91.9 的报价平仓。假设不存在交易成本，求该交易员将收到收益的数额。

解答：根据国库券期货的交易规则，开仓时的贴现率为 8.25%(即 100－91.75)，平仓时的贴现率为 8.1%(即 100－91.9)，期货合约在开仓和平仓时的价格分别为：

$$F_1 = 1\ 000\ 000[1 - (1 - 0.9175) \times 0.25] = 979\ 375 \text{ 美元}$$

$$F_2 = 1\ 000\ 000[1 - (1 - 0.919) \times 0.25] = 979\ 750 \text{ 美元}$$

因此，在不考虑交易成本的假设前提下，交易员的收益为：

$$\pi = 50 \times (979\ 750 - 979\ 375) = 18\ 750 \text{ 美元}$$

或者：

$$\pi = 50 \times \frac{91.9 - 91.75}{0.5\%} \times 12.5 = 18\ 750 \text{ 美元}$$

(二)欧洲美元期货的交易规则

在短期利率期货中，目前交易最活跃的品种当推 3 个月期的欧洲美元定期存款期货。

这一期货品种产生于 1981 年 12 月，它最初由美国芝加哥商品业交易所的国际货币市场分部推出。但目前，它已成为世界各地几乎所有金融期货市场所普遍开办的期货品种。

3 个月期欧洲美元定期存款期货通常被简称为“欧洲美元期货”。这是因为欧洲美元本身即是一种存款，一种被存在美国境外银行的美元存款。但这一简称常常使人误解这一期货的性质，将它列为外汇期货的一种，这显然是一大误解。外汇期货的标的物是外汇本身，它是管理汇率风险的工具；而欧洲美元期货的标的物则是 3 个月期的欧洲美元定期存款，它是管理利率风险的工具。更重要的是，欧洲美元期货的交易规则与外汇期货的交易规则是大不相同的。

1. 欧洲美元期货的报价方式

欧洲美元期货的报价方式与上述国库券期货的报价方式基本相同，它也采取指数报价法，其“指数”是由 100 减去年利率（也称加息收益率）而得到的。由于欧洲美元期货合约是建立在 3 个月欧洲美元 LIBOR 的基础上的，因此：

$$\text{欧洲美元期货报价指数} = 100 - \text{LIBOR} \tag{5.4}$$

但是，欧洲美元期货的“指数”与国库券期货的“指数”有着不同的性质。这是因为，国库券通常采取贴现的方法发行，所以，投资者买进国库券，实际上就已取得国库券的利息。而欧洲美元却不同，投资者将资金存入银行，在到期时才可收到利息。所以，在国库券的年贴现率与欧洲美元定期存款的年利率相等时，国库券的实际收益率要高于欧洲美元定期存款的收益率。因此两者的指数不能直接加以比较。

2. 欧洲美元期货的合约规格

欧洲美元期货的合约规格与上述美国国库券期货的合约规格有许多相似或相同之处。欧洲美元期货的标的物是 3 个月期的欧洲美元定期存款，其每张合约的交易单位是本金1 000 000美元。需要指出的是，欧洲美元定期存款是指一切存放于美国境外银行的美元存款。所以，这种存款实际上未必存放于欧洲的银行。也就是说，这里的“欧洲”两字实际上已不再具有地理位置的含义。但是，现在欧洲美元期货的标的物，则特指存放于伦敦各大银行的欧洲美元定期存款。

欧洲美元期货最近月份合约的最小变动价位是 0.25 个基点，其他月份合约的最小变动价位是 0.5 个基点。由于该合约的交易单位为本金1 000 000美元，期限为 3 个月，因而其最小变动值为最近月份合约 6.25 美元（即 $1\ 000\ 000 \times 0.0025\% \times \frac{1}{4} = 6.25$）；其他月份合约 12.5 美元（即 $1\ 000\ 000 \times 0.005\% \times \frac{1}{4} = 12.5$）。

欧洲美元期货的交割方式是现金结算。所谓“现金结算”，是指在最后交易日，交易所的结算单位根据最后结算价格与前一交易日之结算价格，计算出所有未平仓合约的盈亏金额，然后通过增加盈利者的保证金账户余额，而相应地减少亏损者的保证金账户余额，以结清交易双方期货头寸的方式。这种现金结算方式的成功，不仅为欧洲美元期货本身的开展提供了便利，而且还为未来各种股指期货的推出解决了无法进行实物交割的难题。

欧洲美元期货合约价格的计算方式与（5.3）式类似，即：

$$F = 1\ 000\ 000 - 1\ 000\ 000 \times \text{LIBOR} \times \frac{1}{4}$$

在进行欧洲美元期货交易盈亏的计算中，LIBOR 的变动会造成期货合约价格发生相应变动，其变动数额的计算公式如下：

$$\begin{aligned}\Delta F &= 1\ 000\ 000 \times \frac{1}{4} \times \Delta\text{LIBOR} = 250\ 000 \times \Delta\text{LIBOR} \\ &= 1\ 000\ 000 \times \frac{1}{4} \times \frac{\Delta Q}{100} = 2\ 500 \times \Delta Q\end{aligned} \tag{5.5}$$

其中：ΔLIBOR 是 LIBOR 的变动额，ΔQ 是欧洲美元期货报价的变动额。

例 5-2：3 月 18 日，交易员卖出 6 月欧洲美元期货合约 4 份，报价为 95.00。该交易员持有合约一直到 6 月份合约到期。合约最后交割价确定为 94.50，假设不存在交易成本，求该交易员将收到收益的数额。

解答：根据欧洲美元期货的交易规则，3 月 18 日的三个月期 LIBOR 为 5%（即 100－95），未来合约到期时的 LIBOR 为 5.5%（即 100－94.5），因此在不考虑交易成本的假设前提下，交易员的收益为：

$$\pi = 4 \times 250\ 000 \times (5.5\% - 5\%) = 5\ 000 \text{ 美元}$$

或者：

$$\pi = 4 \times 2\ 500 \times (95.00 - 94.50) = 5\ 000 \text{ 美元}$$

（三）长期国债期货的交易规则

长期利率期货的交易规则要比短期利率期货复杂得多。如上所述，所谓长期利率期货，实际上主要是指各国的中、长期国债期货。而在这些中、长期国债期货中，最有代表性的是美国长期国债（Treasury-bond，T-bond）期货及 10 年期的中期国债（Treasury-note，T-note）期货。就交易规则而言，这两种国债期货又实在是大同小异。因此，在这里，我们将以美国长期国债期货为例，对长期利率期货的一些最基本的交易规则加以说明。

1. 长期国债期货的报价方式

长期国债期货（也包括各种中期国债期货）的报价方式与上述国库券期货和欧洲美元期货的报价方式有很大的不同。它不是采取指数报价法，而是采取价格报价法。所谓价格报价法，是指以 100 美元面值作为报价单位，报出其期货价格。在中、长期国债期货的行情表上，这种价格用一条短横线隔开，短横线左边的数字为每 100 美元面值的整数期货价格，通常被称为整数点；而在短横线右边的数字则表示不足一个整数点的数字，该数字的含义是一个整数点的三十二分之几。例如，报价“98—16”，就表示每 100 美元面值的期货价格为 98.50 美元（即 $98\frac{16}{32}$）。又如报价“97—08”，就表示每 100 美元面值的期货价格为 97.25 美元（即 $97\frac{8}{32}$）。在某些中期国债期货的行情表中，还会经常出现诸如“101—125”、“102—082”、“98—057”的报价形式，这里的“125”、“082”和“057”分别表示“$\frac{12.5}{32}$”、“$\frac{8.25}{32}$”和“$\frac{5.75}{32}$”，这是因为某些中期国债期货的最小报价单位精确到三十二分之 0.25。因此，上面所列举的三种报价形式，表示每 100 美元面值的中期国债期货价格分别约为 101.391 美元、102.258 美元和 98.180 美元。

2. 长期国债期货的合约规格

(1)合约规格和交割方式

美国长期国债期货最初由 CBOT 推出,后来其他交易所,特别是其他国家的交易所也交易该期货品种。但是,同一期货品种在不同的交易所上市,也会在具体的交易规则上有所不同。

CBOT 上市的长期国债期货的交易单位是面值100 000美元的美国长期国债,其最小变动价位以“点”来表示。所谓 1 个“点”(point)是指交易单位的 1%。由于交易单位是面值100 000美元,所以 1 个点就代表1 000美元。而1 000美元的 1/32 就是一张合约的最小变动值,即 31.25 美元。

与前面所述的短期国库券期货类似,长期国债期货在到期时也是采用实物交割的方式来了结合约。标的债券是期限为 30 年、息票率为 6%的美国长期国债。然而,在现货市场上,实际存在的债券往往并不符合这一标准化的要求。换而言之,这种标准化的债券在现货市场上很少存在,甚至根本不存在(虚拟债券)。因此,在长期国债期货合约到期时,卖方可用于交割的债券并不限于这一标准化的债券。根据 CBOT 的规定,美国长期国债期货合约的卖方可用于交割的债券是剩余期限不少于 15 年的美国长期国债。

表 5-2　四种中长期利率期货(CBOT)的合约内容

项目	30 年长期国债期货	10 年中期国债期货	5 年中期国债期货	2 年中期国债期货
标的资产	30 年期、息票率 6%的长期国债	10 年期、息票率 6%的中期国债	5 年期、息票率 6%的中期国债	2 年期、息票率 6%的中期国债
合约规模	100 000 美元	100 000 美元	100 000 美元	200 000 美元
最小变动价位	1/32 点	1/32 点的 1/2	1/32 点的 1/4	1/32 点的 1/4
最小变动值	31.25 美元	15.625 美元	7.8125 美元	15.625 美元
到期交割方式	实物交割	实物交割	实物交割	实物交割
涨跌停	无	无	无	无

(2)转换因子的概念

在任何一个交割日,现货市场上往往存在着数十种同时符合这种交割等级的债券,而这些债券无疑有着不同的剩余期限和不同的息票利率,从而有着不同的市场价格。这么一来,问题出现了:如何使得这些不同特征的债券,可以放在同一个标准下进行比较?

为了解决不同债券比较口径的问题,交易所引入了转换因子(Conversion Factor, CF)这个概念。转换因子是指可使中、长期国债期货的价格与各种不同息票利率和不同剩余期限的可交割债券的现货价格具有可比性的折算比率,其实质是将面值 1 美元的可交割债券,在其剩余期限内的现金流量用一定的标准息票率所折成的现值。通过转换因子,不同的债券可以转换成若干数量标的债券,比如,CBOT 使用标的债券 6%的息票率作为转换因子的计算依据。由此,转换因子的简要计算公式如下:

$$CF = \sum_{t=1}^{n} \frac{C_t}{1.03^t} + \frac{1}{1.03^n} \tag{5.6}$$

其中：C_t 是债券在第 t 期的现金流量，由于长期债券半年支付一次利息，因此分母项使用 3%的贴现率(标的债券半年息票率 3%)进行折现。

转换因子是长期利率期货中的一个十分重要的概念。在中、长期国债期货交易中，转换因子是确定各种可交割债券之发票金额的一个必不可少的要素。通过该系数的调整，各种不同剩余期限和不同息票利率的可交割债券的价格，都可折算成期货合约所规定的标的债券价格的一定倍数。因此确切地说，所谓转换因子，实际上是一种"价格转换因子"。

(3)现金价格和发票金额

现金价格(cash price)，又称为不纯价格(dirty price)，它是现货市场上进行债券交易时，买方要向卖方支付的金额。现金价格与债券报价的关系为：

$$\text{现金价格} = P + I_a \tag{5.7}$$

其中：P 是债券的市场报价；I_a 是应计利息(accrued interest)，也就是上一个付息日以来的累计利息。

在美国，中、长期国债都是每半年付息一次的，其付息日与债券的买卖交易往往不在同一日。于是，从上次付息日至债券交易日这一期间的债券利息理应由原来的债券持有者所得。所以，债券的买方为取得这一债券，就必须在付出债券市场价格的同时，再付出这一期间的应计利息。

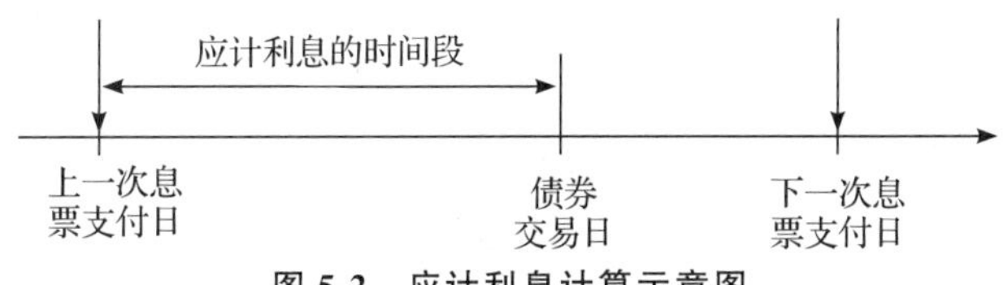

图 5-2 应计利息计算示意图

应计利息是以实际过去的天数与两次息票支付期间实际天数的比率为基础的，计算公式为：

$$\text{应计利息} = \text{息票数额} \times \frac{\text{上次付息日到现在实际过去的天数}}{\text{上次付息日到下次付息日的实际天数}} \tag{5.8}$$

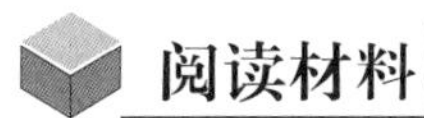

阅读材料

净价交易和全价交易

在国债期货交易中，成交价格是不包括应付利息的。国债的应付利息在交割时另行计算，此类交易方式称为净价交易(Clean/Flat Price)。净价交易是以不含利息的价格进行交易的债券交易方式，这种交易方式是将债券的报价与应计利息分解，价格只反映本金市值的变化，利息按面值利率以天计算，持有人享有持有期的利息收入。全价交易(Dirty/Full Price)是指债券价格中将应计利息包含在内的债券交易方式，其中应计利息是指从上次付息日到购买日债券的利息。全价交易的缺陷是在付息日会产生一个较大的向下跳空缺口，导致价格曲线不连续。

例 5-3：假设现在是 2009 年 11 月 5 日，息票利率为 10%，2016 年 8 月 15 日到期的长期国债的报价为 94—28(即 94.875)。由于美国长期国债均为半年付一次利息，从到期日可以判断，上次付息日是 2009 年 8 月 15 日，下一次付息日是 2010 年 2 月 15 日。由于 2009 年 8 月 15 日到 11 月 5 日之间的天数为 82 天，2009 年 11 月 5 日到 2010 年 2 月 15 日之间的天数为 102 天，因此应计利息等于：

$$I_a=\frac{82}{82+102}\times 5=2.228\text{ 美元}$$

该国债的现金价格为：

$$94.875+2.228=97.103\text{ 美元}$$

发票金额(invoice amount)，是指在中、长期国债期货的交割日由期货合约的买方向卖方实际支付的金额。这一金额系由交易所的结算单位根据卖方所交付的可交割债券、实际交割日及交割结算价格算得。其计算公式为：

$$\text{发票金额}=P_S\times CF+I_a \tag{5.9}$$

其中：P_S 是国债期货合约的交割结算价，CF 是可交割债券的转换因子，I_a 是可交割债券的应计利息。

如前所述，在实际交割时，卖方所选择的债券未必是国债期货的标的债券。因此，实际交割的合约总值还必须通过转换因子来加以调整。这一经由转换因子调整的合约总值，即被称为“本金发票金额”(principal invoice amount)。然而在通常情况下，即使是这一经过调整的本金发票金额也仍然不是实际的交割金额。这是因为，如果实际的交割日不在债券的付息日，则实际的交割金额还必须在本金发票金额的基础上再加上应计利息。

(4)最便宜可交割债券

前面我们提到了现金价格和发票金额这两个概念，在国债现货市场进行现券收付依据的是现金价格，而在国债期货市场进行国债的实物交割依据的是发票金额。对于国债期货的卖方而言，若未来时刻选择实物交割，他可以现金价格购买国债，并将其以发票金额交割给对手方。因此，他应当在市场上众多的债券当中，选择发票金额高于现金价格最大或低于现金价格最小的可交割债券，当他选用这种债券交割，可获得最大的利润或受到最小的损失。

依据这一原则，我们可以找到“最合适”的债券，而这种债券就是所谓的“最便宜可交割债券”(Cheapest-to-Deliver bond，CTD)。换而言之，最便宜可交割债券就是购买可交割债券的成本(现金价格)与期货空头方收到的现金(发票金额)之差最小的那个债券，即交割差距最小的债券是最便宜可交割债券，计算公式如下：

$$\begin{aligned}\min(\text{交割差距})&=\min(\text{现金价格}-\text{发票金额})\\&=\min[(P+I_a)-(P_S\cdot CF+I_a)]\\&=\min[P-P_S\cdot CF]\end{aligned} \tag{5.10}$$

例 5-4：假设某投资者决定交割其出售的美国长期国债期货合约。当时，期货市场的报价为 94—08，而现货市场有五种可交割债券可供选择，各种可交割债券的现货报价与转换因子如下：

债券	现货市场报价	转换因子
1	98.30	1.0256
2	86.50	0.9028
3	145.75	1.5376
4	106.55	1.1023
5	124.60	1.2937

求：上述五种可交割债券，哪个是最便宜的可交割债券？

解答：五种可交割债券的交割差距分别为：

债券 1：98.30－(94.25×1.0256)＝1.6372

债券 2：86.50－(94.25×0.9028)＝1.4111

债券 3：145.75－(94.25×1.5376)＝0.8312

债券 4：106.55－(94.25×1.1023)＝2.65823

债券 5：124.60－(94.25×1.2937)＝2.66878

由此可见，在这五种可交割债券中，债券 3 的交割差距最小，因此是最便宜可交割债券。

最后，将三种主要的利率期货品种的交易规则列表(见表 5-3)。

表 5-3 三种主要利率期货合约的交易规则比较

	短期国库券期货	欧洲美元期货	长期国债期货
标的资产	3 个月(13 周)美国国库券	3 个月欧洲美元定期存款	30 年期息票率 6%的长期国债
合约规模	1 000 000 美元	1 000 000 美元	100 000 美元
报价方式	100－年贴现率(指数报价法)	100－年利率(指数报价法)	100 美元的面值(价格报价法)
最小变动价位	0.5 个基点	近月：0.25 个基点 远月：0.5 个基点	1/32 点
最小变动值	12.5 美元	近月：6.25 美元 远月：12.5 美元	31.25 美元
交割方式	实物交割	现金结算	实物交割

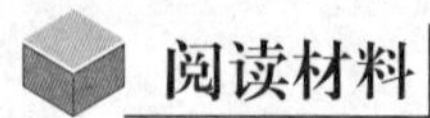

阅读材料

我国的国债期货合约交易规则简介

表 5-4 我国的国债期货合约主要条款

	10 年期国债期货	5 年期国债期货	2 年期国债期货
合约标的	面值为 100 万元人民币、票面利率为 3%的 10 年期名义长期国债	面值为 100 万元人民币、票面利率为 3%的 5 年期名义中期国债	面值为 200 万元人民币、票面利率为 3%的 2 年期名义中短期国债
可交割国债	合约到期月份首日剩余期限为 6.5—10.25 年的记账式附息国债	合约到期月份首日剩余期限为 4—5.25 年的记账式附息国债	合约到期月份首日剩余期限为 1.5—2.25 年的记账式附息国债
报价方式	百元净价报价	百元净价报价	百元净价报价
最小变动价位	0.005 元	0.005 元	0.005 元
合约月份	最近的三个季月(3 月、6 月、9 月、12 月中的最近三个月循环)		
交易时间	9:30—11:30,13:00—15:15		
最后交易日交易时间	9:30—11:30		
每日价格最大波动限制	上一交易日结算价的±2%	上一交易日结算价的±1.2%	上一交易日结算价的±0.5%
最低交易保证金	合约价值的 2%	合约价值的 1%	合约价值的 0.5%
最后交易日	合约到期月份的第二个星期五		
最后交割日	最后交易日后的第三个交易日		
交割方式	实物交割		
交易代码	T	TF	TS

国债期货可交割国债的转换因子和应计利息计算公式如下：

1. 转换因子计算公式：

$$CF=\frac{1}{(1+r/f)^{\frac{xf}{12}}}\times\left[\frac{c}{f}+\frac{c}{r}+\left(1-\frac{c}{r}\right)\times\frac{1}{(1+r/f)^{n-1}}\right]-\frac{c}{f}\times\left(1-\frac{xf}{12}\right)$$

其中：r 是 5 年期国债期货合约票面利率 3%；x 是交割月到下一付息月的月份数；n 是剩余付息次数；c 是可交割国债的票面利率；f 是可交割国债每年的付息次数。计算结果四舍五入至小数点后 4 位。

2. 应计利息

应计利息的日计数基准为“实际天数/实际天数”，每 100 元可交割国债的应计利息计算公式如下：

$$应计利息=\frac{可交割国债票面利率\times 100}{每年付息次数}\times\frac{配对缴款日-上一付息日}{当前付息周期实际天数}$$

计算结果四舍五入至小数点后 7 位。

三、利率期货的定价

(一)短期国库券期货的定价

在短期国库券期货合约中,标的资产是 90 天期的美国国库券。在实际交割时,所交割的国库券既可以是新发行的短期国库券,也可以是尚有 90 天剩余期限(交割日至国库券到期的天数)的原来发行的 6 个月或 1 年期的国库券。短期国库券也被称为贴现债券,以折价方式发行,在期限内不付息,在到期日投资者收到债券的面值。

与其他的期货合约相比,短期国库券期货合约有一个明显的特点,就是在合约到期前的时间里,用以在到期日交割的国库券可能尚不存在。将期货合约的标的资产看作是一种在期货合约的有效期内都有价值的贴现债券,并且这种债券在合约的到期日具有与 90 天期国库券相同的价值。例如,若一个国库券期货合约在 120 天后到期,则可以认为标的资产就是 210 天期的贴现债券。经过 120 天以后,其价值和当天发行的 90 天期国库券的价值相等,其面值也和 90 天期国库券的面值相同。

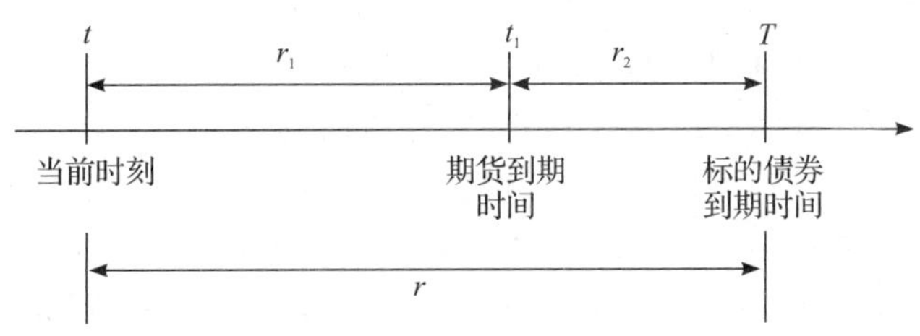

图 5-3 短期国库券期货定价示意图

假定 t 是现在的时间(年);t_1 是期货合约的到期时间(年);T 是期货合约标的资产的贴现债券到期时间,其中 $T-t_1$ 约为 90 天;r 表示从 t 到 T 期限内的无风险利率(连续复利);r_1 是从 t 到 t_1 期限内的无风险利率;r_2 是在 t 时刻的 t_1 和 T 期间的远期利率。合约标的资产的贴现债券的面值为 100 美元,S 是其在 t 时刻的价格,则 S 为:

$$S=100\exp[-r(T-t)] \tag{5.11}$$

F 是 t 时刻的期货价格,则:

$$\begin{aligned}F&=S\exp[r_1(t_1-t)]=100\exp[-r(T-t)]\cdot\exp[r_1(t_1-t)]\\&=100\exp[r_1(t_1-t)-r(T-t)]\end{aligned}$$

根据本书第二章的知识,我们有:

$$r_2=\frac{r(T-t)-r_1(t_1-t)}{T-t_1}\quad\Rightarrow\quad r(T-t)-r_1(t_1-t)=r_2(T-t_1) \tag{5.12}$$

最终可得:

$$F=100\exp[-r_2(T-t_1)] \tag{5.13}$$

需要重申的是,由式(5.13)得到的是期货合约的现金价格,是合约的多头方在合约到期时购买＄100面值的国库券所必须支付的价格，它与短期国库券期货合约的报价 Q 是有区别的，二者之间的关系为：

$$F=100-(100-Q)\cdot\frac{T-t_1}{360} \quad\Rightarrow\quad Q=100-\frac{360}{T-t_1}(100-F) \tag{5.14}$$

例 5-5：假设140天期即期利率是8%，230天即期利率是8.25%，连续复利计息。则自第140天起至第230天止的这段时间里的远期利率为：

$$r=\frac{8.25\%\times230-8\%\times140}{90}=8.64\%$$

由于90天＝0.2466年，则过140天后到期的＄100面值的短期国库券的期货价格为：

$$F=100\exp[-8.64\%\times0.2466]=97.89\text{ 美元}$$

该期货的报价为：

$$Q=100-\frac{360}{90}(100-97.89)=91.56\text{ 美元}$$

（二）长期国债期货的定价

假设用于交割的最便宜可交割债券和交割日期是已知的，则长期国库券期货就相当于提供已知现金收入的证券的期货。式(4.13)适用于长期国库券期货的定价：

$$F=(S-I)\exp[r(T-t)] \tag{5.15}$$

但是由于其报价和交割制度的特殊性，使公式的运用较为复杂。其中：I 表示期货合约有效期内的息票利息的现值；T 表示期货合约的到期时刻（年）；t 表示现在的时刻（年）；r 表示无风险利率；S 表示 t 时刻期货合约的标的债券的价格。这里，F 和 S 都为债券的现金价格。需要通过以下四个步骤来确定国债期货价格：

1. 运用式(5.7)，根据最便宜可交割债券的报价，算出该交割债券的现金价格；
2. 运用式(5.15)，根据交割债券的现金价格算出交割债券期货理论上的现金价格；
3. 运用式(5.7)，根据交割债券期货的现金价格算出交割债券期货的理论报价；
4. 考虑到最便宜可交割债券和标的债券的区别，将以上求出的期货报价除以转换因子，从而得出标的债券期货的理论报价。

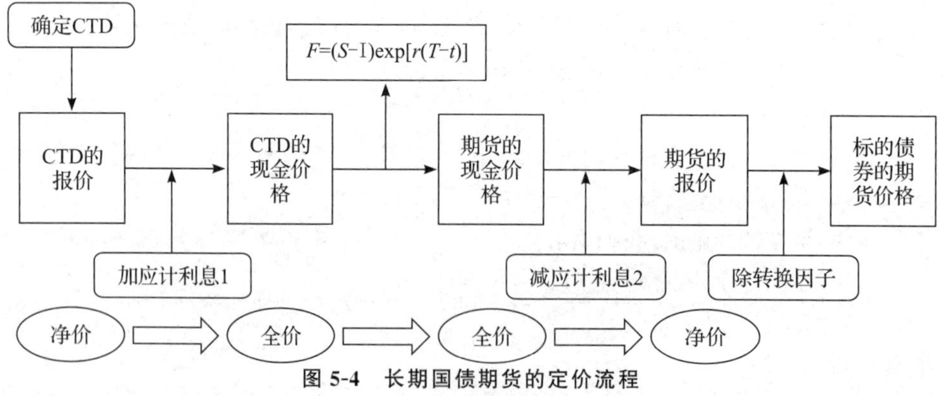

图 5-4　长期国债期货的定价流程

例 5-6：某长期国债期货合约，其最便宜可交割债券的息票率是12%，转换因子为

1.6000，且该债券在 270 天后将发生交割，息票是半年支付一次，上次的息票日是 60 天以前，下次的息票日距今 122 天。假设期限结构是平坦的，且连续复利的年利率是 10%。若当前债券的价格为 $115，求该期货合约的报价。

解答：根据题意，可画出相应的时间轴（如图 5-5 所示）。

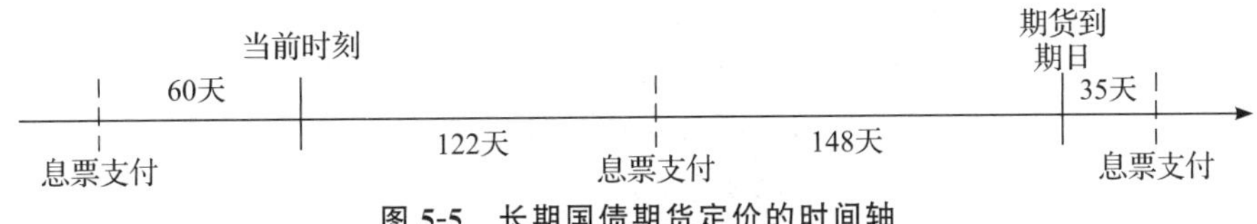

图 5-5 长期国债期货定价的时间轴

1. 求出债券的现金价格 S。由于当前时刻距离上一次息票支付有 60 天的应计利息，因此在由净价向全价转化的过程中，需要将这段时间的应计利息加上。

$$S=115+\frac{60}{60+122}\times 6=116.978$$

2. 求出息票的现值 I。由于期货有效期内只有一次付息，是在 122 天后支付 6 美元的利息，因此利息的现值为：

$$I=6\times \exp\left[-10\%\times\frac{122}{365}\right]=5.803$$

3. 使用 $F=(S-I)\exp(rT)$，求出交割债券期货理论上的现金价格。注意该期货合约的有效期还有 270 天。

$$F=(116.978-5.803)\exp\left[10\%\times\frac{270}{365}\right]=119.711$$

4. 求出债券期货的理论报价。由于交割时，交割债券还有 148 天的应计利息，因此在由全价向净价转化的过程中，需要将这段时间的应计利息减去。

$$119.711-6\times\frac{148}{148+35}=114.859$$

5. 求出标的债券的期货报价

$$\frac{114.859}{1.6000}=71.79 \quad 或者 \quad 71-25$$

第四节 股指期货

一、世界著名的股价指数简介

（一）道・琼斯股价指数

道・琼斯股价指数（Dow Jones Stock Price Index）是世界上历史最为悠久、目前影响最大、最有权威性的一种股价指数，它是在 1884 年由道・琼斯公司的创始人查理斯・道（Charles H.Dow）开始编制的。其计算方法几经修正，现在的道・琼斯股价平均指数是以 1928 年 10 月 1 日为基期，其股价指数普遍用点来做单位，而股价指数每一点的涨跌就是相对于基准日的涨跌百分数。

目前，道·琼斯股票价格平均指数共分四组：

第一组是工业股票价格平均指数，它由30种有代表性的大工商业公司的股票组成，大致可以反映美国整个工商业股票的价格水平，这也就是人们通常所引用的道·琼斯工业股票价格平均数(Dow Jones Industrial Average，DJIA)。

第二组是运输业股票价格平均指数。它包括20种有代表性的运输业公司的股票，即8家铁路运输公司、8家航空公司和4家公路货运公司。

第三组是公用事业股票价格平均指数，是由代表着美国公用事业的15家煤气公司和电力公司的股票所组成。

第四组是平均价格综合指数。它是综合前三组股价指数的65种股票而得出的综合指数，这组综合指数虽然为优等股票提供了直接的股票市场状况，但现在通常引用的仍是第一组工业股票价格平均指数。

(二)标准普尔股价指数

除了道·琼斯股价指数外，标准普尔股价指数(Standard & Poors Stock Price Index)在美国也很有影响，它是美国最大的证券研究机构标准普尔公司编制的股价指数。该公司于1923年开始编制发表股价指数。最初采选了230种股票，编制两种股价指数。到1957年，这一股价指数的范围扩大到500种股票，其中最重要的四种组合是工业股票组、铁路股票组、公用事业股票组和500种股票混合组(S&P500)。从1976年开始，改为400种工业股票、20种运输业股票、40种公用事业股票和40种金融业股票。几十年来，虽然有股票更迭，但始终保持为500种。

(三)纽约证券交易所股价指数

纽约证券交易所股价指数(NYSE Stock Price Index)是由纽约证券交易所编制的股价指数。它起自1966年6月，先是普通股股价指数，后来改为混合指数，包括在纽约证券交易所上市的1 500家公司的1 570种股票。

纽交所股价指数是以1965年12月31日确定的50点为基数，采用的是综合指数形式。纽约证券交易所每半个小时公布一次指数的变动情况。虽然纽约证券交易所编制股价指数的时间不长，但是因它可以全面及时地反映股票市场活动的综合状况，受到投资者的欢迎。

(四)美国股票交易所主要市场指数

美国股票交易所主要市场指数(AMEX Major Market Index，MMI)是20家蓝筹工业股的价格加权平均数。它由美国股票交易所制作，构成该指数的股票是在纽约股票交易所挂牌的股票，其中15种股票也是道·琼斯工业平均指数组成部分，因此，两种指数的关系比较密切，相关系数在1986—1990年达到0.97左右。

(五)日经股价指数

日经指数(Nikkei Stock Average Index)是由日本经济新闻社编制并公布的反映日本股票市场价格变动的股票价格平均数。该指数从1950年9月开始编制，起初根据东京证券交易所第一市场上市的225家公司的股票算出修正平均股价，当时称为“东证修正平均股价”。1975年5月1日，日本经济新闻社向道·琼斯公司买进商标，采用美国道·琼斯公司的修正法计算，这种股票指数也就改称“日经道·琼斯平均股价”。1985年5月1日在合同期满10年时，经两家商议，将名称改为“日经平均股价”。

按计算对象的采样数目不同，该指数分为两种。一种是日经225指数(Nikkei 225 Stock Index)，其所选样本均为在东京证券交易所第一市场上市的股票，样本选定后原则上不再更改。由于日经225种平均股价从1950年一直延续下来，因而其连续性及可比性较好，成为考察和分析日本股票市场长期演变及动态的最常用和最可靠指标。另一种是日经500种指数(Nikkei 500 Stock Index)，这是从1982年1月4日起开始编制的，由于其采样包括500种股票，所以代表性相对更为广泛，但样本并不固定，每年4月份要根据上市公司的经营状况、成交量和成交金额、市价总值等因素对样本进行更新。

(六)金融时报股价指数

金融时报股价指数(又称富时指数)的全称是“伦敦《金融时报》工商业普通股股价指数”，是由英国伦敦证券交易所编制，并在《金融时报》(*Financial Times*)上发表的股价指数。该股价指数包括30种投票指数、100种股票指数以及500种股票指数三种指数。其中，富时100指数(FTSE100)是英国最具代表性的股价指数，该指数自1984年1月3日起编制并公布，指数基准定为1 000点，挑选了100家有代表性的大蓝筹公司股票，代表了伦敦股票市场81%的市值，被称为反映英国经济的“晴雨表”。

(七)香港恒生指数

香港恒生指数(Hang Seng Index)是香港股票市场上历史最久、影响最大的股价指数，由香港恒生银行于1969年11月24日开始发表。

恒生股价指数是从香港500多家上市公司中挑选出来的33家有代表性且经济实力雄厚的大公司股票作为成分股，分为四大类：金融业股票、公用事业股票、地产业股票和其他工商业(包括航空和酒店)股票。这些股票占香港股票市值的63.8%。该股票指数涉及香港的各个行业，具有较强的代表性。

恒生股价指数的编制是以1964年7月31日为基期，基点确定为100点。其计算方法是将33种股票按每天的收盘价乘以各自的发行股数为计算日的市值，再与基期的市值相比较，乘以100就得出当天的股价指数。1986年5月，香港期货交易所推出恒生指数期货。

二、股指期货的概念和特点

(一)股指期货的概念

所谓股指期货(stock index futures)，又称股票价格指数期货，是指以股价指数为标的物的标准化期货合约，双方约定在未来的某个特定日期，按照事先确定的股价指数的大小，进行标的指数的买卖。

股指期货合约的主要作用表现在它能帮助股票投资者避免股票投资的系统性风险。股票投资的主要风险是股票价格的波动。这一风险可以归纳为两类：系统性风险(systematic risk)和非系统性风险(idiosyncratic risk)。

所谓系统性风险，指的是由于错综复杂的各类因素对市场上所有的股票带来损失的风险，也是整个股票市场上各种股票的持有人所普遍面临的风险，它与一国的总体经济状况和指标等因素密切相关；非系统性风险指的是某些因素给某种或某类股票带来损失的风险，它与股票所代表公司所处的行业状况和公司的经营状况相联系。

长期以来，投资者为了避免非系统性风险，可以通过投资分散化的方法，即分散投资于几种不同的股票，如果一种股票的价格下跌了，其损失还有可能用另一种股票价格的上升来弥补，这就是所谓风险分散化的原则，也就是通过所谓的投资组合来规避非系统性风险。然而，如果一国总的经济状况恶化，或者某些因素对所有股票价格都产生影响，致使大部分股票价格下跌，出现系统性风险，那么利用风险分散化原则进行股票分散投资，将无法消除这部分风险。传统的投资理论也一直没有找出克服系统性风险的有效手段，股指期货合约的出现则解决了这一难题。股指期货合约以有代表性的权威股票指数作为合约计价的基础，期货合约的价格随着股票指数的涨跌而相应地变化。股票投资者在投资股市时，可利用套期保值的方式使股票投资的损失由股指期货交易的盈利所弥补。因此，股指期货合约的产生为股票投资者提供了避免系统性风险的保值手段，对股票市场的稳定和发展具有非常重要的积极作用。

（二）股指期货的特点

1. 现金结算而非实物交割

股指期货合约交易，实际上只是把股票指数按点数换算成现金进行交易，合约到期时，以股票市场的收市指数作为结算的标准，合约持有人只需交付或收取按购买合约时的股票指数的点数与到期时的实际指数的点数计算的点数差折合成的现金数，即可完成交收手续。这种结算方法避免了要从股票市场上收集股票进行交收的烦琐步骤，同时也省去了不少交易费用。绝大多数股指期货合约的持有者在合约期满前就以对冲方式结束了手中的合约。

2. 高杠杆作用

股票指数期货交易是采用保证金的形式来进行。保证金只是交易金额的一小部分，约占总价值的10%左右。少量的保证金就可以进行大量数额的交易，这就产生了杠杆作用，使投资者能够以小本获大利。

3. 交易成本较低

相对于现货交易而言，股指期货交易的成本是相当低的。股指期货交易的成本包括：交易佣金、买卖价差、用于支付保证金的机会成本和可能支付的税项。以我国为例，股指期货的手续费一般是0.05‰—0.1‰，而股票交易的手续费通常有1‰，股指期货的交易成本不到股票交易成本的10%。

4. 市场的流动性较高

股指期货市场的流动性明显高于股票现货市场。仅2015年前7个月，中金所的股指期货总成交额便突破337万亿，高于同期沪深两市股票160万亿的成交额。

三、股指期货的交易规则

股指期货为标准化的合约，每个交易所对股指期货合约的合约乘数、最小变动价位、合约月份等都做了统一规定。以S&P500股指期货为例，合约的具体规定如表5-5所示。

表 5-5 S&P500 期货合约主要条款

交易所名称	芝加哥商品业交易所(CME)
合约乘数	250 美元/点
最小变动价位	0.10 个指数点(每张合约 25 美元)
合约月份	3、6、9、12 月
交易时间	10:00—16:15(美国东部时间)
最后交易日	每个合约交易月份的第三个星期四
交割方式	以最后的结算价格实行现金结算

(一)合约乘数

股指期货以其标的指数的点数报价。指数每变动一点,期货价值变动的现金值称为合约乘数。即一份股指期货的价值等于指数的点数与合约乘数的乘积。比如:当前S&P500 期货合约是3 000点,则一份合约的价值是 75 万美元(3 000×250=750 000)。

(二)最小变动价位

股指期货合约报价变动的最小单位即为最小变动价位,合约交易报价的指数点必须是最小变动价位的整数倍。S&P500 期货合约的最小变动价位是 0.1 个点,这意味着合约交易报价的指数点必须为 0.1 点的整数倍。每张合约的最小变动值为 25 美元(即 250×0.1)。

(三)合约月份

股指期货的合约月份是指股指期货合约到期进行交割所在的月份。不同国家和地区的股指期货合约月份的设置不尽相同。一般在欧美市场,采用的往往是季月模式(即 3、6、9、12 月)。另外一种是近期月份为主,辅以远期季月,如中国大陆、台湾和香港市场。

(四)每日价格最大波动限制

为了防止价格大幅度波动所引发的风险,国际上通常对股指期货设定每日价格最大波动限制。但并非所有交易所都设置了这样的限制,例如中国的香港恒生指数期货、英国的 FTSE100 指数期货交易就无此限制。

(五)保证金比例

合约交易保证金是指投资者进行期货交易时缴纳的少量用来保证履约的资金,一般占交易合约价值的一定比例。

阅读材料

我国的股指期货合约交易规则简介

表 5-6 我国的股指期货合约主要条款

合约标的	沪深 300 指数	上证 50 指数	中证 500 指数
合约乘数	每点 300 元	每点 300 元	每点 200 元
报价单位	指数点	指数点	指数点
最小变动价位	0.2 点	0.2 点	0.2 点
最小变动值	60 元	60 元	40 元
合约月份	当月、下月及随后两个季月		

续表

合约标的	沪深300指数	上证50指数	中证500指数
交易时间	上午:9:30—11:30,下午:13:00—15:00		
最后交易日交易时间	上午:9:30—11:30,下午:13:00—15:00		
每日价格最大波动限制	上一个交易日结算价的±10%		
最低交易保证金	合约价值的8%		
最后交易日	合约到期月份的第三个周五,遇国家法定假日顺延		
交割日期	同最后交易日		
交割方式	现金交割		
交易代码	IF	IH	IC

(一)标的指数概况

沪深300指数的选样方法是对样本空间股票在最近一年(新股为上市以来)的日均成交金额由高到低排名,剔除排名后50%的股票,然后对剩余股票按照日均总市值由高到低进行排名,选取排名在前300名的股票作为样本股。

沪深300的指数成分股覆盖银行、钢铁、石油、电力、煤炭、水泥、家电、机械、纺织、食品、酿酒、化纤、有色金属、交通运输、电子器件、商业百货、生物制药、酒店旅游、房地产等数十个主要行业的龙头企业。排名在前20的成分股往往成为投资者关注的焦点。

上证50指数包含了上海证券交易所中规模大、流动性好、最具代表性的50只股票,以期综合反映上海证券市场最具市场影响力的一批龙头企业的整体状况。具体的上证50指数的成分股是由上证180样本空间内,根据总市值、成交金额对股票进行综合排名所得的前50只股票构成的。从行业分布来看,上证50指数约66%的权重都集中于银行和非银金融板块。

中证500指数相对上证50和沪深300来说,在风格构成和行业分布上都有很大的不同。最直观的区别在于,中证500成份股包含了更大比重的成长类股票。同时,中证500成份股的行业分布也更加分散,不容易过度受被某一行业的涨跌影响。

中证500样本空间内股票是扣除沪深300指数样本股及最近一年日均总市值排名前300名的股票,剩余股票按照最近一年(新股上市以来)的日均成交金额由高到低排名,剔除排名后20%的股票,然后将剩余股票按照日均总市值由高到低进行排名,选取排名在前500名的股票作为中证500指数样本股。

中证500相对沪深300的市值分布重心偏低,在全市场市值最高的10%股票中仅有18只股票。但是,中证500并没有过度地偏向于小盘股、微型股,70%的成分股总市值都超过100亿。整体来说,中证500的成分股更接近于具备成长特征的中型股。从行业分布角度来看,中证500整体分布较为均匀,没有单一行业权重超过10%的情况。其中权重较高的几个行业分别为房地产、医药生物、计算机。

(二)基本交易规则

1. 竞价方式

在中金所交易的股指期货合约,采用集合竞价和连续竞价两种交易方式。集合竞价为每个交易日 9:25—9:30，其中 9:25—9:29 为指令申报时间，9:29—9:30 为指令撮合时间；连续竞价为每个交易日 9:25—11:30 和 13:00—15:00。

2. 交易指令的相关规定

中金所规定，股指期货合约每次最小下单数量为 1 手，市价指令每次最大下单数量为 50 手，限价指令每次最大下单数量为 100 手。

3. 持仓限额规定

中金所对股指期货合约实行持仓限额制度，规定沪深 300 股指期货投机交易的客户合约单边持仓限额为 5000 手；中证 500 和上证 50 股指期货投机交易的客户合约单边持仓限额均为 1200 手。

4. 交易结算价的确定

中金所规定，股指期货合约的当日结算价为合约最后一小时成交价格按照成交量的加权平均价，计算结果保留至小数点后一位。

5. 交割结算价的确定

中金所规定，股指期货合约的交割结算价为合约最后交易日标的指数最后 2 小时的算术平均价，计算结果保留至小数点后两位。

四、股指期货的定价

与其他金融期货相比，股指期货的一个明显的特征是其标的资产并非实际存在的金融资产，而是一种假定的资产组合。大部分股票指数可以看成支付红利的证券。这里的证券就是计算指数的股票组合，证券所付红利就是该组合的持有人收到的红利。根据合理的近似，可以认为红利是连续支付的。设 q 为红利收益率，可得股指期货价格为：

$$F=S\cdot\exp[(r-q)(T-t)] \tag{5.16}$$

其中：T 是期货合约到期的时间(年)，t 是当前的时间(年)，则 $T-t$ 表示期货合约中，以年为单位表示的剩下的时间；S 是期货合约标的指数在时间 t 时的价格，r 是无风险利率。

例 5-7：考虑一个 S&P500 指数的 3 个月期期货合约。假设用来计算指数的股票的红利收益率为每年 3%，指数现值为1 000，连续复利的无风险利率为每年 8%。求：该期货合约的理论价格。

解答：由题意，$r=0.08$，$S=1000$，$T-t=0.25$，$q=0.03$，则：

$$F=S\cdot\exp[(r-q)(T-t)]=1\,000\times\exp[(0.08-0.03)\times0.25]=1\,012.6$$

如果分析者对于计算红利收益率不感兴趣，他可以估计指数中股票组合将要收到的红利金额总数及其时间分布。这时股票指数可以看成是提供已知收入的证券，从而用下面的公式来计算期货价格：

$$F=(S-I)\exp[r(T-t)]$$

这个公式对日本、法国、德国的指数很有效，因为这些国家所有的股票都在相同的时间里支付红利。

本章摘要

1. 金融期货主要有外汇期货、利率期货、股指期货等三大类。在各个大类中,根据具体标的物的不同,又可分为各个具体的品种。

2. 外汇期货是最早产生的金融期货类别。

3. 利率期货是品种最多、交易量最大、交易规则最复杂的期货类别。目前最有代表性的短期利率期货,有 13 周美国国库券期货与欧洲美元期货;最有代表性的长期利率期货是 30 年期美国长期国债期货。

4. 短期利率期货实行指数报价法,其指数为 100 减去年利率或年贴现率;长期利率期货实行价格报价法,即以整数点数和 1/32 点报出每 100 美元面值的标的债券的期货价格。

5. 转换因子,是指将 1 美元的可交割债券在其剩余期限内的现金流量,以标准息票利率折成的现值。其作用在于将不同剩余期限和不同息票利率的可交割债券,换算成期货合约所规则的标准化债券的某一倍数。

6. 应计利息,是指从上次付息日至实际交割日期间所产生的利息,这一利息应在交割时由期货合约的买方支付给卖方。

7. 最便宜可交割债券,是指发票金额高于现货价格最大或低于现货价格最小的可交割债券。期货合约的卖方选用这种债券交割,可获得最大的利润或受到最小的损失。在中、长期国债期货交易中,确定最便宜可交割债券的基本方法是分别计算各种可交割债券的交割差距,其中交割差距最小的那种债券便是最便宜可交割债券。

8. 股价指数期货,是指以某一股票市场的价格指数为标的物的期货交易形式,其交易单位为标的指数与合约乘数之积,而所谓合约乘数则是指期货合约所规定的每一标的指数的固定金额。股价指数期货可用于股票市场的系统性风险的管理。

9. 各种金融期货都有着自身的特殊性,在应用金融期货定价的基本原理对某种具体的金融期货进行定价时,还必须充分地考虑到各种金融期货的具体特征,如外汇期货的价格可利用利率平价理论来确定,长期国债期货可视为有已知现金收益的标的资产的期货,股价指数期货是有已知收益率的标的资产的期货。

练习与思考

一、名词解释

金融期货、外汇期货、利率期货、股指期货、转换因子、应计利息、最便宜可交割债券、发票金额、现金价格

二、单选题

1. * 1982 年,美国堪萨斯期货交易所推出(　　)期货合约。

A.标准普尔 500 指数　　B.价值线综合指数

C.道琼斯综合平均指数　　D.纳斯达克指数

2. * 属于股指期货合约的是(　　)。

A. NYSE 交易的 SPY　　B. CBOE 交易的 VIX

C. CFFEX 交易的 IF　　　　D. CME 交易的 JPY

3. * 当沪深 300 指数期货合约 1 手的价值为 120 万元时，该合约的成交价为（　　）点。

A. 3000　　B. 4000　　C. 5000　　D. 6000

4. * 假设某投资者的期货账户资金为 105 万元，股指期货合约的保证金为 15%，该投资者目前无任何持仓，如果计划以 2270 点买入 IF1603 合约，且资金占用不超过现有资金的三成，则最多可以购买（　　）手 IF1603。

A. 1　　B. 2　　C. 3　　D. 4

5. * 若沪深 300 指数期货合约 IF1503 的价格是 2149.6，期货公司收取的保证金是 15%，则投资者至少需要（　　）万元的保证金。

A. 7.7　　B. 8.7　　C. 9.7　　D. 10.7

6. * 某投资者持有 1 手股指期货合约多单，若要了结此头寸，对应的操作是（　　）1 手该合约。

A.买入开仓　　B.卖出开仓　　C.买入平仓　　D.卖出平仓

7. * 如果股指期货价格高于股票组合价格并且两者差额大于套利成本，套利者（　　）。

A.卖出股指期货合约，同时卖出股票组合

B.买入股指期货合约，同时买入股票组合

C.买入股指期货合约，同时借入股票组合卖出

D.卖出股指期货合约，同时买入股票组合

8. * 对于利率期货和远期利率协议的比较，下列说法错误的是（　　）。

A.远期利率协议属于场外交易，利率期货属于交易所内交易

B.远期利率协议存在信用风险，利率期货信用风险极小

C.两者共同点是每日发生现金流

D.远期利率协议的交易金额和交割日期都不受限制，利率期货是标准化的契约交易

9. * 国债期货合约的发票价格等于（　　）。

A.期货结算价格×转换因子

B.期货结算价格×转换因子＋买券利息

C.期货结算价格×转换因子＋应计利息

D.期货结算价格×转换因子＋应计利息－买券利息

10. * 全球期货市场最早上市国债期货品种的交易所为（　　）。

A. CBOT　　B. CME　　C. ASX　　D. LIFFE

11. * 以下属于短期利率期货品种的是（　　）。

A.欧洲美元期货　　B.德国国债期货

C.欧元期货　　D.美元期货

12. * 美国 5 年期国债期货合约的面值为 10 万美元，采用（　　）的方式。

A.现金交割　　B.实物交割

C.标准券交割　　D.多币种混合交割

13. * 根据利率平价理论,汇率远期差价是由两国的(　　)差异决定的。

A. GDP 增速　　B.通货膨胀率

C.利率　　D.贸易顺差

14. * 下列不是决定外汇期货理论价格的因素为(　　)。

A.利率　　B.现货价格　　C.合约期限　　D.期望收益率

15. * 假设当前英镑兑美元的汇率是 1.520(即 1 英镑＝1.5200 美元),美国 1 年期利率为 4%,英国 1 年期利率为 3%,那么在连续复利的前提下,英镑兑美元 1 年期的理论远期汇率应为(　　)。

A. 1.5300　　B. 1.5425　　C. 1.5353　　D. 1.5200

16. * 若本币升值,其他条件不变的情况下,(　　)。

A.进口企业将获利,出口企业将遭受损失

B.出口企业将获利,进口企业将遭受损失

C.进出口企业均将获利

D.进出口企业均会遭受损失

17. * 假设某日美元利率为 0.55%,欧元利率为 0.15%,欧元兑美元的即期汇率为 1.3736,那么 1 年期欧元兑美元的理论远期汇率为(　　)。

A. 1.36809　　B. 1.36814　　C. 1.37909　　D. 1.37913

18. * 假设某日美元兑人民币的即期汇率为 6.1022,人民币 6 个月 SHIBOR 利率为 5.00%,美元 6 个月 LIBOR 利率为 0.34%,那么 6 个月美元兑人民币的远期汇率应为(　　)。

A. 5.8314　　B. 5.9635　　C. 6.2441　　D. 6.3856

19. * 沪深 300 指数期货合约到期时,只能进行(　　)。

A.现金交割　　B.实物交割

C.现金或实物交割　　D.强行减仓

20. * 股指期货交割是促使(　　)的制度保证,使股指期货市场真正发挥价格晴雨表的作用。

A.股指期货价格和股指现货价格趋向一致

B.股指期货价格和现货价格有所区别

C.股指期货交易正常进行

D.股指期货价格合理化

21. * 美元兑人民币即期汇率为 6.8,中国利率为 5%,美国利率为 2%,则一年的远期汇率约为(　　)。

A. 6.61　　B. 7.14　　C. 6.94　　D. 7

22. * 若上证 50 指数期货合约 IH1705 的价格是 2344.8,期货公司收取的保证金是 15%,则投资者至少需要(　　)万元的保证金方可开仓 1 手。

A. 9.56　　B. 10.56　　C. 11.56　　D. 12.56

23. * 股指期货的交易保证金比例越高,则参与股指期货交易的(　　)。

A.收益越高　　B.收益越低　　C.杠杆越大　　D.杠杆越小

24.＊假设某日美元兑人民币的即期汇率为6.1022，人民币6个月SHIBOR利率为5.00%，美元6个月LIBOR利率为0.34%，那么6个月美元兑人民币的远期汇率应为（　　）。

A. 5.8314　　B. 5.9635　　C. 6.2441　　D. 6.3856

25.＊中金所上市的首个国债期货产品为（　　）。

A. 3年期国债期货合约　　B. 5年期国债期货合约

C. 7年期国债期货合约　　D. 10年期国债期货合约

26.＊面值为100元的债券报价为102.00，应计利息为1.93，该债券全价为（　　）。

A. 100.00　　B. 102.00　　C. 103.93　　D. 100.07

27.＊某债券面值100万元，票面利率2%，按年付息，发行后持有天数41天，若净价为99万元，其全价约为（　　）万元。

A. 99.22　　B. 98.11　　C. 100.11　　D. 100.22

28.＊2016年5月6日，中金所上市交易的5年期国债期货合约有（　　）。

A. TF1606，TF1609，TF1612　　B. TF1606，TF1609，TF1612，TF1703

C. TF1605，TF1606，TF1609　　D. TF1605，TF1606，TF1609，TF1612

29.首先推出日经225指数期货的交易所是：（　　）

A.新加坡衍生品交易所SGX　　B.大阪证券交易所OSE

C.芝加哥商品业交易所CME　　D.东京国际金融期货交易所TIFFE

三、简答题

1.简述外汇期货产生和发展的历史背景。

2.欧洲美元期货与短期国库券期货的报价方式有何异同？

3.什么是转换因子？其作用何在？

4.什么是应计利息？为什么要在实际交割金额中加上应计利息？

四、计算题

1.假定国债期货的价格为101—12，下表中的4个债券中哪一个是最便宜可交割债券？

债券	价格	转换因子
1	125—05	1.2131
2	142—15	1.3792
3	115—31	1.1149
4	144—02	1.4026

2.假定国债期货的价格为98—16，下表中的3个债券中哪一个是最便宜可交割债券？

债券	价格	转换因子
A	99—16	1.0322
B	98—24	1.0158
C	100—08	0.9881

3.当前的欧元兑美元的汇率为 USD1.400/€，6 个月期的远期汇率为 1.3950，6 个月美元年利率为 3%(连续复利)。

试计算 6 个月期的欧元利率。

4.假定现在是 2013 年 7 月 30 日。在 2013 年 9 月到期的国库券期货所对应的最便宜可交割债券的息票率为 13%，预计交割时间为 2013 年 9 月 30 日，债券息票的支付时间为每年 2 月 4 日和 8 月 4 日。期限结构为水平，连续复利的利率为每年 12%。这一债券的转换因子为 1.5，债券的当前价格为 110 美元。

计算这一期货合约的报价。

5.假设现在是 2011 年 3 月 10 日，2010 年 12 月国债期货的最便宜可交割债券为 8% 息票率，预计在 2011 年 12 月 31 日交割；息票支付在每年的 3 月 1 日和 9 月 1 日。对应所有期限按连续复利的利率为每年 5%，债券的转换因子为 1.2191，现在的报价为 137 美元。

计算合约的期货价格。

参考文献

1.洛伦兹·格利茨.金融工程学[M].唐旭，译.经济科学出版社，2003.

2.钱斯.衍生工具与风险管理[M].陈蓉，译.高等教育出版社，2005.

3.施兵超.金融衍生产品[M].复旦大学出版社，2008.

4.宋浩平.期货及期权投资实务[M].首都经济贸易大学出版社，2014.

5.约翰·赫尔.期权、期货及其他衍生产品[M].王勇，索吾林，译.机械工业出版社，2012.

6.张元萍，郗文泽.金融衍生工具[M].首都经济贸易大学出版社，2015.

7.叶永刚，彭红枫.金融工程学[M].东北财经大学出版社，2014.

案例

“327”国债期货事件

1981 年，为了弥补国家财政赤字和抑制通货膨胀，我国重新开始发行国债。当时国债发行十分困难，一个很重要的原因是还没有建立国债流通市场，直到 1989 年，我国才逐步建立国债流通市场。1990 年初步形成全国性的国债二级市场。从国际成熟市场的情况来看，建立国债期货市场可以大大促进现货市场的发展，从而带动国债的发行。1992

年 12 月 28 日,上海证券交易所首次设计并试行推出了 12 个品种的国债期货合约。然而国债期货面世之初,交投十分清淡,市场很不活跃。1993 年 10 月,上海证券所重新设计了国债期货合约的品种和交易机制,并向社会公众开放国债期货交易,从此我国的国债期货开始了飞速发展。

"327"国债期货,指的是在上海证券交易所上市交易的"310327"国债期货合约,其标的券种是 1992 年发行的三年期国库券,该券发行总量为 246.79 亿元,1995 年 6 月到期兑付,利率为 9.5%的票面利息加保值贴补率。1995 年春节后,国债期货交易变得异常紧张。"327"国债期货合约的价格一直在 147.80 元和 148.30 元之间徘徊,未平仓量持续上升,多空双方剑拔弩张,双方呈现胶着状态,空头主力以万国证券和辽宁国发集团为代表,多方主力则以中国经济开发信托投资公司为主。

1995 年 2 月 23 日,财政部发布公告,1992 年向社会发行的三年期国库券在 1995 年 7 月 1 日到期还本付息,利息分两段计算:1992 年 7 月 1 日至 1993 年 6 月 30 日,按年利率 9.5%计算不实行保值贴补;1993 年 7 月 1 日至 1995 年 6 月 30 日,按年利率 12.24%加人民银行公布的当年 7 月保值贴补率计息。这样国债现货就增加了 5.48 元的价值,事实上宣告 327 合约的空方败局已定。

1995 年 2 月 23 日,327 合约一开盘,万国证券在 148.50 价位的压盘很快被攻破,下午价格达到 151.98 元。空方主力之一辽宁国发翻空为多,将万国证券推入深渊,一旦合约到期交割,万国证券将亏损 60 多亿元而面临破产,无奈之下,16 时 22 分万国证券连续用几十万手的抛盘将 327 合约的价位从 151.30 元打到 148 元,最后以 700 多万手的巨大卖单将价位压在 147.50 收盘。最后 8 分钟 327 合约暴跌 3.86 元,万国共砸出 1056 万手卖单,对应现券面值 2112 亿元,是现券发行总额的 8.6 倍,这意味着当日开仓的大部分多头爆仓。

327 国债期货的交易异常震惊了市场,事发当晚上海证券交易所召集有关各方紧急磋商后宣布,确认空方主力恶意违规,23 日 16 时 22 分 13 秒之后的所有 327 品种的交易无效,收盘价为违规前最后一笔交易价格 151.30 元。万国证券遭遇查处,最终破产。1995 年 5 月 17 日,证监会鉴于我国当时不具备开展国债期货交易的基本条件,发出关于暂停全国范围内国债期货交易试点的紧急通知,至此,开市仅两年零六个月的国债期货宣告暂停。

327 事件及国债期货试点的失败原因体现在这样几个方面:(1)国债现货规模不足以支撑当时的国债期货市场;(2)利率的浮动未市场化;(3)缺乏统一的法规和监管体系;(4)交易机制和风险管理制度不健全。

第6章 金融期货的交易策略

学习目的

通过本章的学习，理解金融期货套期保值的概念；熟悉金融期货套期保值、投机和套利交易的分类；掌握金融期货套期保值、投机和套利交易盈亏数额的计算；掌握金融期货套期保值比率确定的方法。

案例导读

继5年期国债期货后，中国第二个关键期限的国债期货品种——10年期国债期货于2015年3月20日正式登陆中金所上市交易。业界专家表示，由于10年期国债利率是利率走向的"风向标"，上市期货提升其定价的准确性和有效性，标志着利率市场化向前迈进一大步。

海通证券副总裁官里启晖说，10年期国债利率反映了一个国家主权债务的利率水平和市场情况，不仅为金融体系提供基础定价参考，也是国家经济和金融运行状况的"体温计"。10年期国债期货的上市，标志着利率市场化向前迈进一大步。

此前，5年期国债期货作为我国首个场内利率衍生品已在中金所上市交易，尽管更多是机构投资者市场，但市场的交易依然较活跃，单日交易量一度超过4万手，盘后持仓亦达4.2万手左右。

业内人士认为，10年期国债期货上市无疑会进一步提升国债市场流动性。东海证券固定收益研究部经理谌世光表示，机构参与期货市场主要是套期保值、套利交易，包括期现、跨期等不少套利策略都涉及现货市场，10年期国债期货上市后，机构的投资策略更为丰富，市场流动性将得到更大提升。

与商品期货类似，金融期货的交易策略可分为套期保值、套利和投机交易，本章将通过若干例子，讲解金融期货的交易策略。

第一节 外汇期货的交易策略

一、套期保值交易

外汇期货的套期保值有三种：多头套期保值、空头套期保值以及交叉套期保值。下面我们分别通过三个例子来介绍外汇期货套期保值的特征。

（一）外汇期货的多头套期保值

与商品期货类似，外汇期货多头套期保值的目的是防范未来汇价上涨所带来的风险。因此，一般应用于在未来某时刻将发生外汇支出的场合，比如外汇负债者担心未来外币升值，造成还款增加；国际贸易中的进口商担心未来付汇时，外币升值造成损失。

例 6-1：假设 6 月 8 日，美国某公司从德国进口价值250 000欧元的货物，3 个月后支付货款。为防止 3 个月后欧元升值而使进口成本增加，该公司便买入 2 手 9 月份到期的欧元期货合约，每手合约的面值为125 000欧元，价格为 1.2300 美元/欧元，此时的现汇汇率是 1.2200 美元/欧元。未来 3 个月后，到 9 月 9 日，投资者结束套期保值交易，将期货合约以 1.2450 美元/欧元的价格平仓，此时的现汇汇率是 1.2300 美元/欧元。则投资者在套期保值中的盈亏数额是多少？

解答：根据题中的信息，可以画出如下时间轴：

	6月8日	9月9日
现货	1.2200（空）	1.2300（多）
期货	1.2300（多）	1.2450（空）

从中可以看出，现货市场的盈亏数额如下：

$$(1.2200-1.2300)\times 250\ 000=-2\ 500 \text{ 美元}$$

根据上一章的内容，我们可以得知：外汇期货当中，欧元的最小变动价位是 0.0001，相应的最小变动价格是 12.5 美元，因此，这里的期货市场盈亏数额计算如下：

$$2\times\frac{1.2450-1.2300}{0.0001}\times 12.5=3\ 750 \text{ 美元}$$

最终可得，套期保值的总盈亏是−2 500+3 750=1 250 美元。通过外汇期货的多头套期保值，该公司从交易中盈利 1 250 美元。

（二）外汇期货的空头套期保值

与多头套期保值相反，外汇期货空头套期保值的目的是防范未来汇价下跌所带来的风险。因此，一般应用于在未来某时刻将发生外汇收入的场合，比如持有外汇资产者，担心未来外币贬值造成损失；出口商和从事国际业务的银行预计未来某一时间将会得到一笔外汇，担心外汇汇率下跌造成损失。

例 6-2：假设 6 月 12 日，美国某公司向加拿大出口价值1 000 000加元的货物，3 个月后收到以加元结算的货款。为防止3个月后加元贬值带来的损失，该公司便以0.7580美元/加元的价格卖出10手9月份到期的加元期货合约（每手合约100 000加元）进行套期保值操作。此时的现汇汇率是0.7583美元/加元。未来3个月后，到9月12日，投资者结束套期保值交易，将期货合约以0.7560美元/加元的价格平仓，此时的现汇汇率是0.7562美元/加元。则投资者在套期保值中的盈亏数额是多少？

解答：根据题中的信息，可以画出如下时间轴：

	6月12日	9月12日
现货	0.7583（多）	0.7562（空）
期货	0.7580（空）	0.7560（多）

从中可以看出，现货市场的盈亏数额如下：

$$(0.7562-0.7583)\times 1\ 000\ 000=-2100\text{ 美元}$$

根据上一章的内容，我们可以得知：外汇期货当中，加元的最小变动价位是0.0001，相应的最小变动价格是10美元，因此，这里的期货市场盈亏数额计算如下：

$$10\times\frac{0.7580-0.7560}{0.0001}\times 10=2\ 000\text{ 美元}$$

最终可得，套期保值的总盈亏是$-2\ 100+2\ 000=-100$美元。通过外汇期货的空头套期保值，该公司从交易中亏损100美元。期货市场的盈利基本弥补了现货市场的损失。

（三）外汇期货的交叉套期保值

交叉套期保值是指利用相关的两种外汇期货合约为一种外汇现货保值。当外汇期货市场上只有各种货币对美元的合约时，在发生两种非美元货币收付的情况下，就要用到交叉套期保值，从而减少或避免由于汇率变动所带来的损失。

假设德国某公司向英国出口一批货物，预计3个月后将收进50万英镑的货款。如果在这3个月中，英镑对欧元汇率下跌，该德国公司收到这50万英镑后，只能兑换到较少的欧元。为了避免英镑贬值的风险，这家出口公司应利用外汇期货交易进行套期保值。可是，在目前的外汇期货市场上，一般只有各种外币对美元的期货合约，很少有两种非美元货币之间的外汇期货合约，也就没有以英镑兑换欧元或以欧元兑换英镑的期货合约可供该公司用来进行直接的套期保值。这样，这家德国公司只有通过英镑期货合约和欧元期货合约实行交叉套期保值。

这样一来，问题就转化成：德国公司要防范英镑贬值和欧元升值的风险，为了实现套期保值，在当前时刻，应当采用空头英镑期货合约，同时多头欧元期货合约的方式来避险。

例6-3：利用前面所述的信息，假设当前是3月10日，现汇汇率是1.1120欧元/英镑，市场上的欧元和英镑期货的报价分别是1.4590美元/欧元和1.6320美元/英镑。到6月10日，德国公司结束套期保值交易，此时的现汇汇率是1.0767欧元/英镑，市场上的欧元和英镑期货的报价分别是1.4998美元/欧元和1.6148美元/英镑。为50万英镑的货款进行交叉套期保值，德国公司持有欧元期货合约的数量为4手，持有英镑期货合约的数量为8手，则该公司在套期保值中的盈亏数额是多少？

解答：根据前面的分析，德国公司要防英镑贬值，可以使用交叉套期保值的方法，即空头英镑期货合约，同时多头欧元期货合约。根据题中的信息，可以画出如下时间轴：

	3月10日	6月10日	
现货	1.1120（多）	1.0767（空）	欧元/英镑
期货	1.4590（多）	1.4998（空）	美元/欧元
期货	1.6320（空）	1.6148（多）	美元/英镑

从中可以看出，现货市场的盈亏数额如下：

$$(1.0767-1.1120)\times 500\ 000=-17\ 650 \text{ 欧元}$$

根据上一章的内容，我们可以得知：外汇期货当中，欧元和英镑的最小变动价位分别是0.0001和0.0002，相应的最小变动价格均是12.5美元，因此，欧元期货市场盈亏数额计算如下：

$$4\times\frac{1.4998-1.4590}{0.0001}\times 12.5=20\ 400 \text{ 美元}$$

英镑期货市场盈亏数额计算如下：

$$8\times\frac{1.6320-1.6148}{0.0002}\times 12.5=8\ 600 \text{ 美元}$$

最终可得，期货市场套期保值的总盈亏是20 400+8 600=29 000美元。若以6月10日的欧元期货价格进行折算，相当于盈利29 000/1.4998=19 336欧元。最终，通过交叉套期保值，该公司从交易中盈利19 336−17 650=1 686欧元。期货市场的盈利基本弥补了现货市场的损失。

二、投机交易

外汇期货投机交易就是通过买卖外汇期货合约，从外汇期货价格的变动中获取利润并同时承担风险的交易行为。外汇期货投机交易从投机者的持仓头寸方向上可区分为多头投机和空头投机。外汇期货的投机交易，主要是通过买空卖空交易方式进行的。

（一）外汇期货的多头投机

多头投机也称为买空交易，是指投机者预测某种外币期货合约的价格将会上涨，于是先买进某月份的外币期货合约，一旦预测成为现实，汇率果然上涨，就可将先前买进的合约卖出，从中赚取价差收益；反之，若汇率下跌会造成损失。

例6-4：2015年7月8日，IMM交易的9月份英镑期货的价格为1.8410美元/英镑。某投机者预期该英镑期货价格将在近期内上涨，于是便以该价格买进30手9月份到期的英镑期货合约，待价格上涨后卖出平仓获利。在该英镑期货合约到期前，该投机者将面临三种不同的情况：英镑期货的价格上涨、不变或下跌。

1. 如果9月8日，9月份到期的英镑期货的价格涨到1.8510，该投机者通过平仓可获利。其计算方法如下：

$$30\times(1.8510-1.8410)\times 62\ 500=18\ 750 \text{ 美元}$$

2. 如果9月8日，9月份到期的英镑期货的价格不涨不跌，该投机者在平仓时将既无盈利，也无亏损。

3. 如果9月8日，9月份到期的英镑期货的价格跌到1.8310，则该投机者在平仓时

将亏损,其计算方法如下:

$$30\times(1.8310-1.8410)\times62\ 500=-18\ 750 \text{ 美元}$$

这个例子表明,一旦投机者处于多头地位,其盈亏将取决于外汇期货价格。期货价格上涨越多,投机者获利也越多;反之,要是外汇期货价格下跌,投机者将蒙受损失,外汇期货价格下跌得越多,投机者蒙受的损失就越大。

(二)外汇期货的空头投机

空头投机也称为卖空交易,是指与多头投机相反的过程,即当投机者预测某种货币将贬值时,先售出该种货币的期货合约,一旦该种货币真的贬值了(汇率下降),他就可以将以前卖出的合约再买进,从中赚取差价收益。反之,若汇率上升则会遭受损失。

例 6-5:2015 年 7 月 9 日,IMM 交易的 9 月份加元期货的价格为 0.7582 美元/加元。某投机者预期该加元期货价格将在近期内下跌,于是便以该价格卖出 30 手 9 月份到期的加元期货,待价格下跌后买入平仓获利。在该加元期货合约到期前,该投机者同样将面临三种不同的情况,即加元期货的价格下跌、不变或上涨。

1. 如果 9 月 10 日,9 月份到期的加元期货的价格跌至 0.7482,该投机者通过平仓可获利,其计算方法如下:

$$30\times(0.7582-0.7482)\times100\ 000=30\ 000 \text{ 美元}$$

2. 如果 9 月 10 日,9 月份到期的加元期货的价格不变,则该投机者既无盈利也无亏损。

3. 如果 9 月 10 日,9 月份到期的加元期货的价格涨到 0.7682,该投机者在平仓时将亏损,其计算方法如下:

$$30\times(0.7582-0.7682)\times100\ 000=-30\ 000 \text{ 美元}$$

这个例子表明,空头投机与多头投机的盈亏特征正好相反。当投机者处于空头地位后,如果外汇期货市场的价格下跌,投机者将获利,外汇期货市场的价格下跌得越多,投机者获利就越多。反之,要是外汇期货市场的价格上涨,投机者将遭受损失,外汇期货市场的价格上涨得越多,投机者的损失越大。

三、套利交易

外汇期货交易的套利是指套利者利用暂时存在的不合理的价格关系,通过同时买进和卖出相同或相关的期货合约而赚取价差的交易策略。这里所说的不合理的价格关系大体上有三种情况:同一市场同种外汇期货合约在不同交割月份之间的不合理价格关系;同种外汇期货合约在不同市场之间的不合理价格关系;同一市场同一交割月份的不同外汇期货合约之间的不合理价格关系。这些不合理的价格关系,一般只存在于一个较短的时间之中,通过套利者的套利活动会得到矫正。

套利也是一种投机,但与单纯的投机者不同,套利者是利用外汇期货市场本身出现的机会,在不同时间、不同空间、不同币种之间寻求价差获利的一种投机行为。

根据不合理价格关系的三种不同情况,外汇期货交易中的套利可分为跨期套利、跨市套利和跨币种套利三种形式。

(一)跨期套利

跨期套利,是指套利者在同一交易所,同时买进和卖出不同到期月份的同种外汇期货合约而获取价差利润的一种套利策略。它是外汇期货交易中最为普遍的一种套利形式。

同一币种、不同到期日的外汇期货价格在不同的时间区间中可能会有不同走势,这为外汇期货的跨月份套利带来了可能。套利者可以买入某月到期的一种外币的期货合约,同时再卖出交割月份不同的同种外币的期货合约,并在到期日之前的某个时点同时平仓离场。

例 6-6:2010 年 12 月 10 日,芝加哥的国际货币市场 2011 年 6 月到期英镑期货价格是 1.4741 美元/英镑。同时,2011 年 9 月到期的英镑期货价格是 1.5103 美元/英镑。套利者可以在芝加哥的国际货币市场买入 1 手明年 6 月到期的英镑期货合约,同时,卖出 1 手明年 9 月到期的英镑期货合约。假设 2011 年 6 月 3 日,套利者分别以 1.5223 美元/英镑和 1.5403 美元/英镑对 6 月和 9 月的英镑期货合约同时平仓。求套利结果的盈亏数额。

解答:根据题中的信息,可以画出如下时间轴:

	2010年12月10日	2011年6月3日	
6月期货	1.4741(多)	1.5223(空)	美元/英镑
9月期货	1.5103(空)	1.5403(多)	美元/英镑

由于外汇期货当中,英镑的最小变动价位是 0.0002,相应的最小变动价格是 12.5 美元,因此 6 月到期的期货盈亏数额计算如下:

$$1\times\frac{1.5223-1.4741}{0.0002}\times 12.5=3012.5\text{ 美元}$$

相应,9 月到期的期货盈亏数额计算如下:

$$1\times\frac{1.5103-1.5403}{0.0002}\times 12.5=-1\ 875\text{ 美元}$$

最终可得,跨期套利的总盈亏是 3 012.5－1 875＝1 137.5 美元,即套利者获利 1 137.5美元。

(二)跨市套利

跨市套利,是指套利者在不同的外汇期货交易所,同时买进和卖出相同交割月份的同种外汇期货合约,以赚取市场间差价利润的一种套利策略。不同期货市场间同一外汇币种期货合约价格可能发生短暂扭曲,套利者利用这种差异,在一个交易所买入某种外币期货合约,与此同时,在另一个交易所卖出某种外币期货合约,通过将来的平仓或交割以获得收益,这种套利又叫空间套利(spatial arbitrage)。跨市套利可以在同一个国家的不同外汇期货市场进行,也可以在不同国家的外汇期货市场进行。如果在不同国家的外汇期货市场进行套利交易,应注意外汇期货合约的报价差异。

例 6-7:2010 年 12 月 10 日,芝加哥国际货币市场(IMM)2011 年 6 月到期的英镑合约价格是 1.4741 美元/英镑。同时,伦敦国际金融期货交易所(LIFFE)2011 年 6 月到期的英镑合约价格 1.4899 美元/英镑。根据以上信息,套利者在 IMM 买入 4 手英镑合约,在 LIFFE 卖出 10 手英镑期货合约。假设在 2011 年 6 月 3 日合约到期前,套利者在两个市场同时平仓，平仓价格均是 1.5223 美元/英镑。求套利结果的盈亏数额。

解答：需要说明的是，IMM 的英镑期货每手合约的规模是62 500英镑；LIFFE 的英镑期货每手合约的规模是25 000英镑。相应的最小变动价格分别是 12.5 美元和 2.5 美元。根据题中的信息，可以画出如下时间轴：

	2010年12月10日	2011年6月3日
IMM	1.4741（多）	1.5223（空）
LIFFE	1.4899（空）	1.5223（多）

IMM 市场的期货盈亏数额计算如下：

$$4\times\frac{1.5223-1.4741}{0.0002}\times 12.5=12\ 050\text{ 美元}$$

LIFFE 市场的期货盈亏数额计算如下：

$$10\times\frac{1.4899-1.5223}{0.0001}\times 2.5=-8\ 100\text{ 美元}$$

最终可得，跨市套利的总盈亏是 12 050－8 100＝3 950 美元，即套利者获利3 950美元。

（三）跨币种套利

跨币种套利，是指套利者根据自己对交割月份相同但币种不同的期货合约价格走势的预测，买进某一币种的期货合约，同时卖出另一币种的期货合约，从而赚取不同币种之间价差的一种套利策略。

两种不同币种的外汇期货相对于美元价格在未来可能出现相反的走势，也可能出现变化方向相同但变化幅度不同的走势，这为套利者跨币种套利带来机会，套利者可以买入一种外币的期货合约，同时再卖出交割月份相同的另外一种外币的期货合约，在到期前同时平仓离场。

例 6-8：2014 年 12 月 10 日，芝加哥国际货币市场 2015 年 6 月到期的英镑合约价格是 1.4741 美元/英镑。同时 2015 年 6 月到期的加元期货价格是 0.8063 美元/加元。套利者在买入 8 手英镑期货合约、同时卖出 9 手加元期货合约。假设套利者在 2015 年 6 月 3 日合约到期前，分别以 1.5223 美元/英镑和 0.8190 美元/加元的价格同时平仓。求套利结果的盈亏数额。

解答：根据题中的信息，可以画出如下时间轴：

	2014年12月10日	2015年6月3日
英镑期货	1.4741（多）	1.5223（空）
加元期货	0.8063（空）	0.8190（多）

由于外汇期货当中，英镑的最小变动价位是 0.0002，相应的最小变动价格是 12.5 美元；加元的最小变动价位是 0.0001，相应的最小变动价格是 10 美元。因此，英镑期货的盈亏数额计算如下：

$$8\times\frac{1.5223-1.4741}{0.0002}\times 12.5=24\ 100\text{ 美元}$$

加元期货的盈亏数额计算如下：

$$10\times\frac{0.8063-0.8190}{0.0001}\times 9=-11\ 430\text{ 美元}$$

最终可得，跨币种套利的总盈亏是 24 100－11 430＝12 670 美元，即套利者获利 12 670美元。

第二节　利率期货的交易策略

一、套期保值交易

（一）利率期货的多头套期保值

利率期货的多头套期保值主要适用于投资者规避市场利率下降，从而利息收入减少、债券价格上涨的风险。在预期市场利率将下降时，投资者可买进一定数量的利率期货合约，并于到期前卖出，从而对其持有的现货头寸实施套期保值。如果预期准确，则投资者可从期货市场获利，以弥补现货市场的损失，从而达到套期保值的目的。当然，如果预期错误，即市场利率不是下降，而是上升，则投资者在现货市场的获利将被期货市场的损失所抵消。

例 6-9：2015 年 3 月 15 日，英国某出口商与美国一进口商签订了一份合同。根据该合同规定，美国进口商必须在当年 6 月 10 日向英国出口商支付1 000万美元的款项。出口商计划在收到此款项后将它投资于 3 个月期欧洲美元定期存款。当时存款利率为 7.65%，出口商预期欧洲美元定期存款利率将在近期内有较大幅度的下降。于是，他决定以 92.40 的价格买进 10 手 6 月份到期的欧洲美元期货合约，以锁定未来的收益率。假设 6 月 10 日存款利率下降至 5.75%，欧洲美元期货的报价是 94.29。求出口商进行套期保值的最终盈亏数额。

解答：根据题中的信息，可以画出如下时间轴：

	2015年3月15日	6月10日
市场利率	7.65%（空）	5.75%（多）
期货报价	92.40（多）	94.29（空）

未来时刻利率下降，出口商的投资收益相应缩水，其损益数额为：

$$\pi_1=(5.75\%-7.65\%)\times\frac{1}{4}\times 10\ 000\ 000=-47\ 500\text{ 美元}$$

在期货市场上，出口商的损益数额为：

$$\pi_2=(94.29-92.40)\times 100\times 25\times 10=47\ 250\text{ 美元}$$

最终，通过欧洲美元期货的多头套期保值，出口商的最终损益为－250 美元（47 250－47 500＝－250）。

由于存款利率从 7.65%降至 5.75%，该出口商减少了利息收入 47 500 美元。但由于他事先做了套期保值，故他可在期货市场获利 47 250 美元。这一利润可基本抵补现货市场所减少的利息收入。如从收益率来看，则该出口商实际所得的利息收入为：

$$10\ 000\ 000\times 5.75\%\times 0.25=143\ 750 \text{ 美元}$$

加上期货市场所得的利润,其总收益为:

$$143\ 750+47\ 250=191\ 000 \text{ 美元}$$

设实际收益率为 R,则

$$10\ 000\ 000\times R\times 0.25=191\ 000 \quad \Rightarrow \quad R=7.64\%$$

可见,通过套期保值,该出口商的实际收益率与 3 月 15 日的存款利率相当接近。

(二)利率期货的空头套期保值

利率期货的空头套期保值主要适用于投资者规避市场利率上升,从而利息负担加重、债券价格下跌的风险。通过卖出一定数量的利率期货合约,借款者可在市场利率上升时从期货市场获取利润,以弥补现货市场增加利息支出的损失。

例 6-10:4 月 3 日,某投资者买进价值总额为 1 亿美元的 3 个月期美国国库券,此时的贴现率为 7%,他准备在 20 天后将这批国库券售出,为防止这 20 天内市场利率上升、国库券价格下跌而遭到损失,该投资者便在买进国库券现货的同时卖出面值相同的国库券期货(合 100 手期货合约),以实现保值,此时期货市场报价为 92.6。假设 4 月 23 日美国国库券现券的贴现率为 7.5%,国库券期货的报价是 92。求投资者进行套期保值的最终盈亏数额。

解答:根据题中的信息,可以画出如下时间轴:

	4月3日	4月23日
市场贴现率	7%(多)	7.5%(空)
期货报价	92.6(空)	92 (多)

4 月 3 日,国库券的购买价格为:

$$100\ 000\ 000\times(1-7\%\times 0.25)=98\ 250\ 000 \text{ 美元}$$

4 月 23 日,国库券的出售价格为:

$$100\ 000\ 000\times(1-7.5\%\times 0.25)=98\ 125\ 000 \text{ 美元}$$

因此,在现货市场,投资者的损益情况为:

$$\pi_1=98\ 125\ 000-98\ 250\ 000=-125\ 000 \text{ 美元}$$

在期货市场上,投资者的损益数额为:

$$\pi_2=(92.6-92)\times 100\times 25\times 100=150\ 000 \text{ 美元}$$

最终,通过国库券期货的空头套期保值,投资者的最终损益为 25 000 美元(150 000－125 000＝25 000)。

(三)国库券期货的交叉套期保值

在上述两个例子中,现货金融工具与期货标的物相同,这样的套期保值,我们称之为“直接套期保值”(Direct Hedging)。在直接套期保值中,因套期保值对象与套期保值工具有着相同的价格变动性,所以在计算套期保值比率时,我们实际上采用了“面值朴素模型”(face value naive model)。该模型假设人们可用 1 美元面值的期货合约来对 1 美元面值的现货金融工具实施套期保值。于是,在套期保值时,人们只要以现货头寸的面值除以期货合约的交易单位即可得到套期保值所需的合约数。直接套期保值是一种最简单的套期保值,但在现实生活中,这种直接套期保值并不多,更多的是形形色色的各种交叉套期保值。

国库券期货的交叉套期保值主要有两种不同的情况:一种情况是用3个月期的国库券期货来对期限不是3个月期的现货国库券实行套期保值,另一种情况是用国库券期货来对不是国库券的其他短期金融工具实行套期保值。对于前一种情况,我们可用到期日调整系数来调整套期保值所需的合约数来解决,而后一种情况,我们可以采用回归分析法,算出被作为套期保值对象的其他短期金融工具与国库券期货合约的利率相关性,以此来调整套期保值所需的合约数。这里分别举例说明。

例6-11:6月10日,某投资者预期将在3个月后收到一笔金额为20 000 000美元的款项,当时6个月期国库券的贴现率为6%,该投资者认为这是一个比较满意的收益率,故准备在收到上述款项后立即买进6个月期的美国国库券。为避免市场利率下跌导致国库券价格上升风险,该投资者决定以3个月期的国库券期货来做套期保值。

解答:如果只按面值来计算,则投资者只需要买进20手9月份到期的国库券期货合约即可(20 000 000÷1 000 000=20)。然而,在市场利率变动1个基点时,面值为1 000 000美元的6个月期国库券价值将变动50美元(1 000 000×0.01%×0.5),而面值同样是1 000 000美元的3个月期国库券期货合约价值却只变动25美元(1 000 000×0.01%×0.25)。

由此可见,在市场利率变动时,现货头寸的风险还有一半没有抵消。为此,套期保值者必须根据到期日调整系数来调整期货合约数。在本例中,到期日调整系数为2,说明投资者必须买进两倍于现货头寸面值的期货合约面值(即40手合约)才能实现套期保值。

阅读材料

套期保值比率的确定

所谓"套期保值比率"(hedging ratio,HR),是指套期保值对象的价格变动性与套期保值工具(即期货合约)的价格变动性的比率。这一比率决定着套期保值对象的价值总额与期货合约的价值总额的比率,从而决定着套期保值者所需买进或卖出的某种期货合约的数量。

一般地说,套期保值所需的期货合约数可由下列公式算出,即

$$\text{套期保值所需合约数}=\frac{\text{现货头寸的面值}}{\text{一手期货合约的面值}}\times\text{到期日调整系数}\times\text{权数}$$

现货头寸的面值与一手期货合约的面值,是决定套期保值所需合约数的基本因素。在面值朴素模型中,这两者的比率就决定了所需的合约数。

但是,若现货和期货的期限不匹配,或者两者的价格变动幅度不同,则分别需要通过到期日调整系数和权数对合约数量加以修正。到期日调整系数可用下列公式计算,即

$$\text{到期日调整系数}=\frac{\text{套期保值对象的到期日}}{\text{期货合约标的物的到期日}}$$

权数(weighting factor)这一因素的主要作用在于对套期保值对象与套期保值工具的不同的价格敏感性做出调整，以尽可能提高套期保值的效率。在金融期货的套期保值中，尤其是在利率期货的套期保值中，权数是确定套期保值比率的最重要，但又是最复杂的一个因素。

目前，在理论界与实务界，人们已提出了许多适用于利率期货的套期保值比率的决定模型。其中，较重要且又较常用的有面值朴素模型、市价模型(market value model)、转换系数模型(conversion factor model)、久期模型(duration model)、基点模型(basis point model)、回归模型(regression model)及价格敏感性模型(price sensitivity model)等。

例 6-12:4 月 7 日，某公司决定在一个月后通过发行 1 亿美元面值的 90 天期商业票据来筹措资金，以用于短期周转。为防范一个月后市场利率上升的风险，该公司决定用 3 个月期国库券期货来做套期保值，根据回归分析，90 天国库券与商业票据的利率相关系数为 0.86。该套期保值所需的期货合约数可计算如下：

$$\begin{matrix}\text{套期保值}\\\text{所需合约数}\end{matrix}=\frac{\text{现货头寸的面值}}{\text{一手期货合约的面值}}\times\text{相关系数}=\frac{100\ 000\ 000}{1\ 000\ 000}\times 0.86=86\text{ 手}$$

(四)欧洲美元期货的其他套期保值策略

欧洲美元期货是当前交易最活跃的短期利率期货。与其他期货不同，欧洲美元期货不仅近期月份的合约有很高的流动性，即使是那些远期月份的合约也有较高的流动性。由于欧洲美元期货具有如此高的流动性，特别是其中的远期月份的合约具有很高的流动性，所以它不仅可做各种简单的多头套期保值和空头套期保值，而且还可做其他比较复杂的套期保值。在这些较为复杂的套期保值策略中，比较重要和常用的主要有“条式套期保值”(strip hedging)和“滚动套期保值”(rolling hedging)。

1. 条式套期保值

所谓条式套期保值，是指投资者在套期保值开始时买进或卖出一连串期限不同的期货合约，然后随着风险敞口头寸的减少而陆续平仓，从而将未来较长期限内的价格(包括利率、汇率等)锁定在套期保值开始时的水平，或另一个可接受的水平。

例如，在 2015 年 1 月 3 日，某公司预计在 2015 年内分 4 次向银行借入 3 个月期的款项，其借款日期和金额如下：

日期	金额
3 月 1 日	2 000 万美元
6 月 1 日	2500 万美元
9 月 1 日	4 000 万美元
12 月 1 日	1 000万美元

由此可见，该公司需要对这一年内的 4 次借款都实施套期保值。假定当时在期货市场上有 3 月、6 月、9 月和 12 月的欧洲美元期货合约，且这些合约的流动性都较高，则该公司的财务经理就可用欧洲美元期货合约进行条式套期保值，其具体的操作过程如表 6-1 所示。

表 6-1 欧洲美元期货的条式套期保值

日期	3月 合约	6月 合约	9月 合约	12月 合约	未平仓 合约数量
1月3日	空20手	空25手	空40手	空10手	空95手
3月1日	多20手				空75手
6月1日		多25手			空50手
9月1日			多40手		空10手
12月1日				多10手	完全平仓

可见，所谓条式套期保值，实际上是一次卖出，分期买回；或者一次买进，分期卖出。这种策略的操作也较简单，套期保值的效率取决于合约平仓时的基差。基差越小，套期保值的效率就越高。

2. 滚动套期保值

所谓滚动套期保值，是指投资者在期货市场建立某种头寸后，在整个套期保值期间内，随着时间的推移，以新合约替换旧合约，逐次向前滚动以实现套期保值的形式。滚动套期保值大致适用于如下两种场合：第一，在借入贷款后分期偿还时，通过滚动套期保值可随着未清偿余额的减少而减少用于套期保值的期货合约；第二，在套期保值对象的期限较长时，通过滚动套期保值，可将套期保值的时间延长，并解决远期合约流动性低的问题。

(1)分期偿还贷款时的滚动套期保值

在分期偿还所借贷款的情况下，如果投资者根据贷款总额卖出一定数量的期货合约后，到贷款全部偿还后再平仓，则在第一次偿还贷款至还清全部贷款这一期间，未平仓的期货合约数将多于实际所需的期货合约数，从而形成期货市场的风险敞口头寸。所以，只有通过滚动套期保值，才能使期货头寸与现货头寸在数额上相匹配，从而达到预期的套期保值目标。

例如，某投资者于 2015 年 2 月 15 日计划从欧洲美元市场借入一笔分期偿还的贷款。贷款总额为 1 亿美元，期限为一年，从 2015 年 5 月 16 日起，至 2016 年 5 月 15 日为止。贷款分 4 次偿还，每 3 个月偿还本金的 1/4(即 2500 万美元)，利息以 LIBOR＋0.5%计算，每 3 个月重订一次。为防范市场利率上升而加重利息负担的风险，该投资者决定用欧洲美元期货合约来做滚动套期保值，其具体操作过程如表 6-2 所示。

表 6-2 欧洲美元期货的滚动套期保值 1

需保值的贷 款本金余额	日期	2015年 6月合约	2015年 9月合约	2015年 12月合约	2016年 3月合约	未平仓 合约数量
100 000 000	2015.2.15	空100手				空100手
75 000 000	2015.5.15	多100手	空75手			空75手
50 000 000	2015.8.15		多75手	空50手		空50手
25 000 000	2015.11.15			多50手	空25手	空25手
0	2016.2.15				多25手	完全平仓

从表中可以看出,随着贷款的偿还,投资者的敞口头寸渐次减少,套期保值所需的合约数也渐次减少。这种滚动套期保值实际上是将整个套期保值期分为相互连续的四个阶段,每一个阶段都做一次空头套期保值。很显然,这种方法比单一的空头套期保值更为有效,套期保值的成本也更为低廉。

(2)期货合约缺乏流动性时的滚动套期保值

在分析条式套期保值时,我们曾经假定,市场上有各个月份的期货合约可供利用,且这些合约都有较高的流动性。但是在现实的套期保值中,那些较远期的期货合约很可能流动性较低,尤其是当套期保值的期限长达一年或一年以上时更是如此。在这种情况下,套期保值者就不宜实行条式套期保值,而应实行滚动套期保值。如将上述条式套期保值的例子改为滚动套期保值,则其操作过程就如表 6-3 所示。

表 6-3　欧洲美元期货的滚动套期保值 2

日期	3 月 合约	6 月 合约	9 月 合约	12 月 合约	未平仓 合约数量
1 月 3 日	空 20 手				空 20 手
3 月 1 日	多 20 手	空 25 手			空 25 手
6 月 1 日		多 25 手	空 40 手		空 40 手
9 月 1 日			多 40 手	空 10 手	空 10 手
12 月 1 日				多 10 手	完全平仓

由此可见,与条式套期保值相比,在滚动套期保值中,套期保值者持有期货头寸的时间较短,所选择的期货合约离到期日也较近。一般地说,这些期货合约有着较高的流动性。同时,利用这些离到期日较近的期货合约进行套期保值,其基差风险也较小。所以,滚动套期保值可使套期保值者利用流动性较高、基差较小的期货合约来操作,从而可提高套期保值的效率。

(3)向前延展的滚动套期保值

若套期保值的期限较长,从而超过了市场上所有短期利率期货合约的交割期,且没有适当的长期利率期货合约作为套期保值的工具,则套期保值者也可利用短期利率期货合约实行滚动套期保值。即用较近期的期货合约逐期滚动,以达到较长期的套期保值目标。这种套期保值通常被称为向前延展的滚动套期保值(rolling the hedge forward)。

例如:2015 年 2 月 1 日,某公司预计在 2016 年 6 月可从其子公司收到1 000万美元的利润,并准备将这一利润投资于 3 个月期欧洲美元,为防范市场利率下降而减少利息收入的风险,该公司决定用欧洲美元期货合约进行套期保值。但是,如果在 2015 年 2 月 1 日时,市场上只有 2014 年 3 月、6 月、9 月和 12 月四个月份的欧洲美元期货合约,而 2016 年的合约此时尚未上市,则该公司必须通过滚动套期保值,以便将 2016 年 6 月 1 日的利率锁定,其具体操作方法如表 6-4 所示。

表 6-4 欧洲美元期货的滚动套期保值 3

日期	2015 年 3 月合约	2015 年 6 月合约	2015 年 9 月合约	2015 年 12 月合约	2016 年 3 月合约	2016 年 6 月合约
2015.2.1	多 10 手					
2015.3.1	空 10 手	多 10 手				
2015.6.1		空 10 手	多 10 手			
2015.9.1			空 10 手	多 10 手		
2015.12.1				空 10 手	多 10 手	
2016.3.1					空 10 手	多 10 手
2016.6.1						空 10 手

由此可见，向前延展的滚动套期保值不仅可使套期保值者始终利用流动性较高的期货合约来操作，而且还可延长套期保值的期限。

（五）长期利率期货的套期保值比率

如前所述，在利率期货的套期保值中，确定套期保值比率的模型有很多。其中，适用于长期利率期货之套期保值的主要有转换因子模型、回归模型和久期模型。

1. 转换因子模型

在中、长期国债期货的套期保值中，转换因子模型（conversion factor model）是一个最常用的模型。该模型以最便宜可交割债券的转换因子作为套期保值比率，以此来计算套期保值所需的期货合约数，其计算公式为：

$$套期保值所需合约数=\frac{现货头寸的价值}{一手期货合约的价值}\times 转换因子=\frac{S}{F}\cdot CF \tag{6.1}$$

例如，2014 年 6 月 10 日，某投资者买进面值总额为 600 万美元的美国长期国债，准备持有 1 年。为避免在此 1 年内因利率上升而使债券价格下跌的风险，该投资者决定用 2015 年 6 月份到期的美国长期国债期货合约来套期保值。假定该投资者所持有的现货债券对 2015 年 6 月份交割的合约而言，恰为最便宜可交割债券，其转换因子为 1.25，则在套期保值时，该投资者必须卖出的合约数量为：

$$N=\frac{S}{F}\cdot CF=\frac{6\ 000\ 000}{100\ 000}\times 1.25=75\ 手$$

在对最便宜可交割债券的套期保值中，转换因子模型是确定套期保值比率的一个比较理想的模型。但是，该模型假设，当收益率发生变动时，现货头寸的市场价值与期货头寸的市场价值将受到相同的影响。但在事实上，这一假设只适用于最便宜可交割债券，而并不适用于其他债券。当收益率发生变动时，各种债券因有不同的剩余期限和不同的息票利率，其市场价值所受到的影响程度也将是不同的。而对不是最便宜可交割债券的其他现货债券而言，即使通过转换因子的调整也是如此。之所以如此，是因为在转换因子模型中，人们所用的转换因子是最便宜可交割债券的转换因子，而期货市场价格的变动一般与最便宜可交割债券的市场价格的变动相一致。因此，在对不是最便宜可交割债券的其他可交割债券的套期保值中，尤其是对不可交割(即剩余期限不足 15 年)的债券的套期保值中，转换因子模型就存在着明显的局限性。

2. 回归模型

回归模型(regression model)是由资本资产定价模型(capital asset pricing model，简称 CAPM)发展而来的。由此模型所得出的套期保值比率，类似于资本资产定价模型中的 β 系数(beta coefficient)。该模型假设，在套期保值期间，现货和期货头寸的价值变动关系是不变的。这种不变的价值变动关系，我们可用 β 系数来加以表示。在套期保值中，投资者可根据历史资料，利用回归方法求得 β 系数，并以此作为套期保值比率。

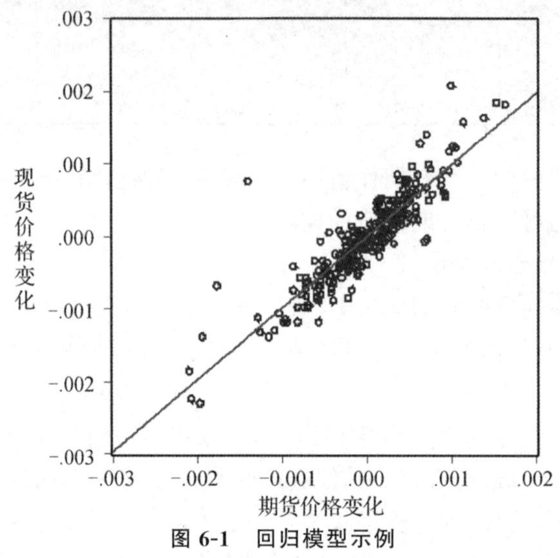

图 6-1　回归模型示例

为了说明回归模型，我们可将现货与期货价格变动的数值绘制成散点图(scatter plot)。如图 6-1 所示，其中的众多圆点分别表示某一时点，现货与期货价格变动的数值；其中的斜线就是线性回归直线，反映出总体的现货与期货价格变动之间的线性关系，从而可以构造出如下回归方程：

$$\Delta S_t = \alpha + \beta \Delta F_t + \varepsilon_t \tag{6.2}$$

其中：ΔS_t 是 t 时刻现货价格变动值，ΔF_t 是 t 时刻期货价格变动值，α 是回归直线的纵轴截距项，β 是回归直线的斜率，ε_t 是随机误差项。

这里的直线斜率 β 就是回归模型中的套期保值比率。若 $\beta=0.9$，表示期货价格每变动 1 个单位，现货价格变动 0.9 个单位，说明现货价格的波幅小于期货，套期保值所需合约数要相应减少；若 $\beta=1.2$，表示期货价格每变动 1 个单位，现货价格变动 1.2 个单位，说明现货价格的波幅大于期货，套期保值所需合约数要相应增加。套期保值所需期货合约数的计算公式为：

$$\text{套期保值所需合约数} = \frac{\text{现货头寸的价值}}{\text{一手期货合约的价值}} \times \beta = \frac{S}{F} \cdot \beta \tag{6.3}$$

在长期利率期货的套期保值中，回归模型是一个不常用的确定套期保值比率的模型。但是，它通常被套期保值者用作其他模型的补充，以修正套期保值比率，从而提高套期保值的效率。

3. 久期模型

在对不是最便宜可交割债券的其他现货债券的套期保值中，久期模型(duration model)是一个比较常用的确定套期保值比率的模型。

所谓久期(duration)，一般以年来表示，是指债券的到期收益率变动一定幅度时，债券价格因此而变动的比例。例如，根据计算，某债券的到期收益率若变动 0.1%，则该债券的价格将变动 0.95%，这样，该债券的久期[①]即为 9.5 年，可用公式来表示，即：

$$\frac{\Delta P}{P}=-D\cdot\Delta r \tag{6.4}$$

其中：D 为久期，P 为债券价格，r 为债券的到期收益率(yield to maturity，YTM)。

可见，债券的久期与债券的期限(maturity)不同，它反映了债券价格的利率敏感性。我们知道，一种有效的套期保值应使现货头寸的价格变动恰为期货头寸的价格变动所抵消。如果我们以 ΔP_S 表示每 1 美元面值的现货头寸的价格变动额，以 ΔP_F 表示每 1 美元面值的期货合约的价格变动额，以 HR 表示套期保值比率，则

$$\mathrm{HR}=\frac{\Delta P_S}{\Delta P_F} \tag{6.5}$$

根据(6.4)式，可得现货和期货头寸的价格变动额分别为：

$$\begin{cases}\Delta P_S=-D_S\cdot P_S\cdot\Delta r\\ \Delta P_F=-D_F\cdot P_F\cdot\Delta r\end{cases} \tag{6.6}$$

其中：D_S 和 D_F 分别表示现货债券和期货合约的久期，P_S 和 P_F 分别表示现货债券和期货合约的价格。需要注意的是，这里所指的"期货合约的久期"，实际是指最便宜可交割债券从交割日至到期日的久期。

假设现货与期货利率同时、同向、同幅度变动，将式(6.6)代入式(6.5)，可得：

$$\mathrm{HR}=\frac{\Delta P_S}{\Delta P_F}=\frac{-D_S\cdot P_S\cdot\Delta r}{-D_F\cdot P_F\cdot\Delta r}=\frac{D_S\cdot P_S}{D_F\cdot P_F} \tag{6.7}$$

下面，我们用一个简单的例子来说明久期模型在长期利率期货套期保值中的应用。

假设某机构投资者持有面值总额为 20 000 000 美元、2030 年到期、息票利率为 9%的美国长期国债，准备用美国长期国债期货合约来套期保值。根据计算，该机构投资者所持有的现货债券有 9.50 年的久期，其价格为 118。与此同时，期货合约的久期为 10.50 年，期货价格为 91—08。根据(6.7)式，可算得套期保值比率为：

$$\mathrm{HR}=\frac{D_S\cdot P_S}{D_F\cdot P_F}=\frac{9.5\times118}{10.5\times91.25}=1.17$$

套期保值比率为 1.17，说明套期保值工具(期货合约)的面值总额应为套期保值对象之面值总额的 1.17 倍。在本例中，因现货债券的面值总额为20 000 000美元，而美国长期国债期货合约的交易单位为面值100 000美元，因此，该机构投资者必须卖出 234 手

① 严格说来，这里是修正久期(modified duration)。久期的概念最初由弗雷德里克·麦考利(Frederic Macaulay)提出，他所提出的久期被称为麦考利久期。本章附录部分具体介绍了久期的性质。

(20 000 000÷100 000×1.17)美国长期国债期货合约，方可对其持有的现货债券实施比较有效的套期保值。

通过以上分析，我们不难看到，与转换因子模型相比，久期模型的适用范围比较广泛。它既适用于最便宜可交割债券的套期保值，也适用于非最便宜可交割债券的套期保值，甚至还适用于那些不可交割的债券（如不合交割等级的中、长期国债或欧洲债券、公司债券等）的套期保值。但是，我们也必须看到，久期模型也存在着一个严重的弱点，它假设各种债务凭证在收益率的变动上，不仅有着相同的方向，而且有着相同的幅度。这样，套期保值对象的收益率与套期保值工具的收益率是按照完全平行的形式变动的。很显然，除直接套期保值以外，这种假设通常与现实不符。于是，在运用久期模型确定套期保值比率时，就必须注意套期保值对象的收益率与套期保值工具的收益率，在变动方向和变动幅度上是否一致或基本一致。如果两者的变动有较大的差异，则久期模型的运用就受到一定的限制。

为克服这一弊端，有些投资者在用久期模型算出套期保值比率以后，再用回归模型算出套期保值对象与套期保值工具之间的收益率 β 系数，以对套期保值比率做出修正。

二、投机交易

与外汇期货类似，利率期货从投机者的持仓头寸方向上也可分为多头投机和空头投机。下面以两个例子来分别介绍多头和空头投机。

（一）利率期货的多头投机

例 6-13：某投机商预测国库券的贴现率将会下降，于是在 7 月 8 日以 95.46 的点位买进 50 手 9 月到期的 3 个月期美国国库券期货。到 8 月 5 日国库券贴现率果然下降，于是投资商决定在 96.84 的位置卖出对冲平仓，不考虑交易成本，求投机商的盈亏数额。

解答：对于利率期货的多头投机来说，只有当未来时刻利率下降时，其投机交易才能获利。因此，此处投机商会有盈利，其数额为：

$$(96.84-95.46)\times 100\times 25\times 50=172\ 500\text{ 美元}$$

（二）利率期货的空头投机

例 6-14：某交易商预测短期内利率会上涨，于是，他在期货市场以 115—04 的价格卖出 10 手长期国债期货。若过了两天，市场的利率果真上涨，交易商以 106—09 的价格买入合约对冲，不考虑交易成本，求交易商的盈亏数额。

解答：对于利率期货的空头投机来说，只有当未来时刻利率上升时，其投机交易才能获利。因此，此处交易商会获利，其数额为：

$$\left(115\,\frac{4}{32}-106\,\frac{9}{32}\right)\times\frac{100\ 000}{100}\times 10=88\ 437.5\text{ 美元}$$

或者

$$\left(115\,\frac{4}{32}-106\,\frac{9}{32}\right)\times 32\times 31.25\times 10=88\ 437.5\text{ 美元}$$

三、套利交易

（一）跨期套利

利率期货的跨期套利是指在同一交易所对同一商品但不同交割月份的利率期货合约

同时做空头和多头交易。当市场看涨时，交易者买入近期合约，并卖出远期合约，冀望于近期合约的涨势快于远期合约，待这种情况出现时，再同时将合约平仓，从中赚取差价。反之，当市场看跌时，交易者应当买入远期合约，并卖出近期合约，冀望于近期合约的跌幅大于远期合约，待这种情况出现时，再同时将合约平仓，从中赚取差价。

例 6-15：某投资者估计未来几个月利率下降，债券价格上涨，于是决定做跨期套利，具体交易过程如下：

	3 月 20 日	4 月 20 日
6 月到期的国库券期货合约	多头开仓 10 手，价格 93	空头平仓 10 手，价格 93.8
9 月到期的国库券期货合约	空头开仓 10 手，价格 92.8	多头平仓 10 手，价格 93.2

不考虑交易成本，求投资者的盈亏数额。

解答：6 月到期的国库券期货合约的盈亏数额：

$$\pi_1=(93.8-93)\times 100\times 25\times 10=20\ 000\text{ 美元}$$

9 月到期的国库券期货合约的盈亏数额：

$$\pi_2=(92.8-93.2)\times 100\times 25\times 10=-10\ 000\text{ 美元}$$

最终投资者的获利数额为 10 000 美元。

(二)跨市套利

利率期货的跨市套利是指同时在两个不同的交易所进行两种类似的利率期货品种、但交易方向相反的期货交易，以赚取价差利润的套利行为。在跨市套利中，两个不同的市场既可在同一国家，也可在不同国家。如果市场在不同国家，合约又以不同货币计价，这种套利就比较复杂。因为在这种套利中，投资者既要考虑两种合约间的价差及其变动，又要考虑两种货币间的汇率及其变动。

(三)跨品种套利

跨品种套利是指在买进某种期货合约的同时，卖出另一种不同种类，但相互关联的期货合约的交易活动。

在跨品种套利中，如果投资者发现两种利率期货合约之间的价差大于正常水平，预期此价差将缩小时，他只要买进价低的合约卖出价高的合约，随着价差的缩小和两个头寸的平仓，他总可获取相应的利润。相反，如果投资者发现两种利率期货合约之间的价差小于正常水平，预期此价差将扩大时，他只要买进价高的合约卖出价低的合约，随着价差的缩小和两个头寸的平仓，他总可获取相应的利润。因此，无论价格是上涨还是下跌，只要投资者对价差的预期准确，他都可获利。所以，在跨品种套利中，投资者所要关心的只是价差相对变动的情况，而不是绝对价格的变动情况。

第三节 股指期货的交易策略

一、套期保值交易

股指期货的套期保值适用于管理股票市场的系统性风险。因此，如果投资者在目前持有股票或股票组合，或者将在未来某日期购买股票或股票组合，或者将在未来某日期发行股票，都可利用股指期货实施套期保值。与外汇期货、利率期货类似，股指期货的套期保值也可分为多头套期保值和空头套期保值两种最基本的形式。

(二)股指期货的多头套期保值

多头套期保值主要适用于投资者计划在未来某日期买入股票，以及在目前卖空股票等场合，通过多头套期保值可回避股价上涨的风险。

例 6-16:某证券公司在 4 月 15 日预计 3 个月后将会收到一笔 360 万元的资金，并计划收到这笔资金后投资买入 30 万股某银行的股票。目前该股价格为每股 12 元。经综合分析该公司认为大盘正处于上涨趋势，届时投资成本会大增。为规避此种风险，该公司利用沪深 300 指数期货进行多头套期保值，以锁定风险。假设该公司以3 000点的价位多头 4 手指数期货合约，未来的 5 月 15 日，股价升至 13.1 元/股，此时平仓指数期货合约的价位是3 300点。不考虑交易成本，求该公司的套期保值盈亏数额。

解答:由于沪深 300 指数期货的价格乘数是￥300/点，因此通过套期保值交易，该公司在期货市场的盈亏数额为:

$$\pi_1=(3\ 300-3\ 000)\times 300\times 4=360\ 000\text{ 元}$$

相应，该公司在购买股票上增加的支出:

$$\pi_2=(12-13.1)\times 300\ 000=-330\ 000\text{ 元}$$

最终，该公司的套期保值盈亏数额为 30 000 元。

(二)股指期货的空头套期保值

空头套期保值主要适用于投资者持有股票，以及准备在未来某日期发行股票等场合，通过空头套期保值可回避股价下跌的风险。

例 6-17:5 月 3 日，某公司股票的市场价格为每股 25 美元。于是，该公司决定一周后以这一价格增发 20 万股股票，以筹措 500 万美元的资本，用于扩充生产规模。然而，若一周后股市下跌，则该公司发行同样多的股票，却只能筹得较少的资本。因此，该公司决定用 22 手同年 6 月份到期的 S&P500 指数期货合约做空头套期保值，此时指数期货的点位是 916。一周后，该公司股票发行价格为每股 24.25 美元，同时 S&P500 指数期货的点位是 886。不考虑交易成本，求该公司的套期保值盈亏数额。

解答:由于 S&P500 指数期货的价格乘数是＄250/点，因此通过套期保值交易，该公司在期货市场的盈亏数额为:

$$\pi_1=(916-886)\times 250\times 22=165\ 000\text{ 美元}$$

相应的，该公司在股票增发上筹措资本的损失为：

$$\pi_2=(24.25-25)\times 200\ 000=-150\ 000 \text{ 美元}$$

最终，该公司的套期保值盈亏数额为 15 000 美元。

（三）股指期货的套期保值比率

在上述各例中，为方便起见，我们实际上已作了这样的假设：现货市场上由投资者所持有发行或购买的股票同股价指数所包含的一揽子股票有着完全相同的价格变动特性，现货价格与期货价格有着完全相同的价格变动幅度，投机者通过套期保值可将全部风险予以回避，从而实现完全的套期保值。但现实中，这样的假设并不正好存在。

在一般情况下，各投资者所持有的证券组合的风险与整个股市的风险是不一致的，某证券组合的风险，特别是某个别股票的风险通常大于整个股市的风险。因此，在套期保值时，如果人们不考虑这一因素，则在现货市场上所存在的全部风险中，至少有一部分风险在实际上根本没有得到应有的防范。为了避免上述情况的发生，以尽可能实现完全的套期保值，在利用股价指数期货进行套期保值时，人们通常用 β 系数来调整套期保值所需的期货合约数，以尽可能地使全部风险都得到防范。

β 系数（beta coefficient）是一种评估证券系统性风险的工具，用以度量一种证券或一个投资证券组合相对总体市场的波动性，在股票、基金等投资术语中常见。β 系数是利用回归的方法计算得到，其计算公式如下：

$$\beta_p=\frac{\text{Cov}(r_p,r_m)}{\sigma_m^2}=\rho\cdot\frac{\sigma_p}{\sigma_m}$$

其中：$\text{Cov}(r_p,r_m)$ 是证券组合 p 的收益与市场收益的协方差，ρ 是两者收益的相关系数，σ_p 和 σ_m 分别是证券组合与市场组合收益的标准差。$\beta=1$，表明证券的价格波动与市场的波动相同；$\beta>1$，表示证券价格波动大于总体市场的波动；$0<\beta<1$，则表明证券价格的波动性较市场为低。

在套期保值的实践中，人们通常以 β 系数作为套期保值比率，以计算所需买进或卖出的股指期货合约数，计算公式如下：

$$\text{套期保值所需的合约数}=\frac{\text{现货股票或证券组合的总价值}}{\text{一手股指期货合约的价值}}\times\beta\text{ 系数}$$

例 6-18： 国内某证券投资基金，在 2010 年 6 月 2 日时，其股票组合的总市值为 5 亿元。该基金预期央行可能加息，股票可能会出现短期深幅回调，决定用 9 月到期的沪深 300 指数期货进行套期保值。假设其组合与沪深 300 指数的 β 系数为 0.9，当天的现货指数为 2700 点，9 月到期的期货合约为 2850 点，求该基金为进行套期保值，需要空头的指数期货合约的数量。

解答： 由于沪深 300 指数期货的价格乘数是￥300/点，因此，一手指数期货合约的当前价值为：

$$2\ 850\times 300=855\ 000 \text{ 元}$$

相应地，套期保值所需合约数为：

$$N=\frac{500\ 000\ 000}{855\ 000}\times 0.9\approx 526 \text{ 手}$$

二、投机交易

与前面提及的外汇期货和利率期货类似，股指期货的投机交易也分为两大类：多头投机和空头投机。

股指期货的多头投机是指投机者在对股票市场行情看涨的时候，买入股指期货合约，再在行情涨至一定高度的时候卖出股指期货合约，以此获得因价格变动而带来的利润；股指期货的空头投机则是指投机者在对股票市场行情看跌的时候，卖出股指期货合约，再在行情下降的时候买入股指期货合约，以此获得因价格变动而带来的利润。

由于股指期货投机的交易是以点计价，盈亏计算比较简单，这里不再赘述。

三、套利交易

股指期货的套利是指同时买入和卖出两种不同各类的期货合约，以利用期货间的价格差距来获取利润。一般来说，股指期货的套利主要有四种形式：跨期套利、跨市套利、跨品种套利和期现套利。

(一)跨期套利

股指期货的跨期套利是利用股指期货不同月份的合约之间的价格差进行相反方向的交易以从中获利。具体可分为两种：多头跨期套利和空头跨期套利。

1. 多头跨期套利

当交易者对市场抱乐观态度时会采用多头跨期套利的方法。具体地说，当股票市场趋势向上，交割月份较迟的合约，其价格就会比近期月份合约的价格更易迅速上升。正是基于这一认识，套利者出售近期月份合约，同时买进远期月份合约，这种做法就是多头跨期套利。

例 6-19：某投资者预测未来市场指数将会上涨，于是进行 S&P500 指数期货的多头跨期套利，具体的套利操作如下：

	近期合约	远期合约	价差
开仓	以 945 空头 10 手 6 月合约	以 970 多头 10 手 12 月合约	25
平仓	以 950 多头 10 手 6 月合约	以 977.5 空头 10 手 12 月合约	27.5
盈亏点数	−5	+7.5	

最终套利的盈亏数额为：

$$(-5+7.5)\times250\times10=6\ 250 \text{ 美元}$$

2. 空头跨期套利

当交易者对市场抱悲观态度时会采用空头跨期套利的方法。具体地说，当股票市场趋势向下，交割月份较迟的合约，其价格就会比近期月份合约的价格更易迅速下跌。正是基于这一认识，套利者买进近期月份合约，同时卖出远期月份合约，这种做法就是空头跨期套利。

例 6-20：某投资者预测未来市场指数将会下跌，于是进行沪深 300 指数期货的空头跨期套利，具体的套利操作如下：

	近期合约	远期合约	价差
开仓	以 2945 多头 10 手 6 月合约	以 2970 空头 10 手 12 月合约	25
平仓	以 2930 空头 10 手 6 月合约	以 2940 多头 10 手 12 月合约	10
盈亏点数	−15	+30	

最终套利的盈亏数额为：

$$(-15+30)\times300\times10=45\,000\text{ 元}$$

(二)跨市套利

股指期货的跨市套利是指在不同的交易所同时买进和卖出相同交割月的同种或类似的股指期货合约，以赚取价差利润的套利方式，又称市场间价差。例如日经 225 指数期货合约分别在大阪证券交易所(OSE)、新加坡交易所(SGX)和芝加哥商品业交易所(CME)上市交易。三种期货合约的标的资产都是日经 225 指数，但合约乘数、报价单位及交易时间不尽相同。其中，大阪证券交易所上市的日经 225 指数期货合约，以日元报价，合约乘数为1 000日元/点。新加坡交易所和芝加哥商品业交易所则既有日元报价的日经 225 指数期货合约，合约乘数为 500 日元/点，又有美元报价的日经 225 指数期货合约，合约乘数为 5 美元/点。而且在芝加哥商品业交易所开仓买卖的日经 225 指数期货合约，可以在新加坡交易所对冲平仓，而新加坡交易所的开始交易时间比大阪证券交易所开市时间长，这就为三个交易所的日经 225 指数期货合约的套利提供了机会，以及方便、快捷的交易通道。

(三)跨品种套利

股指期货的跨品种套利指的是利用两种不同的、但相关联的指数期货产品之间的价差进行交易，这两种指数之间具有相互替代性或受同一供求因素制约。跨品种套利的交易形式是同时买进和卖出相同交割月份但不同种类的股指期货合约。例如道琼斯指数期货与标准普尔指数期货、迷你标准普尔指数期货与迷你纳斯达克指数期货、主要市场指数期货与纽约证券交易所综合指数期货等都可以进行套利交易。

目前我国已上市的股指期货合约品种有三种，分别是沪深 300、上证 50 和中证 500 指数期货，在实践中可以利用这三个品种之间的价差关系进行跨品种套利。

(四)期现套利

股指期货的期现套利是指针对股指期货与现货之间的不合理关系进行套利的交易行为。股指期货合约是以股票价格指数作为标的物的金融期货合约，期货指数与现货指数维持一定的动态联系。但是，有时期货指数与现货指数会产生偏离，当这种偏离超出一定的范围时(无套利定价区间的上限和下限)就会产生套利机会。

当期价高估时，买进现货，同时卖出期货，通常叫正向套利；当期价低估时，卖出现货，买进期货，叫反向套利。由于套利是在期现两市同时进行，将利润锁定，无论价格涨跌，都不会有风险，故常称为无风险套利。从理论上讲，这种套利交易不需资本，因为资金都是借贷来的，所需支付的利息已经考虑，那么套利利润实际上是已经扣除机会成本之后的净利润,是无本之利。

股指期货期现套利在实际操作中应解决以下两大难题:一是如何构建走势与沪深300指数走势几乎一致的证券组合,以防止因对沪深300走势的跟踪误差过大而导致套利交易失败;二是对期现套利成本区间的有效确定,以判断套利的空间和盈亏结果。上述两大难题是决定股指期货期现套利成败的关键所在。

总体归纳为以下三种方法:一是按权重比例买卖一揽子沪深300指数的所有股票品种,这种方法在实际套利操作时难度很大,基本上不可取。二是选择沪深300指数成分股中权重大的几个或十几个股票品种组成一个股票组合,这种方法在实际操作时也有一定难度,操作不方便还是次要的,最致命的缺陷是对沪深300指数走势的跟踪误差比较大。三是买卖与沪深300指数高度相关的ETF基金,该方法最大优点是对沪深300指数走势的跟踪误差比较小,而且买卖操作方便可行。

实际操作中,通常的办法是选择上证50ETF、上证180ETF、深证100ETF中的一种或其中不同比例的组合作为复制沪深300指数走势的替代办法。套利机会转瞬即逝,所以在股指期货套利中更多的是利用计算机进行程序化交易(program trading)。

阅读材料

ETF基金简介

ETF(exchange traded fund)的全称是交易型开放式指数基金,又称交易所交易基金,是一种在交易所上市交易的开放式证券投资基金产品。ETF的投资组合通常完全复制标的指数,其净值表现与盯住的特定指数高度一致。比如上证50ETF的净值表现就与上证50指数的涨跌高度一致。与开放式基金使用现金申购、赎回不同,ETF使用一揽子指数成分股申购赎回基金份额,ETF可以在交易所上市交易。

附录:久期的性质

久期也称持续期,是1938年由Frederic Macaulay提出的。它是以未来时间发生的现金流,按照目前的收益率折现成现值,再用每笔现值乘以现在距离该笔现金流发生时间点的时间年限,然后进行求和,以这个总和除以债券目前的价格得到的数值就是久期。概括来说,就是债券各期现金流支付时间的加权平均值。根据证券投资学相关课程的学习,我们知道债券的定价公式如下:

$$P = \sum_{t=1}^{n} \frac{C_t}{(1+r)^t}$$

其中:C_t 是 t 时刻债券支付的现金流,r 是债券的到期收益率(yield to maturity,YTM),P 是债券的价格。相应的久期公式如下:

$$D_M = \frac{\sum_{t=1}^{n} \frac{t \cdot C_t}{(1+r)^t}}{P} = \frac{\sum_{t=1}^{n} \frac{t \cdot C_t}{(1+r)^t}}{\sum_{t=1}^{n} \frac{C_t}{(1+r)^t}} \tag{A.1}$$

需要注意的是,这里的 D_M 是Macaulay久期。

为了说明久期与债券价格变动之间的关系，我们对债券的价格 P 求关于 r 的导数，计算过程如下：

$$\frac{dP}{dr}=-\sum_{t=1}^{n}\frac{t\cdot C_t}{(1+r)^{t+1}}=-\frac{1}{1+r}\sum_{t=1}^{n}\frac{t\cdot C_t}{(1+r)^t} \tag{A.2}$$

将(A.1)代入(A.2)，可得：

$$\frac{dP}{dr}=-\frac{1}{1+r}D_MP \quad\Rightarrow\quad \frac{\Delta P}{\Delta r}=-\frac{1}{1+r}D_MP \quad\Rightarrow\quad \Delta P=-\frac{D_MP}{1+r}\cdot\Delta r$$

从中可以看出，Macaulay 久期刻画了债券的价格变动 ΔP 与到期收益率的变动 Δr 之间的线性关系。

记 $D=D_M/(1+r)$，则上式可以改写为：

$$\Delta P=-DP\cdot\Delta r \tag{A.3}$$

其中：D 称为修正久期(modified duration)。

需要说明的是，对于到期收益率较小的平移，久期可以准确地刻画债券价格的相应变化，但是债券价格与到期收益率之间是非线性关系，而久期只能衡量两者间的线性关系。因此，当到期收益率变动幅度很大时，单纯采用久期刻画出的债券价格变动，与实际的变动数额有较大的差别。

如图 6-2 所示，其中的曲线是债券的价格收益率曲线。当到期收益率由 4%变动至 7%时，实际的债券价格会由2 100元变动至1 500元附近。若使用久期来衡量价格的变动，则测量出的债券价格将会变动至1 400元附近，两者之间有非常大的差距。针对此种问题，在实践中对于两者之间的差距，可以通过凸性(convexity)来进行修正。

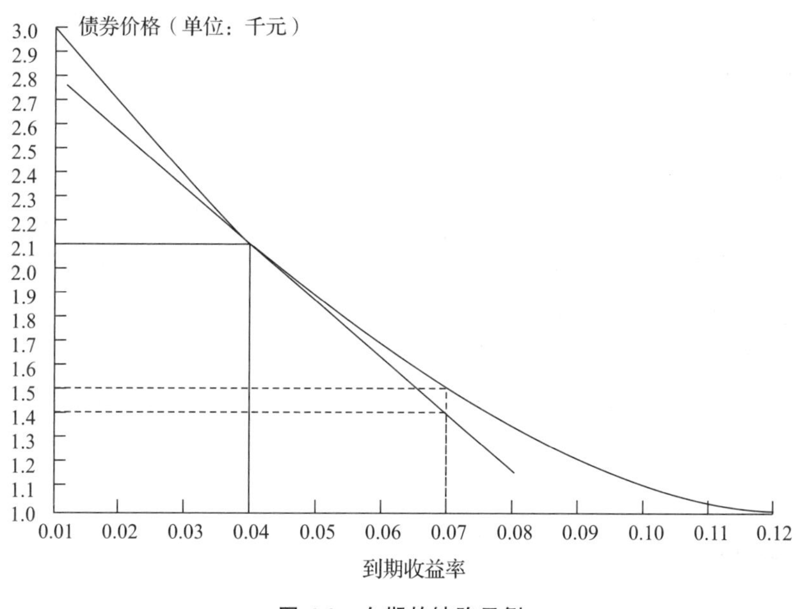

图 6-2 久期的缺陷示例

本章摘要

1. 外汇期货的多头套期保值，适用于将在未来某日期买进外汇，从而担心外汇升值的场合。而外汇期货的空头套期保值,则适用于目前持有外汇或将在未来某日期收到外汇,从而担心外汇贬值的场合。

2. 短期利率期货的套期保值,可分为多头套期保值、空头套期保值、条式套期保值、滚动套期保值和交叉套期保值等多种策略。不同的策略,分别适用于不同的合约、场合和套期保值的具体需要。

3. 长期国债期货的套期保值主要有转换因子模型、回归模型、久期模型。

4. 股指期货的套期保值用来管理股票市场的系统性风险。人们通常以β系数作为套期保值比率,以计算所需买进或卖出的股指期货合约数。

5. 套利是指人们利用暂时存在的不合理的价格关系,通过同时买进和卖出相同或相关的金融商品或金融期货合约,而赚取其中的价差收益的交易行为。在金融期货交易中,价差交易是套利的一种主要形式。

6. 投机是指人们根据自己对金融期货市场的价格变动趋势的预测,通过看涨时买进、看跌时卖出,而获取利润的交易行为。

7. 金融期货的投机策略可分为两种:一种是多头投机,适用于对市场行情看涨的场合;另一种是空头投机,适用于对市场行情看跌的场合。金融期货的投机是一种高利润与高风险并存的交易行为。

8. 金融期货的套利策略,主要可分为跨期套利、跨品种套利和跨市套利。各种套利交易策略的目的都是希望从价格关系的变动中获取套利收益。

练习与思考

一、名词解释

条式套期保值、滚动套期保值、系统性风险、跨期套利、跨品种套利、跨市套利

二、单选题

1. * 如果投资者预测股票指数后市将上涨而买进股指期货合约,这种操作属于(　　)。

A.正向套利　　B.反向套利　　C.多头投机　　D.空头投机

2. * 假设某投资者第一天买入股指期货 IC1506 合约 1 手,开仓价格为 10800,当日结算价格为 11020,次日继续持有,结算价为 10960,则次日收市后,投资者账户上的盯市盈亏和浮动盈亏分别是(　　)。

A. －12000 和 32000　　B. －18000 和 48000

C. 32000 和－12000　　D. 48000 和－18000

3. * 某投资者在前一交易日持有沪深 300 指数某期货合约 20 手多头,上一交易日该合约的结算价为 1500 点。当日该投资者以 1505 点买入该合约 8 手多头持仓,又以 1510 点的成交价卖出平仓 5 手,当日结算价为 1515 点,则其当日盈亏是(　　)。

A.盈利 205 点　　B.盈利 355 点　　C.亏损 105 点　　D.亏损 210 点

4. * 某投资者以 5100 点开仓买入 1 手沪深 300 股指期货合约,当天该合约收盘于 5150 点,结算价为 5200 点,则该投资者的交易结果为(　　)(不考虑交易费用)。

A.浮盈 15000 元　　B.浮盈 30000 元　　C.浮亏 15000 元　　D.浮亏 30000 元

5.＊预期未来市场利率下降，投资者适宜(　　)国债期货，待期货价格(　　)后平仓获利。

A.买入，上涨　　B.卖出，下跌　　C.买入，下跌　　D.卖出，上涨

6.＊若债券组合市场价值为1200万元，修正久期8.5；CTD债券价格99.5，修正久期5.5，转换因子1.07。利用修正久期法计算投资组合套期保值所需国债期货合约数量约为(　　)手。

A. 12　　B. 11　　C. 19　　D. 20

7.＊某投资者预期欧元相对于美元将升值，于是在4月5日在CME以1.1825的价格买入5手6月份交割的欧元兑美元期货合约。到了4月20日，期货价格变为1.2430，于是该投资者将合约卖出平仓，则该投资者(　　)美元。(不计手续费等交易成本)

A.盈利37812.5　　B.亏损37812.5

C.盈利18906.25　　D.亏损18906.25

8.＊假设当前欧元兑美元期货的价格是1.360(即1欧元＝1.3600美元)，合约大小为125000欧元，最小变动价位是0.0001点。那么当期货合约价格每跳动0.0001点时，合约价值变动(　　)。

A.13.6美元　　B.13.6欧元　　C.12.5美元　　D.12.5欧元

9.＊某投机者卖出2张9月到期的欧元兑美元期货合约，每张金额为125,000欧元，成交价为1.1321美元/欧元，半个月后，该投机者将2张合约平仓，成交价为1.2108美元/欧元，则该笔投机的结果为(　　)。

A.盈利19675美元　　B.亏损19675美元

C.盈利8760美元　　D.亏损8760美元

10.＊假设欧元兑美元的即期汇率为1.1256，美元无风险利率为4%，欧元无风险利率为5%，6个月的欧元兑美元远期汇率为1.1240，则(　　)。

A.此远期合约定价合理，没有套利机会

B.存在套利机会，交易者应该买入欧元，同时卖出此远期合约

C.存在套利机会，交易者应该卖出欧元，同时买入此远期合约

D.存在套利机会，交易者应该买入欧元，同时买入此远期合约

11.＊若以6050点卖出开仓10手IC1809并持有，当日该合约的收盘价为6100点，结算价为6120点，不考虑手续费，则当日结算后该笔持仓(　　)。

A.盈利14万元　　B.盈利21万元　　C.亏损14万元　　D.亏损21万元

12.＊某股票组合价值1000万元，β值为1.17，沪深300指数期货合约报价3900点。若进行卖出套期保值，应当建仓(　　)手期货合约。

A. 10　　B. 20　　C. 30　　D. 40

13.＊某基金经理管理投资组合的市值达到10亿元，且已知该组合对沪深300指数相关系数为0.8，该组合和沪深300指数的波动率分别为15%和10%。该基金经理预期市场会出现大幅回调，决定在沪深300股指期货合约处于4000点时将投资组合的β值调整为负值，则至少应卖出(　　)手股指期货合约。

A. 991　　B. 1001　　C. 1111　　D. 1211

14. * 假设沪深 300 股指期货 4 月合约价格为 4063 点，6 月合约价格为 4055 点，投资者判断未来远期合约与近期合约价差将由贴水转为升水，建仓 10 对跨期套利组合。若一个月后 4 月合约价格为 4100 点，6 月合约价格为 4150 点，则该套利交易（　　）。

A.亏损 17.4 万元　　B.亏损 11.6 万元　　C.盈利 11.6 万元　　D.盈利 17.4 万元

15. * 如果股指期货价格高于股票组合价格并且两者差额大于套利成本，套利者（　　）。

A.卖出股指期货合约，同时卖出股票组合

B.买入股指期货合约，同时买入股票组合

C.买入股指期货合约，同时借入股票组合卖出

D.卖出股指期货合约，同时买入股票组合

16. * 假设当前 3 月和 6 月的欧元兑美元外汇期货价格分别为 1.2250 和 1.2190，交易者进行熊市套利，卖出 10 手 3 月合约和买入 10 手 6 月合约。1 个月后，3 月合约和 6 月合约的价格分别变为 1.2275 和 1.2200。每手欧元兑美元外汇期货中一个点变动的价值为 12.5 美元，那么交易者的盈亏情况为（　　）。

A.亏损 3125 美元　　B.亏损 1875 美元

C.盈利 3125 美元　　D.盈利 1875 美元

17. * 如果股指期货合约临近到期日，股指期货价格与股票现货价格出现超过交易成本的价差时，交易者会通过（　　）使二者价格渐趋一致。

A.投机交易　　B.套期保值交易

C.套利交易　　D.价差交易

18. * 当股指期货价格低于无套利区间的下界时，能够获利的交易策略是（　　）。

A.买入股票组合的同时卖出股指期货合约

B.卖出股票组合的同时买入股指期货合约

C.同时买进股票组合和股指期货合约

D.同时卖出股票组合和股指期货合约

19. * 目前，交易者可以利用上证 50 指数期货和沪深 300 指数期货之间的高相关性进行价差策略，请问该策略属于（　　）。

A.跨品种价差策略　　B.跨市场价差策略

C.投机策略　　D.期现套利策略

20. * 某交易者以 98.320 价格买入开仓 10 手 TF1706 合约，当价格达到 98.420 时加仓买入 10 手，在收盘前以 98.520 的价格全部平仓。若不考虑交易成本，该投资者的盈亏为（　　）。

A.盈利 30000 元　　B.亏损 30000 元　　C.盈利 15000 元　　D.亏损 15000 元

21. * 投资者做空中金所 5 年期国债期货 20 手，开仓价格为 97.705；若期货结算价格下跌至 97.640，其持仓盈亏为（　　）元。（不计交易成本）

A. 1300　　B. 13000　　C. −1300　　D. −13000

22. * 2018 年 2 月 27 日，投资者买入开仓 5 手国债期货 T1806 合约，价格为 92.400。2018 年 3 月 1 日投资者将上述合约全部平仓，价格为 92.705，T1806 合约的结算价为 92.675。若不考虑交易成本，该投资者的盈亏为（　　）。

A.盈利 15250 元　　B.亏损 15250 元　　C.盈利 13750 元　　D.亏损 13750 元

23.＊假设当前 6 月和 9 月的欧元兑美元外汇期货价格分别为 1.3050 和 1.3000，交易者进行熊市套利，卖出 10 手 6 月合约和买入 10 手 9 月合约。1 个月后，6 月合约和 9 月合约的价格分别变为 1.3025 和 1.2990。每手欧元兑美元外汇期货中一个点变动的价值为 12.5 美元，那么交易者的盈亏情况为（　　）。

A.亏损 3125 美元　　B.亏损 1875 美元

C.盈利 3125 美元　　D.盈利 1875 美元

24.＊假设 3 月 2 日，芝加哥商品业交易所（CME）9 月份到期的澳元期货合约的价格为 0.7379，美国洲际交易所（ICE）9 月份到期的澳元期货合约的价格为 0.7336（两合约交易单位均为 100000AUD）。若 CME 和 ICE 澳元期货合约的合理价差为 55 点。某交易者认为 CME 和 ICE 澳元期货合约存在套利机会，一段时间后两合约的价差将向合理价差收敛。则该交易者适宜操作方式是（　　）。（不考虑各项交易费用）

A.买入 CME 澳元期货合约，同时卖出相同数量的 ICE 澳元期货合约

B.卖出 CME 澳元期货合约，同时买入相同数量的 ICE 澳元期货合约

C.买入 CME 澳元期货合约，同时卖出不相同数量的 ICE 澳元期货合约

D.卖出 CME 澳元期货合约，同时买入不相同数量的 ICE 澳元期货合约

25.假设 6 月到期的长期国债期货价格为 95—03，9 月到期的长期国债期货价格为 95—25，若交易者认为两者未来的价差将会缩小，则应该：（　　）

A.买 6 月，卖 9 月　　B.卖 6 月，买 9 月

C.同时买入 6 月和 9 月　　D.同时卖出 6 月和 9 月

三、计算题

1.某美国股票型基金规模为 1000 万美元，其组合与 S&P500 股指相关性极高，若目前该指数期货为 1500 点，且 β 值为 1.5，则需要多少份指数期货合约进行套期保值？（S&P500 指数期货合约的乘数是 250 美元）

2.由于美国 2000 年失业率上升很快，某交易机构担心这可能会导致美国经济衰退，从而美国联邦储备银行可能会降低利率以刺激美国经济。利率下降会导致长期债券价格的大幅变动，该交易机构根据经验认为近期月份国债期货价格上涨幅度将大于远期月份合约的价格上涨幅度，于是他利用芝加哥期货交易所 9 月份和 12 月份的美国长期国债期货进行跨期套利交易。交易情况如下表：（长期国债期货每份合约 10 万美元）

	9 月长期国债期货合约	12 月长期国债期货合约
2000 年 7 月 10 日	买入 10 份，价格为 98—10	卖出 10 份，价格为 98—06
2000 年 8 月 5 日	卖出 10 份平仓，价格为 99—15	买入 10 份平仓，价格为 99—04

求其盈亏情况。

3.2 月 5 日，某投资者经过分析几个交易所内的股指期货合约的行情变化，认为 A 交易所内的某种股票指数期货合约价格变化通常大于 B 交易所内的该股票指数期货合约的价格变化幅度。而且经过市场分析后，认为股票价格呈下降的趋势，估计各股市指数均

有不同程度的下降。他首先采用空头策略,售出A交易所内6月份指数期货合约10份,同时购进B期货交易所内6月份指数期货合约10份,这样他就采取了跨市场套利的策略。15天后,股市正如所预料的出现大幅下跌,投资者于是获利平仓,交易情况见下表(每点价值500美元):

	A交易所	B交易所	价差
2月5日	股指期货6月合约价格:855.45,卖出10份合约	股指期货6月合约价格:824.85,买入10份合约	30.6
2月20日	6月股指期货合约价格下降10.3点,为845.15,买入10份平仓	6月股指期货合约价格下降5.5点,为819.35,卖出10份平仓	25.8

求其盈亏情况。

4. 3月18日,交易员卖出6月欧洲美元期货合约4份,价格为89.00。该交易员持有合约一直到6月份合约到期。合约最后交割价确定为88.00,求该交易员将收到收益的数额。(假设交易成本为零)

5.假定无风险利率为每年4%(连续复利),股指的股息收益率为每年3.2%。股指当前为4000点,3个月以后到期的期货价格为4020点。

问:此时存在什么样的套利机会?

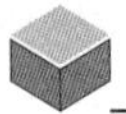

参考文献

1.黄昱程.期货与选择权:衍生性金融商品入门经典[M].华泰文化,2015.

2.洛伦兹·格利茨.金融工程学[M].唐旭,译.经济科学出版社,2003.

3.钱斯.衍生工具与风险管理[M].陈蓉,译.高等教育出版社,2005.

4.施兵超.金融衍生产品[M].复旦大学出版社,2008.

5.宋浩平.期货及期权投资实务[M].首都经济贸易大学出版社,2014.

6.约翰·赫尔.期权、期货及其他衍生产品[M].王勇,索吾林,译.机械工业出版社,2012.

7.张元萍,郗文泽.金融衍生工具[M].首都经济贸易大学出版社,2015.

8.陈工孟.金融工程[M].清华大学出版社,2003.

第7章 期权交易概述

学习目的

通过本章的学习，了解期权的发展简史；掌握期权的基本概念、基本分类；熟悉期权的基本交易制度；理解期权的功能；掌握期权与远期、期货等金融衍生工具的联系和区别。

案例导读

期权的思想，古已有之。期权买卖的第一项记录是在《圣经·创世纪》中的一个合同制的协议，里边记录了大约在公元前1700年，雅克布为同拉班的小女儿瑞切尔结婚而签订的一个类似期权的契约，即雅克布在同意为拉班工作7年的条件下，得到同瑞切尔结婚的许可。从期权的定义来看，雅克布以7年劳工为“权利金”，获得了同瑞切尔结婚的“权利而非义务”。

除此之外，在亚里士多德的《政治学》一书中，也记载了古希腊哲学家、数学家泰利斯利用天文知识，猜测来年春季的橄榄收成，然后再以极低的报价获得西奥斯和米拉特斯地区橄榄榨油机的使用权的情形，这种“使用权”即已隐含了期权的概念。

第一节 期权的相关概念

“期权”(options)又称“选择权”，是一种能在未来某日期或该日期之前，以协定价格买进或卖出一定数量的某种商品的权利。可见，期权交易实质上是一种权利的交易。为了更好地理解期权的基本含义和基本特征，我们必须具体说明期权的几个基本要素。

一、期权购买者与期权出售者

期权购买者与期权出售者是期权交易的主体。所谓期权购买者(buyer)，也称期权持有者(holder),是指支付期权费以获得期权合约所赋予的权利的一方;而所谓期权出售者(seller),也称期权签发者(writer),是指收取期权费而履行期权合约所规定的义务的一方。在期权交易中,期权购买者在向期权出售者支付一定的期权费后,就获得了期权合约所赋予的权利。在期权交易中,期权购买者可在期权合约所规定的某一特定时间,以事先确定的价格(协定价格)向期权出售者买进或卖出一定数量的某种金融产品或金融衍生产品。在期权合约所规定的时间内(即期权有效期内),或期权合约所规定的某一特定的履约日,期权购买者既可行使他所拥有的这一权利,也可放弃这一权利。这就说明,对期权购买者而言,期权合约只赋予他可以行使的权利,而未规定他必须履行的义务。不过,无论期权购买者行使其权利,还是放弃其权利,他所支付的期权费均不予退还。

期权出售者在收取期权购买者所支付的期权费后,就必须在规定时间内履行该期权合约所规定的义务。也就是说,在期权合约所规定的时间内或期权合约所规定的某一特定的履约日,只要期权购买者要求执行期权,则期权出售者就必须无条件地履行期权合约所规定的义务。这就说明,对期权出售者而言,除了在成交时向期权购买者收取一定的期权费之外,期权合约只规定他必须履行的义务,而未赋予他任何权利。

由此可见,与期货交易不同,在期权交易中,期权购买者与期权出售者在权利与义务上存在着明显的不对称性。这种不对称性决定了期权交易不同于期货交易的许多特点,对于这些特点,我们将在以后有关章节中做比较具体的分析。

二、期权费

根据定义,期权交易实际上是一种权利的交易,而期权费就是这一权利的价格。所谓"期权费"(premium),又称"权利金"或"保险费",是指期权购买者为获得期权合约所赋予的权利,而向期权出售者支付的费用。一经支付,则不管期权购买者是否执行该期权,期权费均不予退还。

与期货一样,期权也首先是作为一种套期保值的工具而产生和发展起来的。一般来说,期权交易中的套期保值者主要是期权购买者。他们之所以买进期权,是因为他们担心市场价格将发生不利于他们的变动。买进期权后,他们便获得了在期权有效期内以已知的协定价格买进或卖出一定数量的某种商品的权利,从而将自己所面临的价格风险转移给交易的对方。与此同时,期权出售者则因为卖出期权而承担了市场价格不确定变动的风险。由此可见,期权购买者向期权出售者支付的期权费,与投保人向保险公司支付的保险费在本质上是一致的,即都是为回避风险、达到保值目的而必须付出的代价。正是出于这一原因,人们通常把期权费称为"保险费"。

在期权交易中,期权费的决定与变动是一个既十分重要又十分复杂的问题。对这一问题,我们将在以后有关章节中做专门的介绍。这里必须明确的是,期权费通常也称"期权价格",这一价格与后文提到的协定价格是两种完全不同的价格。期权费或期权价格只是期权合约的价格,更确切地说,它是期权合约所赋予的权利的价格;而协定价格则是在期权被执行时,买卖期权合约的标的物的价格。

三、协定价格

协定价格(strike price),也称“敲定价格”“履约价格”或“执行价格”(exercise price),是指期权合约所规定的、期权购买者在执行期权时买进或卖出标的物的价格。这一价格一经确定,则在期权合约的有效期内,无论期权合约的标的物价格涨到什么水平或跌到什么水平,只要期权购买者要求执行期权,期权出售者都必须以此价格履行其承担的义务。因此,如果期权购买者买进了看涨期权,那么,在期权合约所规定的时间内,即使该期权合约标的物的市场价格已涨到远高于该期权合约所规定的协定价格的水平,期权购买者仍可以此较低的协定价格向期权出售者买进一定数量的标的物,而期权出售者必须无条件地以此协定价格卖出该期权合约所规定的标的物。同样,如果期权购买者买进了看跌期权,则在期权合约所规定的时间内,即使标的物的市场价格跌到远低于该期权合约所规定的协定价格的水平,期权购买者也仍可以此较高的协定价格向期权出售者卖出期权合约所规定的一定数量的标的物,而期权出售者必须无条件地以此协定价格买进这些数量的标的物。

第二节　期权的发展简史

在本章开头的案例导读中,我们提到了期权的思想古已有之,但是真正意义上的期权交易,则是发源于荷兰。

一、早期的期权交易

在期权发展史上,我们不能不提到17世纪荷兰的郁金香炒作事件。众所周知,郁金香是荷兰的国花。在17世纪的荷兰,郁金香更是贵族社会身份的象征,这使得批发商普遍出售远期交割的郁金香以获取利润。为了减少风险,确保利润,许多批发商从郁金香的种植者那里购买期权,即在一个特定的时期内,按照一个预定的价格,从种植者那里购买郁金香。而当郁金香的需求扩大到世界范围时,又出现了一个郁金香球茎期权的二级市场。

随着郁金香价格的盘旋上涨,荷兰上至王公贵族,下到平民百姓,都开始变卖他们的全部财产用于炒作郁金香和郁金香球茎。1637年,郁金香的价格已经涨到了骇人听闻的水平。与上一年相比,郁金香总涨幅竟高达5900%!1637年2月,一株名为“永远的奥古斯都”的郁金香售价更高达6700荷兰盾,这笔钱足以买下阿姆斯特丹运河边的一幢豪宅,而当时荷兰人的平均年收入只有150荷兰盾。随后荷兰经济开始衰退,郁金香市场也在1637年2月4日突然崩溃。一夜之间,郁金香球茎的价格一泻千里。许多出售看跌期权的投机者没有能力为他们要买的球茎付款,虽然荷兰政府发出紧急声明,认为郁金香球茎价格无理由下跌,劝告市民停止抛售,但这些努力都毫无用处。一个星期后,郁金香的价格已平均下跌了90%,大量合约无法履约又进一步加剧了经济的衰退。绝望之中,人们纷纷涌向法院，希望能够借助法律的力量挽回损失。但在1637年4月，荷兰政府决定终止所有合同，禁止投机式的郁金香交易，从而彻底击破了这次历史上空前的经济泡沫。毫无疑问，这样的事情损害了期权在人们心目中的形象，直至100多年后，伦敦期权交易也依然被认为不合法。

二、场外市场的出现

18世纪，在工业革命和运输贸易的刺激下，欧洲出现了有组织的期权交易，标的物以农产品为主。在英国，以证券为标的物的期权交易一度遭到巨大反对，1733年的巴纳德法宣布期权为非法。但一直到1860年该法被撤销期间，期权交易也从未停止过，只是交易量很小。

18世纪末美国出现了股票期权。由于当时还不存在期权的中心交易市场，期权都是在场外进行交易，市场依靠那些为买方和卖方寻求配对方的经纪商才得以运行。最终，在这样的一个松散的市场里，期权经纪商与自营商协会形成了。协会的目的是加强参与者之间的联系，并在共同利益的基础上拓展业务。

进入20世纪以后，股票市场仍然不受监管，期权的声誉也因为投机者的滥用而更加不佳。在20年代，一些证券经纪商从上市公司那里得到股票期权，作为交换，他们要将这些公司的股票推荐给客户，从而使该股票的市场需求迅速上升，上市公司和经纪商因此从中获益，而许多中小投资者却成为这种私下交易的牺牲品。1929年的股灾发生以后，美国国会为防止市场的再次崩溃而举行听证会并由此成立了美国证券交易委员会(Securities and Exchange Commission，SEC)。证券交易委员会最初给国会的建议是取缔期权交易，原因是“由于无法区分好的期权同坏的期权之间的差别，为了方便起见，我们只能把它们全部予以禁止”。当时，期权经纪商与自营商协会邀请了经验丰富的期权经纪人荷尔伯特·菲勒尔到国会作证。通过激烈的辩论，菲勒尔成功地说服了委员会，使他们相信期权的存在的确有其经济价值。这使得在加强监管的前提下，美国的期权业得以继续存在和发展。

三、现代期权市场的形成

从1968年起，商品期货市场的交易量低迷，迫使CBOT讨论扩展其他业务的可能性。在投入大量研发费用并历经5年之后，全世界第一个期权交易所——芝加哥期权交易所(Chicago Board Options Exchange，CBOE)终于在1973年4月26日成立。这标志着真正有组织的期权交易时代的开始。

在最初的阶段，芝加哥期权交易所的规模非常小，只有16只标的股票的看涨期权。交易的第一天，成交合约911手。然而到了第一个月月底，CBOE的日交易量已经超过了场外交易市场。1977年6月3日，CBOE开始了看跌期权的交易。然而4个月后，SEC宣布暂停所有交易所新的期权合约的上市，场内期权市场迅猛发展的势头戛然而止。不过，这并没有减缓已上市期权交易量的增长。3年后，SEC取消暂停令，CBOE随即增加了25种可进行期权交易的股票。

与股票期权不同的是，商品期权在19世纪就已经开始在交易所交易。但是由于早期的期权交易存在着大量的欺诈和市场操纵行为，美国国会为保护农民利益，于1921年宣布禁止交易所内的农产品期权交易。1936年美国又禁止期货期权交易，之后世界其他国家和地区的期权、期货和各种衍生品都相继被禁止交易。直到1984年，美国国会才重新允许农产品期权在交易所进行交易。在随后的一段时期内，美国中美洲商品交易所、堪萨斯期货交易所和明尼阿波利斯谷物交易所推出了谷物期权交易，随后CBOT也推出了农产品期权合约。欧洲的商品期权则来得比较晚，伦敦国际金融期货交易所直到1988年才开始进行欧洲小麦期权交易。

除农产品之外，能源和金属期权也是很重要的交易品种。纽约商品交易所(NYMEX)是全球能源期权最大的交易市场，伦敦金属交易所(LME)则是全球最大的有色金属期货期权交易中心。

第三节 期权的分类

期权的种类可根据不同的标准和不同的需要进行多种不同的划分。在现实的期权交易中，因出于分析和管理的需要，期权的种类通常有如下五种划分。

一、看涨期权与看跌期权

根据期权合约赋予期权购买者的不同权利，期权可分为看涨期权与看跌期权。所谓“看涨期权”(call options)，是指期权购买者可在约定的未来某日期或该日期之前，以协定价格向期权出售者买进一定数量的某种金融商品或金融衍生产品的权利。而所谓“看跌期权”(put options)，则是指期权购买者可在约定的未来某日期或该日期之前，以协定价格向期权出售者卖出一定数量的某种金融商品或金融衍生产品的权利。

在各种有关期权交易的著述中，这两种期权的称呼方式有所不同。例如，有的将它们分别称为“认购期权”与“认沽期权”，也有的将它们分别称为“买权”与“卖权”，这样的称谓针对的是期权的买方所拥有的权利而言。然而，由于期权交易本身就有“买进”期权与“卖出”期权两种选择，因此如果再将期权分别以上面的称呼方式指代，则容易引起歧义。为了避免可能的歧义和理解上的困扰，我们将这两种期权分别称为“看涨期权”与“看跌期权”。

需要指出的是，这里所谓的“看涨”与“看跌”，都是就期权购买者而言的。也就是说，期权购买者之所以买进看涨期权，是因为他们对市场行情“看涨”。买进看涨期权后，他们可在市场价格上涨，且涨至协定价格以上时，以较低的协定价格买进标的物，从而避免市场价格上涨所造成的损失。而期权购买者之所以买进看跌期权，则是因为他们对市场行情“看跌”。买进看跌期权后，他们可在市场价格下跌，且跌至协定价格以下时，以较高的协定价格卖出他们所持有的标的物，从而避免市场价格下跌所造成的损失。

二、欧式期权与美式期权

期权购买者向期权出售者支付一定的期权费之后，就获得了以协定价格买卖金融商品或金融衍生产品的权利。但是，期权购买者只能在期权合约所规定的到期日或到期日之前行使这一权利。如果超过这一到期日，就被视为期权购买者自动放弃这一权利。

在期权交易中，根据期权合约对履约时间的不同规定，期权可分为欧式期权与美式期权两种类型。所谓“欧式期权”(European options)，是指期权购买者只能在期权到期日履约的期权；而所谓“美式期权”(American options)，则是指期权购买者既可在期权到期日履约，又可在期权到期日之前的任一营业日履约的期权。很显然，对期权购买者而言，美式期权比欧式期权有着较大的选择余地。也就是说，他们可在期权有效期内选择一个比较理想的日期执行期权，从而获取较多的利润或避免较大的损失。对于期权出售者而言，则美式期权将使他承担比欧式期权更大的风险。所以，在实际的期权交易中，尤其是在期权定价中，区分欧式期权与美式期权是非常重要的。

由此可见，所谓“欧式期权”与“美式期权”，实际上并无任何地理位置上的含义，而只是对期权购买者履约时间的不同规定。因此，目前无论在欧洲国家的期权市场上，还是在美国的期权市场上，都同时有着欧式期权和美式期权的交易。当然，由于美式期权赋予期权购买者履约时间的选择权，因此，目前在世界各主要的期权市场上，美式期权的交易量远大于欧式期权的交易量。不过，在分析期权的基本性质及其运行的基本原理时，欧式期权或许比美式期权更为简便。

三、场内期权与场外期权

与金融期货不同，期权未必是集中性的场内交易形式，也未必是标准化的期权合约的交易形式。根据交易场所是否集中性的不同，以及期权合约是否标准化的不同，期权可分为场内期权与场外期权这两种不同的类型。所谓“场内期权”(exchange-traded options)，也称“交易所交易期权”或“交易所上市期权”，是指在集中性的期权市场所交易的标准化的期权合约。而所谓“场外期权”(over-the-counter options，OTC options)，也称“店头市场期权”或“柜台式期权”，则是指在非集中性的交易场所交易的非标准化的期权合约。

场内期权与场外期权的区别，类似于我们前述的期货交易与远期交易的区别。这种区别还表现在很多方面，但其中最主要的区别是期权合约是否标准化。场内期权是一种标准化的期权合约，所以，其交易数量、协定价格、到期日及履约时间等均由交易所统一规定。而场外期权则是一种非标准化的期权合约，所以其交易数量、协定价格、到期日及履约时间等均可由交易双方自由议定。

场内期权与场外期权各有利弊。场内期权的优点是交易便利、流动性高，且可随时通过反向交易实现平仓。但是，场内期权的标准化限制了人们选择的余地。而相比之下，场外期权却可根据人们的不同需要，提供量身定制的特殊服务。所以，自 20 世纪 80 年代中期以来，场外期权也取得了较大的发展。

我国的场外期权发展概况[①]

2013 年 8 月 19 日，我国首只券商的场外期权诞生，2017 年场外期权业务得到爆发式增长，2017 年当年累计新增初始名义本金 5011.36 亿元，同比增长 44.23%，累计交易 17647 笔，同比增长 301.8%，场外期权市场流动性提高，单笔交易名义本金规模下降明显；2018 年 1 月当月新增名义本金 641.39 亿元，较上月增加 24.84%，新增交易 3445 笔，月末结存 6964 笔，共计名义本金 2256.75 亿元。

场外期权挂钩标的类别来看，分为 A 股股指、A 股个股、商品期货、黄金期现货、境外标的五大类别，其中 A 股股指主要包括沪深 300、上证 50 和中证 500 指数，因为场内有沪深 300 股指期货、上证 50 股指期货和中证 500 股指期货提供给场外期权发行方进行对冲，相比于其他标的的场外期权，对冲更加便利，且成本较低，因此参与 A 股股指场外期权报价的机构较多；A 股个股场外期权主要是以蓝筹、指数成分股为主，比如贵州茅台、中国平安、中国建筑、格力电器、创业板 ETF、深 100ETF、黄金 ETF 等。2017 年的大盘蓝筹行情推动了 A 股个股看涨期权业务的大力发展；商品期货场外期权主要是以活跃品种的主力合约为主，包括沪金、沪铜、沪铝、螺纹钢、铁矿石、橡胶等。

截至 2018 年 4 月 6 日，在中证报价系统参与场外衍生品交易的共有 1755 家机构，其中证券公司有 92 家，但由于场外期权对证券公司的专业能力要求较高，除了要有充足的自有资金用于风险管理以外，还要有较强的定价能力和风险对冲能力，且具备较多客户资源的大型券商开展场外期权业务具有绝对优势，因此场外期权市场集中度较高。

监管趋严有利于场外期权业务更加规范化，更好地服务于实体经济，若能“穿透”场外期权的交易对手方，解决投资者适当性的监管问题，在风险可控的情况下，场外期权业务仍有发展空间。

根据中证报价系统发布的报价信息，目前我国的场外期权产品类别主要包括普通欧式、普通美式、单鲨型、双鲨型、价差、二元、美式单鲨、亚式等；期限主要是以一年以内的短期为主，如：1 月、2 月、3 月、6 月等。由于场外期权“一对一”灵活设计的特点，产品种类丰富多彩，具体的结构根据客户需求而确定，具有“私人订制”的特性。

四、现货期权与期货期权

期权交易被引入金融市场，首先是从场外交易的股票期权开始的。自从 1973 年建成集中性的期权市场——芝加哥期权交易所以来，其他各种金融商品或金融工具也被纷纷

① 选自渤海证券研究所《场外期权发展现状、核心与应用——场外期权专题报告》，2018 年 4 月 16 日。

作为期权合约的标的物，开始进行金融期权的交易。随着期权交易的迅速发展，期权的品种越来越多。现在，不仅各种现货金融商品或金融工具均可作为期权合约的标的物，连各种金融期货合约、期权合约及互换协议等金融衍生产品也被普遍地作为金融期权合约的标的物。因此，根据标的物的不同性质，期权还可分为现货期权、期货期权、复合期权，以及互换期权等多种类型。其中，现货期权与期货期权是期权的主体。

所谓现货期权(physical options)，是指以各种现货金融商品或金融工具作为标的物的期权，如股票期权、股价指数期权、货币期权、债券期权等。而所谓期货期权(options on futures)，则是指以各种金融期货合约作为标的物的期权，如各种货币期货期权、利率期货期权及股价指数期货期权等。自 1987 年以来，期货期权越来越受到投资者的欢迎，交易也越来越普遍。例如，在芝加哥商品业交易所的国际货币市场分部，有数十种不同类型的货币期货合约，而所有这些货币期货合约都有相对应的期权合约。也就是说，所有货币期货合约都成为期权合约的标的物。

现货期权与期货期权在具体的交易规则、交易策略及定价原理等方面都有很大的不同。在以后有关章节中，我们将对这些不同做比较具体的分析和说明。

五、有担保期权与无担保期权

在出售看涨期权时，如果期权出售者实际拥有该期权合约所规定的标的物，并将它作为履约的保证而存放于经纪人处，则他所出售的看涨期权就被称为有担保的看涨期权(covered call)。反之，如果期权出售者并不拥有该期权合约所规定的标的物，则他所出售的看涨期权就被称为无担保的看涨期权(naked call)。

对于期权出售者而言，如果他出售的是有担保的看涨期权，则其潜在的损失是有限的，且是已知的。因为这种损失只限于他购进的标的资产价格与期权合约协定价格的差额。但如果他出售的是无担保的看涨期权，则其潜在的损失将是无限的。因为在期权购买者要求履约时，期权出售者必须以任何可能的市场价格购进标的资产，并以较低的协定价格出售给期权购买者。因此，为了确保履约，在出售无担保的看涨期权时，期权出售者必须向经纪人缴纳保证金，而在出售有担保的看涨期权时，期权出售者可免缴保证金。

第四节　期权交易制度

期权市场既包括场内市场，也包括场外市场。场内市场显然比场外市场有着高得多的效率。之所以如此，主要是因为场内市场有着一整套严格而又规范的交易制度。在本节中，我们将根据期权的特点，对其中一些比较重要的交易制度进行简要的说明。

一、期权合约的标准化

凡在场内交易的期权合约都是标准化的合约。在这些标准化的合约中，交易单位、最小变动价位、每日价格波动限制、协定价格、合约月份、交易时间、最后交易日、履约日等都由交易所做统一的规定。在这些规定中，有些是与金融期货中的规定相同的或相似的，而有些则是期权所特有的。在这里，我们分别简述交易单位、协定价格、最后交易日及履约日这几个条款。

（一）交易单位

与期货一样，期权的交易单位（或称"合约规模"）也是由各交易所分别加以规定的。因此，即使是标的物相同的期权合约，如在不同交易所上市，则其交易单位也不一定相同。一般地说，金融期货期权的交易单位是一张相关的金融期货合约。股票期权的交易单位通常是 100 股标的股票，股价指数期权的交易单位是标的指数与某一固定金额（如 100 美元）的乘积。而至于货币现货期权（或称"现汇期权"）的交易单位，各交易所的规定也不尽相同。有的交易所规定，现汇期权的交易单位与对应的货币期货的交易单位相同，而有的交易所则规定，现汇期权的交易单位是对应的货币期货交易单位的一半。

（二）协定价格

在合约的标准化条款中，协定价格是期权合约所特有的。如前所述，所谓"协定价格"，是指期权合约被执行时，交易双方实际买卖标的物的价格。一般地说，当交易所准备上市某期权合约时，将首先根据该合约之标的物的最近收盘价，依某一特定的形式确定一个中心协定价格，然后再根据既定的幅度设定该中心协定价格的上、下各若干个间距的协定价格。因此，在期权的合约规格中，交易所通常只规定协定价格的"间距"（intervals）。例如，某股价指数期货合约的市场价格为 450 点，而以该期货合约为标的物的期权合约规定，协定价格的间距为 5 点，则在中心协定价格为 450 点时，其他可能的协定价格（以点数表示）分别为 430、435、440、445、455、460、465、470 等。

（三）最后交易日与履约日

最后交易日，是指某种即将到期的期权合约在交易所交易的最后截止日。如果期权购买者在最后交易日再不做对冲交易，则他要么放弃行权，要么在规定时间内执行期权。履约日则是指期权合约所规定的、期权购买者可执行该期权的日期。由于期权有欧式期权与美式期权之分，故不同期权的履约日也不尽相同，而且履约日也未必在最后交易日之后。

在期权交易中，由于期权购买者既可执行期权，也可放弃期权，故最后交易日和履约日是两个必须明确的日期。就履约日而言，交易者首先必须明确自己所买进或卖出的期权究竟是欧式期权，还是美式期权。如为欧式期权，则履约日即是该期权的到期日；如为美式期权，则履约日是该期权有效期内的任一营业日。就最后交易日而言，不同期权也有不同的规定。

阅读材料

美国期权交易所的交易代码

表 7-1 芝加哥期权交易所的股票期权报价(资料来源:cboe.com)

Calls	Last Sale	Net	Bid	Ask	Vol	Open Int		Puts	Last Sale	Net	Bid	Ask	Vol	Open Int
MSFT1305D27.5-E	1.09	0.0	1.15	1.26	0	21	13 Apr 27.50	MSFT1305P27.5-E	0.02	0.0	0.0	0.01	0	352
MSFT1305D28-E	0.53	−0.02	0.67	0.75	30	1194	13 Apr 28.00	MSFT1305P28-E	0.01	−0.02	0.0	0.01	61	1773
MSFT1305D28.5-E	0.24	+0.13	0.16	0.21	1636	9911	13 Apr 28.50	MSFT1305P28.5-E	0.01	−0.11	0.0	0.01	724	6147
MSFT1305D29-E	0.01	−0.01	0.0	0.01	6	5157	13 Apr 29.00	MSFT1305P29-E	0.60	0.0	0.26	0.34	0	1472
MSFT1312D28-E	0.50	−0.07	0.72	0.76	16	120	13 Apr 28.00	MSFT1312P28-E	0.08	−0.05	0.03	0.06	148	1056
MSFT1312D28.5-E	0.30	+0.02	0.32	0.36	550	1842	13 Apr 28.50	MSFT1312P28.5-E	0.13	−0.16	0.13	0.16	1687	782
MSFT1320D27-E	1.82	+0.23	1.76	1.82	29	17048	13 Apr 27.00	MSFT1320P27-E	0.11	0.0	0.07	0.09	2	38202
MSFT1320D28-E	0.90	+0.16	0.91	0.96	142	48041	13 Apr 28.00	MSFT1320P28-E	0.24	−0.05	0.23	0.27	821	54064
MSFT1320D29-E	0.39	+0.11	0.35	0.38	209	109346	13 Apr 29.00	MSFT1320P29-E	0.66	−0.22	0.66	0.70	183	35519
MSFT1320D30-E	0.09	−0.01	0.10	0.13	108	80316	13 Apr 30.00	MSFT1320P30-E	1.36	−0.20	1.40	1.45	33	18067
MSFT1318E27-E	1.64	+0.02	1.82	1.91	323	4622	13 May 27.00	MSFT1318Q27-E	0.25	−0.05	0.22	0.24	57	9244
MSFT1318E28-E	1.10	+0.12	1.07	1.10	450	18063	13 May 28.00	MSFT1318Q28-E	0.57	−0.02	0.48	0.50	63	15884
MSFT1318E29-E	0.55	+0.10	0.50	0.54	635	35849	13 May 29.00	MSFT1318Q29-E	1.18	+0.01	0.97	1.00	2	6146
MSFT1318E30-E	0.24	+0.06	0.21	0.24	384	58193	13 May 30.00	MSFT1318Q30-E	1.97	+0.04	1.68	1.76	5	1824

表 7-1 展示的是微软公司(Microsoft Corporation,股票代码 MSFT)在 CBOE 的股票期权报价。从中我们可以看到,每一个期权合约都有着唯一的交易代码。以代码 MSFT1318E28-E 为例,这表示的是微软公司的股票期权,该期权是 2013 年 5 月 18 日到期,协定价格为 28 美元,在芝加哥期权交易所(CBOE)交易的看涨期权。代码的首四位字母与微软公司的股票代码一致,末尾的字母指出了上市该期权的交易所。对照表如下所示:

代码	交易所名称
A	AMEX,American Stock Exchange(美国证券交易所)
B	BOX,Boston Stock Exchange-Options(波士顿证券交易所期权部)
E	CBOE,Chicago Board Options Exchange(芝加哥期权交易所)
I	BATS,Better Alternative Trading System(更好的另类交易系统)
O	NASDAQ(纳斯达克)
P	NYSE Arca(纽交所集团群岛交易所)
X	PHLX,Philadelphia Stock Exchange(费城证券交易所)
8	ISE,International Securities Exchange(国际证券交易所)

代码中间位置的字母 E 指示出该期权的看涨/看跌属性(这里是看涨期权),以及期权的到期月份(这里是 5 月到期),对照表如下所示:

	1 月	2 月	3 月	4 月	5 月	6 月	7 月	8 月	9 月	10 月	11 月	12 月
看涨	A	B	C	D	E	F	G	H	I	J	K	L
看跌	M	N	O	P	Q	R	S	T	U	V	W	X

字母 E 后面的数值是该期权的协定价格,股票代码后的两位数字(13)代表期权到期时间中的年份(即 2013 年到期),随后的两位数字(18),结合代码中间的字母 E,指示了期权的到期日期(即 5 月 18 日到期)。

二、保证金制度

期权中的保证金制度与金融期货中的保证金制度有着相同的性质和功能。但是,在具体操作中,这两种保证金制度又是大不一样的。其中,最为显著的不同是在期权交易中,只有期权出售者才必须缴纳保证金,而期权购买者却无须缴纳保证金。之所以如此,是因为保证金的作用在于确保履约,而期权购买者却没有必须履约的义务。另外,即使是期权出售者,也并不是非以现金缴纳保证金不可。如果期权出售者所出售的乃是有担保的看涨期权,即在他出售某种看涨期权时,实际拥有该期权的标的物,并预先存放于经纪人处以作为履约的保证,则他也可免缴保证金。

三、对冲与履约

在场内期权交易中,如果交易者不想继续持有未到期的期权头寸。那么,在最后交易日或在最后交易日之前,他可随时通过反向交易来加以结清。这与期货交易中的对冲是完全一样的。而在期权的履约中，不同的期权有不同的履约方式。一般地说，除指数期权及欧洲美元期权以外的其他各种现货期权，在履约时，交易双方将以协定价格进行实物交割；各种指数期权及欧洲美元期权，则根据协定价格与市场价格之差实行现金结算；期货期权，则依协定价格将期权头寸转化为相应的期货头寸。

四、头寸限制

所谓“头寸限制”（position limit），是指交易所对每一账户所持有的期权头寸的最高限额。交易所之所以做这样的规定，主要是为了防止个别投资者承受过大的风险，或者对市场有过大的操纵能力。

不同的交易所有不同的头寸限制的规定，有的以合约的数量作为限制的标准，也有的则以合约的总值作为限制的标准。在金融期货期权中，有的将期权头寸与对应的期货头寸合并计算，而有的则将期权头寸与对应的期货头寸分开计算。另外，在对头寸限制所作的规定中，一般要分别对每一单方和整个账户的总头寸做出规定。在这里，所谓“单方”（side of the market），是指看涨期权的净买方（或净卖方），或者看跌期权的净买方（或净卖方）。

我国的期权交易行情

我国期权交易的行情，可以通过证券公司官网下载安装期权交易行情软件来查看。以国信证券为例，可以通过网址 http://www.guosen.com.cn/下载并安装期权交易行情软件。安装后打开的行情软件界面如图 7-1 所示。

图 7-1　国信证券期权交易行情软件初始界面

查看行情，首先点击上方中间位置的“独立行情”按钮，稍后弹出的期权行情如图 7-2 所示。

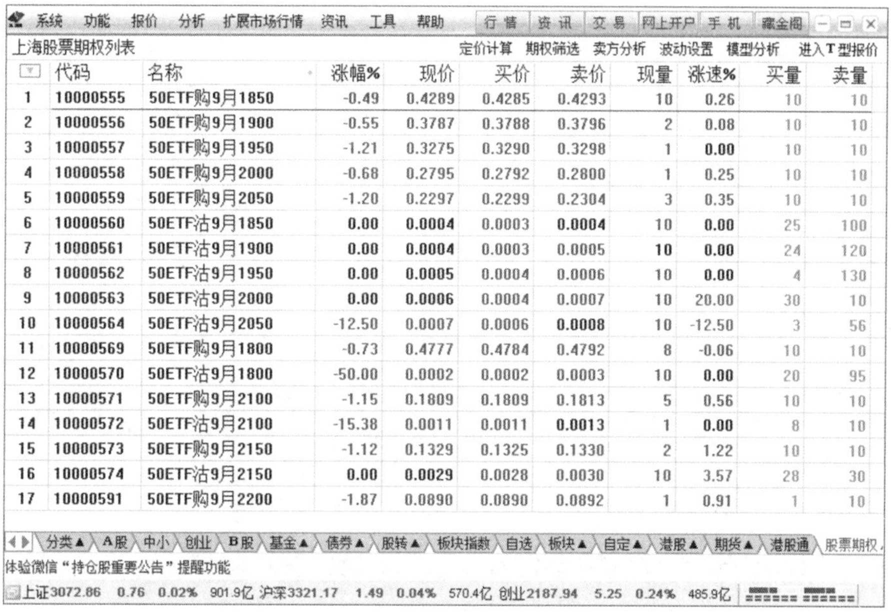

系统 功能 报价 分析 扩展市场行情 资讯 工具 帮助 行情 资讯 交易 网上开户 手机 藏金阁

上海股票期权列表 定价计算 期权筛选 卖方分析 波动设置 模型分析 进入T型报价

	代码	名称	涨幅%	现价	买价	卖价	现量	涨速%	买量	卖量
1	10000555	50ETF购9月1850	-0.49	0.4289	0.4285	0.4293	10	0.26	10	10
2	10000556	50ETF购9月1900	-0.55	0.3787	0.3788	0.3796	2	0.08	10	10
3	10000557	50ETF购9月1950	-1.21	0.3275	0.3290	0.3298	1	0.00	10	10
4	10000558	50ETF购9月2000	-0.68	0.2795	0.2792	0.2800	1	0.25	10	10
5	10000559	50ETF购9月2050	-1.20	0.2297	0.2299	0.2304	3	0.35	10	10
6	10000560	50ETF沽9月1850	0.00	0.0004	0.0003	0.0004	10	0.00	25	100
7	10000561	50ETF沽9月1900	0.00	0.0004	0.0003	0.0005	10	0.00	24	120
8	10000562	50ETF沽9月1950	0.00	0.0005	0.0004	0.0006	10	0.00	4	130
9	10000563	50ETF沽9月2000	0.00	0.0006	0.0004	0.0007	10	20.00	30	10
10	10000564	50ETF沽9月2050	-12.50	0.0007	0.0006	0.0008	10	-12.50	3	56
11	10000569	50ETF购9月1800	-0.73	0.4777	0.4784	0.4792	8	-0.06	10	10
12	10000570	50ETF沽9月1800	-50.00	0.0002	0.0002	0.0003	10	0.00	20	95
13	10000571	50ETF购9月2100	-1.15	0.1809	0.1809	0.1813	5	0.56	10	10
14	10000572	50ETF沽9月2100	-15.38	0.0011	0.0011	0.0013	1	0.00	8	10
15	10000573	50ETF购9月2150	-1.12	0.1329	0.1325	0.1330	2	1.22	10	10
16	10000574	50ETF沽9月2150	0.00	0.0029	0.0028	0.0030	10	3.57	28	30
17	10000591	50ETF购9月2200	-1.87	0.0890	0.0890	0.0892	1	0.91	1	10

分类▲ A股 中小 创业 B股 基金▲ 债券▲ 股转▲ 板块指数 自选 板块▲ 自定▲ 港股▲ 期货▲ 港股通 股票期权

体验微信“持仓股重要公告”提醒功能

上证3072.86 0.76 0.02% 901.9亿 沪深3321.17 1.49 0.04% 570.4亿 创业2187.94 5.25 0.24% 485.9亿

图 7-2 国信证券期权交易报价行情图

与股票交易行情不同，期权交易的行情报价有其独特之处。具体体现在图 7-2 右上方的若干选项。接下来点击“进入 T 型报价”按钮，我们可以看到图 7-3 所示的期权报价。

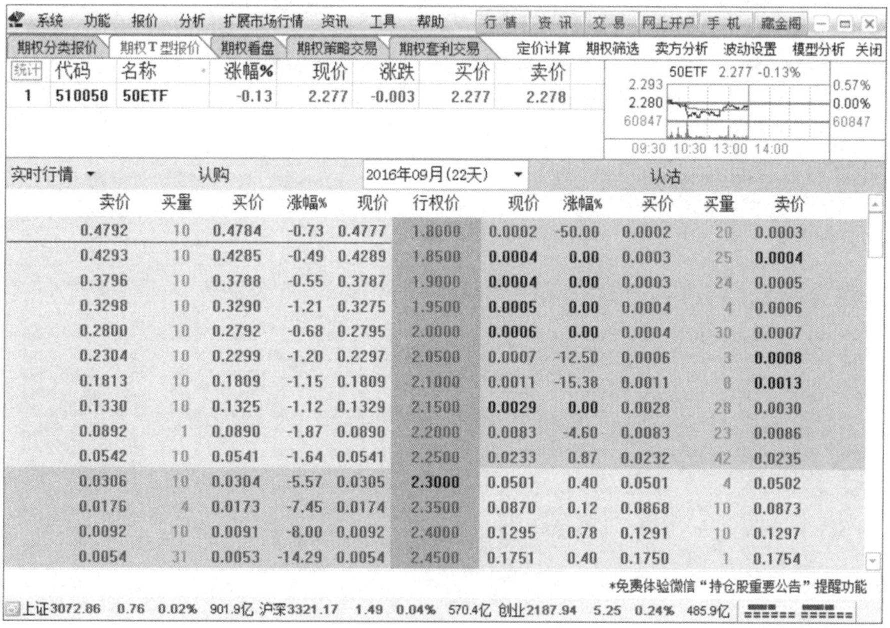

系统 功能 报价 分析 扩展市场行情 资讯 工具 帮助 行情 资讯 交易 网上开户 手机 藏金阁

期权分类报价 期权T型报价 期权看盘 期权策略交易 期权套利交易 定价计算 期权筛选 卖方分析 波动设置 模型分析 关闭

统计	代码	名称	涨幅%	现价	涨跌	买价	卖价
1	510050	50ETF	-0.13	2.277	-0.003	2.277	2.278

50ETF 2.277 -0.13%
2.293 0.57%
2.280 0.00%
60847 60847
09:30 10:30 13:00 14:00

实时行情 认购 2016年09月(22天) 认沽

卖价	买量	买价	涨幅%	现价	行权价	现价	涨幅%	买价	买量	卖价
0.4792	10	0.4784	-0.73	0.4777	1.8000	0.0002	-50.00	0.0002	20	0.0003
0.4293	10	0.4285	-0.49	0.4289	1.8500	0.0004	0.00	0.0003	25	0.0004
0.3796	10	0.3788	-0.55	0.3787	1.9000	0.0004	0.00	0.0003	24	0.0005
0.3298	10	0.3290	-1.21	0.3275	1.9500	0.0005	0.00	0.0004	4	0.0006
0.2800	10	0.2792	-0.68	0.2795	2.0000	0.0006	0.00	0.0004	30	0.0007
0.2304	10	0.2299	-1.20	0.2297	2.0500	0.0007	-12.50	0.0006	3	0.0008
0.1813	10	0.1809	-1.15	0.1809	2.1000	0.0011	-15.38	0.0011	8	0.0013
0.1330	10	0.1325	-1.12	0.1329	2.1500	0.0029	0.00	0.0028	28	0.0030
0.0892	1	0.0890	-1.87	0.0890	2.2000	0.0083	-4.60	0.0083	23	0.0086
0.0542	10	0.0541	-1.64	0.0541	2.2500	0.0233	0.87	0.0232	42	0.0235
0.0306	10	0.0304	-5.57	0.0305	2.3000	0.0501	0.40	0.0501	4	0.0502
0.0176	4	0.0173	-7.45	0.0174	2.3500	0.0870	0.12	0.0868	10	0.0873
0.0092	10	0.0091	-8.00	0.0092	2.4000	0.1295	0.78	0.1291	10	0.1297
0.0054	31	0.0053	-14.29	0.0054	2.4500	0.1751	0.40	0.1750	1	0.1754

*免费体验微信“持仓股重要公告”提醒功能

上证3072.86 0.76 0.02% 901.9亿 沪深3321.17 1.49 0.04% 570.4亿 创业2187.94 5.25 0.24% 485.9亿

图 7-3 国信证券期权交易 T 型报价行情图

在该图中，反映的是当前时刻正在交易的 2016 年 9 月到期的 50ETF 期权的报价，此时这些期权距离到期日还剩 22 天。以行权价为准，其左侧是认购期权（即看涨期权）的报价；右侧则是认沽期权（即看跌期权）的报价。这些期权的标的物是 50ETF，其当前的价格反映在行情图的左上方（即现价 2.277）。T 型报价当中，以行权价 2.2500 和 2.3000 为准（50ETF 现价 2.277 介于两者之间），报价表的背景颜色有所区别：认购期权（左侧区域）行权价从 1.8000—2.2500 的期权报价表的背景色为粉红色，表明这些期权合约属于实值期权；行权价从 2.3000—2.4500 的期权报价表的背景色为淡绿色，表明这些期权合约属于虚值期权。认沽期权（右侧区域）的颜色标注与左侧刚好相反。

在该界面下按键盘上的 TAB 键，可自由切换 T 型报价的价值分析、统计指标等其他信息，如图 7-4 和 7-5 所示。图 7-4 中的“内在价”、“时间价”；图 7-5 中的“Delta”、“Gamma”、“Vega”、“Rho”、“Theta”、“隐波”、“理论价”等内容，将在本书第十章详细介绍。

代码	名称	涨幅%	现价	涨跌	买价	卖价	总量	现量	涨速%
510050	50ETF	-0.13	2.277	-0.003	2.277	2.278	583053	6350	0.00

价值分析　认购　2016年09月(22天)　认沽

杠杆	时间价	波动溢价%	虚实度%	溢价%	内在价	涨幅%	现价	行权价	现价	涨幅%	内在价	溢价%	虚实度%	波动溢价%	时间价	杠杆
4.8	0.0007	-99.91	26.50	0.03	0.4770	-0.73	0.4777	1.8000	0.0002	-50.00	–	20.96	-26.50	202.07	0.0002	11385.0
5.3	0.0019	-99.91	23.08	0.08	0.4270	-0.49	0.4289	1.8500	0.0004	0.00	–	18.77	-23.08	191.87	0.0004	5692.5
6.0	0.0017	-99.91	19.84	0.07	0.3770	-0.55	0.3787	1.9000	0.0004	0.00	–	16.57	-19.84	158.54	0.0004	5692.5
7.0	0.0005	-99.91	16.77	0.02	0.3270	-1.21	0.3275	1.9500	0.0005	0.00	–	14.38	-16.77	132.14	0.0005	4554.0
8.1	0.0025	-99.91	13.85	0.11	0.2770	-0.68	0.2795	2.0000	0.0006	0.00	–	12.19	-13.85	103.95	0.0006	3795.0
9.9	0.0027	-99.91	11.07	0.12	0.2270	-1.20	0.2297	2.0500	0.0007	-12.50	–	10.00	-11.07	74.22	0.0007	3252.9
12.6	0.0039	-99.91	8.43	0.17	0.1770	-1.15	0.1809	2.1000	0.0011	-15.38	–	7.82	-8.43	50.82	0.0011	2070.0
17.1	0.0059	0.00	5.91	0.26	0.1270	-1.12	0.1329	2.1500	0.0029	0.00	–	5.70	-5.91	39.94	0.0029	785.2
25.6	0.0120	23.40	3.50	0.53	0.0770	-1.87	0.0890	2.2000	0.0083	-4.60	–	3.75	-3.50	34.71	0.0083	274.3
42.1	0.0271	34.03	1.20	1.19	0.0270	-1.64	0.0541	2.2500	0.0233	0.87	–	2.21	-1.20	41.48	0.0233	97.7
74.7	0.0305	44.14	-1.00	2.35	–	-5.57	0.0305	2.3000	0.0501	0.40	0.0230	1.19	1.00	53.22	0.0271	45.4
130.9	0.0174	58.71	-3.11	3.97	–	-7.45	0.0174	2.3500	0.0870	0.12	0.0730	0.61	3.11	69.85	0.0140	26.2
247.5	0.0092	67.70	-5.13	5.81	–	-8.00	0.0092	2.4000	0.1295	0.78	0.1230	0.29	5.13	87.16	0.0065	17.6
421.7	0.0054	81.93	-7.06	7.83	–	-14.29	0.0054	2.4500	0.1751	0.40	0.1730	0.09	7.06	104.64	0.0021	13.0

图 7-4　国信证券期权交易 T 型报价价值分析图

代码	名称	涨幅%	现价	涨跌	买价	卖价	总量	现量	涨速%
510050	50ETF	-0.13	2.277	-0.003	2.277	2.278	583053	6350	0.00

统计指标　认购　2016年09月(22天)　认沽

Delta	Gamma	Vega	Rho	Theta	隐波%	理论价	现价	行权价	现价	理论价	隐波%	Theta	Rho	Vega	Gamma	Delta
1.000	0.000	0.000	0.113	-0.072	0.01	0.4815	0.4777	1.8000	0.0002	0.0000	35.25	0.000	0.000	0.000	0.000	0.000
1.000	0.000	0.000	0.116	-0.074	0.01	0.4317	0.4289	1.8500	0.0004	0.0000	34.06	0.000	0.000	0.000	0.000	0.000
1.000	0.000	0.000	0.119	-0.076	0.01	0.3818	0.3787	1.9000	0.0004	0.0000	30.17	0.000	0.000	0.000	0.000	0.000
1.000	0.000	0.000	0.123	-0.078	0.01	0.3319	0.3275	1.9500	0.0005	0.0000	27.09	0.000	0.000	0.000	0.000	0.000
1.000	0.000	0.000	0.126	-0.080	0.01	0.2820	0.2795	2.0000	0.0006	0.0000	23.80	0.000	0.000	0.000	0.000	0.000
1.000	0.007	0.000	0.129	-0.082	0.01	0.2322	0.2297	2.0500	0.0007	0.0000	20.33	-0.000	0.000	0.000	0.007	0.000
0.998	0.099	0.004	0.132	-0.087	0.01	0.1823	0.1809	2.1000	0.0011	0.0000	17.60	-0.003	-0.000	0.004	0.099	-0.002
0.980	0.717	0.027	0.132	-0.109	11.67	0.1329	0.1329	2.1500	0.0029	0.0005	16.33	-0.023	-0.003	0.027	0.717	-0.020
0.899	2.653	0.101	0.124	-0.172	14.40	0.0858	0.0890	2.2000	0.0083	0.0032	15.72	-0.084	-0.015	0.101	2.653	-0.101
0.694	5.257	0.200	0.097	-0.247	15.64	0.0459	0.0541	2.2500	0.0233	0.0132	16.51	-0.157	-0.045	0.200	5.257	-0.306
0.404	5.808	0.221	0.057	-0.241	16.82	0.0190	0.0305	2.3000	0.0501	0.0362	17.88	-0.149	-0.088	0.221	5.808	-0.596
0.164	3.713	0.141	0.023	-0.146	18.52	0.0057	0.0174	2.3500	0.0870	0.0728	19.82	-0.052	-0.124	0.141	3.713	-0.836
0.045	1.421	0.054	0.006	-0.054	19.57	0.0012	0.0092	2.4000	0.1295	0.1182	21.84	0.041	-0.144	0.054	1.421	-0.955
0.008	0.336	0.013	0.001	-0.013	21.23	0.0002	0.0054	2.4500	0.1751	0.1670	23.88	0.085	-0.153	0.013	0.336	-0.992

图 7-5　国信证券期权交易 T 型报价统计指标图

第五节 期权的功能

一、期权交易的保值功能

我们知道,风险是由价格的不确定性变动所引起的。所谓价格的不确定性变动,是指在未来某一时间,价格既可能发生有利的变化,也可能发生不利的变化。如果价格发生有利的变化,人们将获得意外的收益,反之,将会遭受损失。因此,所谓风险较大,是指人们获得意外收益的可能性与遭受意外损失的可能性都较大。这种风险,我们称之为"对称性风险"。当标的物面临着风险时,可以在期权市场上支付一定的期权费购买一种期权进行套期保值。这实际上是将"对称性风险"转化为"不对称性风险"。也就是说,在利用期权进行套期保值时,若价格发生不利的变化,则套期保值者可以通过执行期权来避免损失;如价格发生有利的变化时,套期保值者又可以通过放弃期权来保护利益。因此,人们通过期权交易,既可避免价格的不利变动所造成的损失,又可在相当的程度上保住价格的有利变化所带来的收益。

因此对期权购买方而言,购买某种商品或合约的期权,实际上可以视作是对商品或合约价格波动的"保险"业务。

二、期权交易的投机功能

对于多头投机交易,期权投机的放大比率比期货还要大——亏损可能就是全部投入的期权费,而赢利则是无限的,经常能够得到超过100倍的回报。就资金的投机来说,现货交易放大的倍数是1,期货的放大倍数是10~20倍,而买入期权的放大倍数甚至能够超过100倍。

对于空头投机交易,交易客户只有在与其相关的标的物价格仅出现小幅度波动或略有下降的情况下才会卖出看涨期权;只有在与其相关标的物价格会保持平稳或略有上升的情况下才会卖出看跌期权。卖出看涨期权和看跌期权的目的都只有一个,就是赚取期权费。对于看涨期权的卖方来讲,他们最惧怕出现这样的情况:相关标的物价格上涨至足以使期权买方履约的水平,或者说相关标的物价格的上涨吞没掉所得到的期权费。对于看跌期权的卖方来讲,他们最惧怕出现这样的情况:相关标的物价格下降,降至足以使期权合约买方行使履约权利的水平,或者说相关标的物价格的下降足以吞没掉所得到的期权费。

三、期权的价格发现功能

同期货一样,期权也具有价格发现的功能。原因在于期权价格的形成具有以下特点:

1.期权交易的透明度高。期权市场遵从公开、公平、公正的三公原则,交易指令在高度组织化的期权交易所内撮合成交。交易所内自由报价,公开竞争,避免了一对一的交易中容易产生的欺诈和垄断。

2.期权交易的市场流动性强。期权交易的参与者众多,这些套期保值者和投机者通过经纪人聚在一起竞争,市场流动性大大增强,从而有助于价格的形成。

3.期权交易的信息质量高。期权交易价格的形成过程是搜集信息、输入信息、产生价格的连续过程,信息的质量决定了价格的真实性。由于期权交易的参与者都熟悉某种商品的行情,有丰富的经营知识和广泛的信息渠道及一套科学的分析、预测方法,他们把各自的经验、方法和信息带到市场上来,这样形成的价格反映了大多数人的预测,具有权威性,能够比较真实地代表供求变动趋势。

4.期权价格的公开性。期权交易所的价格报告制度规定,在交易所中达成的每一笔新交易的价格,都要向会员及其场内经纪人及时报告并公布于众。通过发达的传播媒介,交易者能够及时地了解市场的交易情况和价格变化,及时地对价格的走势做出判断,并进一步调整自己的交易行为。这种价格预期的不断调整,最后反映到期权价格中来,进一步提高期权价格的真实性。

5.期权价格的预期性和连续性。一方面,期权合约包含的远期成本和远期因素必然通过期权价格反映出来,即反映出众多的买方和卖方对于未来价格的预期。另一方面,期权价格是不断地反映供求关系及其变化趋势的一种价格信号,期权合约的转手买卖相当频繁,这样连续形成的价格能够连续不断地反映市场的供求情况及变化。

第六节　期权和期货、远期的比较

金融期权和金融期货、远期都是衍生性的金融工具,它们之向既有密切的联系,又有显著的区别,正确地认识三者的联系和区别,有助于我们更好地理解金融期权和金融期货、远期的不同特性,也有助于我们根据实际情况做出正确的选择和搭配。

一、期权和期货的比较

(一)期权和期货的联系

作为金融衍生工具的两个重要的品种,期权交易与期货交易存在许多的相似之处。

1.它们都是在有组织的场所——期货交易所和期权交易所内进行。由交易所制定有关的交易规则、合约内容,由交易所对交易时间、过程进行规范化管理。

2.场内交易都是采用标准化合约的形式。由交易所统一制定交易规模、最小交易变动价位、涨跌停板、合约规格、合约月份等标准。期权合约的月份与交易规模大都参照相应的期货,以方便交易。

3.都由同一的清算机构负责清算。清算机构对交易起担保的作用,清算所都是会员制,清算体系采用分级清算的方式,即清算所只负责对会员名下的交易进行清算,而由会员负责对其客户进行清算。

4.都具有杠杆作用。交易时只需要交纳相当于合约总额很小比例的资金(保证金和期权费),能使投资者以小博大,因而成为投机和风险管理的有效工具。下面举例对期权的杠杆效应做进一步说明。

例 7-1:假设 A 公司的股票当前为每股 10 元,而我们有6 000元可用于投资。我们有较充足的理由相信 A 公司的股票被低估了,在 3 个月后它将涨到每股 15 元。如果我们通过购买股票的方式进行投资,我们可以买进 600 股。3 个月后,A 公司的股票如我们所愿地涨到了每股 15 元,则我们售出股票可以得到9 000元,忽略手续费,收益3 000元,收益率为 50%。

如果我们使用期权进行投资会有怎样的收益呢?我们知道,买进看涨期权一般是不需要交纳所谓保证金的,而只要求足额支付期权费。假设 A 公司股票看涨期权的期权费为每股 2 元,执行价格为 10 元,每手期权对应 100 股标的股票,那么我们手中用于投资的6 000元就可以购买 30 手股票期权。3 个月后,当股票涨到了每股 15 元时,我们可以 10 元的价格买入 A 公司股票并以 15 元的市价卖出,在忽略手续费的情况下,该项交易的收益为15 000元,收益率达到了 250%。与通过直接购买股票进行投资相比,买进看涨期权有更大的收益可能。当然,如果 3 个月后 A 公司股票未能如我们所愿地升值,甚至市值低于每股 10 元的话,我们手中6 000元的投资款将会损失惨重。

(二)期权与期货的区别

1.权利和义务。期货合约的双方都被赋予相应的权利和义务:除非用相反的合约抵消,这种权利和义务在到期日必须行使,也只能在到期日行使,期货的空方甚至还拥有在交割月选择在哪一天交割的权利。而期权合约只赋予买方权利,卖方则无任何权利,他只有在对方履约时进行对应买卖标的物的义务。特别是美式期权的买方可在约定期限内的任何时间执行权利,也可以不行使这种权利,期权的卖方则须准备随时履行相应的义务。

2.标准化。期货合约都是标准化的,因为它都是在交易所中交易的,而期权合约则不一定。在美国,场外交易的现货期权是非标准化的,但在交易所交易的现货期权和所有的期货期权则是标准化的。

3.盈亏风险。期货交易双方所承担的盈亏风险都是无限的。而期权交易卖方的亏损风险可能是无限的(看涨期权),也可能是有限的(看跌期权),赢利风险是有限的(以期权费为限);期权交易买方的亏损风险是有限的(以期权费为限),赢利风险可能是无限的(看涨期权),也可能是有限的(看跌期权)。

4.保证金。期货交易的买卖双方都须交纳保证金。期权的买者则无须交纳保证金,因为他的亏损不会超过他已支付的期权费,而在交易所交易的期权卖者则要交纳保证金,这跟期货交易一样。场外交易的期权卖者是否需要交纳保证金则取决于当事人的意见。

5.买卖匹配。期货合约的买方到期必须买入标的资产,而期权合约的买方在到期日或到期前则有买入(看涨期权)或卖出(看跌期权)标的资产的权利。期货合约的卖方到期必须卖出标的资产,而期权合约的卖方在到期日或到期前则有根据买方意愿相应卖出(看涨期权)或买入(看跌期权)标的资产的义务

6.套期保值。运用期货进行的套期保值,在把不利风险转移出去的同时,也把有利风险转移出去。而运用期权进行套期保值时,只把不利风险转移出去而把有利风险留给自己。

二、期权与远期的比较

要深入了解期权交易这一复杂、独特的交易方式,除了分析期权与期货的关系之外,还必须分析期权与远期的细微差别。

(一)期权和远期交易的标的物不同

期权交易的标的物是一种合约选择权的买卖,它代表一种期货合约选择买卖权利的

形成和转移，远期合同交易的标的物则是代表了一定数量的具体商品（如外汇、证券、黄金、商品等）的具体交割。

（二）期权与远期交易的履约责任在交易双方中的分担有差距

在交易所内进行交易的期权，期权购买者通过付出一笔期权费，并与出售方签订了期权交易合约后，购买方相应的就得到了一种可以随时根据市场行情或其他条件的变化自由决定履行或不履行期货合约或商品实物出售的权利，而不必承担义务；与之相反的是，在远期交易中，一旦签订合同，即使是市场价格发生了巨大的变化，参与交易的任何一方都不得在合同的有效期内按他自己的意愿，对事先已经签订的合同进行修改、放弃或立即执行，而必须在到期日的时候享有和履行买卖双方各自应承担的权利和义务。远期交易的最后双方必须提供商品实物交割。

（三）期权合约的具体条款与远期合约有极为明显的区别

在交易所内进行的期货、期权交易均以交易所制定的标准化、规范化的期货、期权合约为基础，这些标准化的合约一般对商品的品质、规格、数量、交货时间、交易最小涨跌幅、交割方式和交割地点等都做了具体、统一的规定，期权交易双方只需就价格和合约数量进行商谈确认即可。但是在远期交易中，合约是交易双方为固定购销关系、减少价格风险而由双方签订的，且合约非标准化、非规范化，转让困难。

（四）期权交易与远期交易的风险责任和利益收益极为不同

在期权交易中，期权购买方只承担有限的风险，他所承担的风险仅限于缴纳给期权出售方的期权费，一旦损失超过期权费时，购买方即放弃他所拥有的期权，而在期权交易的出售方也只有比较有限的利润收益。因为无论价格走势是多么的不利，期权购买方至多丧失他所支付的期权费；而卖方则完全相反，不论价格走势对期权出售方是否有利，他从期权购买方得到的期权费是他所能获得的最大的收益，这笔期权费也就是他因承担的风险所得到的报酬或风险补偿。

与此情况截然不同的是，在远期交易中，买卖双方的风险和收益是相当大的。理论上的合理演绎是：在价格走势出现剧烈的波动时，买卖双方的风险和收益都是不可估量和加以限制的。

本章摘要

1. 期权是指赋予其购买者在规定期限内按双方约定的价格购买或出售一定数量某种商品权利的合约。

2. 期权分为看涨期权和看跌期权两大类，这两类中又有美式期权和欧式期权之分。

3. 期权买卖双方的权利和义务是不对等的。期权买方只有权利没有义务，卖方只有义务没有权利。因此，买方要向卖方支付期权费。期权买方不需要缴纳保证金，卖方则可能缴纳保证金，其做法与期货类似。

4. 期权交易的合约要素包括期权的买方、卖方、期权费、协定价格、通知日、到期日等。

5. 期权市场的交易制度有合约标准化制度、保证金制度、对冲与履约制度、头寸限制制度和清算制度等。

练习与思考

一、名词解释

看涨期权、看跌期权、美式期权、欧式期权、现货期权、期货期权、场内期权、场外期权

二、单选题

1.期权实际上就是一种权利的有偿使用,下列关于期权的多头方和空头方权利与义务的表述,正确的是(　　)

A.期权多头方和空头方都是既有权利,又有义务。

B.期权多头方只有权利没有义务,期权空头方既有权利又有义务。

C.期权多头方只有权利没有义务,期权空头方只有义务没有权利。

D.期权多头方既有权利又有义务,期权空头方只有义务没有权利。

2.在进行期权交易的时候,需要支付保证金的是(　　)。

A.期权多头方　　B.期权空头方

C.期权多头方和期权空头方　　D.都不用支付

3.期权多头方支付一定费用给期权空头方,作为拥有这份权利的报酬,则这笔费用称为(　　)。

A.交易佣金　　B.协定价格　　C.期权费　　D.保证金

4.某投资者买入一份美式期权,则他可以在(　　)行使自己的权利。

A.到期日　　B.到期日前任何一个交易日

C.到期日后某一交易日　　D.A 和 B

5.看涨期权是指买方在约定期限内按(　　)价格(　　)一定数量金融工具的权利。

A.协定,买入　　B.市场,买入

C.市场,卖出　　D.协定,卖出

6.下列关于交易所期权与柜台式期权区别的叙述不正确的是(　　)。

A.交易所交易期权是在交易所大厅中公开喊价,柜台式期权则是由交易的两个主体以电话等方式自行联系

B.交易所交易期权的执行价格是由管理机构预先规定的,柜台式期权的执行价格是由买卖双方自行决定的。

C.交易所交易期权的买者和卖者之间有清算所进行联系,柜台式期权合约没有担保,它的执行与否完全看出售者是否履约。

D.从期权费的支付来看,交易所交易期权的期权费在成交后的两个营业日中支付,柜台式期权的期权费则在成交后的第二个营业日支付。

7.在交易所期权的交易过程中,下列关于期权清算所功能的叙述不正确的是(　　)。

A.作为期权买方和卖方的共同保证人　　B.设定最低资本保证金

C.代替投资者进行询价　　D.监督交易双方履约

8.* 现代场内期权交易始于(　　)。

A. 17 世纪阿姆斯特丹的郁金香交易

B. 18 世纪纽约市场的个股期权交易

C. 1973 年芝加哥市场的个股期权交易

D. 1983 年芝加哥市场的股指期权交易

9. * 下列关于欧式期权和美式期权的说法，正确的是（　　）。

A.取决于期权的交易市场是欧洲市场还是美国市场

B.取决于期权的发行市场是欧洲市场还是美洲市场

C.取决于期权合约对买卖标的资产的时限规定

D.取决于期权合约对买卖标的资产的地域规定

三、简答题

1.期权购买者和期权出售者在权利和义务方面有何不同？为什么？

2.期权的协定价格与期权费有何联系和区别？

3.在期权交易中，为什么期权购买者无需缴纳保证金？

参考文献

1.陈工孟.金融工程[M].清华大学出版社，2003.

2.施兵超.金融衍生产品[M].复旦大学出版社，2008.

3.张元萍，郗文泽.金融衍生工具[M].首都经济贸易大学出版社，2015.

4.宋浩平.期货及期权投资实务[M].首都经济贸易大学出版社，2014.

微信公众号推荐

上交所期权之家
微信号：OptionDaily

国信证券衍生品中心
微信号：Guosen_Derivatives

中金所发布
微信号：CFFEXFABU

上交所发布
微信号：chinasse

第8章 期权的主要产品

学习目的

通过本章的学习，了解期权主要产品的分类，掌握这些股票期权、股指期权的基本交易制度；掌握场外利率期权主要品种的基本概念；理解期货期权的行权特点；掌握奇异期权主要品种的基本概念；了解期权类衍生工具的分类、概念和特点。

案例导读

上海证券交易所在2015年2月8日发布公告，经中国证监会批准，上交所决定于2月9日上市交易上证50ETF期权合约品种（“上证50ETF期权”），A股市场正式迈入期权时代。上证50ETF期权的合约标的为“上证50交易型开放式指数证券投资基金”。自2015年2月9日起，上交所将按照不同合约类型、到期月份及行权价格，挂牌相应的上证50ETF期权合约。

作为我国首个场内期权产品，该产品的推出标志着我国资本市场期权时代的来临，也肇始了一个即将来临的多元化投资与风险管理新时代，更有助于吸引长期资金入市，引导价值投资理念。此外，从引导理性投资角度看，期权的保险功能和多样化的交易策略便利了投资者构建更为理性的资产组合。

与期货相比，期权产品的种类要多得多。这是因为，所有作为期货之标的物的商品几乎均可作为期权的标的物。而除了这些可作为期货标的物的商品之外，各种金融衍生产品，如期货合约、互换协议及期权合约等也都可作为期权的标的物。其中，以各种期货合约作为标的物的期权品种期货期权早已成为一个很普遍的期权类别。另外，有些利率协议，如利率上限协议、利率下限协议及利率区间协议等也都具有期权的某些基本特征。本章我们将主要介绍股票期权、股价指数期权、货币期权、利率期权、期货期权、奇异期权等期权的品种。

第一节 股票期权与股价指数期权

与其他各种金融衍生产品一样，金融期权也主要是为了迎合人们规避各种金融风险的需要而产生和发展起来的。股票市场是金融风险最集中的市场。因此,这一市场的投资者对金融衍生产品的需求最为强烈。由于金融期权在金融风险管理中有着独特的优势,因而更受到投资者的欢迎。在股票市场上,可用于规避金融风险的金融期权主要有两类:一类是股票期权,另一类是股价指数期权。前一类期权系以股票市场的某种具体股票作为标的物,这类期权可用来管理标的股票本身的风险,即非系统性风险;而后一类期权则是以某一股票市场的价格指数作为标的物,这类期权可用来管理整个股票市场的风险,即系统性风险。

一、股票期权

在期权产品中,股票期权是最早出现的一个品种。早在 19 世纪末,美国就已存在场外交易的股票期权。目前,在各种有关期权的著述中,人们通常以股票期权作为分析的出发点。这是因为,股票期权不仅产生得最早,而且它也最能反映期权的基本性质。

所谓"股票期权"(stock options),是指以现货市场的某种具体的股票作为标的物的期权。利用这种期权,投资者既可规避个别股票的风险,又可增加投资这些股票的收益。

例 8-1:在某年 3 月,某投资者预期在两个月后可取得一笔资金,总额为500 000元,他对 A 公司股票看好。所以,他计划在收到该笔资金后即全部投资于 A 公司股票。假定当时 A 公司股票的市场价格为每股 25 元,则该投资者预期收到的500 000元资金可购买 A 公司股票20 000股。但是,他担心 A 公司股票在未来的两个月内将有较大幅度的上涨,从而使他失去由股价上涨而产生的收益。为此,他决定以 A 公司股票的看涨期权进行套期保值。其具体的操作是购买以 A 公司股票为标的物的看涨期权 200 手(按照惯例,每手股票期权可买进标的股票 100 股)。这种期权的协定价格为每股 25 元,期权费为每股 1 元,所以 200 手期权的期权费总额为20 000元,期限为两个月,期权样式为欧式。

两个月后,A 公司股票的市场价格可能有如下三种不同的情况:

(1)市场价格不变,即仍然为每股 25 元。在这种情况下,投资者一般放弃行权。因为在市场价格不变时,他执行期权与直接到市场上购买股票是一样的。于是,他就损失支付的期权费20 000元。

(2)市场价格下跌,如跌至每股 20 元。在这种情况下,投资者必然放弃期权。这样,他在期权市场上也损失20 000元的期权费,但他在现货市场上却可获得股价下跌所带来的好处。例如,在本例中,该投资者可在现货市场上以每股 20 元的价格买入股票。在同样买入20 000股 A 公司股票的情况下,他只需支付400 000元,比他在两个月前预计的要少付100 000元。这就说明,与期货的套期保值不同,人们利用股票期权进行套期保值,可在市场价格发生不利变动(如本例中的股价上升)时避免损失,而在市场价格发生有利变动(如本例中的股价下跌)时,又可在一定程度上保住意外收益。

(3)市场价格果真大幅上涨,如涨至每股 35 元。在这种情况下,该投资者将执行其持有的期权,以每股 25 元的协定价格向期权出售者买进20 000股 A 公司股票,然后又以每股 35 元的市场价格将这批股票出售,扣除20 000元的期权费,并忽略交易成本和税收等因素,他将获利180 000元,其计算公式为

$$(35-25)\times 20\,000-20\,000=180\,000$$

值得指出的是，如果该投资者在两个月后未能如期收到该笔资金，而A公司股票价格已经上涨，他所持有的期权又将到期，则他可直接出售其持有的期权。因为在股票价格上涨后，看涨期权的价格也将上涨。于是，他通过出售期权也同样可获利。例如，当A公司股票的市场价格由每股25元涨至每股35元时，以A公司股票为标的物的看涨期权的期权费则由每股1元涨至每股8元，该投资者卖出200个期权，即可获利140 000元[即(8－1)×20 000]。由此可见，从绝对数来看，该投资者出售期权的收益少于执行期权的收益，但如从收益率来看，则直接出售期权的收益率将远高于执行期权的收益率。

股票期权虽然早在19世纪即已在美国产生。但是，在1973年前，这种交易都分散在各店头市场进行，交易的品种十分单一，交易的规模也相当有限。尤其值得指出的是，在1973年之前所交易的股票期权只有看涨期权，而没有看跌期权。因此，直到1968年，在美国成交的股票期权合约所代表的股票的数量，还只是纽约证券交易所成交股票数量的1%。可见，在没有集中性的市场作为期权交易的专门场所的条件下，股票期权交易的效率相当低下。

有鉴于此，为了迎合人们对股票期权交易的日益增强的需求，1973年4月26日，全世界第一个集中性的期权市场——芝加哥期权交易所(Chicago Board Options Exchange，CBOE)正式成立。从此开始了集中性的场内期权交易，股票期权交易得到迅速发展，其他各种金融期权品种也被陆续推出。

目前，在美国共有500多种股票的期权交易。交易股票期权的市场主要有芝加哥期权交易所(CBOE)、费城证券交易所(PHLX)、美国证券交易所(AMEX)及太平洋证券交易所(PXS)等。而在中国，香港交易所也已于1995年9月开始股票期权交易。目前，该交易所已有30余种本地股票被作为期权合约的标的物，以开展期权交易。在中国的台湾地区，台湾期货交易所(TAIFEX)也于2003年1月20日推出股票期权的交易。截至2015年3月，该交易所已有40种以金融和电子板块为主的本地股票作为期权合约的标的物。

目前我国上市的股票期权品种有三个，分别是上海证券交易所上市的上证50ETF期权、沪深300ETF期权，以及深圳证券所上市的沪深300ETF期权。其中50ETF期权是国内上市的第一个股票期权品种(2015年2月9日上市)；其余的两个沪深300ETF期权均于2019年12月23日上市。上海证券交易所上市的沪深300ETF期权标的物是华泰柏瑞沪深300ETF(代码：510300)；深圳证券交易所上市的沪深300ETF期权标的物是嘉实沪深300ETF(代码：159919)。

二、股价指数期权

股价指数期权不同于股票期权。股票期权的标的物是某种股票本身，而股价指数期权的标的物则是某一股票市场的价格指数。所以，股票期权通常用于管理某一股票本身的风险(即非系统性风险)，而股价指数期权则通常用于管理整个股票市场的系统性风险。

所谓股价指数期权(简称“股指期权”)，是指以某一股票市场的价格指数或某种股价指数期货合约作为标的物的期权交易形式。可见，股价指数期权也可分为现货期权与期货期权。股价指数现货期权是以某种股价指数本身作为标的物的期权。在履约时，它根据当时的市场价格和协定价格之差实行现金结算。而股价指数期货期权是以某种股价指数期货合约作为标的物的期权。在履约时,交易双方将根据协定价格把期权头寸转化为相应的期货头寸,并在期货合约到期前根据当时的市场价格实行逐日结算,而于期货合约到期时再根据最后结算价格实行现金结算,以最后了结交易。

目前,股指期权几乎在世界各个金融衍生品市场都有交易。尽管各个市场交易的品种各不相同,具体的交易规则也许各有特色,但是,股指期权的大多数基本原理还是一致的。

以芝加哥期权交易所(CBOE)为例,目前上市的股指期权合约品种有 S&P 500 指数期权、S&P 100 指数期权、道琼斯指数期权、富时和罗素(FTSE and Russell)指数期权、纳斯达克指数期权、摩根士丹利资本国际(Morgan Stanley Capital International,MSCI)指数期权等。其中最有名的当属 S&P 100 指数期权,分为欧式期权(XEO)和美式期权(OEX)两类。还有一种被称为 LEAPS(Long-term Equity Anticipation Securities)的特殊期权,这是一种长期期权,其期限可长达 3 年。所以,相对于传统的股指期权而言,对于那些从事长期投资的投资者来说,LEAPS 显然是更适合的。

从全球来看,2018 年股价指数期权的交易规模已经达到 45.12 亿手,占权益类产品成交量的 28%。其中:印度国家证券交易所(NSE)、韩国交易所(KRX)和芝加哥期权交易所(CBOE)分别位列成交量排名的前三位。近年来,股指期权在亚洲市场发展较快,其中:NSE 交易的主要品种有 BankNifty 和 Nifty50 股指期权两大品种,2018 年的交易规模分别为 15.9 亿手和 6.2 亿手;KRX 交易的品种当中最活跃的当属 KOSPI200 股指期权,占交易所总交易量的 85%;而在日本市场上,交易最活跃的是日本交易所集团(JPX)的日经 225 股指期权。

在我国,伴随着金融开放的稳步推进,中国金融期货交易所于 2019 年 12 月 23 日迎来了新成员——沪深 300 股指期权,这标志着我国金融衍生品市场的发展又向前迈出了一大步。

表 8-1 沪深 300 股指期权主要合约条款

要素	标准
合约标的	沪深 300 指数
合约类型	看涨期权、看跌期权
合约乘数	100 元/点
报价单位	指数点
最小变动价位	0.2 点
每日价格波动限制	上一交易日沪深 300 指数收盘价的±10%
行权方式	欧式
合约月份	当月,下两个月及随后的三个季月
最后交易日	合约到期月份的第三个周五,遇国家节假日顺延
交割方式	现金交割
交易代码	看涨期权:IO 合约月份—C—行权价格 看跌期权:IO 合约月份—P—行权价格

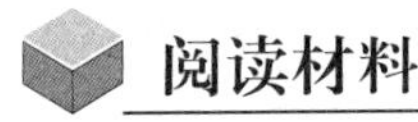

阅读材料

我国的第一只期权产品——50ETF期权简介

2015年2月9日，上证50ETF期权合约品种在上海证券交易所正式上市交易。这意味着中国A股市场正式迈入期权时代。

(一)主要合约条款

表8-2 50ETF期权主要合约条款

要素	标准
合约标的	50ETF
合约类型	认购期权和认沽期权
合约单位	ETF期权:10 000份
行权价格	1个平值、2个实值、2个虚值
合约到期月份	当月、下月、最近两个季月(下季月、隔季月)
合约到期日	每个合约到期月份的第四个星期三(遇法定节假日顺延)
履约/行权方式	欧式
合约交割方式	实物交割
交易结算收费	ETF期权交易费每张2元,结算费每张0.3元

(二)交易机制

ETF期权交易的账户体系独立与现货证券账户体系。投资者需要向期权经营机构申请开立衍生品合约账户，衍生品合约账户由中国结算上海分公司配发编号，与投资者现有的A股证券账户一一对应。期权经营机构必须为客户开立独立的衍生品保证金账户，并在结算银行开立独立的客户衍生品结算资金汇总账户。客户的衍生品资金账户和客户衍生品结算资金汇总账户均独立于现货资金账户。

ETF期权采用的是混合交易模式，竞价交易为主、做市商为辅。9:15—9:25和14:57—15:00是集合竞价时段，9:30—11:30和13:00—14:57是连续竞价时段。集合竞价时段不接受市价订单，其中9:15—9:20投资者提交订单后可撤单，9:20—9:25和14:59—15:00不接受撤单指令。连续竞价时段按照价格优先、时间优先的原则撮合成交，以涨跌停板价格申报的指令，按照平仓优先、时间优先的原则撮合成交。

(三)合约编码、代码、简称

合约编码是用于识别和记录期权合约，唯一且不重复使用的数字编码，为8位数字。ETF期权合约从10 000 001起按顺序对新挂牌合约进行编排。

合约交易代码指包含期权合约类型、标的资产、行权价格、到期日等合约要素，用于识别合约的代码。以代码“510050C1309M01500”为例，其中“510050”是标的物的代码(即50ETF的交易代码)；“C”表明该期权是认购期权(即看涨期权)，认沽期权则标明“P”；

“1309”表明期权的到期年月(即,2013 年 9 月到期);“M”表示月份合约,当合约首次调整后“M”修改为“A”,如该合约碰到第二次调整,则修改为“B”,依此类推;“01500”是标的物的行权价格(即期权的行权价为1 500元,对应标的物 50ETF 的协定价格为 1.5 元)。

合约简称是指与合约交易代码相对应的,对期权合约要素的直观说明。以“50ETF 购 9 月1 500”为例,它表示 9 月到期的行权价为1 500元的 50ETF 认购期权。与前面介绍的交易代码类似,当合约发生调整时,该简称的末尾会出现为“A”、“B”等字母,以表示调整的次数。

(四)买卖类型

表 8-3 50ETF 期权买卖类型的含义说明

类　型	说　明
买入开仓	成为权利方(买方)
卖出平仓	卖出已持有的权利仓头寸
卖出开仓	成为义务方(卖方,需缴纳保证金)
买入平仓	了结已持有的义务仓头寸
备兑开仓(策略指令)	需要 100%现券担保
备兑平仓(策略指令)	

(五)投资者准入

上交所对不同级别的投资者,设置不同交易权限和规模,对参与者采取分级管理制度,并将投资者分为三个级别:一级投资者可以在持有 ETF 时进行备兑开仓(卖出认购期权)或保险策略(买入认沽期权)交易;二级投资者在一级权限基础上增加买入期权权限,可成为期权的权利持有方;三级投资者在二级权限基础上增加卖出开仓(保证金开仓)权限,可成为期权的义务方。

第二节　货币期权

货币期权分为两种:一种是以某种货币本身为标的物的期权,这种期权可称为货币现货期权;另一种是以某种货币的期货合约作为标的物的期权,这种期权可称为货币期货期权。目前,在美国,货币现货期权主要在费城证券交易所(Philadelphia Stock Exchange, PHLX)及芝加哥期权交易所(CBOE)上市,而货币期货期权则主要在芝加哥商品业交易所(CME)的分部——国际货币市场(IMM)上市。

一、货币现货期权

货币现货期权在履约时,期权购买者将以协定价格向期权出售者买进或卖出一定数量的某种货币。如果作为标的物的货币对市场所在国而言是外汇或外币,则这种期权可称为外汇现货期权(通常被简称为“现汇期权”)。

以美国费城证券交易所(以下简写成 PHLX)为例,其上市交易的外汇现货期权汇率均以美元表示,如 1 欧元等于多少美元。期权清算所是交易的所有买卖双方的交易对手,并且交易受到美国证券交易委员会(Securities and Exchange Commission,SEC)的监管。

表 8-4 美国费城证券交易所外汇期权合约规格

币种	合约规模	报价升水数	最小变动价位	最小变动值	行权价间距
澳元	AUD 10 000	100 美元/单位	0.01 单位	$1.00	0.5 美分
英镑	GBP 10 000	100 美元/单位	0.01 单位	$1.00	0.5 美分
加元	CAD 10 000	100 美元/单位	0.01 单位	$1.00	0.5 美分
欧元	EUR 10 000	100 美元/单位	0.01 单位	$1.00	0.5 美分
日元	JPY 1 000 000	100 美元/单位	0.01 单位	$1.00	0.005 美分
瑞士法郎	CHF 10 000	100 美元/单位	0.01 单位	$1.00	0.5 美分
新西兰元	NZD 10 000	100 美元/单位	0.01 单位	$1.00	0.5 美分

(一)报价惯例

PHLX 的外汇期权价格采用美元标价,并且经过标准化以后,一个单位等于 100 美元。比如:欧元期权报价 2.13,表示期权价格为 213 美元(2.13×100=213);日元期权报价 2.70,表示该期权价格为 270 美元(2.70×100=270)。

(二)到期时间

PHLX 的外汇期权到期时间是在到期月份的第三个星期五,外汇期权合约的月份有两个近月合约和四个季月合约(即 3、6、9、12 月),总共 6 种不同到期时间的合约。标准化外汇期权合约的到期时间是到期日美国东部时间下午 11:59。

(三)外汇期权的行权

价内期权在到期日将会自动行权,并采用美元计值进行现金结算。

(四)头寸限制

为了控制单一机构或主体的风险,PHLX 对持有合约的数量进行了限制。目前,对澳元、英镑、加元、日元、新西兰元和瑞士法郎外汇期权,设置的头寸上限是 60 万份合约,针对的是同向市场(多头看涨和空头看跌,或者多头看跌和空头看涨);对欧元外汇期权,头寸限制为 120 万份合约。

二、货币期货期权

货币期货期权是以某种货币期货合约作为标的物的期权。这种期权实际上是一种复合型衍生产品。在履约时,期权购买者将以协定价格向期权出售者买进或卖出一定数量的某种货币期货合约。目前,芝加哥商品业交易所(CME)的国际货币市场分部(IMM)是最大的货币期货期权市场。在该交易所上市的货币期货合约有数十种,所有的货币期货合约都被作为期权合约的标的物,以实行期权交易。

表 8-5　芝加哥商品业交易所外汇期货期权合约规格

币种	合约规模	期货最小变动价位	期货最小变动值	行权价间距	最大价格波动
澳元	AUD 100 000	0.0001	$10.00	$0.0050	0.0060
巴西雷亚尔	BRL 100 000	0.00005	$5.00	$0.0050	0.0030
英镑	GBP 62 500	0.0001	$6.25	$0.010	0.0060
加元	CAD 100 000	0.0001	$10.00	$0.0050	0.0060
人民币	CNY 1 000 000	0.00001	$10.00	$0.00100	0.00060
捷克克朗	CZK 4 000 000	0.000002	$8.00	$0.010000	0.000250
欧元	EUR 125 000	0.0001	$12.50	$0.0050	0.0060
日元	JPY 12 500 000	0.000001	$12.50	$0.000050	0.000060
墨西哥比索	MXN 500 000	0.000025	$12.50	$0.000625	0.001500
新西兰元	NZD 100 000	0.0001	$10.00	$0.0050	0.0060
波兰兹罗提	PLN 500 000	0.00002	$10.00	$0.00100	0.00250
俄罗斯卢布	RUB 2 500 000	0.00001	$25.00	$0.000250	0.0060
瑞士法郎	CHF 125 000	0.0001	$12.50	$0.0050	0.0060

在 CME 的指数与期权市场(Index and Options Market,IOM)上市交易的货币期货期权均是美式期权,即可以在期权到期日前任何时候行使交割外汇期货合约的权利。货币期货期权的交易受到美国商品期货交易委员会(Commodities Futures Trading Commission,CFTC)的监管。

(一)报价惯例

CME(IOM)的货币期货期权报价规则与前面的 PHLX 类似,期货期权使用美元报价,其价值的计算需要再乘以可交割外汇期货合约的规模。比如:欧元期货期权的报价是 0.0124 美元,这意味着该期权的价值为1 550美元(即 0.0124×125 000=1 550)。

(二)到期时间

CME(IOM)交易的货币期货期权包括:4 个按季月循环的月份(3、6、9、12 月),两个系列月份(不按季末月份循环的月份),再加上 4 个每周到期的月份。季度和月度到期的期权在相应到期月份的第二个星期五停止交易,并在随后的第三个星期三将外汇期货合约交割完毕。

(三)外汇期货期权的行权

CME(IOM)的期货期权可在期权的任何交易日行权。行权时,由清算所会员代表期权买方在行权日下午 7 点以前向清算所提交行权通知。清算所接到行权通知后,随机将其分配给持有期权空头的清算会员。清算公司将行权安排至已行权的持有相应外汇期货期权空头头寸的客户,交付的标的资产是外汇期货合约。行权后,已交割的期货头寸在随后的交易日解冻。

第三节 利率期权

在金融衍生产品中,利率衍生产品不仅品种繁多,而且相对复杂。但是,在现实中,利率衍生产品的交易却是最为活跃的。尤其值得注意的是,在利率衍生产品的发展过程中,新产品被不断地推出,交易规则也被不断地修改。因此,在不少有关金融衍生产品的著作中,作者通常将利率衍生产品作专章,甚至分几章加以比较详尽的说明。

在利率衍生产品中,利率期权可说是最为典型、最为重要的。所谓"利率期权"(interest rate options),是指以各种利率相关商品、利率期货合约或利率本身作为标的物的期权交易形式。由于利率期权的应用非常广泛,而人们对利率期权又有着形形色色的需求,所以,利率期权的种类非常繁多。从大类来看,在利率期权中,既有场内期权,又有场外期权;既有现货期权,又有期货期权;既有实物交割的期权,又有现金结算的期权。在 20 世纪 80 年代后期以来,随着欧洲和亚太地区金融期权市场的建立,利率期权的新品种更是层出不穷。

传统的利率期权系以利率相关商品(即各种债务凭证)作为标的物。在履约时,除了欧洲美元期权外,这类利率期权一般采取实物交割的方法。也就是说,在期权被执行时,期权购买者以协定价格向期权出售者买进或卖出一定数量的某种利率相关商品。这类利率期权,我们可称之为"以债务凭证为标的物的利率期权"。另一类利率期权则不同,它是以某种利率或某种债券的到期收益率作为标的物。在履约时,这类利率期权通常采取现金结算的方法。目前,芝加哥期权交易所交易的利率期权就是这种类型的利率期权。这类利率期权,我们可称之为"以利率或收益率为标的物的利率期权"。下面,我们就依次对这两类利率期权加以简要的介绍。

一、以债务凭证为标的物的利率期权

利率期权首先产生于美国芝加哥期货交易所(CBOT)。目前,该交易所仍是世界上最大的利率期权市场之一。随着 CBOT 利率期权的发展,美国其他各交易所及其他国家和地区的交易所也纷纷效仿。其中,欧洲美元期权及欧洲美元期货期权不仅在美国的交易所交易,而且还在其他许多国家的交易所交易。

CBOT 主要上市美国中、长期国债期货期权。所以,期权的标的物并不是各种中、长期国债本身,而是在该交易所上市的各种中、长期国债期货合约。这类期货期权的交易单位均为一张对应的中、长期国债期货合约。

表 8-6 CBOT 上市的主要利率期货期权合约概况

	标的资产	合约规模	合约形态
30 年期国债期货期权	1 手 30 年期长期国债期货合约	面值 10 万美元	美式
10 年期国债期货期权	1 手 10 年期中期国债期货合约		
5 年期国债期货期权	1 手 5 年期中期国债期货合约		

二、以利率或收益率为标的物的利率期权

芝加哥期权交易所(CBOE)是世界上第一个专门化的期权市场,利率期权也是该交易所的主要产品之一。目前,在CBOE交易的利率期权主要以美国政府债券的利率或到期收益率作为标的物。CBOE提供的利率期权可分为短期利率期权、中期利率期权和长期利率期权,各种利率期权均以美国政府债券的即期收益率(spot yield)作为标的物。

表8-7 CBOE上市的主要利率期权合约概况

	标的资产	合约乘数	合约形态
30年期利率期权	新发行30年期长期国债的到期收益率	100美元	欧式
10年期利率期权	新发行10年期中期国债的到期收益率		
5年期利率期权	新发行5年期中期国债的到期收益率		
13周利率期权	新发行13周短期国库券的贴现率		

(一)看涨与看跌期权的选择

与传统的利率期权一样,CBOE交易的利率期权也分为看涨期权与看跌期权两大类别。然而,当投资者对未来的利率变动方向做出某种预期时,他们究竟应该买进看涨期权,还是应该买进看跌期权?在这一问题上,这两类利率期权的购买者将做出与传统利率期权截然相反的决策。

如上所述,传统的利率期权系以某种债务凭证,尤其是由政府发行的各种债券作为标的物。在履约时,这些利率期权一般实行实物交割。因此,当人们预期利率将下降,从而债券价格将上升时,他们就买进看涨期权;反之,当人们预期利率将上升,从而债券价格将下跌时,他们就买进看跌期权。与这类利率期权不同,CBOE交易的利率期权系以某种利率或某种债券的到期收益率作为标的物。在履约时,这些利率期权实行现金结算。因此,当人们预期利率将上升时,他们将买进看涨期权,而当人们预期利率将下降时,他们就买进看跌期权。之所以有此不同,是因为债券价格的变动方向往往与市场利率的变动方向正好相反。

(二)CBOE利率期权的特征

1.现金结算

在上述的传统利率期权中,只有欧洲美元期权实行现金结算,而其他各种利率期权都在执行时实行实物交割。但是,CBOE交易的利率期权在履约时,都采取现金结算的方式。也就是说,在执行期权时,期权出售者必须以现金形式向期权购买者支付协定价格与结算价格之间的差额。显然,对看涨期权而言,只有当结算价格高于协定价格时,期权购买者才会执行其持有的看涨期权;对看跌期权而言,只有当结算价格低于协定价格时,期权购买者才会执行其持有的看跌期权。

2.合约规模

与股票期权或股价指数期权一样,CBOE利率期权的合约规模也规定一个固定的金额,即合约乘数。各种利率期权采用相同的合约乘数,即100美元。同时,作为标的物的

利率或到期收益率一般为一个百分数。但在期权交易中，这一利率或到期收益率将去掉百分号，再将它扩大 10 倍，所得的数目即为标的物价值。这一标的物价值与合约乘数(100 美元)的积，是利率期权的合约规模。例如，当最近发行的 30 年期美国长期债券的到期收益率为 7.5%时，期权的合约规模即为 7500 美元(7.5×10×100)。如果到期收益率由 7.5%上升到 8%，则看涨期权的持有者将要求执行其持有的看涨期权，通过执行该看涨期权，他可获利 500 美元[(8－7.5)×10×100]，而与此同时，该看涨期权的出售者将损失 500 美元。

3.欧式期权

CBOE 交易的 4 种利率期权均为欧式期权。CBOE 做出这一规定的目的在于消除提前执行的风险，并可简化投资决策。当然，对期权购买者而言，尽管其持有的期权不能提前执行，但他可以在到期日之前出售其持有的期权，以提前结清期权头寸。

三、场外利率期权

(一)利率上限协议

所谓“利率上限协议”(interest rate caps)，实际上相当于一种场外交易的利率期权，它是由交易双方签订的、约定于未来某日期由其中的一方(通常是银行)向另一方(一般是非银行的借款者)支付高于协议利率的差额的协议。

利率上限协议适用于借款者回避利率上升，从而增加利息支出的风险的场合。在利率上限协议的交易中，非银行的借款者通常被称为“买方”，而银行则被称为“卖方”。在签订这种协议时，买方必须根据签约金额及银行所报出的价格，定期地(通常每个季度)向卖方支付一定的签约费(up-front fee)，以作为日后市场利率高于协议利率时获得补偿的代价。银行在收取这一签约费之后，就承担起在合约有效期内保证借款人实际支付的利息不超过根据协议利率计算的利息的义务。也就是说，在协议到期时，若市场利率等于或低于协议利率，则作为卖方的银行无须向作为买方的借款者支付任何金额；而若市场利率高于协议利率，则作为卖方的银行就必须向作为买方的借款人支付超过协议利率的那部分利差，以作为补偿。

由此可见，在利率上限协议中，借款人向银行支付的那部分签约费，实际上相当于利率期权交易中，期权购买者向期权出售者所支付的期权费。签约费的高低主要决定于协议利率的高低和协议期限的长短。一般地说，在利率上限协议中，如协议期限一定，则签约费就决定于协议利率的高低。协议利率越高，签约费越低；协议利率越低，则签约费越高。相反，在协议利率一定时，签约费的高低就决定于协议期限的长短。协议期限越长，签约费越高；协议期限越短，则签约费越低。在协议到期时，无论市场利率高于、低于或等于协议利率，即无论卖方是否必须向买方支付利差，买方所支付的这一签约费都一概不予退还。但买方支付这一签约费后，就获得了一种权利，即在协议到期时，若市场利率高于协议利率，则他就有权要求作为卖方的银行支付超过部分的利差。所以，利率上限协议的实质是一种特殊形式的利率期权。对于利率上限协议的购买者来说，相当于以利率为标的物的看涨期权的买方；银行(即利率上限协议的出售者)则相当于以利率为标的物的看涨期权的卖方。

从图 8-1 中可以看出，利率上限为 1%，LIBOR 数值随时间的变动会发生变化，若 LIBOR 数值超过上限利率，则由银行向借款者支付 LIBOR 与上限利率之间的差额，最终使得借款者的实际借款利率下降至上限利率水平；若 LIBOR 数值低于上限利率，则由银行无须向借款者支付任何利差，最终借款者的实际借款利率在上限利率水平之下。从图中的粗线可以看出，借款的实际借款利率不会超过利率上限的数额，借款者为了达到这种效果，只需在签订利率上限的协议时，向银行支付期权费(也就是签约费)。

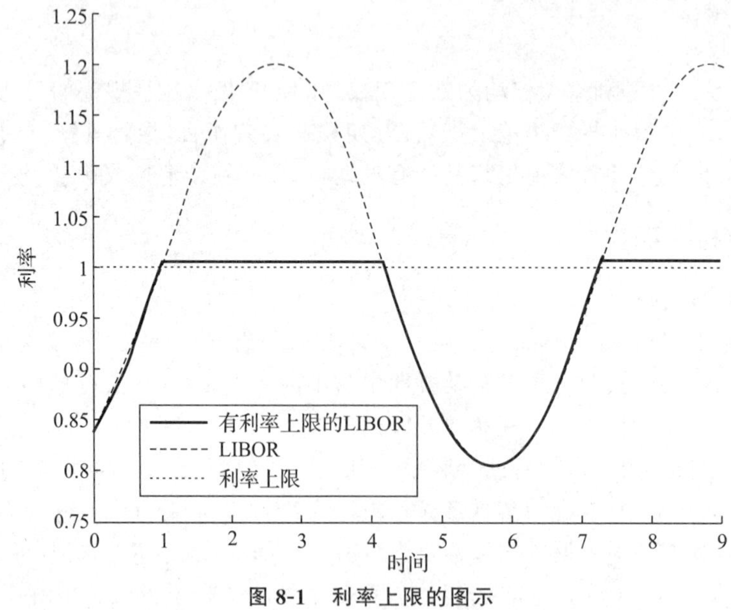

图 8-1　利率上限的图示

在不考虑货币的时间价值的条件下，借款者通过买进利率上限协议，可将未来所需支付的利率控制在利率上限协议所规定的最高利率加上签约费率这一水平。但是，由于签约费支付在前，而银行补偿利差在后。因此，借款者实际所需支付的利率可能比这一水平高一些。在实务中，这一可控制的利率水平可通过贴现的方式估计出来。

(二)利率下限协议

所谓“利率下限协议”(interest rate floors)，实际上也相当于一种场外交易的利率期权，它是由买卖双方签订的、约定于未来某日期由卖方向买方支付低于协议利率的利差的协议。

利率下限协议适用于人们回避利率下降，从而减少利息收入的风险的场合。在签订这种协议时，买方也必须向卖方付出一定的签约费。在协议到期时，若市场利率等于或高于协议利率，则交易双方无须进行任何利差的收付；而若市场利率低于协议利率，则卖方必须根据协议金额和实际发生的利差，向买方支付低于协议利率的那部分差额，以使买方实际收取的利息不少于根据协议的最低利率所计算的利息。所以，利率下限协议的实质是一种特殊形式的利率期权。对于利率下限协议的购买者(即投资者)来说，相当于以利率为标的物的看跌期权的买方；银行(即利率下限协议的出售者)则相当于以利率为标的物的看跌期权的卖方。

从图 8-2 中可以看出，利率下限为 1%，LIBOR 数值随时间的变动会发生变化，若 LIBOR 数值低于下限利率，则由银行向投资者支付下限利率与 LIBOR 之间的差额，最终使得投资者的实际资产收益上升至下限利率水平；若 LIBOR 数值高于下限利率，则由银行无须向投资者支付任何利差，最终投资者的实际资产收率在下限利率水平之下。从图中的粗线可以看出，投资的实际资产收益不会低于利率下限的数额，投资者为了达到这种效果，只需在签订利率下限的协议时，向银行支付期权费（也就是签约费）。

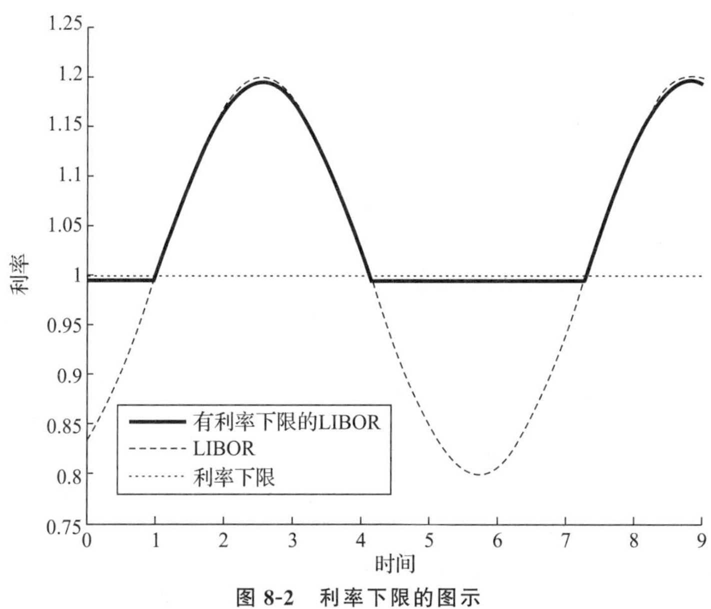

图 8-2 利率下限的图示

（三）利率区间协议

所谓“利率区间协议”（interest rate collars），又称“利率上下限协议”，实际上是利率上限协议与利率下限协议的一种组合。在这种协议中，签约双方确定两个协议利率，其中一个是最高利率，一个是最低利率。在协议到期时，若市场利率高于约定的最高利率或低于约定的最低利率，则其中的一方就要向另一方支付利差。

这样的利率区间协议有两种不同的类型：一种适用于借款者预期市场利率上升的可能性较大，而市场利率下降的可能性不大的场合；另一种适用于投资者预期市场利率上升的可能性不大，而下降的可能性较大的场合。

在第一种情形下，在借款者买进这种利率区间协议后，若市场利率高于最高利率，则高出的部分可由银行给予补偿；反之，若市场利率低于最低利率，则借款者必须向银行支付这一差额。通过这种利率区间协议，借款者既可避免市场利率高于最高利率的损失，又可获得市场利率介于最高利率和最低利率之间的利益。对于借款者来说，其在利率区间协议中同时扮演着两个角色：以最高利率为协定价格的看涨期权买方，以及以最低利率为协定价格的看跌期权卖方。与之相对应，银行分别是上述两个期权的交易对手（即看涨期权的卖方和看跌期权的买方）。

在第二种情形下，当投资者买进这种利率区间协议后，若市场利率低于最低利率，则银行向投资者支付这一差额;反之,若市场利率高于最高利率,则投资者向银行支付这一差额。通过这样的利率区间协议,投资者既可保证获得所期望的最低收益,又可获得市场利率介于最高利率和最低利率之间的利益。对于投资者来说,其在利率区间协议中同时扮演着两个角色:以最高利率为协定价格的看涨期权卖方,以及以最低利率为协定价格的看跌期权买方。与之相对应,银行分别是上述两个期权的交易对手(即看涨期权的买方和看跌期权的卖方)。

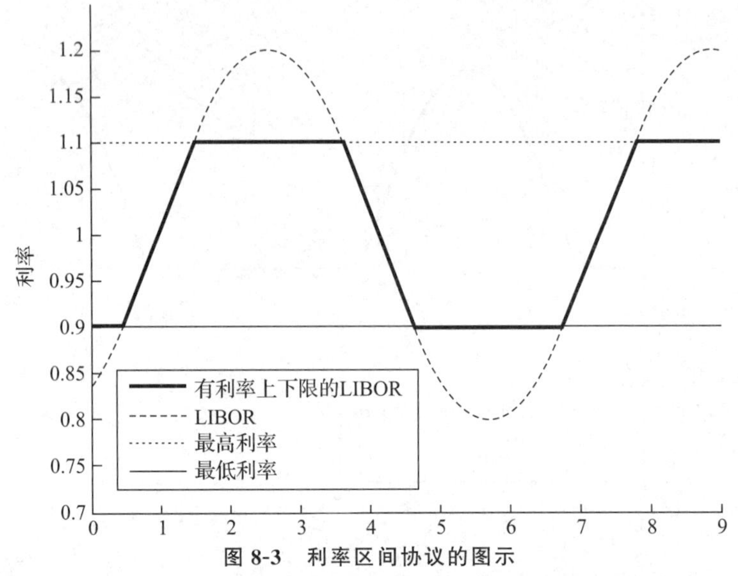

图 8-3 利率区间协议的图示

从上面的分析中,我们可知:如果将利率上限和下限协议加以组合应用,就可以合成出利率区间协议。例如,当借款者确信利率将上升时,他就买进协议利率较高的利率上限协议,而于同时卖出协议利率较低的利率下限协议。通过买进利率上限协议,他可限制市场利率上升的风险,因为买进利率上限协议后,他可避免市场利率上升到最高利率之上的损失;而通过卖出利率下限协议,他又可收取一定的签约费,以弥补购买利率上限协议的成本。又如,当投资者确信利率将下降时,他可买进协议利率较低的利率下限协议,而于同时又卖出协议较高的利率上限协议。通过买进利率下限协议,他可避免市场利率跌至最低利率以下而造成的损失;而通过卖出利率上限协议,他又可收取一定的签约费,以弥补购买利率下限协议的成本。

总之,在作了这样的套期保值之后,如果对利率变动方向的预期准确,则人们既能实现保值,又能降低保值的成本。要是设计得当,则人们还可实现无成本的套期保值。因此,如果人们对利率变动方向的预测有较大的把握,则这种合成利率区间协议的做法是一种值得选择的策略。因为这种策略能使人们既回避风险,又无须付出回避风险的成本。

阅读材料

我国的利率期权市场简介①

随着我国债券市场成为全球仅次于美国的第二大债券市场，境内外市场参与者对国内固定收益证券为标的的利率风险管理工具需求逐年迅速增加。2020年3月中国外汇交易中心暨全国银行间同业拆借中心（下称“交易中心”）推出挂钩LPR的标准化利率期权合约，开辟了境内利率期权合约元年；利率期权作为全球最重要和最广泛运用的利率风险管理工具之一，在未来国内固定收益证券市场必将迎来里程碑式的快速发展。

目前我国固定收益市场暂无场内利率期权品种，所以市场上交易的利率期权均属于场外期权。根据是否有统一的交易场所，我们将交易中心利率期权品种称为线上期权，其他由交易双方一对一洽谈并通过签订交易确认书的形式达成的期权交易，称为线下期权。

一、线上期权

2020年3月交易中心推出挂钩LPR的标准化利率期权合约，开辟了境内利率期权合约元年；2021年3月交易中心推出挂钩FDR的利率期权合约，进一步丰富了利率期权族；2021年8月，挂钩FR007利率期权也正式上线交易中心。由于挂钩标的均为货币市场利率/贷款市场利率，线上期权结构为上/下限和互换期权，产品重心是协助金融市场参与机构进行基准利率风险管理。

交易中心期权目前实行线上报价、线上成交、双边清算的模式，需要满足一定条件的机构投资者才能进入该市场，具体模式可参考银行间市场挂钩LPR的利率互换合约。国泰君安既是线上利率期权的报价商，也是线上期权波动率曲面的报价商，是目前市场上仅有三家可进行全品种报价的机构之一。目前利率互换期权实行实物交割，持有到期后若买方选择行权则双方自动达成一笔利率互换合约。

二、线下期权

相比于线上期权，线下期权具有更高灵活性。由于是交易双方线下一对一签署合约的形式，因此在期权结构上更加丰富，市场常规结构诸如欧式、价差、二元、区间累计等都可以通过线下期权达成。挂钩标的也更加丰富，除LPR/FDR/FR利率之外，可以挂钩Shibor/债券现货/国债期货/策略指数等。此外也可达成许多定制化的设计，例如对结构做出突破，包括但不限于添加赎回条款、期限任意、浮动升贴水水平等。

由于国债、国债期货反映无风险利率走势，在投资人利率风险管理维度具有更高的参考价值，目前线下期权挂钩标的以国债、国债期货为主。前者使用关键期限国债现货价格或收益率做标的，或者挂钩中央结算公司收益率曲线关键点（如中债十年期国债到期收益率）；而后者主要挂钩中国金融期货交易所国债期货价格（主力合约收盘价或结算价）。

期权结构方面，不同的客户需求差异较大，投机/套保类客户更加偏好于欧式香草，而套利型、结构化风险对冲类客户会根据自身情况选择诸如二元、区间累计、价差等结构。目前国泰君安可对场外线下期权进行持续报价，结构涵盖包括利率欧式香草期权

---

① 根据国泰君安固定收益外汇商品部相关研究报告整理

(Caplet/Floorlet)、二元期权(打包成含权产品)、价差期权、利率双限期权(既有上限又有下限)、互换期权、区间累计期权(观察突破某一障碍的天数付息)等。

第四节 期货期权

所谓"期货期权",是指以某种期货合约作为标的物的期权交易形式。期货期权的实质,是将期货交易与期权交易有机地结合在一起,从而达到取长补短的目的。

期货期权与现货期权有着很大的不同。这种不同表现在很多方面,其中较重要的一个方面,就是在期权被执行时,期权购买者以协定价格所买进或卖出的不是某种金融工具本身,而是以该种金融工具为标的物的期货合约。所以,期货期权的履约,实际上是以期权合约所确定的协定价格,将期权头寸转化为相应的期货头寸。表 8-8 所示的是期货期权在履约方面的特点。期货期权买方的权利(买权还是卖权)决定了履约后的期货头寸特征。

表 8-8 期货期权的履约

期权类型	履约前	履约后
期货看涨期权	期权购买者	期货多头方
	期权出售者	期货空头方
期货看跌期权	期权购买者	期货空头方
	期权出售者	期货多头方

除此以外,现货期权与期货期权的不同之处,还表现在如下三个方面:

1. 现货期权大多为欧式期权,而期货期权大多为美式期权。

2. 现货期权若到期履约时,大多需要进行实物交割;而大多数期货期权不会进行标的资产的实物交割,因为转成期货合约后,绝大部分会在到期前平仓出局。这可说是期货期权的主要特色。

3. 大部分现货期权在交易所进行集中交易,少部分则在场外市场交易;而期货期权均在交易所集中交易,因为其标的物(期货合约)一定在交易所交易。

目前我国上市交易的期货期权品种均在我国的三大商品期货交易所上市交易。其中在郑州商品交易所上市交易的品种有:白糖期权、棉花期权、菜籽粕期权、PTA 期权、甲醇期权、动力煤期权;在大连商品交易所上市交易的品种有:豆粕期权、玉米期权、铁矿石期权、液化石油气期权、聚丙烯期权、聚氯乙烯期权、线型低密度聚乙烯期权、棕榈油期权;在上海期货交易所上市交易的品种有:阴极铜期权、天然橡胶期权、黄金期权、铝期权、锌期权、原油期权。需要说明的是,以上这些期货期权品种均是美式期权。

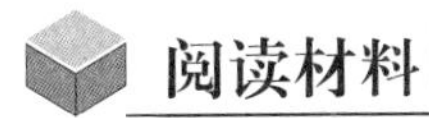

阅读材料

我国首批上市的商品期货期权品种简介

2016年12月16日，证监会新闻发言人在例行新闻发布会上表示，近日证监会批准郑商所和大商所分别开展白糖和豆粕期权交易。当天晚间，郑州商品交易所、大连商品交易所同时发布系列通知分别就白糖期权合约、豆粕期权合约设计及相关细则公开征求意见，并开始征集豆粕期权、白糖期权的做市商。进入2017年，豆粕期权于3月31日上市，白糖期权于4月19日上市，实现了我国场内农产品期权零的突破。

白糖和豆粕是我国重要的农业品种，相关期货合约自上市以来，市场运行平稳有序，产业客户广泛参与，功能发挥较为显著。但近年来白糖、豆粕现货价格波动频繁，相关农业企业迫切需要更丰富的风险管理工具。在国内已有白糖、豆粕期货的基础上，进一步开展相关品种的期权交易，能够更好地满足农业企业精细化、多样化的风险管理需求，对完善农产品价格形成机制、提高农业产业化水平、加快转变我国农业发展方式无疑具有积极的作用。

时隔不到两年，2018年9月6日上海期货交易所在官网发布《关于发布阴极铜期货期权合约及相关规则的公告》，相应的合约于同年9月21日挂牌交易。业内普遍认为，作为我国第一个工业品期权，铜期权的上市将为相关产业企业提供更多可选择的风险管理工具，同时也将进一步丰富我国商品衍生品市场层次，在服务实体经济中发挥更重要的作用。

首批上市交易的铜期权合约为CU1901、CU1902、CU1903、CU1904、CU1905、CU1906、CU1907、CU1908、CU1909对应的期权合约，基准价在上市前一交易日公布。计算公式为布莱克(Black)欧式期货期权定价模型，其中无风险利率取央行一年期存款利率，所有月份系列期权合约波动率取标的期货主力合约90天的历史波动率。

2019年1月3日，证监会批准上海期货交易所开展天然橡胶期权交易、批准郑州商品交易所开展棉花期权交易，批准大连商品交易所开展玉米期权交易。天然橡胶、棉花和玉米期权合约正式挂牌交易时间为2019年1月28日。天然橡胶、棉花和玉米是我国重要的农业品种，相关期货合约自上市以来，市场运行总体平稳，产业客户参与广泛，功能发挥较为显著。近年来，天然橡胶、棉花和玉米现货价格波动频繁。上市相关期权品种，可有效满足实体企业个性化和精细化风险管理需求，进一步降低套保成本。同时，有助于降低“保险＋期货”试点中农户保费支出，更好服务“三农”和乡村振兴战略。

第五节 奇异期权

以上所述的各种期权基本上都是场内期权，这些期权的合约都有着标准化的特征。虽然标准化的期权合约具有交易便利、流动性高等优点，但是与标准化的期货合约一样，期权合约的标准化也在一定程度上限制了人们选择的余地。为了解决这一问题，一些市场经济发达国家和地区的金融机构已开发出大量的新型期权，这些新型期权有着特殊的交易规则,也有着特殊的合约条款。同时,与以上所述的各种常规期权大不一样,它们基本上都在场外交易。因此,人们通常将这类期权称为"奇异期权"或"新型期权"(exotic options)。

奇异期权花样繁多。它们通常都是在传统期权的基础上加以改头换面,或通过各种组合而形成。在本节中,我们将简要介绍具有代表性的一些奇异期权品种。

一、打包期权

所谓的打包期权(package options)是指由常规的欧式期权、远期合约、现金和标的资产等构成的证券组合,后面要介绍的期权交易策略就属于打包期权的范围。打包期权的经济意义在于可以利用这些金融工具之间的关系,组合成符合需要的投资工具。最常见的打包期权是具有零初始成本的期权组合。

二、百慕大期权

百慕大期权(Bermudan options),通常也称"非标准化美式期权"(nonstandard American options),是相对于场内交易的标准化美式期权而言的。场内交易的标准化美式期权具有这样两个特征:一是在期权有效期内的任一营业日均可执行;二是在期权的整个有效期内具有相同的协定价格。但是,在场外交易的非标准化的美式期权,却并不具有这样的标准化特征。

首先,非标准化美式期权只能在期权有效期内的某些特定日期可提前执行,而不是在期权有效期内的任一营业日都可提前执行。显然,这种期权实际上是一种介于标准化美式期权与标准化欧式期权之间的期权。所以,其期权费也介于这两种标准化期权的期权费之间,即高于标准化欧式期权,低于标准化美式期权。

其次,有些美式期权在不同时间执行将有着不同的协定价格。例如,某公司发行对其本身股票的 7 年期认股权证,规定在第三年和第四年可按每股 8 元的价格认购;第五年和第六年可按每股 9 元的价格认购;最后一年则必须按每股 10 元的价格认购。这样的认股权证实际上也是比较典型的非标准化美式期权。

三、复合期权

复合期权(compounded options)是指以金融期权合约本身作为金融期权的标的物的金融期权交易。这种期权通常以利率工具或外汇为基础,投资者通常在波幅较高的时期内购买复合期权,以减轻因标准期权价格上升而带来的损失。复合期权给予持有者在某一约定日期以约定价格买入或卖出一份期权的权利。投资者行使复合期权后,便会持有或卖出一份标准的期权。复合期权可作为高杠杆投资的工具,投机者只需较少的资金便可买入复合期权,随后再看是否投入更多的资金来买进复合期权的标的期权,最后再决定是否花钱买进最终标的金融工具。

复合期权有两个执行价格和两个到期日。由于受两个到期日的影响(一个是复合期权的到期日,一个是标的期权到期日),所以期权价值的判断非常复杂。复合期权主要有四种类型:基于某个看涨期权的看涨期权(call on call)、基于某个看涨期权的看跌期权(put on call)、基于某个看跌期权的看涨期权(call on put)、基于某个看跌期权的看跌期权

(put on put)。

设 X_1 为复合看涨期权的协定价格,X_2 为标的看涨期权的协定价格,T_1 为复合看涨期权的到期日,T_2 为作为标的物的看涨期权的到期日。然后,假设这两个看涨期权在到期日,市场价格都高于其协定价格。因而,这两个看涨期权都将被执行。于是,其交易和履约的过程将如图 8-4 所示。

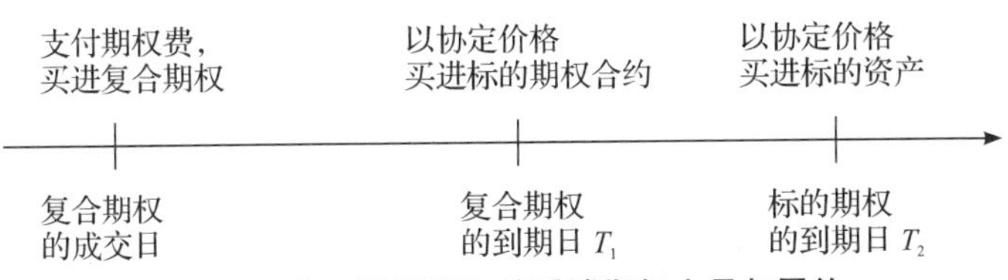

图 8-4 基于看涨期权的看涨期权交易与履约

四、障碍期权

障碍期权(barrier options)是指在期权的期限内,当标的资产价格达到某一水平时,既可以被启动也可以被取消的期权。在障碍期权中,除了协定价格,还增设一个障碍价格。障碍期权总是比普通期权便宜。障碍期权的收益依赖于标的资产的价格在一段特定时期内是否达到一个特定水平。与标准期权不同的是在期权有效期内,当基础资产的价格达到某一水平时,期权就生效或失效。

障碍期权一般分为两类,即敲出期权(knock-out options)和敲入期权(knock-in options)。敲出期权是指当标的资产价格达到一个特定障碍水平时,该期权作废。敲入期权是指只有标的资产价格达到一个特定障碍水平时,该期权才有效。敲出期权既可向上敲出(up-and-out),也可向下敲出(down-and-out)。同样,敲入期权也既可向上敲入(up-and-in),又可向下敲入(down-and-in)。于是,障碍期权可分为四种敲出期权和四种敲入期权。

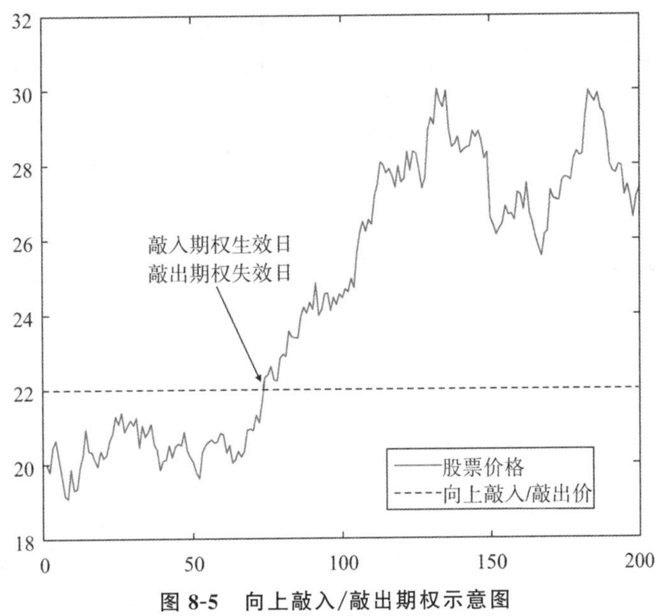

图 8-5 向上敲入/敲出期权示意图

如图 8-5 所示，障碍期权的障碍价格为 22 元。对于向上敲入期权而言，其生效日是在股票价格上升且达到 22 元之时，意味着期权的实际期限为生效日到期权的到期日；对于向上敲出期权而言，这一天也是其失效日，意味着期权的实际期限为开始日到期权的失效日，之后时段的期权已经作废。由此不难看出，向上敲入和敲出期权实际期限的加总，刚好就是普通期权的整个期限。同样，向下敲入和敲出期权也具有类似的特征(如图 8-6)。

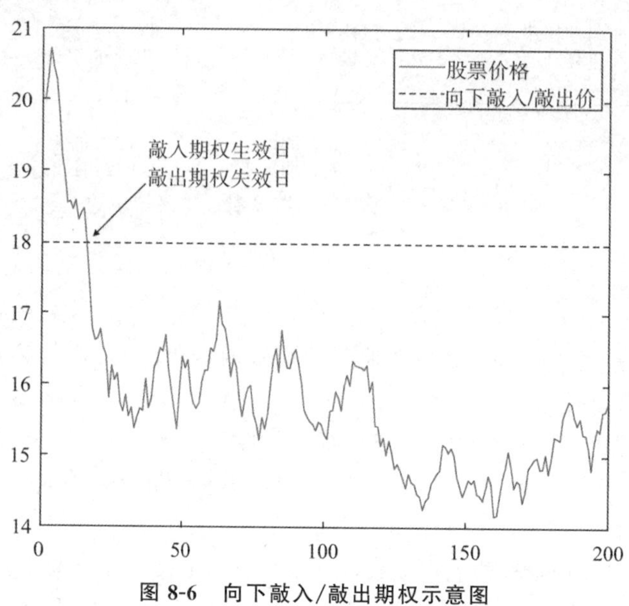

图 8-6　向下敲入/敲出期权示意图

五、任选期权

在一般的期权交易中，期权购买者要么买进看涨期权，要么买进看跌期权。也就是说，期权购买者一旦买进其中的一类期权后，就不能将看涨期权调换成看跌期权，或将看跌期权调换成看涨期权。于是，期权购买者究竟买进看涨期权，还是买进看跌期权，必须在成交时就加以确定。而任选期权(chooser options)则是指这样一种期权，其持有者可在期权有效期内的某一时点选择该期权为看涨期权或看跌期权。也就是说，当期权购买者向期权出售者支付一定的期权费以买进某种期权时，并不确定该期权究竟为看涨期权还是看跌期权，而是在规定的未来某时，再由期权购买者通过观察市场价格的走势来确定该期权为看涨期权或看跌期权。这就说明，与传统期权相比，任选期权的购买者具有更大的选择权，而其出售者将承担更大的风险。所以，任选期权的期权费一般较高。

六、回顾期权

一般欧式期权的收益取决于到期日标的资产的最终价格与协定价格之差。回顾期权(lookback options)是一种特殊的欧式期权，它的收益取决于期权有效期内标的资产曾经达到过的最高价格或最低价格。回顾期权分为两大类：浮动行权价格的回顾期权(lookback option with floating strike)与固定行权价格的回顾期权(lookback option with fixed strike)。

对于浮动行权价格的回顾期权而言，其行权价格是标的资产曾经达到过的最高价格或最低价格。假设 S_{max} 为期权有效期内曾经达到过的最高价格，S_{min} 为期权有效期内曾经达到过的最低价格，S_T 为期权到期日的最终价格，则此类型的回顾看涨期权到期时的收益为 $\max(0, S_T - S_{min})$；回顾看跌期权到期时的收益为 $\max(0, S_{max} - S_T)$。

相比之下，固定行权价格的回顾期权的收益取决于标的资产曾经达到过的最高价格或最低价格与行权价格的差额。假设 X 为期权的行权价格，则此类型的回顾看涨期权到期时的收益为 $\max(0, S_{max} - X)$；回顾看跌期权到期时的收益为 $\max(0, X - S_{min})$。

由此可见，无论是回顾看涨期权，还是回顾看跌期权，对持有者而言，都能选择最有利的价格执行其持有的期权。因此，回顾期权的价格通常要比常规期权高得多。

七、呼叫期权

对于一般的欧式期权的持有者而言，其盈亏将决定于期权到期日的标的资产价格与协定价格的关系。而在到期日之前，即使标的资产价格有过较有利的变动，从而使该期权具有较大的内在价值，但期权持有者也因不能提前执行而错失良机。呼叫期权（shout options）是一种特殊的欧式期权，这种期权的持有者有权在期权有效期内的某一时间锁定一个最小的盈利。如果在期权有效期内的某一时间，期权持有者向期权出售者"呼叫"，那么在期权到期时，该期权的持有者既可能获得普通欧式期权的盈利，也可能获得呼叫时该期权的内在价值。

假设 S_{shout} 为期权的呼叫价格，X 为期权的协定价格，S_T 为期权到期日的最终价格，则看涨呼叫期权的收益为 $\max(S_T - X, S_{shout} - X)$，看跌呼叫期权的收益为 $\max(X - S_T, X - S_{shout})$。

例如，某看涨期权的协定价格为 50 元，而该期权的持有者在标的资产价格为 60 元时呼叫。那么，在期权到期时，如果标的资产的价格低于 60 元，则期权持有者就获利 10 元（即呼叫时该期权的内在价值）；如果标的资产的价格高于 60 元，则期权持有者可获得标的资产价格高出 50 元的部分（即普通欧式期权的盈利）。由此可见，该看涨期权的持有者至少可获利 10 元。

呼叫期权与回顾期权有点类似，但由于呼叫次数有限，因此期权的价格相对回顾期权要便宜一些。

八、亚式期权

亚式期权（Asian options），是指收益取决于期权有效期内至少某一段时期之平均价格的期权。这类期权又可分为两种具体的类型：一种是根据预先确定的平均时期计算标的资产的平均价格，并以此决定期权的收益；另一种则是根据预先确定的平均时期计算平均的协定价格，并以此决定期权的收益。

为了说明问题的方便，假设 S_{ave} 为根据预先确定的时期计算的标的资产的平均价格，X 为期权的协定价格，S_T 为期权到期日标的资产的市场价格。对于平均标的资产价格的亚式期权，其看涨和看跌期权的收益分别为

$$c_1 = \max(0, S_{ave} - X), p_1 = \max(0, X - S_{ave})$$

对于平均协定价格的亚式期权，假设 X_{ave} 为根据预先确定的时期计算的平均协定价格，其看涨和看跌期权的收益分别为

$$c_2=\max(0,S_T-X_{\text{ave}}),p_2=\max(0,X_{\text{ave}}-S_T)$$

九、篮子期权

常规的期权一般都只有一种风险资产作为其标的物。但在实际的期权交易中，却存在着一种含有两种或两种以上风险资产作为标的物的期权。其中很有代表性的一类期权就是“篮子期权”(basket options)，其盈亏并不取决于某种单一资产的价格，而是取决于一种资产组合(或资产篮子)的价格。构成这种组合的资产可以是各种股票、各种股价指数，也可以是各种货币。

十、彩虹期权

前面提到的篮子期权是多资产期权中的一种，其标的资产有两种或两种以上。多资产期权中的另一个具有代表性的品种是“彩虹期权”(rainbow options)，该期权的损益结构取决于多个资产中的某一个资产，其中的标的资产数也被形象地称为彩虹的颜色数。需要注意的是，彩虹期权的标的资产可以是股票、大宗商品等基础资产，也可以是普通欧式和美式期权之类的衍生资产，形式灵活多样。

比如，一个两色彩虹最大值欧式看涨期权，其标的资产为上证 50 指数和创业板指数，该期权 4 月 10 日上市、7 月 8 日到期，行权价格为初始价格的 105%。假设 4 月 10 日收盘，上证 50 和创业板指数分别为 2986.61 点和 2552.83 点，7 月 8 日收盘上证 50 指数为 3110.46 点，创业板指数为 2973.6 点。其间上证 50 指数涨幅为 4.15%，创业板指数涨幅为 16.48%，两者的最大值为 16.48%，投资者能够获得的收益为 11.48%(16.48%－5%)。当然，天下没有免费的午餐。彩虹期权虽然给了我们更大的获利机会，但是它的期权费也要比相同条款普通期权的更贵。

十一、费用迟付性期权

费用迟付性期权(pay later options)的特点是除非已执行，否则不需要支付期权费。但是，如果该期权在到期日是实值期权就必须执行。费用迟付性期权的购买费用要等到合约到期时才由买方向期权出售者支付。费用迟付性期权也有看涨和看跌之分，而且一般都是欧式期权，外汇、股指及实物商品都可以做这类期权的基础资产。

十二、两值期权

两值期权(binary options)是具有不连续收益的期权。在到期日标的资产价格低于执行价格时该期权一文不值，而当标的资产价格超过执行价格时该期权支付一个固定数额。

在进行期权交易时，交易双方约定一个价格水平，在期权到期日或到期日之前，如果市场汇率水平达到这个预先约定的价格水平，期权卖方将支付买方一笔预先约定的金额；如果市场价格水平未能达到预先约定的价格，期权买方将一无所获。这种期权交易具有类似赌博的性质，期权买方要么获得全部收益，要么一无所获。

根据支付的收益不同，两值期权可分为“或有资产”(asset-or-nothing)和“或有现金”(cash-or-nothing)两种类型。前者在未来价格达到约定的价格水平时，期权卖方向买方支付标的资产；后者则是在条件触发时，卖方向买方支付一定数额的现金。

两值期权还可以分为“全付或不付”和“一触即有”两种类型。前者仅在到期日期权为实值期权时才有收益，后者只要期权在有效期内某时刻为实值期权就有收益。两值期权通常与其他金融工具联合使用。

十三、远期开始期权

远期开始期权(forward start options)是现在支付期权费，而在未来某时刻才开始的期权。该期权现在购买，但其执行价格要到期权启动时刻才得知(即为当时的资产价格)，该期权将在某一时刻到期。公司给管理人员的股票期权激励可以看作是远期开始期权的特例。

十四、累计期权

累计期权(accumulator)，是一种以合约形式买卖资产(股票、外汇或其他商品)的金融衍生工具，为投资银行与投资者客户的场外交易，一般投资银行会与客户签订长达1年的合约。其中涉及股票的累计期权称为累计股票期权，简称累股期权。

累计期权合约设有“敲出价”(knock-out price)及“行权价”(strike price)，而行权价通常比签约时的市价有折让。合约生效后，当挂钩资产的市价在敲出价及行权价之间，投资者可定时以行权价从投资银行买入指定数量的资产。挂钩资产的市价高于敲出价时，合约便终止，投资者不能再以折让价买入资产。可是当该挂钩资产的市价低于行权价时，投资者便须定时用行权价买入双倍甚至四倍数量的资产，直至合约完结为止。

累计期权的游戏规则较偏袒于投资银行一方，因为就算投资者看对了后市，如果挂钩资产升破敲出价，合约会提早终止，为投资银行的损失设立上限；但是投资者如果看错了后市，合约没有止损限制，而且合约条款会以倍数扩大亏损。

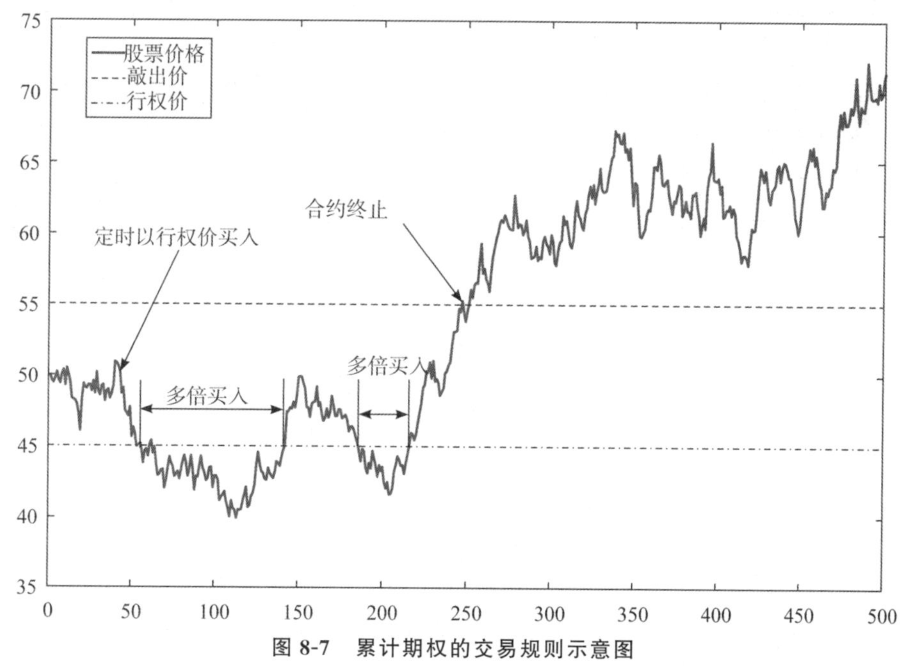

图 8-7　累计期权的交易规则示意图

十五、棘轮期权

棘轮期权(ratchet option)属于分阶段期权(cliquet option)的一种,是指协定价格在交易之初确定,然后在事先约定的未来某日期,根据届时的标的资产价格水平对协定价格进行调整的期权。

考虑一个三年期看涨的棘轮期权,标的资产是阿里巴巴股票,执行价格在之后三年的每一年都会按照约定日期的价格重新设置。假设当下阿里巴巴的股价为 90 美元,一年后阿里巴巴的股价为 100 美元,二年后 80 美元,三年后 110 美元。则棘轮期权每年的收益如下:

1.第一年:max(100－90,0)＝10 美元;

2.第二年:max(80－100,0)＝0 美元;

3.第三年:max(110－80,0)＝30 美元。

因此,一份看涨棘轮期权三年的收益为 40 美元。如果持有该股票三年不做任何交易,则三年后的收益仅为 20 美元。

棘轮期权执行价格每年都会根据标的资产价格水平重新设置,因此该标的资产上一年的收益会被锁定。这个收益特性与远期开始期权一致,也就是说,棘轮期权是一系列远期开始期权的组合。

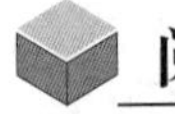

阅读材料

雪球结构产品简介

2020 年以来,我国资本市场呈现震荡走势,与此同时债券市场的收益率不断上行,导致不少银行的理财产品跌破净值。在这样的大背景下,一些高收益的结构化产品以其高收益成功地吸引到了人们的视线,这些产品具有的共同特征便是嵌入了雪球期权。

雪球期权是具有如下损益结构的期权:当标的资产或指数在产品存续期里下跌不超过－a%,投资者就能获得一个固定的到期收益率 b%,否则将获得与标的资产或指数涨跌幅相同的收益率。之所以这类期权称作雪球期权,其原因在于只要标的资产或指数不出现大跌,投资者的“本金＋收益”就可以像雪球一样实现利滚利。

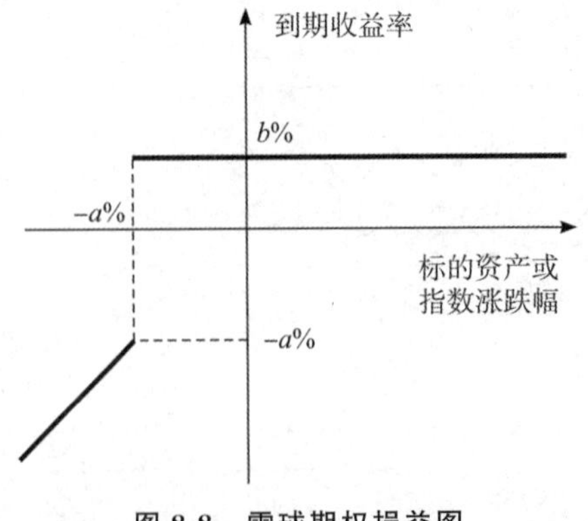

图 8-8　雪球期权损益图

不过，在实际的发行中，资管机构发行的"雪球增利类产品"会比上述的情况更为复杂些。其复杂的原因在于这类产品中包含了"敲入、敲出"式的条款。比如某基金发行的一个雪球增利产品的主要条款如下：

关键条款	具体内容
挂钩标的	中证 500 指数
期限	12 个月
敲出观察日	每月最后一个交易日
敲出水平	120%
敲入水平	80%
持有期收益率	1. 如果发生敲出： 持有期收益率＝17%×持有天数/365 2. 如果未敲入也未敲出： 持有期收益率＝17%×持有天数/365 3. 如果敲入但未敲出： 持有期收益率＝标的指数的同期涨跌幅

从中可以看出，这是一个存续期为一年的产品。假设期初的中证 500 指数刚好位于 5000 点，则该产品的敲出点位是 5500 点（5000×110%＝5500），敲入点位就是 4500 点（5000×90%＝4500）。

对于投资者而言，其未来的收益分为三种情形：

1. 如果在产品存续期内，中证 500 指数曾经在某个月末（即观察日）收盘价超过了 5500 点的敲出点位，则这个产品将提前结束。比如第三个月结束时，收盘价超过 5500 点，则投资者的到期收益率就是

$$r=17\%\times 312=4.25\%$$

2. 如果在产品存续期内，中证 500 指数均是在 4500 点到 5500 点之间，则投资者的到期收益率就是

$$r=17\%\times 1212=17\%$$

3. 如果在产品存续期内，中证 500 指数曾经跌破 4500 点，并且存续期内均未突破 5500 点，则投资者的到期收益率就是对应指数的同期涨跌幅，比如到期时指数达到 4800 点，则投资者的收益率为：

$$r=\frac{4800}{5000}-1=-4\%$$

该情形下，当中证 500 指数最终接近 5500 点时，投资者可获得的最大可能收益率如下：

$$r=\frac{5500}{5000}-1=10\%$$

从中可以看出，雪球结构型理财产品在市场行情大涨的情况下会提前结束（触发敲出条款）；在市场行情震荡或轻微下跌的情况下能够获得不错的收益；只有在市场一路下跌，

且跌破敲入水平时，才会发生大幅亏损。雪球结构产品是财富管理行业应对低利率的创新产品。在当前行业大背景下，金融机构、特别是信托公司纷纷谋求转型，雪球结构产品作为净值化转型过程中的有力突破口，具备更大的发展空间，未来表现可期。

第六节　期权类衍生工具

一、权证

（一）权证的概念

权证（warrants），是指基础证券发行人或其以外的第三人发行的，约定持有人在规定期间内或特定到期日，有权按约定价格向发行人购买或出售标的证券，或以现金结算方式收取结算差价的有价证券。在香港权证又音译为“窝轮”，香港证券交易所目前是全球最大的权证市场，有上千只权证。

权证反映的是发行人与持有人之间的一种契约关系，持有人向权证发行人支付一定数量的权利金之后，就从发行人那里获取了一个权利。这种权利使得持有人可以在未来某一特定日期或特定期间内，以约定的价格向权证发行人购买或出售一定数量的资产。持有人获取的是一个权利而不是责任，其有权决定是否履行契约，而发行者仅有被执行的义务，因此为获得这项权利，投资者需付出一定的代价（权利金）。

（二）权证的分类

根据权证的权利行使方向不同，可分为认股权证（也称认购权证）和认沽权证。其中认股权证类似于期权当中的“看涨期权”，认沽权证类似于“看跌期权”。

按行权期限的不同，权证可以分为美式权证（American style warrants）、欧式权证（European style warrants）和百慕大式权证（Bermuda style warrants）。欧式权证就是只有到了到期日才能行权的权证，美式权证就是在到期日之前随时都可以行权的权证，百慕大式权证就是持有人可在设定的几个日子或约定的到期日有权买卖标的证券。

权证按发行人可分为股本权证（equity warrants）和备兑权证（covered warrants）两类。股本权证通常由上市公司自行发行，也可以通过券商、投行等金融机构发行，标的资产通常为上市公司或其子公司的股票。股本权证通常给予权证持有人在约定时间以约定价格购买上市公司股票的权利，目前绝大多数股本权证都是欧式认购权证。在约定时间到达时，若当前股票的市面价格高于权证的行权价格，权证持有人会要求从发行人处购买股票，发行人则通过增发的方式满足权证持有人的需求。备兑权证是由持有该相关资产的第三者发行，并非由相关企业本身发行，一般都是国际性投资银行机构，发行商拥有相关资产或有权拥有该资产。备兑权证被视为结构性产品，指定资产可以是股本证券以外的资产，例如指数、货币、商品、债券或一揽子证券。

（三）我国权证发展简介

在我国，拥有上海证券交易所和深圳证券交易所 A 股股东账户卡并在具备代理权证交易资格的证券公司营业部办理完开户手续的客户，均可进行权证交易。权证实行的是

T+0 交易。权证价格申报和最小变动单位为 0.001 元，单笔买卖权证的申报数量不得超过 100 万份，买入申报的数量为 100 份的整数倍。

1992 年 6 月上海证券交易所推出飞乐公司的配股权证交易，这也是我国金融市场的第一个期权产品。此后的几年间，先后有十几家上市公司发行了配股权证，配股权证的投机性暴涨暴跌和市场操纵，使得中国证监会在 1996 年年底废止了权证交易。

2005 年 8 月，作为配合股改进行的一项创新业务，宝钢权证开始上市交易。截至 2011 年 4 月，先后有 95 只权证上市，其中 68 只为认购权证，27 只为认沽权证。不可否认，在缺乏做空机制的市场上，中国的权证问世后，很快便沦为投机炒作的对象，并演绎出惊心动魄的资本话剧。随着股改的完成，这些权证也完成其历史使命，退出了资本市场舞台。

二、可转换债券

可转换债券(convertible bonds)的全称是可转换为股票的公司债券，是指发行人依照法定程序发行，在一定期限内依照约定的条件可以转换为股票的公司债券。

可转换债券兼有债务性和股权性的特点，决定了它的票面利率通常低于一般债券，有的甚至低于同期银行存款利率。可转换债券赋予持有者在约定的时间内，按预定价格或比率转换为普通股的选择权，标的物是普通股票，执行价格是认股价格(转股价格)，期权费是投资者丧失的部分利息收益。因此可转换债券相当于一份普通的公司债券和一份看涨期权的组合。对债券持有者而言，它相当于一份普通的公司债券、一份看涨期权多头(转换权)和一份看涨期权空头(赎回权)的组合。

由于可转换债券联结了股票和债券两个市场，必然会给投资者以众多的套利机会。投资者可利用两个市场间信息的不对称来进行无风险套利，尤其是在可转换债券转换成股票的过程中，套利机会更加明显。同时，可转换债券中蕴含着赎回权和回售权，这两份期权的价值也将随着股价、到期期限以及股票分红派现等因素的变化而变化，使得对可转换债券的投资又增添了一些不确定因素。可转换债券不仅包含看涨期权，还包含可赎回权、可回售权以及发行人对转股价格的向下修正权。如果把这些因素全都考虑在内，那么，对可转换债券投资策略的精确分析必须借助于复杂的期权定价理论。

三、可赎回和可回售债券

可赎回债券(callable bonds)，指债券发行人可以在债券到期日前，按事先约定的价格，提前向债券持有人归还本金和利息的一种债券。在市场利率跌至比可赎回债券的票面利率低得多的时候，债务人如果认为将债券赎回并且按照较低的利率重新发行债券，比按现有的债券票面利率继续支付利息要合算，就会将其赎回。可赎回条款通常在债券发行几年之后才开始生效。赎回价格一开始可能高于债券面值，随着时间推移，逐渐与债券面值重合。

可赎回债券规定发行公司可以在未来某一时间以约定价格购回债券。这种债券的持有者相当于出售给发行公司一个看涨期权，即可赎回债券包含了一个以债券本身为标的资产的看涨期权空头，标的物是债券，执行价格是赎回价格。当市场利率上升时，发行人放弃赎回权，仍以原较低利率向债权人支付报酬；当市场利率下降时，发行人行使赎回权，以发行更低利率的债券取而代之。由此可知，发行人持有的赎回权是一个在标的物价格上升的时候购买标的资产的权利，所以它是个看涨期权。在发行人持有赎回权的情况下，会限制投资者因为债券价格上涨而获得的利润。可见，可赎回债券融资既可降低融资成本，又可使企业规避市场利率下降的风险。

图 8-9 展示的是可赎回债券的价格曲线，与普通的债券（虚线部分）相比，可赎回债券价格有一个上限（即赎回价），两者之间的差额（双向箭头所示），就是内嵌的看涨期权的价值。可赎回债券是对发行债券的公司（即债务人）的一种保护，使其免受债券价格上升的影响。因此投资者（即债权人）购买可赎回债券所支付的数额应该少于普通债券，两者的差额便是看涨期权的期权费。

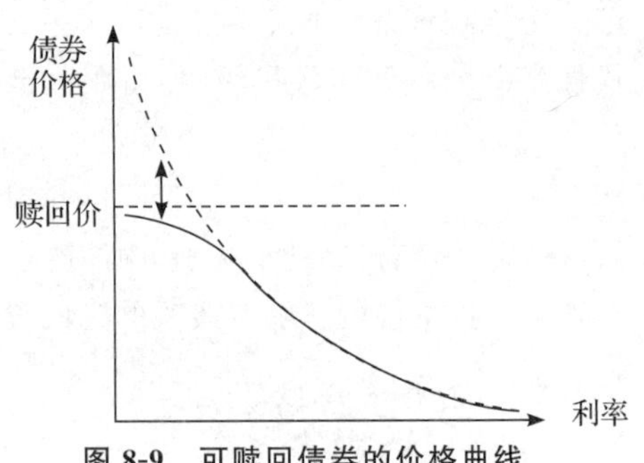

图 8-9　可赎回债券的价格曲线

可回售债券（puttable bonds）规定持有者可以在未来某一时间以约定价格提前用持有的债券兑换现金。这种债券的持有者不但购买了债券，而且还购买了债券的看跌期权，即可回售债券包含了一个以债券本身为标的资产的看跌期权多头。可回售债券给予投资人以事先规定的价格将债券提前卖还给发行人的权利，这种情况一般出现在利率上升、债券价格下降的时候。由此可知，投资者持有的回售权是一个在标的物价格下跌的时候出售标的资产的权力，所以它是一个看跌期权。在存在回售条款的情况下，投资者人有权根据设定的价格出售债券。

图 8-10 展示的是可回售债券的价格曲线，与普通的债券（虚线部分）相比，可回售债券价格有一个下限（即回售价），两者之间的差额（双向箭头所示），就是内嵌的看跌期权的价值。可回售债券是对投资者（即债权人）的一种保护，使其免受债券价格下跌的影响。因此投资者为购买可回售债券所支付的数额应该多于普通债券，两者的差额便是看跌期权的期权费。

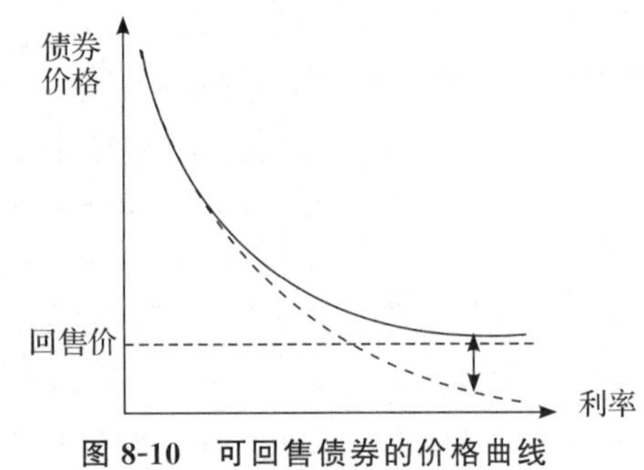

图 8-10　可回售债券的价格曲线

案例1

“金手铐”——股票期权激励机制

股票期权激励机制是指公司给予员工未来一段时间内以现在的一个价格购买公司股票的权利。该期权的年限一般是 5～10 年，也就是说持有该权利的管理者在持续经营企业一段时间后，才能行使该权利。

股票期权是股东将股票看涨期权作为一种薪酬支付给经营者，赋予经营者在约定期限内以预定价格购买公司一定数额股票的选择权，相当于一个看涨期权。股票期权对经营者可产生两方面的激励作用。其一是“报酬激励”。如果公司经营业绩好，股价上涨，红利丰厚，经营者行使购股权即可获得较高的股票升值收益和红利收益；如果公司经营不善，股价下跌，经营者放弃购股权，则无法从中受益。因此，经营者要想实现自身利益最大化，必须积极主动地改善经营管理，努力实现企业价值最大化。其二是"所有权激励"。当经营者行使购股权后，即成为公司股东，股东的利益与经营者利益因此而捆在一起。可见，股票期权能促使经营者自觉努力地创造股东价值，同时也就约束了经营者损害股东价值的行为，是一种激励与约束对称的薪酬管理制度安排。

20 世纪 90 年代以来，股票期权作为企业一项长期激励机制，已在美国大多数上市公司及其他各国公司中得到越来越广泛的应用。微软公司员工的薪酬主要由三部分构成：一部分是工资，另一部分是公司股票认购权，最后一部分是奖金。微软通常不付给员工很高的薪酬，但是有较高的奖金、股票认购权以及工资购买股票时享受的折扣。每一名微软雇员工作满 18 个月就可获得认股权中的 25％的股票，此后每 6 个月可获得其中的 12.5％，10 年内的任何时候，员工都可以兑现全部认购权。微软每两年还配发一次新的认股权，雇员可用不超过 10％的工资以八五折的优惠价格购买公司的股票。

在互联网发展的高峰中，作为软件界巨头，就像其他成熟的技术公司一样，微软的管理人员和工程师也纷纷跳槽到互联网新创企业和风险投资企业。微软公司为了留住顶尖人才，又悄悄推出一系列新的奖励制度，包括超过往常数量的员工股票期权和额外的休假等。在新的奖励制度中，股票期权计划分配给高级管理人员和重要的软件工程师，最多可达200 000股。

案例2

中信泰富外汇累计期权巨亏

中信泰富事件的起因是公司为降低澳元升值的风险，于 2008 年 7 月与 13 家银行共签订了 24 款外汇累计期权合约（accumulator），用以对冲澳元、欧元及人民币升值影响，其中澳元合约占绝大部分。中信泰富的累计期权合约可以分解为两种障碍期权组合，一种是向上敲出的看涨期权（Up-and-Out Call），另一种是向上敲出的看跌期权（up-and-out put）。累计期权合约生效后，对于购买向上敲出的看涨期权投资者来说，当标的资产的市价在敲出价及行权价之间，投资者可定时以行权价从卖方买入指定数量的资产；当标的资产的市价高于敲出价时，合约便终止，投资者不能再以折让价买入资产；当该标的资产的市价低于行权价时，投资者必须定时以行权价买入双倍、甚至四倍数量的资产，直至合约完结为止。

合约只考虑到对冲相关外币升值的影响，而没有考虑到相关外币的贬值可能。恰逢美国次贷危机导致的金融危机在全球范围内蔓延，澳元这种外贸型货币相关变动明显，终于一步步跌破合约交易时的锁定汇价，致使中信泰富承受了巨额亏损的风险。巨额潜在亏损以每天 1.1 亿港币的惊人速度快步冲刺。幸亏有实力雄厚的母公司中信集团通过认购可转换债和重组外汇衍生品合同的方式出手相救，才使其重现生机。

中信泰富巨亏案中，其本意是锁定购买澳元的成本，但却购买了一种非套期保值的场外工具—外汇累计期权合约(accumulator),这种被受害者称为“I'll kill you later(买后杀死你)”的工具,对风险没有任何约束,以致中信泰富和投行签订合同时,中信泰富就已经亏了1亿美元。中信泰富的真实澳元需求只有30个亿,但中信泰富在2008年7月的前三周内,签订10多份合约,在澳元下跌对自己不利的情况下为履行合约却要购入最多90亿澳元,套期保值数量远超过公司实际经营需要。

中信泰富事件中,董事会对公司的重大决策缺乏责任和监管,作为中信泰富董事局主席的荣智健声称,“有关外汇合同的签订未经过恰当的审批,而且其潜在的风险也未得到正确的评估”。公司信息披露方面存在严重违规,中信泰富在2008年9月7日发现有关合约问题,但直到10月20日才正式公布,而其半年报根本没有提及投资外汇这项业务。

中信泰富外汇合约巨亏147亿港元之后,公司主席荣智健竟然表态称“事前毫不知情”。而其在2008年9月7日发现有关合约问题,但直到10月20日才正式公布,而其半年报根本没有提及投资外汇这项业务。不光如此,中信泰富的股票成交量从10月8日开始显著增加,当日的成交量达1 156万股,直至10月14日日均交易量都维持在1 000万股以上。中信泰富延期披露亏损信息,以及公司管理层涉嫌内幕交易等问题充分说明了中信泰富的公司治理结构存在严重的问题。

案例3

深南电对赌协议巨亏

2008年3月12日,深南电与美国高盛集团的全资子公司的杰润(新加坡)私营公司签订了对赌协议。协议有两份,第一份协议有效期从2008年3月3日至12月31日;第二份协议的有效期是从2009年1月1日至2010年10月31日,并且在第二份协议书尚未生效的前一天,杰润(J.Aron)有权决定这份协议是否如期生效。双方约定以纽约商品交易所(NYMEX)轻质原油期货结算价的算术平均值作为收益支付的依据。

为说明问题的方便,假设$\overline{S}_t$是NYMEX轻质原油期货收市结算价的算术平均值(单位:美元/桶),C_1和C_2分别是第一份协议与第二份协议当中深南电每月收益的情形,则两份协议书的内容可以通过下面两个公式刻画(单位:万美元):

$$C_1=\begin{cases}(63.5-62)\times 20=30, & \overline{S}_t>63.5\\(\overline{S}_t-62)\times 20, & 62<\overline{S}_t<63.5\\(\overline{S}_t-62)\times 40, & \overline{S}_t<62\end{cases}$$

$$C_2=\begin{cases}(66.5-64.8)\times 20=34, & \overline{S}_t>66.5\\(\overline{S}_t-64.8)\times 20, & 64.8<\overline{S}_t<66.5\\(\overline{S}_t-64.5)\times 40, & \overline{S}_t<64.5\end{cases}$$

从两个计算公式不难看出,若未来油价超过协议价格的上限,深南电可以从高盛杰润获得固定金额的支付,用以弥补油价上涨带来的发电成本提高。但是这两项协议的最大问题在于:若油价大跌,则深南电要支付巨额的款项给高盛杰润,并且支付给对方的数额成倍增长(由原先的 20 万美元/桶,上涨至 40 万美元/桶)。从事后的原油价格历史走势(图 8-11)可以看出,在协议签订之初,深南电稳赚 30 万美元/月的收益,但是随后发生的美国次贷危机,却让油价从 140 美元/桶,大跌至 50 美元/桶以下。最终造成深南电出现巨额亏损。

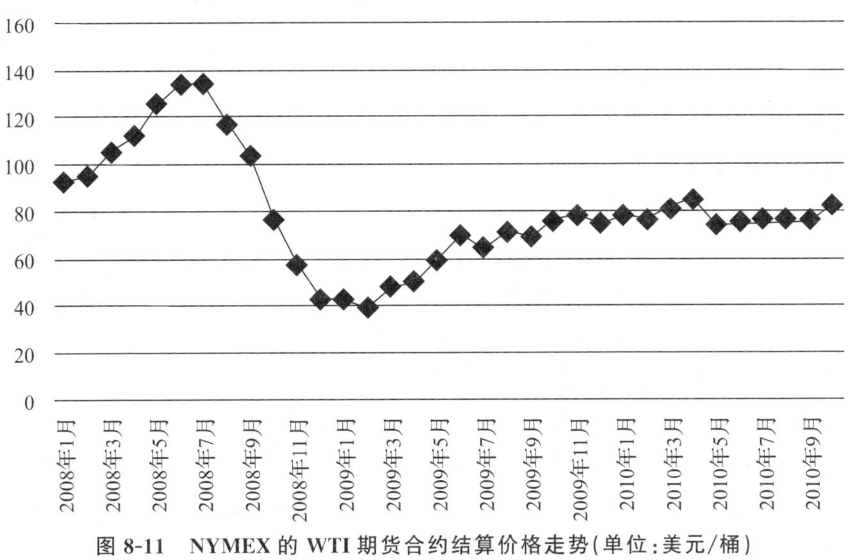

图 8-11 NYMEX 的 WTI 期货合约结算价格走势(单位:美元/桶)

最为离奇的是双方签订的第二份合约。从表面上看,与第一份合约的条款类似,但是这份合约的生效与否掌握在高盛杰润的手中,即未来若原油价格继续大跌,高盛杰润有权使第二份合约生效,这么一来会造成深南电的亏损数额继续增加。决定第二份合约生效与否的是一份复合期权,而高盛杰润作为复合期权的买方(行使方),却并未付出一分钱的成本。而根据中投证券衍生产品部专业团队的计算,这个复合期权的价值超过2 000万美元,本应归属于深南电的这笔权利金额,却拱手送给了高盛杰润。

深南电 2008 年年报披露,当年 3—10 月,高盛杰润累计向深南电支付 210 万美元,11 月 16 日,高盛杰润却因故拒付第一份确认书项下 10 月份应付深南电的款项。后来的公告又显示,高盛杰润来函要求,深南电立即支付因不履行交易或未能提供充分保证而产生的实际损失7 996.3万美元,以及 2008 年 11 月 6 日至 2009 年 11 月 27 日的利息 373.6 万美元,欠款总额共计8 369.9万美元,折合人民币约 5.72 亿元。此外,高盛杰润还发函提出分 13 期付款、免除利息、只支付7 996.3万美元本金的和解方案。

由此观之,高盛杰润签订两项合约的代价只有 200 万美元,但其向深南电开出交易损失索赔金额却几近其实际付出成本的 40 倍。

2008 年 12 月 13 日深南电发布公告称,杰润(新加坡)私营公司来函宣布终止期权合约交易,其后基于不同的理由,深南电同样宣布终止交易。

虽然合约已经中止,但是深南电与高盛杰润的对赌悬案仍未解决,以至于在 2013 年深南电的年报中,仍然在披露与高盛的纠纷进展。

案例4

期权思想的重要应用——实物期权

全球化的市场和技术的进步,使得企业在运营过程中要及时地适应市场的可能变化。正如达尔文所说:“物竞天择,适者生存”,对于企业而言,这一提法也适用于企业的生存和发展。实物期权的思想,相比传统的资本预算的方法,可以为不确定性环境下的企业决策起到重要的指导作用。

一、传统资本预算方法的缺陷

传统的净现值方法(Net Present Value,NPV),其主要思想是将未来一系列现金流(包括成本和收入)以某一利率水平贴现成现值,因为已扣除了成本,所以称为净现值。如果净现值大于0,则认为项目投资有利可图;如果净现值小于0,则认为不值得投资。在应用NPV法进行项目评估时,一般都隐含下面几个假设:

(1)对于一个项目,决策者只有两种选择,要么进行投资,要么放弃。

(2)一旦投资该项目,那么在可预期的项目周期中一直经营下去,而不考虑投资者在出现不利情况时可以关闭或停业的可能,也不考虑投资者在出现有利情况时追加投资的可能。

所以许多学者和管理人员已认识到,净现值方法和其他类似的贴现现金流(Discount Cash Flow,DCF)方法并没有把握住管理活动中的灵活性和决策活动的战略价值,因而用这种方法做出的决策具有“短视”效应。也就是说,在现实市场中的项目投资一般都含有与上述假设不符的情况:

(1)即使当前项目的净现值为0,投资者还拥有等待投资的权利,即他可以等到净现值大于零时,再进行投资。

(2)即使进行项目投资后,投资者还拥有各种选择权,比如可以关闭停产,也可以扩大规模追加投资等。这些可能的选择权可以使投资更加有利可图或者能够减少损失。因此,这种灵活性就含有价值。但净现值法往往因忽略了这种灵活性的价值,从而低估了项目的价值。

二、实物期权的概念及分类

实物期权(Real Options)是一种以实物资产(非金融资产)为标的资产的期权,描述了在某一特定时间内拥有采取某一行动的权利。对于一个项目投资的实物期权,它指在某一时间内放弃投资、延期投资、增加投资、减少投资等行动的权利。在实物期权的框架下,它将投资决策看作一份期权,只不过这里期权的行权价是投资的成本,而标的资产的价格是项目的现值。

根据不确定性决策中所能采取行动的选择权利,实物期权可分为以下五类:

(一)扩张期权(Option to Expand)

这种期权指在项目投资的过程中,决策者往往可以随着项目的进展,根据情况的变化而追加投资、扩张规模或延长项目运营期限的权利。

(二)等待期权(Option to Wait)

与NPV方法当中项目当期就进行投资所不同,项目决策者可以在投资前等待并对项目前景加以评估。决策者这种择时投资的权利就是等待期权。在未来具有高度的不确定性,或者投资周期很长,或者投资具有不可撤回性时,等待期权就特别有价值。

(三)放弃期权(Option to Abandon)

放弃期权指在项目的多期投资过程中,当原来预期的条件发生变化而使得继续投资没有价值时,决策者可以放弃当前项目的权利。对于研发类(Research and Development, R&D)企业而言,前期的研发结果表明继续进行后期研发已没有价值时,那么这时最明智的选择就是放弃研发。

(四)转换期权(Option to Switch)

这种期权拥有在多个项目之间进行互相切换的权利。比如一家公司需要建设一个新厂房,传统的分析一般会建议根据建设费用和所需成本在一个地方建设一个厂房。但如果进行实物期权分析,发现如果同时在两个地方各建设一个厂房,那么可以根据需要随时转换生产线。这种可以随时转换生产线的权利就是一种具有价值的转换期权。

(五)混合期权(Hybrid Options)

在现实中,一般的项目投资往往具有上面提到的好几个期权,比如既可以扩张规模,也可以放弃项目。由多种期权组合而成的期权称为混合期权。

三、实物期权的应用场合

实物期权描述的是我们真实的在不确定性情况下的决策过程。因此实物期权方法是净现金流贴现法所无法比拟的,它的应用领域主要有:

1.自然资源投资;

2. R&D 活动;

3.土地开发;

4.启动性投资;

5.柔性制造;

6.外国投资;

7.政府津贴和管制;

8.航运业;

9.环境污染和全球气候变暖。

案例5

招行 CMP1 和钾肥 JTP1 的最后疯狂

2007 年 8 月 16 日,还剩下 7 个交易日的招商银行认沽权证(招行 CMP1)突然放量暴涨,盘中虽然 3 次被上交所停牌提示风险,但还是从 0.14 元涨到 0.5 元,涨幅高达 257.14%,成交从前一天的 23 亿元大幅放大到 186 亿元。2007 年 8 月 22 日,招商银行收盘价为 36.47 元,远高于行权价 5.45 元。仅从交易制度来说,招商银行在 8 月 27 日至 8 月 31 日的行权期内,其股价就不可能跌至 5.45 元水平以下。

2007 年 5 月 25 日,盐湖钾肥认沽权证(钾肥 JTP1)以暴跌收盘,其收盘价为 0.107

图 8-12　招行 CMP1(代码 580997)到期前的 K 线走势图

元。但它于 5 月 30 日从 0.9 元突然崛起,6 月 4 日创下 8.05 元的历史新高,其间振幅达到 80 倍,令人叹为观止。认沽权证经常是随着行权期的临近而逐步回归价值,钾肥 JTP1 在 6 月 25 日到 6 月 29 日的行权期内,投资者如果行权,则相当于以每股 15.10 元的价格向认沽权证发行人卖出盐湖钾肥股票,而盐湖钾肥最新收盘价为 45.21 元,由于行权只能意味着巨大亏损,因此钾肥 JTP1 注定一文不值。然而,离奇的命运贯穿了钾肥 JTP1 的始终。钾肥 JTP1 最后一天走势奇妙,全天换手率达到 1 741.2%,上午的涨幅一度超 70%,下午连续跳水,可最终仍报收于 0.107 元。一个纪录由此产生,钾肥 JTP1 是第一只最后价格高于 0.001 元的认沽权证。

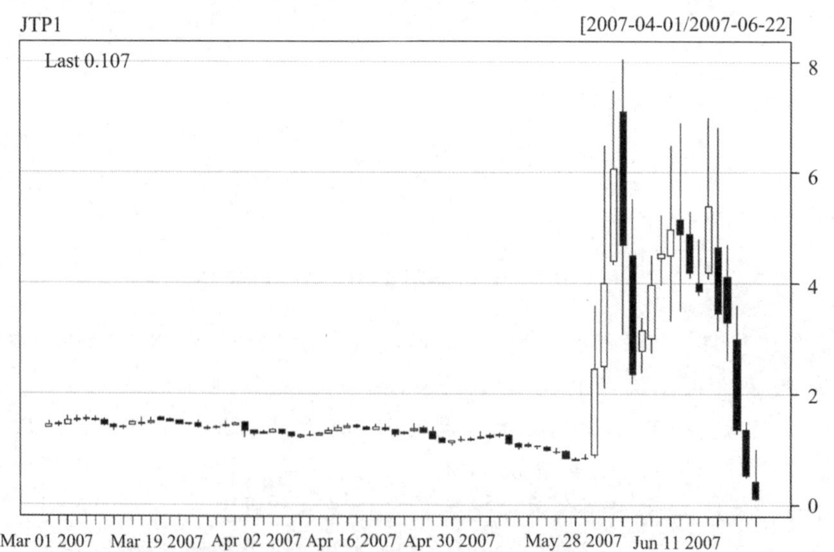

图 8-13　钾肥 JTP1(代码 038008)到期前的 K 线走势图

案例6

“万能对赌神器”跨境并购露峥嵘——绑定管理层防范黑天鹅

李超(化名)是某有色行业上市公司董事长,眼看着今年国内企业跨境并购热火朝天,他也动起了“出海”的心思。但是想到跨境并购的种种风险,李超不禁犹豫起来。“对于有色等海外矿产的并购,风险尤其大,在2008年的那一轮抄底中,很多大型央企都栽了进去,更甭说我们这种抗风险能力弱的民企。”李超称。

近日,某国内投行并购部负责人王刚(化名)前来拜访,向李超推荐了一个海外有色矿产项目;同时,介绍了一款既能绑定管理层,又能消除信息不对称,还能防范外部环境风险的“万能对赌神器”——Earn-out。在近期国内上市公司跨境并购中,Earn-out崭露峥嵘,激起了很多准备进行跨境并购上市公司老板的极大兴趣。

一、初露峥嵘

王刚称,Earn-out虽然不好准确地进行翻译,但理解起来并不复杂,它指的是在并购交易中,收购方在交割时先向转让方支付部分款项,然后根据并购标的未来能否达成约定的条件,来决定是否支付剩余价款。因此,它既是一种定价机制,又可以看作是一项对赌条款。

虽然目前国内对Earn-out还比较陌生,但已经有上市公司在跨境并购过程中使用。9月27日,联络互动公告称,公司拟通过支付现金的方式购买美国第二大B2C电商平台Newegg控股权,此次交易作价约2.64亿美元,交易价款主要分为三部分,其中的0.13亿美元便是Earn-out目标付款额。另外,在今年国内企业的跨境并购中,梅泰诺收购BBHI、洛阳钼业向Freeport-McMoRan Inc购买矿产资源两个案例虽然没有明确标注是Earn-out,但很多交易条款实际上等同于此。

“在美国并购市场,对上市公司并购中使用Earn-out的并不普遍,但对非上市公司并购中就使用的非常普遍;从地域属性来看,Earn-out在跨境和跨行业的并购中应用非常普遍;从行业属性来看,在医药等高风险行业的并购中,Earn-out也大量出现。上述三个维度的共同点是高风险,而国内企业跨境并购具有高风险特征,所以未来Earn-out在国内企业跨境并购中的应用可能会越来越普遍。最近咨询Earn-out的上市公司越来越多。”王刚称。

二、私人定制

王刚表示,之所以有越来越多的计划进行跨境并购的国内上市公司表现出对Earn-out的兴趣,在于它能同时应对跨境并购中常见的管理层激励、信息不对称、未来不确定等风险,可以说是“万能对赌神器”。

并购研究机构相关人士张亮告诉记者,Earn-out的条件设置主要有三种类型:一是能够反映和体现企业经营状况的相关财务指标,例如最常见的净利润等;二是能否达成对标的企业价值产生重大影响的某些特定目标,例如是否能够拿到某一特定合同、某些特定的监管许可等;某些会影响到标的方经营的外部市场相关指标,例如大宗商品的单价等。

“A股市场目前主要采用收益法进行估值,对赌的方式多为业绩对赌。而Earn-out

可以进行‘私人定制’，不仅适用于采用收益法进行估值的企业，对许多难以采用收益法估值的企业，如券商、保险、互联网电商等，都可以根据需要选择合适指标制定 Earn-out 方案，甚至能同时引入多个指标进行对赌。"张亮说。

李超最忌惮的还是海外矿业并购中的巨大风险。2008 年前后，受国内需求增长和国际金融危机影响，国内企业掀起海外矿产投资狂潮，很多民营企业加入到这场“淘金热”中。但是，随着国际大宗商品价格走低，上一轮海外矿产投资狂潮埋下的“地雷”最近几年集中引爆，多家上市公司业绩被拖入谷底。“如果能通过 Earn-out 与国际大宗商品价格进行对赌，则可以在很大程度上对冲上述风险。”李超说。

以洛阳钼业为例，根据其与 Freeport-McMoRan Inc 之间的协议，除支付 26.5 亿美元之外，如果在 2018 年到 2019 年，铜的月均市场价格超过 3.5 美元/磅，洛阳钼业将向 Freeport-McMoRan Inc 再行支付 6000 万美元；如果在上述时间内，钴的月均市场价格超过 20 美元/磅，洛阳钼业同样要再行支付 6000 万美元。

三、复杂博弈

“并购即将进入一个配置更加有效率、成交更加有难度、利益更加均衡、金融工具越来越多样化的时代。而具有高自由度和可以进行高定制化的 Earn-out，显然能够有效提高交易效率，降低成交难度，同时合理分配风险，加大交易弹性，使各方利益诉求更好地得到满足。”张亮说。

但是，有业内人士指出，正是因为 Earn-out 加大了交易弹性，相关条款的谈判往往变得复杂，这加剧了跨境并购过程中交易双方的博弈。王刚告诉中国证券报记者，与国内并购重组方案业绩对赌条款的相对“单纯”不同，Earn-out 的条款往往异常繁复，甚至经常综合多个指标、多种条件进行混合式对赌，所以 Earn-out 协议会作为并购交易方案的一个附件，有时甚至独立成为一个子合同。

Earn-out 条款签订后，在后续的执行过程中也将面临复杂的博弈。“特别是，如果当初交易谈判的时候，Earn-out 条件的设置不是具体的财务指标，或者不是足够客观的条件，那么在后续执行过程中判定 Earn-out 的条件是否满足时就很容易带有主观色彩，容易造成交易双方的纠纷。正是因为这个特点，在一定程度上限制了 Earn-out 的应用范围。”王刚说。

本章摘要

1.股票期权是最早出现的金融期权，该期权是以某种具体的股票作为期权合约的标的资产。股价指数期权，则是以股票市场的价格指数作为标的物的期权。股票期权用于管理非系统性风险，而股价指数期权用于管理系统性风险。

2.利率期权有两大类别：一类是以某种债务凭证作为标的物的期权，如欧洲美元期权及各种国债期权；另一类是以某种利率或债务凭证的收益率作为标的物的期权。

3.货币期权既有现货期权，也有期货期权。货币现货期权主要在费城证券交易所和芝加哥期权交易所上市，而货币期货期权则主要在芝加哥商品业交易所上市。

4.传统的场内交易的期权合约都有着标准化的特征，期权合约的标准化具有交易便利、流动性高等优点。但是,与标准化的期货合约一样,期权合约的标准化也在一定程度上限制了人们选择的余地。

5.利率上限协议、利率下限协议及利率区间协议的实质是场外交易的利率期权。

6.在传统期权的基础上,一些市场经济发达国家和地区的金融机构已开发出大量的新型期权(也称“奇异期权”)。这些新型期权有着特殊的交易规则,也有着特殊的合约条款。同时,这些期权基本上都在场外交易。

7.奇异期权花样繁多。它们通常都是在传统期权的基础上加以改头换面,或通过各种组合而形成。这些期权能满足不同投资者的某些特殊的需要。

练习与思考

一、名词解释

股票期权、利率期权、货币期权、利率上限协议、利率下限协议、利率区间协议、奇异期权、障碍期权、复合期权、百慕大期权、亚式期权、累计期权、回顾期权、呼叫期权、权证、可转换债券、可赎回债券、可回售债券

二、单选题

1.当一笔外汇期货期权履约时,以下表述正确的是(　　)

A.如果期权多头方持有的是看涨期权,则履约后该多头方将以协定汇率水平向空头方买入一定数量的外汇。

B.如果期权多头方持有的是看涨期权,则履约后该多头方将成为一张外汇期货合约的购买者。

C.如果期权多头方持有的是看跌期权,则履约后该多头方将以协定汇率水平向空头方卖出一定数量的外汇。

D.如果期权空头方卖出的是看跌期权,则履约后该空头方将以协定汇率水平向多头方买入一定数量的外汇。

2.在利率期权的交易机制中,封顶交易设定的是(　　),保底交易设定的是(　　)。

A.利率上限;利率下限　　B.利率下限;利率上限

C.即期利率;远期利率　　D.远期利率;即期利率

3.在利率期权的交易机制中,如果借款者想通过利率区间协议约束筹资成本,则该投资者应该(　　)。

A.买入一份利率上限协议;再买入一份利率下限协议。

B.买入一份利率上限协议;再卖出一份利率下限协议。

C.卖出一份利率上限协议;再买入一份利率下限协议。

D.卖出一份利率上限协议;再卖出一份利率下限协议。

4.股票指数期权的交割方式为(　　)

A.现金轧差　　B.交割相应指数的成分股

C.交割某种股票　　D.以上都可以

5.股价指数现货期权是指以(　　)作为标的物的期权交易,而股价指数期货期权是指以(　　)作为标的物的期权。

A.某种股票本身;某种股票的期货合约

B.某种股价指数本身;某种股价指数期货合约

C.某一系列股票本身;某一系列股票的期货合约

D.某一个证券投资组合;某一个证券投资组合的期货合约

6.*结构化产品中嵌入的利率封顶期权(Interest Rate Cap),其买方相当于(　　)。

A.卖出对应债券价格的看涨期权　B.买入对应债券价格的看涨期权

C.卖出对应债券价格的看跌期权　D.买入对应债券价格的看跌期权

7.*某银行向投资者出售了一款以欧元3个月期EURIBOR为挂钩利率、最低利率为0.5%、最高利率为2%的区间浮动利率票据。那么该银行相当于向投资者(　　)。

A.卖出了一个利率封顶期权、买入了一个利率封底期权

B.卖出了一个利率封顶期权、卖出了一个利率封底期权

C.买入了一个利率封顶期权、买入了一个利率封底期权

D.买入了一个利率封顶期权、卖出了一个利率封底期权

8.*结构化产品中嵌入的利率封底期权(Interest Rate Floor),其卖方相当于(　　)。

A.卖出对应债券价格的看涨期权　B.买入对应债券价格的看涨期权

C.卖出对应债券价格的看跌期权　D.买入对应债券价格的看跌期权

9.*某公司欲以浮动利率来为某项目进行融资,为了锁定融资成本,该公司可以(　　)。

A.买入利率上限期权　B.卖出利率上限期权

C.买入利率下限期权　D.卖出利率下限期权

10.认股权证发行者相当于下列期权交易策略中的哪一种角色?(　　)

A.买入看涨期权　B.买入看跌期权

C.卖出看涨期权　D.卖出看跌期权

11.某交易者买入认股权证,则该交易者相当于下列期权交易策略中的哪一种角色?(　　)

A.买入看涨期权　B.买入看跌期权

C.卖出看涨期权　D.卖出看跌期权

三、简答题

1.障碍期权有哪几种类型?其含义分别是什么?

2.利率上限协议、利率下限协议和利率区间协议的实质是什么?

3.回顾期权与传统的欧式期权有何不同?

参考文献

1.Chance D.,Brooks R.An Introduction to Derivatives and Risk Management [M].Cengage Learning,2015.

2.Hull J.Options,Futures,and Other Derivatives [M].Prentice Hall,2014.

3.叶永刚,彭红枫.金融工程学[M].东北财经大学出版社,2014.

4.张元萍,郗文泽.金融衍生工具[M].首都经济贸易大学出版社,2015.

5.黄昱程.期货与选择权:衍生性金融商品入门经典[M].华泰文化,2015.

6.施兵超.金融衍生产品[M].复旦大学出版社,2008.

7.施兵超.金融期货与期权[M].上海三联书店,1996.

8.David F.DeRosa.Options on Foreign Exchange[M].John Wiley & Sons,2011.

9.上海证券交易所.上海证券交易所股票期权试点交易规则[EB/OL].http://www.sse.com.cn/aboutus/hotandd/ssenews/c/c_20150109_3871937.shtml

10.中证网."万能对赌神器"跨境并购露峥嵘[EB/OL].http://www.cs.com.cn/xwzx/zq/201610/t20161015_5071610.html

微信公众号推荐:

余先生 Coogee
微信号:CoogeeYu

王的机器
微信号:MeanMachine1031

第9章 期权价格分析

学习目的

通过本章的学习，了解期权定价理论的发展简史；掌握期权价格的构成及其相互间的关系；掌握期权价格变动的影响因素，期权价格的上下限以及欧式期权的平价关系。

案例导读

2018年10月11日，沪指受外围股市影响大跌5.22%，创两年半最大单日跌幅，A股千股跌停再上演，市值累计蒸发2.67万亿元，市场表现出明显的避险情绪。与此同时，上证50ETF期权却创下历史新高，全天成交近273万张。其中50ETF认沽期权更是迎来大涨，当日最高涨幅达990%，盘中一度上涨超过1300%。正是如此，50ETF期权也得到了业内人士的大力推荐，被看做是近期投资的优秀产品和A股避险对冲的有效工具。11日当天共有17只认沽期权合约涨幅超过100%。其中三只合约日内涨幅超过500%，50ETF沽10月2300涨990.91%；50ETF沽10月2350涨748.1%；50ETF沽10月2250涨545.5%。其中，50ETF沽10月2300涨幅最大，为990.91%，盘中最高涨幅达1300%。

“股市开盘就做认沽的话，当天收益能达到期权费的300%到500%，平均收益在200%上下。”温州本土期权交易服务商——期权家的分析师余德传表示，当天根据外围股市的走势情况，他们判断A股大概率也会是下行的趋势。结果出人意料的是，当天由于下跌幅度过大，引起明显的避险情绪，盘内一张23块钱的认沽合约最高达到450元的价格。其中，期权家的会员中也有不少进行了期权认沽，当日均获得不俗的收益。

“多亏这次买了认沽期权，这波跌基本没损失。”金先生是一位在股市闪展腾挪十几年的老股民，拥有多年的炒股经验，目前持有总价值300多万元的多只A股股票。金先生是在今年听说了50ETF期权这样的金融工具，觉得可以为自己的股票做点对冲配置，就买了几万块，以防大跌造成损失。

11日当天，金先生的股票处于跌停边缘：“300万算起来的，一天的亏损就20多万。”他说，幸好前段时间买了几万元的50ETF的认沽期权，这里获得收益把股市的亏损补了起来，算起来的话几乎没亏损。

期权交易实际上是一种权利的交易，在这种交易中，期权购买者为获得期权合约所赋予的权利，就必须向出售者支付一定的期权费用，这种费用称作期权费，也称权利金或者期权价格。期权价格的决定与变动是一个非常复杂的问题。

第一节 期权定价理论的发展简史

一、期权定价理论的早期发展

(一)巴舍利耶的开创性研究

期权定价理论的开创性论文是1900年法国数学家巴舍利耶(L.Bachelier)的博士学位论文《投机理论》，在这篇论文中，巴舍利耶假设股票价格的动态过程为布朗运动(Brownian motion)，股票收益为正态分布。他的上述贡献开启了现代数理金融学的先河，其对布朗运动的数学刻画，比爱因斯坦早了5年。可惜的是，他的研究成果在当时并未受到学界的承认，最终他的博士论文只得了个平均分。

1906年，巴舍利耶出版了《连续概率理论》。在书中，他定义了几种随机过程类型，包括随后重新发现的马尔可夫运动(Markov process)与奥恩斯坦—乌伦贝克过程(Ornstein-Uhlenbeck process)。他从漂移与扩散系数角度描述随机过程。尽管巴舍利耶成绩卓著，可是直到书出版几年后他才找到一份教职。而且从那时开始一直到1937年退休，也就是1946年去世之前9年，他都屈身在一个毫不起眼的岗位。在很不幸地被人遗忘50多年之后，巴舍利耶论文的价值才重新被萨缪尔森(P.Samuelson)发现。

(二)萨缪尔森等人的扩展

期权定价方面的主要发展始于20世纪60年代。斯普伦克尔(Sprenkle)在1961年假设了一个对数分布，该分布中的股票价格具有固定的均值和方差，且该分布允许股票价格有正向漂移，并以此为假设推导出欧式看涨期权公式。斯普里克尔没有使用贴现的方式来确定期权价值。

博内斯(Boness)假定股票收益率为一个固定的对数分布，利用股票的期望收益率，通过将到期股票价格贴现，于1964年提出欧式看涨期权的公式。该公式与后来享有盛誉的Black-Scholes公式完全相同，只是采用的是股票的预期收益率而不是无风险收益率。

萨缪尔森(P.Samuelson，1970年诺贝尔经济学奖获得者)则注意到由于不同的风险特征，期权和股票的预期收益率一般是不同的。基于该事实，他于1965年提出了欧式看涨期权的定价公式。

卡苏夫(Kassouf)在1969年使用下面的计量经济模型估计看涨期权的价格，其中限定了看涨期权的价格范围。

$$C=X\{[(S/X)^r+1]^{\frac{1}{r}}-1\},1\leqslant r\leqslant\infty$$

二、期权定价理论的应用阶段

这一阶段最具有标志性的事件，便是费希尔·布莱克(Fischer Black)和迈伦·斯科尔斯(Myron Scholes)提出的布莱克-斯科尔斯期权定价模型。该模型的诞生标志着期权定价的相关理论进入应用阶段,当他们的论文于 1973 年发表时,世界上第一个期权交易所—芝加哥期权交易所(CBOE)才刚刚成立一个月,定价模型马上被期权投资者所采用。从此以后,大量金融机构利用期权定价模型进行衍生产品的开发和交易,促进了金融衍生品市场的繁荣。

与巴舍利耶的遭遇类似,介绍 Black-Scholes 期权定价模型的论文发表可谓历尽坎坷。论文的第一稿在 1970 年投给《政治经济学杂志》时被退回,理由是内容对于审稿人过分专业。随后投给《经济学和统计学评论》,同样遭遇退稿,并且两个期刊均未对论文进行审稿。后来,芝加哥大学的默顿·米勒(Merton Miller,1990 年诺贝尔经济学奖获得者)和尤金·法玛(Eugene Fama,有效市场假说的提出者,2013 年诺贝尔经济学奖获得者)认识到这篇论文的重要性,于是建议《政治经济学杂志》慎重考虑这篇论文的价值,于是在 1971 年 8 月,该杂志重新接受这篇论文,历经多次修改,最终论文以《期权定价与公司负债》为题[①]在 1973 年 5 月刊出。

在布莱克和斯科尔斯研究的基础上,罗伯特·默顿(Robert Merton)独立地使用随机微积分(stochastic calculus)的知识对期权的定价问题进行研究,并通过合成证券(synthetic securities)的方法对期权进行了复制,于 1973 年在《贝尔经济与管理科学杂志》上发表了名为《期权的理性定价理论》的论文[②]。这两篇论文奠定了期权定价的理论基础。

由于罗伯特·默顿和迈伦·斯科尔斯在期权定价方面的突出成绩,他们于 1997 年共同获得诺贝尔经济学奖。费希尔·布莱克在 1995 年因喉癌去世,无缘诺贝尔奖。

Robert Merton

Myron Scholes

图 9-1 1997 年诺贝尔经济学奖获得者

约翰·考克斯(John Cox)、斯蒂芬·罗斯(Stephen Ross)和马克·鲁宾斯坦(Mark Rubinstein)在 1979 年提出了期权定价的二项式方法,为更复杂的期权的定价问题提出了解决办法,并且该方法计算出的结果与 Black-Scholes 期权定价模型非常接近。

---

① Black,F.& Scholes,M.(May-Jun.,1973).The Pricing of Options and Corporate Liabilities[J].The Journal of Political Economy 81:637—654.

② Merton,R.C.:Theory of Rational Option Pricing[J].*The Bell Journal of Economics and Management Science*,1973(4):141—183.

三、期权定价理论的最新发展

从数学的角度看，Black-Scholes 期权定价模型在形式上与物理学中的热传导方程(heat equation)非常相似，同时也是伊藤(Itô)等人创立的随机微分方程(stochastic differential equations，SDE)在特殊情况下得到的解析解。然而在实际应用中，一方面，很多随机微分方程是得不到解析解的，往往要使用 Monte Carlo 模拟、有限元(finite element)等方法求解，进而得到数值解；另一方面，单纯的 Black-Scholes 模型无法对复杂的期权进行定价。大量实证研究结果表明，Black-Scholes 模型存在两个不能解释的现象：一是股票的对数回报并不服从正态分布，而是具有"尖峰胖尾"特征；二是存在"隐含波动率微笑"，即隐含的波动率为一个关于执行价格的函数，呈现一个"微笑"形状，而并非 Black-Scholes 模型中波动率为常数的情形。

在此基础上，经济学家试图在"放松"Black-Scholes 模型假设条件的情况下，寻求更贴近实际市场的期权定价模型，并取得了许多优秀成果，出现了一系列的模型，例如跳跃扩散模型、随机波动率模型、Levy 过程、Markov 调制模型等。

期权定价方法具有广泛的应用价值，已被应用于包括股票、公司债券、期货、可变利率抵押、保险、投资在内的金融证券和合同的广阔领域。期权定价理论已成为我们理解金融合同的重要因素和普及应用的使用工具，而实物期权理论的兴起，则大大拓展了金融工程的应用范围。

在实务界，大量具有理工科背景的专业人士进入金融机构，进行衍生产品的开发和定价，通过精密的数量化手段进行套利和风险控制，这些曾经受过严格科学训练的"火箭科学家"被称为"宽客"(quant)，他们在客观上促进了期权定价的最新理论在金融实务界的应用和推广。

 名人堂

巴舍利耶

巴舍利耶(Louis Bachelier，1870—1946)，法国数学家，被认为是数理金融之父。他出生于法国勒阿弗尔(Le Havre)的显赫家庭，其父是酒商和勒阿弗尔驻委内瑞拉副领事，同时也是科学爱好者；其母来自银行家家庭。不幸的是，在他 18 岁那年，父母先后过世，他不得不放弃学业转而掌管家族企业。正是这段经历，使他开始熟悉国际金融市场。

服完兵役后，在中断了近 4 年学业的情况下，他重新进入大学深造，师从庞加莱(Henri Poincaré)。虽然他的数学成绩远不及朗之万(Langevin)等同门，但是他在 1900 年的博士学位论文《投机理论》(Théorie de la spéculation)中抛开了对金融市场的基础分析和技术分析，用概率论建立了金融市场价格的随机游走模型。这是迄今所知最早应用高等数学和布朗运动来研究金融问题的论文。遗憾的是，由于他的研究对象对于身为数学家的答辩组成员

来说是不熟悉的领域，最终他的博士论文没能获得最高等级的成绩。他的导师庞加莱虽然给予了正面的评价，并推荐其论文发表于《巴黎高等师范学校科学年刊》(Annales scientifiques de l'École normale supérieure，法国最具影响力的学术期刊之一)，但是仍不足以使其获得一份终身教职。巴舍利耶的杰出理论模型也因此沉睡了超过半个世纪。

在巴舍利耶1906年的传记当中，他定义了一系列的随机过程，比如：独立增量过程、马尔科夫过程，并且他还推导出Ornstein - Uhlenbeck过程的分布。在庞加莱和其他学术基金会的资助下，从1909年开始，他以无薪讲师的身份在巴黎索邦大学授课。好不容易熬到1914年，巴黎大学为他设立了终身教职，眼看梦寐以求的职位近在眼前，这一年8月德军穿过比利时入侵法国，9月这位44岁的数学家在毫无征兆的情况下应征入伍。

第一次世界大战中，他成功的活下来，并于1918年退伍。当他返回巴黎时，之前的终身教职已经被取消。战争过后很多年轻数学家丧生，很多大学有了职位空缺，他得以借访问学者的身份浪迹在几个不知名的学校。1927年，巴舍利耶终于在贝桑松(Besancon)大学拿到终身教职，一直工作到1937年退休。这9年间，他一直修订和再版之前的论文，并没有继续开创性的工作。

1965年美国经济学家萨缪尔森(P. Samuelson)推荐了利用随机微积分的数学方法来研究金融的问题；他同时也挖掘出巴舍利耶的工作，并介绍给当时的学界。为了纪念这位数理金融的先驱，巴舍利耶金融学会(Bachelier Finance Society)在1996年(即巴舍利耶逝世50周年)成立，这是一个集合了从事数理金融相关领域的学者、金融业实务工作者以及金融政策制定者等国际人士的学会。该学会自2000年(即巴舍利耶博士论文发表100周年)起，每两年举办一次世界大会以提供一个交流的平台，来共同分享金融领域面临的问题与数学上可能的解决方案。

伊藤清

伊藤清(Itô Kiyosi，1915—2008)，日本数学家，日本学士院院士，生于日本三重县北势町。为解释布朗运动等伴随偶然性的自然现象，伊藤清提出了伊藤公式，这成为随机分析这个数学新分支的基础定理。伊藤的成果于20世纪80年代以后在金融领域得到广泛应用，他因此被称为“华尔街最有名的日本人”。

伊藤研究随机过程，他在1944年和1946年的两份著作立下随机积分(stochastic integration)和随机微分方程(stochastic differential equation)的理论基础，所以他被视为随机分析的创立者。他的理论被应用于很多不同领域，包括自然科学和经济学，例如金融数学中期权定价用的布莱克—斯科尔斯模型。伊藤的成就不仅对数学，而且对社会科学也带来很大影响。他是少有的在世的时候看到自己的理论研究被应用到现实生活中的数学家之一。

伊藤清因在概率论方面的奠基性工作而获得1987年沃尔夫奖。他曾获得京都奖、文化功劳者等奖项或荣誉称号。国际数学家联合会在2002年决定设立以德国数学王子高斯命名的“高斯奖”。2006年的首届“高斯奖”就颁发给了伊藤清。

费希尔·布莱克

费希尔·布莱克(Fischer Black，1938—1995)是美国经济学家，布莱克-斯科尔斯模

型的提出者之一。费希尔·布莱克毕生坚持奋战在华尔街,在金融领域他是“搞实务的”而不是“做学术的”,然而就是他创建了迄今为止最正确、最经典、应用最广、成就最高的模型:布莱克-斯科尔斯期权定价模型。在他因病去世两年后,诺贝尔将经济学奖颁给了参与创建模型的两位学者迈伦·斯科尔斯和罗伯特·默顿,费希尔终未获此毕生殊荣。

费希尔·布莱克于 1959 年毕业于哈佛学院,并于 1964 年获得了哈佛大学应用数学的博士学位。最初,他因毕业论文无法开题而放弃就读博士课程,后来他从就读物理学转至数学,后又转至计算机和人工智能专业。布莱克加入 Arthur D.Little 公司,在那里他第一次接触到经济和金融咨询,同时他遇见了未来的合作者杰克·特雷诺(Jack Treynor)。1971 年,他开始在芝加哥大学工作。后来,他离开芝加哥大学,来到麻省理工学院斯隆管理学院(MIT Sloan Management)工作。1984 年,他加入高盛(Goldman Sachs)。

费希尔·布莱克是位充满传奇色彩的人物。他从没受过正式的金融和经济学训练,却在几年之内创立了现代金融学的基础。他在生活中处处规避风险,却在学术研究和商业实践中勇敢地挑战前沿。他能轻易地获得芝加哥大学和 MIT 的终身教授头衔,也能自如地放弃,再次投身到金融衍生产品革命的大潮,并成为顶级投资银行高盛的合伙人。他频繁地在象牙塔和华尔街之间穿梭、游弋,并常常在学界和实务界同时获得成功。

费希尔·布莱克曾于 1985 年当选美国金融协会(American Finance Association)主席,1994 年成为年度金融工程师,并 4 次获得《金融分析师杂志》的 Graham & Dodd 奖项。

布莱克逝世后,《经济学人》杂志对他如此评价:“费希尔·布莱克,金融经济学家和当代衍生产品市场的学界教父,因病逝世……他是本世纪最多产的经济学者之一,如果他还活着,肯定会获得诺贝尔奖……他提供了精确的工具来度量金融风险,而无须猜测市场的可能运行方向……”

为纪念布莱克,美国金融协会于 2002 年设立费希尔·布莱克奖,每两年颁发一次。该奖项颁发给原创性研究成果对金融实务领域有突出贡献的年轻学者。符合条件的学者必须年龄在 40 岁以下,或者年龄 45 岁以下,但在 35 岁以前尚未获得博士学位(或同等学历)。

彭实戈

彭实戈,男,1947 年 12 月 8 日生,数学家,祖籍广东海丰,出生于今山东省滨州市。现为中国科学院院士,山东大学数学与系统工程学院博士生导师,山东大学数学研究所所长,经济学院院长,金融研究院院长。长期致力于随机控制、金融数学和概率统计方面的研究,在随机控制理论研究领域,有很高的国际知名度。他和法国数学家 Pardoux 教授一起开创了“倒向随机微分方程”的新方向,成为研究金融产品定价的重要工具。

彭实戈的姓氏来源于一个红色家族。他的父母都是广东海丰

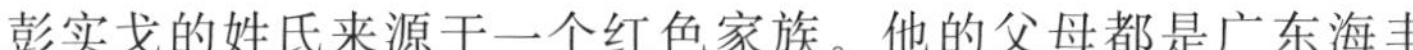

人。彭实戈的母亲彭平，是烈士彭湃的亲侄女。彭实戈的外祖父彭汉垣，也是烈士。当年，尚在济南战役硝烟中浴血奋战的父亲为他刚刚出生的儿子取名"实戈"，就是希望他长大后做一名老老实实的战士。然而，还没来得及见上爱子一面，父亲就倒在了黎明前的枪林弹雨中。

1993年，彭实戈教授派学生调查，了解期货市场情况。他敏锐地发现了中国期权、期货交易中存在的一些严重问题。当时中国刚刚步入国际市场，绝大部分企业、机构经验不足、信息不够通畅，对期货、期权的避险功能了解甚少，很多人在不清楚这种现代金融工具所隐藏的巨大风险以及如何度量和规避这种金融风险的情况下便盲目投资，进行境外期货期权交易。在进行了一些统计分析调查以后，根据交易规则，彭教授运用自己所研究的"倒向随机微分方程"预计每位投资者每做一单交易，输的概率将大于70%，而赢的概率则小于30%。而根据概率论中的大数定律就可以断定：这必然会造成中国资金的大量流失。

出于学者的社会责任感，他感到自己不能无所作为。他写了两封信，一封交给山东大学潘承洞校长，潘校长立即转呈山东省副省长。另一封递交国家自然科学基金委。信中，他陈述了自己对国际期货期权市场的基本看法，以及中国目前进行境外期货交易所面临的巨大风险，并建议从速开展对国际期货市场的风险分析和控制的研究，加强对金融高级人才的培养。并曾亲赴北京，向国家自然科学基金委领导当面表达自己的意见。

后来，山东省立即停止了境外期货交易。中国国家自然科学基金委员会也很快发文将彭实戈的建议信转呈中央财经领导小组，采取相应措施，避免了国有资产的大量流失。以彭实戈为第一负责人的国家自然科学基金委"九五"重大项目《金融数学、金融工程和金融管理》有力地推动了"金融数学"这门新兴学科在中国的发展。彭实戈教授的研究成果使他独立获得了1995年国家自然科学二等奖和2003年山东省科学技术最高奖，并于2005年当选中国科学院院士。

2011年11月14日，彭实戈院士因其在随机分析、随机控制及金融风险度量领域的杰出贡献，获得第十届华罗庚数学奖，他在随机最优控制系统的最大值原理、倒向随机微分方程理论和非线性数学期望理论的研究方面取得了国际领先水平的原创性研究成果，得到国内外同行的广泛引用和一系列公开发表的高度评价，推动了随机控制理论、金融数学、随机分析等相关学科的发展。

第二节　期权价格的构成

一、期权的价值分析

期权的价格主要由两部分组成：内在价值和时间价值。期权合约的价值等于其内在价值和时间价值之和，即：

$$期权价值=内在价值+时间价值$$

我们将内在价值和时间价值分别记作 IV 和 TV。

(一)内在价值

内在价值(intrinsic value),又称为内涵价值,是立即执行期权所带来的收益。这里,我们使用S表示标的资产的市价,X表示期权的协定价格(exercise price),由于价值不能小于零,因此,对于看涨期权而言,其内在价值可以表示为:

$$IV=\max(0,S-X)=\begin{cases}0, & S\leqslant X\\ S-X, & S>X\end{cases}$$

根据期权有无内在价值,可以将其分为实值期权(in-the-money,ITM)、虚值期权(out-of-the-money,OTM)和平值期权(at-the-money,ATM)[①]。我们将 $S>X$ 时的看涨期权称为实值期权,把 $S<X$ 时的看涨期权称为虚值期权,将 $S=X$ 时的看涨期权称为平值期权。

同样,对于看跌期权而言,其内在价值可以表示为:

$$IV=\max(0,X-S)=\begin{cases}0, & S\geqslant X\\ X-S, & S<X\end{cases}$$

我们将 $S<X$ 时的看跌期权称为实值期权,把 $S>X$ 时的看跌期权称为虚值期权,将 $S=X$ 时的看跌期权称为平值期权。

总之,实值期权的内在价值大于零,虚值和平值期权的内在价值等于零。

在期权价值的分析中,还有两个概念:深度实值(deep in-the-money)和深度虚值(deep out-of-the-money)。对于看涨期权,若 $S\gg X$,则称期权处于深度实值状态;若 $S\to 0$,则称期权处于深度虚值状态。相应地,对于看跌期权,若 $S\to 0$,则期权处于深度实值状态;若 $S\gg X$,则处于深度虚值状态。

(二)时间价值

期权的时间价值也称外在价值(extrinsic value),它是期权价格超过内在价值的部分,是指期权买方随着期权时间的延续和相关商品价格的变动有可能使期权增值时,愿意为购买这一期权所付出的权利金额。

从动态上看,期权的时间价值随期权到期日的临近而衰减。原因在于:对于期权买方而言,剩余期限越长,未来价格的变动对他有利的可能性越大,获利的机会也就越多,他愿意付出的时间价值也就越高;相反,剩余期限的缩短,买方获利的机会减少,他愿意付出的时间价值也就越少。因此,期权的时间价值实际上是一种“波动性价值”。

(三)期权价值、内在价值和时间价值三者之间的关系

由于期权价值是由内在价值和时间价值的加总得到的。以看涨期权为例,三者之间的关系可用图 9-2 表示。

图中的横轴是期权标的物的可能价格,折线是看涨期权的内在价值,曲线是看涨期权的价值,两者之间的垂直距离就是期权的时间价值。以折线的拐点为界,当期权标的物价格在拐点的左侧,期权处于虚值状态;当标的物价格在拐点的右侧,期权处于实值状态。从图中可以看出,将期权处于平值状态时,看涨期权的价值与内在价值之间的垂直距离最大,即期权处于平值状态时,时间价值最大;同样,当 $S_t\to 0$ 或 $S_t\to\infty$ 时,期权的价值渐近

① 有的教材中将实值、虚值和平值期权分别称作价内、价外、价上期权

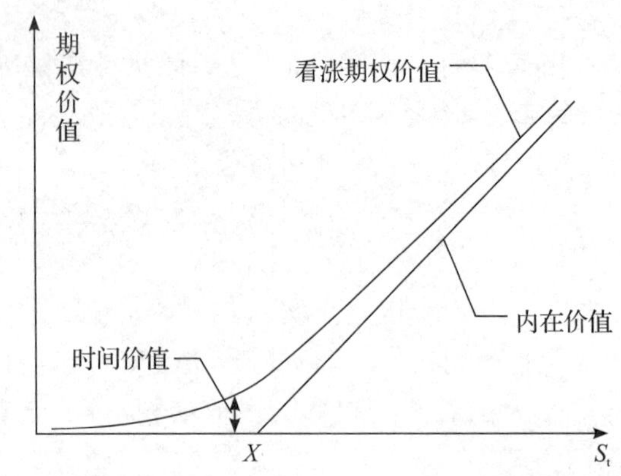

图 9-2　看涨期权价值、内在价值、时间价值三者变动关系示意图

于内在价值的折线，即期权处于深度虚值或深度实值时，其时间价值趋于零。

另外，随着到期日的临近，看涨期权价值的曲线将逐渐向内在价值折线靠拢，至到期日，看涨期权价值曲线退化成内在价值折线，此时，期权的时间价值为零。

二、期权价格的影响因素

期权价格的主要影响因素有：标的资产的市场价格、期权的协定价格、期权的有效期、标的资产价格的波动率、无风险利率、标的资产的收益。

（一）标的资产的市场价格与期权的协定价格

由于看涨期权在执行时，其收益等于标的资产的市价与协定价格之差。因此，标的资产的价格越高、协定价格越低，看涨期权的价格就越高。

对于看跌期权而言，由于执行时其收益等于协定价格与标的资产市价的差额，因此，标的资产的价格越低、协定价格越高，看跌期权的价格就越高。

（二）期权的有效期

对于美式期权而言，由于它可以在有效期内的任何时间行权，有效期越长，期权购买方的获得机会就越大，而且有效期长的期权包含了有效期短的期权的所有执行机会，因此有效期越长，期权价格越高。

对于欧式期权而言，由于只能在期末执行，因此有效期的长短对其价格的影响比较复杂。一方面，有效期长，在其他情况不变时，意味着期权的时间价值增大，相应欧式期权的价格提高；另一方面，对于欧式期权的买方而言，若标的资产在有效期内支付了大量红利收益，又会造成资产的持有成本降低，进而影响期权的内在价值，其他条件不变时，期权的有效期延长，会使得欧式看涨期权的价格降低。

但在一般情况下，剔除标的资产短期支付大量红利收益这一情况，由于有效期越长，标的资产的风险越大，期权出售方的风险越大，即使是欧式期权，有效期越长，其期权价格也越高。

（三）标的资产价格的波动率

标的资产价格的波动率是用来衡量标的资产未来价格变动不确定性的指标。由于期权买方的最大亏损额仅限于期权费的数额，因此，波动率越大，对期权多头越有利，期权价格也应越高。

（四）无风险利率

考虑到货币的时间价值，投资者购买看涨期权的未来履约价格 X 的现值随无风险利率的提高而降低，即投资成本的现值降低。此时在未来时期内，按固定履约价格购买股票的成本降低，看涨期权的价值增大，因此，看涨期权的价值与利率正相关变动；而投资者购买看跌期权未来履约价格的现值随利率的提高而降低，此时在未来时期内，按固定履约价格销售股票的现值收入减少，看跌期权的价值就越小，因此，看跌期权的价值与利率负相关变动。

上述属于静态分析，即假设其他的影响因素不变。但是在实际中，无风险利率的提高也意味着股票、债券等与利率变动方向相反的标的资产未来价格下降，从而引起期权内在价值的变动。这会造成看涨期权的价格下降，同时造成看跌期权的价格上升。

需要注意的是，从这两方面得到的结论刚好相反。无风险利率的变动究竟对期权价格具有何种影响，应根据具体情况做全面的分析。

（五）标的资产的收益

由于标的资产的分红付息等因素会降低资产的持有成本，反映为标的资产价格的下降，而期权的协定价格并未因为分红付息而有所调整，因此，会造成看涨期权的价值减少，而看跌期权的价值会增加。

上述六个影响因素对期权价格的影响见表 9-1。

表 9-1　相关因素的变化对期权价格的影响

变量	欧式看涨	欧式看跌	美式看涨	美式看跌
标的资产市场价格（S_t）	＋	－	＋	－
期权协定价格（X）	－	＋	－	＋
期权有效期（T）	＋？	＋	＋	＋
标的资产价格波动率（σ）	＋	＋	＋	＋
无风险利率（r）	＋？	－？	＋	－
标的资产收益（D）	－	＋	－	＋

注：“＋”表示期权价格与影响因素的变动方向相同，“－”表示期权价格与影响因素的变动方向相反，“？”表示不能确定。

由以上分析可知，影响期权价格变动的因素有很多，各因素对期权价格的影响也很复杂，这些因素之间既有互补关系，又有抵消关系。因此，光从定性的角度对期权价格进行分析是远远不够的。

第三节　期权价格的上下限和期权平价关系

在进行了前面的期权价格影响因素的定性分析后，从本节开始，我们对期权的价格进行定量分析。为了推导出期权定价的精确公式，我们先要找出期权价格的上限（upper bound）和下限（lower bound），由此所形成的区间是期限价格的合理区间，一旦期权的价格超出上限或低于下限，就存在着套利的机会。

为了后面叙述的统一，我们对相关变量进行如下标记：

符号	说　明
S_t	标的资产在 t 时刻的价格
X	期权的协定价格
r	无风险年利率，后文为叙述上的方便，一律使用连续复利计息
T	期权合约的期限
$C(X,t)$	协定价格为 X 的欧式看涨期权在 t 时刻的价格
$c(X,t)$	协定价格为 X 的美式看涨期权在 t 时刻的价格
$P(X,t)$	协定价格为 X 的欧式看跌期权在 t 时刻的价格
$p(X,t)$	协定价格为 X 的美式看跌期权在 t 时刻的价格

一、看涨期权价格的上、下限

（一）欧式看涨期权的上、下限

在任何情况下，期权的价格都不可能超过其标的资产的价格，否则就会引发卖出期权、买入标的资产的无风险套利。因此，对于欧式看涨期权来说，其价格上限就是标的资产价格：

$$C(X,0)\leqslant S_0$$

在到期前的任意 t 时刻，价格上限是：$C(X,t)\leqslant S_t$

对于欧式看涨期权下限的讨论，我们通过构造两个组合来加以分析。这里构造两个资产组合 A 和 B，其中 A 组合包含一种股票，其现价为 S_0，期权到期时的价格为 S_T；B 组合包含一份协定价格为 X 的欧式看涨期权和一笔现金，其中现金数额为 Xe^{-rT}，用于购买年收益为 r 的无风险债券，在 T 时刻的本息为 X，两种资产在当前时刻和 T 时刻的损益情况如下表 9-2 所示。

表 9-2

资产组合	资产现值（$t=0$）	期权到期时资产价值（$t=T$）	
		$S_T<X$	$S_T\geqslant X$
A	S_0	S_T	S_T
B	$C(X,0)+Xe^{-rT}$	X	$S_T-X+X=S_T$

可见，无论期权到期日时标的资产价格与协定价格之间的关系如何，组合 A 的价值肯定不大于组合 B，因此 A 的期初价值也不应大于 B，因此有下式：

$$C(X,0)+Xe^{-rT}\geqslant S_0\Rightarrow C(X,0)\geqslant S_0-Xe^{-rT}$$

因此，欧式看涨期权的价格下限为：

$$C(X,t)\geqslant \max(0,S_t-Xe^{-r(T-t)})$$

(二)美式看涨期权的上、下限

与前面的分析类似，美式看涨期权的价格也不能超过标的资产的价格，因此：

$$c(X,t)\leqslant S_t$$

对于美式看涨期权下限的分析，我们首先要明确美式期权的价格不低于欧式期权，因为美式期权可在到期前的任何时刻行权，因此可得到下式：

$$c(X,0)\geqslant C(X,0)\geqslant \max(0,S_0-Xe^{-rT})$$

其次，考虑到美式期权可在到期前以协定价格 X 进行行权，因此，若 $c(X,0)<S_0-X$，则会出现套利机会，套利者可以 $c(X,0)$的价格买进期权，然后立即执行，获得 S_0-X 的收益，因此还应该有下式：

$$c(X,0)\geqslant \max(0,S_0-X)$$

又由于 $S_0-Xe^{-rT}\geqslant S_0-X$，因此美式看涨期权的下限为：

$$c(X,0)\geqslant \max(0,S_0-Xe^{-rT})$$

在到期前的任意 t 时刻，价格下限是：$c(X,t)\geqslant \max(0,S_0-Xe^{-r(T-t)})$

二、看跌期权价格的上、下限

(一)欧式看跌期权的上、下限

欧式看跌期权的购买方在期权到期时的最大收益为协定价格 X，此时标的资产价格为零。因此，欧式看跌期权的价格上限应为最大收益 X 的贴现值：

$$P(X,0)\leqslant Xe^{-rT}$$

在到期前的任意 t 时刻，价格上限是：$P(X,t)\leqslant Xe^{-r(T-t)}$

对于欧式看跌期权下限的讨论，我们通过构造两个组合来加以分析。这里构造两个资产组合 C 和 D，其中 C 组合包含一种股票，其现价为 S_0，期权到期时的价格为 S_T；D 组合包含一份协定价格为 X 的欧式看跌期权的空头和一笔现金，其中现金数额为 Xe^{-rT}，用于购买年收益为 r 的无风险债券，在 T 时刻的本息为 X，两种资产组合在当前时刻和 T 时刻的损益情况如表 9-3 所示。

表 9-3

资产组合	资产现值 ($t=0$)	期权到期时资产价值($t=T$)	
		$S_T\leqslant X$	$S_T>X$
C	S_0	S_T	S_T
D	$Xe^{-rT}-P(X,0)$	$X-(X-S_T)=S_T$	X

可见，无论期权到期日时标的资产价格与协定价格之间的关系如何，组合 C 的价值肯定不小于组合 D，因此 C 的期初价值也不应小于 D，因此有下式：

$$Xe^{-rT}-P(X,0)\leqslant S_0\Rightarrow P(X,0)\geqslant Xe^{-rT}-S_0$$

因此，欧式看跌期权的价格下限为：

$$P(X,t)\geqslant \max(0,Xe^{-r(T-t)}-S_t)$$

（二）美式看跌期权的上、下限

由于美式看跌期权可以在到期日前的任意时间以协定价格 X 行权，因此它的最大收益为协定价格 X，即：

$$p(X,t)\leqslant X$$

对于美式看跌期权下限的分析，我们首先要明确美式期权的价格不低于欧式期权，因为美式期权可在到期前的任何时刻行权，因此可得到下式：

$$p(X,0)\geqslant P(X,0)\geqslant \max(0,Xe^{-rT}-S_0)$$

其次，考虑到美式期权可在到期前以协定价格 X 进行行权，因此，若 $p(X,0)<X-S_0$，则会出现套利机会，套利者可以 $p(X,0)$ 的价格买进期权，然后立即执行，获得 $X-S_0$ 的收益，因此还应该有下式：

$$p(X,0)\geqslant \max(0,X-S_0)$$

又由于 $Xe^{-rT}-S_0\leqslant X-S_0$，因此美式看涨期权的下限为：

$$p(X,0)\geqslant \max(0,X-S_0)$$

在到期前的任意 t 时刻，价格下限是：$p(X,t)\geqslant \max(0,X-S_t)$

以上内容的总结如表 9-4 所示。

表 9-4

期权种类	价值上限	价值下限
欧式看涨 $C(X,t)$	S_t	$\max(0,S_t-Xe^{-r(T-t)})$
欧式看跌 $P(X,t)$	$Xe^{-r(T-t)}$	$\max(0,Xe^{-r(T-t)}-S_t)$
美式看涨 $c(X,t)$	S_t	$\max(0,S_t-Xe^{-r(T-t)})$
美式看跌 $p(X,t)$	X	$\max(0,X-S_t)$

需要说明的是，这里期权价值上下限的假定前提是期权的有效期限内标的资产不存在收益支付。

三、期权的平价关系

前面我们得到了期权价格的上、下限，还有一个问题没有解决：标的物相同、协定价格相同、到期时间相同的看涨和看跌期权在价格上是否有联系？为了回答这个问题，我们引入期权的看跌—看涨平价关系（put-call parity）。

这里，我们构造两个资产组合Ⅰ和Ⅱ。其中组合Ⅰ包含 T 时刻到期的协定价格为 X 的欧式看涨期权多头 1 份，以及数额为 Xe^{-rT} 的现金，将这些现金以无风险收益率 r 投资于国债；组合Ⅱ包含 T 时刻到期的协定价格为 X 的欧式看跌期权多头 1 份，以及多头标的资产 1 份。两种资产组合在当前时刻和 T 时刻的损益情况分别如表 9-5、表 9-6 所示。

表 9-5 组合Ⅰ的损益情况

资产组合	资产现值 ($t=0$)	期权到期时的资产价值($t=T$)	
		$S_T<X$	$S_T\geqslant X$
欧式看涨期权	$C(X,0)$	0	S_T-X
现金投资	Xe^{-rT}	X	X
总计	$C(X,0)+Xe^{-rT}$	X	S_T

表 9-6 组合Ⅱ的损益情况

资产组合	资产现值 ($t=0$)	期权到期时的资产价值($t=T$)	
		$S_T<X$	$S_T\geqslant X$
欧式看跌期权	$P(X,0)$	$X-S_T$	0
标的资产	S_0	S_T	S_T
总计	$P(X,0)+S_0$	X	S_T

由表中数据所示，无论标的资产的到期价格与协定价格之间的关系如何，两个资产组合的价值均相等。根据无套利原则，两个资产组合在期初的价值也应该相同，从而可以得到如下等式：

$$C(X,0)+Xe^{-rT}=P(X,0)+S_0$$

在到期前的任意 t 时刻，欧式期权的看跌—看涨平价关系是：

$$C(X,t)+Xe^{-r(T-t)}=P(X,t)+S_t$$

从这个平价关系，我们可以得到：

多头看涨期权＋多头国债＝多头看跌期权＋多头标的资产

接下来，为了讨论问题的方便，将 $C(X,t)$ 和 $P(X,t)$ 分别简写为 C_t 和 P_t，相应的平价关系可以写成：

$$C_t+Xe^{-r(T-t)}=P_t+S_t \tag{9.1}$$

看跌—看涨平价关系的表达式具有以下含义：

(一)看涨和看跌期权的价格可以互算

将式(9.1)加以变形，可得：

$$\begin{cases}C_t=P_t+S_t-Xe^{-r(T-t)}\\P_t=C_t+Xe^{-r(T-t)}-S_t\end{cases}$$

因此，根据平价公式，只要知道看涨期权的价格，就能推算出看跌期权的价格，反之亦然。

例 9-1：有一个距离到期日还有 1 年的看涨期权，其价格为 5 美元，协定价格为 50 美元，当前标的资产的价格为 50 美元，假设无风险利率为 6%，则在相同条件下，看跌期权的理论价格是多少？

解答：

$$P_t=C_t+Xe^{-r(T-t)}-S_t=5+50e^{-0.06\times1}-50=\$2.09$$

（二）处于平值状态时，看涨期权价格会大于看跌期权

当期权处于平值状态时，$S_t=X$，此时根据平价公式，看涨期权价格会大于看跌期权，推导过程如下：

$$C_t-P_t=S_t-Xe^{-r(T-t)}=X\left[1-e^{-r(T-t)}\right]>0\Rightarrow C_t>P_t$$

（三）任何三项金融工具，可以组合成第四项金融工具

通过平价关系，我们可以由三项金融工具，组合成第四项金融工具。这样组合而成的金融工具，称作合成证券（synthetic securities）。通过对看跌—看涨平价关系的公式进行些许变形，我们可以得到如表 9-7 所示的合成证券。

表 9-7

公式	被合成证券	合成因素
$C(X,t)=P(X,t)+S_t-Xe^{-r(T-t)}$	多头看涨期权	多头看跌期权、多头标的资产、空头国债
$Xe^{-r(T-t)}=P(X,t)+S_t-C(X,t)$	多头国债	多头看跌期权、多头标的资产、空头看涨期权
$P(X,t)=C(X,t)+Xe^{-r(T-t)}-S_t$	多头看跌期权	多头看涨期权、多头国债、空头标的资产
$S_t=C(X,t)+Xe^{-r(T-t)}-P(X,t)$	多头标的资产	多头看涨期权、多头国债、空头看跌期权

合成证券是衍生品定价中重要的方法，也是投资者进行套利时的重要依据。

（四）若平价关系被打破，会出现套利的机会

看跌—看涨平价关系是一种无套利的条件，一旦该平价关系不成立，就会产生套利机会。如果实际的期权价格高于或低于其理论价格，则套利者就可以通过套利交易而获利。以例 9-1 而言，若看跌期权的市场价格为 1 美元，小于计算出的理论价格 2.09 美元，此时说明看跌期权价格被低估，相应的组合价值被高估。此时可以通过买进看跌期权，同时卖出组合的方式进行套利。即：

$$P_t<C_t+Xe^{-r(T-t)}-S_t \quad\Rightarrow\quad \text{多头看跌期权}+\text{空头看涨期权}+\text{空头国债}+\text{多头股票}$$

（五）利率与看涨期权价格正相关，与看跌期权价格负相关

平价关系也说明了利率变动与看涨和看跌期权价格变动的关系。当利率上升时，平价公式中的 Xe^{-rT} 会下降，从而造成看涨期权价格上升、看跌期权价格下降。推导过程如下：

$$\begin{cases}C_t=P_t-Xe^{-r(T-t)}+S_t\\P_t=C_t+Xe^{-r(T-t)}-S_t\end{cases}\Rightarrow\ r\uparrow\ \Rightarrow\ Xe^{-r(T-t)}\downarrow\ \Rightarrow\begin{cases}C_t\uparrow\\P_t\downarrow\end{cases}$$

欧式期权具有平价关系，而美式期权由于可以提前执行，因此上面所介绍的平价公式对于美式期权并不适用，我们只能根据欧式期权的平价关系，得到下列美式期权价格关系的不等式：

$$S_t-X\leqslant c(X,t)-p(X,t)\leqslant S_t-Xe^{-r(T-t)}$$

四、支付红利情况下的期权的上、下限及平价关系

前面进行分析的过程中均假设标的资产不支付红利，在现实中，这一假设是不成立

的，需要对前面所述的期权上、下限以及平价关系进行重新调整。需要说明的是，红利的支付，意味着持有标的资产的成本发生了下降。比如，股票进行现金分红后，对于投资者来说，其账户中持有的股票成本会相应下降，下降数额就等于税后现金分红的数额。

为说明问题的方便，我们假定期权到期前，标的资产支付的红利收益为 D，由于货币具有时间价值，不同期限的现金流必须通过取现值或终值的方式进行衡量，因此，在后面的分析中，我们一律将红利收益取现值，记为 $PV(D)$。这样，在考虑红利支付的情况下，标的资产当前的价格就由原先的 S_0 变为 $S_0-PV(D)$。为了便于理解，记 $S_0'=S_0-PV(D)$。这样，期权的平价公式就变为：

$$C(X,0)+Xe^{-rT}=P(X,0)+S_0'$$

$$C(X,0)+Xe^{-rT}=P(X,0)+[S_0-PV(D)]$$

在到期前的任意 t 时刻，包含红利支付的**欧式期权**看跌—看涨平价关系是：

$$C(X,t)+Xe^{-r(T-t)}=P(X,t)+S_t-PV(D)\cdot e^{rt}$$

相应，美式期权价格关系的不等式变为：

$$[S_0-PV(D)]-X\leqslant c(X,0)-p(X,0)\leqslant[S_0-PV(D)]-Xe^{-rT}$$

同理，可以得到在标的资产有收益情况下，各类期权价格的下限（见表 9-8）。

表 9-8

期权种类	价值下限（期间标的资产有收益）
欧式看涨 $C(X,0)$	$\max[0,(S_0-PV(D))-Xe^{-rT}]$
欧式看跌 $P(X,0)$	$\max[0,Xe^{-rT}-(S_0-PV(D))]$
美式看涨 $c(X,0)$	$\max[0,(S_0-PV(D))-Xe^{-rT}]$
美式看跌 $p(X,0)$	$\max[0,X-(S_0-PV(D))]$

附录：利用 Black-Scholes 模型得出的各影响因素对期权价格的影响图

期权的价格参数分别为：$r=0.0446$，$T=0.0959$，$\sigma=0.83$，$S=125.94$，$X=115$，假定其中的四个因素不变，另一个因素变动对期权价格的影响。

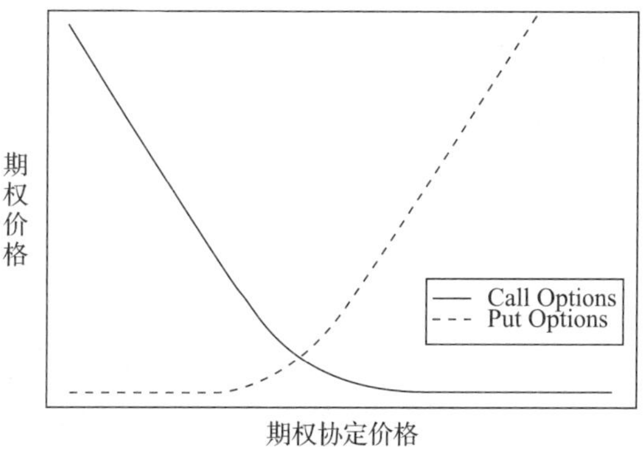

期权的协定价格变动对欧式期权价格的影响图

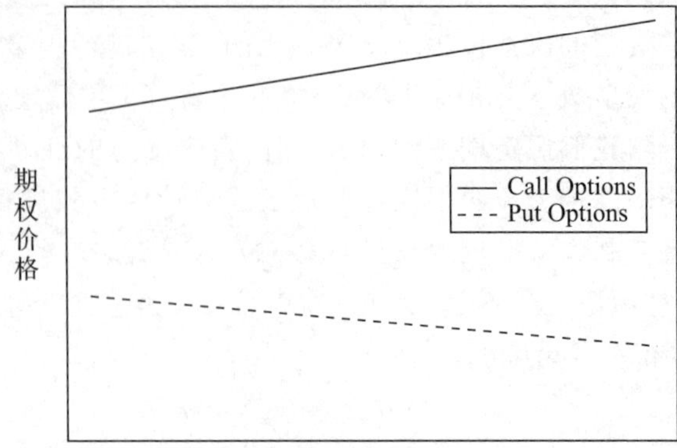

期权的利率变动对欧式期权价格的影响图

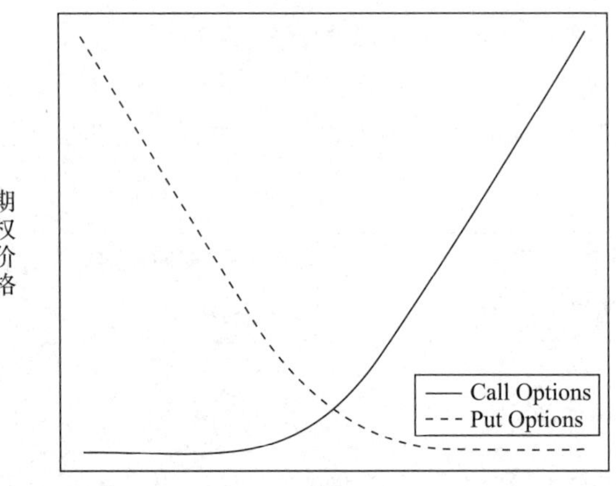

期权标的股票价格变动对欧式期权价格的影响图

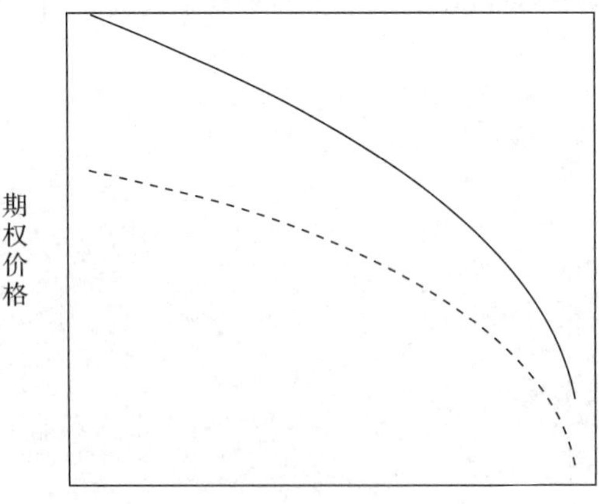

期权到期时间的变动对欧式期权价格的影响图

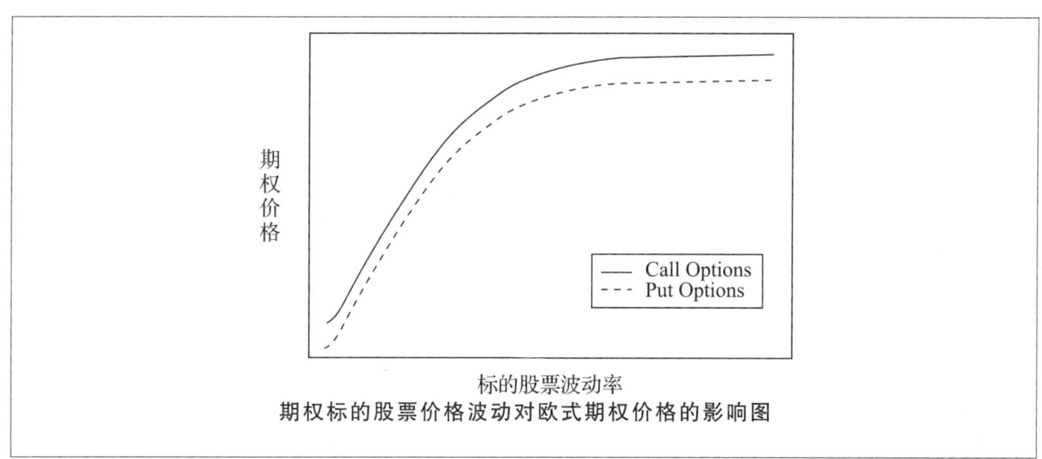

期权标的股票价格波动对欧式期权价格的影响图

本章摘要

1.最早对期权定价加以研究的是法国数学家巴舍利耶,其研究成果被萨缪尔森等人扩展。

2.布莱克—斯科尔斯期权定价模型的诞生,标志着期权定价的相关理论进入应用阶段。

3.期权的价格由内在价值和时间价值两部分组成。

4.根据期权有无内在价值,可以将其分为实值期权(in-the-money,ITM)、虚值期权(out-of-the-money,OTM)和平值期权(at-the-money,ATM)。

5.期权的时间价值实际上是一种"波动性价值"。

6.期权价格的主要影响因素有:标的资产的市场价格、期权的协定价格、期权的有效期、标的资产价格的波动率、无风险利率、标的资产的收益。

7.期权价格存在上下限,由此所形成的区间是期限价格的合理区间,一旦期权的价格超出上限或低于下限,就存在着套利的机会。

8.欧式期权具有明确的平价关系。

练习与思考

一、名词解释

内在价值、时间价值、实值期权、虚值期权、平值期权

二、单选题

1.* 股票价格为 50 元,无风险年利率为 10%,基于这个股票,执行价格均为 40 元的欧式看涨期权和欧式看跌期权的价格相差 7 美元,都将于 6 个月后到期。这其中是否存在套利机会,套利空间为多少?(　　)

A.不存在套利机会　　B.存在套利,套利空间约为 4.95 元

C.存在套利,套利空间约为 5.95 元　　D.存在套利,套利空间约为 6.95 元

2.* 某无股息股票看涨期权期限为 2 个月,执行价格 20 元,股票当前价格为 22 元,假设无风险利率为 6%,按连续复利计算,则该期权的价格下限为(　　)元。

A.1.80　　B. 2.00　　C. 2.20　　D. 2.60

3.＊根据期权平价关系，购买一个股票的看跌期权等价于（　　）。

A.购买看涨期权，购买股票，以无风险利率借入现金

B.出售看涨期权，购买股票，以无风险利率借入现金

C.购买看涨期权，出售股票，以无风险利率投资现金

D.出售看涨期权，出售股票，以无风险利率投资现金

4.其他条件不变时，期权的时间价值一般会随着到期日的接近：（　　）

A.呈比例递增　　B.呈比例递减

C.呈加速递增　　D.呈加速递减

5.3月黄金期货市价为790，则下列何种黄金期货看涨期权有较高的时间价值？（　　）

A.履约价格为770　　B.履约价格为780

C.履约价格为790　　D.履约价格为800

6.9月大豆期货价格为275，则：（　　）

A.280大豆期货看涨期权是价内期权，280大豆期货看跌期权是价外期权

B.270大豆期货看涨期权是价内期权，270大豆期货看跌期权是价外期权

C.270大豆期货看涨期权和看跌期权均是价内期权

D.280大豆期货看涨期权和看跌期权均是价外期权

7.＊某无股息股票看涨期权和看跌期权的价格分别为15.00元和5.00元，期权期限为12个月，执行价格为100.00元，当前股票价格为105.00元。假设市场不存在套利机会，则市场无风险连续复利率为年（　　）。

A. 3.26%　　B. 4.53%　　C. 5.13%　　D. 6.56%

8.＊2月份到期的执行价格为3.5美元/蒲式耳的玉米期货看涨期权，当该月份的玉米期货价格为3.2美元/蒲式耳，玉米现货的市场价格为3.5美元/蒲式耳时，以下选项正确的是（　　）。

A.该期权处于实值状态　　B.该期权处于虚值状态

C.该期权处于平值状态　　D.条件不明确，不能判断其所处状态

三、简答题

1.标的物市场价格与协定价格的关系怎样影响内在价值和时间价值？

2.当期权处于深度实值或深度虚值时，其时间价值为什么会趋向于零？

参考文献

1.Chance D., Brooks R. An Introduction to Derivatives and Risk Management [M]. Cengage Learning, 2015.

2.Hull J. Options, Futures, and Other Derivatives [M]. Prentice Hall, 2014.

3.黄昱程.期货与选择权：衍生性金融商品入门经典[M].华泰文化，2015.

4.郑振龙，陈蓉.金融工程[M].高等教育出版社，2016.

5.叶永刚，彭红枫.金融工程学[M].东北财经大学出版社，2014.

6.张元萍，郗文泽.金融衍生工具[M].首都经济贸易大学出版社，2015.

第10章 期权定价理论

学习目的

通过本章的学习，了解 Black-Scholes 模型的假设条件、公式；掌握期权二项式定价方法；熟悉期权价格的敏感性指标的含义。

案例导读

1997 年 10 月 14 日上午，瑞典皇家科学院宣布：1997 年度诺贝尔经济学奖授予美国哈佛大学教授罗伯特·C·默顿和斯坦福大学教授麦伦·S·斯科尔斯，以表彰他们和已于 1995 年去世的费希尔·布莱克教授在 70 年代初共同发明的一种用于股票期权估算和其他金融衍生品交易的基础性公式。瑞典皇家科学院在向两位教授授奖时表示，两位教授长期以来致力于研究并发展计算金融衍生商品价值的理论和方法，其股票期权定价理论和公式可以说是近 25 年来经济学领域中最为重大的突破和最卓越的贡献。它不仅为金融衍生商品市场近十年的迅猛发展奠定了可靠的理论基础，而且它在经济生活多个领域中的广泛应用为金融业的未来发展带来一场革命性的变化。

在第九章，我们分别从定性和定量的角度介绍了期权价格的影响因素以及期权价格的上下限。本章则是从精确定量的角度，具体介绍两个著名的期权定价理论模型——布莱克—斯科尔斯模型和二项式模型。

第一节 布莱克—斯科尔斯模型

自从期权交易产生以来，尤其是股票期权交易产生以来，人们就一直致力于对期权定价问题的探讨。但在 1973 年之前，这种探讨始终没有得出令人满意的结果，其中一个最难解决的问题是无法适当地描述期权标的物的价格波动性及其对期权价格的影响。

1973 年，美国芝加哥大学教授费希尔·布莱克(Fischer Black)和迈伦·斯科尔斯(Myron Scholes)发表了《期权定价与公司负债》一文，提出了有史以来的第一个期权定价模型,在学术界和实务界引起了强烈的反响。

一、Black-Scholes 模型的假设条件

Black-Scholes 模型有如下 7 个假设条件:

1. 标的资产价格的变动符合几何布朗运动(geometric Brownian motion),即:

$$dS=\mu S\,dt+\sigma S\,dz$$

其中:μ 是漂移率(drift),也就是标的资产的平均收益率;σ 是标的资产价格的波动率(volatility);z 服从维纳过程(Wiener process);S 是标的物的市场价格。

相应地,标的资产的价格服从对数正态分布(lognormal distribution),这保证了标的资产的价格不可能取负值。

2. 投资者可以无限制卖空标的资产。

3. 市场无摩擦,即不存在影响收益的任何外部因素,如税收、交易成本。所有证券都可无限细分。

4. 在欧式期权到期前,标的资产无任何收益(如利息、红利等)的支付。于是,标的资产价格的变动是连续的,且是均匀的,既无跳空上涨,也无跳空下跌。

5. 不存在无风险的套利机会。

6. 标的资产的交易是连续的。

7. 存在着一个固定的无风险利率,投资者可以此利率无限制地借贷。

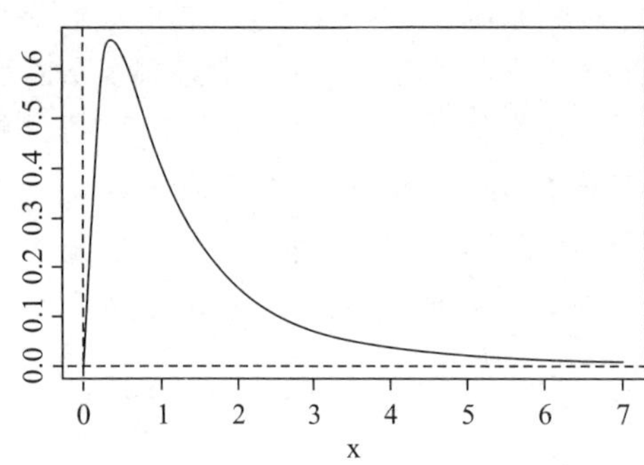

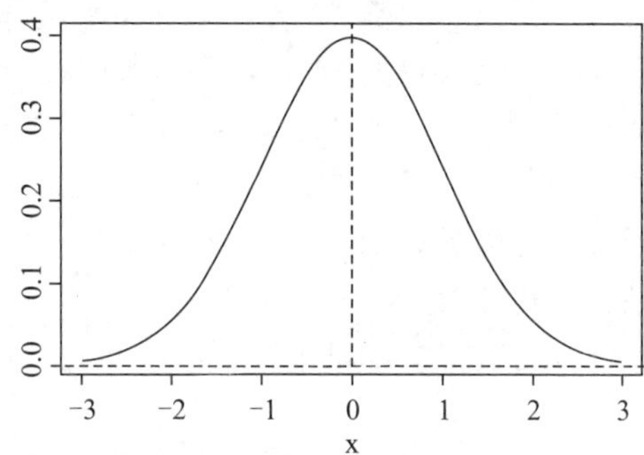

图 10-1 对数正态分布(左)和标准正态分布(右)概率密度函数的图形

二、几种不同情况下的 Black-Scholes 模型公式

为了保证公式中的符号统一,在介绍这些公式之前,我们将相关的符号表示列举如表 10-1。

表 10-1

符号	说明	符号	说明
C	欧式看涨期权的价格	$N(\cdot)$	正态分布的累积概率分布函数
P	欧式看跌期权的价格	r	无风险利率
S	标的资产的价格	T	期权的剩余期限(以年表示)
X	期权的协定价格	$\ln(\cdot)$	自然对数
F	期货的价格	σ	标的物价格的波动性

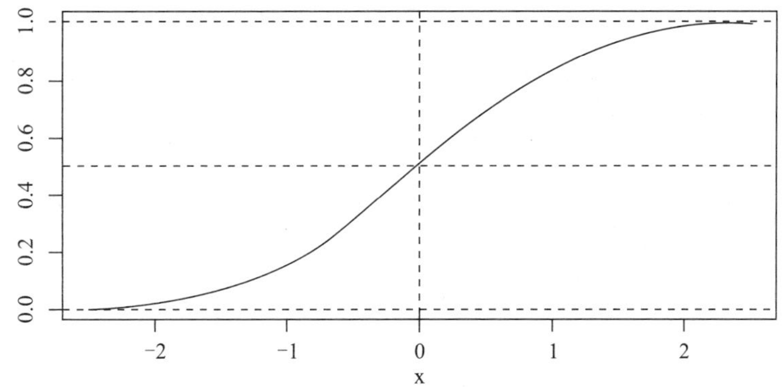

图 10-2 正态分布的累积概率分布函数图形

(一)现货看涨期权的定价公式

基于上面这些假设条件,Black 和 Scholes 得出了如下的现货看涨期权的定价公式:

$$C=SN(d_1)-Xe^{-rT}N(d_2) \tag{10.1}$$

其中:$\begin{cases} d_1=\dfrac{\ln(S/X)+(r+\sigma^2/2)T}{\sigma\sqrt{T}} \\ d_2=\dfrac{\ln(S/X)+(r-\sigma^2/2)T}{\sigma\sqrt{T}}=d_1-\sigma\sqrt{T} \end{cases}$

从公式中可以看出,除标的资产的收益以外,其余的影响期权价格变动的因素都已出现。标的资产的收益之所以未出现在公式中,是因为在 Black-Scholes 模型的假设中将其忽略了。

下面,结合前面对欧式看涨期权的价格上下限进行分析。考虑两个极端情形:

1. 若标的资产价格无限大,即 $S\to\infty$,则 $d_1,d_2\to+\infty$,相应地 $N(d_1),N(d_2)\to1$,最终期权的价格 $C\to S-Xe^{-rT}$,这与我们前面得到的期权价格下限 $\max[0,S-Xe^{-rT}]$ 是一致的;

2. 若标的资产价格特别小,即 $S\to0$,则 $d_1,d_2\to-\infty$,相应地 $N(d_1),N(d_2)\to0$,最终期权的价格 $C\to0$,这与我们之前得到的期权价格下限 $\max[0,S-Xe^{-rT}]$ 仍然是一致的。

(二)期货看涨期权的定价公式

上述定价模型只能适用于以现货金融工具为标的物的看涨期权,而不适用于以期货合约为标的物的看涨期权。因为两者在交易规则等方面有着显著的不同。为了说明期货期权的定价,Black(1976)将现货看涨期权的定价公式进行了修正①,将期货定价公式 $F=Se^{rT}$ 代入,得到:

$$C_F=[FN(d_1)-XN(d_2)]e^{-rT} \tag{10.2}$$

① Fischer Black. The Pricing of Commodity Contracts[J]. Journal of Financial Economics, March 3, 1976:167—179.

$$其中：\begin{cases} d_1=\dfrac{\ln(F/X)+(\sigma^2/2)T}{\sigma\sqrt{T}} \\ d_2=\dfrac{\ln(F/X)-(\sigma^2/2)T}{\sigma\sqrt{T}}=d_1-\sigma\sqrt{T} \end{cases}$$

(三)看跌期权的定价公式

前面我们所介绍的期权定价公式只能对看涨期权进行定价，要对看跌期权进行定价，就要用到前面所介绍的看跌—看涨平价关系的公式。这个公式反映出在市场处于无套利状态下，欧式看涨和看跌期权的均衡价格水平。我们所要做的就是将看跌—看涨平价关系的公式进行变形后代入看涨期权的公式中。

$$\begin{aligned} &P+S=C+X\mathrm{e}^{-rT}\Rightarrow P=C-S+X\mathrm{e}^{-rT} \\ &P=C-S+X\mathrm{e}^{-rT} \\ &\quad=SN(d_1)-X\mathrm{e}^{-rT}N(d_2)-S+X\mathrm{e}^{-rT} \\ &\quad=S[N(d_1)-1]+X\mathrm{e}^{-rT}[1-N(d_2)] \end{aligned}$$

由于 $N(\cdot)$ 具有中心对称的性质，故 $N(-x)=1-N(x)$，所以

$$P=X\mathrm{e}^{-rT}N(-d_2)-SN(-d_1) \tag{10.3}$$

上面的公式只能适用于欧式现货看跌期权。对于欧式期货看跌期权，可以将期货定价公式 $F=S\mathrm{e}^{rT}$ 代入上式，得到：

$$P_F=[XN(-d_2)-FN(-d_1)]\mathrm{e}^{-rT} \tag{10.4}$$

三、Black-Scholes 模型的具体应用

根据 Black-Scholes 模型，可知影响因素：标的资产的市场价格 S、协定价格 X、到期期限 T、无风险收益率 r、资产价格波动率 σ。其中前三项的数据容易获得，而后两项需要通过计算获得。下面介绍一下无风险收益率和资产价格波动率的计算方法。

(一)无风险收益率的计算

在成熟的资本市场，无风险收益率是容易获得的，以美国为例，通常选择美国的国债利率作为无风险收益率的估计值。但是在选择的过程中，要注意两个问题：一是国债的期限要与期权的到期日相近；二是不可直接使用贴现率，应当将其转化为利率，具体做法为：

$$P=P_m-\left(\frac{P_b+P_a}{2}\right)\left(\frac{t}{360}\right)\Rightarrow e^{rt}=\frac{P_m}{P}\Rightarrow r=\frac{\ln(P_m/P)}{t}$$

其中：P 是中间报价对应的现金价格，P_m 是债券的票面价格，P_b 和 P_a 分别是债券的买入和卖出报价，t 是国债距离到期日的时间，r 是需要估计的无风险收益率。

(二)资产价格波动率的计算

计算资产价格波动率，可以采用历史波动率和隐含波动率。

1. 历史波动率(historical volatility)，是通过从标的资产价格的历史数据中计算出的价格收益率的标准差。

2. 隐含波动率(implied volatility)，是将期权定价模型中除波动率以外的所有因素代入模型，最终求得的波动率，具体的求解需要使用较复杂的迭代算法(iteration algorithm)。

VIX 指数简介

VIX 指数是芝加哥期权交易所(CBOE)市场波动率指数的交易代码,通常用来反映市场上指数期权隐含波动率的变化。VIX 指数当中最为流行的是 SPX VIX,依据市场上一系列的 S&P500 指数期权的隐含波动率编制得到。VIX 是了解市场对未来 30 天市场波动性预期的一种衡量方法,以年化标准差表示。VIX 指数通常被称为“恐慌指数”或“恐慌指标”。高的 VIX 指数代表投资者认为市场会有很剧烈的波动(包括正向和反向的波动);只有当投资者认为既不会有较大的下跌风险或较大的上涨可能时,VIX 指数才会走低。

针对市场上对波动率风险对冲的需求,2004 年 3 月,VIX 指数期货合约在芝加哥期货交易所(CBOT)上市交易;2006 年 2 月,VIX 指数期权在芝加哥期权交易所(CBOE)上市交易。

下图展示了 2000 年 1 月—2021 年 5 月间 VIX 指数的变动。

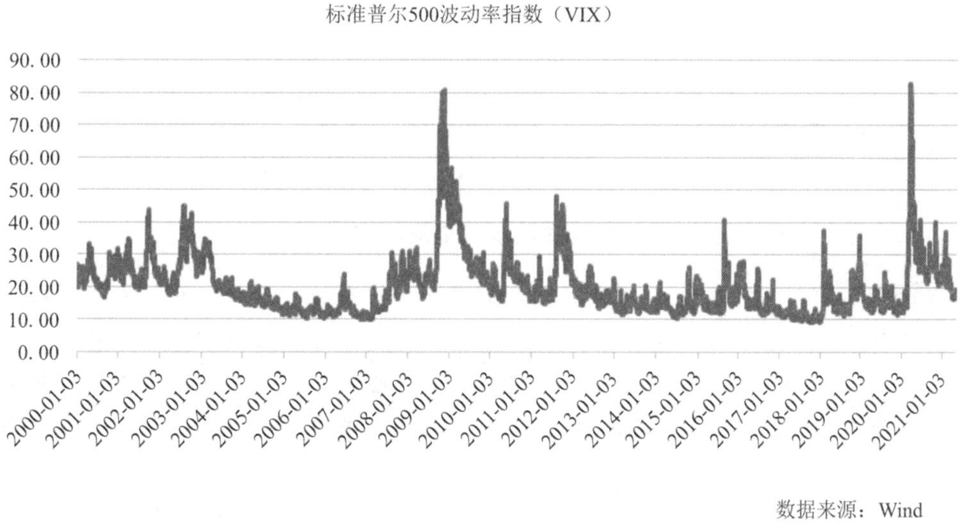

标准普尔500波动率指数(VIX)

数据来源:Wind

图 10-3　VIX 收盘价历史走势图

在 2001 年中期,VIX 指数突破了 40 点,其时美国面临“911”事件和互联网泡沫破灭的双重冲击;2004—2007 年中期,VIX 保持在 10—20 点之间;在 2007 年后半期,指数达到了 30 点;而到 2008 年 10 月,雷曼兄弟破产后,VIX 达到了创纪录的 89.53 点。在 2010 年初,VIX 逐渐降到了正常水平,但在 2010 年初和 2011 年底,由于欧洲债务危机和全球经济发展不确定性的影响,VIX 指数两次冲破 40 点。在 2020 年初,由于新冠疫情的影响,VIX 指数在 3 月中旬最高冲破 82 点。

波动率微笑

波动率微笑(volatility smiles)是形容期权隐含波动率(implied volatility)与行权价

格(strike price)之间关系的曲线。具体说来,实值和虚值期权的波动率高于平值期权的波动率,使得波动率曲线呈现出中间低两边高的向上的半月形,由于形状像是微笑的嘴形,故名“波动率微笑”。一般来说,Black—Scholes 期权定价模型中假设股价波动率是常数,这在实际中一般低估了标的物的波动率。

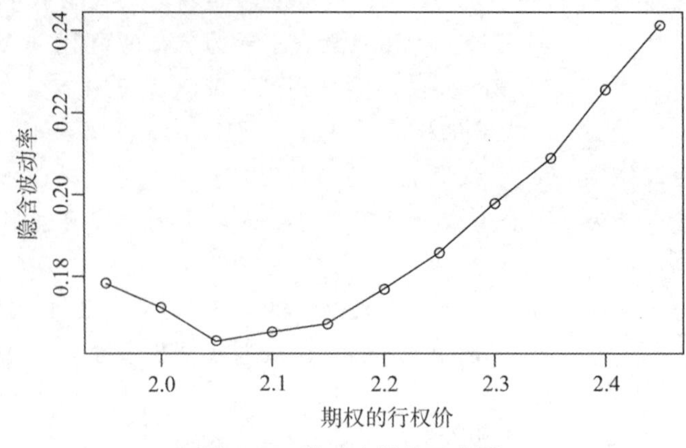

图 10-4　波动率微笑示意图

许多关于股票期权定价的实证研究发现了期权隐含波动率微笑的现象。关于该现象产生的原因,不同的学者从不同的角度给出了解释,比如:从 Black—Scholes 模型的扩展角度(如引入随机波动率)加以阐述,从行为金融中的相关理论给出解释,引入期限结构理论并加以分析等等。

从物理学到金融学

在近二十年来,愈来愈多理工背景出身的人才投入金融领域的工作。而华尔街在征求金融工程人才时也已经把专业要求从金融转到数学、物理学、或其他的理工专业。据估计,有超过半数以上的金融工程从业人员是来自与这些理工专业,这样一个明显的现象代表金融实务界对于人才需求的新趋势,以及看似毫不相关金融与理工学科背后深层的密切相关性。

金融学界及实务界这几年来大量借用数学的技巧和物理学的基本模型,并因复杂的模型与大量的数据处理需求而逐渐依赖计算机的运算处理。因此金融界向数学、物理学或其他的理工计算机科系举才的现象日益明显。非金融出身而在金融界表现杰出的学者或实务人才不胜枚举,包括 1997 年诺贝尔经济学奖得主 Robert C. Merton、2002 年 Quantitative Finance 期刊的风云人物 Alexander Lipton-Lifschitz、出版过许多与金融工程相关书籍的 Paul Wilmott 等等。

当讨论到金融学与物理学之间的相关性,很自然的要从布朗运动谈起,金融界以几何布朗运动来描述股价、油价、汇率等金融上重要变量的时间序列,并因此与许多物理学上的模型与定律产生重大的连结。而数学上处理布朗运动的技巧也因此常被金融研究人员借用来做理论的推导与实务的应用。

一个明显的金融学与物理学相关的例子就是在金融学上应用 Girsanov 理论改变布

朗运动的漂移项(鞅表示定理),就如同物理学上的坐标变换,在变换的前后距离和面积并不因此而改变。市场风险价格的考量以及Radon-Nikodym导数导出的鞅测度共同组成现代金融研究的重要基础。当然在古典力学上应用广泛的动态积分(例如路径积分),亦成为金融模型推导上的重要工具。

物理学对金融领域的影响是全面且深远的。十九世纪初,在物理学上提出的热传导偏微分方程式(Heat Partial Differential Equation),亦广泛地运用在金融领域。热传导偏微分方程式除了在物理学上解释热流的动态轨迹外,还可以用来分析诸如烟粒子在空气的运动、Belousov-Zhabotinsky等化学模型、Hodgkin-Huxley电流活动模型等等。

在金融领域中,最重要的偏微分方程式无疑是Black-Scholes-Merton偏微分方程式。这个类似量子力学上薛定谔方程(Schrödinger equation)的偏微分方程式,可以用物理学上的反应—传达—扩散(reaction-convection-diffusion)来解释。

值得一提的是,在推导Black-Scholes-Merton偏微分方程式的过程中,我们隐含了一个重要的假设,那就是个别资产与投资组合的交易成本为零。一个假设没有交易成本的金融世界,与一个假设没有磨擦阻力的物理世界,有着极为相似的意涵。若要将交易成本(磨擦阻力)放入考量,原模型应作相应的调整。此外,推导过程中所使用的伊藤引理(Itô's lemma),其实就是数学上泰勒展开式(Taylor expansion)二阶的应用,在金融连续时间研究的意义上,与1932年诺贝尔物理学奖得主海森堡(Werner Heisenberg)在量子力学上所提出的测不准原理有异曲同工之妙。

除了Black-Scholes-Merton偏微分方程式外,深受物理学影响的金融连续时间研究,更扩展到一般金融理论及实务的各个领域,尤其在资产定价、金融衍生品定价、利率期间结构理论、投资组合选择理论、实物期权等金融的核心领域。金融连续时间研究更成为金融理论研究及实务应用的主流,并提供更多的经济意义。

金融学,尤其是金融工程已经发展成为横跨金融这个社会学科和物理、数学、计算机等理工学科的新领域;不论是在学术研究上,或是在实务应用上,这样的多门学科的连结与融合,都日益明显。不可讳言的,金融工程领域在近二十年来的蓬勃发展,其高挑战性及高报酬的特点,吸引了无数的高级理工人才相继投入。这些物理、数学、及其它理工学科出身的优秀人才,在金融工程领域表现杰出,他们在学术及实务上的贡献,直接促成了金融工程学科在这几年的长足进步。

数学以及计算机是在金融工程领域中强有力的工具,理工科人才的优势,不仅在于对模型的推导、处理、以及应用能力,也在于从严格而完整的数理训练中产生的逻辑思考以及组织能力。然而,我们要强调的是,正如从事物理研究工作一样,所有数学以及计算机的技巧,绝对必须配合完整的物理理论基础才能获致实用。因此,唯有具备对金融深入而正确的认识,配合上这些工具的辅助,才能在金融的领域中,拥有扎实的竞争优势。因此,证诸历史,预见未来,金融工程人才将被定位为结合金融、数学、计算机、物理应用等的高级人员,并将引领金融工程继续成为发展快速的崭新学科。

潘军:享受金融研究的快乐[①]

在麻省理工学院(MIT)任教近二十年、获得斯坦福大学和纽约大学双博士学位,声誉远播国际金融领域的她,在新中国成立70周年之际,决心辞去海外终身教职,回到从小成长的上海,回到曾就读过的上海交通大学,加入上海高级金融学院。当年飞赴美国时,上海正在创建新中国第一所证券交易所,时隔三十载,上海已进入建设国际金融中心的关键之年,"回到中国、回到黄浦江畔,好像又回到了当年的起点,重拾奋斗和拼搏的信念。"

一、从上海到纽约的"叛逆女孩"

潘军从小就是"别人家孩子",在上海中学就读期间,每个学期都保持年级第一,连续两年获得交大在上海中学设立的奖学金。成绩虽好,但学霸的个性似乎总有些桀骜不驯,"不太听话"的潘军没有获得当年直升交大的名额,而是通过高考以数学满分的成绩,顺利进入了交大试点班。"那年数学卷的最后一题特别难,全上海考满分的只有两个人",潘军回忆道,"记得监考老师还特别提醒我,别花太多时间在最后一题,要好好检查前面的题目。"

在交大读本科的日子,时常穿行于上院、工程楼、包兆龙图书馆、宿舍、食堂、操场之间的潘军,现在同样每天从广元西路的大门进入校园,穿过大草坪,一样的短发衬衫牛仔裤的休闲装扮。每每回忆起那时的场景,潘军都要感谢当年应用物理系的老师们,包括她的导师——时任交大物理学系主任、后来的交大校长谢绳武。"老师们当年为了帮我申请出国,联系了学校各个部门,后来我才能顺利出国。"

出国后的学霸毫无意外地开始了一路狂飙模式:只用了一年就读完了西伊利诺伊斯大学的物理学硕士,并收获了纽约大学物理学博士 offer。

二、在纽约种下一枚金融的种子

1993 年 7 月,谢绳武教授来到纽约,与潘军及几个交大校友见了一面。"我当时其实想过回国当个物理学教授",潘军坦言。不过,九十年代的美国有一个有趣的现象,相当一批物理专业的学生都转行学计算机或金融,去了华尔街,"可能学物理的那时很难找到工作,而华尔街却正大热",同在一个办公室的师兄也去了投行,这对潘军产生了不小的影响。

"感觉当时聪明的人都去做金融了",而朋友推荐的两本书更让潘军下定了决心改读金融。第一本书名为《Capital Ideas》,"书里的每个章节都是在说一个金融想法,就像在讲述一个个故事,非常有趣。"第二本是华尔街做量化投资的人都在读的《Dynamic Asset Pricing Theory》,而第二本书的作者 DarrellDuffie 之后也成了潘军的博导,金融研究的引路人。

《Capital Ideas》期权定价那一章,潘军深深地被 Robert C. Merton 的开创性研究所

---

① 节选自《潘军:纽大-斯坦福-MIT-高金,享受金融研究的快乐》,网址:https://www.saif.sjtu.edu.cn/show-173-4304.html

打动,"如果不在纽约,我大概不会读金融;如果不是 Merton,我大概不会选择 MIT。"

三、从斯坦福迈上金融研究之路

从事金融必须要夯实金融专业知识,潘军决定读一个金融学博士。当时的斯坦福金融学博士项目,培养了现今在中国金融学术领域闪闪发光的名字,比如黄明、戴强、刘俊等。在斯坦福读博期间,大家互帮互助,学习氛围非常好。找到学伴的潘军如鱼得水,潜心向学。"我有两个阶段学习特别用功,一个是高中,一个就是在斯坦福。"潘军感叹说,"就是觉得在学的东西是有趣的、有用的、有意义的,而且周围优秀的人也都在学,那种气氛让我觉得每天都很'有劲'。"

进入斯坦福的当年,潘军就给斯坦福教授 DarrellDuffie 写了一封邮件,并顺利得到首肯,成为了 Darrell 的研究助理。Darrell Duffie 作为世界级金融学大师,潘军在与其一起做课题的过程中获得了长足进步。读博不到两年,潘军和 Duffie 合著的一篇围绕 VAR 主题的经典论文 An Overview of Value at Risk,发表在当年的 Journal of Derivatives 上,并在之后获得很高的引用量。

在随后的日子里,潘军就像有了金手指,在众多国际著名学术刊物上(如 Econometrica, Journal of Finance,Review of Financial Studies,Journal of Financial Economics 等)连续发表多篇论文,她博士论文中的内容也获得业界很大关注。

年轻的潘军先后于 1995 年获得美国女性在科学领域的 Luise Meyer-Schutzmeister 奖,1996—1997 年度斯坦福大学商学院 Jaedicke 学者称号,1998—1999 年度斯坦福大学 Lieberman 奖学金。潘军与其当时的导师 Darrell Duffie, Kenneth Singleton 合著论文[①]的引用量高达 3300 余次。潘军和她的合作者凭借该论文获得 2014 年 The Stephen A. Ross Prize in Financial Economics 奖(该奖项自 2008 年创始,每两年授予一篇论文)。

潘军自己则更喜欢博士期间的一篇研究黑天鹅事件如何影响资产定价的论文[②]。虽然在当时黑天鹅事件仅发生过一次(1987 年的美国股市闪崩事件)。但随着 2008 年金融危机、2020 年新型冠状病毒导致美国股市四次熔断,潘军在 2002 年的这篇文章就更突显其前瞻性和预见性,为之后的金融事件预测提供了非常好的基础。也正是这篇论文,潘军在实证资产定价领域声誉鹊起,逐渐树立起自己的行业地位,麻省理工学院也因此向她抛来了橄榄枝。"当时芝加哥大学和 MIT 都给我发了 offer,许多人可能会首选芝加哥,但我还是最想去 MIT。"

四、在 MIT 获得终身教职,荣膺讲席教授

2000 年,潘军正式加入 MIT,开启了职业生涯,也在 MIT 完成了从助理教授到正教授的身份转变。与学术界各位金融大牛一起,参加研讨会、学术会议,大家充满热情地讨论金融的过去、变化和发展,也激发了潘军的学术灵感,她先后发表了数十篇高质量的论文。

---

① Duffie, D., Pan, J. and Singleton, K., Transform Analysis and Asset Pricing for Affine Jump-diffusions[J]. Econometrica, 2000(68): 1343-1376.

② Pan J. The Jump-Risk Premia Implicit in Options: Evidence from an Integrated Time-Series Study[J]. Journal of Financial Economics, 2002, 63(1):3-50.

2006年1月，潘军提前一年拿到了MIT终身教职。2010年，因研究成果卓著，潘军荣膺MIT讲席教授。

“MIT是一个很好的平台，有一个包容、海纳百川的学术氛围，那些学术大牛对我来说更是亲切的同事，我们经常为一个研究话题一聊就是一下午，我从他们身上看到了金融的历史，也看到了未来，更看到了我的责任和希望。”

五、离开MIT，正式加入高金

2008年，上海市人民政府为实现将上海建设成为国际金融中心的国家战略，计划依托上海交通大学正式建设一座国际化的金融学院，著名华人学者、MIT斯隆管理学院讲席教授王江以学术委员会主席(院长)身份参与筹建上海高级金融学院。2009年4月高金正式挂牌成立后，王江向潘军发出了邀请。对交大一直心怀特殊感情的潘军一口答应，成为高金第一批特聘教授。

那年4月，潘军年迈的父母专门乘坐地铁来到交大校园里，看到潘军作为高金特聘教授的大幅照片，就悬挂在教学楼外面。“直到那时他们才终于有机会直观地了解我的工作，此前无论我在美国取得什么样的成就，他们都无法感受到。在我成为交大高金的一名教授时，他们感到很自豪。”说到这儿，潘军颇为感慨。此后每年她都会回到高金，或教授学生，或进行学术交流。

“这里一草一木让我感到非常亲切。”潘军教授也于2019年正式加入高金，成为高金全职的金融学教授。

中国金融市场的快速发展也给予了潘军开展学术研究的广阔空间。在她与其高金博士生耿哲合著的《中国信用债市场中的信息发现和市场分割》中，针对信用债市场的有效性，通过实证研究着重回答了市场中的价格发现、国企和民企之间的分割现象等问题，为包括中国在内的处于转型中的新兴信用市场提供了不少借鉴意义，也为国际投资者抓住在岸信用债市场领域的“中国机会”提供实证参考。“更让国际学术界看到了高金博士生的身影”，潘军高兴地表示。

在全职回归高金后，潘军给博士生上资产定价课程，为MBA项目学生讲解金融市场。以往更喜欢研究工作的她现在发现，与学生一起交流知识、分享经历，是一件很有价值、很有意义的事。“回国前我就接触了很多高金MF的学生，现在多了MBA、博士生。中国学生对学习知识非常热情，我喜欢学生在课堂上给我各种反馈和互动，这种互动会让我更有兴趣、投入更多在教学上。”

在深入研究中国市场，并对比中美市场差异后，潘军对两个市场都有了更深的认识，“长期以来，金融市场是被美元或美国市场左右，而这次疫情，让我们也看到了中国的力量和未来。我非常看好中国，正在着手做相关的研究和课题，希望未来能传递更多知识给学生，发挥金融的真正的力量。”

在课堂中，学生也反馈给潘军很多行业实际信息，“现在很多懂金融的不会英文，会英文的又不懂金融。而英文和金融，都是我的优势。我想要为中国贡献自己的力量，好好地为国家培养金融人才，这是我的使命，也是高金的使命。”潘军如是表示。

第二节 二项式模型

布莱克-斯科尔斯模型的提出，对期权定价问题的研究而言，是一个开创性的成就。但该模型涉及比较复杂的数学运算，因而在实务中的运用受到了很大的限制。有鉴于此，考克斯、罗斯和鲁宾斯坦(Cox，Ross，Rubinstein)于1979年发表了《期权定价：一种被简化的方法》[①]一文，用一种较浅显的方法导出了期权定价模型。他们的这一模型被称为二项式模型(binomial model)。

图10-5 John Cox(左)、Stephen Ross(中)和Mark Rubinstein(右)

一、一期二项式模型定价——无套利方法

在具体介绍二项式模型的定价方法之前，我们先考虑一个简单的例子：一只股票当前价格为＄20，3个月后股价有可能涨至＄22，也有可能跌至＄18。其3个月后到期的看涨期权的协定价格为＄21，无风险利率为12%。问：该看涨期权的当前价格应为多少？

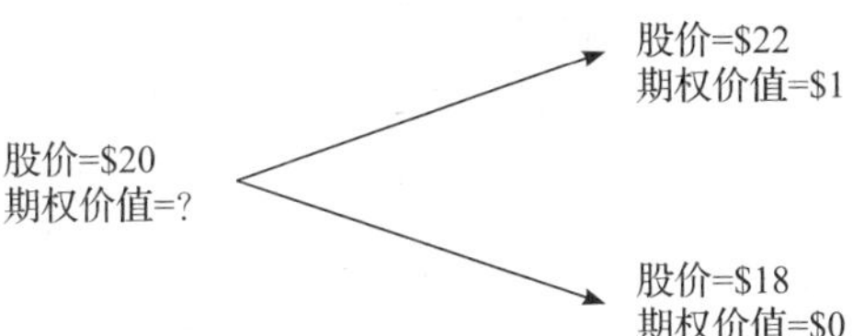

例子中的信息反映在上面的二叉树中。为了对当前期权的价值进行计算，我们要构造一个由股票和期权组成的投资组合，并使得该组合的价值在未来3个月后不变。这样的组合就是无风险投资组合。

我们考虑持有一个投资组合，其中包含Δ份股票的多头，1份看涨期权的空头(这里的Δ就是希腊字母中大写的Delta)。当未来股价上涨至＄22时，我们所卖出的看涨期权空头将被执行(股价超过期权的协定价格)，投资组合中的期权将损失－＄1，而此时股票的价值

① Cox，J.C.，Ross，S.A.& Rubinstein M..Option Pricing：A Simplified Approach[J].*Journal of Financial Economics*，1979(7)：229—263.

为 22Δ;当未来股价下跌至＄18 时,我们所卖出的看涨期权将不被执行(股价低于期权的协定价格),投资组合中期权的价值为 0,此时股票的价值为 18Δ。由于这里我们所构造的是无风险投资组合,意味着不管未来股价是上涨还是下跌,投资组合的价值均不变,这样,我们可以得到:

$$22\Delta-1=18\Delta$$

也就是 Δ=0.25。这样,我们得到的无风险投资组合中就包含 0.25 份股票的多头和 1 份该股票看涨期权的空头,并且这个投资组合在 3 个月后的价值就是 18Δ=18×0.25=4.5。这里的 Δ 就是用于对冲 1 份期权风险所需的股票数量,这是我们后面要提到的期权价格敏感性指标当中的一个。

对于无风险投资组合来说,应当获得无风险收益率。因此,该组合在当前时刻的价值应该是 3 个月后价值的贴现,并且贴现利率就是无风险收益率 12%。

$$4.5e^{-0.12\times3/12}=4.367$$

而股票当前的价格是＄20,将其从组合的总价值中予以扣除,最终可以得到:

$$20\times0.25-4.367=0.633$$

可见,在没有套利机会的情况下,这份看涨期权的当前价格应当等于 0.633。

如果我们要使用同样的方法对协定价格为＄21 的看跌期权进行定价,又应该如何构造组合呢?

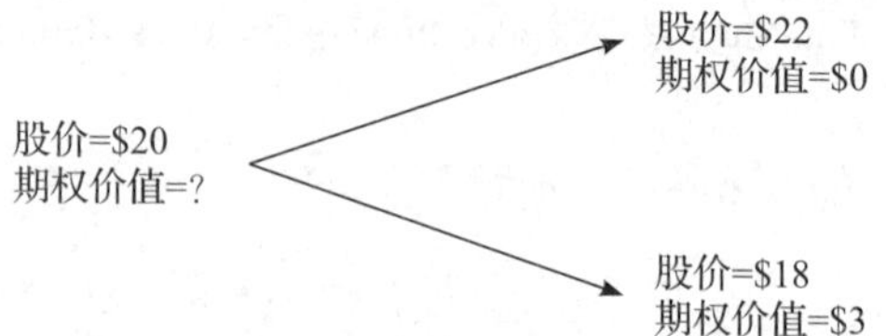

我们可以考虑持有一个投资组合,其中包含 Δ 份股票的多头和 1 份看跌期权的多头。当未来股价上涨至＄22 时,看跌期权将放弃行权(股价超过期权的协定价格),投资组合中的期权价值为 0,而此时股票的价值为 22Δ;当未来股价下跌至＄18 时,看跌期权将行权(股价低于期权的协定价格),投资组合中期权的价值为 3,此时股票的价值为 18Δ。由于这里我们所构造的是无风险投资组合,因此可以得到:

$$22\Delta=18\Delta+3$$

也就是 Δ=0.75。这样,我们得到的无风险投资组合中就包含 0.75 份股票的多头和 1 份该股票看跌期权的多头,并且这个投资组合在 3 个月后的价值就是 22Δ=22×0.75=16.5。该组合在当前时刻的价值应该为:

$$16.5e^{-0.12\times3/12}=16.012$$

股票当前的价格是＄20,将其从组合的总价值中予以扣除,最终可以得到:

$$16.012-20\times0.75=1.012$$

可见,在没有套利机会的情况下,这份看跌期权的当前价格应当等于 1.012。

二、一期二项式模型定价——风险中性定价法

使用无套利的方法对二项式模型进行定价,虽然原理简单,但是计算过程比较复杂,

难以将结果一般化。于是我们在这里引入风险中性定价法,并且在本章附录1当中,我们会通过数学推导的方式证明,风险中性定价法和无套利分析法在本质上是相同的。

风险中性定价法主要有三个步骤:

1. 求出风险中性概率(risk-neutral probabilities);
2. 利用风险中性概率,求出两种状态下期权价值的期望值;
3. 将求出的期望值贴现至当前。

接下来,我们以前面的例子来具体说明风险中性定价法

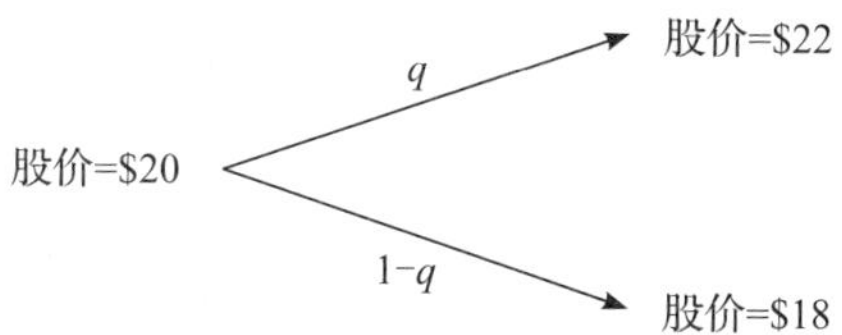

首先求出风险中性概率 q,该概率使得未来股票价格期望值的贴现等于当前股票价格,于是可得:

$$[22q+18(1-q)]e^{-0.12\times 3/12}=20$$

从而可以求出风险中性概率 $q=65.23\%$

接下来,利用风险中性概率,求出两种状态下期权价值的期望值。

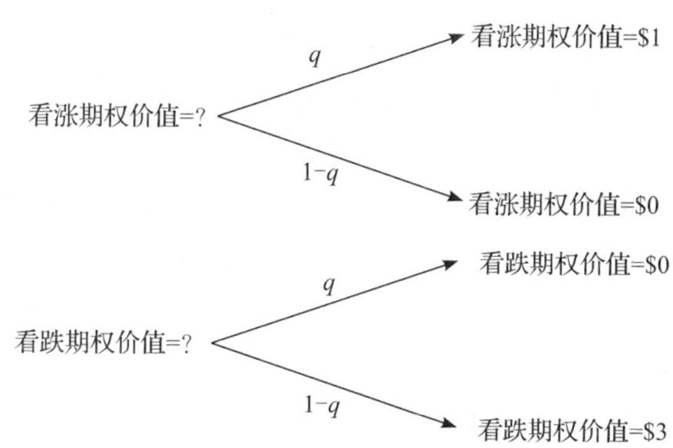

对于看涨期权:$1\times q+0\times(1-q)=0.6523$

对于看跌期权:$0\times q+3\times(1-q)=3\times(1-0.6523)=1.0432$

最后,对求出的数值进行贴现,可得:

$$C=0.6523\times e^{-0.12\times 3/12}=0.633$$

$$P=1.0432\times e^{-0.12\times 3/12}=1.012$$

对比前面使用资产组合复制的方法,得到的结果相同。

这里我们要注意的是,这个概率不是真实股票价格上涨和下跌的真实概率,而是在风险中性的情况下我们所得到的概率。在使用了风险中性概率的情况下,风险不同的各类资产当前的价值,等于其未来可能价值期望的贴现值。

三、多期二项式模型的定价

要使二项式模型所得的结果尽可能符合或接近实际,我们只要将标的物价格变动的这一

期间(period)增加到两个或两个以上,从而使单期间模型变为多期间模型(multi-period model)。

现在考虑在到期前有两个期间的看涨期权,假设标的股票的当前价格为 S,每期的时间跨度为 t,未来每期结束时,价格有两种可能的变化:要么上涨至原来的 u 倍($u>1$),要么下跌至原来的 d 倍($0<d<1$)。根据这一假设,我们可以画出该股票的二叉树:

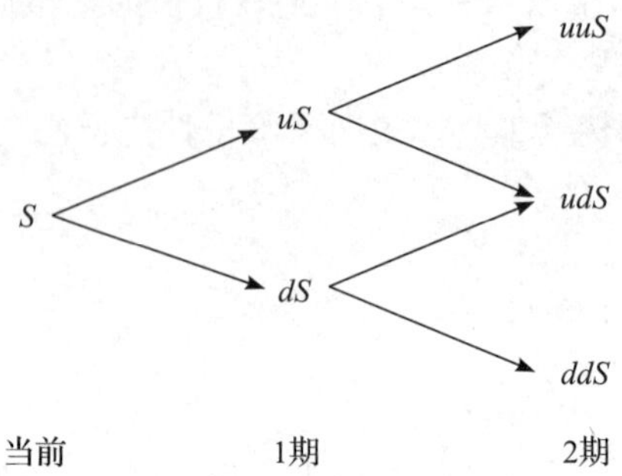

我们假设股价上涨的风险中性概率是 q,相应下跌的概率就是 $1-q$,接下来,计算 q 的值。

$$[q\times uS+(1-q)\times dS]\mathrm{e}^{-rt}=S$$

两边同时消去 S,最终可得:

$$q=\frac{\mathrm{e}^{rt}-d}{u-d} \tag{10.5}$$

最后得到的风险中性概率与股票的价格 S 无关,只与无风险收益 r、上涨 u 和下跌 d 的倍数,以及每期的时间跨度 t 有关。因此这里的风险中性概率可以应用于整个二叉树的各分支。

为了说明如何使用多期二项式模型对期权进行定价,我们通过两个例子加以阐述。

例 10-1:假设标的股票的当前价格为 \$100,每期的时间跨度为 1 年。未来每期结束时,价格有两种可能的变化:要么上涨至原来的 1.1 倍,要么下跌至原来的 0.9 倍。当前距离期权到期还有两期,已知每期的无风险利率均为 5%。

求:协定价格为 \$105 的欧式看涨期权的当前价格。

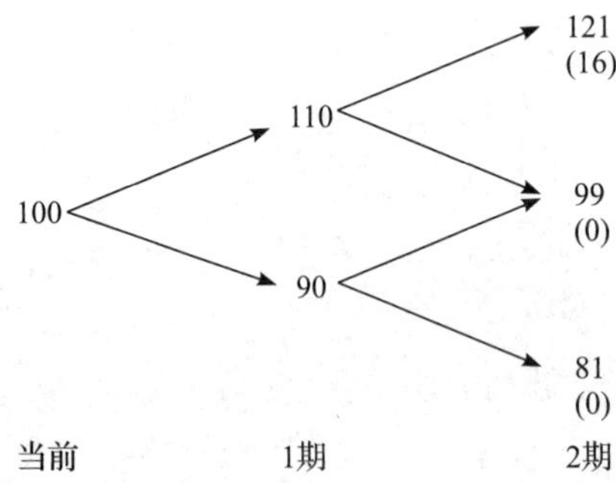

解答:首先构造股票价格的二叉树,同时计算出第 2 期看涨期权的可能价值,计算结果反映在括号内。

已知:$u=1.1, d=0.9, X=105, r=5\%$。可以计算得到风险中性概率 q:

$$q=\frac{\mathrm{e}^{rt}-d}{u-d}=\frac{\mathrm{e}^{5\%}-0.9}{1.1-0.9}=0.756$$

接下来，使用风险中性概率，结合第2期看涨期权的可能价值，计算第1期期权的价值分别为：

$$C_{11}=[0.756\times16+(1-0.756)\times0]e^{-5\%}=11.51$$

$$C_{12}=0$$

最后，使用求得的第1期期权的价值 C_{11} 和 C_{12}，计算当前期权的价格：

$$C_0=[0.756\times11.51+(1-0.756)\times0]e^{-5\%}=8.27$$

例 10-2：相关数据同例10-1，求协定价格为＄105的欧式看跌期权的当前价格。

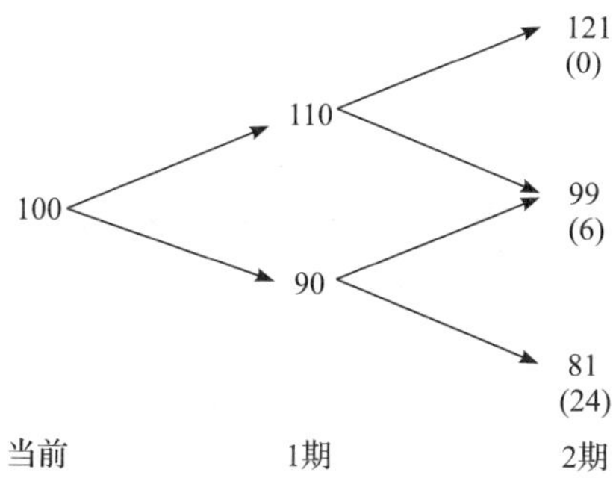

解答：首先构造股票价格的二叉树，同时计算出第2期看跌期权的可能价值，计算结果反映在括号内。

已知：$u=1.1$，$d=0.9$，$X=105$，$r=5\%$。可以计算得到风险中性概率 q：

$$q=\frac{e^{rt}-d}{u-d}=\frac{e^{5\%}-0.9}{1.1-0.9}=0.756$$

接下来，使用风险中性概率，结合第2期看跌期权的可能价值，计算第1期期权的价值分别为：

$$P_{11}=[0.756\times0+(1-0.756)\times6]e^{-5\%}=1.39$$

$$P_{12}=[0.756\times6+(1-0.756)\times24]e^{-5\%}=9.89$$

最后，使用求得的第1期期权的价值 P_{11} 和 P_{12}，计算当前期权的价格：

$$P_0=[0.756\times1.39+(1-0.756)\times9.89]e^{-5\%}=3.3$$

我们通过这两个例子说明了如何对多期二项式模型进行求解，求解采用的方式是从期权的到期日开始，逐级往前递推(backward induction)，直到求得当期期权的价格为止。

对于n期二项式模型，可以得出欧式看涨期权和看跌期权的价格分别为：

$$C=e^{-rn}\cdot\sum_{k=1}^{n}\binom{n}{k}q^k(1-q)^{n-k}\max[0,(u^kd^{n-k}S-X)]$$

$$P=e^{-rn}\cdot\sum_{k=1}^{n}\binom{n}{k}q^k(1-q)^{n-k}\max[0,(X-u^kd^{n-k}S)]$$

根据中心极限定理，当 n 趋向于无穷大时，二项式分布将逼近正态分布。于是，二项式模型的结果也将逼近Black-Scholes模型的结果。因此，只要 u、d、r 等参数选择得当，则二项式模型与Black-Scholes模型可做到殊途同归。

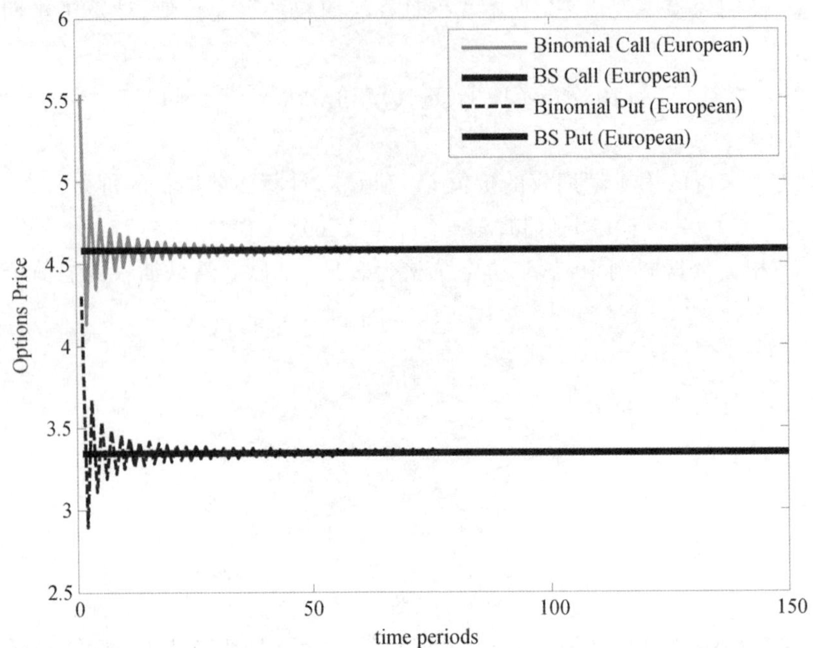

图 10-6　二项式模型与 Black-Scholes 模型在欧式期权定价中的关系

四、美式期权的二项式模型定价

二项式模型不仅可以给欧式期权进行定价，还可以给美式期权、奇异期权等进行定价，这里我们通过一个例子来说明如何用该模型给美式期权定价。

例 10-3：假设标的股票的当前价格为＄100，未来每期结束时，价格有两种可能的变化：要么上涨至原来的 1.5 倍，要么下跌至原来的 0.75 倍。当前距离期权到期还有两期，已知每期的无风险利率均为 5%。

求：协定价格为＄110 的美式看涨期权的当前价格。

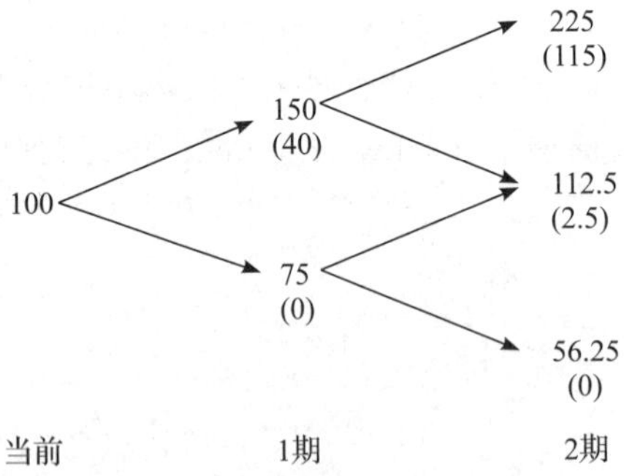

解答：首先构造股票价格的二叉树，同时计算出各期看涨期权的可能价值，计算结果反映在括号内。

已知：$u=1.5$，$d=0.75$，$X=110$，$r=5\%$。可以计算得到风险中性概率 q：

$$q=\frac{e^{rt}-d}{u-d}=\frac{e^{5\%}-0.75}{1.5-0.75}=0.402$$

接下来，使用风险中性概率，结合第 2 期看涨期权的可能价值，计算第 1 期期权的价值分别为：

$$c_1=[0.402\times115+(1-0.402)\times2.5]e^{-5\%}=45.4$$

$$c_2=[0.402\times2.5+(1-0.402)\times0]e^{-5\%}=0.96$$

由于美式期权可在到期日之前的任意时刻行权，因此，我们要将求得的结果与第 1 期美式期权的价值进行比较，取较大者，所以：

$$c_{11}=\max[45.4,40]=45.4$$

$$c_{12}=\max[0.96,0]=0.96$$

最后，使用求得的第 1 期期权的价值 c_{11} 和 c_{12}，计算当前期权的价格：

$$c_0=\max(0,[0.402\times45.4+(1-0.402)\times0.96]e^{-5\%})=17.91$$

使用二项式模型对奇异期权进行定价的例子，请参见 Joseph Stampfli 和 Victor Goodman 的《金融数学》。

第三节　期权价格的敏感性指标

在期权的交易中，特别是期权的套期保值交易中，我们不仅要知道各种因素的影响方向，更要知道他们的影响程度。为了解决这一问题，我们就要对期权价格的敏感性做出分析。期权价格的敏感性，也称为期权的希腊字母(Greeks)，是指期权价格对其决定因素变动的敏感程度或反映程度。

一、Delta(Δ)

(一)系数的含义

Delta，通常以希腊字母 Δ 表示，它是期权价格最为重要的敏感性指标。表示的是期权标的物价格的变动对期权价格的影响程度。比如期权标的物价格上升 \$1，看涨期权价格上升 \$0.5，则称该期权的 Delta 为 0.5。设 f 为期权的价格，S 为标的资产价格，则 Delta 的数学表达式为：

$$\Delta=\frac{\partial f}{\partial S} \tag{10.6}$$

根据 Black-Scholes 模型 $C=SN(d_1)-Xe^{-rT}N(d_2)$ 可得到欧式看涨期权的 Delta：

$$\Delta_C=\frac{\partial C}{\partial S}=N(d_1) \tag{10.7}$$

根据 $P=Xe^{-rT}N(-d_2)-SN(-d_1)$ 可得到欧式看跌期权的 Delta：

$$\Delta_P=\frac{\partial P}{\partial S}=-N(-d_1)=N(d_1)-1 \tag{10.8}$$

具体的推导过程见本章附录。

（二）系数的取值范围

由 Black-Scholes 模型得到的结果可以看出，看涨期权的 Delta 取值范围是 $0<\Delta<1$，而看跌期权的取值范围是 $-1<\Delta<0$。$\Delta>0$，说明期权价格同标的物价格成正向变化；$\Delta<0$，说明期权价格同标的物价格成反向变化。

从直观的角度看，Delta 可看作期权价格曲线的斜率。对于看涨期权，当 $S\to 0$ 时，处于深度虚值状态，此时曲线接近于水平，因此 $\Delta\to 0$；当 $S\to\infty$ 时，处于深度实值状态，此时曲线接近于向上 45 度倾斜，因此 $\Delta\to 1$。对于看跌期权，当 $S\to 0$ 时，处于深度实值状态，此时曲线接近于向下 45 度倾斜，因此 $\Delta\to -1$；当 $S\to\infty$ 时，处于深度虚值状态，此时曲线接近于水平，因此 $\Delta\to 0$。

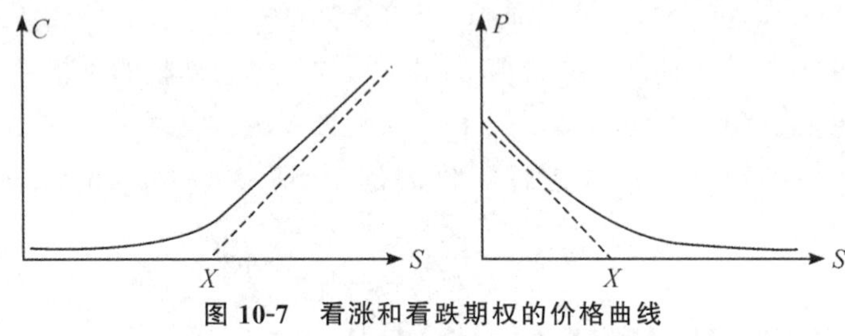

图 10-7 看涨和看跌期权的价格曲线

在欧式期权即将到期时，如果 $\Delta\to\pm 1$，则说明期权处于深度实值状态，极有可能会行权；如果 $\Delta\to 0$，则说明期权处于深度虚值状态，极有可能会放弃行权。

由于 $N(x)$ 是正态分布的累积概率分布函数，因此 Delta 关于 S 的图像也是类似于正态分布累积概率分布函数的图像。

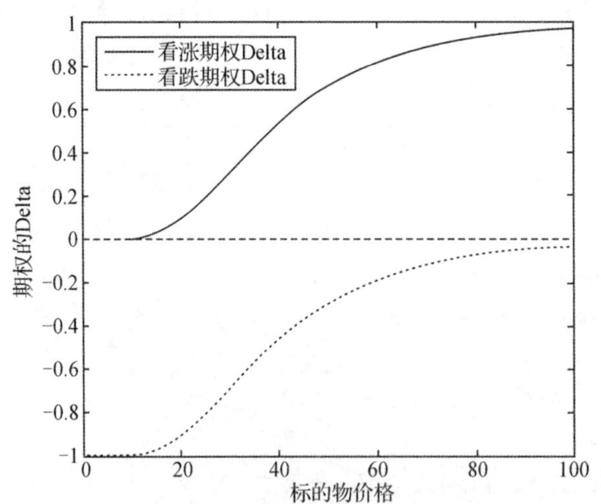

图 10-8 看涨/看跌期权 Delta 与标的物价格变动的关系曲线

类似地，根据公式(10.7)和(10.8)，我们可以得到欧式看涨和看跌期权 Delta 与到期期限之间的关系，如图 10-9 所示。

Delta 与无风险利率水平之间的关系如图 10-10 所示。不难看出，无风险利率越高，无论是看涨期权还是看跌期权，其 Delta 值也越高。

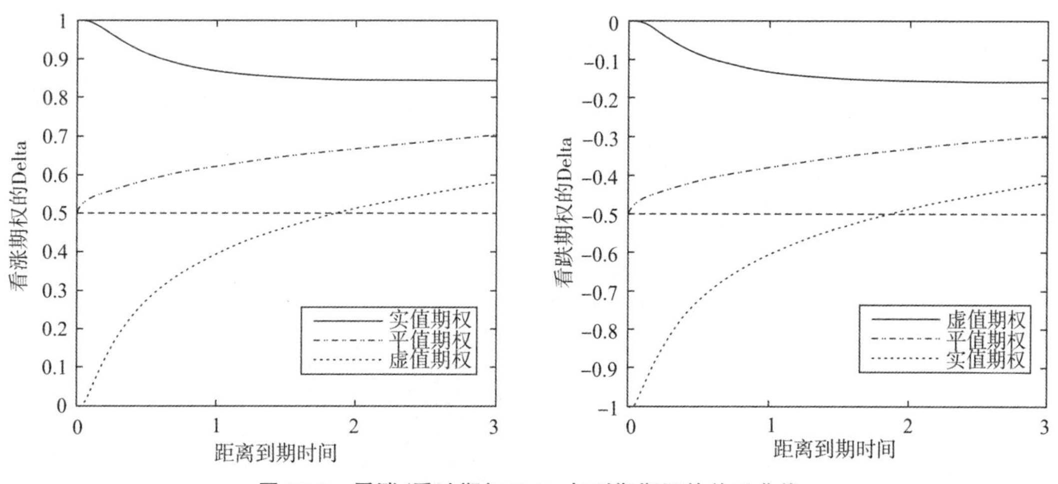

图 10-9 看涨/看跌期权 Delta 与到期期限的关系曲线

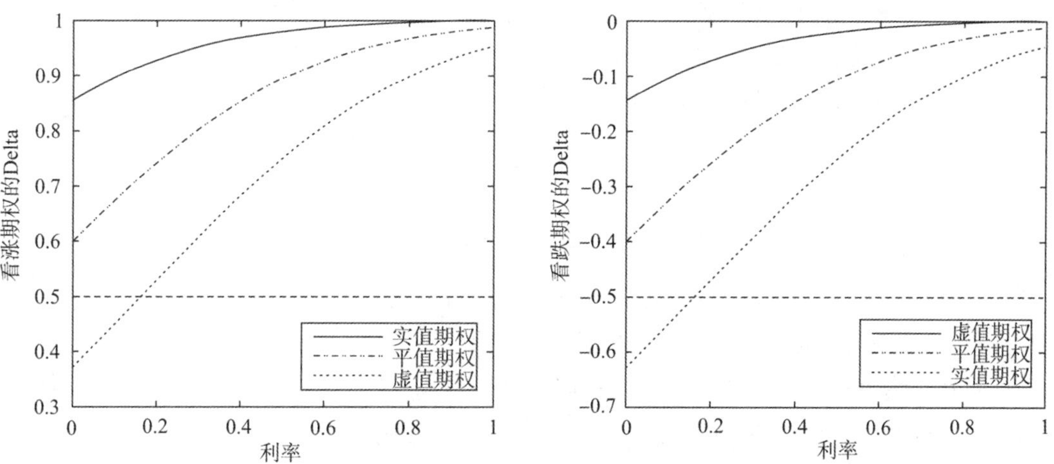

图 10-10 看涨/看跌期权 Delta 与无风险利率的关系曲线

标的资产价格波动率对 Delta 的影响如图 10-11 所示。

（三）看涨/看跌期权 Delta 的关系

根据前面所述的看跌—看涨平价关系的公式：

$$C(X,t)+Xe^{-r(T-t)}=P(X,t)+S_t$$

对等式两侧的 S_t 求偏导，可得：

$$\frac{\partial C}{\partial S}=\frac{\partial P}{\partial S}+1\Rightarrow\Delta_C=\Delta_P+1\Rightarrow\Delta_C-\Delta_P=1 \tag{10.9}$$

可见：看涨期权与看跌期权 Delta 之差等于 1。使用 Black-Scholes 模型中的 Delta 值也可以得到类似的结论。参照图 10-8，由于看涨/看跌期权 Delta 存在这样的关系，因此两者 Delta 与标的资产价格变动的曲线形状相同，只是纵轴取值的范围不同。

（四）Delta 对冲

在介绍二项式定价方法的过程中，我们使用一定数量的股票和期权构造出无风险投资

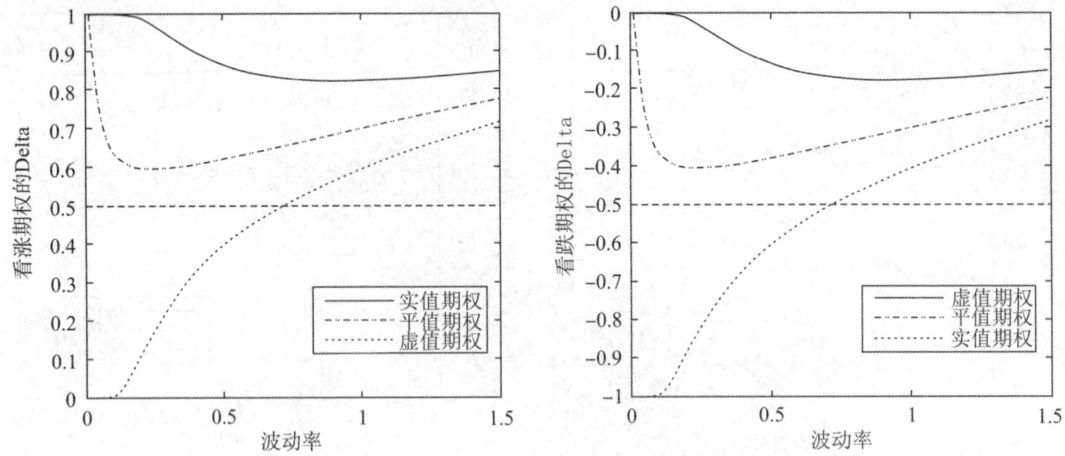

图 10-11 看涨/看跌期权 Delta 与波动率的关系曲线

组合,使得股票价格的变动风险与期权价格的变动风险刚好完全抵消,这种风险防范策略称作 Delta 对冲(Delta hedging),其中为防范 1 个单位期权的风险而使用了 Δ 单位的股票。

例如:投资者持有 10 份某股票的看涨期权,当股票价格从 $20 下跌至 $17.5 时,相应的期权价格由 $1.5 下跌至 $1。此时的期权 $\Delta=\frac{1.5-1}{20-17.5}=0.2$。该投资者若要进行 Delta 对冲,就要空头 $\frac{1.5-1}{20-17.5}\times 10=2$ 股标的股票。

需要注意的是,任何期权的 Delta 都不可能固定不变。它既随标的物的价格变动而发生变动,也随期权距离到期日时间的长短而变化。这就造成了仅仅盯住入市时的 Delta 进行静态风险防范远不能满足风险管理的需要。因此,实践中往往会根据 Delta 的变动实施动态对冲(dynamic hedging)。

二、Gamma(Γ)

(一)系数的含义

Gamma 是与 Delta 联系紧密的敏感性指标,实际上,它是 Delta 的敏感性指标。它表示期权的标的物价格变动对期权 Delta 的影响程度。从数学的角度,Gamma 可看作期权标的物价格变动对期权价格的二阶偏导数;从直观的角度,Gamma 是图 9-8 当中曲线的斜率。其数学表达式为:

$$\Gamma=\frac{\partial^2 f}{\partial S^2}=\partial\left(\frac{\partial f}{\partial S}\right)/\partial S=\frac{\partial\Delta}{\partial S} \tag{10.10}$$

根据 Black-Scholes 模型 $C=SN(d_1)-Xe^{-rT}N(d_2)$,结合附录 2 的(A.7)式,可得到欧式看涨期权的 Gamma:

$$\Gamma_C=\frac{\partial^2 C}{\partial S^2}=\frac{\partial\Delta}{\partial S}=N'(d_1)\frac{\partial d_1}{\partial S}=\frac{N'(d_1)}{S\sigma\sqrt{T}} \tag{10.11}$$

类似地,我们可以得到欧式看跌期权的 Gamma:

$$\Gamma_P=\frac{\partial^2 P}{\partial S^2}=\frac{\partial \Delta}{\partial S}=N'(d_1)\frac{\partial d_1}{\partial S}=\frac{N'(d_1)}{S\sigma\sqrt{T}} \tag{10.12}$$

可见:所有属性均相同的欧式看涨和看跌期权,其 Gamma 值是相等的。从图形上看,由于图 10-8 当中两条曲线的形状相同,只是纵轴取值的范围不同,因此从直观上也可以得出欧式看涨和看跌期权 Gamma 值相等的结论。

(二)系数的取值范围

从图 10-8 中可以看出,欧式看涨期权和看跌期权的 Delta 数值均随着标的物价格的上涨而增加,而 Gamma 反映的是 Delta 的变动情况。因此无论是欧式看涨还是看跌期权,Gamma 取值一定为正。这一点,也可以由 Black-Scholes 模型得到的结果看出。在极端情况下,当期权处于深度实值或深度虚值时,Gamma 都将趋近于 0。而当期权接近平价状态时($S=X$),Gamma 取值将出现极大值。

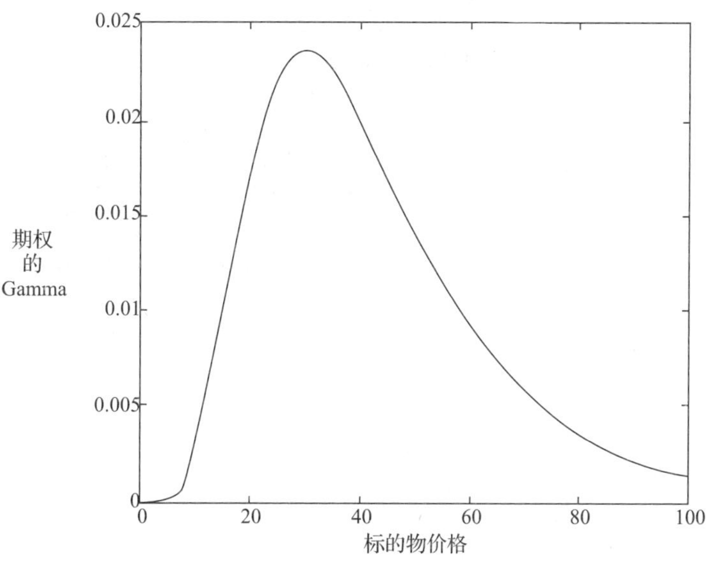

图 10-12 期权 Gamma 与标的物价格变动的关系曲线

这样的性质也可以由 $N'(x)$ 的特征得到。由于 $N'(x)$ 是正态分布的概率密度函数,因此 Gamma 关于 S 的图像也是类似于正态分布的钟型图,并且根据 d_1 的取值特点,在图像的峰值附近,标的物的价格等于期权的协定价格,即 $S=X$,而当期权处于深度实值或深度虚值时($S\to 0$ 或 $S\to\infty$),相应 $N'(d_1)\to 0$,此时 $\Gamma\to 0$。

类似地,根据(10.11)式,我们可以得到看涨期权 Gamma 与到期期限的关系如图 10-13 所示。从中不难看出,对于平值期权,当期权接近到期日时,其 Gamma 值将非常大,即此时 Delta 对标的资产的价格非常敏感。

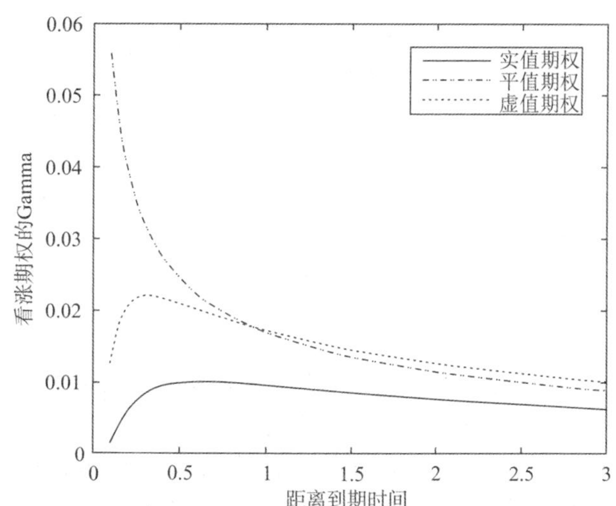

图 10-13 看涨期权 Gamma 与到期期限的关系曲线

同样,我们也可以得到看涨期权 Gamma 与标的资产价格波动率之间的关系如图 10-14 所示。从中我们注意到，平值期权在较低的波动率下 Gamma 达到峰值，而实值和虚值期权则是在相对较高的波动率下才达到 Gamma 的峰值。这是因为平值期权只要有细微的波动，便会发生实值和虚值的转换，这种转换对于 Gamma 来说是巨大的变动。

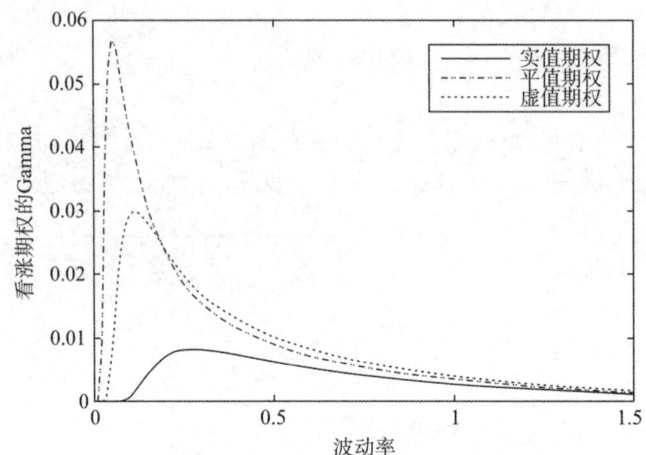

图 10-14　看涨期权 Gamma 与波动率的关系曲线

看涨期权 Gamma 与无风险利率之间的关系如图 10-15 所示。从中不难看出，随着利率的上升，Gamma 值在不断下降。

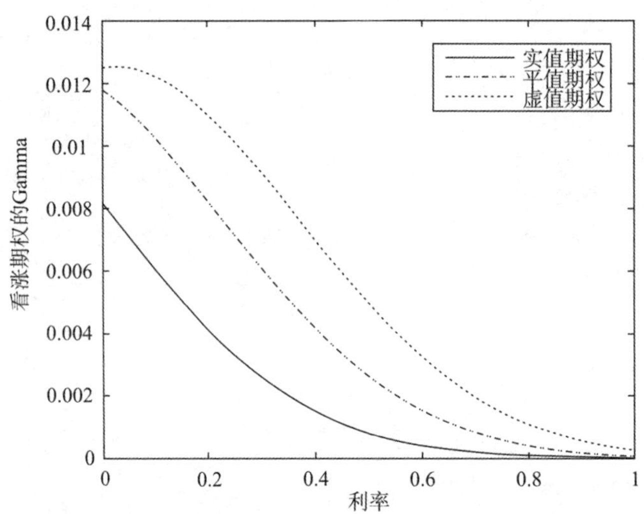

图 10-15　看涨期权 Gamma 与无风险利率的关系曲线

（三）Gamma 的应用

从数学意义上看，Delta 衡量的是标的物价格与期权价格变动的线性关系，而 Gamma 则衡量了两者价格变动的非线性关系。

为了说明 Delta 和 Gamma 之间的关系，我们使用微积分中的相关概念予以解释。根据泰勒展开式（Taylor's Expansion），期权价格的变动程度 df，可以表示成如下结果：

$$df=\frac{\partial f}{\partial S}dS+\frac{1}{2}\frac{\partial^2 f}{\partial S^2}(dS)^2+O(dS) \tag{10.13}$$

其中：$O(dS)$是剩余误差项，假设其值很小可以忽略，dS 是标的物价格的变动程度。于是上式可以进一步改写为：

$$df=(\text{Delta})dS+\frac{1}{2}(\text{Gamma})(dS)^2 \tag{10.14}$$

可见，如果标的物价格变动幅度 dS 过大，则必须通过 Gamma 进行调整，才能比较准确地计算出相应期权价格的变化程度。

因此，在使用期权进行套期保值的过程中，往往要综合使用 Delta 和 Gamma 这两个指标，计算套期保值比率，进而计算期权合约所需数量，这种套期保值的方法，称作 Delta-Gamma 中性套期保值。

这里所提到的利用 Delta 和 Gamma 进行套期保值的方法，同债券投资领域管理利率风险的久期(Duration)和凸性(Convexity)套期保值方法非常类似。

三、Vega(Λ)

Vega 是反映标的物价格的波动性对期权价格影响程度的指标，这里要说明的是 Vega 本身并非希腊字母，但使用的是希腊字母 lambda 的缩写 Λ；又因为该指标与波动性有关，于是就取了一个与波动性英文单词(volatility)第一个字母相同的读音。在有的教材和文献中，将其写成 kappa、lambda、zeta、omega 或 sigma。为统一起见，在本书中，我们一律将此指标称为 Vega。其数学表达式为：

$$\Lambda=\frac{\partial f}{\partial \sigma} \tag{10.15}$$

根据 Black-Scholes 模型，结合附录 2 的(A.8)式，欧式看涨和看跌期权的 Vega 分别为：

$$\Lambda=\frac{\partial C}{\partial \sigma}=\frac{\partial P}{\partial \sigma}=S\sqrt{T}N'(d_1) \tag{10.16}$$

可见：所有属性均相同的欧式看涨和看跌期权，其 Vega 值是相等的。

如前所述，标的物价格的波动率对时间价值，从而对整个期权价格具有重大影响。在其他因素不变时，波动率越大，期权价格越高；波动率越小，期权价格越低。所以，如就单一期权的多头方而言，则无论是看涨期权，还是看跌期权，无论是现货期权，还是期货期权，其 Vega 总是正的。但是，如就某一投资组合(如价差头寸)而言，其中既有期权的多头，也有期权的空头，相应组合的 Vega 既可能为正，也可能为负。

在期权的套期保值中，Vega 也是一个重要的敏感性指标。在 Black-Scholes 模型中，标的物价格的波动率被假设为一个已知的常数。但是，这一假设并不符合实际。在实际生活中，人们通常根据历史资料来对未来的波动率做出估计(历史波动率法)，或者通过求某种期权定价模型的反函数的方法来对未来的波动率做出估计(隐含波动率法)。这些估计都难免与实际不符。于是，在期权交易中，人们将面临波动率发生不确定变动的风险。为回避这一风险，人们就必须通过各种途径来缩小整个期权头寸的 Vega，以使波动率变

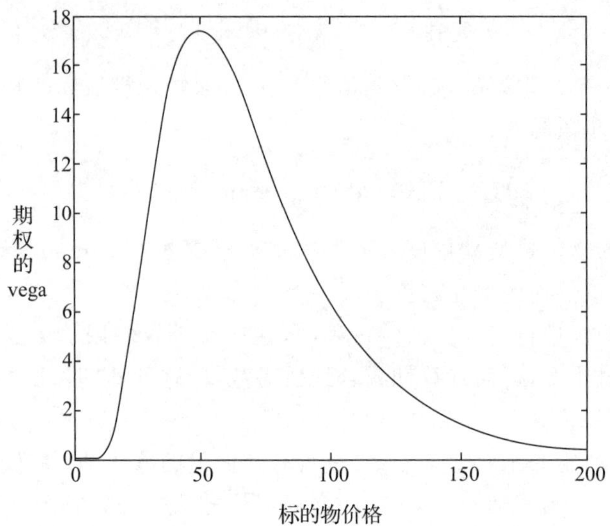

图 10-16　期权 Vega 与标的物价格变动的关系曲线

动可能造成的损失减少到最小的程度。

与前文所述类似，根据(10.16)式，我们可以得到看涨期权 Vega 与到期期限、无风险利率和波动率的关系图，如图 10-17—图 10-19 所示。

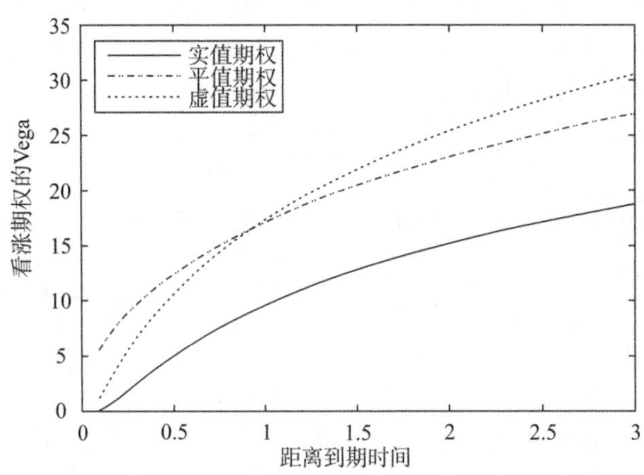

图 10-17　期权 Vega 与到期期限的关系曲线

四、Theta(Θ)

Theta(Θ)是用于衡量权利期间(time)对期权价格之影响程度的敏感性指标。在一般情况下，期权价格将随着权利期间的缩短而下降，说明期权价格与权利期间呈同方向的变动关系。但是，根据惯例，Theta 一般表现为负值。这是因为，Theta 所代表的是期权价值随时间的推移而逐渐减少的程度。时间价值与期权之剩余期限的长短并不呈线性关系。随着剩余期限的缩短，尤其是到期日的临近，时间价值将以越来越快的速度消减。根据这一特征可知，在一般情况下，期权的剩余期限越长，其 Theta 的绝对值越小；而期权的

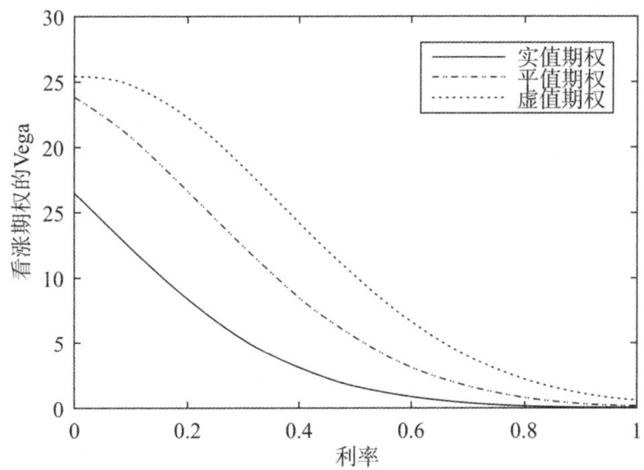

图 10-18　期权 Vega 与无风险利率的关系曲线

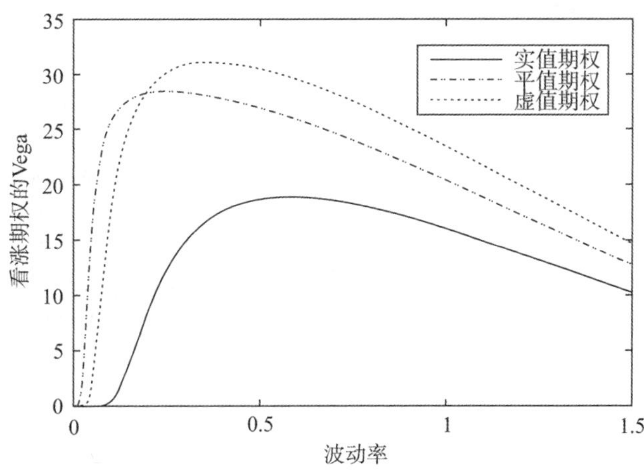

图 10-19　期权 Vega 与波动率的关系曲线

剩余期限($T-t$)越短,其 Theta 的绝对值越大。Theta 的数学表达式为:

$$\Theta=\frac{\partial f}{\partial t} \tag{10.17}$$

根据 Black-Scholes 模型,欧式看涨和看跌期权的 Theta 分别为:

$$\Theta_C=\frac{\partial C}{\partial t}=-\frac{S\sigma N'(d_1)}{2\sqrt{T-t}}-rX\mathrm{e}^{-r(T-t)}N(d_2) \tag{10.18}$$

$$\Theta_P=\frac{\partial P}{\partial t}=-\frac{S\sigma N'(d_1)}{2\sqrt{T-t}}+rX\mathrm{e}^{-r(T-t)}N(-d_2) \tag{10.19}$$

Theta 的大小不仅决定于期权之剩余期限的长短,而且还决定于标的物价格与协定价格的关系。在其他情况一定时,当期权处于平价时,其 Theta 的绝对值最大。之所以如此,是因为在期权处于平价时,其时间价值最大;而当期权处于实值或虚值时,尤其是当期权处于深度实值或深度虚值时,其 Theta 的变化比较复杂。在一般情况下,对看涨期权来说,深度实值时 Theta 的绝对值将大于深度虚值时 Theta 的绝对值;而对看跌期权来说,实值期权的 Theta 的绝对值通常小于虚值期权的 Theta 的绝对值。特别是在看跌期权处于深度实值时，其 Theta 甚至为一正值。

在其他条件一定时，Theta 的大小还与标的物价格的波动率有关。一般地说，波动率越小，Theta 的绝对值也越小；波动率越大，则 Theta 的绝对值也越大。

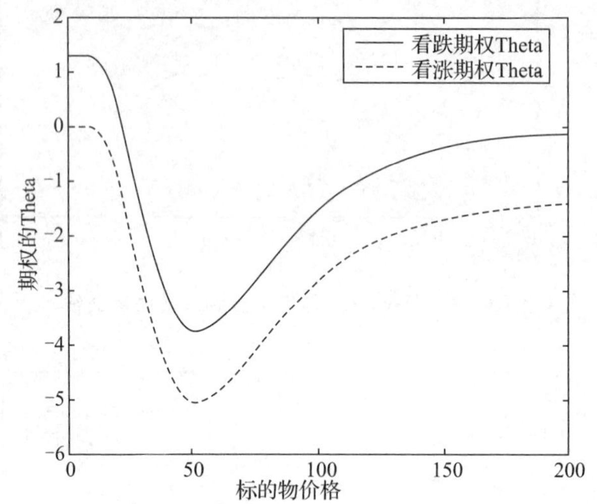

图 10-20　看涨/看跌期权 Theta 与标的物价格变动的关系曲线

在期权交易中，尤其是在期权的日历价差交易中，Theta 的大小反映着期权购买者随时间之推移而损失的价值的多少，也反映着期权出售者随时间之推移而增加的价值的多少。所以，无论对套期保值者而言，还是对套利者和投机者而言，Theta 都是一个有用的敏感性指标。

同样，根据(10.18)和(10.19)式，我们可以得到期权 Theta 与到期期限、无风险利率和波动率的关系图，如图 10-21—图 10-23 所示。

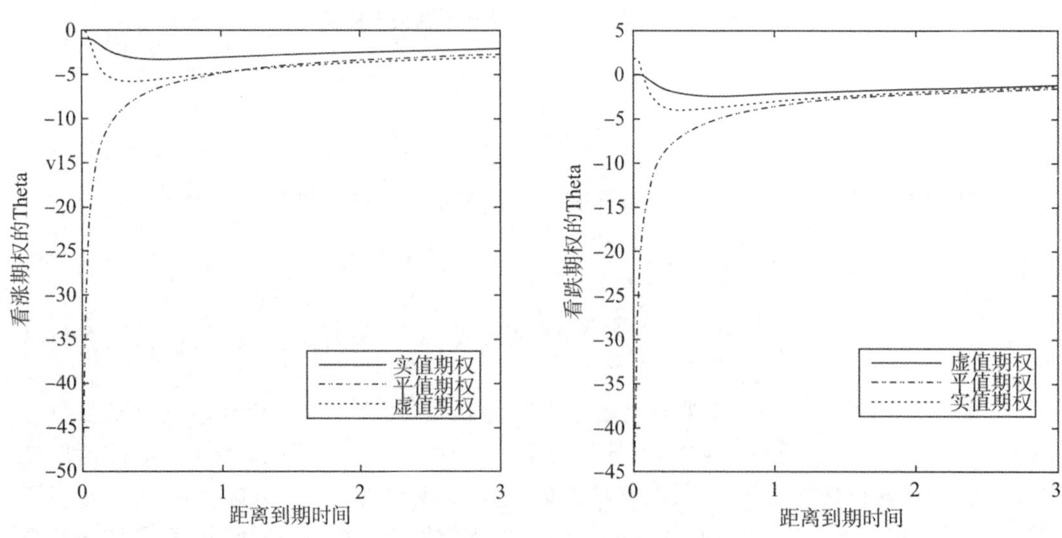

图 10-21　期权 Theta 与到期期限的关系曲线

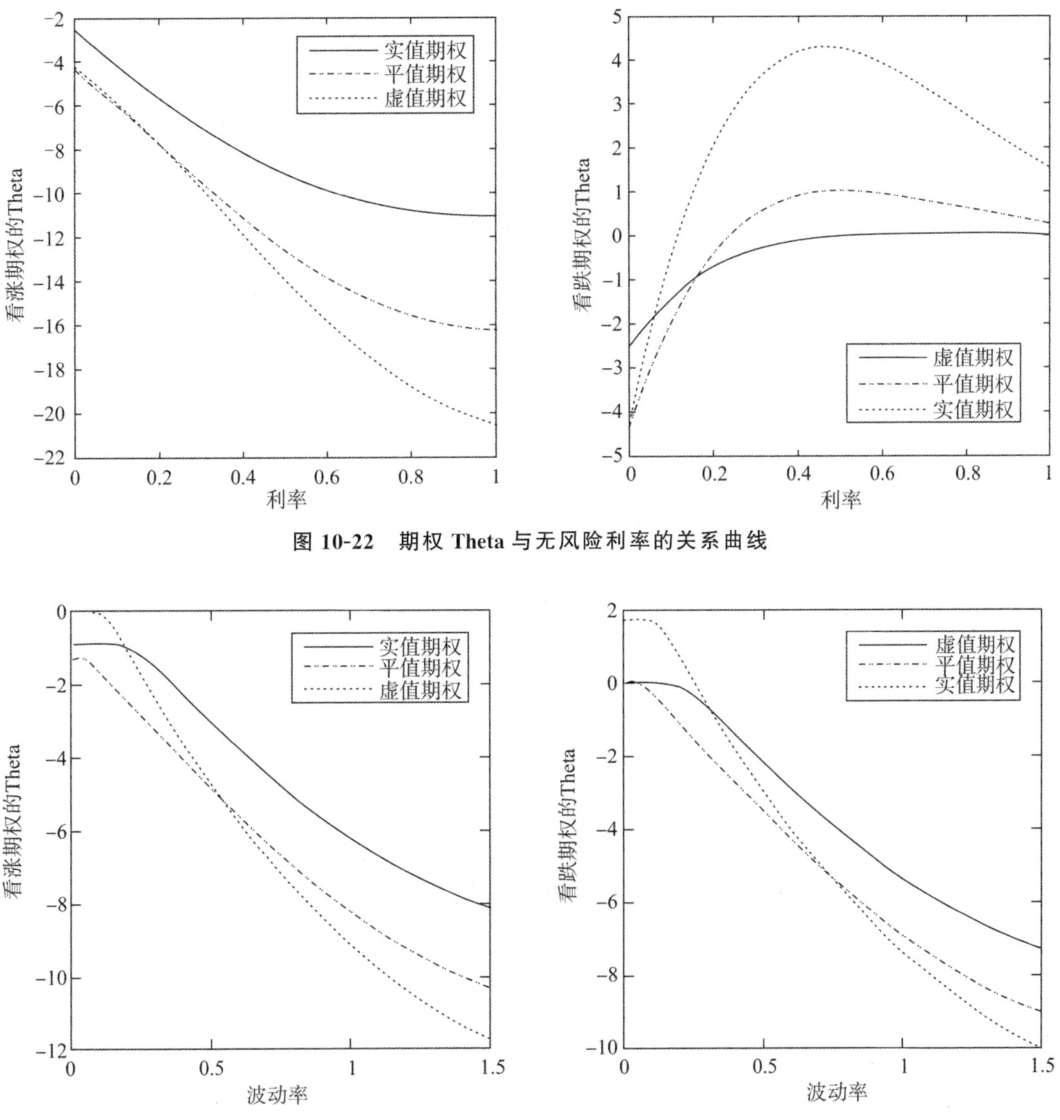

图 10-22　期权 Theta 与无风险利率的关系曲线

图 10-23　期权 Theta 与波动率的关系曲线

五、Rho(ρ)

Rho(ρ)是用来反映无风险利率对期权价格之影响程度的敏感性指标。如前所述,在一般情况下,无风险利率的变动对看涨期权的价格有正的影响,而对看跌期权的价格有负的影响。所以,看涨期权的 Rho 一般为正值,而看跌期权的 Rho 一般为负值。Rho 的数学表达式为:

$$\rho=\frac{\partial f}{\partial r} \tag{10.20}$$

根据 Black-Scholes 模型,欧式看涨和看跌期权的 Rho 分别为:

$$\rho_C=TX\mathrm{e}^{-rT}N(d_2) \tag{10.21}$$

$$\rho_P = -TXe^{-rT}N(-d_2) \tag{10.22}$$

Rho 的大小既决定于标的物价格与协定价格的关系，也决定于权利期间的长短。一般地说，越是实值的期权，其 Rho 的绝对值越大；越是虚值的期权，其 Rho 的绝对值越小。所以，如以绝对值来表示，则深度实值的期权有着最大的 Rho，而深度虚值的期权有着最小的 Rho，至于权利期间对 Rho 的影响也是同方向的。也就是说，权利期间越长，Rho 的绝对值越大；权利期间越短，则 Rho 的绝对值越小。在期权到期日，任何期权的 Rho 都将为零。

由于 Rho 反映着期权价格对无风险利率变动的敏感程度，因而在利率变化比较频繁的条件下，Rho 是一个比较重要的敏感性指标。这在期权的套利和投机中，是尤为重要的。

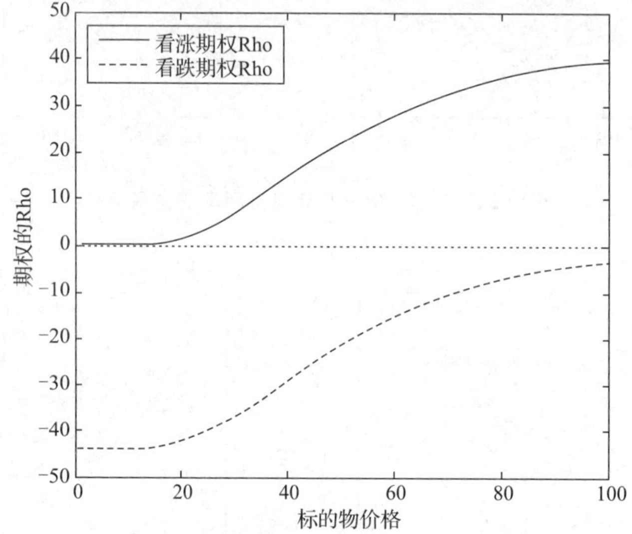

图 10-24　看涨/看跌期权 Rho 与标的物价格变动的关系曲线

根据(10.21)和(10.22)式，我们可以得到期权 Rho 与到期期限、无风险利率和波动率的关系图，如图 10-25—图 10-27 所示。

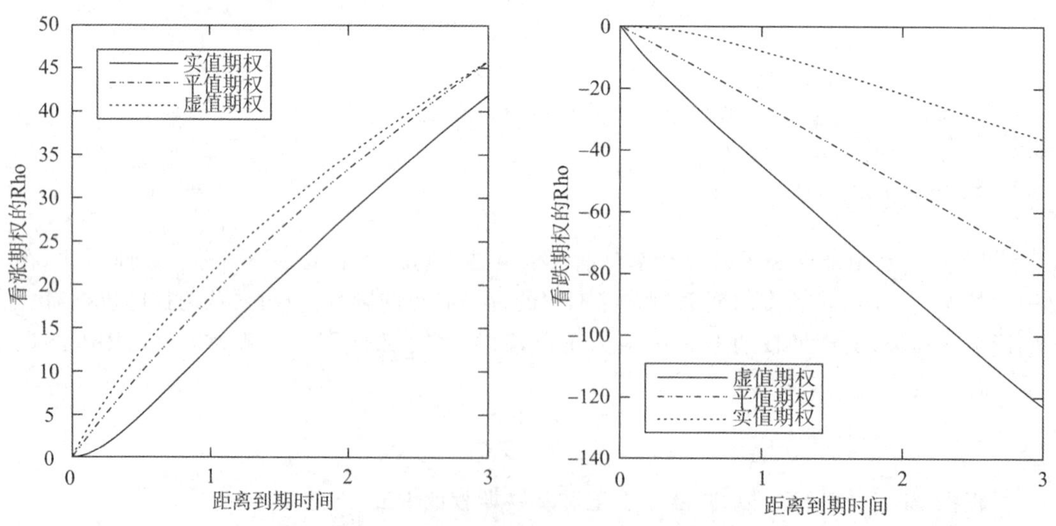

图 10-25　期权 Rho 与到期期限的关系曲线

这里需要说明的是，由于 Black-Scholes 模型当中，假定波动率 σ 和利率 r 均为常数，若违反该假设前提，Black-Scholes 公式将不再成立。因此，严格来讲，Vega 和 Rho 并不能根据 Black-Scholes 模型来求。前面利用 Black-Scholes 公式求得的关于 Vega 和 Rho 的解析表达式仅供参考。

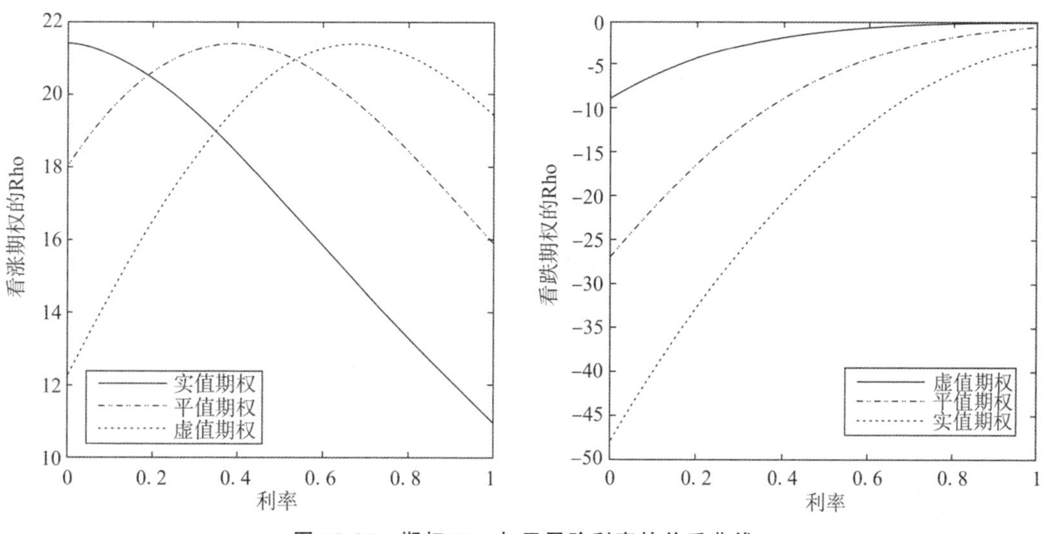

图 10-26 期权 Rho 与无风险利率的关系曲线

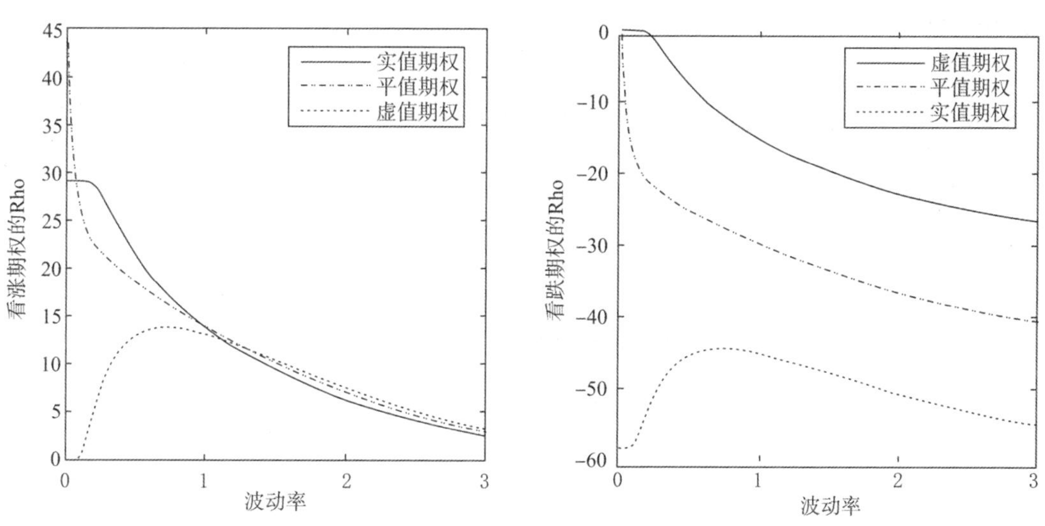

图 10-27 期权 Rho 与波动率的关系曲线

阅读材料

大头针风险

通过前面的分析，我们可以观察到一个特殊的现象：Gamma、Vega 和 Theta 都在标的物价格等于期权协定价格(即平值状态)附近达到极值。这是因为在平值状态附近，价格的微小变动都将使期权发生实值和虚值的转换，从而使得该点变得如此敏感。

在期权交易中，与这个特殊的点相关的风险是大头针风险(pin risk)。该风险是在期权到期日标的资产的价格与期权协定价格很接近的情况下产生的，此时，标的资产价格在期权协定价格上下变动一点将对期权的价值产生极大的影响，人们常称之为"尖锐"风险。

在这种情况下，期权的卖方面临的风险是，由于无法确定所持有的期权空头头寸是否会被行权，因此无论是否采取对冲操作，所持有的期权空头头寸在期权到期日结束后都有可能形成风险，也就是说在这种情况下无法进行精确的风险对冲，进而可能会产生损失。对于美式期权而言，由于期权买方可以在期权到期之前任一交易日行权，因此对于美式期权卖方而言，就必须比欧式期权卖方更加注意监控和管理潜在的大头针风险。

附录1：风险中性概率的推导

假设衍生证券的期初价格为 V_0，未来价格有两种可能：$V_t(U)$ 和 $V_t(D)$。

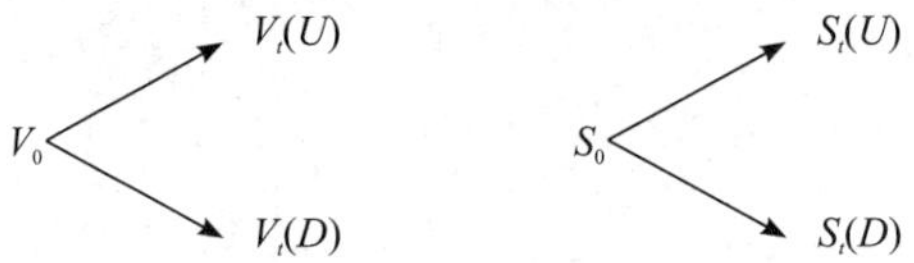

期初的财富总量为 X_0，在 0 时刻购买了 Δ_0 股的股票(当前价格为 S_0)，这样剩下的现金数量为 $X_0-\Delta_0 S_0$，将这些现金存入银行，利率为 r，到了 t 时刻，该组合的价值为：

$$X_t=\Delta_0 S_t+(X_0-\Delta_0 S_0)\mathrm{e}^{rt}=X_0\mathrm{e}^{rt}+\Delta_0(S_t-S_0 e^{rt})$$

从而得到：

$$X_0+\Delta_0(S_t\mathrm{e}^{-rt}-S_0)=X_t\mathrm{e}^{-rt}$$

这里我们希望得到满足条件的 X_0 和 Δ_0，使得：$X_t(U)=V_t(U)$，$X_t(D)=V_t(D)$。即，不管未来股票价格如何变动，t 时刻的财富总量恰好等于衍生证券的价格。这样，我们可以说，该资产组合对衍生证券做到了完全复制。

因此，复制的衍生证券应该满足：

$$X_0+\Delta_0\left[S_t(U)\mathrm{e}^{-rt}-S_0\right]=V_t(U)\mathrm{e}^{-rt} \tag{A.1}$$

$$X_0+\Delta_0\left[S_t(D)\mathrm{e}^{-rt}-S_0\right]=V_t(D)\mathrm{e}^{-rt} \tag{A.2}$$

取 $0<q<1$，将(A.1)式两侧同乘以 q；(A.2)式两侧同乘以$(1-q)$，然后相加可得：

$$X_0+\Delta_0\{\left[qS_t(U)+(1-q)S_t(D)\right]\mathrm{e}^{-rt}-S_0\}=\mathrm{e}^{-rt}\left[qV_t(U)+(1-q)V_t(D)\right] \tag{A.3}$$

令：

$$S_0=\left[qS_t(U)+(1-q)S_t(D)\right]\mathrm{e}^{-rt} \tag{A.4}$$

则：

$$X_0=\left[qV_t(U)+(1-q)V_t(D)\right]\mathrm{e}^{-rt} \tag{A.5}$$

又由于 $S_t(U)=uS_0$，$S_t(D)=dS_0$，由(A.4)式，可得：

$$q=\frac{\mathrm{e}^{rt}-d}{u-d}$$

这里的 q 不是资产未来价格实际变动的概率，这个概率称为风险中性概率(risk-neutral probabilities)。

由(A.4)和(A.5)可知：当前的股票价格是未来股票价格期望的贴现，并且使用风险中性概率作为其权重；当前的衍生品价格是未来衍生品价格期望的贴现，同样使用风险中性概率作为其权重。

$$\begin{cases}S_0=\left[qS_t(U)+(1-q)S_t(D)\right]\mathrm{e}^{-rt}=\left[E_q(S_t)\right]\mathrm{e}^{-rt}\\ V_0=X_0=\left[qV_t(U)+(1-q)V_t(D)\right]\mathrm{e}^{-rt}=\left[E_q(V_t)\right]\mathrm{e}^{-rt}\end{cases}$$

附录 2:Delta 的推导(以欧式看涨期权为例)

欧式看涨期权的 Black-Scholes 公式:

$$C=SN(d_1)-Xe^{-rT}N(d_2)$$

其中:$$\begin{cases} d_1=\dfrac{\ln(S/X)+(r+\sigma^2/2)T}{\sigma\sqrt{T}} \\ d_2=\dfrac{\ln(S/X)+(r-\sigma^2/2)T}{\sigma\sqrt{T}}=d_1-\sigma\sqrt{T} \end{cases}$$

由微分的链式法则(chain rule),我们可得:

$$\Delta=\frac{\partial C}{\partial S}=N(d_1)+SN'(d_1)\frac{\partial d_1}{\partial S}-Xe^{-rT}N'(d_2)\frac{\partial d_2}{\partial S} \quad (A.6)$$

由 d_1 和 d_2 的定义,可得:

$$\frac{\partial d_1}{\partial S}=\frac{1}{S\sigma\sqrt{T}}=\frac{\partial d_2}{\partial S} \quad (A.7)$$

又因为 $N(x)$是 x 的标准正态累积概率分布函数,因此 $N'(x)$就是关于 x 的标准正态概率密度函数,即:

$$N'(x)=\frac{1}{\sqrt{2\pi}}\exp\left[-\frac{x^2}{2}\right]$$

又:$d_1=d_2+\sigma\sqrt{T}$,故:

$$\begin{aligned} N'(d_1)&=N'\left(d_2+\sigma\sqrt{T}\right) \\ &=\frac{1}{\sqrt{2\pi}}\exp\left[-\frac{1}{2}\left(d_2+\sigma\sqrt{T}\right)^2\right] \\ &=\frac{1}{\sqrt{2\pi}}\exp\left[-\frac{d_2^2}{2}-\sigma d_2\sqrt{T}-\frac{1}{2}\sigma^2 T\right] \\ &=N'(d_2)\exp\left[-\sigma d_2\sqrt{T}-\frac{1}{2}\sigma^2 T\right] \end{aligned}$$

由于:$d_2=\dfrac{\ln(S/X)+(r-\sigma^2/2)T}{\sigma\sqrt{T}}$

因而:

$$-\sigma d_2\sqrt{T}-\frac{1}{2}\sigma^2 T=-\left[\ln\left(\frac{S}{X}\right)+\left(r-\frac{\sigma^2}{2}\right)T\right]-\frac{1}{2}\sigma^2 T=-\ln S+\ln X-rT$$

所以:

$$N'(d_1)=N'(d_2)\exp[-\ln S+\ln X-rT]=N'(d_2)\frac{X}{S}e^{-rT}$$

最终可得:

$$SN'(d_1)=Xe^{-rT}N'(d_2) \quad (A.8)$$

将这个结论连同(A.7)式代入(A.6)式,可得:

$$\Delta=\frac{\partial C}{\partial S}=N(d_1)$$

附录 3:MATLAB© 期权定价的相关函数

在商业化数学建模软件 MATLAB 当中,有金融工具箱(financial toolbox),其中包含了大量与期权定价相关的函数,现简要列举如下:

一、Black-Scholes 欧式现货期权定价模型

[Call, Put] = blsprice(Price, Strike, Rate, Time, Volatility, Yield)

输入变量名	含义	备注
Price	标的物价格	必选项
Strike	期权的协定价格	必选项
Rate	无风险年利率	必选项
Time	期权距离到期的时间(单位:年)	必选项
Volatility	年波动率	必选项
Yield	红利/股息的年化收益率	可选项,默认为 0

输出变量名	含义	备注
Call	欧式现货看涨期权价格	可单独输出
Put	欧式现货看跌期权价格	

二、Black 欧式期货期权定价模型

[Call, Put] = blkprice(Price, Strike, Rate, Time, Volatility)

输入变量的含义同上,但是这里输出的结果分别是欧式期货看涨/看跌期权的价格

三、期权价格的敏感性指标(希腊值)

1.[CallDelta,PutDelta]=blsdelta(Price,Strike,Rate,Time,Volatility,Yield)

2.Gamma=blsgamma(Price,Strike,Rate,Time,Volatility,Yield)

3.Vega=blsvega(Price,Strike,Rate,Time,Volatility,Yield)

4.[CallTheta,PutTheta]=blstheta(Price,Strike,Rate,Time,Volatility,Yield)

5.[CallRho,PutRho]=blsrho(Price,Strike,Rate,Time,Volatility,Yield)

6.[CallEl,PutEl]=blslambda(Price,Strike,Rate,Time,Volatility,Yield)

输入变量的含义同上。

输出变量名	含义	备注
CallDelta	欧式现货看涨期权的 Delta 值	可单独输出
PutDelta	欧式现货看跌期权的 Delta 值	
Gamma	欧式现货期权的 Gamma 值	看涨/看跌期权数值相同
Vega	欧式现货期权的 Vega 值	看涨/看跌期权数值相同
CallTheta	欧式现货看涨期权的 Theta 值	可单独输出
PutTheta	欧式现货看跌期权的 Theta 值	
CallRho	欧式现货看涨期权的 Rho 值	可单独输出
PutRho	欧式现货看跌期权的 Rho 值	
CallEl	欧式现货看涨期权的 Lambda 值	可单独输出
PutEl	欧式现货看跌期权的 Lambda 值	

需要说明的是，这里的 Lambda 值，衡量的是期权价格变动对标的物价格变动的弹性(elasticity)，即：

$$\text{Lambda}=\frac{\mathrm{d}f/f}{\mathrm{d}S/S}$$

该指标也称作杠杆因子(leverage factor)。

四、隐含波动率

Volatility=blsimpv(Price,Strike,Rate,Time,Value,Limit,Yield,Tolerance,Class)

输入变量名	含义	备注
Value	欧式期权的价格	必选项
Limit	设置迭代数值的上限	可选项，默认是 10
Tolerance	设置迭代终止的条件(公差)	可选项，默认是 10^{-6}
Class	设置期权的种类(看涨/看跌)	可选项，默认是看涨期权，也可以通过设定{'Call'}或{'put'}分别指定看涨期权或看跌期权

需要说明的是，这里输出的是欧式期权在 Black-Scholes 模型下的隐含波动率(implied volatility)。在隐含波动率的计算中，使用的是最优化方法中的迭代算法。如果人为降低迭代数值的上限(即 Limit 项)，在某些情况下，可能无法得到相应的结果，实际的数值会落在上限之外，造成计算失败(显示 NaN)。Tolerance 项已有默认数值，如果调得过小(比如调至 10^{-10}，即 1e−10)，虽然最终的结果会更加精确，但是会造成更多的迭代计算，增加运算时间，影响结果输出的效率。

五、二项式定价模型

[AssetPrice,OptionValue] = binprice(Price,Strike,Rate,Time,Increment,Volatility,Flag,DividendRate,Dividend,ExDiv)

输入变量名	含义	备注
Increment	设置二项式模型每期的时长	必选项
Flag	设定看涨/看跌期权	必选项，1 是看涨期权，0 是看跌期权
DividendRate	设置股息率	可选项，默认是 0
Dividend	设置除权日股息支付数额	可选项，默认是 0
ExDiv	设置除权日	可选项，默认是 0

输出变量名	含义	备注
AssetPrice	标的资产价格的二叉树	可单独输出
OptionValue	美式期权价格的二叉树	

附录 4:期权的隐含波动率求解算法——牛顿二分法

在第九章当中,我们介绍了期权价格的影响因素与期权价格的关系,其中提到期权的波动率与期权价格呈现出正向的关系。如果用数学的语言来表达,就是期权波动率与期权价格之间的函数关系是单调增加的。基于这一结论,我们可以对期权的隐含波动率进行数值求解。其中最为简单且高效的方法就是牛顿二分法(Newton's bisection method)。

为了便于说明牛顿二分法的基本原理,假设我们所要求解的期权隐含波动率是 σ^*(未知),对应的期权价格是 C(已知)。

第一步:确定迭代运算的初始值。我们要给出隐含波动率下限的初值为 A,以及上限的初值为 B。两值所对应的期权价格分别为 C_B 和 C_A,并且这两个值应当刚好在已知的期权价格 C 的两端,即 $C_A<C<C_B$。

第二步,选取上下限值的中间值 $M=0.5(A+B)$,并求出中间值 M 对应的期权价格 C_M。

第三步,如果期权价格 C 落在区间$[C_A,C_M]$内,则迭代的隐含波动率上限值改为 M(将 M 的数值赋予 B),下限值不变;如果期权价格 C 落在区间$[C_M,C_B]$内,则迭代的隐含波动率下限值改为 M(将 M 的数值赋予 A),上限值不变。最终隐含波动率的区间宽度缩小到原先的一半。

重复第二步和第三步,直到最终 C_M 的数值与期权价格 C 之差的绝对值达到设定的误差值(比如:0.000001),此时取隐含波动率上下限数值的平均,就是我们希望获得的隐含波动率的数值结果,即 $\sigma^*=0.5(A+B)$。

从上面的步骤中不难看出,牛顿二分法是通过不断地二等分隐含波动率的可能区间,最终逼近隐含波动率的真实数值。

为了实现该算法,我们以标的资产价格为 100、协定价格为 95、到期期限 1 年、无风险利率 2%、红利率 1%、当前价格为 7.73 的欧式看涨期权为例,求其在 Black-Scholes 模型下的隐含波动率。这里设定运算的精度是 0.000001(即 10^{-6}),迭代初始的上下限分别为 10 和 0。相关 MATLAB 代码如下所示:

```
% Black-Scholes 模型函数
function price = BSprice(s0,x,r,t,sig,arg,q)
[c,p] = blsprice(s0,x,r,t,sig,q);
  if arg = =0;          %针对看涨期权
    price = c;
  else                  %针对看跌期权
    price = p;
  end
end
```

```
%隐含波动率运算代码
S0 = 100;        X = 95;        T = 1;
r = 0.02;        q = 0.01;      C = 7.73;
A = 0;                 %设定迭代下限的初值
B = 10;                %设定迭代上限的初值
M = (B + A)/2;         %迭代区间的中值
precision = 1e - 6;    %设定运算的精度
arg = 0;               %取 0 是看涨期权,否则是看跌期权
```

```
%无解判定
if C>BSprice(S0,X,r,T,B,arg,q) || C<BSprice(S0,X,r,T,A,arg,q)
    disp('no solution,or try to expand the initial interval [A,B].');
    return
end

%使用条件循环实现牛顿二分法
while abs(C-BSprice(S0,X,r,T,M,arg,q))>precision
  if C>BSprice(S0,X,r,T,M,arg,q);
    A=M;
    M=(B+A)/2;
  else
    B=M;
    M=(B+A)/2;
  end
end
M=(B+A)/2
```

最终算出的隐含波动率为：$\sigma^*=0.108062$。下表反映了每次迭代后，上下限的数值变动情况。从中可以看出，随着迭代次数的增加，上下限的区间范围越来越小，并且我们只进行了26次循环迭代，就得到了比较精确的隐含波动率数值解。

迭代次数	迭代的下限值	迭代的上限值	迭代次数	迭代的下限值	迭代的上限值
1	0	5	14	0.108032227	0.108642578
2	0	2.5	15	0.108032227	0.108337402
3	0	1.25	16	0.108032227	0.108184814
4	0	0.625	17	0.108032227	0.108108521
5	0	0.3125	18	0.108032227	0.108070374
6	0	0.15625	19	0.108051300	0.108070374
7	0.078125	0.15625	20	0.108060837	0.108070374
8	0.078125	0.1171875	21	0.108060837	0.108065605
9	0.09765625	0.1171875	22	0.108060837	0.108063221
10	0.107421875	0.1171875	23	0.108062029	0.108063221
11	0.107421875	0.112304688	24	0.108062029	0.108062625
12	0.107421875	0.109863281	25	0.108062327	0.108062625
13	0.107421875	0.108642578	26	0.108062327	0.108062476

需要说明的是，牛顿二分法可以用于单调函数的数值求解，比如普通债券到期收益率（yield-to-maturity）的求解，但是对于非单调函数，则有可能出现求解问题。另外，该方法对初始值的设定有要求，如果设定的上下限数值在真实数值解之外，则会弹出错误提示，同时程序终止运行。

本章摘要

1.约翰·考克斯(John Cox)、斯蒂芬·罗斯(Stephen Ross)和马克·鲁宾斯坦(Mark Rubinstein)提出的二项式定价方法,为更复杂的期权的定价问题提出了解决办法。

2.隐含波动率是将期权定价模型中除波动率以外的所有因素代入模型,最终求得的波动率。

3.二项式模型不仅可以给欧式期权进行定价,还可以给美式期权、奇异期权等进行定价。

4.期权价格的敏感性,也称为期权的希腊字母,是指期权价格对其决定因素变动的敏感程度或反映程度,具体包括:Delta,Gamma,Vega,Theta,Rho。

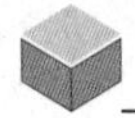

练习与思考

一、名词解释

隐含波动率、Delta、Gamma、Vega、Theta、Rho

二、单选题

1.股票看跌期权的 Delta 值通常介于:(　　)

A. −1 与 1 之间　B. −1 与 0 之间　C. −0.5 与 0.5 之间　D. 0 与 1 之间

2.下列有关期权 Delta 的叙述,错误的是:(　　)

A.当看涨期权深度价外时,其 Delta 接近 0

B.当看涨期权深度价内时,其 Delta 接近 1

C.当看跌期权深度价外时,其 Delta 接近 1

D.当看跌期权处于平值状态时,其 Delta 接近 −0.5

3.能使期权理论价格等于实际市场价格的波动率称为:(　　)

A.未来价格波动率　　B.历史价格波动率

C.预期价格波动率　　D.隐含价格波动率

4.下列有关期权 Vega 的叙述,何者是错误的?(　　)

A.看涨期权的 Vega 值必定为正值

B.看跌期权的 Vega 值必定为负值

C.标的物价格在履约价格附近时,Vega 值最大

D.当价内或价外程度很深时,Vega 值趋近于零

5.下列何种状况下,Gamma 值最大?(　　)

A.价平　　B.深度价内

C.深度价外　　D.标的物价格明显高于履约价格

6.股票看涨期权的 Delta 为 0.5,表示在其他情况不变下,股票价格若上涨 1 元,看涨期权价格会(　　)

A.上涨 2 元　B.下跌 2 元　C.上涨 0.5 元　D.下跌 0.5 元

7.股票看跌期权的 Delta 为 −0.3,表示在其他情况不变下,股票价格若上涨 1 元,看跌期权价格会(　　)

A.上涨 0.7 元　　B.下跌 0.7 元　　C.上涨 0.3 元　　D.下跌 0.3 元

8.* 下列不属于计算期权价格的数值方法的有(　　)。

A.有限差分方法　　B.二叉树方法

C.蒙特卡洛方法　　D.B-S 模型

9.* 下列不是单向二叉树定价模型假设的是(　　)。

A.未来股票价格将是两种可能值中的一个

B.允许卖空

C.允许以无风险利率借入或贷出款项

D.看涨期权只能在到期日执行

10.* 当标的资产价格从 100 元上升到 101 元，90 天后到期，行权价为 120 元的看涨期权从 3.53 元升到 3.71 元，其 Delta 值约为(　　)。

A. 0.16　　B. 0.17　　C. 0.18　　D. 0.19

11.* 对于期权买方来说，以下说法正确的(　　)。

A.看涨期权的 Delta 为负，看跌期权的 Delta 为正

B.看涨期权的 Delta 为正，看跌期权的 Delta 为负

C.看涨期权和看跌期权的 Delta 均为正

D.看涨期权和看跌期权的 Delta 均为负

12.* 期权的市场价格反映的波动率为(　　)。

A.已实现波动率　　B.隐含波动率　　C.历史波动率　　D.条件波动率

13.* 下列关于波动率的说法，错误的是(　　)。

A.波动率通常用于描述标的资产价格的波动程度

B.历史波动率是基于对标的资产在过去历史行情中的价格变化而统计得出

C.隐含波动率是期权市场对标的资产在期权存续期内波动率的预期

D.对于某个月份的期权，历史波动率和隐含波动率都是不变的

14.* 某股票每年的价格上升系数为 1.1，下降系数为 0.9，假设无风险利率为 5%。该股票价格上涨和下跌的风险中性概率分别为(　　)。

A. 0.75 和 0.25　　B. 0.25 和 0.75　　C. 0.5 和 0.5　　D. 1 和 0

15.* 在下列各市场指数中，需要利用期权隐含波动率进行编制的是(　　)。

A. VIX 指数　　B. SENSEX 指数

C. S&P CNX 指数　　D. EuroStoxx 指数

16.* 其他条件不变，如果标的指数上涨 1 个点，那么看跌期权理论价值将(　　)。

A.上涨，且幅度大于等于 1 点　　B.上涨，且幅度小于等于 1 点

C.下跌，且幅度大于等于 1 点　　D.下跌，且幅度小于等于 1 点

17.* BS 股票期权定价模型中，假设标的股票价格服从下列哪种分布(　　)。

A.对数正态分布　　B.正态分布　　C.平均分布　　D.离散分布

18.* 以下哪个希腊字母体现出期权价格与标的价格的非线性关系(　　)。

A. Delta　　B. Gamma　　C. Vega　　D. Theta

19.* 某无股息股票看涨期权期限为 2 个月，执行价格 20 元，股票当前价格为 22 元，

假设无风险利率为6%,按连续复利计算,则该期权的价格下限为(　　)元。

A. 1.80　　B. 2.00　　C. 2.20　　D. 2.60

20. * 看跌期权多头的Gamma值,随着期权由虚值转为实值而(　　)。

A.上升　　B.下降　　C.先上升后下降　　D.先下降后上升

21. * 标的资产现价2500点,则行权价为2400点的看涨期权多头的delta值可能为(　　)。

A. 0.7　　B. 0.5　　C. 0.3　　D. −0.3

22. * 以下希腊字母中,可以用标的物或者期货进行对冲的是(　　)。

A. Vega　　B. Theta　　C. Delta　　D. Gamma

23. * 上证50ETF价格为2.856元,行权价为2.85元的看跌期权delta=−0.4570,gamma=2.4680,行权价为2.7元的看跌期权delta=−0.1426,gamma=1.4022,某投资者购买了一张行权价格为2.85元的看跌期权,卖出两张行权价格为2.7元的看跌期权,上述两种期权到期日相同,则组合delta和gamma为(　　)。

A. 0.5996,3.8702　　B. −0.1718,−0.3364

C. −0.1718,3.8702　　D. 0.5996,−0.3364

24. * T=0时刻股票价格为100元,T=1时刻股票价格上涨至120元的概率为70%,此时看涨期权收益为20元;下跌至70元的概率为30%,此时看涨期权收益为0。假设市场无风险利率为0,则该股票下跌的风险中性概率为(　　)。

A. 0.4　　B. 0.5　　C. 0.6　　D. 0.7

25. * 某股票目前价格为40元,假设该股票1个月后的价格要么为42元、要么38元。连续复利无风险年利率为8%。请问1个月的协议价格等于39元的欧式看涨期权价格为(　　)。

A. 1.68　　B. 1.70　　C. 1.72　　D. 1.74

26. * 下列阐述错误的是(　　)。

A. B-S模型适用于各种奇异期权定价

B.二叉树模型既可用于美式期权定价,也可用于欧式期权定价

C. B-S型不适于美式期权定价

D. B-S模型主要用于欧式期权定价

27. * 假设某Delta的中性投资组合Gamma值为−100。当资产价格在极短的时间内变动3,则该组合的价值将(　　)。

A.增加300　　B.减少300　　C.增加450　　D.减少450

三、简答题

1.二项式模型与Black-Scholes模型有何联系?

2. Black-Scholes模型的假设条件有哪些?

四、计算题

1.股票现价100美元,有2个连续时间步,每个时间步的步长为6个月,每个单步二叉树预期上涨10%或下跌10%。无风险年利率为8%(按连续复利计)。执行价格为100美元,1年期的欧式看涨期权的价值是多少?

2.假设某股票的当前市价为22美元，且一个月后股价可能变成24或20。无风险利率为8%，按照复利计息方法。则执行价格为21美元、一个月的欧式看跌期权的价值是多少？

3.某股票的当前价格为50美元，已知在6个月后这只股票的价格将变为45美元或55美元，无风险利率为10%。执行价格为50美元，6个月期限的欧式看跌期权的价格为多少？

4.某股票的价格为40美元，在今后两个3个月的时间段内，股票价格或上涨10%或下跌10%，无风险利率为每年12%。执行价格为42美元，6个月的欧式看涨和看跌期权价格分别为多少？

参考文献

1.Chance D.,Brooks R.An Introduction to Derivatives and Risk Management [M].Cengage Learning,2015.

2.Hull J.Options,Futures,and Other Derivatives [M].Prentice Hall,2014.

3.黄昱程.期货与选择权:衍生性金融商品入门经典[M].华泰文化,2015.

4.罗开位.期权定价理论的产生与发展[J].系统工程,2000.11,18:1 - 5.

5.吴恒煜.期权定价理论发展综述[J].生产率系统,2003,33:7 - 8.

6.郑振龙,陈蓉.金融工程[M].高等教育出版社,2012.

7.林苍祥,蔡蒔铨.从物理学到财务金融——漫谈跨学科的结合[J].物理双月刊,2005,27(6):795—803

8.韩传祥.金融中波动率的数学问题[J].数学传播,2013,37(1):26—40

9.叶永刚,彭红枫.金融工程学[M].东北财经大学出版社,2014.

10.张元萍,郗文泽.金融衍生工具[M].首都经济贸易大学出版社,2015.

11.Black F.How We Came Up with The Option Formula [J].Journal of Portfolio Management,Winter 1989:4-8.

12.Black F.,Scholes M.The Pricing of Options and Corporate Liabilities [J].The Journal of Political Economy,May-Jun.,1973,81:637 - 654.

13.Cox J.C.,Ross S.A.,Rubinstein M.Option Pricing:A Simplified Approach [J].Journal of Financial Economics,1979,7:229-263.

14.Boness A.J. Elements of a Theory of Stock-Option Value [J].The Journal of Political Economy,1964:163-175.

15.Sprenkle C.M. Warrant Prices as Indicators of Expectations and Preferences [J].Yale Economic Essays,1961,1(2):178-231.

16.Mehrling P.G. Fischer Black and the Revolutionary Idea of Finance [M].New York:Wiley,2005.

17.Merton R.C. Theory of Rational Option Pricing [J].The Bell Journal of Economics and Management Science,1973,4:141-183.

18.Merton R.C.,Scholes M.S. Fischer Black [J].The Journal of Finance,1995,50:1359-1370.

19.Courtault,J.－M.,Kabanov,Y.,Bru,B.,Crepel,P.,Lebon,I.,andMarchand,A.L. Louis Bachelier:On the Centenary of Théorie de la Spéculation [J].Mathematical Finance,2000,10(3):341-353.

20.Bachelier L.,Davis M.and Etheridge A.Louis Bachelier's Theory of Speculation: the Origins of Modern Finance [M] NJ:Princeton University Press,2006.

第11章 期权的交易策略

学习目的

通过本章的学习，掌握期权的基本交易策略；熟悉期权的投机交易、套利交易；掌握套期保值交易的概念、操作方法以及交易的盈亏状况；掌握期权与期货在套期保值功能上的不同特征。

案例导读

2003年起，陈久霖掌控的中国航油新加坡股份有限公司（以下简称"中国航油"）经董事会批准后开始从事石油衍生品期权交易，初期小有斩获。但由于美国攻打伊拉克等国际突发事件的发生，国际石油期货价格走势出现变化。在2004年末石油期货价格迅速攀升之时，交易员纪瑞德做出错误判断，出售大量看涨期权，最终导致5.5亿美元的巨额亏损。面对巨亏，中国航油及其母公司——中国航油集团曾竭力试图力挽狂澜。2004年10月，中国航油集团决定把所持75%上市公司股份的15%折价配售给机构投资者，筹得1.11亿美金暗中用于补仓。

然而，由于国际油价仍在不停攀升，亏损额不断扩大。自2004年10月26日起，中国航油集团指令中国航油在高位全部斩仓，5.5亿美元的亏损成为事实。2004年11月30日，中国航油向当地法院寻求债务重组。

事件被揭发后引起了中国和新加坡舆论的高度重视。在新加坡，中航油事件被认为是自1994年巴林银行破产案以来最为严重的一次金融事件，并且再度引发对于新加坡金融控管当局在监督方面是否有失职的争论。而在中国，该事件再度暴露出国有企业管理体制的问题。

期权是一种复杂的交易技术。在现实的交易活动中，无论是套期保值者、套利者还是投机者，都有无数种可供他们选择的交易策略。这些不同的交易策略都各有其不同的适用范围和适用时机，且可以产生不同的交易结果。但是所有的交易策略都源于4种基本的交易策略。

第一节　期权的基本交易策略

在前面我们已经知道，期权有看涨期权和看跌期权两种基本类型。而在期权交易中，投资者又可以分为期权购买者和期权出售者两种基本的交易者。期权的这两种基本类型与两类基本交易者的不同组合，可以形成期权交易的4种基本交易策略：多头看涨期权(long call)、空头看涨期权(short call)、多头看跌期权(long put)和空头看跌期权(short put)。

一、多头看涨期权

当投资者预计某种标的资产的市场价格将上升时，他可以买进该标的资产的看涨期权。日后若市场价格真的上升时，且价格上涨至期权合约的协定价格以上，则该投资者可以执行期权从而获利，获利的多少将视市场价格上涨的幅度而定。

理论上，标的资产市场价格上涨的幅度无限，故期权购买者的获利程度亦将无限。反之，如市场价格不是上升，而是下跌，且跌至协定价格或协定价格以下，也就是说，当作为期权购买方的投资者预测错误，他可以选择放弃行权。此时，投资者将受到一定的损失，但这种损失是有限且已知的。这就是说，当期权购买者放弃执行期权时，他的最大损失就是购买期权时所支付的期权费。

例11-1：某投资者购买1份微软公司欧式看涨期权，假设期权费为＄5，该期权的执行价格为＄100，期权的有效期是2个月，试画出2个月后期权到期时的盈亏图。

解答：由于这是一份欧式看涨期权，当2个月后微软公司的股价在＄100以下时，投资者应当放弃行权，此时投资者的损失数额是固定的数值(即购买看涨期权时支付的＄5期权费)。若未来股价在＄100以上，则投资者应当选择行权，此时投资者的盈亏情况取决于行权的收益与期初购买期权所付期权费的差额。到期日不同股价水平下，投资者的盈亏情况如表11-1所示：

表11-1　多头看涨期权的投资者到期日可能的盈亏情况

股价	行权情况	盈亏
92	放弃行权	－5
96	放弃行权	－5
100	两可	－5
104	行权	4－5＝－1
108	行权	8－5＝3
112	行权	12－5＝7
116	行权	16－5＝11

根据盈亏情况，可以绘出多头看涨期权到期时的盈亏图，其形状如图11-1所示。盈亏图的横轴是到期日股票价格，折线上的点对应的是某一个价格水平下，期权交易的盈亏

状况。折线在横轴上方表示盈利,横轴下方意味着亏损。

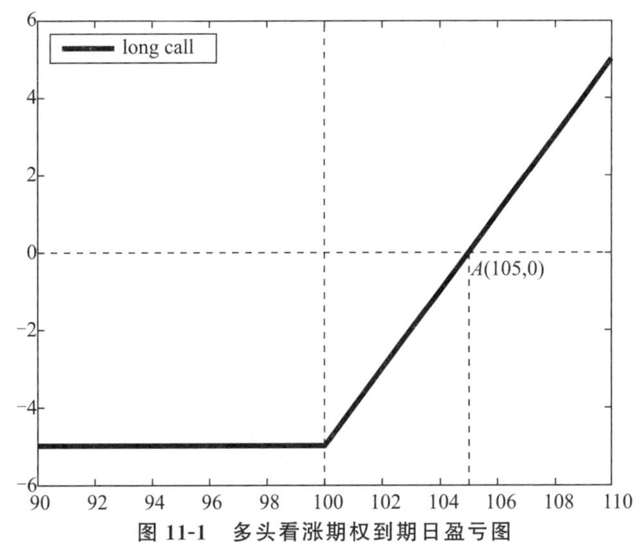

图 11-1 多头看涨期权到期日盈亏图

由上述分析可知,多头看涨期权的投资者最大损失是有限的(＄5),而其最大利润是无限的,这也可以在图 11-1 中看到。在该图中,盈亏图的折线存在一个拐点,对应的价格是期权的协定价格(＄100),该折线与坐标系的横轴交于 A 点,此时说明投资者通过行权获得的收益,刚好被期初支付的期权费所抵消,因此投资者盈亏平衡,该点称作盈亏平衡点(Break-even Point,BP)。此处的股票价格是协定价格加上期权费,即:

$$BP = X + C = 100 + 5 = 105$$

其中:X 是期权的协定价格,C 是欧式看涨期权的期权费数额。

由此可见,即使投资者可以通过行权获利,若获利的数额小于期权费的支出,他还是会出现亏损,只有当未来的股票价格高过盈亏平衡点,他才有获利的可能。在现实交易中,如果考虑到交易成本的因素,实际的盈亏平衡点价格将比理论价格还要高。

一般来说,当标的资产的市场价格上升时,其看涨期权的期权费也将上涨。因此在标的资产的市场价格上升后,买进看涨期权的投资者既可以通过履约而获利,也可以通过转让期权合约而获利。如就投资收益率而言,转让期权的收益率往往比执行期权所获得的收益率更高。尤其是在期权合约临近到期,投资者又一时难以筹措履约所需的资金时,转让期权合约不失为一个可取的策略。

二、空头看涨期权

在期权交易中,既然有人买进,就一定有人卖出。买方和卖方都希望在交易中获利。就看涨期权来说,买方之所以愿意多头合约,是因为他预期的标的资产的价格将上涨,从而希望通过履约来获利。而卖方之所以愿意空头合约,是因为他预期市场价格将下跌,在标的物的市场价格下跌至协定价格或以下时,看涨期权的买方将自动放弃行权,卖方通过空头方期权合约可以稳赚期权费。同时,若标的物的市场价格高于协定价格,期权买方将要求履约,但只要标的物的市场价格低于协定价格和期权费之和,看涨期权的卖方仍然有获利的机会，只是利润少于他所收取的期权费而已。

对看涨期权的出售者而言，其最大的利润是他出售期权所得到的期权费，而其最大的损失则随着标的物的市场价格来定。从理论上讲，这种损失将是无限的。然而在卖出看涨期权时，投资者获利的可能性将大于他遭受损失的可能性。在一般情况下，看涨期权的出售者大幅度遭受损失的概率非常小，而获得小幅度利润的概率将非常大。所以，在现实中，投资者未必在大幅度看跌时才出售看涨期权，而只要在预期的市场价格不会大幅度上升时，他即可卖出看涨期权，并有较大的获利可能。同时，万一对价格的预期真的有较大的误差，投资者也可以按较高的价格多头同样的看涨期权进行平仓，以避免损失进一步扩大。

例 11-2：仍以例 11-1 中的相关数据为例，画出期权到期时看涨期权空头方的盈亏图。

解答：由于这是一份欧式看涨期权，当 2 个月后微软公司的股价在＄100 以下时，期权的多头方放弃行权，此时空头方将稳赚＄5 期权费。若未来股价在＄100 以上，则多头方选择行权，此时空头方的盈亏情况取决于期初购买期权所得期权费的收益与履行行权义务所带来损失的差额。到期日不同股价水平下，期权空头方的盈亏情况如表 11-2 所示。

表 11-2　看涨期权空头方到期日可能的盈亏情况

股价	行权情况	盈亏
92	对方放弃行权	5
96	对方放弃行权	5
100	两可	5
104	履行行权义务	5－4＝1
108	履行行权义务	5－8＝－3
112	履行行权义务	5－12＝－7
116	履行行权义务	5－16＝－11

根据盈亏情况，可以绘出空头看涨期权到期时的盈亏图，其形状如图 11-2 所示。

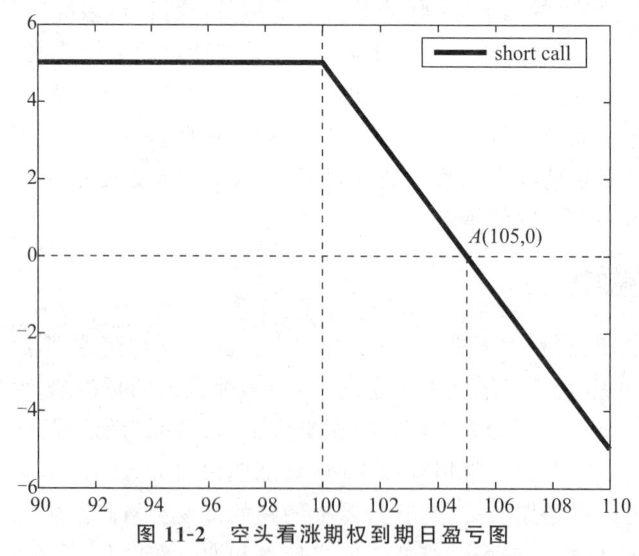

图 11-2　空头看涨期权到期日盈亏图

由上述分析可知，空头看涨期权的投资者最大收益是有限的（$5），而其最大损失是无限的，这也可以在图 11-2 中看到。在该图中，盈亏图的折线存在一个拐点，对应的价格是期权的协定价格（$100），该折线与坐标系的横轴交于 A 点，此时说明投资者通过期权费所获得的收益，刚好被履约产生的损失所抵消，因此投资者盈亏平衡，该点就是盈亏平衡点。此处的股票价格是协定价格加上期权费，即：

$$BP = X + C = 100 + 5 = 105$$

其中：X 是期权的协定价格，C 是欧式看涨期权的期权费数额。

将看涨期权的多头和空头双方的盈亏图放在一起，如图 11-3 所示。

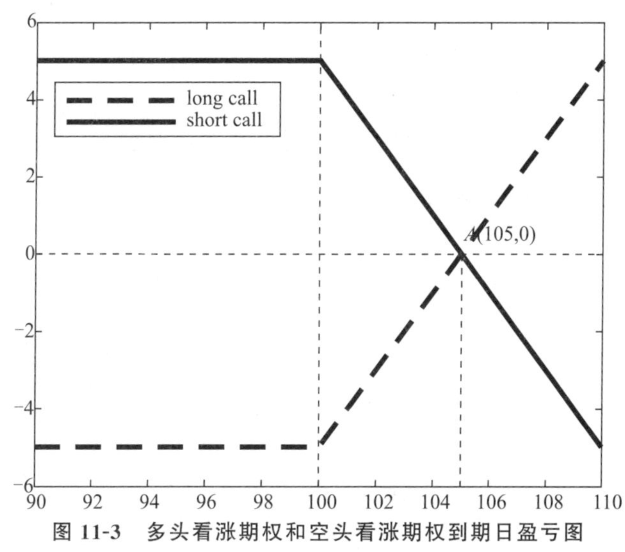

图 11-3 多头看涨期权和空头看涨期权到期日盈亏图

由图中不难看出，期权买卖双方的盈亏图关于横轴呈现轴对称的关系，并且两图交于盈亏平衡点 A。这说明，在不考虑交易成本的前提下，期权买卖双方是零和博弈（zero-sum game）的关系，即标的物的价格发生变化时，则在买卖双方中必有一方赢利，而另一方发生亏损，且一方的赢利将与另一方的亏损数额相等。

三、多头看跌期权

看跌期权赋予了期权购买者在未来的某个特定时间，以协定价格向期权出售者卖出一定数量的某种金融商品或期货合约的权利。投资者之所以选择多头看跌期权，是因为他预期标的资产的市场价格将下跌。若标的资产的市场价格果然下降且跌至协定价格之下，则投资者可以行使其权利，以较高的协定价格卖出他所持有的标的资产，从而可以避免市场价格下跌的损失。如果期权多头方并不持有标的资产，则在标的资产市场价格下跌时，他可以以较低的市场价格买进标的资产，而以较高的协定价格卖出标的资产来获利，获利的程度将视标的物市场价格下降的幅度来决定。反之，在买进看跌期权后，若标的物的市场价格没有下跌，或者反而上涨，则投资者可以通过放弃行权方式，使得其最大损失止于期初所支付的期权费。

一般来说，对看跌期权的多头方而言，其潜在的损失是有限的（仅限于他所支付的期权费），而其潜在的利润将是无限的。但事实上，对看跌期权的购买者而言，即使从纯理论上来讲，其潜在的利润也并不是无限的。之所以如此，是因为任何标的资产的市场价格都不能降低到零之下。换言之，即使在极端情况下，各种标的资产也都以零为其市场价格的下限。同时在购买这种看跌期权时，投资者总得支付一定的期权费，而期权费又不可能为一负值，即使无内在价值的看跌期权也是如此。于是，对看跌期权的购买者而言，其潜在的最大利润也只能限于协定价格与期权费之差。

例 11-3：购买 1 份甲骨文公司欧式看跌期权。假设期权费为＄7，该期权的执行价格为＄70，期权的有效期是 3 个月，试画出 3 个月后期权到期时的盈亏图。

解答：由于这是一份欧式看跌期权，当 3 个月后甲骨文公司的股价在＄70 以上时，期权的多头方放弃行权，此时的损失将是＄7 的期权费。若未来股价在＄70 以下，则多头方选择行权，此时其盈亏情况取决于期初购买期权的期权费支出与期权行权所得到收益的差额。到期日不同股价水平下，看跌期权多头方的盈亏情况如表 11-3 所示。

表 11-3　看跌期权多头方到期日可能的盈亏情况

股价	行权情况	盈亏
55	行权	15－7＝8
60	行权	10－7＝3
63	行权	7－7＝0
65	行权	5－7＝－2
70	两可	－7
75	放弃行权	－7
80	放弃行权	－7

根据盈亏情况，可以绘出多头看跌期权到期时的盈亏图，其形状如图 11-4 所示。

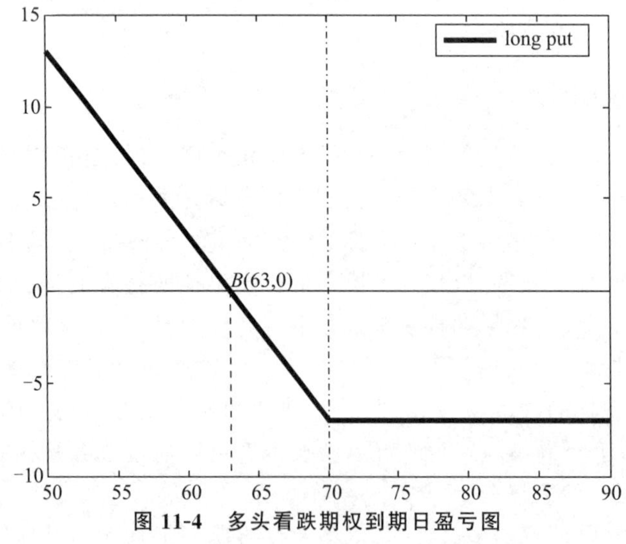

图 11-4　多头看跌期权到期日盈亏图

由上述分析可知，多头看跌期权的投资者最大损失是有限的（＄7），这也可以在图 11-4 中看到。在该图中，盈亏图的折线存在一个拐点，对应的价格是期权的协定价格（＄70），该折线与坐标系的横轴交于 B 点，此时说明投资者通过行权获得的收益，刚好被期初支付的期权费所抵消，因此投资者盈亏平衡。此处的股票价格是协定价格减去期权费，即：

$$BP = X - P = 70 - 7 = 63$$

其中：X 是期权的协定价格，P 是欧式看跌期权的期权费数额。

需要说明的是，由于标的资产的价格不可能跌到零以下，因此，与多头看涨期权不同的是，多头看跌期权的最大盈利是有限的，其数额便是当标的资产价格 $S=0$ 时的盈利数额，即：

$$MP = X - S - P = 70 - 0 - 7 = 63$$

其中：MP 就是看跌期权多头方的最大盈利（maximum profit，MP）数额。

四、空头看跌期权

对投资者来说，空头看跌期权的目的是通过收取的期权费来获利。投资者能否获得这一收益，取决于他对期权标的物的市场价格的预测是否正确。所以在一般情况下，若投资者对市场价格看涨，他们就卖出看跌期权；若投资者对市场价格看跌，他们就卖出看涨期权。由此可见，期权的看涨与看跌都是对期权的多头方而言的，而对期权的空头方来说，则情形恰好相反。

从获取利润的角度来讲，投资者空头看跌期权与空头看涨期权是一样的，其最大利润是他们所收取的期权费。所以对投资者来说，其空头看跌期权的最大利润也是有限且已知的。但是从产生亏损的角度来说，则因卖出看跌期权与买进看跌期权在盈亏方面的对称性，投资者的最大损失便是协定价格与期权费之差。

例 11-4：仍以例 11-3 中的相关数据为例，画出期权到期时看跌期权空头方的盈亏图。

解答：由于在不考虑交易成本的前提下，期权买卖双方是零和博弈的关系，因此期权多空双方的盈亏图关于横轴呈现轴对称的关系，根据该性质，可以做出空头看跌期权在到期日的盈亏图，其形状如图 11-5 所示。

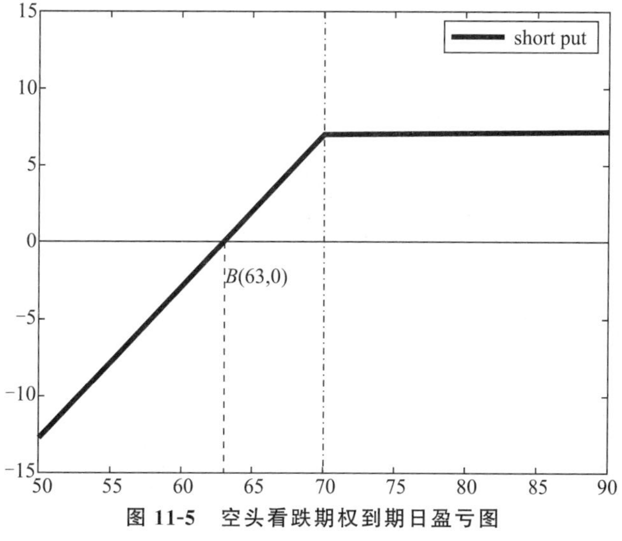

图 11-5　空头看跌期权到期日盈亏图

同样，我们可以将看跌期权的多空双方的盈亏图放在一起，如图 11-6 所示。

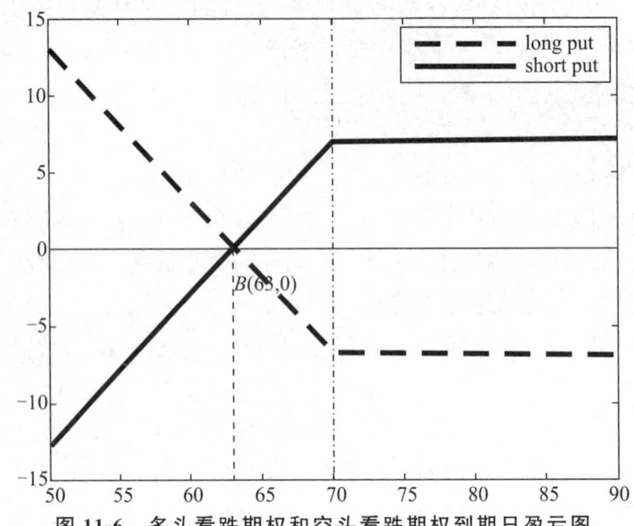

图 11-6　多头看跌期权和空头看跌期权到期日盈亏图

最后，我们可以将期权交易的四种基本策略总结如下：

交易策略	买进看涨	卖出看涨	买进看跌	卖出看跌
市场预期	看涨	看跌	看跌	看涨
潜在利润	∞	C	$X-P$	P
潜在损失	C	∞	P	$X-P$
盈亏平衡点价格	$X+C$	$X+C$	$X-P$	$X-P$

第二节　期权的投机交易

一、多头投机

（一）多头看涨期权投机

多头看涨期权的投机者相信标的物价格会大幅上涨，这样他可以在合约到期时，以较低的协定价格买入标的物行权，从而在交易中获利；或者在合约到期前，利用标的物价格上涨带来的看涨期权价格的上涨，将手中的看涨期权以高价卖出而获利。

（二）多头看跌期权投机

多头看跌期权的投机者相信标的物价格会大幅下跌，这样他可以在合约到期时，以较高的协定价格卖出标的物行权，从而在交易中获利；或者在合约到期前，利用标的物价格下跌带来的看跌期权价格的上涨，将手中的看跌期权以高价卖出而获利。

二、空头投机

（一）空头看涨期权投机

空头看涨期权的投机者相信标的物价格会大幅下跌，以使看涨期权无法行权，从而在交易中稳赚期权费收入；或者利用标的物价格下跌带来的看涨期权价格的下跌，将手中的空头头寸以多头平仓的方式获利。对于空头看涨期权的投机者来说，他们最担心的就是未来标的物价格大幅上涨，从而造成的亏损。

（二）空头看跌期权投机

空头看跌期权的投机者相信标的物价格会大幅上涨，以使看跌期权无法行权，从而在交易中稳赚期权费收入；或者利用标的物价格上涨带来的看跌期权价格的下跌，将手中的空头头寸以多头平仓的方式获利。对于空头看跌期权的投机者来说，他们最担心的就是未来标的物价格大幅下跌，从而造成的亏损。

三、期权投机应注意的问题

（一）选择交易活跃的合约

对于一个刚刚进入期权市场的投资者来说，面对众多繁杂的期权合约，有看涨期权与看跌期权，有不同月份的期权，还有不同执行价格的期权，投资者可能会感到惊讶和不知所措。应该买入什么、卖出什么，可供挑选的范围太大了。市场的交易量会给投资者初步的选择依据，投资者通过观察不同合约的交易量，就可以把交易比较冷清的合约剔除出去。也就是说，投资者最好参与交易比较活跃的合约。交易不活跃的合约，市场的多空双方分歧大，相应的买卖价差很大，达成交易比较困难，成交的价格对投资者也相对不利。除非你准备进行长期投资，否则，平仓了结也是较为困难的。

（二）看对方向再交易

理论上说，影响期权价格有协定价格、波动率、到期日、标的物市场价格等诸多因素。但其实最关键的就是看对期权看涨看跌的方向。一旦看对了方向，我们就不必关心协定价格，也不用管波动率，甚至标的物的市场价也不用太关注了。当然，如果看错了方向就很麻烦了，处在浮亏状态，一定会考虑执行价、到期日、标的即期价格等因素，以决定是否止损出局。所以，除了套期保值交易，在建仓时首先要重视的是方向，不要为其他因素所累。

（三）谨慎买入深度实值期权、深度虚值期权

买入深度虚值期权的好处在于期权费十分便宜，但同时，其转化为实值期权的过程需要标的资产价格出现巨大的变化。而大多数情况下，所希望的标的资产价格大幅变化是不现实的。很可能的结果是，价格变化是有利的，但却没有达到深度虚值期权的盈亏平衡点，做对了方向，却买错了期权，最终在到期时，仍然是分文不值。因此，买入深度虚值期权，盈利的概率很小，只是一种赔率很高的赌博行为。买入深度实值期权，需要支付高额的期权费成本，杠杆作用十分有限。在标的资产价格发生有利变化时，投资深度实值期权的收益率是相对较低的；当标的资产价格发生不利变化时，深度实值期权的境况更惨，其价格会大幅下跌，投资者会发生较大亏损。

做期权就在于做时间价值，其魅力就在于不确定性，买入深度实值期权，不仅支付时间价值，还向卖方支付大量的内在价值，等于向卖方支付了额外的保险，对于买方是不划算的。

期权交易中，交易比较活跃的一般为平值附近的期权合约，此时期权的时间价值较大。对于波动率较高的品种，虚值期权会以其高投机性吸引更多的投资者。

（四）对标的资产价格进行务实的分析

期权交易中，最直接的交易策略就是针对标的资产价格方向进行交易。如果对标的资产价格看涨，可以买入看涨期权；如果对标的资产价格看跌，就可以买入看跌期权。但是，标的资产价格的变化是波段性的，有上涨，有下跌，也有盘整。从技术分析的角度，上行有阻力，下行有支撑。因此，在许多情况下，仅简单地买入期权，期待价格的大涨或大跌就过于理想化了。期权市场有众多不同协定价格的合约，务实的交易者可以根据标的资产价格的变化和自我判断，通过买入或者卖出不同协定价格的合约，并进行动态的调整，就可以相对较小的成本去获取较大的盈利。

（五）注意波动率的变化

对于标的资产的投资者来说，波动率是一个陌生的名词，而且不容易理解，但投资者绝不能因其复杂而忽视波动率的存在，因为期权价格受期货价格和波动率的共同影响，波动率的高低对于期权交易和期权价格的变动十分重要。

（六）注意到期时间的影响

同样条件下，到期时间越长，期权的价值越高。只要没有到期，期权就有时间价值，就存在各种变化的可能。但对于期权合约来说，从上市交易的第一天起，到期时间只会一天天的减少，因此说期权是一种价值损耗性资产。时间对于期权买卖双方的影响是不同的。就买方来讲，时间的流逝对其是不利的。只要有时间，买方就有希望。对于卖方，时间是他的朋友，时间的减少会带来期权价值的下降，降低卖方的不确定性风险。

第三节 期权的套利交易

在本章的第一节中，我们曾介绍过期权交易的 4 种基本的交易策略，即多头看涨期权、多头看跌期权、空头看涨期权和空头看跌期权，这些交易策略通常被称为“单一头寸策略”。但在现实中，这些单一头寸策略往往通过一定的组合进行交易。例如，在买进一种期权的同时卖出另一种期权，又如，在买进某种现货金融商品的同时买进看跌期权。投资者之所以进行这样的组合交易，既可能是出于套利的需要，也可能是出于套期保值的需要。

一、期权的价差交易策略

价差交易策略是期权交易中最基本的套利策略。所谓价差交易策略，通常被简称为“价差”(spread)，是指投资者在期权市场上买进一种期权，而同时又卖出另一种期权以赚取其中的价差收益的交易行为。为了说明价差交易策略，我们有必要先对一些与这种交易策略有关的术语逐一说明。

如前所述，根据期权合约所赋予权利的不同，期权可分为看涨期权和看跌期权两个基本类型。现在我们把这两个基本类型的期权分别称为期权的两个“大类”(class)。在每一个大类中(无论是看涨期权，还是看跌期权)，凡到期日相同或协定价格相同的各种期权均可合称为一个“期权系列”(options series)。

根据惯例，在期权行情表上，各类期权的不同到期日均以水平方向排列，不同协定价格均以垂直方向排列。所以，在每一大类中，凡是到期日相同而协定价格不同的各种期权，可称之为一个“垂直系列”(vertical series)的期权；凡是协定价格相同但到期日不同的各种期权，可称之为一个“水平系列”(horizontal series)的期权。

在期权的价差交易中，如果投资者所买进和卖出的是同一个垂直系列的期权，则该价差可称之为“垂直价差”(vertical spread)；如果投资者所买进和卖出的是同一个水平系列的期权，则该价差可称之为“水平价差”(horizontal spread)。

垂直价差与水平价差是价差交易策略的基本形式。除了这两种基本形式之外，价差交易策略还有其他多种比较复杂的形式，如对角价差、蝶状价差、鹰状价差、盒状价差及比率价差等。在这些比较复杂的价差中，有的是垂直价差或水平价差的特殊形式，有的则是这两种基本策略的某种组合。

(一)垂直价差

垂直价差也称“价格价差”或“货币价差”，是指投资者买进一个期权，而同时又卖出一个期权，这两个期权有着相同的标的物和相同的到期日，但有着不同的协定价格。

垂直价差有“牛市价差”(bull spread)和“熊市价差”(bear spread)两种基本策略。牛市价差适用于投资者对市场行情温和看涨的场合，而熊市价差则适用于投资者对市场行情温和看跌的场合。无论是牛市价差，还是熊市价差，投资者都既可用看涨期权来操作，也可用看跌期权来操作。因此，基本的垂直价差可分为 4 种具体的策略：“牛市看涨期权价差”(bull call spread)、“牛市看跌期权价差”(bull put spread)、“熊市看涨期权价差”(bear call spread)和“熊市看跌期权价差”(bear put spread)。

为了后文说明问题的方便，我们使用到期日相同的股票期权作为研究分析的对象，并假设期权的协定价格为 X_L 和 X_H，分别表示较低和较高的协定价格，相应的看涨期权价格分别为 C_L 和 C_H，看跌期权价格分别为 P_L 和 P_H，以 MP 表示最大利润(maximum profit)，ML 表示最大损失(maximum loss)。下面，我们对这四种基本的垂直价差策略依次加以介绍。

1. 牛市看涨期权价差

所谓牛市看涨期权价差，是指投资者在买进一个协定价格较低的看涨期权的同时，又卖出一个标的物相同、到期日也相同，但协定价格较高的看涨期权。对看涨期权而言，协定价格较低，则期权费较高；反之，协定价格较高，则期权费较低。所以，在牛市看涨期权价差交易中，投资者所付出的期权费必多于他所收取的期权费，从而发生期权费的净支出。同时，对看涨期权而言，若市场价格高于协定价格，则期权将被执行；若市场价格等于或低于协定价格，则期权将被放弃。因此，在牛市看涨期权价差中，若市场价格等于或低于较低协定价格，则投资者所买进的期权和卖出的期权均被放弃。故投资者在建立这一头寸时所发生的期权费净支出,将成为他从事这一价差交易的最大损失。相反,若市场价格等于或高于较高协定价格,则投资者将可获得最大利润。这是因为当市场价格等于较高协定价格时,投资者买进的期权被执行,并通过执行而获得利润,而他所卖出的期权将被放弃。但当市场价格高于较高协定价格时,投资者虽可在执行其买进的期权中获取更多的利润,但他同时又因执行其卖出的期权而发生相应的亏损。所以,若市场价格在涨至较高协定价格之后继续上涨,投资者从这种上涨中增加的利润将正好被这种上涨所造成的亏损所抵消。

由此可见,在牛市看涨期权价差交易中,投资者的最大利润与最大损失都是有限的,且是已知的。

例 11-5:某投资者买入协定价格为＄45 的看涨期权一份,期权费为＄6;同时再卖出一份协定价格为＄53 的看涨期权一份,期权费为＄3。试分析该项价差交易的盈亏情况。

解答:根据定义,这是牛市看涨期权价差交易,相应的价格分别为:

$$X_L=45,\quad X_H=53,\quad C_L=6,\quad C_H=3$$

在牛市看涨期权价差交易中,投资者所能获得的最大利润为两个协定价格之差减去两个期权费之差,即:

$$MP=(X_H-X_L)-(C_L-C_H)=(53-45)-(6-3)=5$$

投资者可能受到的最大损失为两个期权费之差,即期初的期权费净支出。因此:

$$ML=C_L-C_H=6-3=3$$

相应盈亏平衡点的价格为较低协定价格加上两个期权费之差,即:

$$BP=X_L+(C_L-C_H)=45+(6-3)=48$$

图 11-7 所示的是此项价差交易的盈亏图。由图中可以看出,牛市看涨期权价差的盈亏图,是由单独买进看涨期权的盈亏图和单独卖出看涨期权的盈亏图合成的。但是,与单独买进和卖出看涨期权相比,牛市看涨期权价差可使投资者承担较小的风险,相应地,它也只能给投资者带来较小的利润。所以,在一般情况下,投资者之所以从事这种交易,主要是因为他们预测市场的行情只是温和的上涨(mildly bullish)而不是强劲的上涨。因而,他们只是企图从这一交易中获取少量的利润。但与此同时,他们也只愿承担较小的风险。

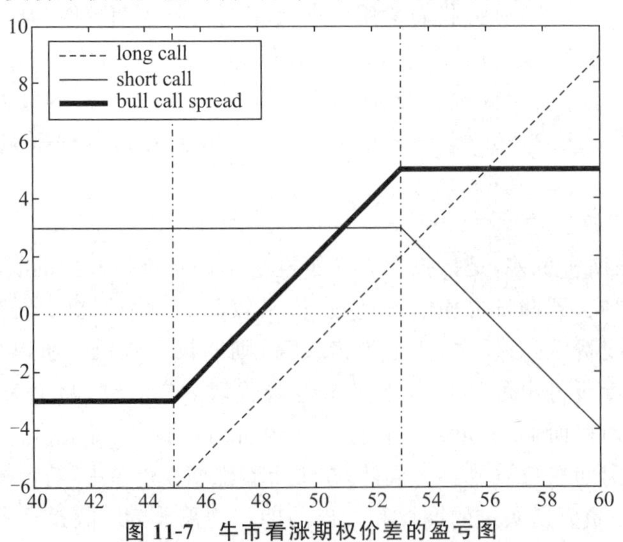

图 11-7　牛市看涨期权价差的盈亏图

2. 牛市看跌期权价差

所谓牛市看跌期权价差，是指投资者在买进一个较低协定价格的看跌期权的同时，又卖出一个标的物相同、到期日也相同，但协定价格较高的看跌期权。对看跌期权来说，协定价格较低，则期权费也较低；协定价格较高，则期权费也较高，所以，在建立牛市看跌期权价差头寸时，投资者所收取的期权费将多于他所支付的期权费，从而发生期权费的净收入。同时，对看跌期权而言，若市场价格低于协定价格，则期权将被执行；若市场价格等于或高于协定价格，则期权将被放弃。所以，在牛市看跌期权价差中，当市场价格等于或高于较高协定价格时，投资者所买进的期权和卖出的期权都将被放弃。于是，在建立这一价差头寸时所发生的期权费净收入，就成为投资者的最大利润。反之，当市场价格等于或低于较低协定价格时，投资者将发生最大损失。这是因为当市场价格等于较低协定价格时，只有卖出的期权被执行，而买进的期权则被放弃。在执行卖出的期权时，投资者将受到损失。但是，如果市场价格在跌至较低协定价格之后继续下跌，则投资者所买进的期权也将被执行。于是，他在执行其卖出的期权时所增加的损失，将由执行其买进的期权所获得的利润所抵消。这就说明，在牛市看跌期权价差交易中，投资者的最大利润与最大损失也是有限的和已知的。

例 11-6：某投资者买入协定价格为＄45 的看跌期权一份，期权费为＄3；同时再卖出一份协定价格为＄53 的看跌期权一份，期权费为＄5。试分析该项价差交易的盈亏情况。

解答：根据定义，这是牛市看跌期权价差交易，相应的价格分别为：

$$X_L=45,\quad X_H=53,\quad P_L=3,\quad P_H=5$$

在牛市看跌期权价差交易中，投资者所能获得的最大利润为两个期权费之差，即期初的期权费净支出，因此：

$$MP=P_H-P_L=5-3=2$$

投资者可能受到的最大损失为两个协定价格之差减去两个期权费之差，即：

$$ML=(X_H-X_L)-(P_H-P_L)=(53-45)-(5-3)=6$$

相应盈亏平衡点的价格为较高协定价格减去两个期权费之差，即：

$$BP=X_H-(P_H-P_L)=53-(5-3)=51$$

图 11-8 所示的是牛市看跌期权价差的盈亏图。我们可以清楚地看出，就最终结果而言，牛市看跌期权价差的盈亏图与牛市看涨期权价差的盈亏图是完全一致的。之所以如此，主要有两个原因：一是因为投资者在从事这两种价差交易时，对市场行情的预测都是看涨（牛市）；二是因为在这两种价差交易中，投资者都是买进协定价格较低的期权，而卖出协定价格较高的期权。所以，当市场价格等于或高于较高协定价格，即预测准确时，投资者都可获得最大利润；而当市场价格等于或低于较低协定价格，即预测失误时，投资者都将受到最大损失。但是，由于两种策略分别是使用看涨和看跌期权构造的，因此投资者在这两种价差交易中获得最大利润和受到最大损失的原因是完全不同的。

3. 熊市看涨期权价差

熊市看涨期权价差，是指投资者在买进一个协定价格较高的看涨期权的同时，又卖出一个标的物相同、到期日也相同，但协定价格较低的看涨期权。投资者之所以建立这一价差交易头寸，是因为他对市场行情看跌。

由于看涨期权的期权费与协定价格负相关，因此，在建立熊市看涨期权价差头寸时，

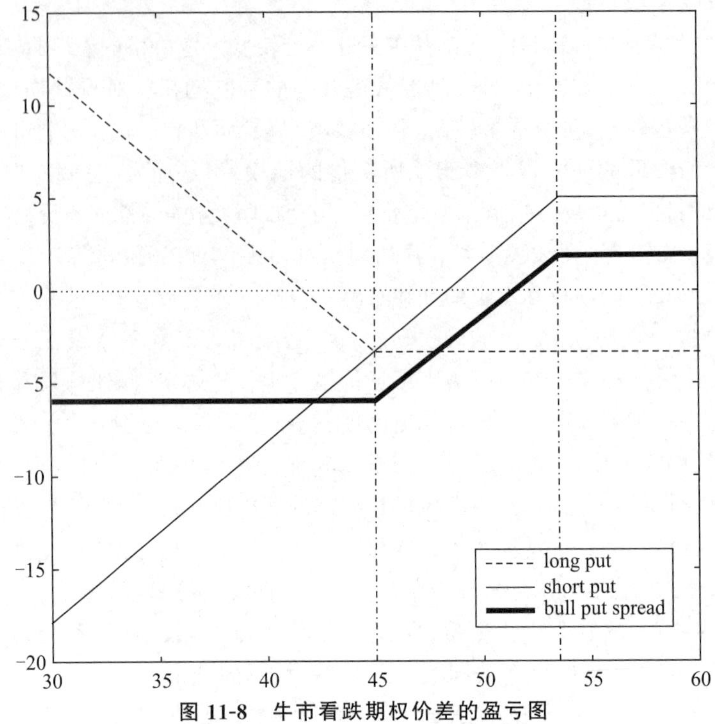

图 11-8 牛市看跌期权价差的盈亏图

投资者所收取的期权费将多于他所支付的期权费,从而形成期权费的期初净收入。在建立这一头寸后,若投资者对市场行情的预测准确,即市场价格果然下跌,并跌至较低协定价格或更低的水平,则因为买进的看涨期权和卖出的看涨期权均不被执行,故投资者在期初所取得的期权费净收入就成为他从事熊市看涨期权价差交易的最大利润。反之,如果投资者对市场行情的预测错误,即市场价格非但没有下跌,反而有所上涨,则投资者将因为被迫执行其卖出的看涨期权而受到损失。但是,当市场价格涨至较高协定价格以上时,投资者虽然因执行其卖出的看涨期权而受到更大的损失,但他亦因执行其买进的看涨期权而得到相应的补偿。所以,投资所可能发生的最大损失应限于两个协定价格之差扣除期权费净收入后所得的差额。

例 11-7:某投资者买入一份协定价格为＄53 的看涨期权,期权费为＄3;同时再卖出协定价格为＄45 的看涨期权一份,期权费为＄6。试分析该项价差交易的盈亏情况。

解答:根据定义,这是熊市看涨期权价差交易,相应的价格分别为:

$$X_L=45,\quad X_H=53,\quad C_L=6,\quad C_H=3$$

与牛市看涨期权价差交易的期权交易方向相反,熊市看涨期权价差交易中,投资者所能获得的最大利润为两个期权费之差,即期初的期权费净支出。因此:

$$MP=C_L-C_H=6-3=3$$

相应地,投资者所能受到的最大损失为两个协定价格之差减去两个期权费之差,即:

$$ML=(X_H-X_L)-(C_L-C_H)=(53-45)-(6-3)=5$$

相应盈亏平衡点的价格为较低协定价格加上两个期权费之差,即:

$$BP = X_L + (C_L - C_H) = 45 + (6 - 3) = 48$$

图 11-9 所示的是此项价差交易的盈亏图。投资者之所以从事这种交易，主要是因为他们预测市场的行情只是温和的下跌（mildly bearish）而不是强劲的下跌。因而，他们只是企图从这一交易中获取少量的利润。但与此同时，他们也只愿承担较小的风险。

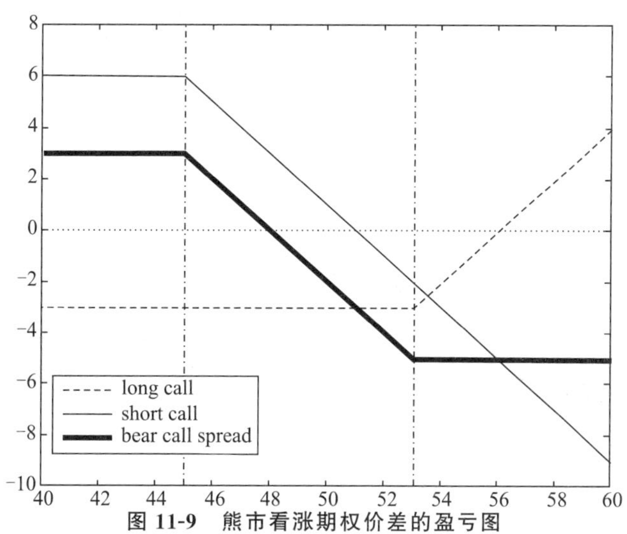

图 11-9 熊市看涨期权价差的盈亏图

4. 熊市看跌期权价差

熊市看跌期权价差是指投资者买进一个协定价格较高的看跌期权，而同时又卖出一个标的物相同、到期日也相同，但协定价格较低的看跌期权。

很显然，熊市看跌期权价差是牛市看跌期权价差的反向操作。投资者之所以作此交易，是因为他预期标的物的市场价格有温和的下跌。通过这种交易，投资者可在市场价格下跌时获利，而在市场价格上涨时受损。当然，在熊市看跌期权价差交易中，投资者的最大利润和最大损失也都是有限的，且是已知的。

在建立熊市看跌期权价差头寸时，投资者买进的是协定价格较高的看跌期权，而卖出的是协定价格较低的看跌期权。由于看跌期权的期权费与协定价格正相关，所以，投资者在期初支付的期权费将多于他收取的期权费，从而形成期初的期权费净支出。在建立这一价差头寸后，若标的物的市场价格如预期的那样下跌，且跌至较低协定价格或以下，则投资者可获得最大利润。反之，若市场价格不是下跌，而是上涨，且涨至较高协定价格或以上，则投资者将受到最大损失，而这一最大损失就是期初的期权费净支出。

例 11-8：某投资者买入一份协定价格为＄53 的看跌期权，期权费为＄5；同时再卖出协定价格为＄45 的看跌期权一份，期权费为＄3。试分析该项价差交易的盈亏情况。

解答：根据定义，这是熊市看跌期权价差交易，相应的价格分别为：

$$X_L = 45, \quad X_H = 53, \quad P_L = 3, \quad P_H = 5$$

在熊市看跌期权价差交易中，投资者所能获得的最大利润为两个协定价格之差减去两个期权费之差，即：

$$MP = (X_H - X_L) - (P_H - P_L) = (53 - 45) - (5 - 3) = 6$$

投资者可能受到的最大损失为两个期权费之差，即期初的期权费净支出，因此：

$$ML = P_H - P_L = 5 - 3 = 2$$

相应盈亏平衡点的价格为较高协定价格减去两个期权费之差，即：

$$BP = X_H - (P_H - P_L) = 53 - (5 - 3) = 51$$

图 11-10 所示的是此项价差交易的盈亏图。

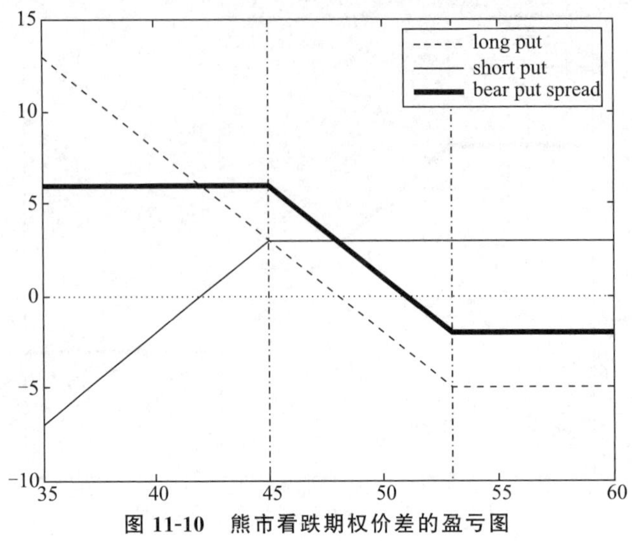

图 11-10　熊市看跌期权价差的盈亏图

（二）蝶状价差

以上 4 种价差都是比较简单的交易策略。在现实的期权交易中，还有一些比较复杂的价差交易策略。但是，这些比较复杂的价差交易策略实际上只是以上 4 种基本价差策略的某种组合或某种变形。在各种比较复杂的价差交易策略中，蝶状价差可以说是比较重要的一种策略。所谓“蝶状价差”(butterfly spread)，是指投资者在买进两个期权的同时卖出两个期权，这 4 个期权的标的物相同，到期日也相同，但协定价格不同。根据具体的交易方式的不同，蝶状价差可分为多头蝶状价差(long butterfly)与空头蝶状价差(short butterfly)两种。无论是多头蝶状价差，还是空头蝶状价差，都既可用看涨期权来操作，也可用看跌期权来操作。

为了后文说明问题的方便，假设期权的协定价格为 X_L、X_M 和 X_H，分别表示较低、居中和较高的协定价格，相应的看涨期权价格分别为 C_L、C_M 和 C_H，看跌期权价格分别为 P_L、P_M 和 P_H，以 MP 表示最大利润(maximum profit)，ML 表示最大损失(maximum loss)。下面，我们对这两种蝶状价差策略加以介绍。

1. 多头蝶状价差

多头蝶状价差，是指投资者买进一个协定价格较低的期权和一个协定价格较高的期权，而同时又卖出两个协定价格介于上述两个协定价格之间的期权。其中买进和卖出的均是看涨或看跌期权。

例 11-9：某投资者买入一份协定价格为＄45 的看涨期权，期权费为＄10；卖出协定价格为＄50 的看涨期权两份，期权费为＄6；同时再买入一份协定价格为＄53 的看涨期权，期权费为＄5。试分析该项价差交易的盈亏情况。

解答:根据定义,这是由看涨期权所构成的多头蝶状价差交易,相应的价格分别为:

$$C_L=10,\quad C_M=6,\quad C_H=5,\quad X_L=45,\quad X_M=50,\quad X_H=53$$

这里的多头蝶状价差头寸可分为如下 4 种单一头寸策略:

(1)买进一个协定价格为 \$ 45 的看涨期权;

(2)卖出一个协定价格为 \$ 50 的看涨期权;

(3)卖出一个协定价格为 \$ 50 的看涨期权;

(4)买进一个协定价格为 \$ 53 的看涨期权。

其中:(1)与(2)的组合,构成的是牛市看涨期权价差(即买进协定价格较低的期权,而卖出协定价格较高的期权);(3)与(4)的组合,可形成一个熊市看涨期权价差(即买进协定价格较高的期权,而卖出协定价格较低的期权)。因此,这里的多头蝶状价差的实质是牛市看涨价差与熊市看涨价差的一种组合。

图 11-11 所示的是此项价差交易的盈亏图,从图中不难看出,当股票价格低于较低的协定价格 X_L,或高于较高的协定价格 X_H 时,多头蝶状价差会出现固定金额的亏损,相应的亏损数额分别为:

$$ML_1=C_L+C_H-2C_M=10+5-12=3$$

$$\begin{aligned}ML_2&=(X_H-X_M)-[(X_M-X_L)-ML_1]\\&=X_H-2X_M+X_L+ML_1\\&=53-100+45+3=1\end{aligned}$$

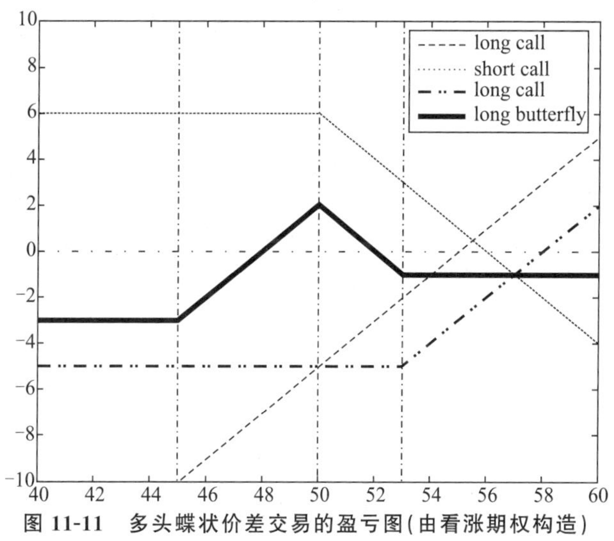

图 11-11 多头蝶状价差交易的盈亏图(由看涨期权构造)

当股票价格等于居中的协定价格 X_M 时,多头蝶状价差的盈利达到最大,其数额为:

$$MP=(X_M-X_L)-ML_1=50-45-3=2$$

相应地,最大盈利左右两侧的盈亏平衡点分别为:

$$BP_1=X_M-MP=50-2=48$$

$$BP_2=X_M+MP=50+2=52$$

例 11-10:某投资者买入一份协定价格为 \$ 45 的看跌期权,期权费为 \$ 3;卖出协定价格为＄50 的看跌期权两份，期权费为＄4；同时再买入一份协定价格为＄53 的看跌期权，期权费为＄6.5。试分析该项价差交易的盈亏情况。

解答：根据定义，这是由看跌期权所构成的多头蝶状价差交易，相应的价格分别为：

$$P_L=3,\quad P_M=4,\quad P_H=6.5,\quad X_L=45,\quad X_M=50,\quad X_H=53$$

与例 11-9 类似，这里的多头蝶状价差交易是由牛市看跌价差与熊市看跌价差组合而成。图 11-12 所示的是此项价差交易的盈亏图，从图中不难看出，当股票价格低于较低的协定价格 X_L，或高于较高的协定价格 X_H 时，多头蝶状价差会出现固定金额的亏损，相应的亏损数额分别为：

$$ML_2=P_L+P_H-2P_M=3+6.5-8=1.5$$

$$\begin{aligned}ML_1&=(X_M-X_L)-(X_H-X_M)+ML_2\\&=2X_M-X_H-X_L+ML_2\\&=100-53-45+1.5=3.5\end{aligned}$$

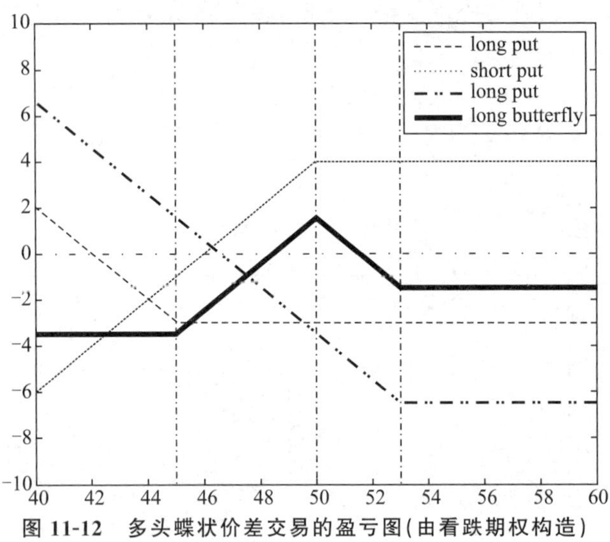

图 11-12　多头蝶状价差交易的盈亏图(由看跌期权构造)

当股票价格等于居中的协定价格 X_M 时，多头蝶状价差的盈利达到最大，其数额为：

$$MP=(X_M-X_L)-ML_1=50-45-3.5=1.5$$

相应地，最大盈利左右两侧的盈亏平衡点分别为：

$$BP_1=X_M-MP=50-1.5=48.5$$

$$BP_2=X_M+MP=50+1.5=51.5$$

根据图 11-11 和图 11-12 的盈亏图，当投资者建立这种多头蝶状价差头寸后，若市场价格保持在中间协定价格的水平，则投资者可获取最大利润，而若市场价格等于或低于较低协定价格，或者等于或高于较高协定价格，则投资者都将受到最大损失。这种盈亏状况用平面图形表示，则其形状犹如一只展翅飞翔的蝴蝶。这一价差交易策略之所以叫做“蝶状价差”，其原因也正在于此。

由以上分析可知，多头蝶状价差一般适用于投资者预期市场价格相对平稳的场合。在建立多头蝶状价差头寸时，投资者可能预期市场价格略有上涨，但不可能大幅度上涨。

如果预期准确，他即可获利，而如果预期错误，他将受到损失，但是这种损失仅局限于期初发生的期权费净支出。

2. 空头蝶状价差

空头蝶状价差，是指投资者卖出一个协定价格较低的期权和一个协定价格较高的期权，而同时又买进两个协定价格介于上述两个协定价格之间的期权。其中买进和卖出的均是看涨或看跌期权。

例 11-11：某投资者卖出一份协定价格为＄45 的看涨期权，期权费为＄10；买入协定价格为＄50 的看涨期权两份，期权费为＄6；同时再卖出一份协定价格为＄53 的看涨期权，期权费为＄5。试分析该项价差交易的盈亏情况。

解答：根据定义，这是由看涨期权所构成的空头蝶状价差交易，相应的价格分别为：

$$C_L=10,\quad C_M=6,\quad C_H=5,\quad X_L=45,\quad X_M=50,\quad X_H=53$$

与例 11-9 类似，这里的空头蝶状价差交易是由牛市看涨价差与熊市看涨价差组合而成。图 11-13 所示的是此项价差交易的盈亏图，从图中不难看出，当股票价格低于较低的协定价格 X_L，或高于较高的协定价格 X_H 时，多头蝶状价差会出现固定金额的盈利，相应的盈利数额分别为：

$$MP_1=C_L+C_H-2C_M=10+5-12=3$$

$$\begin{aligned}MP_2&=(X_H-X_M)-[(X_M-X_L)-ML_1]\\&=X_H-2X_M+X_L+ML_1\\&=53-100+45+3=1\end{aligned}$$

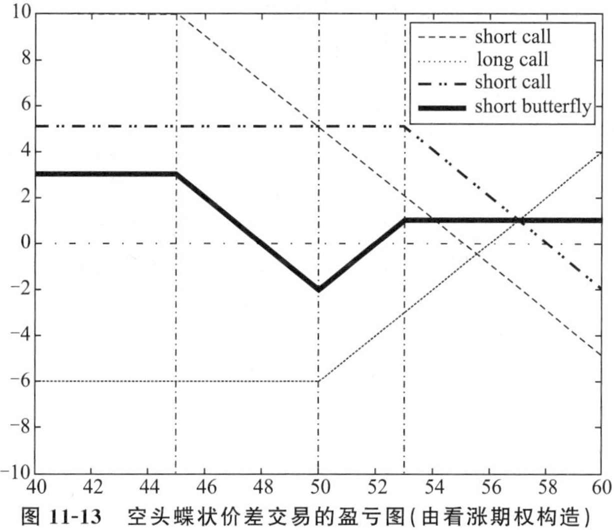

图 11-13 空头蝶状价差交易的盈亏图(由看涨期权构造)

当股票价格等于居中的协定价格 X_M 时，空头蝶状价差的亏损达到最大，其数额为：

$$ML=(X_M-X_L)-MP_1=50-45-3=2$$

相应地，最大亏损左右两侧的盈亏平衡点分别为：

$$BP_1=X_M-ML=50-2=48$$

$$BP_2=X_M+ML=50+2=52$$

例 11-12：某投资者卖出一份协定价格为＄45 的看跌期权，期权费为＄3；买入协定价格为＄50 的看跌期权两份，期权费为＄4；同时再卖出一份协定价格为＄53 的看跌期权，期权费为＄6.5。试分析该项价差交易的盈亏情况。

解答：根据定义，这是由看跌期权所构成的空头蝶状价差交易，相应的价格分别为：

$$P_L=3,\quad P_M=4,\quad P_H=6.5,\quad X_L=45,\quad X_M=50,\quad X_H=53$$

与例 11-10 类似，这里的空头蝶状价差交易是由牛市看跌价差与熊市看跌价差组合而成。图 11-14 所示的是此项价差交易的盈亏图，从图中不难看出，当股票价格低于较低的协定价格 X_L，或高于较高的协定价格 X_H 时，多头蝶状价差会出现固定金额的盈利，相应的盈利数额分别为：

$$MP_2=P_L+P_H-2P_M=3+6.5-8=1.5$$

$$\begin{aligned}MP_1&=(X_M-X_L)-(X_H-X_M)+MP_2\\&=2X_M-X_H-X_L+MP_2\\&=100-53-45+1.5=3.5\end{aligned}$$

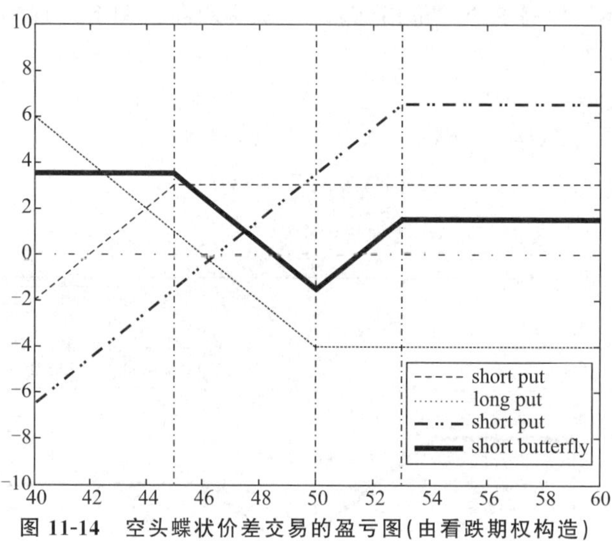

图 11-14　空头蝶状价差交易的盈亏图(由看跌期权构造)

当股票价格等于居中的协定价格 X_M 时，空头蝶状价差的亏损达到最大，其数额为：

$$ML=(X_M-X_L)-MP_1=50-45-3.5=1.5$$

相应地，最大亏损左右两侧的盈亏平衡点分别为：

$$BP_1=X_M-ML=50-1.5=48.5$$

$$BP_2=X_M+ML=50+1.5=51.5$$

根据图 11-13 和图 11-14 的盈亏图，在建立空头蝶状价差头寸时，投资者将获取期权费净收入。这一期权费净收入将是投资者从事这种空头蝶状价差交易的最大利润。当市场价格等于或低于最低协定价格，或者当市场价格等于或高于最高协定价格时，投资者就将获得这一最大利润。但是，当市场价格等于中间协定价格时，投资者将发生最大损失。这种蝶状价差适用于投资者预期市场价格将有较大幅度的变动，但又无法确定变动方向的场合。可见，空头蝶状价差的盈亏特征与前面介绍的多头蝶状价差正好相反。不过，在空头蝶状价差交易中,盈亏平衡点的价格却与上述多头蝶状价差中的对应盈亏平衡点价格相同。

另外,在建立蝶状价差头寸时,投资者面临两个方面的有关协定价格选择的问题:一是以何种协定价格作为中间协定价格;二是以哪两种协定价格分别作为最高协定价格和最低协定价格。

以多头蝶状价差为例,当期权到期时,若标的物的市场价格等于中间协定价格,则投资者可获最大利润。因此,当投资者预期标的物的市场价格将比较稳定时,他应该选择最接近当时市场价格的那个协定价格作为多头蝶状价差头寸的中间协定价格。也就是说,在建立多头蝶状价差头寸时,投资者应尽量选择平值期权作为其卖出的对象。

一旦选择某一协定价格作为中间协定价格后,投资者还需要确定一个较低协定价格和一个较高协定价格,以作为其买进期权的协定价格。实际上,这是确定协定价格之间间隔大小的问题。

在一般情况下,间隔越大,投资者获利的可能性也越大。这是因为在间隔较大时,即使市场价格有较大的变动,投资者也可获利。而在间隔较小时,即使市场价格只有较小的偏离,投资者也将变盈利为亏损。但是间隔的选取也不是越大越好,与间隔增大相伴随的,便是最高盈利数额的减少。因此这一间隔的大小,应根据具体情况来确定,而不能一概而论。

(三)鹰状价差

鹰状价差(eagle spread)也称秃鹰式价差(condor spread),是指分别卖出(买入)两种不同协定价格的期权,同时分别买入(卖出)较低与较高协定价格的期权各一份,这里的所有期权具有相同的类型、标的物与到期日。

与前面所述的蝶状价差类似,鹰状价差也分为多头鹰状价差和空头鹰状价差两大类。在鹰状价差交易中,涉及4个不同协定价格的期权,按照协定价格由低到高分别记作 X_1、X_2、X_3 和 X_4。

多头鹰状价差是指买入协定价格低(X_1)和协定价格高(X_4)的期权各一份,再卖出协定价格居于中间(X_2 和 X_3)的期权各一份,组成的价差交易策略。与之相对,空头鹰状价差是指卖出协定价格低(X_1)和协定价格高(X_4)的期权各一份,再买入协定价格居于中间(X_2 和 X_3)的期权各一份,组成的价差交易策略。这里组成鹰状价差的四份期权合约同属于看涨或看跌期权。

例 11-13:某投资者买入一份协定价格为 \$260 的看涨期权,期权费为 \$16;买入一份协定价格为 \$290 的看涨期权一份,期权费为 \$2;卖出一份协定价格为 \$270 的看涨期权,期权费为 \$9;同时再卖出一份协定价格为 \$280 的看涨期权,期权费为 \$4。试分析该项价差交易的盈亏情况。

解答:根据定义,这是由看涨期权所构成的多头鹰状价差交易,相应的价格分别为:

$$X_1=260,\quad X_2=270,\quad X_3=280,\quad X_4=290$$

$$C_1=16,\quad C_2=9,\quad C_3=4,\quad C_4=2$$

从绘制出的盈亏图 11-15 可以看出:多头鹰状价差交易的最大盈利位于中间两个协定价格(X_2 和 X_3)之间,在例 13 中,其最大盈利数额是 \$5,相应的最大亏损位于最低协定价格(X_1)以下和最高协定价格(X_4)以上,此时的最大亏损数额是 \$5,相应的盈亏平衡点分别是 \$265 和 \$285。

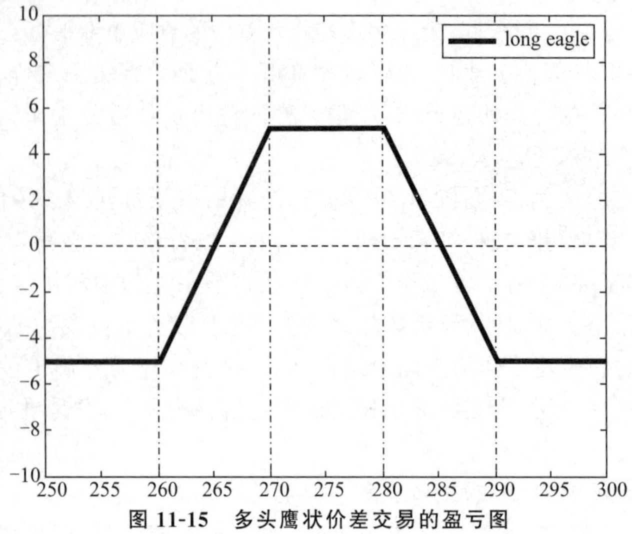

图 11-15　多头鹰状价差交易的盈亏图

多头鹰状价差交易适用于投资者对后市没有把握，但希望到期日标的物价格能在中间两个协定价格之间，可适当采取此种策略。该策略可以保证只要标的物市场价格在某一个区间内波动，就能够获得一定收益，即使价格偏离这一区间，其损失也是有限的。

例 11-14：某投资者卖出一份协定价格为＄260 的看涨期权，期权费为＄16；卖出一份协定价格为＄290 的看涨期权一份，期权费为＄2；买入一份协定价格为＄270 的看涨期权，期权费为＄9；同时再买入一份协定价格为＄280 的看涨期权，期权费为＄4。试分析该项价差交易的盈亏情况。

解答：根据定义，这是由看涨期权所构成的空头鹰状价差交易，相应的价格分别为：

$$X_1=260,\quad X_2=270,\quad X_3=280,\quad X_4=290$$

$$C_1=16,\quad C_2=9,\quad C_3=4,\quad C_4=2$$

这里的期权头寸方向与例 13 刚好相反，相应的最大盈利数额便是上例的最大损失数额；同样，最大损失数额便是上例的最大盈利数额，盈亏平衡点仍然保持不变。相应的盈亏如图 11-16 所示。

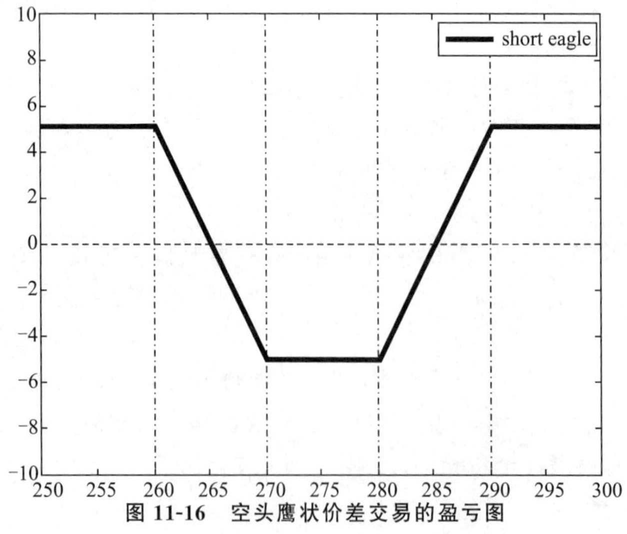

图 11-16　空头鹰状价差交易的盈亏图

空头鹰状价差交易适用于投资者对后市没有把握，但希望到期日标的物价格能低于最低协定价格，或高于最高协定价格，可适当采取此种策略。该策略可以保证只要标的物市场价格的波动突破某一个区间，就能够获得一定收益，即使价格没有向上或向下突破，其损失也是有限的。

前面所提到的蝶状价差，相当于鹰状价差的特殊形式，因为蝶状价差当中，中间的两个期权的协定价格刚好相等（即 $X_2=X_3$）。

（四）盒状价差

盒状价差（Box Spread），又称箱式价差，是指利用协定价格不同的看涨和看跌期权，分别复制期货多头和期货空头，通过期权平价公式获取无风险收益的套利方式。具体说来，盒状价差利用了不同协定价格的看涨和看跌期权之间价格关系不合理之处进行的套利。

在第九章当中，我们提到了欧式期权的平价关系公式：

$$C_0+Xe^{-rT}=P_0+S_0$$

将上式变形，可得：

$$C_0-P_0=S_0-Xe^{-rT} \quad \Rightarrow \quad C_T-P_T=S_T-X$$

针对协定价格分别为 X_1 和 X_2 的期权，其中看涨和看跌期权的价格分别为：C_1、C_2、P_1 和 P_2。根据上式，平价关系公式可以分别表示为：

$$C_1-P_1=S_T-X_1$$

$$C_2-P_2=S_T-X_2$$

将上面两式进行合并，可得：

$$(C_1-P_1)-(C_2-P_2)=X_2-X_1$$

由此可见，协定价格不同的期权价格存在平价关系。若市场中的价格违反该等式，我们可以从中进行套利。

例 11-15：某投资者买入一份协定价格为 \$50 的看涨期权，期权费为 \$3；卖出一份协定价格相同的看跌期权一份，期权费为 \$1；卖出一份协定价格为 \$60 的看涨期权，期权费为 \$2；同时再买入一份协定价格相同的看跌期权，期权费为 \$4。试分析该项盒状价差交易的盈亏情况。

解答：这里的价格数据可以简单标注如下：

$$X_1=50, X_2=60, C_1=3, P_1=1, C_2=2, P_2=4$$

该交易策略当中包含的四种单一头寸策略分别如下：

(1)买进协定价格为 \$50 的看涨期权；

(2)卖出协定价格为 \$50 的看跌期权；

(3)卖出协定价格为 \$60 的看涨期权；

(4)买进协定价格为 \$60 的看跌期权。

一方面，(1)和(2)的组合，相当于复制了期货多头方的盈亏情况；(3)和(4)的组合，相当于复制了期货空头方的盈亏情况。另一方面，(1)和(3)的组合，构成的是牛市看涨期权价差（即买进协定价格较低的期权，同时卖出协定价格较高的期权）；(2)和(4)的组合，构成的是熊市看跌期权价差（即买进协定价格较高的期权，同时卖出协定价格较低的期权）。

因此，这里的盒状价差策略，既可以看作是期货多头和期货空头的组合，也可以看作牛市价差和熊市价差的一种组合。

图 11-17 所示的就是此项价差交易的盈亏图，从图中不难看出，无论未来时刻股票的价格是多少，该策略的盈亏数额保持不变。

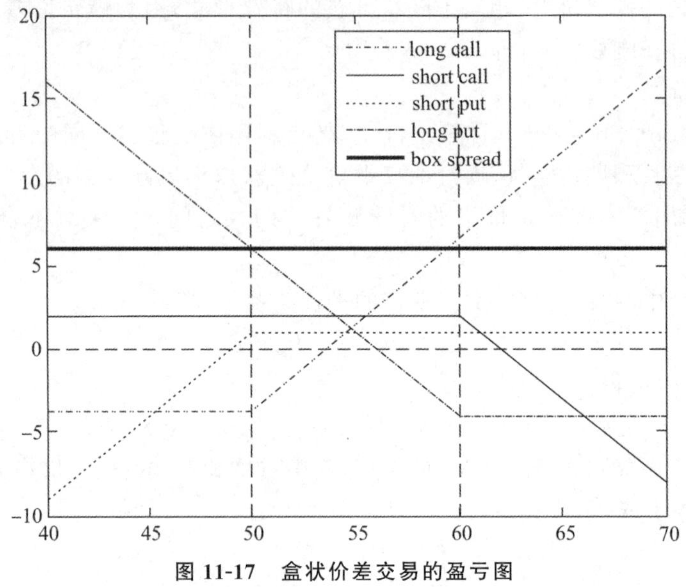

图 11-17　盒状价差交易的盈亏图

如果将盒状价差策略看作期货多头和期货空头的组合，则构造出的期货多头和空头的成本分别为：

$$F_1 = X_1 + (C_1 - P_1) = 50 + (3 - 1) = 52$$

$$F_2 = X_2 + (C_2 - P_2) = 60 + (2 - 4) = 58$$

由此可得盈亏数额为：

$$\pi = F_2 - F_1 = 58 - 52 = 6$$

若是将其看作牛市价差和熊市价差的组合，则构造出的牛市价差和熊市价差的最大盈亏和最大亏损数额分别为：

$$ML_1 = C_1 - C_2 = 3 - 2 = 1,\quad MP_1 = (X_2 - X_1) - ML_1 = 10 - 1 = 9$$

$$ML_2 = P_2 - P_1 = 4 - 1 = 3,\quad MP_2 = (X_2 - X_1) - ML_2 = 10 - 3 = 7$$

由此可得盈亏数额为：

$$\pi = MP_1 - ML_2 = MP_2 - ML_1 = 6$$

如果将前面的平价关系公式的左右两侧分别计算，也可以得到相同的结论：

$$\pi_1 = (C_1 - P_1) - (C_2 - P_2) = (3 - 1) - (2 - 4) = 4$$

$$\pi_2 = X_2 - X_1 = 60 - 50 = 10$$

$$\pi = \pi_2 - \pi_1 = 10 - 4 = 6$$

通过上面的分析，我们不难看出，盒状价差策略的收益总是固定的，虽然结构复杂，但为我们带来了零风险的固定收益。

（五）比率价差和反向比率价差

在以上所述的各种垂直价差（包括牛市价差、熊市价差、蝶状价差以及盒状价差）中，都有这样一个共同的特点：即投资者买进的期权数量与他们卖出的期权数量正好相同。比率价差则不同。而在比率价差中，投资者卖出的期权数量将多于他们买进的期权数量。与之相反，在反射比率价差中，投资者买进的期权数量将多于他们卖出的期权数量。

在期权的价差交易策略中，比率价差也是一种比较常用的策略，通常也适用于投资者预期标的物的市场价格比较稳定的场合。所谓“比率价差”（ratio spread），是指投资者买进一定数量的期权，而同时又卖出更多数量的期权。买进的期权与卖出的期权有着相同的标的物和相同的到期日，但协定价格不同。因此，比率价差实际上也是垂直价差的一种特殊形式。也就是说，在这种价差交易中，投资者所买进的和卖出的也都是同一垂直系列的期权。根据投资者所买进和卖出的期权的不同，比率价差可分为看涨期权的比率价差（ratio call spread）和看跌期权的比率价差（ratio put spread）两种。而与之相反的“反向比率价差”（reverse ratio spread）则是投资者卖出一定数量的期权，而同时买进更多数量的期权。

1.看涨期权的比率价差

看涨期权比率价差是指投资者买进一定数量协定价格较低的看涨期权，而同时又卖出更多数量协定价格较高的看涨期权，这里的期权到期时间相同。

由于投资者卖出的看涨期权多于他买进的看涨期权，因此，这种期初的期权费净支出可望减少，甚至转变为期初的期权费净收入。

例 11-16：某投资者买进一份协定价格为＄50 的看涨期权，期权费为＄3；同时卖出两份协定价格为＄55 的看涨期权，期权费为＄2.5。试分析该项价差交易的盈亏情况。

解答：根据定义，这是看涨期权比率价差交易，相应的价格分别为：

$$X_1=50,\quad X_2=55,\quad C_1=3,\quad C_2=2.5$$

当标的物价格低于较低协定价格（X_1）时，投资者的盈亏来自期权费之差。这里的盈亏数额为：$2C_2-C_1=5-3=2$。

当标的物价格达到较高协定价格（X_2）时，多头的期权被执行，空头的期权不被执行，此时投资者的盈亏来自多头期权的盈利以及空头期权的期权费，即：$[(55-50)-3]+2\times 2.5=7$。相应的盈亏图如图 11-18 所示。

从图中，可以得到盈亏平衡点的价格是 $55+7=62$。

由以上分析，我们可大致看出看涨期权比率价差的盈亏特征。

（1）当市场价格等于或低于较低协定价格时，买进的期权与卖出的期权都不会被执行，故投资者的盈利（亏损）就是期初的期权费净收入（净支出）。

（2）当市场价格介于两个协定价格之间时，买进的期权被执行，而卖出的期权不会被执行。因此，投资者可从期权执行中获取利润，这一利润可抵补期初的期权费净支出，或在期初的期权费净收入的基础上再增加收入，从而使整个头寸的损失减少或利润增加。

（3）当市场价格等于较高协定价格时，买进的期权被执行，而卖出的期权仍不被执行。此时，投资者通过执行期权可获得最大利润。

（4）当市场价格高于较高协定价格时，买进的期权与卖出的期权都将被执行。执行买

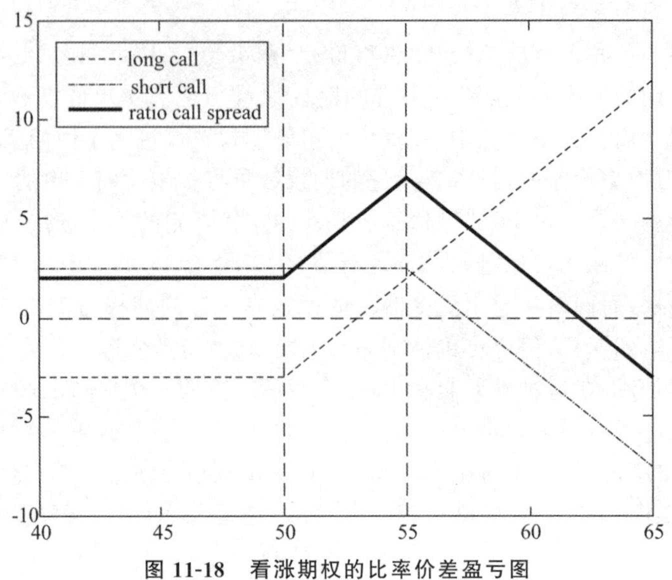

图 11-18　看涨期权的比率价差盈亏图

进的期权,投资者可获利,而执行卖出的期权,投资者将亏损。

2.看跌期权的比率价差

看跌期权比率价差是指投资者买进一定数量协定价格较高的看跌期权,而同时又卖出更多数量协定价格较低的看跌期权,这里的期权到期时间相同。

同样,这里投资者卖出的看跌期权多于他买进的看跌期权,因此,这种期初的期权费净支出可望减少,甚至转变为期初的期权费净收入。

例 11-17:某投资者买进一份协定价格为＄55 的看跌期权,期权费为＄2.5;同时卖出两份协定价格为＄50 的看跌期权,期权费为＄2。试分析该项价差交易的盈亏情况。

解答:根据定义,这是看跌期权比率价差交易,相应的价格分别为:

$$X_1=50,\quad X_2=55,\quad P_1=2,\quad P_2=2.5$$

当标的物价格高于较高协定价格(X_2)时,投资者的盈亏来自期权费之差。这里的盈亏数额为:$2P_1-P_2=4-2.5=1.5$。

当标的物价格达到较低协定价格(X_1)时,多头的期权被执行,空头的期权不被执行,此时投资者的盈亏来自多头期权的盈利以及空头期权的期权费,即:$[(55-50)-2.5]+2\times2=6.5$。相应的盈亏图如图 11-19 所示。

从图中,可以得到盈亏平衡点的价格是 $50-6.5=43.5$。

由以上分析,我们可大致看出看跌期权比率价差的盈亏特征。

(1)当市场价格等于或高于较高协定价格时,买进的期权与卖出的期权都不会被执行,故投资者的盈利(亏损)就是期初的期权费净收入(净支出)。

(2)当市场价格介于两个协定价格之间时,买进的期权被执行,而卖出的期权不会被执行。因此,投资者可从期权执行中获取利润,这一利润可抵补期初的期权费净支出,或在期初的期权费净收入的基础上再增加收入,从而使整个头寸的损失减少或利润增加。

(3)当市场价格等于较低协定价格时,买进的期权被执行,而卖出的期权仍不被执行。

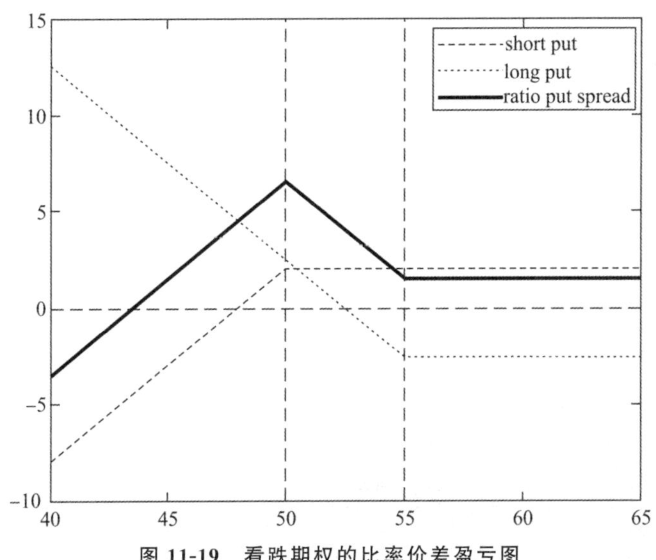

图 11-19　看跌期权的比率价差盈亏图

此时,投资者通过执行期权可获得最大利润。

(4)当市场价格低于较低协定价格时,买进的期权与卖出的期权都将被执行。执行买进的期权,投资者可获利,而执行卖出的期权,投资者将亏损。

在比率价差交易中,由于买进的期权较少,而卖出的期权较多,故在期权执行中,投资者的获利将少于亏损,从而使整个头寸的利润减少或损失增加。市场价格涨得越高,投资者的损失就越大。从理论上说,市场价格的上涨是无限的,故投资者的潜在损失亦将是无限的。

在现实的交易中,若投资者预期市场价格比较稳定或略有下跌,则可用看涨期权比率价差交易;若投资者预期市场价格比较稳定或略有上涨,则可用看跌期权比率价差交易。

3.看涨期权的反向比率价差

看涨期权的反向比率价差是指投资者卖出一定数量协定价格较低的看涨期权,而同时又买进更多数量协定价格较高的看涨期权,这里的期权到期时间相同。

例 11-18:某投资者卖出一份协定价格为＄50 的看涨期权,期权费为＄3;同时买进两份协定价格为＄55 的看涨期权,期权费为＄2.5。试分析该项价差交易的盈亏情况。

解答:根据定义,这是看涨期权反向比率价差交易,相应的价格分别为:

$$X_1=50,\quad X_2=55,\quad C_1=3,\quad C_2=2.5$$

当标的物价格低于较低协定价格(X_1)时,投资者的盈亏来自期权费之差。这里的盈亏数额为:$C_1-2C_2=3-2.5\times2=-2$

当标的物价格达到较高协定价格(X_2)时,空头的期权被执行,多头的期权不被执行,此时投资者的亏损来自空头期权的损失以及多头期权支付的期权费,即:$[3-(55-50)]-2\times2.5=-7$。相应的盈亏图如图 11-20 所示。

从图中,可以得到盈亏平衡点的价格是 55+7=62。

由此可见,看涨期权反向比率价差策略对标的物是强烈看涨的。在标的物价格大幅

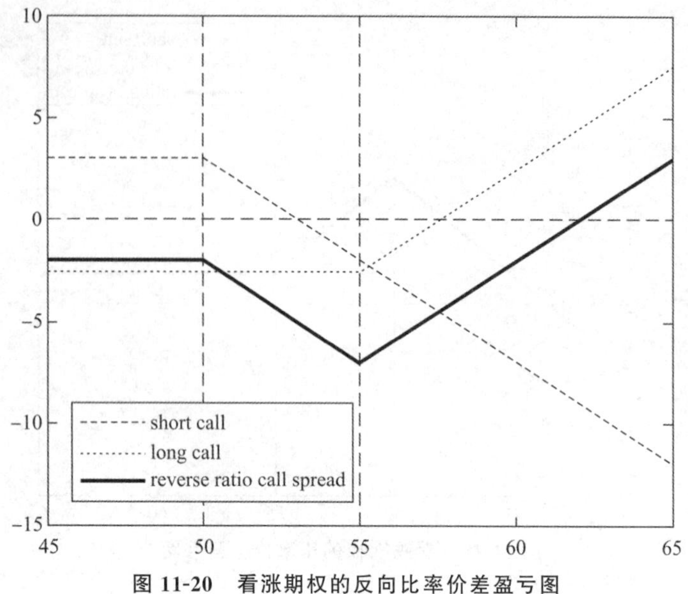

图 11-20　看涨期权的反向比率价差盈亏图

上涨时，其盈利空间将是巨大的。该策略的最大收益没有上限，最大损失有限。

4.看跌期权的反向比率价差

看跌期权的反向比率价差是指投资者卖出一定数量协定价格较高的看跌期权，而同时又买进更多数量协定价格较低的看跌期权，这里的期权到期时间相同。

例 11-19：某投资者买进两份协定价格为＄50 的看跌期权，期权费为＄3；同时卖出一份协定价格为＄55 的看跌期权，期权费为＄4。试分析该项价差交易的盈亏情况。

解答：根据定义，这是看跌期权反向比率价差，相应的价格分别为：

$$X_1=50,\quad X_2=55,\quad P_1=3,\quad P_2=4$$

当标的物价格高于较高协定价格（X_2）时，投资者的盈亏来自期权费之差。这里的盈亏数额为：$P_2-2P_1=4-6=-2$。

当标的物价格达到较低协定价格（X_1）时，空头的期权被执行，多头的期权不被执行，此时投资者的亏损来自空头期权的损失以及多头期权支付的期权费，即：$[4-(55-50)]-3\times2=-7$。相应的盈亏图如图 11-21 所示。

从图中，可以得到盈亏平衡点的价格是 50－7＝43。

由此可见，看跌期权反向比率价差策略对标的物是强烈看跌的。在标的物价格大幅下跌时，其盈利空间将是巨大的。

（六）水平价差

所谓“水平价差”（horizontal spread），也称“日历价差”（calendar spread）或“时间价差”（time spread），是指投资者买进离到期日较远的期权（简称“远期期权”），而同时又卖出数量相同、协定价格也相同，但离到期日较近的期权（简称“近期期权”），以获取价差收益的交易策略。

在以上所述的各种价差交易策略中，投资者所买进的期权和卖出的期权都是属于同一垂直系列的期权。也就是说，在那几种价差交易中，投资者所买进的期权和卖出的期权

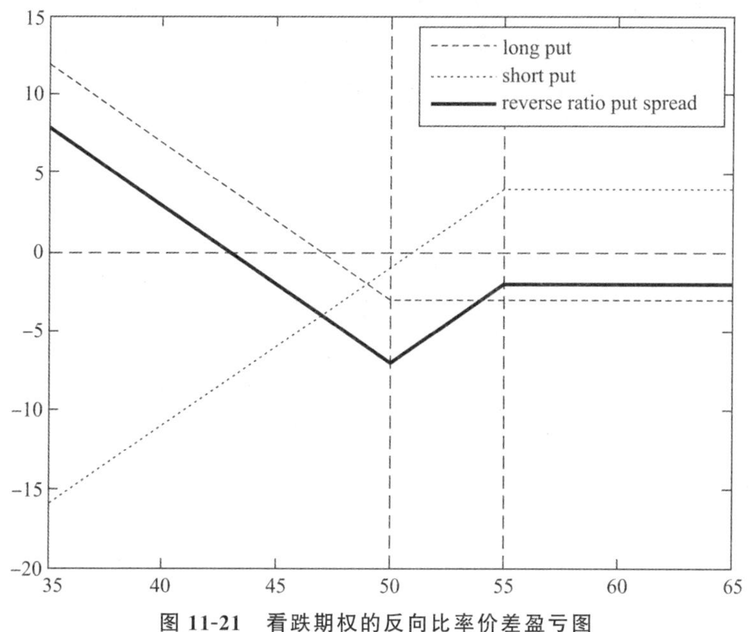

图 11-21 看跌期权的反向比率价差盈亏图

都有着相同的到期日,但协定价格不同。而在水平价差中,投资者所买进的期权与卖出的期权都属于同一水平系列的期权。也就是说,这些期权都有着相同的协定价格,但到期日不同。从理论上说,水平价差之所以能获利,主要是因为远期期权与近期期权有着不同的时间价值的衰减速度。在正常情况下,近期期权的时间价值要比远期期权的时间价值衰减得更快。之所以如此,是因为期权的时间价值乃是期权之剩余期限的非线性函数。随着到期日的逐渐临近,期权的时间价值将以越来越快的速度递减。

如前所述,期权价格由两部分构成:内在价值和时间价值。在水平价差中,投资者买进的期权与卖出的期权有着相同的标的物和相同的协定价格,因此,它们的内在价值必然相同。然而,由于投资者买进的期权为远期期权,而他所卖出的期权为近期期权,远期期权显然比近期期权具有更高的时间价值。所以,在内在价值相同的条件下,远期期权的期权费必高于近期期权的期权费。于是,投资者在建立水平价差头寸时,将发生期权费净支出。但是,由于近期期权的时间价值消失得较快,而远期期权的时间价值消失得较慢,因而在近期期权到期时,两期权的期权费之差将大于期初时的期权费之差。于是,投资者若在此时予以平仓,则其所得的期权费净收入将大于其开仓时发生的期权费净支出,水平价差的利润就来源于此。

水平价差适用于投资者预期标的物的市场价格比较稳定的场合。在建立水平价差头寸时,一般以买卖平价期权为最好。这种期权的内在价值为零,故期权费仅仅反映其时间价值,而且与其他期权相比,平价期权的时间价值最大。若市场价格果真稳定,则在近期期权到期时,该期权仍为平价期权,因内在价值为零,故买方将放弃权利。而与此同时,远期期权因尚有一定的剩余期限,故仍有一定的时间价值。投资者可继续持有该期权,以期在市场价格发生有利变动时从中获取收益,也可于当时以其市价将该期权出售。如果投资者在近期期权到期时将远期期权出售,则因远期期权的时间价值消失得较慢,其所得的期权费净收入补偿其建立头寸时的期权费净支出后会有余额存在。

与垂直价差不同，水平价差的盈亏图形往往难以精确地描出。之所以如此，主要是因为在水平价差中，投资者的最大利润只能近似地确定。在实际交易中，水平价差的盈亏图形往往通过计算机绘出。

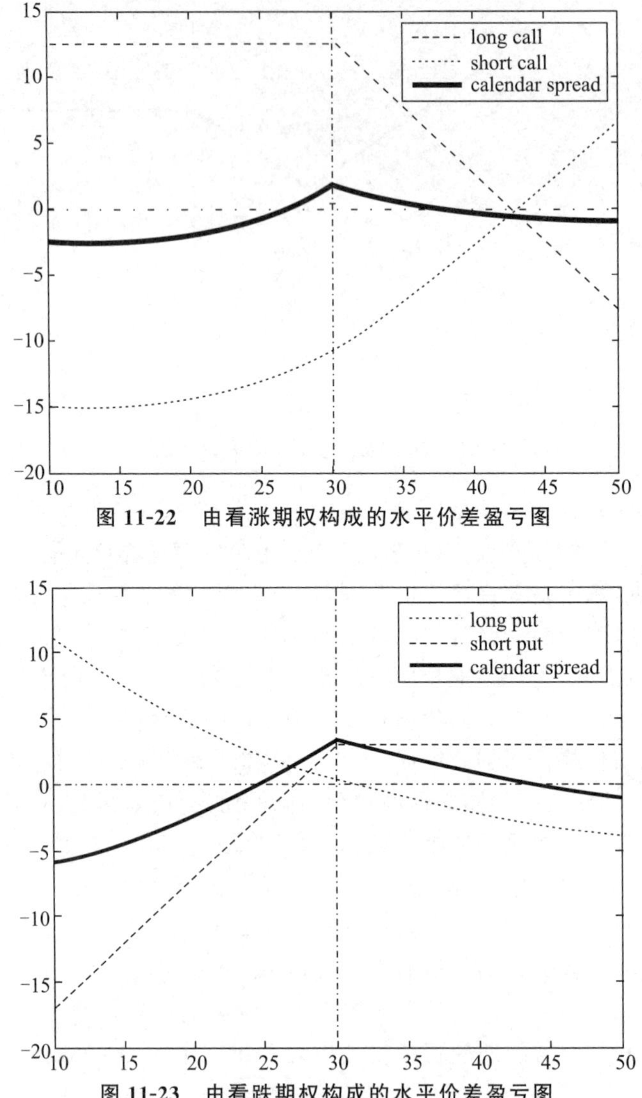

图 11-22　由看涨期权构成的水平价差盈亏图

图 11-23　由看跌期权构成的水平价差盈亏图

图 11-22 和图 11-23 绘制的分别是使用看涨期权和看跌期权构造的水平价差盈亏图。其中空头的期权已经到期，时间价值已经归零，故价格的变动呈现出直线状态；多头的期权尚未到期，价格中还包括时间价值，故价格的变动呈现出曲线状态。从图中可以看出，无论市场价格发生大幅度的下跌，还是大幅度的上涨，投资者均会受到损失；当市场价格接近于期权的协定价格（即平价状态）时，投资者的盈利最大。

二、期权的对敲交易策略

在以上所述的各种价差策略中，投资者所买进的期权与卖出的期权都属于同一个期权类型，即要么都是看涨期权，要么都是看跌期权。现在，我们要介绍投资者将看涨期权与看跌期权混合操作的交易策略。在国外，这样的策略很多，且各有其特殊的名称。而在国内有关期权交易的著述中，人们对这些特殊的名称又各有其不同的译名。为求方便和统一起见，我们权将这些策略统称为“对敲策略”。

对敲策略，是指投资者同时买进或卖出看涨期权和看跌期权。如为同时买进，则称为“买进对敲”；如为同时卖出，则称为“卖出对敲”。

根据投资者所买进或卖出的看涨期权与看跌期权的协定价格是否相同，对敲策略又可分为“同价对敲”与“异价对敲”两大类。所谓“同价对敲”，是指投资者同时买进或卖出到期日与协定价格都相同的看涨期权与看跌期权；而所谓“异价对敲”，则是指投资者同时买进或卖出到期日相同，但协定价格不同的看涨期权与看跌期权。

根据投资者同时买进或同时卖出的看涨期权与看跌期权数量是否相同，对敲策略还可分为“等量对敲”和“不等量对敲”。下面依次说明不同类别的期权对敲策略。

(一)等量同价对敲

等量同价对敲(straddle)是各种对敲策略中最常用的一种策略。所谓“等量同价对敲”，也称跨式组合期权交易策略，是指投资者同时且等量地买进或卖出相同标的物、相同到期日和相同协定价格的看涨期权与看跌期权。

根据投资者买卖方向的不同，等量同价对敲又可分为等量买进同价对敲(long straddle)和等量卖出同价对敲(short straddle)。

1. 等量买进同价对敲

等量买进同价对敲策略，也称底部跨式组合(bottom straddle)期权交易策略，是指投资者同时买进相同标的物、相同到期日和相同协定价格的看涨期权与看跌期权，而且所买进的看涨期权的数量和看跌期权的数量是相等的。

投资者之所以建立这一头寸，是因为他预期标的物的市场价格将有大幅度的变动，但又不能确定变动的方向究竟是大幅度地上涨，还是大幅度地下跌。建立这一头寸后，若市场价格的变动达到或超过一定的幅度，则投资者可获取利润，而若市场价格的变动达不到这一幅度，则投资者将受到损失。可见，投资者在这一交易中能否获利，并不取决于他对未来市场价格之变动方向的预测是否准确，而是取决于他对未来市场价格的变动幅度的预测是否准确。

例 11-17：某投资者买进一份协定价格为＄50 的看涨期权，期权费为＄5；同时买入一份协定价格相同的看跌期权，期权费为＄3。试分析该项交易的盈亏情况。

解答：根据定义，这是等量买进同价对敲策略，相应的价格分别为：

$$X=50,\quad C=5,\quad P=3$$

当未来到期时标的物的价格等于协定价格时，此时看涨和看跌期权均不能行权，此时投资者损失的是两个期权的期权费之和，即：

$$ML=C+P=5+3=8$$

当未来标的物价格大涨(大跌)时,看涨(看跌)期权将因行权而获利;相应地,看跌(看涨)期权将因放弃行权而损失期权费,因此理论上价格大幅变动时,投资者的盈利数额是无限的。图 11-24 所示的是等量买进同价对敲的盈亏图。

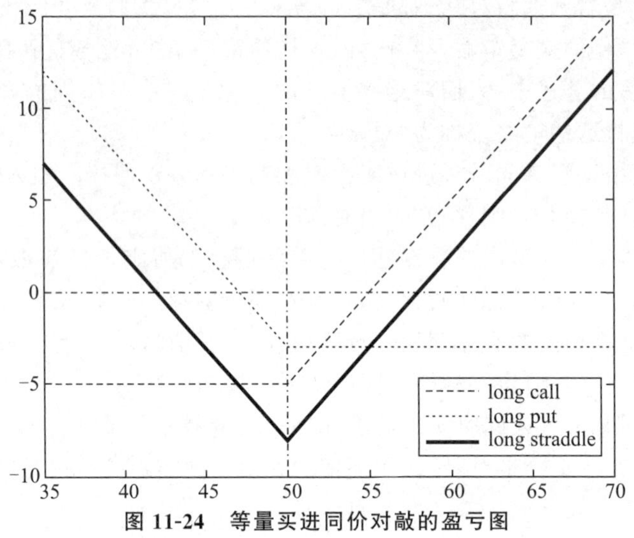

图 11-24 等量买进同价对敲的盈亏图

由上面的盈亏图,不难得到该策略盈亏平衡点处标的物价格分别为:

$$BP_1 = X - ML = 50 - 8 = 42$$

$$BP_2 = X + ML = 50 + 8 = 58$$

很显然,在等量买进同价对敲交易中,市场价格的波动幅度越大(无论是上涨还是下跌),则投资者获利越多。从理论上说,市场价格的波动幅度是无限的,因而投资者在这一交易中获利的空间也将是无限的。相反,市场价格波动幅度越小,则投资者获利越少,当市场价格的波动达不到一定幅度时,投资者将蒙受相应的损失。不过,在这种交易中,投资者可能受到的损失是有限的。因为这种交易中的最大损失,是投资者在建立这一头寸时所支付的期权费总额,而且也只是发生在期权处于平价状态这一情形下。

2. 等量卖出同价对敲

等量卖出同价对敲策略,也称顶部跨式组合(top straddle)期权交易策略,投资者将同时卖出相同标的物、相同到期日及相同协定价格的看涨期权与看跌期权,而且所卖出的看涨期权的数量与看跌期权的数量相同。

投资者之所以建立这一头寸,是因为他预期标的物的市场价格将比较稳定。如果投资者的预期是正确的,则他所卖出的看涨期权与看跌期权都不会被执行。于是,他卖出期权所收取的期权费就成为他从事这种交易的利润。但是,如果投资者预期失误,即标的物的市场价格发生大幅度的波动,则无论是大幅度上涨还是大幅度下跌,投资者都将产生亏损。市场价格波动幅度越大,投资者的损失就越大。从理论上说,市场价格的波动幅度是无限的,至少上涨的幅度是无限的。因此,投资者潜在的最大损失亦将是无限的。

例 11-18:某投资者卖出一份协定价格为 \$50 的看涨期权,期权费为 \$5;同时卖出一份协定价格相同的看跌期权,期权费为 \$3。试分析该项交易的盈亏情况。

解答:根据定义,这是等量卖出同价对敲策略,相应的盈亏情况如图 11-25 所示,相应的最大盈利和盈亏平衡点分别为:

$$MP=C+P=5+3=8$$
$$BP_1=X-MP=50-8=42$$
$$BP_2=X+MP=50+8=58$$

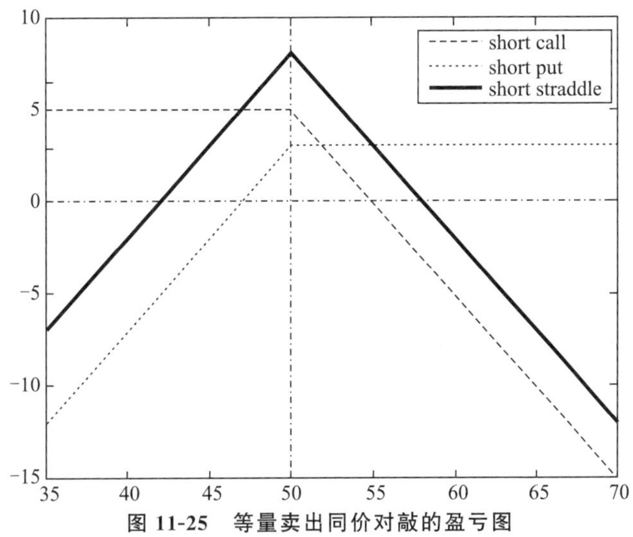

图 11-25　等量卖出同价对敲的盈亏图

从盈亏图中不难看出,该策略是获利有限、亏损无限的期权交易策略,投资者之所以建立这一头寸,是因为他预期标的物市场价格将比较稳定。一旦标的物价格在任何方向上有重大的变化,其损失都是无限的。

(二)不等量同价对敲

如上所述,等量买进同价对敲,适用于投资者预期标的物的市场价格将有大幅度波动的场合,而等量卖出同价对敲,则适用于投资者预期标的物市场价格将比较稳定,或虽有波动但波动幅度不大的场合。然而,投资者的预期未必准确。随着时间的推移和新的信息的获得,投资者也完全有可能改变其原来的预期。预期一旦改变,则交易策略也应随之而改变。所以,在建立了等量同价对敲交易头寸后,如果市场价格的变动方向渐趋明朗,从而投资者预期市场价格朝某一方向变动的可能性较大,而朝另一方向变动的可能性较小。此时,他就必须及时地调整其原有的期权头寸数量。一旦投资者作了如此调整,则原来的等量同价对敲也就变成了不等量同价对敲。

不等量同价对敲,是指投资者所买进或卖出的看涨期权与看跌期权数量不同。这里就有两种情况:一个是投资者买进或卖出的看涨期权多于看跌期权;另一个是投资者买进或卖出的看跌期权多于看涨期权。前一种情况称为看涨对敲(strap),也称带式组合;后一种情况称为看跌对敲(strip),也称条式组合。

理论上,无论是看涨对敲,还是看跌对敲,都既可买进,也可卖出。所以,不等量同价对敲可分为 4 种不同的策略:买进看涨对敲(long strap)、卖出看涨对敲(short strap)、买进看跌对敲(long strip)和卖出看跌对敲(short strip)。

在实践上中，因卖出同价对敲适用于投资者预期标的物之市场价格比较稳定的场合，故在一般情况下，等量卖出与不等量卖出没有多大差别。因此，不等量同价对敲主要关注的是不等量买进同价对敲，即买进看涨对敲与买进看跌对敲。

1. 买进看涨对敲

所谓"买进看涨对敲"，是指投资者同时买进相同标的物、相同到期日和相同协定价格的看涨期权与看跌期权，但买进的看涨期权多于买进的看跌期权。投资者之所以建立这样的头寸，是因为他预期标的物的市场价格将有大幅度的上涨或大幅度的下跌，但大幅度上涨的可能性较大，而大幅度下跌的可能性较小。

例 11-19：某投资者买入两份协定价格为＄50 的看涨期权，期权费为＄5；同时买入一份协定价格相同的看跌期权，期权费为＄3。试分析该项交易的盈亏情况。

解答：与等量买进同价对敲类似，当标的物价格等于协定价格时，无论是看涨期权还是看跌期权，均无法行权，此时投资者遭受最大亏损，其数额是期权费之和，即：

$$ML = 2C + P = 2\times5+3=13$$

相应的盈亏情况如图 11-24 所示，相应的盈亏平衡点分别为：

$$BP_1 = X - ML = 50-13=37$$

$$BP_2 = X + \frac{1}{2}ML = 50+6.5=56.5$$

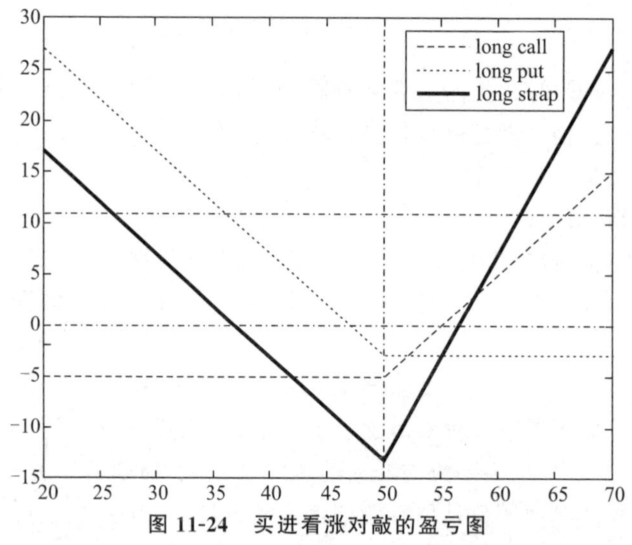

图 11-24　买进看涨对敲的盈亏图

从盈亏图可以看出，协定价格右侧直线的倾斜角度明显大于其左侧直线的倾斜角度，说明投资者将未来标的物价格的变动更多地"下注"在上涨方向，并为此多持有一份看涨期权来增加获利的倍数。因此，使用买进看涨对敲策略的投资者预期标的物价格将有大幅度变动，且上涨的可能性大于下跌的可能性。

2. 买进看跌对敲

所谓"买进看跌对敲"，是指投资者同时买进相同标的物、相同到期日和相同协定价格的看涨期权与看跌期权，但买进的看跌期权多于买进的看涨期权。投资者之所以建立这样的头寸，是因为他预期标的物的市场价格将有大幅度的上涨或大幅度的下跌，但大幅度下跌的可能性较大，而大幅度上涨的可能性较小。

例 11-20：某投资者买入一份协定价格为＄50 的看涨期权，期权费为＄5；同时买入两份协定价格相同的看跌期权，期权费为＄3。试分析该项交易的盈亏情况。

解答：与等量买进同价对敲类似，当标的物价格等于协定价格时，无论是看涨期权还是看跌期权，均无法行权，此时投资者遭受最大亏损，其数额是期权费之和，即：

$$ML = C + 2P = 5 + 2 \times 3 = 11$$

相应的盈亏情况如图 11-25 所示，相应的盈亏平衡点分别为：

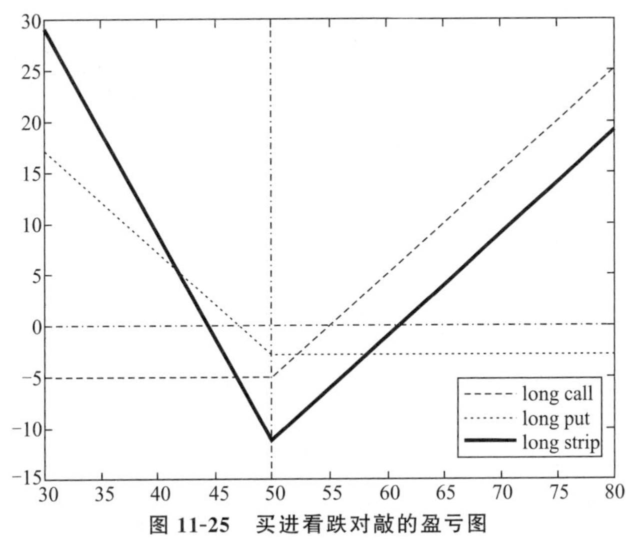

图 11-25　买进看跌对敲的盈亏图

$$BP_1 = X - \frac{1}{2}ML = 50 - 5.5 = 44.5$$

$$BP_2 = X + ML = 50 + 11 = 61$$

从盈亏图可以看出，协定价格左侧直线的倾斜角度明显大于其右侧直线的倾斜角度，说明投资者将未来标的物价格的变动更多地"下注"在下跌方向，并为此多持有一份看跌期权来增加获利的倍数。因此，使用买进看跌对敲策略的投资者预期标的物价格将有大幅度变动，且下跌的可能性大于上涨的可能性。

(三)等量异价对敲

所谓"等量异价对敲"(strangle)，也称宽跨式组合期权交易策略，是指投资者同时买进或卖出相同数量、相同标的物、相同到期日，但不同协定价格的看涨期权与看跌期权。根据投资者买卖方向的不同，等量异价对敲可分为"等量买进异价对敲"(long strangle)与"等量卖出异价对敲"(short strangle)两种不同的策略。

1. 等量买进异价对敲

等量买进异价对敲，是指投资者同时买进标的物与到期日均相同，但协定价格不同的看涨期权与看跌期权。一般地说，在等量买进异价对敲中，投资者所买进的看涨期权与看跌期权都是虚值期权。也就是说，在建立这种头寸时，投资者将买进协定价格高于当时市场价格的看涨期权，同时又买进协定价格低于当时市场价格的看跌期权。由于买进的这两种期权均为虚值期权，因此，与我们前述的买进同价对敲相比，投资者建立该头寸时可支付较少的期权费。于是，在整个交易中，投资者潜在的最大损失也将较小。

例 11-21：某投资者买入一份协定价格为＄50 的看涨期权，期权费为＄8；同时买入一份协定价格为＄55 的看跌期权，期权费为＄3。试分析该项交易的盈亏情况。

解答：根据定义，此项交易构成等量买进异价对敲策略，相应价格分别为：

$$X_1=50,\quad X_2=55,\quad C=8,\quad P=3$$

盈亏情况如图 11-26 所示。

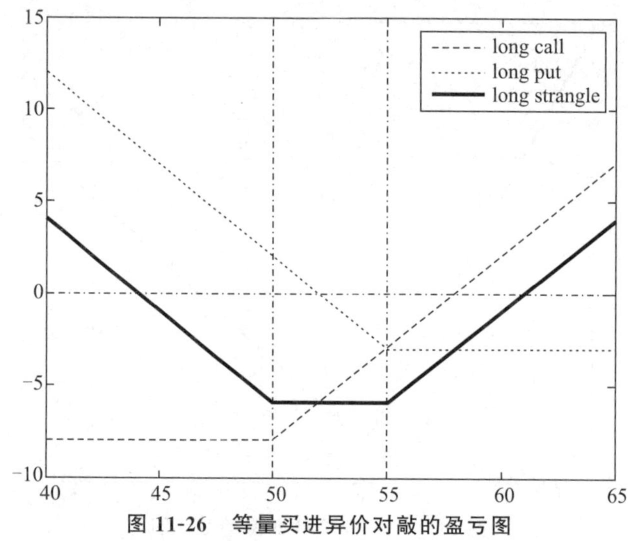

图 11-26　等量买进异价对敲的盈亏图

从盈亏图中，不难看出：当未来标的物价格在两个协定价格之间时，投资者在交易中亏损数额最大，其金额为：

$$ML=C-[(X_2-X_1)-P]=8-[5-3]=6$$

相应的盈亏平衡点分别为：

$$BP_1=X_1-ML=50-6=44$$

$$BP_2=X_2+ML=55+6=61$$

在等量买进异价对敲中，标的物的市场价格必须比买进同价对敲有更大幅度的变动，投资者方可获利。这就说明，与买进同价对敲相比，在等量买进异价对敲中，虽然潜在的最大损失较小，但投资者发生损失的概率却较大。所以，只有当投资者预期标的物的市场价格将有迅速而又重大的变动，但变动的方向不确定时，等量买进异价对敲才是一种可取的策略。

2. 等量卖出异价对敲

等量卖出异价对敲，是指投资者同时卖出标的物与到期日均相同，但协定价格不同的看涨期权与看跌期权。一般地说，在等量卖出异价对敲中，投资者所卖出的看涨期权与看跌期权都是虚值期权。也就是说，在建立这种头寸时，投资者将卖出协定价格高于当时市场价格的看涨期权，同时又卖出协定价格低于当时市场价格的看跌期权。

例 11-22：某投资者卖出一份协定价格为＄50 的看涨期权，期权费为＄8；同时卖出一份协定价格为＄55 的看跌期权，期权费为＄3。试分析该项交易的盈亏情况。

解答：根据定义，此项交易构成等量卖出异价对敲策略，相应价格分别为：

$$X_1=50, \quad X_2=55, \quad C=8, \quad P=3$$

盈亏情况如图 11-27 所示。

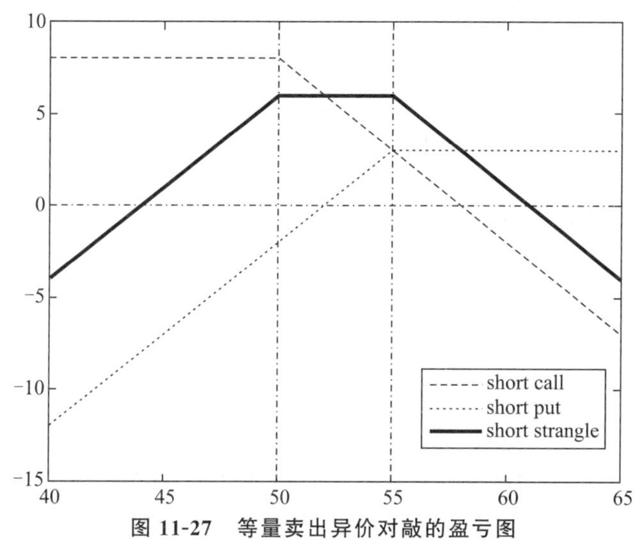

图 11-27 等量卖出异价对敲的盈亏图

从盈亏图中，不难看出：当未来标的物价格在两个协定价格之间时，投资者在交易中盈利数额最大，其金额为：

$$MP=P+[C-(X_2-X_1)]=3+[8-5]=6$$

相应的盈亏平衡点分别为：

$$BP_1=X_1-MP=50-6=44$$

$$BP_2=X_2+MP=55+6=61$$

与卖出同价对敲相比，在等量卖出异价对敲中，投资者所能收取的期权费较少，但其获利的可能性却较大。投资者收取的期权费之所以较少，是因为他们所卖出的看涨期权与看跌期权都是虚值期权，其期权费自然比卖出同价对敲中所卖出的平价期权的期权费为低。而投资者获利的可能性之所以较大，是因为在卖出异价对敲中，两个盈亏平衡点之间的间隔要比卖出同价对敲中的那个间隔为大。只有当投资者预期标的物市场价格将趋于稳定时，等量卖出异价对敲策略才可取。

第四节 期权的套期保值交易

与期货一样,期权也是应人们管理风险的需要而产生和发展起来的一种新的套期保值工具。但是,期权的套期保值与期货的套期保值有着很大的不同。在实践中,期权的套期保值也要比期货的套期保值更为复杂。根据具体的操作方式的不同,期权的套期保值可分成静态套期保值与动态套期保值两种不同的策略。

一、静态套期保值

所谓"静态套期保值"(static hedging),是指套期保值者在期权市场上建立一种与其现货市场数额相等、方向相反的头寸后,不做任何调整,而当市场价格发生不利变动时,通过执行其持有的期权,或通过期权头寸的对冲,而达到保值目的的套期保值策略。

例 11-23:某投资者持有1 000股 A 公司股票,为回避股价下跌的风险,他可买进以 A 公司股票为标的物的看跌期权来实施套期保值。因这种看跌期权的每份合约对应 100 股 A 公司股票,所以,他只要买进 10 份这样的合约即可。

未来时刻若股价果真下跌,且跌至期权合约的协定价格之下,则投资者可执行其持有的期权,以较高的协定价格卖出其持有的股票,从而规避股票价格下跌所造成的损失;同样,如果他不是通过执行其持有的期权,而是以较高的期权费(股票价格下跌,则看跌期权的期权费必将因内在价值的增加而提高)将其持有的期权合约卖出平仓,从而以期权市场的盈利来弥补其现货市场的亏损,则其也同样可以达到保值目的。

静态套期保值的优点是简便易行,因为套期保值者在建立这种头寸后,无须再做任何调整。但它的缺点是套期保值的效果往往不甚理想。其主要原因有二:一是套期保值者所支付的期权费无法得到补偿;二是套期保值者若在期权到期前执行期权,则他实际上只能得到该期权的内在价值,而不能得到它的时间价值。因此,静态套期保值的成本往往较高,而套期保值的效率往往较低。弥补静态套期保值缺点的办法便是实行动态套期保值。

二、动态套期保值

所谓"动态套期保值"(dynamic hedging),也称"Delta 套期保值"(Delta hedging),是指套期保值者以期权合约的 Delta 作为套期保值比率的确定依据,来建立所谓"Delta 中性"的套期保值头寸,然后再根据 Delta 值的变动,经常不断地调整其套期保值头寸的数额,以确保套期保值的完全性。

如前章所述,Delta 是期权价格的一种敏感性指标。它表示标的资产市场价格的变动对期权价格的影响程度。换言之,Delta 是用于反映期权价格对标的资产市场价格变动的敏感程度的指标。之所以将期权的动态套期保值称之为"Delta 套期保值",是因为在这种套期保值中,人们是根据期权的 Delta 来建立其套期保值的头寸,并随着 Delta 的变动,对头寸的数额作出调整。

（一）套期保值比率的确定（Delta 中性）

例 11-24：投资者持有某种股票 500 股。为回避股票价格下跌而造成损失的风险，该投资者决定用该种股票的看跌期权来实施 Delta 套期保值。假设当时该看跌期权的 Delta 为－0.5，则为实现完全套期保值，该投资者必须买进 10 份这样的看跌期权合约。

之所以如此，是因为每份期权合约的交易单位是 100 股标的股票，而在 Delta 的绝对值为 0.5 时，每份期权合约的价格变动是每 100 股标的股票价格变动额的 0.5 倍。在这样的情况下，期权合约对应的价值总额应为标的股票价值总额的两倍，才可以完全抵消股票价格变动所产生的风险。从理论上说，当投资者根据这一原则确定套期保值所需的期权合约数以后，他便可实现完全套期保值。

这种能使投资者实现完全套期保值的头寸可称为“Delta 中性”（Delta-neutral）的头寸。但问题是，Delta 并不是一个固定不变的常数。因此，在投资者建立了一种 Delta 中性的头寸以后，除非根据 Delta 的变动，不断地对套期保值头寸加以调整，才能实现完全套期保值。否则，当 Delta 变动后，他原来建立的头寸将不再是 Delta 中性头寸，也就无法实现完全套期保值了。

为实现完全套期保值，套期保值比率（即套期保值对象的价格变动额与期权合约价格变动额的比率），应该等于该期权的 Delta 绝对值的倒数，即：

$$\text{Delta}=\frac{\Delta f}{\Delta S} \quad \Rightarrow \quad HR=\left|\frac{\Delta S}{\Delta f}\right|=\left|\frac{1}{\text{Delta}}\right|$$

例 11-25：接上例，若看跌期权的 Delta 由之前的－0.5 变成－0.25，根据上式，此时套期保值比率就由原先的 2 变动到 4，原先只需买进 10 份看跌期权合约，现在的合约数量需要达到 20 份才可实现完全套期保值。为了达到 Delta 中性，投资者需要再购买 10 份看跌期权合约。若看跌期权的 Delta 进一步变成－0.33，此时套期保值比率变动到 3 附近，实现完全套期保值所需的看跌期权数量下降至 15 份，投资者需要出售多余的 5 份期权合约。

（二）动态套期保值的缺点

如上所述，静态套期保值的主要缺点在于套期保值的不完全性，而动态套期保值正是为弥补静态套期保值的这一缺陷而被人们创造出来的。但是，动态套期保值也并非十全十美，它同样也存在着多方面的缺点。尤其值得注意的是，动态套期保值实际上也很难实现完全套期保值，其主要原因有如下两点：

第一，在动态套期保值中，被作为套期保值工具的往往是场内期权。这是因为只有场内期权才具有较高的流动性，投资者才可随时通过反向交易来实现对冲。但是，场内期权的标准化特征却限制了人们的选择余地，从而影响了套期保值的实际效率。如在每一期权合约的交易单位一定时，投资者根据 Delta 值算得的套期保值所需的期权合约数往往不是一个整数，而投资者实际买进或卖出的期权合约数又显然必须是整数。这样，投资者实际上无法做到完全的 Delta 中性，而只能做到基本的或近似的 Delta 中性。

第二，由例 11-25 可知，要实现完全套期保值，投资者必须不断地随着股市的波动及权利期间的缩短，计算新的 Delta 值，并以此调整套期保值头寸。但是在调整过程中，投资者又不可避免地需要支付相应的交易成本。头寸调整得越频繁，投资者所需支付的交易成本也就越高。因此，过于频繁地调整套期保值头寸，必将引起交易成本的过度提高，从而影响套期保值的实际效果。

由此可见,期权的动态套期保值是一种要求很高、难度很大、技术性很强的交易形式。它要求套期保值者既能准确地观察 Delta 的变动情况,又能恰如其分地做出是否调整、何时调整,以及怎样调整其套期保值头寸的决策。

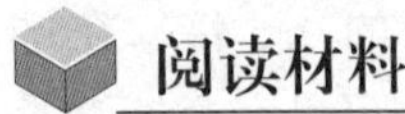

阅读材料

巧用期权,墨西哥有效应对原油价格波动风险

2020 年石油市场需求受疫情影响严重下降,原油价格暴跌,而墨西哥政府提前购入看跌期权作为保险,完美地避开了价格下跌带来的损失,成为原油保值方案中的优秀范本。

(一)疫情冲击价格大幅波动

2020 年受新冠疫情影响,大量供应链和产能被迫暂停,导致石油需求急剧下降,积压的石油库存越来越多,仓储压力增大。然而,在面对市场需求骤减的情况下,石油主要生产国却没有立即选择减产来解决储存石油的困难,原因在于石油生产国的主要经济来源就是石油出口的收益,其中石油输出国组织(OPEC)成员国的产油成本较低,相对于美国高成本的页岩油开采技术来说,OPEC 成员国能通过价格优势在国际石油市场上占据较高的市场份额。美国的页岩油供给水平受开采成本的限制,一旦油价低于开采成本,出口页岩油就会产生亏损。为避免承受损失,美国便只能放弃石油市场份额。因此,具有价格优势的 OPEC 成员国此时宁愿降低石油价格,也不愿意主动减少石油生产量。

但是,疫情持续时间较长,企业难以复工,市场需求不振,原油库容严重不足,因此原油价格持续性下跌,WTI 原油价格出现了负值的现象。

(二)墨西哥政府的强硬态度

OPEC+视频会议中,与会各国在原油减产的看法上基本达成一致,但墨西哥却坚持自己不能做到和其他国家一样的减产幅度。经过几天的协商,最终以沙特为代表的其他国家均妥协,达成减产协议,OPEC+同意减产 970 万桶/日,墨西哥减产 10 万桶/日。

为何墨西哥政府能在原油价格下跌如此严重的情况下还能坚定拒绝大量减产呢?原因是墨西哥政府早就为原油价格下跌买好了“保险”。据路透社援引墨西哥财政部数据称,墨西哥已经斥资近 10 亿美元购买原油期权合约,这些期权保证墨西哥可以用 49 美元一桶的价格出售原油。具体来看,在过去 20 年里,墨西哥每年都提前从大型银行和交易商那里购买亚式原油看跌期权,不仅在油价下跌时获得期权卖方的赔付,从而保障了生产原油的最低收益,而且保留了油价上涨时带来的利润。

(三)结论及启示

自 2005 年以来,为了对冲油价下跌风险,墨西哥开始实施石油对冲战略,每年进行对冲操作,从未中断。墨西哥石油对冲交易也被视为华尔街规模最大、全球最活跃的年度石油交易活动。墨西哥已经坚持购买原油看跌期权达 10 余年,在此期间每当油价低迷时期,看跌期权都为墨西哥提供了有效的保护,因此墨西哥政府能够坚定无忧地长期发展其原油产业。

买好“保险”才能更加安心地去提升产业核心竞争力，原油出口国是这样，进口国和下游需求单位也是这样，善用原油期权，规避好原油价格风险后才能更加心无旁骛地发展自身产业。

三、合成策略

同种资产的期/现货与期权价格之间存在相关性。期权套期保值交易，从本质上就是利用期权价格与期/现货价格的相关性原理来进行操作，价格的变化会引起一个头寸盈利和一个头寸亏损。

期权的套期保值实际上是一种合成策略，即通过在期/现货市场或期权市场建立两个不同的头寸，来合成与这两个头寸的组合相等价的第三个头寸的交易策略。所以，它是一种将期权交易与传统的现货交易或创新的期货交易进行合成的投资策略，其主要功能是改变最初风险敞口的状态，以避免或降低因市场价格出现不利变化而造成的损失。根据合成的头寸不同，套期保值或合成策略共有 6 种方式。

(一)合成多头

如果投资者在买进某种看涨期权的同时，又卖出相同标的物、相同到期日和相同执行价格的看跌期权，则其盈亏情况如同买进这两种期权标的物本身，所以称为“合成多头”(synthetic long position)。上述策略可用公式表示如下：

$$合成多头=多头看涨期权+空头看跌期权$$

当到期时标的物价格大于或等于执行价格时，投资者会执行看涨期权，看跌期权则被对方放弃，该组合部分的收益为标的物市场价格减去执行价格，可能出现盈利；当到期时标的物价格小于执行价格时，投资者放弃执行看涨期权，看跌期权被要求执行，组合收益为标的物市场价格减去执行价格，可能出现损失。

另外，该组合期初看涨与看跌期权的期权费之差构成该组合期权费的收入或支出。由于看涨与看跌期权的期权费之差为正会增加购买标的物的成本，为负会降低购买标的物的成本，所以合成多头的成交价为执行价格加上看涨与看跌期权的期权费之差。

例 11-26：某投资者买入一份协定价格为＄50 的看涨期权，期权费为＄5；同时卖出一份协定价格和到期时间均相同的看跌期权，期权费为＄3。试分析该项交易的盈亏情况。

解答：根据定义，此项交易构成合成多头策略，相应价格分别为：

$$X=50,\quad C=5,\quad P=3$$

盈亏情况如图 11-28 所示。

从图中可以看出，合成后的多头头寸，其盈亏平衡点在 $50+(5-3)=52$ 处，当标的物的价格大于＄52 时，该合成策略可以获利；反之，当标的物价格小于＄52 时，该策略会出现亏损。

从合成多头策略可以看出，如果要对市场上的标的资产现货进行套期保值，既可以直接使用多头期货合约，也可以使用期权合成后的多头头寸来避险。这里的合成策略在套期保值时，适用于防范标的资产未来价格上涨的风险，相当于期货的多头套期保值策略。

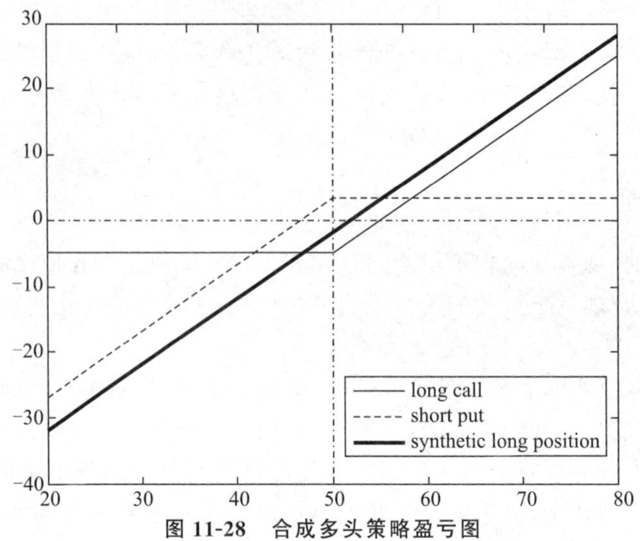

图 11-28　合成多头策略盈亏图

(二)合成空头

如果投资者在买进某种看跌期权的同时,又卖出相同标的物、相同到期日和相同执行价格的看涨期权,则其盈亏情况如同卖出这两种期权标的物本身,所以称为“合成空头”(synthetic short position)。上述策略可用公式表示如下:

$$合成空头=多头看跌期权+空头看涨期权$$

当到期时标的物价格小于或等于执行价格时,看跌期权会被执行,看涨期权则被投资者放弃,该组合部分的收益为执行价格减去期货市场价格,可能出现盈利;当到期时标的物价格大于执行价格时,投资者执行看涨期权,看跌期权被对方放弃,组合收益为执行价格减去标的物市场价格,可能出现损失。

另外,该组合期初看跌与看涨期权的期权费之差构成该组合期权费收入或支出。由于看跌与看涨期权的期权费之差为负会增加购买标的物的成本,为正会降低购买标的物的成本,所以合成空头的成交价为执行价格减去看跌与看涨期权的期权费之差。

例 11-27:某投资者卖出一份协定价格为＄50 的看涨期权,期权费为＄5;同时买入一份协定价格和到期时间均相同的看跌期权,期权费为＄3。试分析该项交易的盈亏情况。

解答:根据定义,此项交易构成合成空头策略,相应价格分别为:

$$X=50,\quad C=5,\quad P=3$$

盈亏情况如图 11-29 所示。

从图中可以看出,合成后的空头头寸,其盈亏平衡点在 50-(3-5)=52 处,当标的物的价格小于＄52 时,该合成策略可以获利;反之,当标的物价格大于＄52 时,该策略会出现亏损。

从合成空头策略可以看出,如果要对市场上的标的资产现货进行套期保值,既可以直接使用空头期货合约,也可以使用期权合成后的空头头寸来避险。这里的合成策略在套期保值时,适用于防范标的资产未来价格下跌的风险,相当于期货的空头套期保值策略。

(三)合成买进看涨期权

在经济活动中,为防止价格上涨带来的未来商品进货成本增加的损失,可以通过购买

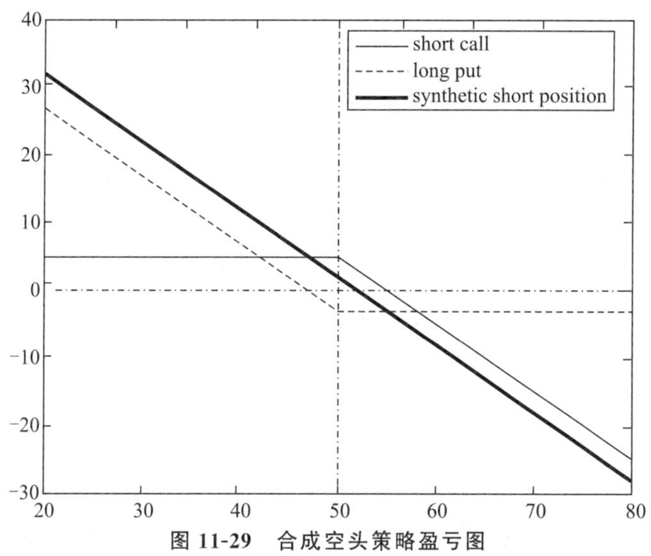

图 11-29 合成空头策略盈亏图

相关期货合约的方式进行套期保值，以保证预期的进货成本。可是一旦价格不但没有上涨反而下跌，期货合约交易将会发生亏损，虽然这一亏损可以由价格下跌带来的低价购进的盈余来弥补，但也因此失去了低成本购进的好处。

为弥补这一不足，可以通过在买进期/现货合约的同时，买入相关期/现货的看跌期权。这样，价格上涨时，放弃或转让看跌期权，同时高价卖出期/现货合约平仓，获取期/现货合约的差价利润，弥补已支付的期权费后还有盈余，为期/现货交易起到了一定的保值作用。一旦价格下跌时，则履行看跌期权，卖出期/现货合约与手中的期/现货多头对冲，其最大损失只是已支付的期权费。实际上，买进期/现货合约、买入相关看跌期权的组合交易就称为"合成买进看涨期权"(synthetic long call)的策略。上述策略可用公式表示如下：

合成买进看涨期权＝多头现货＋多头现货看跌期权

或：

合成买进看涨期权＝多头期货＋多头期货看跌期权

例 11-28：某投资者持有 A 股票，目前价位为＄100，为了规避股票价格下跌的风险，他购买了一份两个月后到期，协定价格为＄100 的看跌期权，期权费为＄5。试分析该项交易在两个月后的盈亏情况。

解答：根据定义，此项交易构成合成买进看涨期权策略，相应价格分别为：

$$X=100,\quad S=100,\quad P=5$$

盈亏情况如图 11-30 所示。

从图中可以看出，合成后的看涨期权多头头寸，其盈亏平衡点在 100＋5＝105 处，当标的物的价格大于＄105 时，该合成策略可以获利；反之，当标的物价格小于＄105 时，该策略会出现亏损，并且亏损的最大数额是有限的(即：看跌期权的期权费)。

从通俗的角度来理解，该策略可以理解成使用看跌期权，为投资者持有的期/现货多头头寸提供了一个"保险"，该"保险"在未来市场价格下跌时生效，从而避免期/现货多头损失扩大，而在未来市场价格上涨时失效，期/现货多头仍可获利，只是获利要比原先不做

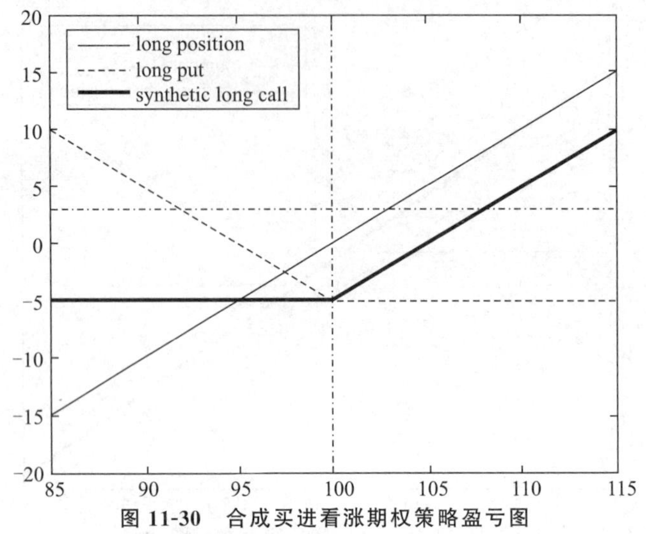

图 11-30　合成买进看涨期权策略盈亏图

“保险”时要少(少的部分就是之前交纳的“保险费”,也就是看跌期权的期权费),故该策略也称保护性看跌期权策略(protective put strategy)。

(四)合成卖出看涨期权

投资者持有期/现货的空头头寸,同时在期权市场上卖出相应标的物的看跌期权,通过收取期权费,规避价格上涨的风险。这种组合交易称为“合成卖出看涨期权”(synthetic short call)的策略。上述策略可用公式表示如下:

合成卖出看涨期权=空头现货+空头现货看跌期权

或:

合成卖出看涨期权=空头期货+空头期货看跌期权

例 11-29:某投资者做空 A 股票的价位为＄100,为了规避未来股票价格上涨的风险,他出售了一份两个月后到期,协定价格为＄100 的看跌期权,期权费为＄5。试分析该项交易在两个月后的盈亏情况。

解答:根据定义,此项交易构成合成买进看涨期权策略,相应价格分别为:

$$X=100,\quad S=100,\quad P=5$$

盈亏情况如图 11-31 所示。

从图中可以看出,当未来股票的价格略有上涨时,由于该看跌期权的购买者(即交易对手)会放弃行权,卖出看跌期权可赚取期权费,以此来规避价格上涨带来的风险。但是,该策略的套期保值的效果可能并不是很好,一旦股票价格跌至看跌期权执行价格之下时,该看跌期权有可能被要求履约,由此产生的损失,会抵消市场价格下跌带来的未来时刻低成本购进股票的收益。而当价格大幅上涨时,微薄的期权费收入无法弥补股票高价购回的损失,从而出现较大亏损。

正因如此,投资者在采用该策略进行套期保值时,一定要非常慎重,只有在预期未来股票价格变动幅度不大时,才可以考虑采用这一策略。

(五)合成买进看跌期权

当投资者拥有即将出售的现货时,为防止价格下跌的损失,可以通过卖出相关期货合

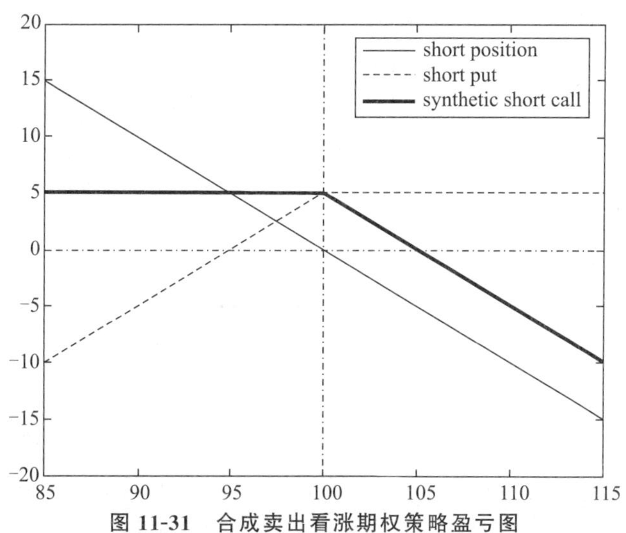

图 11-31 合成卖出看涨期权策略盈亏图

约的套期保值交易来保证其预期的利润。可一旦价格不但没有下跌反而上涨,其期货合约交易将会发生亏损。虽然锁定了现货出售价格,但是价格上涨的好处却失去了。

这时可以考虑在卖出期货合约的同时,买入相关期货的看涨期权。这样,价格下跌时,放弃或转让看涨期权,同时低价买入期货合约平仓,以达到保值目的;价格上涨时,履行看涨期权,买进期货合约与手中的空头期货头寸对冲、减少期货合约交易损失。实际上,卖出期货合约、买入相关期货看涨期权的组合交易,相当于一个买入相关期货的看跌期权,这种策略称为"合成买进看跌期权"(synthetic long put)。上述策略可用公式表示如下:

合成买进看跌期权=空头现货+多头现货看涨期权

或:

合成买进看跌期权=空头期货+多头期货看涨期权

例 11-30:某投资者做空 A 股票的价位为 \$100,为了规避未来股票价格上涨的风险,他买入了一份两个月后到期,协定价格为 \$100 的看涨期权,期权费为 \$5。试分析该项交易在两个月后的盈亏情况。

解答:根据定义,此项交易构成合成买进看跌期权策略,相应价格分别为:

$$X=100,\quad S=100,\quad C=5$$

盈亏情况如图 11-32 所示。

从图中可以看出,合成后的看跌期权多头头寸,其盈亏平衡点在 100−5=95 处,当股票的价格小于 \$95 时,该合成策略可以获利;反之,当股票价格大于 \$95 时,该策略会出现亏损,并且亏损的最大数额是有限的(即看涨期权的期权费)。

从通俗的角度来理解,该策略可以理解成使用看涨期权,为投资者持有的期/现货空头头寸提供了一个"保险",该"保险"在未来市场价格上涨时生效,从而避免期/现货空头损失扩大;而在未来市场价格下跌时失效,期/现货空头仍可获利,只是获利要比原先不做"保险"时要少(少的部分就是之前交纳的"保险费",也就是看涨期权的期权费)。

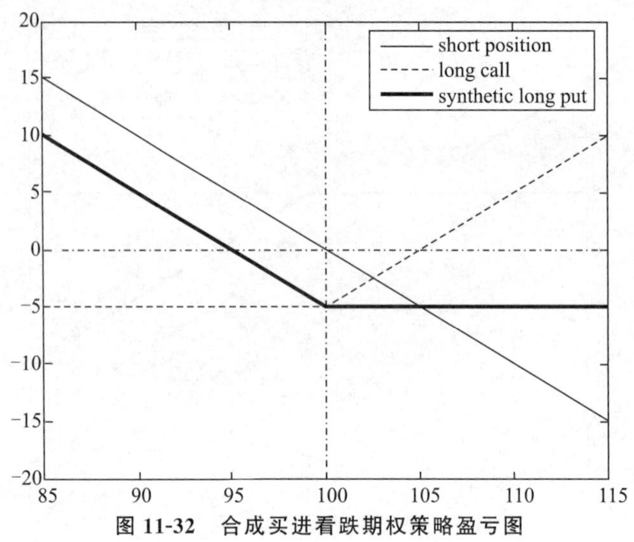

图 11-32　合成买进看跌期权策略盈亏图

（六）合成卖出看跌期权

投资者持有期/现货的多头头寸，同时在期权市场上卖出相应标的物的看涨期权，通过收取期权费，规避价格下跌的风险。这种组合交易称为"合成卖出看跌期权"(synthetic short put)的策略。上述策略可用公式表示如下：

合成卖出看跌期权＝多头现货＋空头现货看涨期权

或：

合成卖出看跌期权＝多头期货＋空头期货看涨期权

例 11-31：某投资者买入 A 股票的价位为 ＄100，为了规避未来股票价格下跌的风险，他出售了一份两个月后到期，协定价格为 ＄100 的看涨期权，期权费为 ＄5。试分析该项交易在两个月后的盈亏情况。

解答：根据定义，此项交易构成合成买进看涨期权策略，相应价格分别为：

$$X=100,\quad S=100,\quad C=5$$

盈亏情况如图 11-32 所示：

从图中可以看出，当未来股票的价格略有下跌时，由于该看涨期权的购买者（即交易对手）会放弃行权，卖出看涨期权可赚取期权费，以此来规避价格上涨带来的风险。但是，该策略的套期保值的效果可能并不是很好，一旦股票价格上涨至看涨期权执行价格之上时，该看跌期权有可能被要求履约，由此产生的损失，会抵消市场价格上涨带来的未来时刻高价卖出股票的收益。而当价格大幅下跌时，微薄的期权费收入无法弥补股票未来低价出售的损失，从而出现较大亏损。

正因如此，投资者在采用该策略进行套期保值时，一定要非常慎重。与前面提到的合成卖出看涨期权策略类似，只有在预期未来股票价格变动幅度不大时，才可以考虑采用这一策略。

另一方面，对于看涨期权的卖方来说，如果其同时持有相应标的物的多头头寸，则未来标的物价格若上涨，期权卖方必须履行义务，此时他的做法就是将所持有的标的资产多

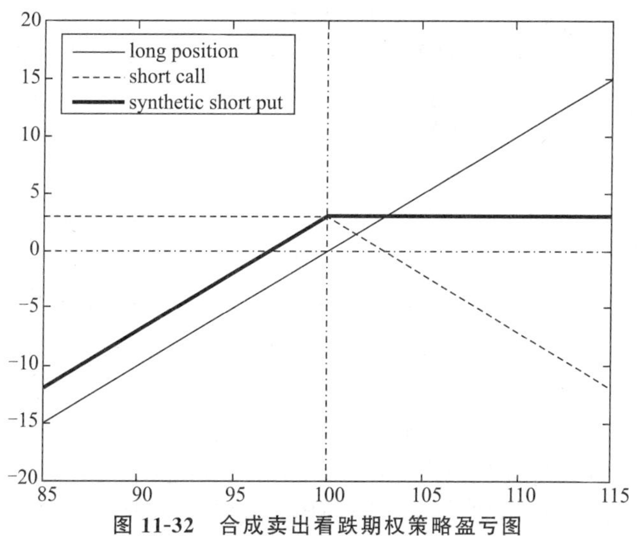

图 11-32 合成卖出看跌期权策略盈亏图

头合约(比如期货的多头合约),按照期权的执行价格交割给交易对手,从而完成履约义务。这样的交易方式也称为“备兑期权开仓”交易,其风险要小于单纯卖出看涨期权的风险,正因如此,合成卖出看跌期权策略也称有抛补的看涨期权策略(Covered Call Strategy)。

小知识

根据 2015 年 1 月 9 日发布的《上海证券交易所股票期权试点交易规则》的有关规定,投资者进行股票期权交易的委托指令的类型包括买入开仓、买入平仓、卖出开仓、卖出平仓、备兑开仓以及备兑平仓等。

这里的备兑开仓是指投资者提前锁定足额合约标的作为将来行权交割所应交付的证券,并据此卖出相应数量的认购期权。从这里可以看出,备兑开仓就是前文所介绍的合成卖出看跌期权策略。

第五节 期货与期权的比较与选择

一、期货与期权的比较

期货与期权都是人们最常用的套期保值工具。但是,在套期保值的实践中,这两种工具的作用与效果却不尽相同。

我们知道,风险是由市场价格的不确定变动所引起的。所谓市场价格的不确定变动,是指在未来某一特定时间，市场价格既可能发生对经济主体有利的变动，也可能发生对经济主体不利的变动。如果市场价格发生有利的变动，人们将获得意外收益，而如果市场价格发生不利的变动，则人们将遭受意外损失。因此，所谓风险较大，是指人们获得意外收益的可能性与遭受意外损失的可能性都较大。这种风险，我们可称之为“对称性风险”(symmetric risk)。人们利用期货进行套期保值，实际上就是通过期货交易来抵消这种对称性风险。也就是说，人们通过期货交易可避免因价格发生不利变动而造成的损失，但为了达到这一目的，人们也必须放弃因价格发生有利变动而带来的利益。

与期货的套期保值不同，人们利用期权进行套期保值，实际上是将对称性风险转化为不对称性风险(asymmetric risk)。也就是说，在利用期权进行套期保值时，若价格发生不利的变动，则套期保值者可通过执行期权而避免损失；反之，若价格发生有利的变动，则套期保值者又可通过放弃期权来保护利益。因此，人们通过期权交易，既可避免价格的不利变动所造成的损失，又可在相当程度上保住价格的有利变动而带来的利益。

根据这样的分析，我们不禁要问：既然利用期权，既可保值，又可获利，两全其美，则在套期保值中，期权岂不比期货更为有利吗？但事实并非总是如此。

首先，根据定义，人们通过期货或期权进行套期保值，其主要目的只是为了保值，而不是为了获利。如从保值的角度来说，期货通常比期权更为有效，也更为便宜。这主要是因为，在期货的套期保值中，套期保值者虽要缴纳保证金，但在套期保值结束时，这一保证金是退还的。如果套期保值者所支付的保证金得不到如数的退还，则说明他在期货市场受到损失，但他在现货市场可得到利润。所以，无论市场价格发生怎样的变动，套期保值者总可以用一个市场的利润来弥补另一个市场的损失，从而实现比较有效的保值。但是，期权的套期保值却并非总是有效。若采用多头期权的方式进行套期保值，套期保值者必须支付较为昂贵的期权费，以获得期权合约所赋予的权利，而这一期权费是不予退还的。因此，在很多场合，投资者通过期权的多头套期保值而避免的损失，将不足以抵补他们购买期权时所付出的期权费。特别是在价格变动对自己有利，从而放弃他们所持有的期权的情况下，他们将因白白地付出这一期权费而减少其原本可获得的意外利益。投资者通过期权的空头进行套期保值时，他实际上只能得到有限的保值，因为在这种套期保值中所能避免的潜在损失只限于他们卖出期权时所收取的期权费。同时更应注意的是，在期权的空头套期保值中，一旦套期保值者预期失误，他们还要承受无限损失的风险。所以，从保值角度来看，空头期权不见得是一种比较有效的策略。

其次，人们在期权交易中要真正做到既保值，又获利，事实上也绝非易事。与期货交易相比，在期权交易中，人们必须对风险与报酬做出更为深入细致的分析，从而选择最适当的交易时机和最合理的交易策略。特别需要指出的是，在期权交易中，期权价格的决定与变动是一个最重要的问题，但它同时又是一个最复杂的问题。另外，在期权的动态套期保值中，套期保值者必须密切地注视期权的 Delta 值及其变动，并及时而又适当地做出套期保值头寸的调整。很显然，这些都并不是一般投资者所能轻而易举地做到的。

二、期货与期权的选择

通过以上分析，我们可清楚地看到，期货与期权可谓各有所长、各有所短，它们分别适用于不同的场合。所以,在套期保值的实践中,人们往往要根据自己所面临的金融风险的具体性质和特征,在期货和期权这两种工具中,做出适当的抉择。同时,在现实的套期保值中,人们通常还将这两种策略结合起来,通过一定的组合或搭配,来实现某一特定的金融风险管理的目标。一般说来,在选择期货与期权这两种工具时,主要考虑以下三个方面:

(一)风险敞口的性质

在选择期货或期权时,人们首先要对风险敞口的性质做出评估。这是因为,风险敞口的性质不同,则存在于这种风险敞口的金融风险的特点往往也不同。于是,适用的金融风险管理策略也不同。

(二)风险敞口的数额是否确定

在选择金融风险管理策略时,人们必须考虑的又一个重要的方面,是风险敞口的数额是否确定,或者这一风险敞口是否一定产生或一定存在。如果风险敞口客观存在,且其数额是确定的,则人们自然应该实施套期保值,以回避金融风险。但是,在很多场合,风险敞口的数额是不确定的,甚至风险敞口既可能产生,也可能不产生。在这种情况下,如果人们不做套期保值,则可能受到损失,而如果作了套期保值,但选择的策略不适当,则同样可能受到损失。

一般说来,当风险敞口的数额及存在与否不能确定时,选择期权要比选择期货来得适当。

(三)市场价格变动方向的概率

在管理那些对称性的金融风险时,人们应该对市场价格的变动方向做出比较周密的预测,从而确定其上涨的概率与下跌的概率。如果能对这种市场价格的变动方向的概率做出比较准确的预测,那么,选择适当的金融风险管理策略将有助于降低成本或保护收益。

一般说来,当市场价格变动方向的概率不能确定时,选择期货要比选择期权来得适当。反之,若市场价格变动方向的概率容易确定时,选择期权进行套期保值,以较小的代价换取可能获得的较大的利益更合适。

本章摘要

1. 期权的基本交易策略可分为多头看涨期权、多头看跌期权、空头看涨期权和空头看跌期权。多头看涨期权或看跌期权的潜在利润无限,而潜在损失有限;空头看涨期权或看跌期权的潜在利润有限,而潜在损失无限。

2. 在价差交易中,投资者买进和卖出的是同一垂直系列或同一水平系列的期权。

3. 牛市看涨期权价差与牛市看跌期权价差都是买进协定价格较低的期权,而卖出协定价格较高的期权,这两种价差都适用于对市场行情温和看涨的场合。

4. 熊市看涨期权价差与熊市看跌期权价差都是买进协定价格较高的期权,而卖出协定价格较低的期权,这两种价差都适用于对市场行情温和看跌的场合。

5. 多头蝶状价差是指买进一个协定价格较低的期权和一个协定价格较高的期权,而卖出两个协定价格介于上述两个协定价格之间的期权。空头蝶状价差是多头蝶状价差的反向操作,即卖出一个协定价格较低的期权和一个协定价格较高的期权,而买进两个协定价格介于上述两个协定价格之间的期权。蝶状价差的实质是牛市价差与熊市价差的一种有机组合。

6. 在比率价差中,投资者买进的期权与卖出的期权数量不同。这一策略适用于投资者预期市场价格比较稳定的场合。

7. 水平价差是指买进离到期日较远的期权,而卖出标的物相同、协定价格也相同,但离到期日较近的期权。这种价差之所以能获利,是因为不同到期月份的期权,其时间价值有着不同的衰减速度。即离到期日较近的期权的时间价值衰减速度较快,而离到期日较远的期权的时间价值衰减速度较慢。

8. 等量买进同价对敲是指投资者同时且等量地买进相同标的物、相同到期日和相同协定价格的看涨期权和看跌期权。该策略适用于投资者预期市场价格将有大幅度波动,但不能确定波动方向的场合。

9. 不等量同价对敲主要有买进看涨对敲和卖出看跌对敲两种策略。前者适用于预期市场价格大幅度上涨的可能性较大,而大幅度下跌的可能性较小的场合;后者则适用于预期市场价格大幅度下跌的可能性较大,而大幅度上涨的可能性较小的场合。

10. 异价对敲是指投资者同时买进或卖出相同标的物、相同到期日,但不同协定价格的看涨期权与看跌期权。在买进异价对敲交易中,潜在的最大损失较小,但发生损失的概率较大,这一策略只有当市场价格比买进同价对敲有更大幅度的波动时方可获利。卖出异价对敲是买进异价对敲的反向操作,故其盈亏特征与买进异价对敲正好相反。

11. 期权的套期保值,可分为静态套期保值与动态套期保值两种不同的策略。

12. 在金融期权的动态套期保值中,为实现完全套期保值,套期保值比率应等于所用期权的 Delta 绝对值的倒数。

13. 期权与期货的套期保值各有利弊,也各有适用的场合。因此,投资者必须根据具体情况做出适当的选择。

阅读材料

保险+期货:为乡村产业撑起“保护伞”[①]

《中共中央国务院关于全面推进乡村振兴加快农业农村现代化的意见》明确提出,发挥“保险+期货”在服务乡村产业发展中的作用。这是“保险+期货”模式连续6年写入中央一号文件。近年来,“保险+期货”模式在支持乡村产业发展中的作用也日益明显。

(一)“保险+期货”迎来发展新机遇

2月24日,随着交易员按照预期价格入场交易成功,贵州省首例生猪“保险+期货”创新型农业保险产品落地。一直以来,生猪养殖业离不开保险,但生猪价格险保障的是价

① 根据《经济日报》2021年3月16日同名新闻报导整理(作者:祝惠春)

格风险，过去缺少有效的对冲手段，保险公司需要直接承担巨额赔付风险。生猪期货推出之后，保险公司通过向期货公司的风险管理子公司购买场外期权，转移价格风险，期货市场透明公允的价格既规范了承保标的，又实现了有效的价格风险分散与对冲。

什么是“保险＋期货”模式？即农户购买农产品价格保险，一旦遭遇市场价格动荡，触发价格保险赔付条款，将由保险公司赔付亏损。保险公司则通过向期货风险管理子公司购买场外期权产品转移赔付风险，实现“再保险”，形成风险多方共担的共赢格局。

这种由证监系统首创的一种资本市场服务“三农”的农业风险管理模式，最早由期货公司在服务“三农”实践中摸索出雏形，经上海期货交易所、郑州商品交易所和大连商品交易所提炼固化为业务模式，逐步完善。

2016 年以来，在中国证监会指导下，三家商品期货交易所在 26 个省份开展了 584 个“保险＋期货”试点项目，涉及天然橡胶、棉花、白糖、苹果、红枣、大豆、玉米、鸡蛋、豆粕 9 个品种，累计保障现货规模约 1200 万吨，承保土地面积约 3000 万亩，惠及贫困户近 70 万户，成为农业发展、农民增收的重要保障。

以天然橡胶为例，我国主要的橡胶种植区域集中在云南和海南，多为边疆、少数民族地区。橡胶种植是当地大部分农民的主要经济来源。近年来，在上海期货交易所主导下，天然橡胶“保险＋期货”精准扶贫试点项目托起胶农“稳稳的幸福”。上期所将保险公司、期货公司聚拢到一个合作平台上，上期所出资金，保险公司向胶农出具天然橡胶价格保险保单，再用保费向期货公司买入场外看跌期权，最后期货公司通过期货市场进行对冲。橡胶价格高时，胶农可以随行就市卖个好价钱；一旦价格下跌触发理赔条件，胶农又可以得到赔偿。

“保险＋期货”模式结合了期货市场的风险规避功能与保险行业的承保理赔作用，创新性地解决了农业价格不可保、市场风险难规避的难题，成为我国农业风险管理体系的有益补充。

（二）运行模式不断创新优化

在齐鲁大地，玉米种植大户收到预期赔付；在“一带一路”沿线的甘肃秦安，果农一年的收入有了保障；在长江经济带的湖湘大地，生猪养殖户收到高水平理赔款……

护航乡村产业，增强农民收入，“保险＋期货”的进化版本正在涌现，“农民合作社＋场外期权”“保险＋期货＋订单”“银行＋保险＋期货”等延伸模式，进一步提升期货市场服务“三农”的针对性和精准性。

2020 年，陕西咸阳市的旬邑县和淳化县、甘肃天水市麦积区和平凉市泾川县 4 个苹果主产区，创造性地开展苹果“农民合作社＋场外期权”的试点探索。鸿盛果品合作社是麦积区试点的参与者，该合作社以苹果出口为主。2020 年收获季节，该合作社收购的苹果均价达每公斤 8 元。然而，2020 年受新冠肺炎疫情影响，苹果消费明显收缩。与此同时，全国苹果总体供应充足，对外出口市场份额持续下降。在这些因素的共同作用下，苹果市场价格逐步下跌，合作社和果农损失持续加大。

针对新型农业经营主体对价格敏感的特点，郑商所借鉴“保险＋期货”试点模式，充分考虑合作社法人地位，在“保险”环节，引入“合作社”加以替代。在该模式下，鸿盛果品合作社作为法人，可以直接从期货公司风险管理子公司购买场外期权。相较于“保险＋期货”,“合作社+场外期权”模式减少了“保险”环节,从而缩短了农业经营主体到期货市场的距离,部分中间环节减少,降低了农业经营主体的“保价”成本。

为解决棉农贷款问题,新疆生产建设兵团农三师开展棉花“保险+期货”试点时,在“保险+期货”的传统架构基础上,创新引入建设银行新疆分行,为参保棉农在贷款等方面给予优先支持,参保棉农个人信用评估得到改善,优先获取银行惠农信用贷款,此为“银行+保险+期货”模式。

为解决产销对接问题,甘肃合水县、宁县等地开展“保险+期货+订单”模式试点,该模式引入国投中鲁果汁股份有限公司等龙头企业参与,增强了农户与龙头企业之间订单关系的稳定性,促进了订单农业提高履约率和产业链上下游利益联结机制进一步完善。

从单点试点到大面积县域全覆盖试点,从单纯的“保险+期货”试点到“保险+期货+订单”“保险+期货+银行”试点,从“合作社+场外期权”试点到支持开发场外看涨期权产品等,“保险+期货”模式不断完善路径和机制,打出了支农惠农“组合拳”,为各类农业经营主体保“价”护航。

(三)为乡村产业发展注入金融动力

由于农业生产的特殊性,如何规避农业生产经营风险,保护种植者、经营者的利益,是各国政府都在关注和着力解决的问题。相较于发达国家,我国对农业风险管理的方式方法处于起步阶段,加快建立起适合中国国情的“保险+期货”长效机制至关重要。该模式探索用市场化和商业化模式,使我国农业支持政策重点转向不引起贸易扭曲的“绿箱”,这不仅是乡村产业振兴的需要,更是中国农业保障制度建设的需要。

“‘保险+期货’在我国最终成熟落地不是一时一日之功。”证监会副主席方星海表示,一方面,期货业要加大业务创新,将服务向产业链延伸。另一方面,“保险+期货”的推广需要多部门通力协作,共同探索并制定出有利于我国农业经济长远发展的系统性政策。

目前“保险+期货”面临的最大挑战就是资金来源。在我国,政策性农业保险的保费,主要由中央财政和地方财政支持。而“保险+期货”试点的保费主要由交易所出资支持,另有部分资金由地方政府、期货公司等主体来承担。从小范围试点到大面积推广,需要巨额资金,单纯依靠交易所等市场力量是无法解决的。

在甘肃,借财政部开展中央财政对地方优势特色农产品保险奖补试点的东风,甘肃省将苹果“保险+期货”试点列入地方优势特色农业保险中央奖补试点,保费由中央、省级、市级和县级财政及农户共同承担。这是中央财政首次正式介入并支持开展“保险+期货”试点工作,实现了以财政资金为主推动试点落地实施的新模式,在财政资金常态化、机制化支持“保险+期货”试点上率先取得突破。

当前,部分地区脱贫成果尚不稳固,还需要建立健全防止返贫机制,有效增强乡村产业发展,巩固脱贫成果。如果能在更大范围内推广“保险+期货”,将在构建农村防止返贫机制上大有可为,不仅能丰富政府助农的工具箱,还能更好地发挥财政资金杠杆效应,为乡村产业的内生发展注入金融动力。

练习与思考

一、名词解释

水平价差、垂直价差、牛市看涨期权价差、牛市看跌期权价差、熊市看涨期权价差、熊市看跌期权价差、蝶状价差、鹰状价差、比率价差、盒状价差、多头跨式、空头跨式、看涨对敲、看跌对敲、宽跨式组合、Delta 套期保值

二、单选题

1.买入 1 手 9 月份 S&P500 期货看涨期权、履约价格为 1400,买进 1 手 9 月份 S&P500 期货看涨期权、履约价格为 1420,请问上述动作与下列何者可组成蝶式价差策略?( )

A.买进 2 手 9 月份 S&P500 期货看涨期权、履约价格为 1410

B.买进 2 手 9 月份 S&P500 期货看涨期权、履约价格为 1410

C.卖出 2 手 9 月份 S&P500 期货看跌期权、履约价格为 1410

D.卖出 2 手 9 月份 S&P500 期货看涨期权、履约价格为 1410

2.若交易者同时买进 1 手履约价格为 100 的某股票看涨期权,同时卖出 1 手该股票履约价格为 140 的看涨期权,则该交易者的最大可能损失为:( )

A.两期权费之和　　B.无穷大

C.两期权费之差　　D.以上均不对

3.等量卖出同价对敲策略(top straddle)主要用于:( )

A.多头市场　　B.空头市场

C.预期未来标的物价格将大幅波动　　D.预期未来标的物价格将维持平稳

4.买进 9 月 S&P500 期货看涨期权、履约价格为 900,同时卖出 12 月 S&P500 期货看涨期权、履约价格为 910,此为:( )

A.水平价差策略　　B.垂直价差策略

C.对角价差策略　　D.蝶式价差策略

5.某交易者买进一个履约价为 100 的股票看涨期权,期权费为 10;同时卖出一个履约价为 140 的同种股票看跌期权,期权费为 7,则该交易者是:( )

A.看涨　　B.看跌

C.预期市场波动性增加　　D.预期市场波动性减少

6.如果黄金期货看涨期权的 Delta 为 0.8,则卖出 1 单位的看涨期权,须如何才能完全对冲?( )

A.买入 1.25 单位黄金期货　　B.卖出 1.25 单位黄金期货

C.买入 0.8 单位黄金期货　　D.卖出 0.8 单位黄金期货

7.* 某投资者在 2014 年 2 月 25 日,打算购买以股票指数为标的的看跌期权合约。他首先买入执行价格为 2230 指数点的看跌期权,权利金为 20 指数点。为降低成本,他又卖出同一到期时间执行价格为 2250 指数点的看跌期权,价格为 32 指数点。则在不考虑交易费用以及其他利息的前提下,该投资者的盈亏平衡点为( )指数点。

A. 2242　　B. 2238　　C. 2218　　D. 2262

8. ＊买入1手5月份到期的执行价为1050的看跌期权，权利金为30，同时卖出1手5月份到期的执行价为1000的看跌期权，权利金为10，两个期权的标的相同。则该组合的最大盈利、最大亏损、组合类型分别为(　　)。

A. 20，－30，牛市价差策略　　B. 20，－30，熊市价差策略

C. 30，－20，牛市价差策略　　D. 30，－20，熊市价差策略

9. ＊投资者买入一个看涨期权，执行价格为25元，期权费为4元。同时，卖出一个标的资产和到期日均相同的看涨期权，执行价格为40元，期权费为2.5元。如果到期日标的资产价格升至50元，不计交易成本，则投资者行权后的净收益为(　　)元。

A. 8.5　　B. 13.5　　C. 16.5　　D. 23.5

10. ＊下列期权交易策略中，不属于风险有限、收益也有限的策略的是(　　)。

A.看涨期权构成的牛市价差策略(Bull Spread)

B.看涨期权构成的熊市价差策略(Bear Spread)

C.看涨期权构成的蝶式价差策略(Butterfly Spread)

D.看涨期权构成的比率价差策略(Call Ratio Spread)

11. ＊期权的日历价差组合(Calendar Spread)，是利用(　　)之间权利金关系变化构造的。

A.相同标的和到期日，但不同行权价的期权合约

B.相同行权价、到期日和标的的期权合约

C.相同行权价和到期日，但是不同标的期权合约

D.相同标的和行权价，但不同到期日的期权合约

12. ＊某投资者在2月份以300点的权利金卖出一张5月到期，行权价格为2500点的沪深300看涨期权。同时，他又以200点的权利金卖出一张5月到期，行权价格为2000点的沪深300看跌期权。到期时当沪深300指数在(　　)时该投资者能获得最大利润。

A.小于1800点　　B.大于等于1800点小于2000点

C.大于等于2000点小于2500点　　D.大于等于2500点小于3000点

13. ＊卖出跨式套利的交易者，对市场的判断是(　　)。

A.波动率看涨　　B.波动率看跌

C.标的资产看涨　　D.标的资产看跌

14. ＊当前股价为78元，投资者持有股票空头，若他以3元买入行权价为83元的对应看涨期权来锁定股票价格上涨风险，则该组合的最大损失被锁定在(　　)。

A. 6元　　B. 7元　　C. 8元　　D. 9元

15. ＊下列哪个策略，属于上行方向风险有限，下行方向收益有限(　　)。

A.熊市垂直价差组合　　B.牛市垂直价差组合

C.宽跨式期权组合　　D.其他三项都不对

16. ＊以下属于无风险套利机会的是(　　)。

A.期权市场价格同理论价格相差20

B.执行价分别为95、100、105的看涨期权价格分别为1、4、5

C.执行价分别为95、100、105的看涨期权价格分别为1、3、5

D.期权市场自身特点导致无套利机会

17.＊市场过去一段时间非常平静，而且接下来也没有重大消息要发布，投资者可以采取的期权交易策略为（　　）。

A.卖出跨式组合　　B.买入看涨期权

C.买入看跌期权　　D.买入跨式组合

18.＊如果市场有重大事件突然发生，此时风险较大的头寸是（　　）。

A.卖出跨式期权组合　　B.买入跨式期权组合

C.熊市看涨期权组合　　D.牛市看跌期权组合

19.＊3月2日，上证50ETF盘中价格在2.86元时，投资者卖出一张行权价为2.9元的看涨期权，权利金0.076元，开仓后50ETF迅速上涨至2.95元，该投资者立即以0.1022元的价格平仓。对这笔交易的描述，正确的有：（　　）

A.投资者亏损0.0262元　　B.投资者盈利0.0262元

C.投资者开仓时需缴纳保证金　　D.投资者开仓时需支付权利金

20.＊假设三个同一标的股票且到期期限相同的欧式看涨期权（分别记为期权1、期权2、期权3）执行价分别为100、110、120，期权价格分别为c1＝10、c2＝15、c3＝18，则可以采用如下哪个方法套利（　　）。

A.买入一份期权1、买入一份期权3、卖出两份期权2

B.卖出一份期权1、卖出一份期权3、买出两份期权2

C.买入一份期权1、卖出一份期权3、买入三份期权2

D.无套利机会

21.＊下列期权具有相同的标的物和到期日，记

C(K)：行权价为K的看涨期权价格

P(K)：行权价为K的看跌期权价格

则如下选项中，有无风险套利机会的是（　　）

A. C(90)＝4，C(100)＝3，C(110)＝1　　B. C(40)＝18，C(70)＝11，C(100)＝6

C. P(90)＝1，P(100)＝3，P(110)＝6　　D. P(40)＝6，P(70)＝14，P(100)＝24

22.＊卖出看涨期权后，投资者的损益平衡点是：到期标的资产价格（　　）。

A.等于执行价格＋期权权利金　　B.等于执行价格－期权权利金

C.等于期权权利金－执行价格　　D.等于执行价格

23.＊以下属于备兑看涨期权组合策略的是：（　　）的组合。

A.股票多头与看涨期权空头　　B.股票空头与看涨期权空头

C.股票多头与看涨期权多头　　D.股票空头与看涨期权多头

24.＊某投资者以5.70元的价格买入3个月到期、执行价格为70.00元的股票欧式看跌期权；同时以2.20元的价格卖出3个月月到期、执行价格为64.00元的股票欧式看跌期权，该策略为（　　）组合策略，最大可能盈利（　　）元，最大可能亏损（　　）元。

A.熊市价差，2.50，3.50　　B.牛市价差，2.50，3.50

C.熊市价差，3.50，2.50　　D.牛市价差，3.50，2.50

三、简答题

1.垂直价差与水平价差是怎样区分的？为什么如此区分？

2.买进异价对敲与买进同价对敲相比，在收益和风险方面有何区别？为什么？

3.为什么说蝶状价差是牛市价差与熊市价差的一种有机组合？

4.在动态套期保值中，Delta 的作用何在？

5.期权的套期保值与期货的套期保值有何不同？

6.动态套期保值有何局限性？

四、计算题

1.某投资者 2002 年 12 月 29 日以＄3 的期权费购买一个执行价格为＄30 的看涨期权，同时他又以＄1 的期权费售出一个执行价格为＄35 的看涨期权。试求该价差交易的最大利润、最大损失和盈亏平衡点价格。

2.某投资者于 2002 年 12 月 29 日以次年 3 月份到期的看涨期权建立如下多头蝶式价差头寸：

第一，买进一个协定价格为＄85 的看涨期权，期权费为＄10；

第二，卖出两个协定价格为＄90 的看涨期权，期权费为＄5；

第三，买进一个协定价格为＄95 的看涨期权，期权费为＄2。

(1)试求该蝶式价差交易的最大利润、最大损失和盈亏平衡点价格。

(2)在该期权到期日，如果标的资产的市场价格分别为＄70、＄90、＄100 时的损益状况。并画出该蝶式交易的盈亏图。

3.某投资者买进执行价格为 280 美分/蒲式耳的 7 月小麦看涨期权，期权费为 15 美分/蒲式耳，卖出执行价格为 290 美分/蒲式耳的小麦看涨期权，期权费为 11 美分/蒲式耳。

求：(1)画出两个期权的盈亏图(标出执行价格，期权费以及盈亏平衡点处的坐标)

(2)7 月份小麦到期时，什么价格下可使得这笔交易盈亏平衡？

参考文献

1.施兵超.期货与期权[M].上海三联书店，1996.

2.施兵超.金融衍生产品[M].复旦大学出版社，2008.

3.宋浩平.期货及期权投资实务[M].首都经济贸易大学出版社，2014.

4.黄昱程.期货与选择权：衍生性金融商品入门经典[M].华泰文化，2015.

5.林苍祥，郑振龙，蔡莳铨等.金融工程：理论与实务[M].北京大学出版社，2012.

6.钱斯.衍生工具与风险管理[M].陈蓉，译.高等教育出版社，2005.

7.约翰·赫尔.期权、期货及其他衍生产品[M].王勇，索吾林，译.机械工业出版社，2012.

8.陈松男.金融风险管理：避险策略与风险值[M].机械工业出版社，2014.

9.张元萍，郗文泽.金融衍生工具[M].首都经济贸易大学出版社，2015.

第12章 互换及其交易机制

学习目的

通过本章的学习，掌握互换的概念、分类；掌握互换的交易制度；理解互换的作用；掌握互换的设计；理解互换的估值和定价方法。

案例导读

自2008年12月以来，中国央行已经和28个国家和地区的央行签署了总额近3万亿元人民币的央行货币互换协议。而其中规模在2 000亿元（含）以上的包括与澳大利亚储备银行、欧洲中央银行、英格兰银行以及与韩国银行、香港金融管理局、新加坡金融管理局续签的本币互换协议。这体现了人民币的真实需求与认可度。推广人民币双边本币互换可以应对短期流动性问题，维护金融体系稳定。同时有助于扩大人民币流通范围，推动人民币国际化。

第一节　互换市场的起源和发展

金融衍生产品是金融创新的产物。而金融创新的直接原因有二：一是规避金融管制；二是转移金融风险。作为金融衍生产品之一的互换，实际上正是为了规避金融管制而产生和发展起来的。

一、互换的概念

（一）互换的定义

互换是在20世纪80年代的金融创新中产生的一种新金融业务。所谓“互换”（swaps），是指互换双方在互利原则下，所进行的不同类型的金融工具的交换。在互换业务中，划分金融工具之不同类型的标志主要有两个：一个是货币的种类；另一个是计息的方式。

所谓货币的种类，是指金融工具系以何种货币来表示。在其他条件一定时，用不同货币表示的金融工具便属于不同类型的金融工具。所谓计息的方式，是指人们在计算金融工具的利息时，所采用的利率。在现代经济中，根据利率在借贷期间是否可变，利率可分为固定利率和浮动利率。在现实中，如果一种金融工具是以固定利率计息，而另一种金融工具则以浮动利率计息，或者两种金融工具都用浮动利率计息，但作为浮动基础的却是不同的基准利率。那么，无论这两种金融工具是否以同种货币表示，它们都属于不同类型的金融工具。所以，在互换中，被作为互换对象的两种金融工具之间，必然存在着一定的不同。这种不同既可能是货币种类的不同，也可能是计息方式的不同，还可能是货币种类与计息方式都不同。产生这种互换的主要原因有两个：一是为了降低筹资成本或增加投资收益；二是为了管理自己所面临的汇率风险和利率风险。

(二)互换与掉期的区别

说到互换，就要提到另一个与之容易混淆的概念——掉期(swap)。所谓掉期，是指人们在外汇市场上同时作两笔交易，一笔是买进，另一笔是卖出，这两笔交易的币种相同，金额也相同或相近，但期限却不同。互换与掉期有着很大的区别，具体表现为：

1. 性质不同。掉期只是外汇买卖的一种方法，并无实质的合约，更不是一种衍生工具。而互换有实质的合约，是一种重要的衍生工具。

2. 市场不同。掉期在外汇市场上进行，本身并未形成独立的市场。而互换则在单独的互换市场上交易。

3. 期限不同。互换交易多是一年以上的中长期交易，而掉期以短期为主，极少超过一年。

4. 形式不同。互换有货币互换和利率互换两种基本形式，均包含一系列利息和支付(或收取)的交换，而掉期并不包含利息支付及其交换。

5. 汇率不同。掉期的前后两笔交易牵涉到不同的汇率，而互换中的货币互换前后两笔交易的汇率是一样的。

6. 交易目的不同。掉期的主要目的是管理资金头寸，消除汇率风险。而互换的主要目的则是降低筹资成本，进行资产负债管理，转移和防范中长期利率和汇率变动风险。

7. 发挥的作用不同。外汇市场中的掉期交易在国际贸易与国际投资方面，通过交易来改变外汇币种，规避风险，主要运用于进出口商的套期保值和银行与其他金融机构的资金头寸管理。而互换交易在国际金融市场上，是降低长期资金筹措成本和资产、负债管理中防范利率和汇率风险的最有效的金融工具之一，它集外汇市场、证券市场、短期货币市场和长期资本市场于一身，既是融资工具的创新，又是金融风险管理的新手段。

二、互换的起源

(一)平行贷款

互换业务中的货币互换产生于1981年。但是，货币互换的雏形却是20世纪70年代产生于英国的平行贷款。所谓“平行贷款”(parallel loan)，是指位于不同国家的两个母公司分别向对方设在本国的子公司提供以本国货币表示的贷款。例如，美国的A公司在英国设有一家子公司a，而英国的B公司则在美国设有一家子公司b。于是，如图12-1所示，在美国境内，A公司向b提供美元贷款；而与此同时，在英国境内，B公司向a提供英镑贷款。

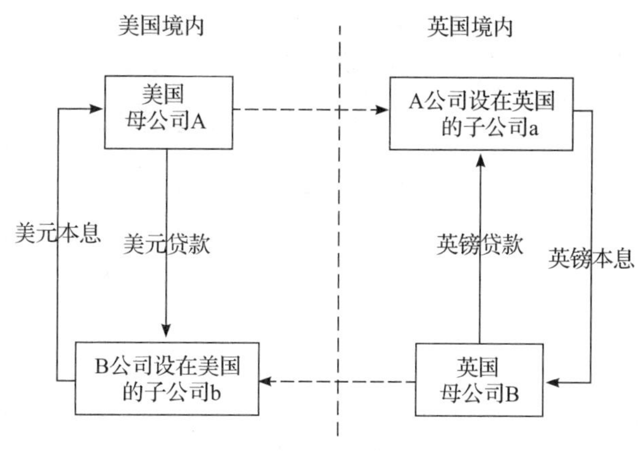

图 12-1　平行贷款图示

平行贷款是为了逃避外汇管制而产生的一种筹资形式。在 20 世纪 70 年代初,英国资本外流严重。为限制资本外流,英格兰银行实行了一种类似征税的外汇管制办法。根据该办法的规定,英国公司欲对外投资,必须以较高的价格购买外汇,而当它收回投资并出售外汇时,却只有部分外汇可按较高价格出售,其余部分则必须以较低价格出售。这样,英国公司在从事对外投资时,实际上向政府缴纳了一笔"平衡税"。为逃避这一"平衡税",一些公司遂与外国公司商议,采取平行贷款的办法。

从筹资形式来看,平行贷款是以借贷方式取得外汇资金,而不是通过在境内购买外汇来取得外汇资金,因而可绕过外汇管制,降低筹资成本。但从实际效果来看,平行贷款与母公司在国内购买外汇后,供应国外子公司可谓异曲同工。

然而,由于平行贷款系由两个独立的贷款合约所构成。所以,就法律效力而言,这两个贷款合约同样有效,且分别受到两个国家的法律所保护。于是,一方违约不能成为另一方也违约的理由。也就是说,当一方违约时,另一方仍然必须履约,而不能因对方违约而自行抵消。所以,为了规避违约风险,一种与平行贷款相似的贷款形式——背对背贷款就应运而生。

(二)背对背贷款

背对背贷款(back-to-back loan),是指位于不同国家的两个公司之间所直接进行的相互贷款。与平行贷款一样,背对背贷款也是同时发放两笔贷款。但是,在背对背贷款中,两笔贷款只订立一个合约,且在合约中明确规定:若其中一方违约而使对方遭受损失,则对方可从其贷款中抵消这一损失,以作为补偿。因此,与平行贷款相比,背对背贷款可使当事双方免受或少受违约风险所可能造成的损失。但是,背对背贷款涉及跨国借贷,这就存在外汇管制的问题。因此,背对背贷款只是在 1979 年英国取消外汇管制后,才作为一种金融创新工具出现。

图 12-2 所示的是背对背贷款的简易流程。在图中,美国公司向英国公司提供美元贷款,而英国公司向美国公司提供英镑贷款。这两笔贷款以期初即期汇率计算的价值相同,到期日也相同。在同一合约规定的期限内,英国公司定期向美国公司支付美元利息,而美

国公司则定期向英国公司支付英镑利息。到期末，美国公司偿还英镑贷款，而收回美元贷款；英国公司则偿还美元贷款，而收回英镑贷款。

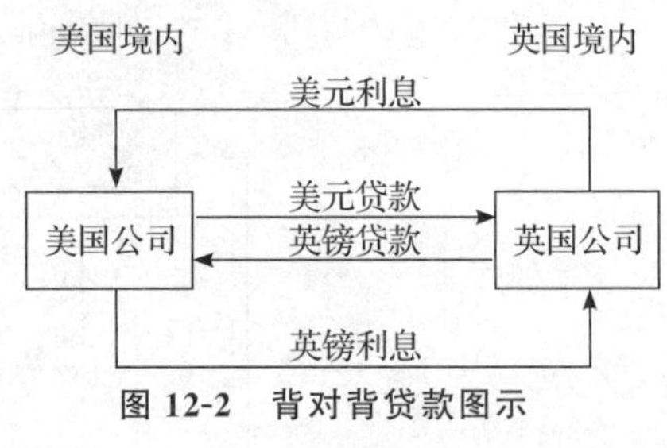

图 12-2　背对背贷款图示

由此可见，就经济方面而言，背对背贷款与后面所要介绍的货币互换基本一致。但就法律方面而言，两者却有着很大的不同。这是因为，背对背贷款是一种借贷行为，当事双方互为债权人和债务人。所以，人们通过背对背贷款将发生新的资产或负债。而在货币互换中，互换双方只是将自己所持有的，以一种货币表示的资产或负债调换成以另一种货币表示的资产或负债，而至于资产或负债本身，则并不因为这种互换而发生任何变化。也就是说，人们通过货币互换，只是改变了用以表示资产或负债的货币种类，而无须对资产或负债做出相应的调整。所以，背对背贷款是一种表内业务，而货币互换则是一种表外业务。对于银行来说，背对背贷款是其资产业务，需要为此满足资本充足率的要求；而货币互换作为表外业务，没有资本充足率的约束。

三、互换的产生和发展

（一）互换的产生

互换业务的前身是 20 世纪 70 年代的平行贷款和背对背贷款。但一般认为，作为一种新金融业务的互换业务，则是产生于 80 年代初的货币互换和利率互换。

世界上第一笔互换业务，是世界银行与国际商业机器公司（International Business Machines Corp.，IBM）于 1981 年 8 月所进行的货币互换。当时，IBM 公司正需要巨额的美元资金，但由于市场规模的限制，它无法直接筹得那么多的美元资金。所以，它只能从瑞士法郎市场和德国马克市场筹集以瑞士法郎和德国马克表示的资金，然后再将这些资金转换成美元资金而加以运用。与此同时，世界银行正需要筹集瑞士法郎资金和德国马克资金，但同样由于市场规模的限制，它也无法直接筹得所需的瑞士法郎资金和德国马克资金。不过，世界银行可凭借其高度的信用等级而筹得比较优惠的美元资金。于是，在所罗门兄弟公司（Salomon Brothers）的安排下，世界银行便通过发行欧洲债券，而筹得了相当于 IBM 公司所保有的瑞士法郎和德国马克价值的美元资金，共 2.9 亿美元。然后，在平等互利的原则下，双方达成了有史以来第一个正式的货币互换协议。

由于世界银行与 IBM 公司都在世界上有着极高的知名度，因而它们之间所进行的这一货币互换，立刻引起了整个国际金融领域的高度重视，并对以后货币互换的推广和发展起了很重要的示范作用。

在货币互换产生一年之后，利率互换也正式产生。一般认为，第一笔利率互换业务是德意志银行（Deutsche Bank）与其他 3 家银行于 1982 年 8 月所进行的。当时，德意志银行凭借其很高的资信等级，以比较优惠的固定利率发行了 3 亿美元的 7 年期欧洲债券，然后与其他 3 家资信等级较低的银行进行互换。通过互换，德意志银行以低于 LIBOR 的利率支付浮动利息，而其他 3 家银行则以相对优惠的固定利率支付固定利息。这样，互换双方都从这一互换中获得了一定的利益。

（二）互换的发展

利率互换虽然晚于货币互换一年后才产生，但它一经产生，即得到迅速的发展。目前，在整个互换市场上，利率互换的交易量约占互换交易总量的80%。所以，只有在利率互换产生以后，互换业务才有了突飞猛进的发展。据不完全统计，1983年，互换的成交量约为400亿美元，到1993年年底，全球互换业务的签约金额已达10万亿美元，2003年年底，互换的名义金额已超过100万亿美元，到2013年，互换的名义金额一举突破450万亿美元，占全球场外交易衍生产品总金额的比重超过70%。图12-3反映出全球场外衍生品市场中，互换、场外期权和远期利率协议（FRA）总金额的逐年变动情况。

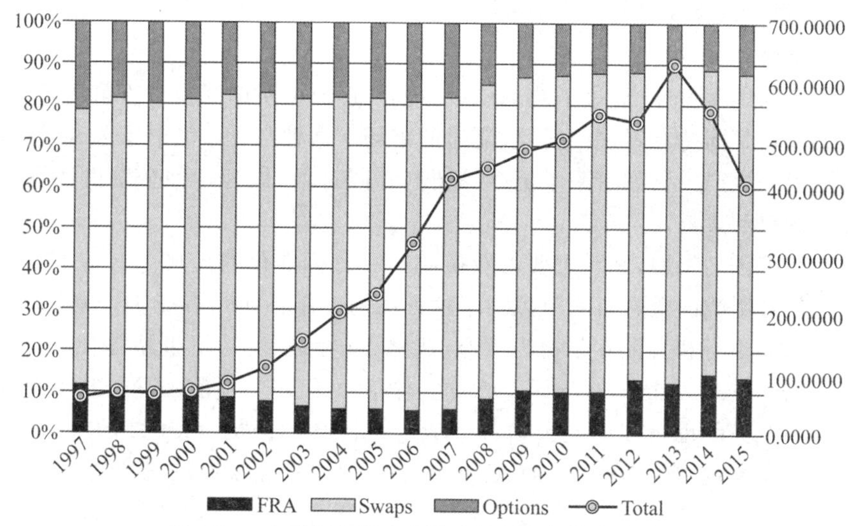

图12-3 全球场外衍生金融工具总金额的变动情况

数据来源：根据国际清算银行网站（**www.bis.org**）的数据整理，单位：万亿美元

互换业务之所以有如此迅猛的发展，主要有如下四个重要的原因。

1.金融自由化的影响

金融自由化始于20世纪70年代末。进入80年代以后，金融自由化的热潮更是一浪高过一浪。在金融自由化的热潮中，金融风险与日俱增，其中尤以汇率风险和利率风险为最主要。金融风险的日益严重，引起人们对避险工具和避险技术的需求日益迫切、日益扩大，且日益复杂。互换业务的兴起和发展正好迎合了人们的这一需求，因而它从一开始就受到人们的热烈欢迎。

2.金融证券化的促进

金融证券化与互换业务相辅相成。在金融证券化的趋势下，互换业务迅速扩大。据专家估计，在新发行的债券中，目前有70%至80%以进入互换为前提。所以，金融证券化的加强，促进了互换业务的迅速发展。

3.互换利益的诱导

互换具有不同于金融期货或金融期权的一个重要特点，这就是它可使互换双方同时受益。我们知道，在金融期货或金融期权交易中，一方的获利恰是另一方的损失。因而，就整体而言，它只是一种“零和博弈”（zero-sum game）。但是，在互换业务中，互换双方却均可从互换中获得好处。这就说明，互换业务可增进整体利益。换而言之，它是一种“正和博弈”(positive-sum game)。所以，作为一种金融风险管理的新工具，互换更受到人们的欢迎；而作为一种获利性的投资手段，互换也更能满足人们所期望的低风险、高收益的要求。

4.金融机构的参与

金融机构参与互换原是作为互换双方的媒介，并从这种互换业务中分享一定的利益。但是，随着互换业务的扩大，金融机构已不再满足于单纯地充当简单的中介人，而是自己也直接地以使用者或互换头寸持有者的身份参与互换。这样，互换的成交量大为增加，互换市场也更具流动性。由于市场流动性比互换带来的利益更重要，所以金融机构参与互换，实是互换业务迅速发展的一个关键性的原因。

(三)互换的二级市场

互换业务的迅猛发展，促进了互换二级市场的形成。所谓互换二级市场，是指已经达成的互换协议在不同持有者之间转让、流通的市场。这种二级市场的形成和发展，无疑为广大的投资者和生产经营者带来了更多的便利。同时，它也为各种金融机构及个人投资者提供了新的获利渠道。

互换二级市场的发展，客观上要求互换协议具有标准化的形式。自从1984年起，一些在国际上较有影响的金融机构就致力于这方面的工作。1985年2月，以欧洲互换市场上比较活跃的大银行和大证券公司为核心，成立了国际互换与衍生品协会(International Swap and Derivatives Association，ISDA)这一国际性组织。目前，欧洲、北美及日本的大多数从事互换业务的银行和证券公司都已成为该协会的会员。ISDA的成立，为互换协议的标准化及交易规则的统一提供了必要的条件，这又使互换市场得到进一步的发展。

第二节　互换的相关机理

一、互换产生的理论基础

互换产生的理论基础是国际贸易领域的比较优势理论(comparative advantage theroy)。该理论是由英国著名经济学家大卫·李嘉图(David Ricardo)提出的。他认为，在两国都能生产两种产品，且一国在这两种产品的生产上均处于有利地位，而另一国均处于不利地位的条件下，如果前者专门生产优势较大的产品，后者专门生产劣势较小(即具有比较优势)的产品，那么通过专业化分工和国际贸易、双方仍能从中获益。简单概括，就是“两利相权取其重，两弊相权取其轻”。

互换交易正是利用交易双方的比较优势进行的。具体而言，互换产生的条件可以归纳为两个方面：交易双方对对方的资产或负债均有需求，双方在这两种资产或负债上存在比较优势。

二、互换交易合约的内容

典型的互换交易合约通常包括以下几个方面的内容。

(一)交易双方

交易双方是指相互交换货币或利率的双方交易者,而金融互换的交易双方有时也是两个以上的交易者参加的同一笔互换交易。

(二)合约金额

由于交易者参与互换市场的目的是从事融资、投资或财务管理,因而每一笔互换交易的金额都比较大,一般在1亿美元或10亿美元以上,或者是等值的其他国家的货币。

(三)互换的货币

理论上互换的货币可以是任何国家的货币,但进入互换市场并经常使用的货币则是世界最主要的可自由兑换的货币,如美元、欧元、瑞士法郎、英镑、日元、加元、澳元、新加坡元、港币等。

(四)互换的利率

目前,进入互换市场的利率包括固定利率、伦敦银行同业拆放利率、存单利率、银行承兑票据利率、优惠利率、商业票据利率、国库券利率、零利息债券利率等。

(五)合约到期日

互换交易通常是外汇市场、期货市场上不能提供中长期合同时才使用,因而其到期日的期限长,一般均为中长期。

(六)互换价格

利率互换价格是由与固定利率、浮动利率和信用级别相关的市场条件决定的;而货币互换价格由交易双方协商确定,但通常能反映两国货币的利率水平,主要由政府债券利率作为参考的依据。此外,货币互换价格还受到政府改革目标、交易者对流动性的要求、通货膨胀预期,以及互换双方的信用级别等的影响。

(七)权利义务

互换双方根据合约的签订来明确各自的权利义务,并在合约到期日承担相互交换利息或货币的义务,同时也获得收到对方支付利息或货币的权利。

(八)价差

价差表现为中介买卖价的差异。美元利率互换的价差通常为5~10个基点,货币互换的价差则不固定,价差的多少一般视信用风险而定。

(九)其他费用

其他费用主要指互换市场的中介者因安排客户的互换交易,对互换形式、价格提供咨询等获取的收入,如法律费、交换费、咨询费、监督执行合约费等。

三、互换交易的参加者

互换市场交易的参加者的构成一般由互换经纪商、互换交易商和直接用户构成。三者运用互换市场的动机不同。

(一)直接用户

直接用户利用互换市场的主要目的有:

1. 获得低成本的筹资;
2. 获得高收益的资产;

3. 对利率、汇率风险进行保值；

4. 进行短期资产负债管理；

5. 进行投机。

直接用户包括银行、公司、金融和保险机构、国际组织代理机构和政府部门等。金融中介或银行间运用互换市场主要是为了获得手续费收入，或从交易机会中获利，它包括美国、日本、英国以及其他欧洲国家的一些银行和证券公司。对商业银行和投资银行来说，互换交易是一种具有吸引力的脱离资产负债表的收入来源。

（二）互换经纪商

互换经纪商是以代理人身份从事交易活动的。一项互换交易要成功，互换双方的需求必须完全吻合。一家企业如果面临的金融风险是短期的，而且是标准化的话，这家企业就可以应用期货或交易所交易的期权来管理这种风险。一些比较特殊的金融风险常常是导致企业寻求互换市场规避风险的主要原因。对于一个可能参与互换交易的交易者而言，由于其特定的互换需求，要找到完全吻合的对手方是有难度的。以货币互换来看，互换的名义本金、货币币种、互换期限等项都要恰好满足要求，确实不是一件容易的事情。正是由于这种寻求互换对手方的困难，使互换经纪商有了用武之地。总的来说，互换经纪商主要起媒介作用，为互换双方寻找合适的对手方。所以互换经纪商本身并不承担金融风险。

（三）互换交易商

互换交易商履行互换经纪商的所有职责。此外，互换交易商由于是交易的一方，因此往往还承担金融风险。但我们不能据此就认为互换交易商是投机者。互换交易商承担风险是为了完成互换交易，如果互换交易国有风险，交易商会想法抵消这种风险。互换交易商起金融媒介作用，通过帮助完成互换交易来获得利润。

在互换市场上，金融机构既是最终使用者，又是中介者。作为最终使用者，金融机构通过互换市场来管理其资产与负债；作为中介者，金融机构提供建议、信息，安排不同信誉的客户从事互换交易，并承担双方不能履约的风险。一些金融机构还是客户从事互换交易的代理人。此外，一些跨国集团公司、国际性机构以及一些国家的政府及政府机构，都是互换市场的重要参与者。他们通过参与市场，达到对自身资产负债保值增值，规避风险以及降低筹资成本，获得相对利益的目的。

四、互换的功能

互换交易属表外业务，不计入资产负债表，因此具有降低筹资成本、提高资产收益、优化资产负债结构、转移和防范利率风险和外汇风险、空间填充等功能。

（一）降低筹资成本，提高资产收益

互换交易是基于比较优势而成立的，筹资者通过互换交易，可充分利用双方的比较优势，大幅度降低筹资成本。同理，投资者也可通过资产互换来提高资产收益。交易双方最终分配由比较优势而产生的全部利益是互换交易的主要动机。当一家企业机构在某一市场具有筹资优势，而该市场与该企业或机构的所需不符时，通过互换可以利用具有优势的市场进行筹措而得到在另一个市场上的所需。如具有信用级别差异的双方，做数额、币别、期限相同的负债互换，以伦敦同业拆借利率成本筹资，信用级别差的一方也可用低于自己单独筹资的利率成本获得资金，这样双方均可以较低的成本满足其最终的需求。

（二）优化资产负债结构，转移和防范利率风险和外汇风险

互换交易使企业和银行能够根据需要筹措到一定期限、面值、利率的资金。同时可根据市场行情的变化，灵活地调整其资产负债的市场结构和期限结构，以实现资产负债的最佳搭配。由于互换是以名义本金为基础进行的，利率互换在对资产和负债利率敞口头寸进行有效操作中，具有比利用货币市场和资本市场的其他金融工具进行操作的优势，它可以不经过真实资金运动而对资产负债额及其利率期限结构进行表外重组。在负债的利率互换中，支付固定利率相当于借入一笔名义固定利率债务，会延长负债利率期限；支付浮动利率相当于借入一笔名义浮动利率债务，会缩短负债的利率期限。而在资产利率互换中，收入固定利率等于占有一笔名义浮动利率债权，会延长资产的利率期限；而收入浮动利率等于占有一笔名义浮动利率债权，会缩短资产的利率期限。

从防范风险方面看，某种货币的币值极不稳定，而该货币又是某交易者想要的货币时，通过货币互换可以用一种货币换得币值相对稳定的想要的货币，同时避免了因币值易变风险而带来的损失。由于交易者对币值变动预测不同，且有甘愿承担风险的投机者参与，这种为保值、规避风险而进行的互换是能够完成的。在利率互换中，为避免利率上升带来的损失，交易者将有浮动利率的负债与负债数额相同的名义本金的固定利率互换，所收的浮动利率与原负债相抵，而仅支出固定利率，从而避免利率上升的风险。

（三）空间填充功能

空间填充功能从理论上讲是指金融机构依靠衍生工具提供金融中介，以弥合总体空间中存在的缺口和消除在此范围内的不连续性，形成一个理想的各种工具的不同组合，创造一个平滑连续的融资空间。例如，发行形式间（证券筹措和银行信贷间）存在的差异、工具运用者信用级别差异、市场进入资格限制等。事实上，这种缺口的存在正是互换交易能够进行的基础。从本质上讲，互换就是对不同融资工具的各种特征进行交换。货币互换把一种通货负债换为另一种通货负债，从而弥合了两种通货标值间的缺口；利率互换将浮动利率负债换为固定利率负债，等于在浮动利率债券市场上筹措资金，而得到固定利率债券市场的效益。受到进入某一特定市场限制的机构或信用级别较低的机构可以通过互换，得到与进入受限制或信用级别要求较高的市场的同样机会，从而消除了业务限制和信用级别差异而引起的市场阻隔。互换交易具有明显的对融资工具不同特征的“重新组合”的特征。

五、互换的种类

互换的种类可根据不同的标志进行不同的划分。在这里，我们根据互换的结果对其进行分类。互换的结果不外乎如下三种：一是货币种类的调换，可称为货币互换；二是计息方式的调换，可称为利率互换；三是货币种类与计息方式同时调换，可称为交叉货币利率互换。在计息方式的调换中，又有两种不同的情况：一种情况是固定利率与浮动利率的调换；另一种情况则是一种浮动利率与另一种浮动利率的调换。因此，互换的种类大致如表 12-1 所示。

表 12-1 互换的种类

	固定对固定	固定对浮动	浮动对浮动
币种相同	——	利率互换(息票互换)	利率互换(基准互换)
币种不同	货币互换	交叉货币利率互换	——

(一)货币互换

货币互换(currency swaps),是指互换双方将自己所持有的以一种货币表示的资产或负债调换成以另一种货币表示的资产或负债的行为。

基本的货币互换是指货币种类不同,但计息方式都为固定利率的金融工具的交换。例如,美国的 A 公司能以较优惠的固定利率 6%筹措到美元债务,但它实际所需要的却是固定利率的英镑债务;而与此同时,英国的 B 公司能以较优惠的固定利率 8%筹措到英镑债务,但它实际所需要的却是固定利率的美元债务。

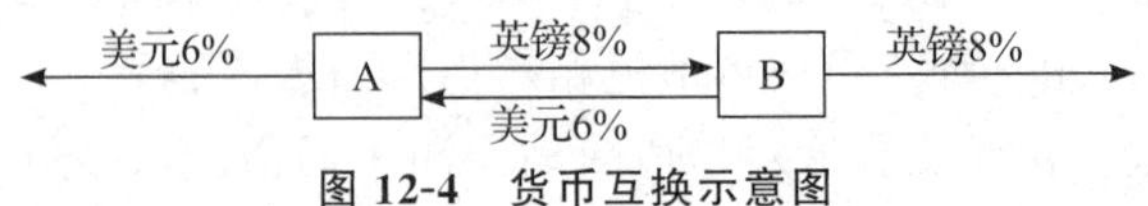

图 12-4 货币互换示意图

通过货币互换,A 公司将固定利率 6%的美元债务调换成固定利率 8%的英镑债务,而 B 公司则将固定利率 8%的英镑债务调换成固定利率 6%的美元债务。尽管英镑利率比美元利率高两个百分点,但是,如果 A 公司直接筹措英镑债务,则所需支付的利率将比 8%的固定利率更高。这是因为,在货币互换中,互换双方通常都在本国市场筹资。一般而言,本国的投资者对本国筹资者的信用状况比较了解,因而对他们索取的利率一般较低。同时还可以看到,虽然通过货币互换,两家公司均改变了债务的币种,但它们与各自的债权人之间的关系却并不因这种互换而有任何改变。所以,货币互换只改变债务的经济方面,而并不改变债务的法律方面。这也是货币互换的重要特征之一。

需要指出的是,图 12-4 所示的只是一个简化的货币互换示意图。而现实的货币互换实际上可分成三个互换过程:期初的本金交换、期间的利息交换及期末的本金交换。

(二)利率互换

利率互换(interest rate swaps),是指互换双方将自己所持有的、采用一种计息方式计息的资产或负债,调换成以同种货币表示的,但采用另一种计息方式计息的资产或负债的行为。简而言之,利率互换乃是同种货币、异种计息方式的金融工具的调换。

与货币互换不同,在利率互换中,互换双方只要交换利息,而无须交换本金。这是因为,在利率互换中,被作为交换对象的资产或负债是用同种货币表示的。所以,本金的交换没有必要。而在计算互换双方所需支付给对方的利息时,所依据的只是一种名义上的本金。这种名义上的本金是由互换双方在签订互换协议时即予以确定的。我们之所以称它为名义上的本金,是因为这一本金的借入与偿还部分别由互换双方自己进行,而与对方无关。

在表 12-1 中,我们可以清楚地看到,利率互换实际上有两种:一种是固定利率与浮动利率的互换,这种互换也称为息票互换(coupon swaps)或单纯互换(plain vanilla swaps),

另一种则是一种浮动利率与另一种浮动利率的互换，这种互换也称为基准互换（basis swaps）。图 12-5 与图 12-6 分别是息票互换与基准互换的流程图。

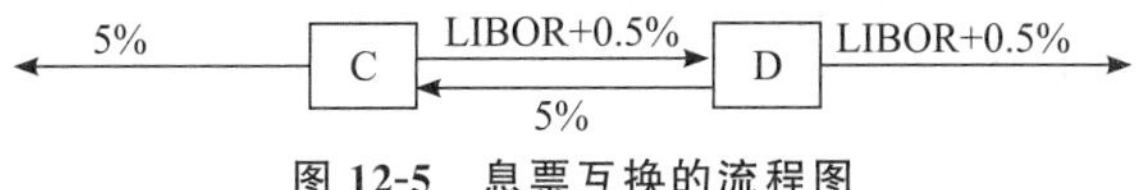

图 12-5　息票互换的流程图

在图 12-5 中，C 公司借到固定利率为 5％的美元债务，而 D 公司则借到浮动利率为 LIBOR＋0.5％的美元债务。通过互换，C 公司实际支付的利息是按浮动利率 LIBOR＋0.5％计算的，而 D 公司实际支付的利息是按固定利率 5％计算的。这一结果与 C 公司一开始借到浮动利率债务，而 D 公司一开始借到固定利率债务正好一样。这种利率互换之所以有此必要，是因为这种互换既可降低交易双方的筹资成本，又可防范双方所面临的利率风险。

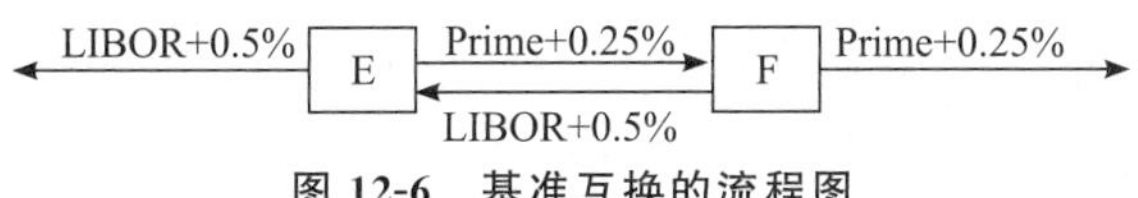

图 12-6　基准互换的流程图

在图 12-6 中，E 公司与 F 公司都借到了浮动利率的美元债务。但 E 公司所借到的，是以伦敦银行同业拆借利率（LIBOR）为基准利率的浮动利率债务，而 F 公司所借到的，则是以美国优惠利率（Prime）为基准利率的浮动利率债务。通过互换，E、F 两公司相互支付对方所需支付的利息，从而也改变了所借债务的计息方式。

在实务中，利率互换通常采用差额支付的方法，而并非如图 12-5 和图 12-6 所示的那样采用双向支付的方法。我们在此之所以如此说明，主要是为了更清楚地反映利率互换的基本性质。但是，在货币互换中，由于货币种类不同，故互换双方必须采用双向支付的方法，而不能采用差额支付的方法。

（三）交叉货币利率互换

交叉货币利率互换（cross currency interest swaps），是指互换双方将自己所持有的以一种货币表示的、采用一种计息方式的资产或负债，调换成以另一种货币表示的、采用另一种计息方式的资产或负债的行为。可见，在交叉货币利率互换中，互换双方将同时达到两个目的：一是改变资产或负债的货币种类；二是改变资产或负债的计息方式。因此，交叉货币利率互换实际上是上述货币互换与利率互换的综合。

例如，G 公司借到固定利率为 6％的日元债务，并希望将它调换成浮动利率的美元债务。而与此同时，H 公司借到浮动利率为 LIBOR＋0.25％的美元债务，并希望将它调换成固定利率的日元债务。于是，G、H 两公司即可进行交叉货币利率互换，如图 12-7 所示。

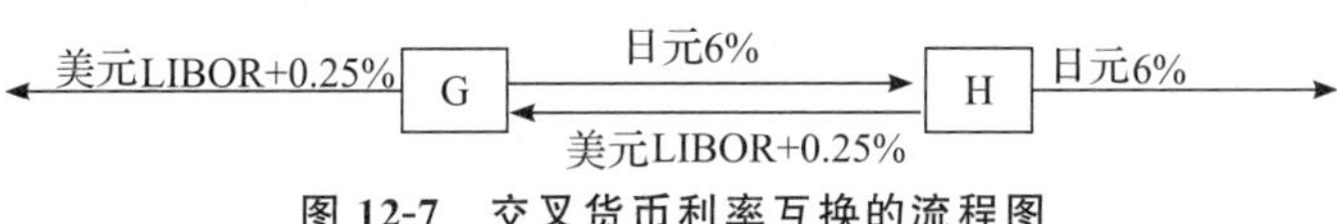

图 12-7　交叉货币利率互换的流程图

以上所述的是互换的主要种类。在现实生活中，随着互换业务的扩大和市场的发展，其种类也在不断创新。同时，为求方便起见，在上述分析中，我们都假设互换双方采取直接互换的方式。然而，在实务中，间接互换远较直接互换更为普遍。在间接互换中，由于金融中介机构也将参与互换利益的分配，所以，实际的互换过程，尤其是互换价格的确定也远较直接互换更为复杂。

第三节　互换的交易机制

一、利率互换交易机制

(一)利率互换的设计

利率互换的理论基础是李嘉图的比较优势原理。根据这一原理，筹资者只要在自己具有比较优势的市场筹资，然后通过利率互换来调换计息方式，则比他直接筹措该种计息方式的资金要来得便宜。对此，我们可举例说明。

例 12-1：假设有甲、乙两公司，甲公司希望筹措浮动利率资金2 000万美元，而乙公司则希望筹措固定利率资金2 000万美元，两公司筹措资金的期限均为五年。这两家公司的信用等级和筹资利率如表 12-2 所示。

表 12-2　甲、乙两公司的信用等级与筹资利率

	甲公司	乙公司	利差
信用等级	AAA	BBB	—
固定利率	5%	6%	1%
浮动利率	LIBOR＋0.25%	LIBOR＋0.75%	0.5%

根据上一节所介绍的比较优势理论，由于甲公司的信用等级高于乙公司，因此其在固定利率和浮动利率两个市场借款的利率均低于乙公司。相比之下，其在固定利率市场上的优势大于浮动利率市场，因此，甲公司的比较优势在固定利率方，相对应地乙公司比较优势在浮动利率方。

假设甲公司希望以浮动利率筹资，乙公司希望以固定利率筹资。如果这两家公司均利用自己的比较优势筹资，并直接进行利率互换，则双方均可减少利息支出，从而降低筹资成本。通过利率互换，双方总共可节约的利率为：

$$(6\%+\text{LIBOR}+0.25\%)-(5\%+\text{LIBOR}+0.75\%)=0.5\%$$

假设双方通过利率互换共同分享利息的节约，则双方各能节约 0.25%的利息支出。这里要注意的是：利息支出的节约，针对的是交易双方原先的借款意愿而言。因此，甲、乙两公司的最终借款成本分别为：

$$\text{甲公司：LIBOR}+0.25\%-0.25\%=\text{LIBOR}$$

$$\text{乙公司：}6\%-0.25\%=5.75\%$$

根据上述信息，我们可以设计出可能的利率互换，如图 12-8 所示。

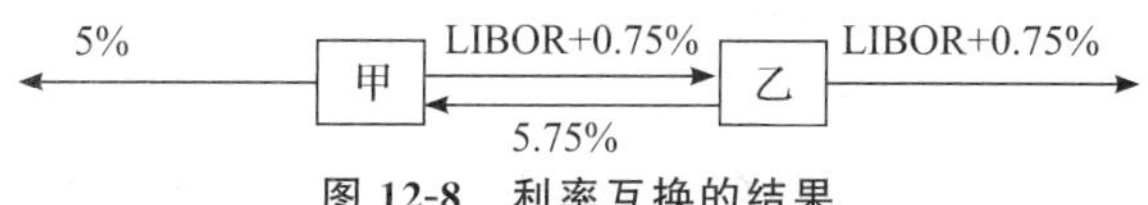

图 12-8 利率互换的结果

从中我们不难发现，要完成利率互换，实现我们所需要的互换的最终结果，只需要由甲乙双方进行利息差额的支付即可，利息差额就是两者之间箭头数值之差，即甲乙双方要完成互换，只需要由甲公司向乙公司支付 LIBOR－5%的利息差即可。这里要说明的是，若利息差数额为正，则是甲公司向乙公司支付；若数额为负，则是乙公司向甲公司支付。支付方向的确定，取决于浮动利率参照指标 LIBOR 数值的大小（本例中，LIBOR＞5%，由甲向乙支付；LIBOR＜5%，由乙向甲支付）。正因如此，在这 5 年当中，每一期（一般是一年或半年）利息差额的支付方向，会随着 LIBOR 的变动而发生改变。

例 12-2：信息同上例，假设有金融中介（如银行）在甲乙两公司之间提供互换的相关服务，并从中收取 10 个基点的手续费，同样假定甲乙双方通过利率互换共同分享利息的节约，试对此时的利率互换进行设计。

解答：从例 12-1 的相关信息中，我们知道甲、乙两公司通过互换，总共可以节约的利息成本是 0.5%。在这里，由于金融中介（Financial Intermediation，FI）有参与互换的相关服务，并收取手续费用 0.1%。此时甲乙双方各节约的利息成本是 0.2%[（0.5%－0.1%）/2]。因此，甲、乙两公司的最终借款成本分别为：

甲公司：LIBOR＋0.25%－0.2%＝LIBOR＋0.05%

乙公司：6%－0.2%＝5.8%

根据上述信息，我们可以设计出可能的利率互换，如图 12-9 所示。

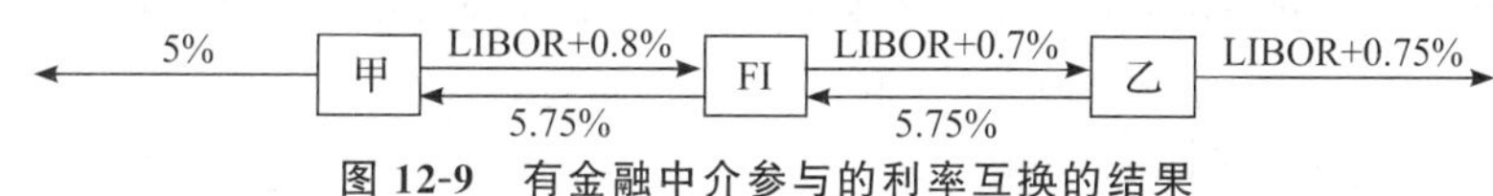

图 12-9 有金融中介参与的利率互换的结果

从中我们可以看出，要完成利率互换，实现我们所需要的互换的最终结果，只需要由甲公司向金融机构支付利息差额 LIBOR－4.95%，金融机构向乙公司支付利息差额 LIBOR－5.05%即可。

另外需要注意的是，这里的两个例子都是负债互换的表现形式。对于资产互换来说，我们是希望利率越高越好，而非越低越好。因此，比较优势方的判断标准与负债互换刚好相反，相应的互换设计也会有明显的不同。

（二）利率互换的作用

1. 获得低于市场利率的贷款，降低筹资成本

通过利率互换，客户能够获得低于市场上得到的固定利率贷款或浮动利率贷款，降低筹资成本。

2. 操作方便

利率互换创新金融工具自问世以来，即被公司财务人员和金融机构广泛使用，作为资产和负债管理的新型工具，将资产或债务的浮动利率转换为固定利率，或将固定利率转换为浮动利率，安排手续简便，操作极为方便。利率互换协议无特别限制条款，一般只需较

少的合约内容,很多条款都是标准化的。

3. 便于进行利率风险管理

在现代经济中,缺口管理是各种金融机构利率风险管理的一种常用的方法。根据缺口管理理论,利率敏感性缺口可分为正缺口和负缺口两种。所谓正缺口,是指利率敏感性资产大于利率敏感性负债;而所谓负缺口,是指利率敏感性资产小于利率敏感性负债。当存在正缺口时,若利率上升,净利息收入可增加;但若利率下降,则净利息收入将减少。相反,当存在负缺口时,若利率下降,净利息支出可减少;而若利率上升,则净利息支出将增加。这就说明,无论存在哪一种缺口,人们都将面临相应的利率风险。为回避利率风险,人们可通过利率互换中的息票互换而将存在的缺口消除。

对于金融机构或其他经济主体而言,其资产与负债以不同的浮动利率计息是常有的事。这样,即使以这两种利率计息的资产与负债正好相等,而且其全部资产与负债之间也不存在利率敏感性缺口,经济主体也会面临一定程度的利率风险。所以,利率互换中的基准互换也自然有其客观的必要性。

附录:利率互换的再认识:利率上/下限平价

在第八章,我们指出:利率上限协议的买方,相当于以利率为标的物之看涨期权的买方;而利率下限协议的买方,则相当于以利率为标的物之看跌期权的买方。假设协议利率(固定利率)为 r_c,市场利率(浮动利率)为 r_L,则对于利率上限协议的买方来说,其到期时的收益为 $\max(r_L - r_c, 0)$;对于利率下限协议的买方来说,其到期时的收益为 $\max(r_c - r_L, 0)$,由此可得:

$$\max(r_L - r_c, 0) - \max(r_c - r_L, 0) = r_L - r_c$$

该数值恰好就是利率互换买方(即收入浮动利率、支出固定利率方)的收益。由此可得:

利率上限多头+利率下限空头=利率互换多头

该结论也称利率上/下限平价。

二、货币互换交易机制

(一)货币互换的步骤

货币互换根据交易双方的互补需要,将持有的不同种类的货币,以商定的筹资本金和利率为基础,进行货币本金的交换并结算利息。货币互换交易一般有 3 个基本步骤:

1. 本金的初期互换,指互换交易之初,双方按协定的汇率交换两种不同货币的本金,以便将来计算应支付的利息再换回本金。

2. 利率的互换,指交易双方按协定利率,以未偿还本金为基础,进行互换交易的利率支付。

3. 到期日本金的再次互换,即在合约到期日,交易双方通过互换,换回期初交换的本金。

在考虑互换中介的情况下,对于美国和英国公司而言,其货币互换的流程如图 12-10 所示。

货币互换交易实际上是一种互利互补的交换，通过互换，不仅可以降低双方的筹资成本，还使有关企业集团、政府机构等利用外国资本市场，获得本来不易获得的资金，而且有助于避免外汇风险。

（二）货币互换的设计

与利率互换类似，货币互换的设计过程中，也需要首先判断交易双方的比较优势为何，确定好互换收益的分配，并以此为依据设计货币互换。为了说明此问题，我们以包含了金融中介的例子，来对货币互换的设计加以介绍。

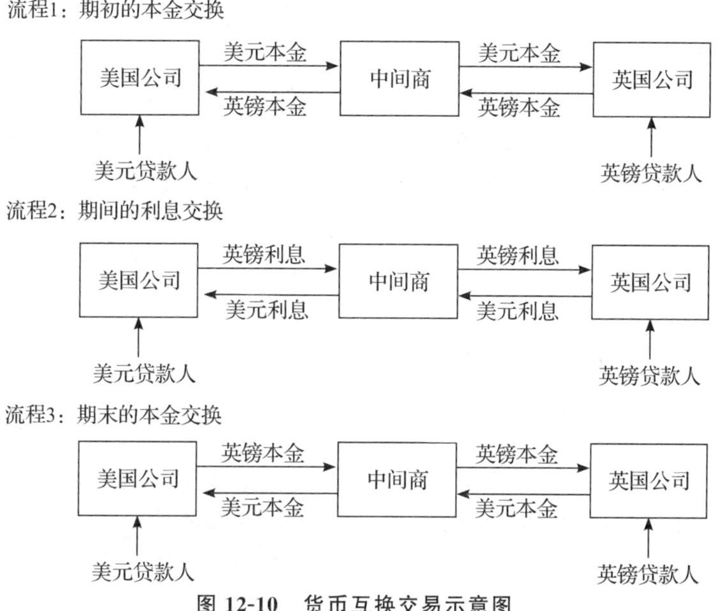

图 12-10 货币互换交易示意图

例 12-3：假定英镑和美元汇率为 1 英镑＝1.5000 美元。A 想借入 5 年期的1 000万英镑借款，B 想借入 5 年期的1 500万美元借款。但由于 A 的信用等级高于 B，两国金融市场对 A、B 两公司的熟悉状况不同，因此市场向它们提供的固定利率也不同。市场向 A、B 公司提供的借款利率如下：

	美元	英镑
A 公司	8.0%	11.6%
B 公司	10.0%	12.0%

双方的互换交易通过金融中介完成，并且金融中介从中收取 0.6%的服务费用。假设 A、B 两公司平分互换的收益，且互换每年进行一次，试设计货币互换方案。

解答：根据 A、B 公司借款利率表，可知：A 公司在美元和英镑借款上的利率均低于 B 公司。相比之下，在美元借款上，A 公司的优势大（2%）；在英镑借款上，B 公司的劣势小（0.4%）。因而，A 公司的比较优势在美元，B 公司的比较优势在英镑。相应地，两者通过货币互换，总共可以节约的利息成本的支出为：

$$2\%-0.4\%=1.6\%$$

考虑到金融中介收取 0.6%的服务费用，最终 A、B 公司各节约利息成本 0.5%。通过互换，最终 A、B 公司的借款成本分别为：

A 公司：11.6%－0.5%＝11.1%　GBP

B 公司：10.0%－0.5%＝9.5%　USD

根据上述信息，我们可以设计出可能的货币互换，如图 12-11 所示。

图 12-11　有金融中介参与的货币互换的结果

从中我们可以看出，要完成货币互换，实现我们所需要的互换的最终结果，需要由 A 公司向金融中介支付 11.1%的英镑利息（合 111 万英镑/年），金融中介向 A 公司支付 8%的美元利息（合 120 万美元/年）；B 公司向金融中介支付 9.5%的美元利息（合 142.5 万美元/年），金融中介向 B 公司支付 12%的英镑利息（合 120 万英镑/年）。

最终，金融中介的英镑净支出为 9 万英镑/年（111－120），美元的净收入为 22.5 万美元/年（142.5－120），而 A、B 公司则分别获得了利率为 11.1%的英镑贷款和利率为 9.5%的美元贷款。

（三）利率互换和货币互换的风险分析

1. 货币互换的风险分析

由于货币互换在期初和期末需要进行本金的交换，因而本金数额不受汇率波动的影响。但是，如果未来时刻两国货币的汇率发生了巨大的波动，比如例 12-3 中的汇率由 1.5000 美元/英镑变动至 0.8000 美元/英镑，此时英镑贬值、美元升值。在期初换得 1 500万美元的 B 公司，有可能会选择在互换到期前终止合约。这样一来，在互换中持有 1 000万英镑的 A 公司，将不得不以贬值后的市价，将手里的英镑头寸兑换成 800 万美元，从而蒙受 700 万美元的巨额损失。因此，与利率互换相比，货币互换的违约风险巨大。

另一方面，以例 12-3 中的结果为例，金融中介在互换交易中收入的是 22.5 万美元，支出的是 9 万英镑，如果市场上英镑升值、美元贬值，则其净收入将会因汇率的不利变动而下降。因此，从例 12-3 中可以看出，金融中介承担市场汇率变动所带来的风险。但是在实践中，这种汇率风险既可能由实际上的互换双方的任何一方承担，也可能由金融中介机构承担。对于互换双方而言，这种风险主要来源于利息的收付；而对于金融中介而言，这种风险既来源于利息的收付，也来源于本金的收付。货币互换中的汇率风险承担情况，要根据互换的具体安排来决定。

在例 12-3 的图 12-11 中，全部的汇率风险由金融中介承担。除此以外，货币互换还有如下两种可能的安排，分别如图 12-12 和图 12-13 所示。不同的安排将由不同的参与者承担汇率风险。

图 12-12　货币互换安排：A 公司承担汇率风险

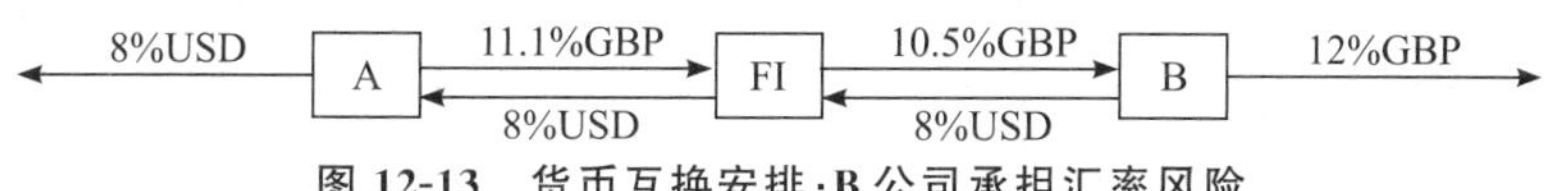

图 12-13 货币互换安排:B公司承担汇率风险

所以,在货币互换中,交易双方及金融中介在如何分享互换利益方面进行讨价还价时,不仅要考虑它们在这种互换中所具有的竞争实力,而且还必须对互换期间究竟由哪一方承受汇率风险做出应有的考虑。不过,在货币互换的实务中,金融中介往往是汇率风险的主要承担者。

2. 利率互换的风险分析

与货币互换相对应,在利率互换中,由于被作为互换对象的金融工具有着相同的币种,因此,互换双方只需交换利息,而无须交换本金。在利息的交换中,利率互换双方也通常采取差额支付的办法,而不是采取双向支付的办法。因此,在利率互换中,即使交易对方违约,另一方所受的损失也是相对有限的。

互换交易中的信用风险,对金融中介尤其重要。现实的金融互换绝大多数是由金融中介作为媒介的间接互换。在这种间接互换中,充当金融中介的主要是商业银行与投资银行。这些金融中介通常与为数众多的客户达成大量的互换业务。在每一笔互换业务中,这些金融中介一般只能取得相当微小的价差,以作为它的收益。然而,在互换业务的规模较大,而且所有的客户又都能履约的情况下,这些金融中介机构可无风险地获得相当可观的互换利益。但是,如果在它的客户中存在违约者,则这些金融中介将因此而受到较大的损失。这是因为,在互换中,金融中介是分别与交易双方达成互换协议的。因此,如果其中一位客户违约,它不能因此而对另一位客户也违约。所以,对于从事互换中介业务的金融中介而言,互换中的信用风险是尤其值得重视的。

(四)货币互换的作用

1. 降低筹资成本

借款人可以利用某些有利条件,举借另一种利率较低的货币,通过货币互换,换成所需资金的货币,来降低所需货币的筹资成本。

2. 调整资产和负债的货币结构

借款人可以根据外汇汇率和各种货币的利率变化情况,通过货币互换,不断调整资产和负债的货币结构,使其更加合理,避免外汇汇率和利率变化带来的风险。

3. 借款人可以间接进入某些优惠市场

如果借款人直接进入某些优惠市场有困难,或者受到资信等级方面的限制,或者费用太昂贵,借款人可以通过借入某一种货币取得较有利的利率,然后经过互换调换成另一种货币。这种方法相当于借款人间接地进入某些优惠市场。

三、资产负债互换交易机制

(一)资产负债互换的概念

在国际金融市场上,互换不仅用于负债管理,亦可用于资产管理。很多公司和金融机构都运用资产负债利率互换进行交易。资产负债互换是指用于资产管理方面的互换。通过资产负债互换安排，可以改变投资收益的利率特征、改变收到利息的频率和时间，提高投资者进行资产管理的灵活性。

（二）资产互换的设计

与前面提到的负债互换类似，资产互换的设计过程中，也需要首先判断交易双方的比较优势为何，确定好互换收益的分配，并以此为依据设计资产互换。为了说明此问题，我们以一个例子，来对资产互换的设计加以介绍。

例 12-4：假设有甲、乙两公司均有金额相等的现金资产，其中甲公司希望以固定利率获得投资收益，而乙公司则希望以浮动收益获得投资收益。这两家公司投资收益率如下表所示：

	甲公司	乙公司	利差
固定利率	5%	6%	1%
浮动利率	LIBOR+0.25%	LIBOR+0.75%	0.5%

假设甲、乙两公司平分互换的收益，试设计资产互换方案。

解答：从表中可以看出，甲公司无论以固定利率投资还是以浮动利率投资，甲公司均处于劣势地位而乙公司均处于优势地位。但是相对而言，甲公司在浮动利率上的劣势较小（因利差较小），而乙公司在固定利率上优势较大（因利差较大）。

通过资产互换，双方总共可多获得的收益率为：

$$(6\%+\text{LIBOR}+0.25\%)-(5\%+\text{LIBOR}+0.75\%)=0.5\%$$

由于双方平分互换的收益，因此两者各分得 0.25% 的收益率。最终，双方的实际投资收益率分别为：

$$\text{甲公司}:5\%+0.25\%=5.25\%$$

$$\text{乙公司}:\text{LIBOR}+0.75\%+0.25\%=\text{LIBOR}+1\%$$

根据上述信息，我们可以设计出可能的资产互换，如图 12-14 所示。

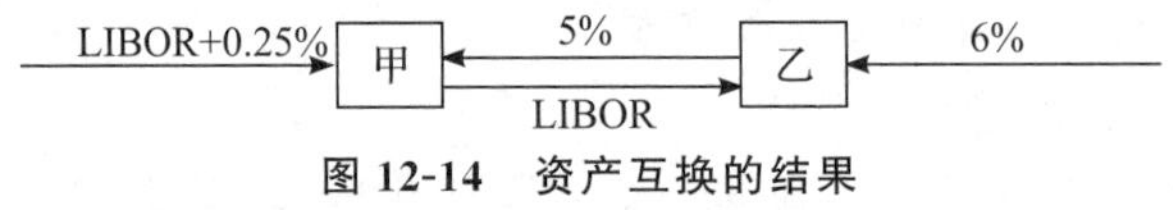

图 12-14　资产互换的结果

从中我们不难发现，要完成资产互换，实现我们所需要的互换的最终结果，只需要由甲乙双方进行利息差额的支付即可，利息差额就是两者之间箭头数值之差，即甲乙双方要完成资产互换，只需要由甲公司向乙公司支付 LIBOR−5% 的利息差即可。

（三）资产利率互换的作用

资产利率互换在当今世界上已越来越成为资产管理者手中不可缺少的工具。由于在资产管理中运用了资产互换及其他衍生业务，因而，它得以迅速发展。资产利率互换除了能改变资金的流动方式外，还具有以下作用：

1. 调整投资组合的有效工具

无论是投资者还是资产管理者，为使自身资产的价值免受利率变动的影响，需要对资金的期限及固定与浮动的比例经常做相应的调整。资产利率互换则能在不需改变主要资产的情况下,调整固定利率与浮动利率的组合及投资期限,从而节约与出售现有资产及购入新资产有关的交易成本。只要互换交易对方的信用状况令人满意,那么,资产利率调整不可能改变整个投资的信用质量。

2. 作为债券与互换市场间套利的工具

由于浮动利率债券市场的波动,不少投资者纷纷通过购买浮动利率债券并将之转化为综合固定利率债券的办法,来获得同一信用等级的普通固定利率债券所无法带来的巨大收益。同时,在固定利率的公司债券市场上,一般购买价值低估的公司债券,通过资产利率互换交易的转换,本身会给投资者带来更大 LIBOR 差额,从而增加了债券与互换市场间套利的机会。

3. 创造同类综合债券及提供证券市场无法达到的信用质量

一般来看,大部分的浮动利率债券是由银行来发行的,而具有较高公司信用等级的浮动利率债券工具很少。在这种情况下,投资者往往通过购买固定利率的公司债券,并将其通过资产利率互换而转换成浮动利率债券,以期带来比 LIBOR 高得多的收益。

4. 为购买高收益的化繁为简债券提供了机会

由于市场上综合浮动利率债券的流动性比普通债券差,要出售一种综合浮动利率债券,投资者不但要出售固定利率债券,而且还得解除与此债券有关的资产互换。根据互换交易市场的规律,解除资产利率互换既可带来赢利,也将带来损失,综合浮动利率债券缺乏流动性的问题往往能通过收益的增加来弥补。特别是那些通过资产利率互换加以还原(化繁为简)的浮动利率债券,比起同一发债人发行的普通浮动利率债券的收益更高。

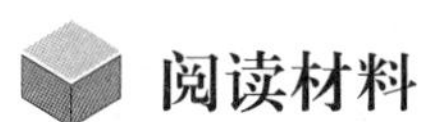

阅读材料

隔夜指数互换

在利率互换中,隔夜指数互换(Overnight Index Swap,OIS)较为特殊,期限相对较短,通常不会超过 1 年,也有 1 周甚至几天的。而普通利率互换的期限相对较长,时间跨度通常超过一年。互换的浮动利率参考指数是每日公布的隔夜指数,每日进行重新设置,大多为 3 个月期或半年期的利率指标,重置频率不高。在隔夜指数互换中,利息按日以复利进行计算,同时在到期日通过净额现金形式结清。在正常的市场情况下,隔夜指数往往低于 LIBOR。

OIS 虽然也可能出现违约的可能性,但是相比于 LIBOR,它更接近于无风险,因为借出方可以在每一天结束时评估对手方信用并有权决定是否终止贷款。在 2008 年金融危机前,LIBOR 确实被市场参与者当成无风险利率,然而在危机中各银行不愿意同业拆借导致 LIBOR 急剧上升,导致 LIBOR 和 OIS 的差价变得无法忽视。因此在危机之后,多数银行对于有抵押的交易采用 OIS 利率。

第四节　互换的估值和定价

假定不存在违约风险，互换可以看作债券的多空组合或一系列远期合约的组合。下面简单介绍利率互换和货币互换的估值(Valuation)和定价(Pricing)问题。

一、利率互换的估值和定价

(一)利率互换的估值

利率互换合约的初始价值为零，随着时间的变化，其价值会随着市场利率的波动而发生改变，相应的价值可能为正或为负。我们可以将利率互换看作多空债券构成的组合，或者一系列的远期合约。为了说明这一问题，我们以例 11-1 中的利率互换流程作参照加以阐述。

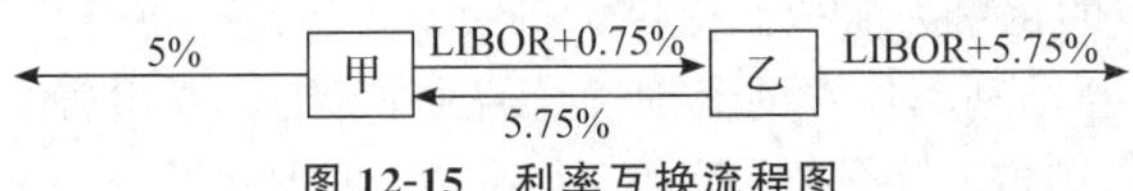

图 12-15　利率互换流程图

如图 12-15 所示，甲乙两公司为完成此项互换，需要甲向乙每期支付 LIBOR＋0.75％的浮动利率，乙向甲每期支付 5.75％的固定利率。因此，此项互换合约相当于：

1.甲公司向乙公司购买固定利率债券，债券的面值是 2000 万美元(即互换的名义本金数额，下同)，乙公司承诺每期支付的债券利率是 5.75％；

2.乙公司向甲公司购买浮动利率债券，债券的面值是 2000 万美元，甲公司承诺每期支付的债券利率是 LIBOR＋0.75％。

对于甲公司来说，其收入固定利率、支出浮动利率，是利率互换的空头方，相当于持有固定利率债券的多头，以及浮动利率债券的空头。由此，对于甲公司而言，互换的价值是：

$$V_{\text{swap}}=B_{\text{fix}}-B_{\text{float}} \tag{12.1}$$

其中：B_{fix}是固定利率债券价值；B_{float}是浮动利率债券价值。其交易对手(乙公司)是利率互换的多头方，其收入浮动利率、支出固定利率。对于乙公司而言，互换的价值是：

$$V_{\text{swap}}=B_{\text{float}}-B_{\text{fix}} \tag{12.2}$$

计算互换价值的关键就在于如何求解 B_{fix}和 B_{float}。

对于固定利率债券的价值，我们可以使用投资学所学的知识，对债券未来现金流量的现值进行加总得到，求解的公式如下：

$$B_{\text{fix}}=\sum_{i=1}^{n}\frac{I}{(1+r_i)^{t_i}}+\frac{M}{(1+r_n)^{t_n}} \tag{12.3}$$

在连续复利假设下，公式表示如下：

$$B_{\text{fix}}=\sum_{i=1}^{n}I\cdot\exp[-r_it_i]+M\cdot\exp[-r_nt_n] \tag{12.4}$$

其中：M 是利率互换合约的名义本金数额；I 是每期的固定利息数额；t_i 是第 i 次互换利息的时间；r_i 是第 i 次互换利息时的 LIBOR 数值。

与此类似，浮动利率债券价值的计算公式可以表示如下：

$$B_{\text{float}}=\sum_{i=1}^{n}\frac{I_i}{(1+r_i)^{t_i}}+\frac{M}{(1+r_n)^{t_n}} \tag{12.5}$$

在连续复利假设下，公式表示如下：

$$B_{\text{float}}=\sum_{i=1}^{n}I_i\cdot\exp[-r_it_i]+M\cdot\exp[-r_nt_n] \tag{12.6}$$

其中：I_i 是每期的浮动利息数额。

将(12.3)—(12.6)代入(12.1)，可得：

$$V_{\text{swap}}=B_{\text{fix}}-B_{\text{float}}=\sum_{i=1}^{n}\frac{I-I_i}{(1+r_i)^{t_i}} \tag{12.7}$$

连续复利情形下：

$$V_{\text{swap}}=\sum_{i=1}^{n}(I-I_i)\exp[-r_it_i] \tag{12.8}$$

从(12.7)和(12.8)式，我们不难看出，互换的价值等于未来一系列利息差额的现值之和。将其与本书第二章第二节中的 FRA 协议结算金的计算公式加以比较，我们可以发现其中的相似之处。正因如此，利率互换合约也可以看作到期日不同的一系列 FRA 协议的组合。

这里需要说明的是，在浮动利率始终等于该债券合理贴现率的条件下，浮动利率债券的价值等于其面值。这是由于：第一，在浮动利率债券新发行时，其价值等于其面值；第二，在无套利前提下，任一重新确定利率的时刻，付息后的浮动利率债券价值等于新发行同期限的浮动利率债券的面值。根据这一结论，(12.5)和(12.6)式可以分别改写为：

$$B_{\text{float}}=\frac{M+I^*}{(1+r_1)^{t_1}} \tag{12.9}$$

$$B_{\text{float}}=(M+I^*)\cdot\exp[-r_1t_1] \tag{12.10}$$

其中 I^* 是下一交换日应交换的浮动利息数额（这是已知的），距下一次利息支付日还有 t_1 的时间。浮动利率债券的定价示意图如图 12-16 所示。后文为了统一起见，使用连续复利的计息方式。

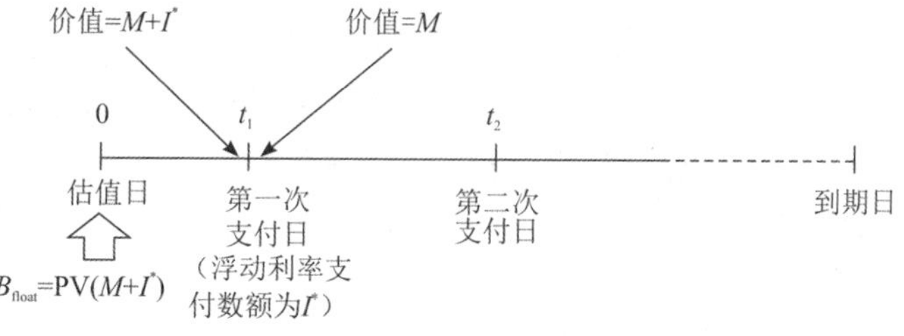

图 12-16 浮动利率债券定价示意图

例 12-5：假设在一笔利率互换协议中，某一金融机构每半年支付 6 个月期的 LIBOR，同时收取 8%的年利率（半年计一次复利），名义本金为 1 亿美元。该互换还有 1.25 年才到期。目前 3 个月、9 个月和 15 个月的 LIBOR（连续复利）分别为 10%、10.5%和 11%。上一次利息支付日的 6 个月 LIBOR 为 10.2%（半年计一次复利）。试计算此笔利率互换对该金融机构的价值。

解答:(解法一:运用债券组合进行定价)

由于金融机构支付浮动利率、收入固定利率,因此其价值计算公式为:

$$V_{swap}=B_{fix}-B_{float}$$

根据题中的信息可知,每期金融机构可收入的固定利息为:

$$10,000\times\frac{8\%}{2}=400\text{ 万美元}$$

最后一期获得的固定现金流应当为名义本金与固定利息之和,即 10,000+400=10,400 万美元。由于浮动利率债券的价值等于其面值,并且当前时刻并未发生利息的交换,因此浮动现金流应当为前一期 LIBOR 计算得到的利息加上本金之和,即:

$$10,000\times\left[1+\frac{10.2\%}{2}\right]=10,510\text{ 万美元}$$

同时,注意到贴现因子是根据各期限的 LIBOR 得到,因此三个不同期限(3 个月、9 个月和 15 个月)的贴现因子分别计算如下:

$$Z_1=\exp[-10\%\times0.25]=0.9753$$
$$Z_2=\exp[-10.5\%\times0.75]=0.9243$$
$$Z_3=\exp[-11\%\times1.25]=0.8715$$

相关的计算表格如下(现金流数值的单位为万美元):

时间	固定现金流	浮动现金流	贴现因子	固定现金流现值	浮动现金流现值
3 个月(0.25 年)	400	10510	0.9753	390.1	10250.5
9 个月(0.75 年)	400		0.9243	369.7	
15 个月(1.25 年)	10400		0.8715	9064	

因此,

$$V_{swap}=B_{fix}-B_{float}=(390.1+369.7+9,064)-10,250.5=-426.7\text{ 万美元}$$

(解法二:运用远期利率协议进行定价)

根据三个不同期限的即期 LIBOR,使用连续复利,可以得到 3×9 和 9×15 的远期利率分别为:

$$r_1=\frac{10.5\%\times9/12-10\%\times3/12}{(9-3)/12}=10.75\%$$

$$r_2=\frac{11\%\times15/12-10.5\%\times9/12}{(15-9)/12}=11.75\%$$

接下来,为了使用 FRA 进行定价,需要将上面计算出的连续复利转化成半年期的复利,即:

$$\begin{cases}\exp[10.75\%\times0.5]=1+\dfrac{R_1}{2}\\ \exp[11.75\%\times0.5]=1+\dfrac{R_2}{2}\end{cases}\Rightarrow\begin{cases}R_1=11.044\%\\ R_2=12.102\%\end{cases}$$

此时的利率互换，可看作三笔远期利率协议的叠加，即：

1.三个月前签订的，期限为6个月的FRA；

2.三个月后签订的，期限为6个月的FRA；

3.九个月后签订的，期限为6个月的FRA。

相应的未贴现净现金流(Net Cash Flow，NCF)分别为：

$$NCF_1=10,000\times(8\%-10.2\%)\times\frac{1}{2}=400-510=-110\text{ 万美元}$$

$$NCF_2=10,000\times(8\%-11.044\%)\times\frac{1}{2}=400-552.2=-152.2\text{ 万美元}$$

$$NCF_3=10,000\times(8\%-12.102\%)\times\frac{1}{2}=400-605.1=-205.1\text{ 万美元}$$

相关的计算表格如下(现金流数值的单位为万美元)：

时间	固定现金流	浮动现金流	净现金流	贴现因子	净现金流现值(FRA)
3个月(0.25年)	400	−510	−110	0.9753	−107.3
9个月(0.75年)	400	−552.2	−152.2	0.9243	−140.7
15个月(1.25年)	400	−605.1	−205.1	0.8715	−178.7

因此，

$$V_{swap}=FRA_1+FRA_2+FRA_3=-107.3-140.7-178.7=-426.7\text{ 万美元}$$

例12-6：假设在一笔利率互换协议中，某一金融机构收取3个月期的LIBOR，同时支付4.8%的年利率(3个月计一次复利)，名义本金为1亿美元。该互换还有9个月才到期。目前3个月、6个月和9个月的LIBOR(连续复利)分别为4.8%、5%和5.1%。试计算此笔利率互换对该金融机构的价值。

解答：(解法一：运用债券组合进行定价)

由于金融机构支付固定利率、收入浮动利率，因此其价值计算公式为：

$$V_{swap}=B_{float}-B_{fix}$$

根据题中的信息可知，每期金融机构支出的固定利息为：

$$10,000\times\frac{4.8\%}{4}=120\text{ 万美元}$$

最后一期获得的固定现金流应当为名义本金与固定利息之和，即10,000+120=10,120万美元。由于互换刚好还有9个月期限，处于重新确定利率的时刻，因此浮动利率债券的价值刚好等于其面值，即：

$$B_{float}=10,000 \text{ 万美元}$$

同时，注意到贴现因子是根据各期限的 LIBOR 得到，因此三个不同期限(3 个月、6 个月和 9 个月)的贴现因子分别计算如下：

$$Z_1=\exp[-4.8\%\times 0.25]=0.9881$$
$$Z_2=\exp[-5\%\times 0.5]=0.9753$$
$$Z_3=\exp[-5.1\%\times 0.75]=0.9625$$

相关的计算表格如下(现金流数值的单位为万美元)：

时间	固定现金流	贴现因子	固定现金流现值
3 个月(0.25 年)	120	0.9881	118.57
9 个月(0.75 年)	120	0.9753	117.04
15 个月(1.25 年)	10120	0.9625	9740.22

因此，

$$B_{fix}=118.57+117.04+9740.22=9975.83 \text{ 万美元}$$
$$V_{swap}=B_{fix}-B_{float}=9975.83-10,000=-24.17 \text{ 万美元}$$

(解法二：运用远期利率协议进行定价)

根据三个不同期限的即期 LIBOR，使用连续复利，可以得到 3×6 和 6×9 的远期利率分别为：

$$r_1=\frac{5\%\times 6/12-4.8\%\times 3/12}{(6-3)/12}=5.2\%$$

$$r_2=\frac{5.1\%\times 9/12-5\%\times 6/12}{(9-6)/12}=5.3\%$$

接下来，为了使用 FRA 进行定价，需要将连续复利转化成 3 个月期的复利，即：

$$\begin{cases}\exp[4.8\%\times 0.25]=1+\dfrac{R_0}{4}\\ \exp[5.2\%\times 0.25]=1+\dfrac{R_1}{4}\\ \exp[5.3\%\times 0.25]=1+\dfrac{R_2}{4}\end{cases}\Rightarrow\begin{cases}R_0=4.829\%\\ R_1=5.234\%\\ R_2=5.335\%\end{cases}$$

此时的利率互换，可看作三笔远期利率协议的叠加，即：

1.当前签订的，期限为 3 个月的 FRA；

2.三个月后签订的，期限为 3 个月的 FRA；

3.六个月后签订的，期限为 3 个月的 FRA。

相应的未贴现净现金流分别为：

$$NCF_1=10,000\times(4.8\%-4.829\%)\times\frac{1}{4}=120-120.725=-0.725 \text{ 万美元}$$

$$NCF_2=10,000\times(4.8\%-5.234\%)\times\frac{1}{4}=120-130.85=-10.85 \text{ 万美元}$$

$$NCF_3 = 10,000 \times (4.8\% - 5.335\%) \times \frac{1}{4} = 120 - 133.38 = -13.38 \text{ 万美元}$$

相关的计算表格如下(现金流数值的单位为万美元)：

时间	固定现金流	浮动现金流	净现金流	贴现因子	净现金流现值(FRA)
3个月(0.25年)	120	−120.725	−0.725	0.9881	−0.716
6个月(0.5年)	120	−130.85	−10.85	0.9753	−10.582
9个月(0.75年)	120	−133.38	−13.38	0.9625	−12.878

因此，

$$V_{swap} = FRA_1 + FRA_2 + FRA_3 = -0.716 - 10.582 - 12.878 \approx -24.17 \text{ 万美元}$$

(二)利率互换的定价

在前面所提及的利率互换设计中，我们是随意设定固定利率的数值，只需保证相互交换的利息之差(即浮动利率加升贴水)是定值即可。但是在现实的利率互换当中，固定利率的数值并非随意确定的，而是依据无套利分析法得到。确定固定利率数值的过程就是利率互换的定价(pricing)。求得的这一固定利率的数值，应当使得期初时刻固定利率支付现金流的现值等于浮动利率支付现金流的现值，此时的固定利率取值才是合理的，即不存在套利机会。

记 r_k 是 $(k-1)\times k$ 的远期利率，其贴现因子(discount factor)为 Z_k，互换的总期间长度为 T，则：

$$Z_1 = \frac{1}{1+r_1}$$

$$Z_2 = \frac{1}{(1+r_1)(1+r_2)} = \prod_{k=1}^{2} \frac{1}{(1+r_k)}$$

$$Z_3 = \frac{1}{(1+r_1)(1+r_2)(1+r_3)} = \prod_{k=1}^{3} \frac{1}{(1+r_k)}$$

……

$$Z_T = \frac{1}{(1+r_1)(1+r_2)(1+r_3)\cdots(1+r_T)} = \prod_{k=1}^{T} \frac{1}{(1+r_k)}$$

假设 R 是互换利率(也就是互换中的固定利率)，根据固定利率与浮动利率现金流现值相等的原则，可得：

$$r_1 Z_1 + r_2 Z_2 + \cdots + r_T Z_T = R(Z_1 + Z_2 + \cdots + Z_T) \tag{12.11}$$

(12.11)式左侧为浮动利率现金流的现值之和；右侧为固定利率现金流的现值之和，公式变形后，可得：

$$R = \frac{r_1 Z_1 + r_2 Z_2 + \cdots + r_T Z_T}{Z_1 + Z_2 + \cdots + Z_T} = \frac{\sum_{k=1}^{T} r_k Z_k}{\sum_{k=1}^{T} Z_k} \tag{12.12}$$

由此可见，互换利率 R 是各远期利率 r_k，$(k=1,2,\cdots,T)$ 的加权平均值，其权重为各

项的贴现因子 Z_k,$(k=1,2,\cdots,T)$。

例 12-7: A 公司有一笔三年期的浮动利率贷款,考虑到未来的利率风险,其准备进行一个利率互换,从而固定贷款的利息。假设浮动利率一年支付一次利息,且支付的利息采用 LIBOR 计价,签订的利率互换合约也是一年交换一次利息。假设此时市场的 LIBOR 报价分别为:

期限	报价
一年期	4.5%
二年期	4.7%
三年期	5%

问:A 公司在签订利率互换时,应该支付多少固定利率的利息对它来说才是公平的?

解答:(解法一) 如前所述,利率互换可看成是一系列 FRA 的组合。根据 LIBOR 的即期利率报价,我们可以结合远期利率的计算公式,求出相应的远期利率:

$$r_1=4.5\%$$

$$r_2=\frac{4.7\%\times 2-4.5\%\times 1}{2-1}=4.9\%$$

$$r_3=\frac{5\%\times 3-4.7\%\times 2}{3-2}=5.6\%$$

相应地,贴现因子分别为:

$$Z_1=\frac{1}{1+\mathrm{r}_1}=\frac{1}{1+4.5\%}=0.957$$

$$Z_2=\frac{1}{(1+\mathrm{r}_1)(1+\mathrm{r}_2)}=\frac{1}{(1+4.5\%)(1+4.9\%)}=0.912$$

$$Z_3=\frac{1}{(1+\mathrm{r}_1)(1+\mathrm{r}_2)(1+\mathrm{r}_3)}=\frac{1}{(1+4.5\%)(1+4.9\%)(1+5.6\%)}=0.864 \tag{12.13}$$

或者:

$$Z_1=\frac{1}{1+4.5\%}=0.957,\quad Z_2=\frac{1}{(1+4.7\%)^2}=0.912,\quad Z_3=\frac{1}{(1+5\%)^3}=0.864$$

由式(12.12),可得:

$$R=\frac{r_1Z_1+r_2Z_2+r_3Z_3}{Z_1+Z_2+Z_3}=4.98\%$$

(解法二) 利率互换还可以看成是债券多空的组合,在无套利的假设前提下,其中的浮动利率债券发行价格应当等于固定利率债券发行价格。

根据前面所介绍的固定利率债券的定价公式,其价格为:

$$P=\frac{R}{(1+r_1)}+\frac{R}{(1+r_1)(1+r_2)}+\frac{1+R}{(1+r_1)(1+r_2)(1+r_3)}$$

即:

$$P=R(Z_1+Z_2+Z_3)+Z_3$$

而相应的浮动利率债券的价格为：

$$P^*=\frac{r_1}{(1+r_1)}+\frac{r_2}{(1+r_1)(1+r_2)}+\frac{1+r_3}{(1+r_1)(1+r_2)(1+r_3)}=1 \qquad (12.14)$$

根据无套利原理，$P=P^*$。因此：

$$R(Z_1+Z_2+Z_3)+Z_3=1 \quad \Rightarrow \quad R=\frac{1-Z_3}{Z_1+Z_2+Z_3} \qquad (12.15)$$

由式(12.15)，可得：

$$R=\frac{1-0.864}{0.957+0.912+0.864}=4.98\%$$

更进一步，由式(12.14)，我们可知：

$$r_1Z_1+r_2Z_2+(1+r_3)Z_3=1 \quad \Rightarrow \quad 1-Z_3=r_1Z_1+r_2Z_2+r_3Z_3$$

因此，式(12.15)也可改写为：

$$R=\frac{r_1Z_1+r_2Z_2+r_3Z_3}{Z_1+Z_2+Z_3}$$

可见：两种方法对利率互换的定价做到了殊途同归。

若前面的 LIBOR 报价采用的是**连续复利**计息，则：

$$Z_1=e^{-4.5\%}=0.956, \quad Z_2=e^{-4.7\%\times 2}=0.91, \quad Z_3=e^{-5\%\times 3}=0.86$$

相应可得：

$$R=\frac{1-Z_3}{Z_1+Z_2+Z_3}=5.1\%$$

二、货币互换的估值和定价

(一)货币互换的估值

与利率互换类似，货币互换也可以看作债券的多空组合或一系列远期合约的组合。所不同的是，货币互换中，涉及的债券多空双方的计价货币不同。为了介绍货币互换的定价，我们将例 12-3 中的货币互换流程图稍作修改后(如图 12-16 所示)加以阐述。

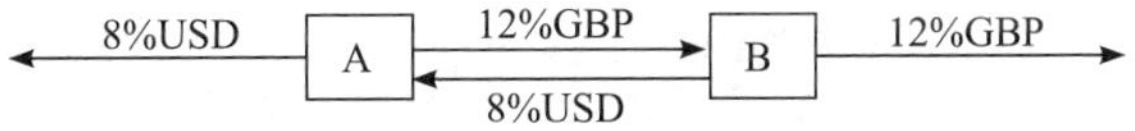

8%USD ← A → 12%GBP → B → 12%GBP；B → 8%USD → A

图 12-16 货币互换流程图

A、B 两公司为完成此项互换，需要 A 向 B 每期支付 12%的英镑固定利率，B 向 A 每期支付 8%的美元固定利率。因此，此项互换合约相当于：

1. A 公司向 B 公司购买美元固定利率债券，债券的面值是1 500万美元(即互换的名义本金数额，下同)，B 公司承诺每期支付的债券利率是 8%(以美元计息)；

2. B 公司向 A 公司购买英镑固定利率债券，债券的面值是1 000万英镑，A 公司承诺每期支付的债券利率是 12%(以英镑计息)。

对于 A 公司来说，其收入美元固定利率、支出英镑固定利率，互换的价值是：

$$V=B_D-S_0B_F \qquad (12.13)$$

其中：B_D 是本国债券的价值（此处指美元债券的价值），B_F 是外国债券的价值（此处指英镑债券的价值），S_0 是即期汇率（此处是指一单位英镑可以兑换若干单位美元，相应的汇率采用直接标价法 DC/FC）。

例 12-8：参照图 12-16，假设美国和英国的债券到期收益率呈现水平状态，并且美国为 7%，英国为 10%，该货币互换持续时间为 3 年，每年结算一次。

求：对于 A 公司而言，货币互换的价值是多少？

解答：根据式(12.13)，首先要计算出本国和外国债券的价值，具体计算如下：

$$B_D=1\ 500\times\left[\sum_{i=1}^{3}\frac{8\%}{(1+7\%)^i}+\frac{1}{(1+7\%)^3}\right]=1\ 539.4\text{ 万美元}$$

$$B_F=1\ 000\times\left[\sum_{i=1}^{3}\frac{12\%}{(1+10\%)^i}+\frac{1}{(1+10\%)^3}\right]=1\ 049.7\text{ 万英镑}$$

由于期初的即期汇率为 1 英镑＝1.5000 美元，因此 $S_0=1.5$。对于 A 公司而言，货币互换的价值为：

$$V=B_D-S_0B_F=1\ 539.4-1.5\times1\ 049.7=-35.15\text{ 万美元}$$

（二）货币互换的定价

如前所述，利率互换可看成多空债券的组合，比如支付固定利率、收取浮动利率的一方就可看成发行固定利率债券，而投资于浮动利率债券。与此类似，货币互换也可看成多空债券的组合。其中的一方发行一个固定利率的 A 货币债券，并投资于一个固定利率的 B 货币债券，其交易对手的债券头寸方向刚好与之相反。

有了货币互换与债券组合的等价关系，我们就可采用利率互换的方法来给货币互换进行定价。货币互换中的固定利率与利率互换中的固定利率类似，限于教材的篇幅，这里不再赘述。

附录 1：利率互换估值的 R 代码

R 是用于统计分析、绘图的语言和操作环境，是自由、免费、源代码开放的软件，是一个用于统计计算和统计制图的优秀工具。本附录中的 IRSWAP 1 和 IRSWAP 2 两个函数，分别运用债券组合和远期利率协议对利率互换加以估值。从后面的例子当中，我们可以验证两种方法下的定价结果完全相同。

```
IRSWAP1 <- function(notional, n, fixedrate, lastfloat, spotrates, start)
{ # Valuation in terms of bond prices
  # notional:名义本金数额
  # n:每年的计息频率
  # fixedrate:固定利率
  # lastfloat:前一次浮动利率数值
  # spotrates:未来若干期浮动利率数值
  # start:从互换估值日，至下次互换开始的时间(单位:月)
  fixedpayment = notional * fixedrate/n;
  npayments = length(spotrates);
```

```
    start_y = start/12;
    floatpayment = lastfloat * notional/n;
    Effperiods = seq(from = start_y, by = 1/n, length.out = npayments);
    fixedpayments = rep(fixedpayment, times = npayments);
    Discrates = exp( - spotrates * Effperiods);
    fixval = sum(Discrates * fixedpayments) + notional * Discrates[length(Discrates)];
    floatval = notional * (1 + lastfloat/n) * Discrates[1];
    val = fixval - floatval;
    return(val);
}

# EXAMPLE
IRSWAP1(notional = 1000, n = 2, fixedrate = .03, lastfloat = .029, spotrates = c(0.028, .032, .034), start
= 3)
IRSWAP2 <- function(notional, n, fixedrate, lastfloat, spotrates, start)
{ # Valuation in terms of FRAs
    fixedpayment = fixedrate/n;
    npayments = length(spotrates);
    start_y = start/12;
    floatpayment = lastfloat * notional/n;
    Effperiods = seq(from = start_y, by = 1/n, length.out = npayments);
    fixedpayments = rep(fixedpayment, times = npayments);
    Discrates = exp( - spotrates * Effperiods);
    FRA = c(1:npayments);
    for(i in 2:npayments)
    {
    FRA[i] <- (spotrates[i] * Effperiods[i] - spotrates[i - 1] * Effperiods[i - 1])/(1/n)    #远期利率
计算
    forward <- n * (exp(FRA/n) - 1)    #将连续复利转化成一年 n 次的复利
    }
    forward[1] = lastfloat;
    val = sum(notional * (fixedrate - forward)/n * Discrates);
    return(val);
}

#EXAMPLE
IRSWAP2(notional = 1000, n = 2, fixedrate = .03, lastfloat = .029, spotrates = c(0.028, .032, .034), start
= 3)
```

附录 2:货币互换估值的 R 代码

```
CSWAP1<-function(D_principal,F_principal,n,years,D_rate,F_rate,fx_spot,D_libor,F_libor)
{ #使用债券组合进行货币互换的估值
  # D_principal:本币的本金数额
  # F_principal:外币的本金数额
  # n:每年计息次数
  # years:互换的年限
  # D_rate:互换中本币的利率
  # F_rate:互换中外币的利率
  # fx_spot:即期汇率(采用直接标价法,DC/FC)
  # D_libor:本币的 LIBOR 利率(假定所有期限的均不变)
  # F_libor:外币的 LIBOR 利率(假定所有期限的均不变)
  # V:货币互换的价值(以本币标示,DC)
    D_interest=D_principal*D_rate/n;
    F_interest=F_principal*F_rate/n;
    npayments=n*years;
    Effperiods=seq(from=1/n,by=1/n,length.out=npayments);
    D_discount=exp(-D_libor*Effperiods);
    F_discount=exp(-F_libor*Effperiods);
    B_D=sum(D_interest*D_discount)+D_principal*D_discount[length(D_discount)];  #本币债券的价值
    B_F=sum(F_interest*F_discount)+F_principal*F_discount[length(F_discount)];  #外币债券的价值
    V=B_D-fx_spot*B_F;
    return(V);
}

#EXAMPLE
CSWAP1(D_principal=12,F_principal=0.1,n=1,years=3,D_rate=.05,F_rate=.08,fx_spot=110,D_libor=.04,F_libor=.09)
```

```
CSWAP2<-function(D_principal,F_principal,n,years,D_rate,F_rate,fx_spot,D_libor,F_libor)
{ #使用远期外汇协议进行货币互换的估值
    D_interest=D_principal*D_rate/n;
    F_interest=F_principal*F_rate/n;
    npayments=n*years;
    Effperiods=seq(from=1/n,by=1/n,length.out=npayments);
    D_discount=exp(-D_libor*Effperiods);
    F_discount=exp(-F_libor*Effperiods);
    forward_fx=fx_spot*exp((D_libor-F_libor)*Effperiods);  #远期汇率
```

```
    forward_interest_payoffs = sum((D_interest - F_interest * forward_fx) * D_discount);   #远期利
息的支付数额(以本币标示,DC)
    forward_principal_payoffs = (D_principal - F_principal * forward_fx[length(Effperiods)]) * D_dis-
count[length(Effperiods)];   #远期本金的支付数额(以本币标示,DC)
    V = forward_interest_payoffs + forward_principal_payoffs;
    return(V);
}

#EXAMPLE
CSWAP2(D_principal = 12,F_principal = 0.1,n = 1,years = 3,D_rate = .05,F_rate = .08,fx_spot = 110,D
_libor = .04,F_libor = .09)
```

阅读材料

人民币利率互换

2006 年 2 月，中国人民银行发布了《中国人民银行关于开展人民币利率互换交易试点有关事宜的通知》，宣布开展人民币利率互换试点交易。随后，国家开发银行与中国光大银行完成首笔 50 亿元人民币利率互换交易，从此拉开了人民币利率互换市场的序幕。

自 2006 年我国人民币利率互换产品推出以来，参与成员逐渐多元化，市场规模迅速扩大，利率互换已经逐渐成为利率风险管理最基本和有效的金融工具。在人民币利率互换推出的十年间，名义本金总额由 2006 年的不到 340 亿元，上升至 2016 年的 9 万多亿。

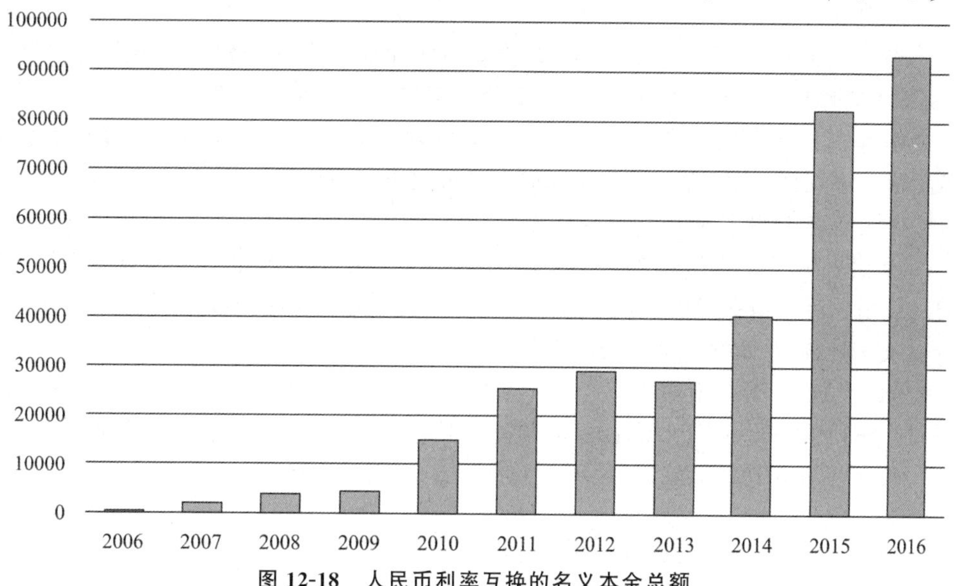

图 12-18　人民币利率互换的名义本金总额

数据来源：中国货币网(www.chinamoney.com.cn/)，单位：亿元

目前国内的利率互换交易主要是普通利率互换，即固定利率对浮动利率的互换。我国的利率互换产品以参考利率的不同分类，主要有 FR007（银行间七天回购定盘利率）、定存利率、贷款利率、Shibor（隔夜、1 周、3 个月）等四大类产品。

由于人民币利率互换属于场外衍生工具，根据有关规定，市场参与者开展利率互换交易应签署由中国人民银行授权交易商协会制定并发布的《中国银行间市场金融衍生产品交易主协议》。

在合约清算方面，2014 年初中国人民银行下发了《关于建立场外金融衍生产品集中清算机制及开展人民币利率互换集中清算业务有关事宜的通知》，明确了我国金融衍生品集中清算有关政策，并赋予了上海清算所"合格中央对手方"地位。人民币利率互换交易从 2014 年 7 月 1 日起强制集中清算，非清算会员将通过代理实现中央对手集中清算。这将有效降低清算成本，提高市场效率，防范系统性风险，加速利率市场化改革。利率互换为国内场外金融衍生品集中清算第一个标的。之所以选取利率互换产品，部分源于该产品交易量大，具备代表性。

本章摘要

1. 互换是指互换双方在互利原则下所进行的不同类型的金融工具的交换。划分金融工具不同类型的标志是货币的种类和计息的方式。

2. 在英文中，互换交易与外汇市场的掉期交易都被称为 swaps，但它们实际上是两种完全不同的交易方式。

3. 通过互换，互换双方可将自己所持有的资产或负债调换成以不同货币表示的或实行不同计息方式的资产或负债。所以互换的结果可能有三种：一是货币种类的调换可称为货币互换；二是计息方式的调换可称为利率互换；三是货币种类与计息方式同时调换可称为交叉货币利率互换。

4. 货币互换系由平行贷款和背对背贷款演化而成。平行贷款与背对背贷款都是逃避外汇管制的结果，它们都是表内业务，而货币互换则是一种表外业务。

5. 利率互换的产生虽晚于货币互换，但它的发展却快于货币互换。通过利率互换或交叉货币利率互换，人们既可降低筹资成本又可回避利率风险。

6. 利率互换通常与缺口管理相结合。

7. 互换可用来管理汇率风险和利率风险，但它本身也会产生一定的风险，其中最主要的是信用风险。而在货币互换中有时它还会产生一定的汇率风险。所以在利用互换管理金融风险时，也要做好其本身的风险防范和管理工作。

8. 资产负债互换是指用于资产管理方面的互换。通过资产负债互换安排，可以改变投资利益的利率特征，改变收到利息的频率和时间，提高投资者进行资产管理的灵活性。

9. 假定不存在违约风险，互换可以看作债券的多空组合或一系列远期合约的组合。

练习与思考

一、名词解释

互换、掉期、利率互换、货币互换、交叉货币利率互换、资产互换、基准互换、息票互换

二、单选题

1.下列何种金融衍生品合约可以达到买卖双赢的结果？(　　)

A.远期　　B.期货　　C.期权　　D.互换

2.下列有关互换合约的叙述，错误的是：(　　)

A.交易较具隐密性　　B.交易的规范较为松散

C.为零和博弈　　D.非标准化合约

3.下列何种合约可能面临信用风险？(　　)

A.期货　　B.交易所交易的期权

C.互换　　D.以上均不是

4.＊签订利率互换合约时的互换估值要确保(　　)。

A.固定利率端价值为正　　B.合约初始价值为 0

C.浮动利率端价值为正　　D.固定利率端价值为负

5.＊如果将利率互换视为固定利率债券与浮动利率债券的组合，用 V_{swap} 表示利率互换的价值，V_{fix} 表示固定利率债券价值，V_{fl} 表示浮动利率债券价值。那么对于固定利率支付方，互换的价值为(　　)。

A. $V_{swap}=V_{fix}-V_{fl}$　　B. $V_{swap}=V_{fl}-V_{fix}$

C. $V_{swap}=V_{fl}+V_{fix}$　　D. $V_{swap}=V_{fl}/V_{fix}$

6.＊令 P_{ccs} 为货币互换的价值，P_D 是从互换中分解出来的本币债券的价值，P_F 是从互换中分解出的外币债券的价值，R_F 是直接标价法下的即期汇率，那么期初收入本币、付出外币的投资者持有的货币互换的价值可以表示为(　　)。

A. $P_{ccs}=R_F*P_F-P_D$　　B. $P_{ccs}=P_D-R_F*P_F$

C. $P_{ccs}=R_F-P_D*P_F$　　D. $P_{ccs}=P_F-R_F*P_D$

7.＊各种互换中，(　　)交换两种货币的本金并且交换固定利息。

A.标准利率互换　　B.固定换固定的利率互换

C.货币互换　　D.本金变换型互换

8.＊某笔本金为 100 万元的利率互换以 6M SHIBOR 的浮动利率交换年化 6.5%的固定利率，每半年支付一次利息(180/360)，该互换还有 15 个月到期，3 个月前的 6M SHIBOR 为 5.85%。目前市场上 SHIBOR 的利率期限结构如下：

期限	即期利率	折现因子
90 天	6.13%	0.9849
270 天	6.29%	0.9550
450 天	6.53%	0.9245

那么，对利率互换空头来说，互换的价值为(　　)元。

A. 3885　　B. −3885　　C. 68169　　D. −68169

9. * 标准型的利率互换在签订时,给买方带来的价值为(　　)。

A. $V_{fix}-V_{fl}$　　B. 0　　C. $V_{fix}+V_{fl}$　　D. $V_{fl}-V_{fix}$

10. * 一份本金为10亿美元的利率互换10个月后到期。该互换协议利率12%,参考利率为6个月LIBOR,半年交换一次。市场上对6个月的LIBOR利率所有期限的利率报价均为10%。两个月前6个月的LIBOR利率为9.6%。该互换支付浮动利率一方的价值是(　　)。(连续复利计算)

A. 190万美元　　B. 194万美元　　C. 197万美元　　D. 200万美元

11. * 有关远期利率协议与利率互换说法不正确的是(　　)。

A. 利率互换可视为一系列远期利率协议的组合

B. 远期利率协议可视为一系列利率互换的组合

C. 远期利率协议与利率互换均为场外衍生品

D. 利率远期协议与利率互换均可用于管理利率风险

12. * A公司和B公司可以获得如下所示的利率(经税率调节后):

	A	B
浮动利率	SHIBOR+1%	SHIBOR+1.5%
固定利率	6.0%	8.5%

假定A公司希望借入浮动利率,B公司希望借入固定利率。双方所需要借入的金额相等。甲银行作为做市商为A、B双方提供利率互换,并且从中盈利100个基点,且这一互换对于A和B有同样的吸引力,则A和B最终支付的利率分别为(　　)。

A. SHIBOR;8.5%　　B. SHIBOR+0.5%;8%

C. SHIBOR+1%;7.5%　　D. SHIBOR+1%;8.5%

13. * 货币互换在期末交换本金时的汇率等于(　　)。

A.期末的市场汇率　　B.期初的市场汇率

C.期初的约定汇率　　D.期末的远期汇率

14. * 有关利率互换、利率上下限期权说法正确的是(　　)

A.利率互换与利率上、下限期权同属线性收益金融工具

B.利率互换与利率上、下限期权的交易双方承担对称性风险

C.利率互换与利率上、下限期权均可用于管理利率风险

D.利率互换与利率上、下限期权之间的平价关系不依赖于无套利假定

15. * 某一笔利率互换的期限为一年,每半年支付一次(180/360)利息,浮动利率端为6M SHIBOR。SHIBOR当前的利率期限结构如下:

期限	即期利率	折现因子
180天	0.4415%	0.9978
360天	0.7820%	0.9922

那么,固定利率端的年化利率为(　　)%。

A. 0.3920　　B. 0.7840　　C. 0.2214　　D. 0.6118

16. * 甲公司持有固定利率债券 100 万元,财务总监张总预期未来市场利率将上升,决定与乙公司签订相关合约,合约包含以下条款:每季度末甲公司向乙公司支付固定利率并收取浮动利率。该合约最接近下列哪种产品形式(　　)。

A.利率互换期权　　B.利率远期协议

C.利率互换合约　　D.利率上限或下限

17. * 假设人民币和美元的利率期限结构都是水平的,人民币年利率为 4%,美元年利率为 3%。甲银行在一笔货币互换中每年收入美元,利率为 6%,同时支出人民币,利率为 8%。两种货币的本金分别为 500 万美元和 3000 万人民币,互换将持续 2 年,即期汇率为"1 美元=6.3 元人民币",该银行持有的货币互换头寸价值为(　　)万元。

A. −104.5　　B. 98.7　　C. 104.5　　D. −98.7

三、简答题

1.互换与外汇市场的掉期交易有何联系和区别?

2.互换有哪些基本类型?

3.平行贷款与背对背贷款有何不同?

4.通过利率互换,为什么互换双方都能降低筹资成本?其理论基础是什么?

5.商业银行如何利用利率互换来管理利率风险?

6.互换主要有哪些风险?如何有效地防范和管理这些风险?

四、计算题

1.公司 A 和 B 可以按下表所示利率借入 2000 万美元 5 年期的贷款

	固定利率	浮动利率
公司 A	5%	LIBOR+0.1%
公司 B	6.4%	LIBOR+0.6%

公司 A 想得到浮动利率贷款,公司 B 想得到固定利率贷款。设计一个互换,其中某银行为中介,银行的净收益为 0.1%,并且同时对两个公司而言,这一互换具有同样的吸引力。

2.公司 X 希望以固定利率借入美元,公司 Y 希望以固定利率借入日元。经即期汇率转换后,双方所需要的金额大体相等。经过税率调整后,两家公司可以得到的利率报价如下表所示。

	日元	美元
公司 X	5%	9.6%
公司 Y	6.5%	10%

设计一个互换,其中某银行为中介,其收益率为 50 个基点,并使得该互换对双方有相同的吸引力,在互换中要确保银行承担所有的汇率风险。

3.公司 X 及公司 Y 对 500 万 10 年投资有下表所示的收益率。

	固定利率	浮动利率
公司 X	8%	LIBOR
公司 Y	8.8%	LIBOR+0.1%

公司 X 想得到固定收益的投资,公司 Y 想得到浮动收益的投资。设计一个互换,其中银行为中介,其收益率为年率 0.2%,并对于公司 X 和公司 Y 有同样的吸引力。

4.公司 A 及公司 B 可以获得下表所示的利率(经税率调节后)

	A	B
美元(浮动利率)	LIBOR+0.5%	LIBOR+1%
加元(固定利率)	5%	6.5%

假定公司 A 想借入美元浮动利率,公司 B 想借入加元固定利率。一个金融机构计划安排一个货币互换并想从中盈利 50 个基点。如果这一互换对于 A 与 B 有同样的吸引力,A 和 B 最终支付的利率分别为多少?

5.公司 A 是一家英国制造商,它想以固定利率借入美元。公司 B 是一家美国的跨国公司,它想以固定利率借入英镑。两家公司可以获得如下表所示的年利率报价

	英镑	美元
公司 A	11%	7%
公司 B	10.6%	6.2%

设计一个互换,其中某银行为中介,每年盈利为 10 个基点,并保证这个互换对 A 和 B 两家公司均有相同的利息节约。

6.假设在一笔互换合约中,某一金融机构每半年支付 6 个月期的 LIBOR,同时收取 3%的年利率(半年计一次复利),名义本金为 1 亿美元。互换还有 1.25 年的期限。3 个月、9 个月和 15 个月的 LIBOR(连续复利率)分别为 2.8%、3.2%和 3.4%。上一次利息支付日的 6 个月 LIBOR 为 2.9%(半年计一次复利)。试分别运用债券组合和 FRA 组合计算此笔利率互换对金融机构的价值。

7.假设美元和日元的 LIBOR 的期限结构是平坦的,在日本是 4%而在美国是 9%。某一金融机构在一笔货币互换中每年收入日元,利率为 5%,同时付出美元,利率为 8%。两种货币的本金分别为 1000 万美元和 120000 万日元。这笔互换还有 3 年的期限,每年交换一次利息,即期汇率为 1 美元=110 日元。试分别运用债券组合和远期外汇组合计算此笔货币互换对该金融机构的价值。

参考文献

1.Smith, D.J., "Aggressive Corporate Finance: A Close Look at the Procter & Gamble-Bankers Trust Leveraged Swap", The Journal of Derivatives [J]. April, 1997, pp. 67-79.

2.Hull J. C. Options,Futures,and Other Derivatives [M].Prentice Hall,2014.

3.Chance D. M., Brooks R. An Introduction to Derivatives and Risk Management [M].Cengage Learning,2015.

4.陈松男.金融风险管理:避险策略与风险值[M].机械工业出版社,2014.

5.郑振龙,陈蓉.金融工程[M].高等教育出版社,2012.

6.张元萍,郗文泽.金融衍生工具[M].首都经济贸易大学出版社,2015.

7.黄昱程.期货与选择权:衍生性金融商品入门经典[M].华泰文化,2015.

8.施兵超.金融衍生产品[M].复旦大学出版社,2008.

9.吴冲锋,刘海龙,冯芸,吴文锋.金融工程学[M].高等教育出版社,2010.

10.OTC derivatives statistics at end-December 2015.[R].Bank for International Settlements,2015.

案例1

央行签署系列互换协议的积极意义

据美国《华尔街日报》2014 年 7 月 21 日报道,在中国国家主席习近平访问阿根廷期间,阿根廷与中国两国央行签署了人民币 700 亿元(相当于约 110 亿美元)货币互换协议;同时中国人民银行的消息称,中国人民银行与瑞士国家银行签署了规模为1 500亿元人民币/210 亿瑞士法郎的双边本币互换协议,旨在为双边经贸往来提供流动性支持,并维护金融市场稳定。

中国目前正热衷于促进人民币的境外使用,最近与很多国家签署了货币互换协议,阿根廷和瑞士是其中最新的两个国家。早在 2001 年中国就开始了货币互换。金融危机爆发后,中国陆续与各国签订了货币互换协议,这不仅对缓解贸易融资,稳定区域经济有帮助,长远看,对人民币国际化也有重大的战略意义。

2001 年,中国人民银行就同泰国银行签署了总额为 20 亿美元货币互换协议。2002 年 3 月,中国与日本签订了约 30 亿美元的货币互换安排协议,允许在紧急情况下相互融通相当于 30 亿美元的日元和人民币。经济危机爆发后,2008 年 12 月 15 日,中国人民银行和韩国银行宣布签署双边货币互换协议,提供的流动性支持规模为 1800 亿人民币/38 万亿韩元。

通过开展双边本币互换,为周边经济体提供流动性支持,正是中国积极参与应对国际金融危机合作的重要内容。通过货币互换支持需要救助的新兴市场和发展中国家,有利于中国稳定周边环境。只有保全了亚洲邻国的经济稳定,才能使中国的经济损失减到最小,也有利于推动人民币境外结算业务的发展,同时也是人民币挺进的一个重要战略。随着多项货币互换协议的付诸实施,新兴市场央行的公开市场操作空间将不断加大,操作的自主性及灵活性也将大为增强。这标志着新兴市场央行应对国际金融危机、维护金融稳定的能力与手段都提升到了一个新的水平，在维护区域以及全球金融稳定，推动与有关方面之间的贸易投资增长中，将发挥更加积极的作用。

中国人民银行最近的一系列举动意味着人民币国际化版图已"趁势"从亚洲扩张到欧洲和拉美国家。中国与阿根廷签署货币互换协议是中国在拉美扩大影响力的又一个迹象。2013年以来，中国已经与欧洲央行以及英国央行签署了货币互换协议。

案例2

宝洁公司因互换巨亏

1.互换合约的内容

1994年4—5月，宝洁公司(Procter & Gamble，P&G)与信孚银行(Bankers Trust)签署了一项互换合约，由信孚银行以固定利率交换宝洁公司的浮动利率。互换方式如下：

(1)信孚银行以5.30%的固定利率给宝洁公司；

(2)宝洁公司依据浮动利率给信孚银行，浮动利率的计算公式如下：

30天期商业本票平均利率－75个基点＋价差

由于宝洁公司预测美国的利率水平将走低，故以浮动利率计息交换固定利率计息。若利率下降，其浮动利率负债成本将降低；但若利率上升，则必须支付较高的浮动利率，反而会有损失发生。

2.互换合约的特性

此宗互换内容和一般利率互换相比较，主要的不同点在于基点的数量和价差的计算方式。双方协议交易后的第1个半年价差为0，而后每半年调整价差一次，依下列公式调整：

$$\text{价差}=\max[0,(17.0415\times YTM)-(0.01\times TBP)$$

其中：YTM是5年期国债的到期收益率(yield-to-maturity)，TBP是30年期国债的价格(treasury bond price)。

再将价差改写为对利率的敏感度，以衡量利率每变动1个百分比，对价差影响的百分比。因为债券价格与到期收益率呈相反关系，故原先公式中30年期国债价格(TBP)若改为到期收益率来表示，则前面的负号将变成正号。上述价差可改写为：

$$\text{价差}=(17.0415\times \Delta YTM\%)+(13.6442\times \Delta YLD\%)$$

其中：$\Delta YTM\%$是5年期国债到期收益率的变动率，$\Delta YLD\%$是30年期国债到期收益率的变动率。

由改写的价差公式，可以看出价差对5年期利率的敏感度大于对30年期利率的敏感度。因为5年期国债到期收益率上升1%，价差将上升17.0415%；而30年期国债到期收益率上升1%，价差将上升13.6442%。倘若两者同时上升1%，则价差将上升为30.6857%

综上所述，宝洁公司与信孚银行的互换合约有下列几点特色：

(1)浮动利率部分是与商业本票利率浮动，和一般与LIBOR或国库券利率浮动的情况不同；

(2)商业本票的利率是采用每日平均利率；

(3)价差使得互换具有高度财务杠杆，利率的变动对价差有倍数的效果；

(4)价差对中期利率的敏感度大于对长期利率的敏感度，且两种利率变动方向若相同，对价差有扩大效果。

3.利率走势判断错误

由于当时美国景气持续回升，为抑制过热景气，美联储自1994年开始，实行紧缩性货币政策，连续6次调高利率，造成利率走势反转上升。但是从互换价差的公式中可以看出，随着利率的上涨，价差呈倍数扩增，导致宝洁公司所支付的浮动利率快速上涨，远大于一般的利率水平。宝洁公司的损失不断扩大，达到1.57亿美元。

同一时期，著名的美国加州橘郡地方政府(1994年12月)，亦因对美国利率走势预测错误，造成操作衍生性金融产品巨亏。

4.信孚银行未善尽告知义务

当时信孚银行提供了许多互换合约供宝洁公司选择，最后却选择复杂程度最高、风险性也最高的一个方案。原因在于宝洁公司原想将浮动利率控制在商业本票利率基础上减40个基点的水平，而信孚银行却提供了一个商业本票利率基础上减75个基点的方案，比原先要求的还要低35个基点。在低利率的诱惑下，宝洁公司选择了这个复杂的方案。虽然宝洁公司也知道价差增加对其不利，但所知有限，仅了解5年期和30年期国债到期收益率有关，且一旦利率上升，风险也会随之增加。

事后宝洁公司以下列两项理由对信孚银行提出控告：

(1)互换前的协商误导宝洁公司。

(2)对利率的计算与宝洁公司原先提出的要求有所差异。

信孚银行亦不甘示弱，提出许多资料抗辩，指称已告知宝洁公司，利率的变动将影响浮动利率水平，进而影响其所需支付的成本。且站在银行立场，无须提供利率的敏感性分析给交易对手。

最后的判决结果对宝洁公司有利，原因在于信孚银行未善尽风险告知义务，致宝洁公司暴露于高风险中。随着衍生性商品的复杂性增加，风险越不易评估，事后交易双方越容易发生纠纷，有鉴于此，银行在与交易对手进行衍生商品交易前，必须善尽风险告知义务，并提供充分的交易信息给对手方。

后来，双方达成和解，宝洁公司的损失中有1.5亿美元由信孚银行自行吸收，信孚银行仅收取3 500万美元(宝洁公司对信孚银行的负债约2亿美元左右)。

5.事件启示

本案例中宝洁公司高层以为利率走低，将为公司带来不少利益，而从事高财务杠杆操作，但资料却显示，他们对此宗互换内容并不十分了解。公司也没有做好风险管控，并无逐日评估风险，且在利率走势与预测发生明显改变时，也没有尽快采取补救措施，才让损失不断扩大。信孚银行也未善尽风险告知义务，使交易对手置身于高度风险之中。

第13章 信用衍生产品

学习目的

通过本章的学习,理解信用风险和市场风险的概念,以及两者之间的区别和联系;熟悉信用衍生品的概念及发展历史;掌握信用衍生品的分类,及信用衍生品主要种类的概念和运作流程。

案例导读

2012年5月10日,摩根大通首席执行官杰米·戴蒙(Jeremy Diamond)于电话会议上承认,其首席投资办公室(CIO)在合成债券头寸上出现了20亿美元的交易亏损。这证实了业界过去一个月广为流传的说法,即摩根大通伦敦办公室的一位交易员对信用违约互换(CDS)下了1 000亿美元的重注。这位交易员真名叫布鲁诺·伊克希尔(Bruno Iksil),因头寸巨大得了一个绰号"伦敦鲸"。

2013年9月19日,美国联邦储备委员会、美国货币监理署、美国证券交易委员会和英国金融市场行为监管局分别发表声明,指控美国摩根大通对位于伦敦的首席投资部门缺乏监管和有效内部控制导致巨额交易亏损,并对该机构作出共计9.2亿美元的罚款。其中,美联储和美国证交会分别对摩根大通罚款2亿美元,美国货币监理署罚款3亿美元,英国金融市场行为监管局罚款2.2亿美元。

第一节 信用风险概述

一、市场风险与信用风险

(一)市场风险的概念

市场风险(market risk),也称价格风险,是指金融资产价格的变动对其持有者所造成的风险,如利率、汇率、证券价格波动发生变动而带来可能损失的风险。当金融衍生工具被用做对冲的手段时,其价格的变动可以抵消其标的资产的逆向价格变动,两者相互抵消可以防范标的资产的价格风险。

从实际交易看,完全的风险对冲是不大可能的。例如,期权价格的变动与其标的资产价格的变动并不成固定比例,这样会造成两者的对冲出现缺口,一旦标的资产价格变动过大,缺口问题将会非常严重,并引致风险增大。因此,投资者应不断调整组合头寸,并对整个组合头寸的市场风险进行评估。

(二)信用风险的概念

信用风险(credit risk),也称违约风险(default risk),即金融资产的交易对手违约或无力履行合约义务而带来的风险。具体地说,信用风险包括交割前面临的风险和交割时面临的风险。前者是指在合约到期前,由于金融资产价格变动或其他原因而使交易对手蒙受较大损失而无力履行合约义务的风险;后者是指在合约到期日交易一方要求履行合约,但交易对手无力付款的风险。

信用风险普遍地存在于一般的借贷活动和投资经营活动中。一些企业或因经营管理不善,导致破产而无力清偿银行贷款,或故意逃废对银行或对其他企业的债务。这些现象不仅严重地影响着银行资金的安全性,而且也对其他企业造成经营困难,进而导致资金链的断裂,对整体经济的发展产生不利的影响。

(三)市场风险与信用风险的联系

各种市场风险只是导致人们收益或成本变化的不确定性。也就是说,这类风险可能使人们因价格的不利变化,而导致资产收益的减少或成本负担的加重。而各种信用风险将使人们面临本金无法收回的风险。很显然,从损失的程度来看,信用风险可能造成的损失将远大于各种市场风险可能造成的损失。

由此我们可以看到,市场风险发生的概率很大,但造成的损失相对较小;信用风险发生的概率很小,但造成的损失很大,甚至会导致投资者血本无归。对于市场风险而言,我们尚且可以使用期货、期权、远期、互换等金融衍生品对价格波动的风险进行套期保值;而对于信用风险,我们却完全束手无策。

最近十多年来,为了有效地管理各类信用风险,常用的主要方法为将含有信用风险的资产予以出售。对于银行来说,可以采取资产证券化的方式来实现这一目标。资产证券化是将有信用风险的资产组成一个资产池,并将其证券化以后出售给其他投资者。然而,资产证券化的方式仅仅适用于还款时间标准化和信用风险相似的资产。在这种情况下,信用衍生产品(credit derivatives)应运而生。

二、信用风险与信用事件

如果说信用风险是"果",那么信用事件则是导致信用风险发生的"因",信用风险是因各种信用事件的发生而形成的。一般所说的信用事件主要包括如下几个方面:

1. 在标准普尔或穆迪等著名的信用评级机构的信用评级中,信用等级下降,并降到特定的最低水平以下;
2. 因财务重组或债务重组,而引起信用等级的下降;
3. 参考资产的债务人破产或无力偿付;
4. 在特定的期限后,支付义务人不履行支付义务;

5. 技术性违约，如在到期时不支付利息或票息；

6. 信用价差变动，并高于特定的最高水平。

由此可见，信用事件包括很多方面。但是，这些信用事件最终都将导致债务人主观或客观的违约。在信用衍生产品合约的签订之初，往往会将信用事件进行合理量化，以作为未来可能支付确定的依据。

第二节 信用衍生产品概述

作为金融衍生产品的一个类别，信用衍生产品产生于 20 世纪 90 年代初，其存在的时间虽然不长，但它的发展空间是很大的。

一、信用衍生产品的定义

自 20 世纪 90 年代以来，信用衍生产品已日益受到广大投资者、生产经营者和各类金融机构的重视。在实务界，信用衍生产品的运用越来越广泛；在学术界，有关信用衍生产品的著述也越来越多。但是，在各种著述中，对于究竟什么是信用衍生产品，如何为信用衍生产品做出一个准确的、统一的定义，却还有着很多不同的说法。

实际上，信用衍生产品这一概念最初是在巴黎举行的 ISDA（国际互换与衍生品协会）1992 年年会上提出的。按照 ISDA 的定义，信用衍生产品是一系列从基础资产上剥离、转移信用风险的金融工程技术的总称。交易双方通过签署有法律约束力的金融合约，使信用风险从依附于贷款、债券上的众多风险中独立出来，并从一方转移到另一方。其最大的特点就是，将信用风险从其他风险中分离出来，并提供转移的机制。

因此，简单地说，所谓信用衍生产品，是指为了减少或消除信用风险而设计的一类金融合约。通过这类合约，人们可将因信用事件的发生而形成的信用风险转移给交易对手。从管理风险的角度来看，信用衍生产品与其他各种金融衍生产品有着一定的相似性。有些信用衍生产品，实际上就是传统的金融衍生产品在信用风险管理中的特殊运用。

二、信用衍生产品发展简史

在现有的各种信用衍生产品中，最早出现的品种是信用违约互换（CDS），该产品于 20 世纪 90 年代初出现于美国的纽约。1993 年，信孚银行（Bankers Trust）和瑞士信贷银行的金融产品部为了防止他们在日本的贷款遭受损失，出售了一种偿还价值取决于具体违约事件的互换合约。这种合约承诺，如果标的贷款不发生违约事件，银行如期收回贷款本息，则投资者可根据该合约的规定而获得一定的收益；但当贷款不能偿还，从而银行受到损失时，则投资者必须向银行支付一定的金额，以弥补银行的损失。

自 20 世纪 90 年代中期以来，国际金融领域相继出现了一系列重大事件，使金融风险，尤其是信用风险集中爆发。90 年代末，亚洲发生金融风暴；2000 年年底，美国又爆发了安然公司（Enron Corporation）和世通公司（WorldCom）财务造假案等一系列突发事件。这些事件致使相关公司的资产价值突然下降，从而导致信用违约，与其相关联的银行、保险公司等金融机构也遭受重大损失。由于国际金融市场日益动荡，信用风险日益严重，信用风险的分散和对冲也变得日益突出和重要。为有效转移信用风险，信用衍生产品日益受到投资者重视。

目前，参与信用衍生产品交易的主要有投资银行、商业银行、固定收益投资者、保险公司、对冲基金，以及从事生产经营活动的企业，尤其是大中型企业。通过信用衍生产品的交易，有些参与者可将自己所面临的信用风险转嫁给交易的对手，以避免因信用事件的发生而受到损失；另一些参与者则通过接受信用风险而收到一定的收益，以增加其资产组合的收益率。

随着信用衍生市场的发展，不仅原有产品的交易量不断增加，而且还出现了新的产品创新。首先，在信用违约互换的基础上，又发展出针对一揽子信用主体投资的首次违约触发信用篮子(first to default basket)。这是一种相对简单明了的相关性信用交易产品，它允许投资者挑选自己感到放心的一系列信用主体组成一个结构性的杠杆操作信用组合，承担对应的信用风险，获得投资收益。其次，为了满足更加专业的投资者的需求，市场上还出现了抵押债务凭证(CDO)。这类产品将数十个，甚至上百个信用主体集合成一个关联资产池，经过破产隔离载体提供保护后，这些基础信用资产产生的现金流，将通过定期利息支付的方式转移给投资者。为了降低违约风险，CDO 通常会采用分层技术，按照违约概率的大小，将基础资产池划分成不同的级别(tranches)供投资者选择。但这类产品如果遇到系统性的信用危机，就会产生较大的损失，并且 CDO 的专业性较强，普通投资者难以理解此类产品的全部风险。

三、信用衍生产品的特性

信用衍生产品的特性，可以大致归纳为以下几方面：

(一)表外性

信用衍生产品在交易者的资产负债表上并无反映，属于表外项目。

(二)债务不变性

在信用衍生产品交易中，基础资产仍然保留在保护买方的资产负债表内，保护买方无须出售或消除该项资产。因此，信用衍生产品处理的只是债务的结构成分，对原债务人的债权债务关系没有任何影响。

(三)可交易性

信用衍生产品将信用风险从市场风险等其他风险中分离出来，在市场上独立地进行交易，实现了信用风险交易市场化，从而克服了隐藏的信用保险、担保等信用工具不可交易的薄弱环节。

(四)保密性

信用衍生产品交易是在风险转嫁方(多为银行等金融机构)与借款人之外的第三方之间进行，无须得到借款人的许可，也不必通知借款人，从而保持了银行对客户记录的机密性和商业秘密，使得银行可在无须破坏银行与借款者良好关系的前提下管理贷款信用风险。

（五）低成本性

一方面，对于保护买方而言，不需要实际运作贷款或债券资产，使得操作成本大大降低；另一方面，由于信用衍生产品交易的保密性，保护买方可以对借款人保守机密，简化了法律程序和其他一些相关程序。

（六）可塑性

信用衍生产品具有“量身订制”的特点。在交易对象、期限、金额、结构等方面，信用衍生产品可以满足客户的不同需求。无论是风险转嫁方还是投资者，都可以利用这一新型金融工具来合成新的具有特定风险和收益结构的产品，以分散风险或获取收益。这正是信用衍生产品的灵活性所在。

（七）杠杆性

对于利用信用衍生产品来赚取收益的投资者（即保护卖方）而言，不必实际占用资金就可以得到一笔在传统贷款市场上难以取得的合意资产组合，因而该产品具有很强的杠杆性。

第三节　信用衍生产品的主要种类

根据信用违约事件的类型、基础资产的种类及衍生产品的形式，信用衍生产品可分为信用违约互换、总收益互换、信用关联票据、信用期权、信用价差期权、抵押债务凭证、资产互换、一揽子信用组合产品等形式。其中，信用违约互换是最主要的形式，它在信用衍生产品市场的占比接近50%。在本节中，我们将对其中最常见的、基本上被公认的几种信用衍生产品加以介绍。

一、信用违约互换

（一）信用违约互换的概念和运作原理

在信用衍生产品中，信用违约互换（credit default swaps，CDS）是最有代表性的一个品种，也是目前交易量最大的一个品种。在信用违约互换交易中，希望规避信用风险的一方称为违约保护买方（default protection buyer），向风险规避方提供信用保护的一方称为违约保护卖方（default protection seller/writer），愿意承担信用风险。CDS购买者将定期向出售者支付一定费用[称为信用违约互换点差（CDS spreads），即保险费]，而一旦出现信用事件（比如债券主体无法偿付），CDS购买者将有权利将债券以面值（at par）出售给CDS出售者，从而有效规避信用风险。这里CDS标的债券被称为参考资产（reference assets），其发行者称为参考主体（reference entity）。

实际上，信用违约互换的应用很广泛。在其交易中，信用违约互换的购买者不仅有债券的持有者，而且还有银行、公司及其他各种经济主体。例如，某银行按照合约规定的名义本金和年基点数支付一定的保险费，买进一份信用违约互换，以为该银行发放的贷款提供保险。然后，若参考信贷发生信用事件（比如借款者破产、无力偿付或支付违约），银行即可得到一笔支付，以作为补偿；而违约保护的卖方（即银行的交易对手），既可按照面值向银行购买这一违约的资产，也可通过现金结算来弥补银行的资产损失。

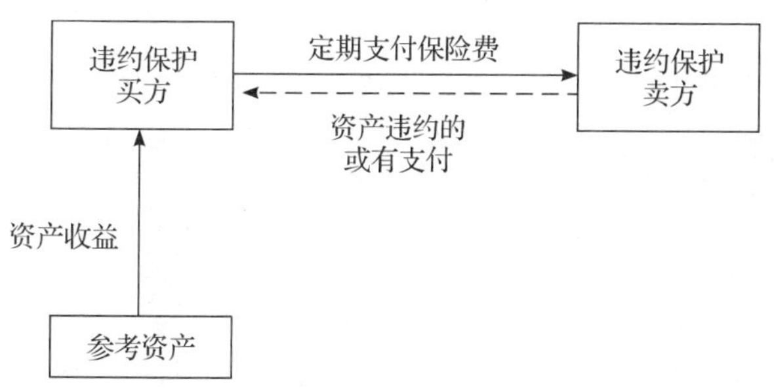

图 13-1 信用违约互换示意图

比如，一对冲基金向某银行购买了2 000万美元名义金额的债券为参考资产、以福特公司为参考主体的 CDS，一旦福特公司发生违约，保护的卖方将支付给买方2 000万美元；同时，买方给卖方交付福特公司发行的面值为2 000万美元的债券。假如此时福特公司债券的市值为 500 万美元，对卖方来说，其实际支付额就等于1 500万美元。

CDS 报价是以年基点为基础，按季支付相应点差。比如前面所提的福特公司名义金额为2 000万美元的 CDS 报价为一年 60 个基点，则每期所支付的 CDS 费用为 3 万美元（20 000 000×0.6%×0.25=30 000）。

由此可见，信用违约互换虽被称为“互换”，但从其具体操作来看，它倒是与期权比较相似。因为在信用违约互换中，违约保护的买方向违约保护的卖方支付的费用类似于期权购买者向期权出售者支付的期权费。同时，对信用保护的卖方来说，只有当违约事件发生（相对于达到期权的行权条件），从而使违约保护的买方造成损失时，他才必须履行其支付的义务。

（二）信用违约互换的最新发展

通常情况下，CDS 的价值会随着相关资产信用风险及市场变化而上下波动。在没有 CDS 交易违约的情况下，如果参考资产的风险上升，因为买方可以按较高加价将 CDS 转让给第三方，对 CDS 的买方来说是利得；对卖方来说则是利损。

由于大部分 CDS 产品在场外交易，因此，投资者要从 CDS 合约中解脱出来，往往有三种方法：签订反向合同、解除现有合同、转移给第三方。其中的第二种方法，会使 CDS 出现违约[这里也称交易对手风险（counterparty risk）]，进而产生法律纠纷；第三种方法固然很好，但是场外交易的衍生品由于是定制的非标准化合约，常因难以转让而缺乏流动性。为此，ISDA（国际互换和衍生品协会）于 1998 年创立了标准化的信用违约互换合约，成功地解决了 CDS 合约流动性不足的问题，在此之后，CDS 交易得到了快速的发展。

图 13-2 是国际清算银行（BIS）的年度统计图表，从中可以看出，自 2007 年起，CDS 的交易量呈现逐年下降的态势，其名义金额由 2007 年下半年接近 60 万亿美元下降至 2015 年下半年不到 15 万亿美元（见图 13-2 的折线部分）。从结构上看，单一名称 CDS 所占比重由 2005 年的 71.6%下降到 60%以下（见图 13-2 的柱状部分），这主要是次贷危机后，各国金融监管机构对单一名称 CDS 的监管更加严厉造成。

（三）信用违约互换的种类

以参考主体为核心，不同主体所对应的违约事件及涉及主体、需要信用保护的买方、

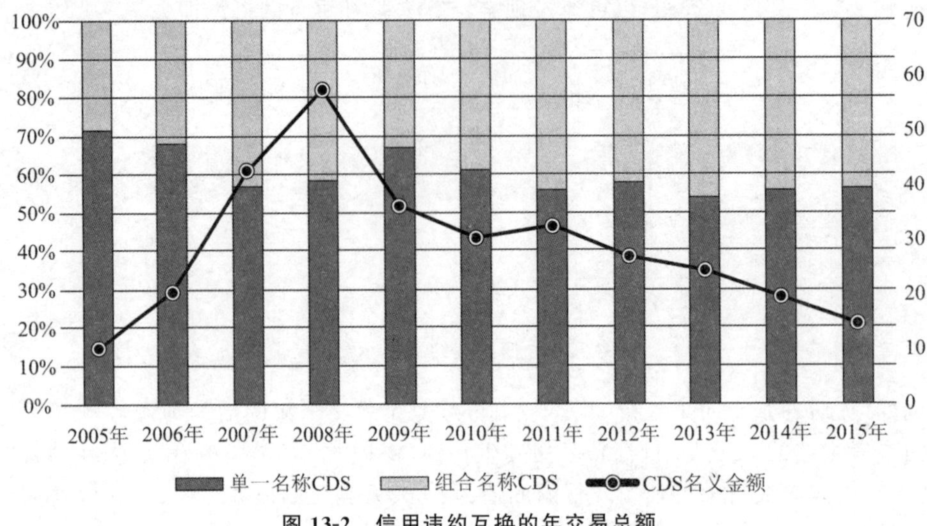

图 13-2 信用违约互换的年交易总额

数据来源:根据国际清算银行网站(www.bis.org)的数据整理,右侧坐标轴单位:万亿美元

交易成本也因此区别开来,下面我们通过不同资产对 CDS 的产品分类进行简单介绍。总体上,CDS 可分为单一名称和多重名称两大类,从发展历史、市场需求和份额来看,单一名称 CDS(single-name CDS)居于主流,组合名称 CDS(multi-name CDS)又包括一篮子 CDS 和指数 CDS。

由于 CDS 实现的主要作用即转移资产的违约风险。产品的本质首先将信用资产的风险细分为市场风险和个体风险,其中个体风险又细分为价差风险和违约风险,CDS 所针对的正是参考实体的违约风险。

1. 单一名称信用违约互换

历史上第一单 CDS 就是以银行贷款为参考资产的 CDS,在后续的发展中单一名称 CDS 也一直是信用衍生品市场中应用最为普遍、基础的产品。根据参考资产的债务主体划分,可以分为企业债务和主权债务两大类,从参考资产的债务形式可以细分为银行贷款和债券。

以银行贷款为参考资产的 CDS,买方多数是银行,其购买的目的有两方面:一方面通过购买 CDS 能够直接将贷款的违约风险转移至交易对手方,有利于资产风险的转移,提高经营的稳健性,降低银行自身所承受的风险集中度;另一方面通过与高信用评级机构成为对手方,银行能够将信贷资产的风险权重替换为对手方信用水平相应的风险权重,从而达到资本缓释的目的,从而节约资本金占用,直接提高资本充足率。

以企业债券为参考资产的 CDS,需求更多来自公开市场持有企业债券的各类机构投资者,主要目的是在信用风险高发期转移企业违约风险。

2. 一篮子 CDS

一篮子 CDS 属于相关性信用衍生品,产品的特点在于一篮子组合的违约互换利差取决于篮子中参考资产的违约相关性。根据违约事件的设定,一篮子 CDS 可以设计为第 n 违约一篮子 CDS,即当组合资产中第 n 个资产违约才真正触发协议约定的信用事件,导致或有偿付发生。从国外市场来看，一篮子违约互换通常包含4—10个信用资产，产品针对的第一违约互换和第二至第五违约互换，前者居多。

对于违约保护卖方来说，一篮子CDS有助于其获取比单一产品CDS更高的收益率。假设一个具有5个参考资产的一篮子CDS，产品设计为第1违约一篮子CDS，极端情况下，如果5个参考主体的违约概率相等且相关性为0，则第1违约一篮子CDS的违约概率等于5个参考主体的违约概率之和，违约保护买方支付的违约互换利差就是5个单一产品CDS的利差之和，但对于违约保护卖方而言，其或有偿付还是单一产品CDS信用事件发生时的偿付金额，实际收益率则得到了5倍的提升。

对于违约保护买方而言，更倾向于针对相关性强的参考主体购买信用保护。同样拥有5个参考主体的产品中，极端假设各个参考主体的违约相关性达到最大，那么相应的第1违约CDS的信用事件发生概率与篮子中的单一资产的最大违约概率相等，违约保护买方只需要支付这一最大概率相应的违约利差，却可以对篮子内各个资产都实现保护作用，不失为一种更有效的风险管理手段。

可见，当单一资产的信用事件相关系数介于0—1之间时，相关系数越大，越有利于违约保护买方以较低的费用支付覆盖更多资产的信用风险，而相关系数越小，则越有利于违约保护卖方。由于同一行业内部的企业，违约相关性更高，对于违约保护买方来说，通过购买同一行业或者相关行业一篮子CDS，是在传统周期性行业违约事件增加期间，对冲行业整体景气度下行的不错选择。

3. 指数CDS

指数CDS的出现时间要晚于一般的一篮子CDS，前者结合了单一名称CDS和普通一篮子CDS的特征，其参考资产是一篮子违约利差相同的单一名称CDS组合。由于标准化程度高、保护资产广泛、对冲市场风险效果突出，迅速成为CDS市场中的重要组成部分。

目前全球主要的信用违约互换指数有两大类：一是CDX指数，由IHS Markit集团下属的CDS指数公司（CDS Index Company，CDSIndexCo）编制，主要涵盖北美和新兴市场；二是IHS Markit集团下属的国际指数公司（International Index Company，IIC）所提供的iTraxx指数，主要分为欧洲和亚太一新兴市场两类指数，该指数也是目前市场中最为广泛使用的指数。图13-3和图13-4分别反映了CDX和iTraxx当中具有代表性的指数品种点差变动图（时间从2010年3月至2018年9月）。

表13-1 CDS指数的主要种类及代码

指数名称	指数代码
CDX:北美高收益	CDX.NA.HY
CDX:北美高收益B级	CDX.NA.HY.B
CDX:北美高收益BB级	CDX.NA.HY.BB
CDX:新兴市场	CDX.EM
CDX:北美投资级	CDX.NA.IG
CDX:北美投资级高波动	CDX.NA.IG.HVOL

续表

指数名称	指数代码
iTraxx:欧洲	iTraxx Europe
iTraxx:欧洲高波动	iTraxx Europe HiVol
iTraxx:欧洲综合指数	iTraxx Europe Crossover
iTraxx:日本	iTraxx Japan
iTraxx:澳大利亚	iTraxx Australia
iTraxx:亚洲(除日本)投资级	iTraxx Asia ex-Japan IG
iTraxx:亚洲(除日本)高收益	iTraxx Asia ex-Japan HY
iTraxx:西欧主权债务指数	iTraxx SovX Western Europe
iTraxx:中东欧中东非洲主权债务指数	iTraxx SovX CEEMEA
iTraxx:全球流动性投资级主权债务指数	iTraxx SovX Global Liquid Investment Grade
iTraxx:G7	iTraxx SovX G7

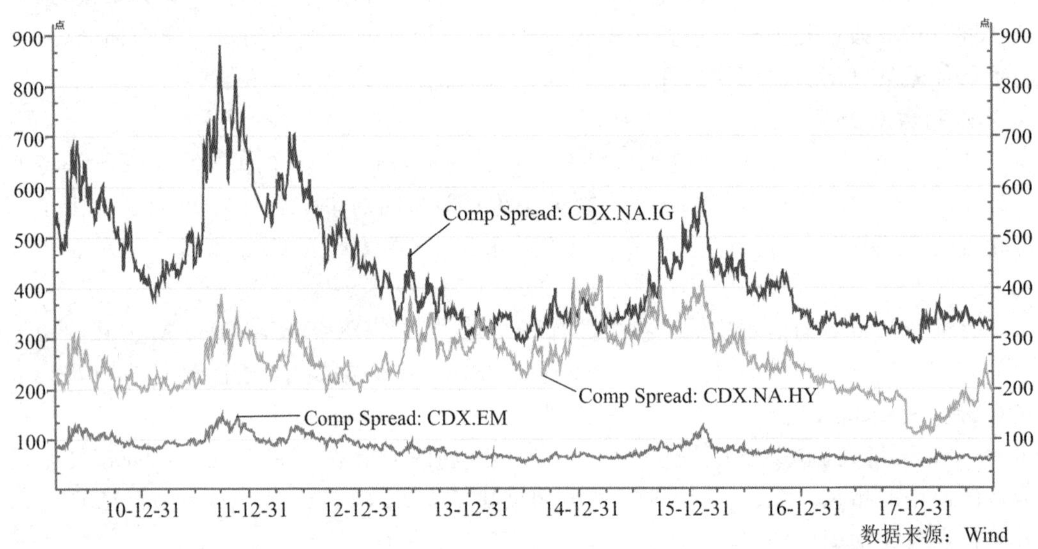

图 13-3 CDX 指数点差变动图

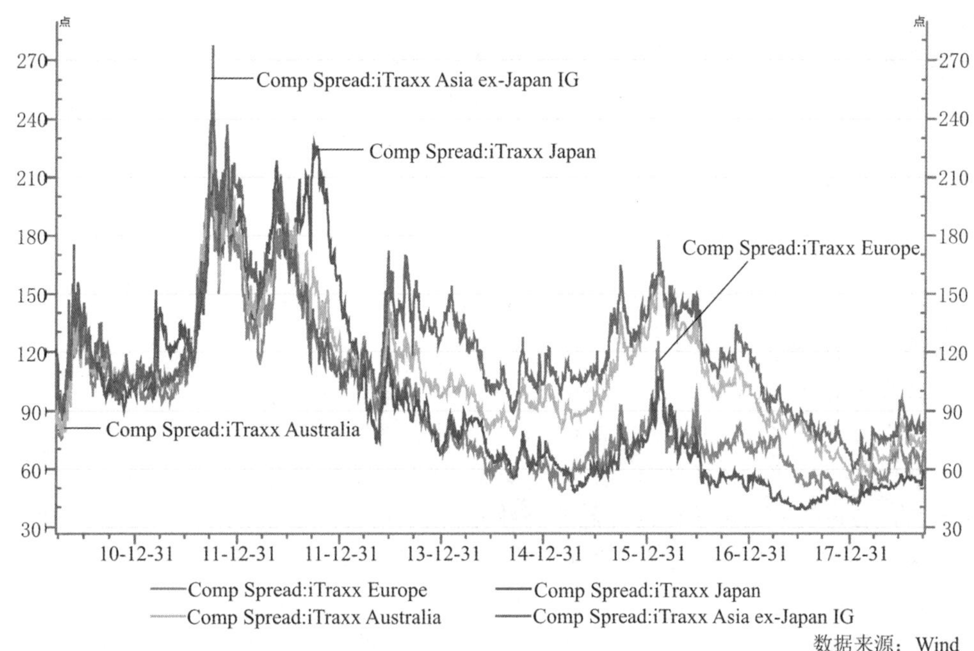

图 13-4　iTraxx 指数点差变动图

2019 年 12 月 26 日，中国外汇交易中心（暨全国银行间同业拆借中心）、银行间市场清算所股份有限公司和国泰君安证券股份有限公司联合宣布，将于即日起联合发布并试运行“CFETS-SHCH-GTJA 高等级 CDS 指数”，这也是全球首个立足于中国市场的 CDS 指数和中国市场首个 CDS 指数。该指数是由交易中心、上海清算所和国泰君安证券共同担任指数管理人，参考国际市场惯例，按照一定规则筛选出的一篮子具有高信用等级、较好流动性的 CDS 参考实体的集合。该指数设置每年 3 月 20 日和 9 月 20 日为滚动日，基于特定规则进行指数更新和发布。

2021 年 4 月 26 日，中国外汇交易中心联合银行间市场清算所股份有限公司发布了“CFETS－SHCH 民企 CDS 指数”。该指数按照一定规则筛选出的一篮子具有较好流动性的民营企业 CDS 参考实体的集合。

2021 年 9 月 30 日，中国外汇交易中心联合银行间市场清算所股份有限公司、中债资信评估有限责任公司发布了“CFETS—SHCH—CBR 长三角区域 CDS 指数”。该指数按照一定规则筛选出的一篮子具有较好流动性的长三角区域中高等级 CDS 参考实体的集合。

这三个 CDS 指数的发布，有利于发展我国信用衍生品市场，发挥信用衍生品的风险管理作用。

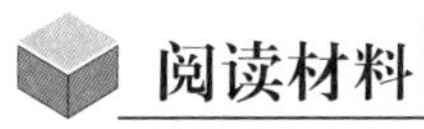

阅读材料

中央对手方清算制度

中央对手方清算制度是为了抵消商品期货交易中的对手方风险而发展起来的，它破土萌芽自日本，发展成型在欧洲，改革创新于美国，并以美国模式为当今世界的主流模式。现代意义上的中央对手方机制主要指美国模式。一般认为，美国模式的中央对手方清算制度是指清算所介入金融合约交易的对手方之间，成为买方的卖方、卖方的买方，从而使合约买卖双方的对手都被替换成了作为中央对手方的清算所。按专业说法，中央对手方主要有四个功能：重新分配合约对手方风险，防止多边净额结算失败；降低结算参与人的风险；提高结算效率和资金使用效率；提高市场流动性。

在中央对手方清算机制兴起之前，传统的双边清算机制在全球各个金融市场广为流行。所谓双边清算，即买卖双方成交后，虽是委托第三方机构进行清算、一笔归一笔全额交割，但第三方机构并不承担交收担保义务，反而是交易双方需各自承担来自对手的风险。一旦某一笔交易出现信用风险，还很容易"传染"，并引致系统性风险。

而在中央对手方清算机制下，就不会出现风险传染的问题。中央对手方的本质，是以中央对手方机构为核心的多边清算机制。简单来说，就是交易参与者无论哪一方，都直接和实力强大的固定中央对手方进行交易和结算，这个中央对手方，事实上就成了"所有买家的卖家"和所有"卖家的买家"。这样一来，可将分散的信用风险集中于实力强大的中央对手方，大大降低了所有的对手方风险和传染风险。

中央对手方清算机制在场内的金融衍生品交易中已经被广泛采用，场外交易的衍生品由于存在交易对手违约的风险，如果采用中央对手方清算机制，可以大大降低交易对手风险，有利于场外合约的流通转让。

案例

欧债危机与信用违约互换

欧债危机，全称欧洲主权债务危机，是指自 2009 年以来在欧洲部分国家爆发的主权债务危机。欧债危机是美国次贷危机的延续和深化，其本质原因是政府的债务负担超过了自身的承受范围而引起的违约风险。

（一）欧债危机的开始

早在 2008 年 10 月华尔街金融风暴初期，北欧的冰岛主权债务问题就浮出水面，而后中东债务危机爆发。鉴于这些国家经济规模小，国际救助比较及时，其主权债务问题未酿成较大全球性金融动荡。

2009 年 12 月，希腊的主权债务问题凸显，2010 年 3 月进一步发酵，开始向"欧洲五国"（葡萄牙、意大利、爱尔兰、希腊、西班牙）蔓延。在这过程中，美国三大评级机构及时跟进，连连下调希腊等债务国的信用评级。

（二）欧债危机的深化

2011 年 7 月 5 日，穆迪下调葡萄牙主权评级至垃圾级别之后意犹未尽，于 7 日再次宣布进一步下调由政府担保的葡萄牙银行债券评级，一时间希腊债务危机在欧元区其他国家蔓延开来的担忧再次骤然升温。另一方面，欧洲国家 CDS 费用狂飙，更是用血淋淋的数据证实了市场的担忧并非空穴来风。

数据供应商Markit的数据显示,7日对葡萄牙主权债务违约的投保创历史新高,葡萄牙5年期CDS指数首次升至1 000点上方。这意味葡萄牙1 000万欧元的5年期公债违约担保成本已增加至100万欧元,显示市场预计葡萄牙可能会发生违约并步希腊的后尘,最终将因面临违约风险而再度寻求支援。

意大利与西班牙CDS也受累扩大。意大利5年期CDS指数升至223点,西班牙5年期CDS指数升至313点。爱尔兰也难逃一劫,其5年期CDS指数同样大幅升至883点;当然,希腊无疑仍高居榜首,其5年期CDS指数升至高达2 200点的惊人水平。与上年同期相比,第二季度希腊的CDS费率上升了一倍,葡萄牙的CDS费率飙升37%,而意大利的CDS费率上升了28%。

到了2011年11月,希腊一年期国债收益率飙升至117%,两年期国债收益率也接近70%。而对冲希腊五年期国债风险的CDS价格飙升937个基点,达4 437点的历史新高,成为全球最贵的信用违约互换产品。

希腊政府每次支付债券利息就高达几十亿欧元,这一切都预示着,希腊发生违约也许难以避免。根据彭博社的报道,希腊在未来5年内发生债务违约的概率高达98%。

(三)欧债危机的原因

首先,财务造假埋下隐患。早在2001年,希腊因无法达到《马斯特里赫特条约》所规定的标准,即预算赤字占GDP3%、政府负债占GDP60%以内的标准,于是聘请高盛集团,通过货币互换的方式,为希腊掩盖了一笔高达10亿欧元的公共债务,以符合欧元区成员国的标准。通过这些粉饰账面的手段,高盛共拿到了高达3亿欧元的佣金。同时,高盛深知希腊通过这种手段进入欧元区,其经济必然会有远虑,最终出现支付能力不足的问题。为防止自己的投资打水漂,高盛便向德国一家银行购买了20年期的名义金额为10亿欧元的CDS,以便在债务出现支付问题时由承保方补足亏空。

其次,危机中心的国家,存在产业结构不平衡、实体经济空心化的现象。以希腊为例,其主要支柱产业是旅游业和航运业。一方面,为了大力发展支柱产业并拉动经济快速发展,希腊对旅游业及其相关的房地产业加大了投资力度,其投资规模超过了自身能力,导致负债提高。2010年服务业在GDP中占比达到52.57%,其中旅游业约占20%,而工业占GDP的比重仅有14.62%,农业占GDP的比重更少,仅为3.27%。另一方面,受金融危机影响,从2008年底开始航运业进入周期低谷,景气度不断下滑。航运业的衰退对造船业形成了巨大冲击。希腊的支柱产业属于典型依靠外需拉动的产业,这些产业过度依赖外部需求,在金融危机的冲击面前显得异常脆弱。

与希腊类似,葡萄牙、意大利、爱尔兰、西班牙等国的经济更多依赖于劳动密集型制造业出口和旅游业。随着全球贸易一体化的深入,新兴市场的劳动力成本优势吸引全球制造业逐步向新兴市场转移,南欧国家的劳动力优势不复存在。而这些国家又不能及时调整产业结构,使得危机到来时无法应对冲击。

再次,高福利政策和人口结构的失衡,导致许多南欧国家社会福利占GDP的比重由占比小于20%逐渐上升到20%以上,其中希腊和爱尔兰较为突出。2010年希腊社会福利支出占GDP的比重为20.6%,而社会福利在政府总支出中的占比更是高达41.6%。在经济发展良好的时候并不会出现问题,但在外在冲击下,本国经济增长停滞时,就出现了严重问题。从2008到2010年,爱尔兰和希腊GDP都出现了负增长,而西班牙近两年也出现了负增长，这些国家的社会福利支出并没有因此减少，导致其财政赤字猛增，2010年希腊财政赤字占GDP比重达到了10.4%，而爱尔兰这一比重更是高达32.4%。

最后，欧元区制度缺陷，导致危机的协调和解决成本过高。处于危机中的“欧洲五国”，虽然具有独立的财政政策，但是没有独立的货币政策，造成欧元区有经济实力的法国和德国迟迟未能就救援方案达成一致的意见，救援措施滞后。

二、总收益互换

信用衍生产品的又一个重要品种是总收益互换。所谓总收益互换(total return swaps，TRS)，是指投资者将自己所投资的一种资产的总收益(包括利息收入、资本利得和其他收益)调换成另一种资产的、较稳定的总收益，以规避信用风险及市场风险的交易方式。因此，与信用违约互换不同，总收益互换所要转移的不仅有信用风险，而且还有因市场价格的不确定变动而发生的市场风险。

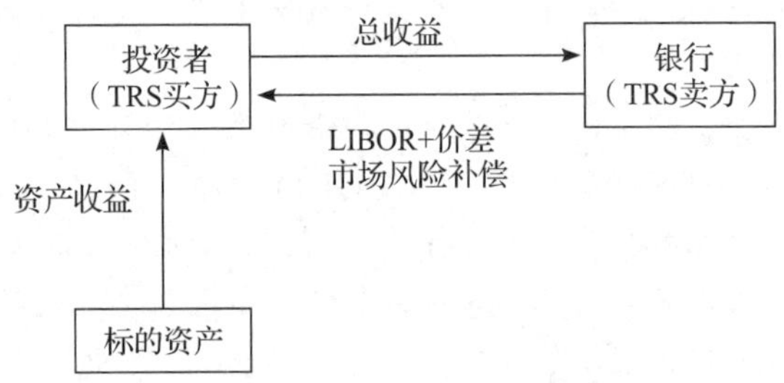

图 13-5　总收益互换示意图

这里的投资者就是风险保护的买方[总收益支付方(total return payer)]，银行是风险保护的卖方[总收益接受方(Total Return Receiver)]，由卖方定期向买方支付一个固定比率的金额(通常是LIBOR加若干个基点)，并承诺向买方支付由于信用事件发生带来的损失。

比如，A银行以10%的固定利率向X公司贷款1亿美元，该银行可以通过与B银行签订一份TRS来对冲。在这份TRS中，A银行承诺换出这笔贷款的利息加上贷款市场价值的变动部分之和，以此为代价获得B银行给予的LIBOR+50基点的收益。如果现在的LIBOR为9%，并且一年后贷款的价值从1亿美元跌至9500万美元，则B银行要进行两项支付：

1. 向A银行支付100 000 000×(9%+0.5%)=9 500 000美元
2. 贷款价值下降的支付数额100 000 000−95 000 000=5 000 000美元

相应地，B银行的收入为：100 000 000×10%=10 000 000美元。最终，B银行的净支出为4 500 000美元。

由此可见，当未来资产可能发生违约或资产价格大幅缩水时，B银行的支出数额是非常庞大的，B银行就很可能违约，而如果B银行违约，则A银行将受到重大损失。这就意味着，如果B银行违约，则A银行本来所面临的风险(包括信用风险和市场风险)就不能得到转移。但是，如果标的资产价格上涨而使B银行获得高收益时，B银行不可能违约，A银行则必须依约将这一高收益转让给B银行。所以，投资者要通过总收益互换转移信用风险和市场风险，必须以交易对手切实履行承诺的支付义务为条件。

在实践中，总收益互换往往可以作为企业应收账款管理的手段之一。我国企业应收账款占流动资产的比例大多为40%～50%，一些企业的应收账款竟高达流动资产的80%。如此巨大的应收账款数额，再加上缺乏管理意识，使企业的发展受到了很大的限制。如何管理应收账款成为了企业的重中之重。因此加快发展金融市场，运用总收益互换解决应收账款问题存在着极大的发展空间。

作为总收益支付方的企业，总收益互换有助于维持企业的财务杠杆比率。因为它作为一种表外融资方式，所以它不会增加企业的投入，同时也不会改变企业的负债水平。在将资产转化为现金的情况下，又不会增加企业资产负债表上的负债，从而有利于维持企业的偿债能力，为以后筹资提供了便利。

作为总收益接受方的银行，有两大好处：其一，在没有融资成本的情况下，不需要与债务人直接建立联系，就可以获得应收账款的风险收益；其二，避免了与直接购买资产有关的清算、融资和执行等麻烦。总收益互换作为表外融资方式，对于一些受资本限制的金融机构而言，是其利用杠杆将资本收益最大化的最经济手段。

三、信用关联票据

如上所述，在总收益互换中，当标的资产价格下跌时，总收益的接受方（总收益互换的卖方）必须向对方支付两部分收益：一是LIBOR＋价差；二是标的资产因价格下跌而造成的资本损失。与此同时，他所收取的总收益却因此而减少，甚至成为一个负数。此时，总收益接受方的违约问题将会发生。一般认为，信用关联票据可以解决总收益互换中交易对手违约这一问题。

信用关联票据（credit linked notes，CLN）是指这样一种票据，它由某金融机构或某公司直接发行，也可通过某特殊目的机构（special purpose vehicle，SPV）发行，投资者以面值购买这种票据。然后，如果参考资产无违约事件，则投资者可定期收到高额利息，并在到期时以面值收回本金。但是，如果参照资产发生违约事件，则投资者可能收不到利息，甚至连本金也不能完全收回。而信用关联票据的发行者在发行这种票据的同时，他还必须找到作为参考资产持有者的第三方，与他进行信用违约互换交易。这样，当参考资产发生违约事件时，发行者一方面对第三方支付或有支付；而另一方面，他对投资者支付的金额，则为面值减去或有支付（即违约支付残值）。

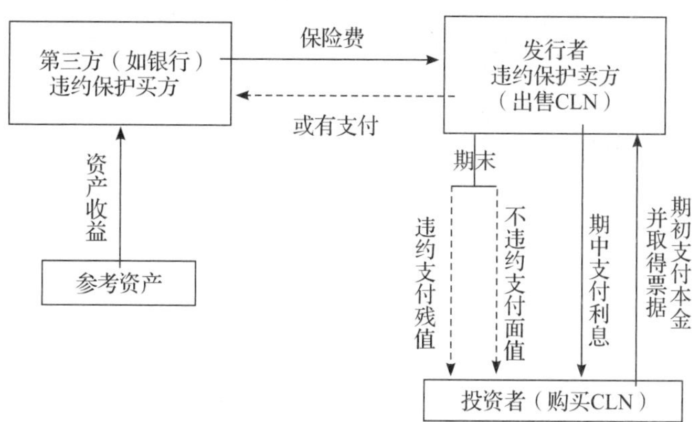

图13-6 信用关联票据示意图

从图 13-4 可以看出，信用关联票据的发行者向投资者发行票据，投资者按照面值向发行者支付本金。一般来说，这种票据有较高的利率，而且相对于直接购买公司债券来说，购买这种票据比较便宜，所以投资者往往乐于购买。而对于发行者来说，如果信用事件不发生，他可从第三方那里收取保险费，以增加其收益；如果信用事件发生，则他虽然要向第三方支付一定的金额，但他返还给投资者的正是本金减去这一或有支付的金额。显然，这一支付的金额实际上是由投资者所承担的。

前面所提到的信用违约互换，其违约保护的卖方（相当于图 13-4 中的发行者）在未来违约风险增大时，有可能因或有支付过于庞大而出现违约的可能，从而造成违约保护的买方（相当于图 13-4 中的第三方）面临较大的交易对手风险。相比之下，信用关联票据的发行者在合约结束时的总支付数额，不会因信用事件是否发生而改变。由此可见，信用关联票据减少了交易对手风险，因此有着对冲信用风险需求的机构更乐于采取这种方式。

阅读材料

我国的信用风险缓释工具

信用风险缓释工具（CRM，Credit Risk Mitigation），是指用于管理信用风险的信用衍生产品。2010 年 10 月，中国银行间市场交易商协会（NAFMII）组织起草发布了《银行间市场信用风险缓释工具试点业务指引》，推出了信用风险缓释合约（Credit Risk Mitigation Agreement，CRMA）、信用风险缓释凭证（Credit Risk Mitigation Warrant，CRMW）两项产品，填补了我国信用衍生产品市场的空白。但其后由于违约事件较少，该市场发展缓慢。

2016 年 8 月 24 日，NAFMII 刊登公告称：已接受中信建投证券 2016 年第一期信用风险缓释凭证（CRMW）创设登记。而最近一次刊登 CRMW 创设登记通知书为 2011 年 3 月，如今 CRMW 在时隔五年后重出江湖，在目前信用债券刚性兑付现象被频繁打破，市场迫切需要进行信用风险对冲的背景下，可谓意义重大。同年 9 月 23 日，NAFMII 正式发布了《银行间市场信用风险缓释工具试点业务规则》，以及信用风险缓释合约、信用风险缓释凭证、信用违约互换（CDS）、信用联结票据（CLN）等四份产品指引。表 13—2 对比了这四种产品的异同之处。

表 13-2　银行间市场信用风险缓释工具的对比

产品	信用风险缓释合约	信用风险缓释凭证	信用违约互换	信用联结票据
英文缩写	CRMA	CRMW	CDS	CLN
类别	合约类（场外）	凭证类（场内）	合约类（场外）	凭证类（场内）
变化	2010 年 10 月 NAFMII 发布	2016 年 9 月 NAFMII 发布		

续表

产品	信用风险缓释合约	信用风险缓释凭证	信用违约互换	信用联结票据
创设备案	不用备案，对创设机构没有要求	创设机构准入条件较严格，产品发行登记备案	不用备案，对创设机构没有要求	创设机构准入条件较严格，产品发行登记备案
买卖限制	没有规模限制	不超过标的债务余额	没有规模限制	现金保证类，没有规模限制
标的债务	所有券种，也可以是贷款或其他债务	金融企业债务或只能是非金融企业债务融资工具		
结算方式	实物结算、更多结算和拍卖结算三种，但除非手里有相应券种的纯粹风险对冲，否则一定要现金结算			
创设机构角色	信用保护卖方	信用保护卖方	信用保护卖方	信用保护买方

业内人士称，此次业务规则的修订发布和相关创新产品的推出，对于丰富债务融资工具市场的信用风险管理手段，完善信用风险市场化分担机制具有重要意义。一是为投资者提供信用风险保护和对冲工具，进一步完善信用风险分散分担机制；二是有助于完善信用风险的价格形成机制，提高市场信用定价水平；三是促进市场参与者主动管理信用风险，提高商业银行资本管理能力。四是实现信用风险的合理配置，维护宏观经济金融稳定。

四、信用期权与信用价差期权

期权类的信用衍生产品实际上有两种：一种是以债券或票据的价格作为协定价格的期权，这种期权适用于浮动利率的债券或票据；另一种则是以信用价差作为协定价格的期权，这种期权适用于固定利率的债券或票据。前一种期权可称为信用期权（credit options），而后一种期权则可称为信用价差期权（credit spread options）。

信用期权是一种场外交易的金融合约，它是为经济主体特殊的套期保值需要而设计的合约。与其他各种期权一样，信用期权也分为看涨期权与看跌期权两个类别。信用看涨期权赋予期权购买者在特定时间，以特定价格买进作为标的物的信用敏感性资产的权利；而信用看跌期权则赋予期权购买者在特定时间，以特定价格卖出作为标的物的信用敏感性资产的权利。通过信用期权，投资者可将自己所面临的信用风险转移给交易对手。

作为套期保值的工具，信用期权可适用于债券投资者，也可适用于银行等金融机构。例如，在投资者买进某种债券后，他可利用信用看跌期权进行套期保值。当信用事件发生时，如因债券的信用等级下降，而导致债券价格下跌时，投资者即可通过执行期权而避免损失。

所谓信用价差期权，一般是指以风险债券与无风险债券之间的价差作为标的物，并以某一特定水平的价差作为协定价格的期权。在这里，所谓风险债券，一般是指信用等级相对较低的企业发行的债券；所谓无风险债券，一般是指政府债券。对于看涨期权来说，当实际的价差超过期权合约所规定的价差(即协定价格)时，期权购买者即可执行其持有的期权，以获取利润。例如，某投资者预期某特定的信用价差将在未来 6 个月内扩大，他可买进 6 个月期的以该价差为标的物的看涨期权。在 6 个月后，如果该价差果然扩大，并高于协定价差，则该期权就有利可图，投资者执行该期权即可获利；而如果价差没有扩大，则投资者只损失其支付的期权费。

需要指出的是，我们在这里把价差扩大时期权购买者能获利的期权称为“看涨期权”。但是，在很多有关信用衍生产品的著作中，这种期权一般都被称为“看跌期权”。这是因为，在无风险债券的价格一定时，价差扩大，则意味着风险债券的价格下跌；而价差缩小，则意味着风险债券的价格上涨。对于期权购买者来说，债券价格下跌时能获利的期权，显然是看跌期权。

五、抵押债务凭证

抵押债务凭证(collateralized debt obligation，CDO)是资产支持证券的一种，是兼具证券化和信用衍生工具特征的结构化金融产品，其抵押物通常是由债券或银行贷款构成的资产组合。在抵押债务凭证现金流量结构化的过程中，由各种债务工具构成的抵押资产池的利息收入现金流和本金偿还现金流被重新分配到具有不同优先等级的系列中，每个等级的系列被称为一个档(tranche)。基本的层级安排是一种优先次序排列，依次分为优先档(senior tranche)、中间档(mezzanine tranche)以及权益档(equity tranche)，其中的权益档属于不公开发行的系列，多为发行者自行买回，相当于用此部分的信用支撑其他档的信用，具有权益性质。其大致流程如图 13-7 所示：

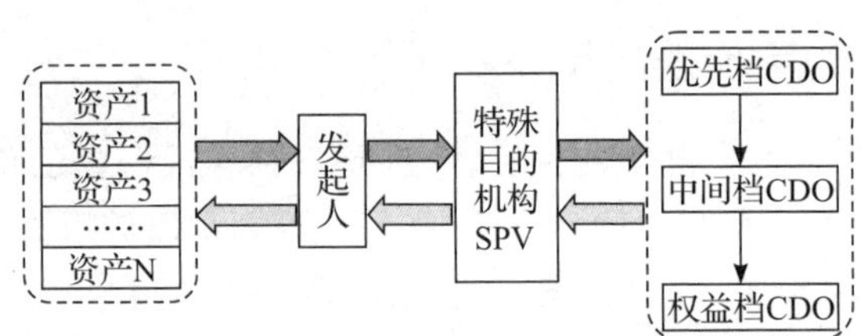

图 13-7　抵押债务凭证流程示意图

CDO 与一般意义上的资产证券化，在流程方面有相似之处：第一步，构建基础资产池，由资产证券化的发起人(originator)将未来能够产生现金流的资产进行剥离、整合，形成资产池；第二步，组建 SPV，并将基础资产转移或者是出售给 SPV，由其将基础资产进行重新组合配置；第三步，发售并支付，即 SPV 在中介机构的帮助下发行债券，等到销售完成之后，SPV 把发行所得按照约定好的价格支付给发起人，同时支付整个过程中产生的服务费用；第四步，对资产池实施续存期间的管理和到期清偿结算工作，主要工作包括收取资产池的现金流，账户之间的资金划拨以及相关税务和行政事务。

在发行资产证券化产品的过程中，为了增强证券产品对投资人的吸引力，需要引入各种信用增级方式来保证和提高证券化产品的信用级别，满足不同投资者的需求。

总体上，根据信用增级服务的来源，可将信用增级方式划分为内部增级和外部增级。外部增级主要由第三方提供信用支持，如银行提供信用证、保险公司提供债券保险、公司提供担保；或者从第三方获得次级贷款，即索偿顺序在证券化产品之后，保证当基础资产的现金流发生恶化时证券化产品能首先获得及时偿付。但是，外部增级的缺点是其费用过高且仍然存在较大的不确定性。从本质上看，证券化产品的信用实质上依赖于担保人的信用。一旦担保人的信用评级被降低，则证券化产品的评级也将受到拖累。这一缺点在出现系统性风险之时尤为突出。

正因如此，资产证券化的信用增级步骤主要通过内部法来实现，即由证券化交易结构的自身设计来完成。在 CDO 当中，内部信用增级是通过优先/次级分层结构来实现的，将 CDO 债券按照本金偿还的先后顺序分为优先级和次级等多个档次，资产池定期产生的收益，首先偿还优先级的本金和利息，可能的折损由后面的层级承受。这样的设计，使得优先级能获得更好的信用评级。

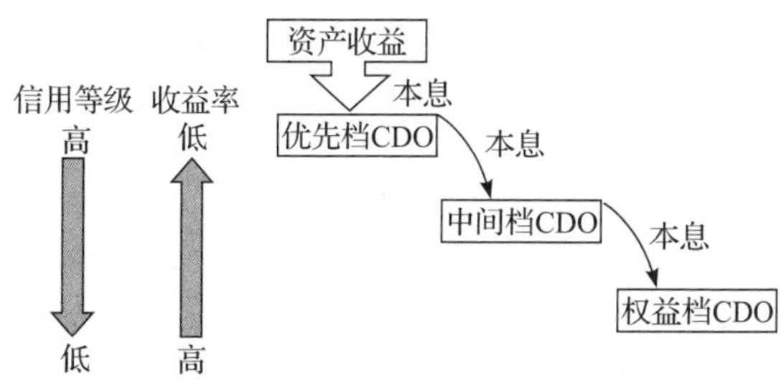

图 13-8 抵押债务凭证(CDO)分层结构示意图

基于抵押债务凭证的这种分层结构，一些 SPV 为了提升各档 CDO 的评级，往往会在原先 CDO 的基础上，将其与信用违约互换(CDS)合约进行捆绑，相当于为各档 CDO 上了“保险”(权益档 CDO 一般不予投保)。

案例

美国次贷危机与信用衍生产品

次贷危机的全称是“次级抵押贷款危机”(sub-prime mortgage crisis)，是由美国次级抵押贷款市场动荡引起的金融危机。这是一场因次级抵押贷款机构破产、投资基金被迫关闭、股市剧烈震荡引起的风暴，自 2007 年 8 月以来席卷美国、欧盟和日本等世界主要金融市场。此轮次贷危机的风险传导可大致分为三个阶段：风险累积阶段、风险爆发阶段和风险扩散阶段。

一、风险传导三部曲

(一)风险累积阶段

根据美国的个人客户信用评级标准，按揭贷款分为三个层次：优质贷款市场(prime market)、超 A 贷款市场(alternative A，Alt-A)和次级贷款市场(sub-prime market)。优质贷款市场面向信用等级高(信用分数在 660 分以上)、收入稳定可靠和债务负担合理的优良客户，其主要选择传统的30年或15年固定利率按揭贷款。次级贷款主要面向信用分数低于620分、收入证明缺失、负债较重的客户。"Alt-A"贷款则是介于二者之间，既包括信用分数在620～660分之间的阶层，又包括高于660分的高信用度客户中的相当一部分人（一般不能提供收入证明）。一般而言，"Alt-A"贷款市场和次级贷款市场客户获得住房抵押贷款的难度较大，且利率较优质客户要高1～3个百分点。

21世纪初美国的互联网泡沫和"9·11"恐怖袭击，对美国的经济造成沉重打击，在此背景下，美联储多次下调联邦基金利率，以刺激国内的消费。低利率环境和房价持续上涨的预期，使得银行放宽了放贷的标准，银行在逐利的驱使下加大了"Alt-A"贷款和次级贷款的比重。

据统计，2006年，"Alt-A"和次级贷款产品总额超过4 000亿美元，约占美国房地产按揭贷款总额的40%以上。若从2003年算起，"Alt-A"和次级按揭贷款总额超过2万亿美元，这为次贷危机的爆发埋下了伏笔。因为这一阶段的均衡取决于两个必要的前提条件：持续的低利率和持续的房价上涨预期，若以上两个条件不具备，均衡就会被打破。因此，当美国自2004年6月进入升息周期，利率上升和经济增长放缓促使房地产市场进行调整之时，这一潜在的风险终于爆发出来。

（二）风险爆发阶段

2004年6月至2006年6月，美联储连续17次加息，使联邦基金利率从1%升到5.25%，而这也成为压垮次级按揭贷款市场的最后一根稻草。在加息的影响下，2006年初美国房地产开始降温，房价上升趋缓并于2007年初开始下降。利率上升和房价下降使购房者的偿付能力极度恶化。许多借债过度的购房者的房产净值由正转负，既无力偿付房贷到期本息，又无法再融资。结果，借款人偿付能力恶化与房价下跌形成一个恶性循环，导致2006年以来次贷市场违约拖欠债务事件大增。

（三）风险扩散阶段

早在2004年，美国的银行业就已经逐渐意识到次级抵押贷款潜在的风险，这一点可以从信用衍生产品市场在2004—2007年间每年近100%的增长速度可以看到。但由于多种原因，这种现象并没有引起足够的重视。银行通过参与信用衍生品市场将风险转移给了其他专业的投资者。

统计数据显示，美国借贷机构在提列贷款损失准备后将承受4 600亿美元的信贷损失，而全球的信贷损失将高达1.2万亿美元。大型金融机构遭受损失，引发流动性危机进而导致破产情况造成了全球金融市场的剧烈震荡。

二、证券化——次贷危机的源头

近年来，证券化（securitization）一直是发达国家金融市场非常热门的名词。通过证券化，原本是住房抵押贷款金融机构和借款人之间一对一签订的、各不相同的一些住房抵押贷款合同，被住房抵押贷款金融机构转卖给了SPV。而后者将其打包之后，又以债券的形式卖给了投资者，这些债券就是所谓的住房抵押贷款支持债券（residential mortgage backed securities，RMBS）。投资者，即RMBS的购买者因持有RMBS而获得固定收益（像持有一般公司债券一样），同时也要承担债券违约风险。而住房抵押贷款金融机构由于已经将其对借款者的债权转让给了SPV，因此将不再承担借款人的违约风险，当然，它也不再享有获得借款者所支付的利息和回收本金的权利。

在实践中，住房抵押贷款证券化后产生的RMBS分为优先档、中间档和股权档，三者占的比例分别约为80%、10%和10%。而RMBS各档（trenches）的等级要由评级机构确定。不同投资者有不同风险偏好。有些投资者愿意首先承担损失以换取高回报，而另一些投资者则宁愿取得较低收益，而不愿冒较大风险。RMBS的分档满足了不同风险偏好的投资者的需要，因而使RMBS得到投资者的追捧。事实上，养老金和保险公司是RMBS优先档的购买者，而对冲基金则往往愿意持有回报较高但风险也较高的RMBS中间档和股权档。这样，通过证券化，住房抵押贷款金融机构就把发放次贷的风险转移给了RMBS的购买者。

有意思的是，次贷的证券化过程并未止于RMBS。由于中间档RMBS信用评级相对较低，而发行RMBS的金融机构希望提高这些资产的收益，于是以中间档RMBS为基础，进行新的一轮证券化（resecuritization）。以中间档RMBS为基础发行的债券就是抵押债务权证（CDO）。

CDO与RMBS的主要区别在于：CDO资产池的资产已经不再是次贷，而是中间段级RMBS和其他债券，如其他资产支持证券（ABS）和各种公司债。根据同RMBS类似的现金收入流的分配规则，CDO也被划分为不同档：优先档（senior tranche）、中间档（mezzanine tranche）、股权档（equity tranche或junior tranche）。现金收入首先全部偿付优先档CDO投资者，如果有富余，则将偿付给中间档CDO投资者。最后的偿付对象是股权档CDO投资者。同MBS的情况相同，如有损失，股权档所有者将首先承担损失。由于股权档CDO投资者风险最大，因而投资收益率最高；而优先档CDO投资者风险最小，因而投资收益率最低。

不仅如此，中间档的CDO又会被进一步证券化并作为另一个CDO的基础资产。这种过程可以继续进行下去，于是出现了可形容为CDO^2、CDO^3之类的证券。

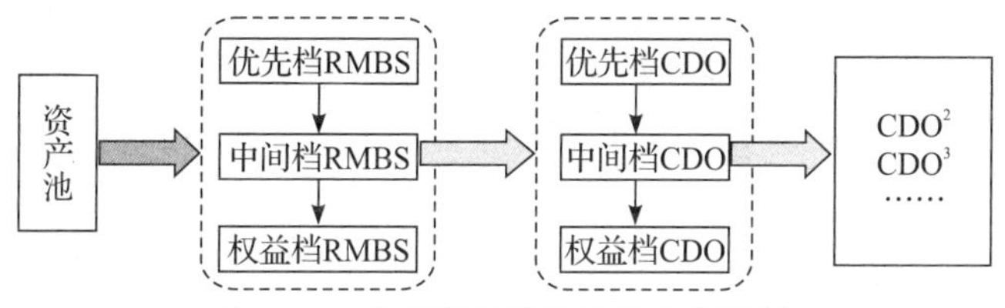

图13-9 次级抵押贷款证券化路线图

三、信用衍生品在次贷危机中发挥的作用

除RMBS和CDO外，信用违约互换（CDS）是次贷危机中扮演重要角色的另一重要衍生金融工具。CDS的作用是将某种风险资产的违约风险从合同买方（信用风险资产的投资者）转移到合同卖方（信用风险保险提供者）。合同买方定期向合同卖方支付“保费”（premium），如果发生参照实体（出售公司债券的第三方）违约、破产等“信用事件”时，保险卖方（可以是投资银行或其他金融机构）就必须向保险买方赔偿损失。当参照实体的违约风险增加时，“保费”就会相应提高。而“保费”与某种基准利率之间利差的增加，则反映了相应债券风险的提高。

如果说次贷的证券化是将次贷风险由发起人（住房金融机构）转移到投资者（其他金

融机构)，那么 RMBS 和 CDO 的投资者购买 CDS 则是将风险转移到 CDS 的投资者，而 CDS 的投资者则又是形形色色的金融机构。

CDS 的发展是同 CDO 的创造密切相连的。事实上，CDO 可分为现金型 CDO(cash CDO)和合成型 CDO(synthetic CDO)。如果金融机构把 RMBS 完全卖给 SPV，后者再通过打包和分档做成 CDO，则这种 CDO 便是现金型 CDO。另一种情况是，发起人并不将 MBS 卖给 SPV，而是与 SPV 签订一份保险合同：在正常情况下，发起人定期向 SPV(保险提供者)支付保费；如果出现违约，则 SPV 赔偿发起人的损失。在这种安排下，SPV 出售的 CDO 被称为合成型 CDO。在这里，作为 CDO 基础的信贷资产的所有权并不发生转移。发起人并未将其资产卖给 SPV，而仅仅通过 CDS 将其所拥有的资产的信用风险转移给 SPV，并由 SPV 最终转移给投资者。

2003 年美国经济开始复苏。为防止通货膨胀反弹，美联储在两年内连续 17 次上调联邦基金利率。长期以来，由于市场利率较低，房屋价格不断上涨，住房抵押贷款者可以以已经升值的住房为抵押，以比原有贷款更为优惠的条件，借入一笔新的贷款。在偿还旧贷款之后，多出来的部分便可以提取现金，作为自己的消费开支。但是，美联储不断升息导致住房贷款市场利息率的上升和房价的下跌，再融资者无力偿还新贷款，于是出现"断供"。违约率的上升导致以次贷为基础的 RMBS 和 CDO 的价格下跌。更糟糕的是，相当大部分住房抵押贷款采取的是浮动利息率。根据次贷的有关规定，在经过前两年低利息率期之后，次贷利息率必须根据市场利息率加以调整，次贷合同进入利息率重新设定期。利率的提高使得大多数次贷借贷者难以承受，次贷推迟偿还和违约率都大幅度上升，甚至 Alt-A 按揭贷款也未能幸免。

首先，违约率上升使提供次贷而又未实现次贷证券化的住房金融机构倒闭或申请破产保护。2007 年 4 月，美国第二大次贷供应商新世纪金融公司(New Century Financial Corporation)申请破产保护；2008 年 9 月 7 日身陷 700 亿美元亏损困境的美国房地产抵押贷款巨头房地美(Freddie Mac)和房利美(Fannie Mae)被美国政府接管。

其次，由于 RMBS 和 CDO 价格急剧下降，或出现有价无市的现象，使购买了大量较低级别 RMBS 和 CDO 的对冲基金的投资人赎回压力骤然增加，贝尔斯登公司(Bear Stearns Corp.)旗下的两家对冲基金被迫关闭。

再次，较低级别的 RMBS 和 CDO 的风险上升，导致评级机构对较高等级的 RMBS 和 CDO 进行重新评估，这些产品的信用级别被调低，其市场价格也相应下跌。这就使购买信用评级较高的 RMBS 和 CDO 的商业银行、保险公司、共同基金和养老基金等也随之受到冲击。

最后，由于信用事件的发生，当初大量出售 CDS 的保险公司等金融机构面临巨额的索赔。美国国际集团(American International Group，AIG)2008 年第四季度亏损 617 亿美元，创下美国公司史上亏损之最。最终于当年 9 月 16 日被美国政府以取得 AIG 79.9%股权的代价接管。

阅读材料

李祥林的模型与次贷危机

李祥林(David X. Li),中金公司首席风险官。拥有加拿大滑铁卢大学统计学博士学位,以及南开大学经济学硕士学位和数学学士学位。曾分别在花旗银行和巴克莱投行担任全球信用衍生产品数量分析和研究部负责人。他是信用衍生产品早期开拓者之一,发明的信用组合定价公式被市场广泛使用和学术界认可,并获华尔街日报头版大幅报道。

让李祥林崭露头角的是2000年他在摩根大通银行工作时,在《固定收益杂志》发表的论文《相依函数的违约相关分析》①。在论文中,李祥林巧妙借助于他在精算学和保险学的知识,试图描述和解决华尔街定量金融家最棘手的问题:违约相关性。其中最著名的即是对违约相关性模型进行描述的公式:高斯相依(Gaussian copula)函数。这是一个线性相依关系模型,其突破之处在于确定了资产间的相关性,从而被认为锁定了风险。这种方法能让数量庞大的新型证券进行交易并被开始各大金融与评级机构广泛应用。

2003年,李祥林的论文使他在华尔街一举成名。他开始担任花旗集团衍生品研究部总监和全球负责人。2004年8月10日,评级机构穆迪把他的模型运用到自己的抵押债务凭证(CDO)的评级方法中。几周后,标准普尔也运用该项评级方法代替了原来的评级方法。

李祥林的模型可以帮助CDS的投资者在特定情况下准确计算回报、定价、计算风险及应采取什么策略以降低风险,等于为结构化的信用衍生产品的估价和风险控制提供定量化的有效工具,有了这一风险定价公式,华尔街的精英们看到了新的无限可能,他们马上着手创造大量新的3A证券,CDS发行及成交大增。

这些高风险的衍生产品,在新的评级标准下,被包装成了高等级的3A投资品。由此使得与次贷相关的衍生产品市场在短短的数年间出现了几何级的飞跃。2001年年底CDS的规模约9200亿美元,到2007年底飞涨到62万亿美元;CDO的规模则由2000年的2750亿美元,增长到了2006年的4.7万亿美元。

由于李祥林的模型以相关CDS的历史价格走势为基础,因此相关性的计算只能局限于CDS出现之后的年代。而在过去不到十年的时间里,房价一直在上涨,因此住房贷款之间违约的相关性就相对比较小;一旦房市的繁荣时代结束,整个国家的房价都下降,房贷违约的相关性就会骤然飙升。然而,从债券投资者到华尔街的银行,从评级机构到监管

---

① David X. Li. On Default Correlation: A Copula Function Approach[J] The Journal of Fixed Income March 2000, Vol.9, No.4; pp.43-54

机构,几乎每一个人都在使用李祥林的模型。很快,利用这一模型来衡量风险的方法已经在金融领域深入人心,并且帮人们赚到了大量金钱,使得任何对此模型的局限性的警告都被人们忽视了。

2006 年末,美国次级抵押贷款市场开始出现问题,贷款违约率开始上升。银行起初并不担心,因为它们使用的模型假设,美国各地的小规模违约现象互不相关。到 2007 年初,美国次级债市场明显出现了问题,到夏天,全美房产业主开始拖欠抵押贷款,银行开始承受持有 CDO 带来的损失,数目令人难以置信。随着各大机构对彼此的偿债能力变得担心起来,于是停止互相借贷。全球流动资金枯竭。问题从一个资产类别传染至另一个资产类别,银行的痛苦蔓延至整个实体经济。在这个过程中,每一件事都变得高度相关起来。

使用这一模型的人们发现,金融市场开始出乎他们意料之外地变化。小小的裂缝在 2008 年演变成了巨大的裂谷,瞬间吞噬了成千上万亿的资金,将全球银行体系推向了崩溃的边缘,并引发了这场波及全球各个角落的经济危机。

2009 年 2 月 25 日,美国《连线》杂志发表记者署名文章①,指出李祥林的公式成为令华尔街步入绝境的祸首。一时间,一些欧美传媒和国外金融家也纷纷借此指责李祥林。

事实上,正如武器杀人但杀人者非其发明者。财迷心窍、贪婪无厌和不负责任的华尔街炒家滥发 CDO,才是造成金融海啸的罪魁祸首。

值得指出的是,即使李祥林的数学模型影响巨大,但债券投资者、金融业者、信用评级机构及监管机构者在运用他的模型时,却漠视他对自己的模型附加的限制警告,这才是造成悲剧的根本原因。

本章摘要

1. 信用风险管理的主要方法有两类:一类是将含有信用风险的资产出售;另一类是采用信用衍生品来管理。

2. 信用衍生产品是分散和转移信用风险的工具。

3. 信用衍生产品存在的时间不长,但其潜在的发展空间很大。

4. 信用违约互换是最典型的信用衍生产品。通过信用违约互换,违约保护的买方支付一定的费用后,就可将自己面临的信用风险转移给违约保护的卖方。

5. 总收益互换虽然也可作为转移信用风险的工具,但其本身的信用风险较大,因而在产生后,其交易不很活跃。信用关联票据,可在一定程度上解决总收益互换中的违约问题。

6. 信用关联票据是以信用互换为基础资产的信用衍生产品。

7. 信用期权总体可以分为两类:一类是看跌期权,其协定价格以标的资产的价格来表示;另一类是一种看涨期权,其协定价格以信用价差来表示。

8. 抵押债务凭证(CDO)是资产支持证券的一种,是兼具证券化和信用衍生工具特征

---

① Salmon F. Recipe for Disaster: The Formula That Killed Wall Street [N]. Wired. 2009.

的结构化金融产品，其抵押物通常是由债券或银行贷款构成的资产组合。

练习与思考

一、名词解释

市场风险、信用风险、信用衍生产品、信用违约互换、总收益互换、信用关联票据、信用期权、信用价差期权、抵押债务凭证

二、单选题

1.以下关于信用风险叙述正确的是(　　)

A.信用风险一般不会受到经济周期和行业周期的影响

B.处于经济扩张期时，信用风险上升

C.经济处于紧缩期时，信用风险会显著增加

D.信用风险只有在银行等金融机构才会出现

2.以下关于信用衍生产品特性的叙述错误的是(　　)

A.信用衍生产品在交易者的资产负债表上并无反映，属于表外项目

B.在信用衍生产品交易中，基础资产仍然保留在保护买方的资产负债表内，保护买方无须出售或消除该项资产

C.信用衍生产品将信用风险从市场风险等其他风险中分离出来，在市场上独立地进行交易，实现了信用风险交易市场化

D.信用衍生产品具有标准化的特点

3.以下关于信用违约互换的叙述错误的是(　　)

A.寻求保护的买方定期支付固定金额或前期费用给保户提供方，一旦发生作为第三方违约的情况，信用互换的卖方将向买方进行支付或有偿付款

B.现金结算是指，信用保险卖方向买方支付基础资产面值与残值之间的差额

C.实物结算是指，信用保险买方将参考资产交与信用保险卖方，收取与原面值相等的金额

D.信用违约互换不可以被提早终止

4.以下关于总收益互换的叙述正确的是(　　)

A.银行和投资者除了交换在互换期间的现金流之外，在贷款到期或者出现违约时，还要结算贷款或债券的价差，计算公式在事先签约时确定

B.如果到期时，贷款或债券的市场价格出现升值，则由投资者向银行支付价差

C.如果到期时，市场价格下跌出现减值，银行将向投资者支付价差

D.在总收入互换中，在对资产进行实物转移的情况下，将资产的市场风险进行了剥离并转移

5.以下关于信用期权叙述正确的是(　　)

A.信用价差远期合约其实就是由看涨期权和看跌期权的叠加，其与标准的远期合约完全相同

B.如果信用期权是看涨期权，若信用差价大于协定价格时，期权买方(银行)有权以

协定价格向期权卖方交割金融资产，卖方支付的价格高于基准的收益差价等于协定价格

C.如果信用期权是看跌期权，这就保证了如果金融资产价值上涨并高于协定价格时，期权买方可以要求期权卖方按协定价格购买这份金融资产，从而使买方减少损失。

D.如果信用期权是看跌期权，协定价格等于将金融资产现金流的现值按照无风险利率进行贴现，再减去信用差价

6.以下关于信用关联票据叙述错误的是（　　）

A.信用关联票据是由银行或其他金融机构发行的一种债务工具，是以信用互换为基础资产的信用衍生产品

B.如果在债券的有效期内信用互换没有发生违约事件，在到期日投资者可以获得利息和本金的偿付

C.如果违约事件发生，债券的发行方会停止向投资者支付债券利息，并返还给投资者相当于票面价值减去或有偿付款的余额

D.信用关联票据的利息与基准市场价格有关，而与信用互换无关

7.＊金融机构一般采用（　　）为信用违约互换提供的标准定义文件和协议文件。

A.金融衍生品政策委员会　　B.美国联邦会计准则委员会

C.国际互换与衍生品协会　　D.国际资本市场协会

8.＊当信用违约互换（CDS）的买方账户出现盈利时，意欲作为卖方出售新的以同样债务为参考债务的CDS合约，使得账面浮盈最终兑现，这种平仓方式属于（　　）。

A.卖出CDS合约　　B.签订反向合约　　C.解除现有合约　　D.转移现有合约

9.＊投资者认为苹果公司的新产品受欢迎程度一般，而且市场上出现了强有力的竞争对手，苹果公司的经营难度将大幅提高。那么适合采取策略是（　　）。

A.买入苹果公司的股票

B.买入苹果公司的债券

C.卖出以苹果公司为参考实体的信用违约互换

D.买入以苹果公司为参考实体的信用违约互换

10.＊CDO的资产发生亏损时，（　　）子模块最先承担损失。

A.优先块　　B.次优先块　　C.股本块　　D.无所谓

11.＊信用违约互换（CDS）卖方发生的现金流为（　　）。

A.违约发生时卖方支付现金流　　B.违约发生时卖方收到现金流

C.违约不发生时卖方支付现金流　　D.违约不发生时卖方不收到现金流

12.＊信用违约互换（CDS）买卖双方收付的现金流为（　　）。

A.买方定期支付现金流，违约时卖方支付现金流

B.卖方定期支付现金流，违约时买方支付现金流

C.买方定期支付现金流，违约时共同支付现金流

D.买方定期支付现金流，违约时不发生现金流

13.＊信用违约互换（CDS）的投资者认为参考实体的信用变差，那么可以（　　）规避

信用风险。

A.买入 CDS　　B.卖出 CDS

C.买入利率互换　　D.卖出利率互换

三、简答题

1.信用事件主要有哪些?

2.信用违约互换是怎样操作的?

3.总收益互换为什么交易量不大?

4.简述两类信用期权的交易原理。

5.简述信用关联票据的交易原理。

6.简述抵押债务凭证的交易原理。

参考文献

1.Chance D.,Brooks R.An Introduction to Derivatives and Risk Management [M].Cengage Learning,2015.

2.Hull J. Options,Futures,and Other Derivatives [M].Prentice Hall,2014.

3.Hull J. Risk Management and Financial Institutions [M].Wiley,2015.

4.黄昱程.期货与选择权:衍生性金融商品入门经典[M].华泰文化,2015.

5.施兵超.金融衍生产品[M].复旦大学出版社,2008.

6.张元萍,郗文泽.金融衍生工具[M].首都经济贸易大学出版社,2015.

7.Philippe Jorion.Financial Risk Manager Handbook [M].John Wiley,2009.

8.史永东,赵永刚.信用衍生品的国际发展机理研究[J].财经问题研究,2008(10).

微信公众号推荐

CfetsOnline 发布
微信号:Cfets_Online

NAFMII 资讯
微信号:nafmii

第14章 金融衍生工具风险管理和监管

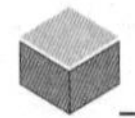

学习目的

通过本章的学习，掌握金融衍生工具风险的类型；熟悉金融衍生品风险的成因；理解金融衍生工具的风险管理；理解各国对场外衍生工具监管的相关规定；掌握巴塞尔协议Ⅲ和多德-弗兰克法案的主要内容。

案例导读

1994 年 12 月 6 日，美国加州橘郡(Orange County)政府在投资利率衍生品的交易中损失 16.9 亿美元后宣布破产。郡政府财务长 Robert Citron 是导致这次事件的祸首。他于 1972 年开始担任债券交易员，由于操作绩效非常好，为郡政府基金赚了不少钱，这种高报酬在 1990 年初，因民众抗拒增税使各地方政府财政吃紧的政治环境下特别受欢迎，因而吸引了越来越多地方政府机构的资金加入，有些甚至借钱来投资这个基金。到 1994 年 Citron 的基金已成长到 75 亿美元，在此基础上，Citron 通过利率衍生品的高杠杆，将 75 亿美元的资金扩大成 200 亿美元的头寸。

1994 年 2 月起美国联邦准备理事会开始一连串的升息，到 1994 年底共升息了 2.25%，债券价格因而大幅下跌。Citron 的基金也因为杠杆操作而加速亏损，终致亏损 16.9 亿元。橘郡政府不得不申请破产保护。这个基金设立的初衷是以稳健而且盈利的方式管理本县以及本地 241 家相关机构的资金，但后来却引发了美国历史上最大的地方政府的财政悲剧。

第一节 金融衍生工具的风险类型

20 世纪 90 年代以来，在国际金融市场上，金融衍生产品一直是人们注目的焦点，与金融衍生产品交易联系在一起的触目惊心的事件接二连三地发生，一再引起人们对金融衍生产品市场上存在风险的关注和反省。

表 14-1 金融弊案排行榜

排行	公司名称	亏空（亿美元）	事实	年度
1	法国兴业银行	72	交易员逾越权限交易欧洲股票指数期货	2008
2	Amaranth 公司	66	交易员交易天然气期货合约，做错方向	2006
3	长期资本管理公司(LTCM)	40	俄罗斯国债违约造成交易亏损	1998
4	住友商社	26	交易员逾越权限交易铜期货亏损	1996
5	加州橘郡	17	利用债券与金融衍生品，希望增加投资基金获利，造成亏损	1994
6	德国金属公司	15	交易石油期货合约亏损	1993
7	巴林银行	14	交易员越权交易，出现亏损造成银行倒闭	1995
8	大和银行	11	未经授权的交易造成亏损	1995
9	爱尔兰联合银行	6.91	交易员隐瞒外汇交易损失	2002
10	蒙特利尔银行	6.63	交易天然气，做错方向	2007
11	中国航油新加坡公司	5.50	原总裁从事石油期货投机亏损，被迫债务重组	2004
12	瑞富公司(Refco)	4.30	隐瞒债务后，宣布破产	2005

1994 年 7 月 27 日，国际清算银行的银行监管委员会——巴塞尔银行监管委员会，在全面考察和分析金融衍生市场风险的基础上，发表了《衍生工具风险管理指南》。在这份文件中，金融衍生工具的风险被概括为信用风险、市场风险、流动性风险、操作风险和法律风险五大类。

一、信用风险

金融衍生工具的信用风险是指合约的交易对手出现违约所引起的风险。金融衍生工具的信用风险主要源于场外交易。信用风险与合约的期限有着密切的关系，期限越长，信用风险越大。同时，对于同一合约来说，它的信用风险随着时间的推移还会发生不断的变化。在不同场所交易的金融衍生品，信用风险也是大不相同的。通常交易所内的产品信用风险较小，这是由于交易所内有着特殊的降低信用风险的制度安排所决定的；而对于场外交易的衍生产品来说，其风险就很大，因为场外交易既没有什么保证金要求，也没有集中的清算制度，因此使得双方都存在较大的信用风险。

二、市场风险

市场风险是指由于标的资产价格的变化，从而给金融衍生产品投资者带来损失的一种风险。市场风险是金融衍生产品最为普通、最为经常的风险，它存在于每一种衍生产品之中。这是因为每种金融衍生产品的交易，都是以这些标的资产价格变化的预测为基础的，当实际的变化方向或幅度与交易商的预测方向出现背离时，就会造成相应的损失。

三、流动性风险

流动性反映的是一项资产变现能力的强弱，具体表现为变现时间的长短、变现折价的高低等。流动性风险(liquidity risk)则包括市场流动性风险和资金流动性风险两大类。市场流动性风险是指市场深度不够，或受到震荡发生故障，即市场业务量不足或无法获得市场价格，此时，金融衍生工具的使用者因不能轧平其头寸而面临无法平仓的风险。资金流动性风险是指由于金融衍生产品交易者的流动资金不足，合约到期时无法履行支付义务或无法按合约要求追加保证金的风险。

对于新上市的金融衍生工具，其流动性风险往往很大。有的新产品问世时间不长，参与交易者少，市场深度不够，遇到市场剧烈波动时，往往找不到交易对手，这时其流动性风险是相当大的；另外，金融衍生工具作为交易者资金运用的组成部分，与其整体经营水平及资产负债密切相关，一旦经营不善或资金来源短缺，交易者不能及时履行合约义务或追加保证金，其风险也是相当高的。

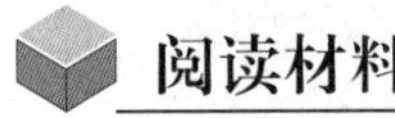

阅读材料

2020年美股四次熔断的原因

在新型冠状肺炎的蔓延下，全球金融市场遭受了一定的打击，美国作为世界头号资本主义大国，其股市却在两周之内接连四次触发熔断机制。

2020年3月9日，美国股市迎来了两周内的第一次熔断，遭遇了“黑色星期一”，开盘即暴跌，标普500指数跌幅超过7%，触发了一级熔断机制，暂停交易15分钟。令人意外的是在接下来的两个星期内，美国又接连三次触发熔断机制，彻底跌入熊市，曾经让美国总统特朗普引以为荣的股市政绩也迎来了破产之日。造成美股多次熔断的原因主要有以下几个方面：

一、美国特朗普政府消极对待疫情

全球范围内新冠肺炎疫情越来越严重，特朗普在公开场合宣言无须佩戴口罩等防护措施，更是助长了病毒及疫情的传播速度和数量。目前，不仅仅在美国，全球范围内的新冠肺炎疫情都在不断升级，疫情在欧美各国以及中东国家快速蔓延，截止到熔断的前一日，中国以外的国家地区一共累计确诊27830例新冠肺炎患者。而且，自3月6日起，美国宣布停止公布疫情具体信息，同时昂贵的检测费用也令大部分患者前往检测新冠肺炎病情产生了顾虑。加之，这次疫情的涉及的行业广、影响大、时间久的特点，使得投资者对美国经济的未来走向抱有极大疑虑，这也是导致美股熔断的最直接原因。

二、美联储不当的货币政策操作行为

一周内经历了两次美股熔断后，美国特朗普政府迅速宣布，美国进入国家紧急状态，举国家之力，全力对抗新冠病毒。话音刚落，美股也是迅速上涨，15 分钟内上涨将近 7 个百分点，道琼斯工业指数上涨 1173.45 点。然而，仅仅维持了几天，美联储突然在这周的周天晚上宣布释放 7000 亿美元，并且再次降息，把利率从 1%降低到 0.25%，甚至是零利率。这意味着从银行贷款甚至不需要支付利息。可是在此的 13 天之前，美联储刚刚宣布紧急降息过，把利率从 1.5%降到 1%。本就没有多大的可降空间，这下美联储更是捉襟见肘。美联储的一系列降息行为本是抵御风险，却造成了民众的恐慌，抬升了民众的避险情绪。从而造成了美股的第三次熔断。仅仅 5 秒，道琼斯工业指数就下跌了 2800 点。

三、两大石油国家之间的石油争端

石油输出国组织，OPEC 的领头国家沙特，与俄罗斯产生了极大的冲突。OPEC 认为现在的油价过于低迷，原油消费也不景气。沙特希望能与俄罗斯商量，协议打算减少石油的产量，提高油价且较为稳定，对两国的经济都有帮助作用。但是，俄方认为减产对于俄罗斯这么一个大国，没有过多的利益，拒绝减产，两国结下矛盾。沙特为了针对俄罗斯，增加石油产量，降低石油价格，双方打起价格战。结果就是，1 月份的时候国际石油价格是每桶 65 美元，哪怕在 3 月的第一个星期的时候还能维持在 46 美元每桶，然而，仅仅是过了一个周末，国际原油的价格就暴跌到 30 美元一桶，跌幅达 26%。

30 美元一桶原油的价格相比于同等容积的水还要低。而美国作为一个“吃油”大国，自然会受到很大的牵连，也因此，美股油气板块的开盘跌幅更是超过 40%。2020 年内如果国际原油市场继续动荡，很有可能引发国际原油生产格局的巨大变化，而这正是投资者对原油问题心怀担忧的主要原因。

四、经济金融化的结构性问题

“经济金融化”具体表现为证券投机活动越来越频繁、借贷债务投机活动持续增加、股东价值在公司治理中越来越占据到主导地位等。这样的大趋势造成了金融业脱实向虚的局面逐渐恶化，导致金融系统没有服务于实体经济，甚至金融的渗透严重影响了实体经济的复苏。在这个过程中，大量依靠量化投资策略所构建的风险平价基金对危机的发生起到了推波助澜的作用。

风险平价(risk parity)策略的特点是不断增持波动率降低的资产，减持波动率上升的资产，维持一个总波动率大致不变。在市场行情平稳的情况下，当风险资产价格下跌，会有避险资产“补位”，但在风险资产和避险资产“通杀”的情况下，风险平价基金就必须被迫平仓，降低杠杆水平。这样的大规模平仓行为加剧了市场的暴跌，最终造成四次熔断这样的罕见现象。另外，市场中指数基金的规模取决于投资者的申购和赎回。但当市场持续暴跌时，市场恐慌情绪会加剧投资者的赎回行动，从而加剧市场的下跌。

五、沃尔克法则的弊端

沃尔克法则，是美国在检讨次贷危机金融系统出现的问题之后，由美联储前主席沃尔克提出并于 2013 年正式通过的金融业监管法则。该法则的核心内容是：禁止商业银行用自有资金做高风险的股票买卖等业务；禁止商业银行拥有或资助对冲基金和私募基金的投资。

从实际运行效果看，它是一柄双刃剑：在阻断股市风险向银行传导的同时，也阻塞了银行资金向股市的流动，从而增大了股市爆发流动性风险的可能。在这轮市场暴跌中，美国商业银行的信用风险并未出现显著上升，但资本市场则出现了流动性危机。

四、操作风险

操作风险(operation risk)是指由于技术问题，如计算机失灵、报告及控制系统缺陷以及价格变动反映不及时等引致损失的风险。操作风险在本质上属于管理问题，往往会在无意识状态下引发市场风险和信用风险。在投机性极强的金融衍生工具交易中的欺诈行为即是一种操作风险。一般来说，这种行为有以下3个特征：

1. 欺诈一方必须是故意的；
2. 必须有欺诈另一方的行为；
3. 受欺诈的一方因被欺诈而遭到损害。

其表现形式主要有越权交易、误导客户、主体不合法、进行私下对冲等。这类风险在金融衍生品交易中危险性巨大。

五、法律风险

法律风险(legal risk)是指金融衍生品交易合约的内容在法律上有缺陷或不完善而导致无法履约所带来的风险。

由于金融衍生产品往往是创新性的金融工具，在产生纠纷时，有时会因无法可依和无章可循而面临风险。据统计，在金融衍生工具交易中，因业务而发生的亏损，多半源自于法律缺陷或不完善。

案例

世纪爆仓案

2021年3月底以来，美国对冲基金 Archegos Capital Management 爆仓引起华尔街动荡，包括野村、瑞信、三菱日联、摩根士丹利、高盛、德意志银行在内的六家知名全球性投行受到牵连。

一、多家国际大投行受影响

3月29日，野村证券表示，截至3月26日，根据市场价格计算，针对客户的索赔金额估计约为20亿美元。野村证券称，正在评估可能的亏损程度，以及对集团业绩可能产生的影响。同时，野村还取消了出售美元计价债券的计划，称“定价后发生的事件可能影响该公司的综合财务业绩”。

瑞信也表示，尚无法量化估算出因退出头寸而造成损失的确切规模，但这对公司一季度业绩可能有实质性影响。据路透社引述消息人士的话报道称，瑞信保守估计损失10亿美元，最高恐达40亿美元。

德意志银行也在当天发声明称，对 Archegos 基金交易的敞口正在解除。该行同时表示，德意志银行的相关损失比其他银行要有限得多。

3月30日，富国银行被曝出卷入爆仓事件，但随后其在一份声明中称，“我们有良好的抵押担保，已经关闭了面向Archegos的风险敞口。”

另外，最早卷入事件的高盛和摩根士丹利也由于提前抢跑，在分别抛售约105亿和80亿美元的股票之后，损失相对较轻。

二、始于一封电子邮件

这起震惊全球金融圈的爆仓事件要从3月26日美股盘前网上流传的高盛内部电子邮件说起。邮件显示，高盛在3月26日开盘前代表一个未知卖方挂出多只中国概念股的卖单，涉及股份包括1000万股百度，5000万股腾讯音乐，3200万股唯品会，询价和个股前一日的收盘价格相比分别折价9.6%、14%和14%，如此高额的折价引发了市场关注。

与此同时，市场还关注到，近期北美两只传媒股票ViacomCBS和Discovery的走势与上述中概股的近期走势极为相似。根据IPO Edge的报道，对冲基金经理Bill Hwang管理的大型基金Archegos Capital持有了大量上述股票，由于基金爆仓造成上述股票同步暴跌。

ViacomCBS是美国第三大传媒公司。在爆仓事件发生前，其年内一度上涨近200%，从36美元左右起步最高触及102美元。3月23日，ViacomCBS宣布将增发20亿美元B类普通股和10亿美元可转换为B类普通股的优先股，引发了投资者对公司长期前景的担忧，加之股价涨幅过大，市场开始抛售，宣布增发当天下跌9%，第二天下跌了23%。股价的下跌促使Archegos的一家主要经纪商要求追加保证金，引发了其他银行提出类似的现金要求。Bill Hwang惯于使用3至4倍高杠杆，由于Archegos Capital并未锁利卖出，又未能追加保证金，不得已被迫清仓。

3月26日，高盛和摩根士丹利在大宗交易市场以大幅低于市场价格出售ViacomCBS超过4500万股。彭博社称，当天高盛在市场抛售了包括百度、腾讯音乐、唯品会、爱奇艺、跟谁学、ViacomCBS、Discovery等总计105亿美元的股票。经推算，当天Bill Hwang的基金损失就超过100亿美元，相当于其净资产的2/3。

三、高杠杆惹的祸

造成这场抛售狂潮的投资大佬Bill Hwang是美国韩裔移民，曾是华尔街神级对冲基金经理Julian Roberston的左膀右臂。Julian Roberston于1980年创办老虎基金，2000年退休后，便把老虎品牌交给几个徒弟管理。其中，Bill Hwang干得最是风生水起，2001年在香港成立了老虎亚洲（Tiger Asia），专门管理基金在中国、日本及韩国的股票投资。但之后因涉及内幕交易，他转型为管理家族基金，不再管理外部资金。

2012年，Bill Hwang从老虎亚洲基金离开，从2亿美元左右的自有资金起步，2021年初，其个人资金已经增加至50亿美元，并通过5倍杠杆在两个月内获得200%的收益，他的基金净资产峰值达到150亿美元，加上杠杆，其总资产达到了匪夷所思的800亿美元。

由于Bill Hwang内幕交易的前科，高盛一直将其视为风险极高的客户，直到2018年底，该公司还拒绝与他做生意。但是当Bill Hwang每年付给竞争对手数千万美元佣金的消息传来，高盛最终抵制不了诱惑，把他

的名字从黑名单上除名，并允许他成为主要客户。类似地，摩根士丹利、瑞信、野村等投行都为 Bill Hwang 提供了巨额的信贷服务，从而让他能够以高杠杆押注股票。

从案件披露的信息可知，这种高杠杆很大一部分是银行通过掉期交易提供的。这意味着 Archegos 不必在 SEC 监管文件中披露其持仓情况，因为这些股票头寸仍然在银行的资产负债表上。通过这样的操作，Bill Hwang 利用了监管漏洞，用衍生品绕过了持股超过 5%必须申报的规定，导致其持有的多家公司实际股权在 10%以上。

四、跑得慢吃大亏

在 Bill Hwang 爆仓之后，与 Archegos 相关的几家全球投资银行曾在一场匆忙安排的电话会议中聚集起来，共同讨论了如何降低该事件所造成的市场影响，以及如何有序解决出现问题的交易。如果它们要阻止银行遭受巨额损失，并防止市场出现连锁反应，就需要迅速联起手来，但这一努力失败了。

到第二天上午，大家都开始各自为战、纷纷抢跑平仓。很难说是谁率先破坏了秩序，但是当高盛开始“拉皮条”，向全球投资者抛售数十亿美元 Archegos 相关股票时，“泄洪的闸门”打开了，而野村和瑞信由于行动最慢，成为最大的冤大头。其中日本最大的证券经纪公司野村证券损失近 30 亿美元，并最终于 2021 年 7 月关闭了其美国和欧洲的现金主经纪商业务；瑞信的损失也不轻，其最终损失的数额达到 55 亿美元。

第二节　金融衍生工具的风险成因

一、金融衍生工具的潜在风险

金融衍生工具设计的初衷是创造避险工具，排除经济生活中的某些不确定性，实现风险对冲。但是，近年来金融衍生工具交易却越来越从套期保值的避险功能向高投机、高风险转化，这与它自身的一些特点有密切关系。作为传统金融产品的创新，金融衍生工具潜在风险的特点有以下几点：

(一)价格受制于基础商品的价格变动

金融衍生产品既“衍生”于基础商品，其价格自然受基础资产价格变动的影响。因为它的价格是基础资产价格变动的函数，故可以用来规避、转移风险。然而，也正因为如此，潜伏着巨大的市场风险，即价格波动带来的风险，金融衍生产品较传统金融工具对价格变动更为敏感，波幅也比传统市场大，所以风险系数加大了。

(二)具有财务杠杆作用

金融衍生产品的交易多采用保证金方式，参与者只须动用少量的资金即可进行数额巨大的交易，由于绝大多数交易没有以现货作为基础，所以极易产生信用风险。在交易金额几乎是天文数字的今天，若有某一交易方违约，都可能会引发整个市场的履约风险。此外，保证金“四两拨千斤”的杠杆作用把市场风险成倍地放大，从而微小的基础价格变动也会掀起轩然大波。

(三)产品特性复杂

开发金融衍生产品的金融工程师像玩魔方一样,把基础资产、利率、汇率、期限、合约规格等予以各种组合、分解,复合出来的金融衍生产品,日趋艰涩、精致,不但使行外人士如堕云雾中,就是专业人士也经常看不懂。近年来,一系列金融衍生产品灾难产生的一个重要原因,就是因为对金融衍生产品的特性缺乏深层了解,无法对交易过程进行有效监督和管理,操作风险在所难免。

(四)产品设计颇具灵活性

金融衍生产品种类繁多,特别是场外交易的衍生品,可以根据客户所要求的时间、金额、杠杆比率、价格、风险级别等参数进行设计,让其达到充分保值避险的目的。但是,由此也使这些金融衍生产品难以在市场上转让,流动性风险极大。另一方面,由于国内的法律及各国法律的协调赶不上金融衍生产品发展的步伐,因此,某些合约及其参与者的法律地位往往不明确,其合法性难以得到保证,因而要承受很大的法律风险。

二、金融衍生工具风险产生的宏观条件

分析最近兴风作浪的金融衍生产品交易,我们有必要回顾 30 多年来发达国家的金融领域发生的一些变化,只有深入研究这些变化趋势,才能及时调整有关金融政策,加强对金融衍生产品交易的监控。

(一)金融自由化

金融衍生产品是金融自由化的产物。随着市场规模的扩大,市场机制作用的增强,衍生产品得到迅猛的发展。但是,与此同时,它的副作用已对金融机构乃至整个金融体系都带来了潜在的威胁:金融衍生产品的不断创新,模糊了各金融机构的界限,加大了金融监管难度;大量新的金融衍生产品的出现,使资产的流动性增强,各种金融工具类别的区分越来越困难,用来测量和监管货币层次的传统手段逐渐失效。

(二)银行业务的表外化

金融衍生产品交易属于银行的表外业务,不仅可以绕过巴塞尔协议对银行最低资本的要求,不必增加资本即可提高银行的赢利性,并且不会影响银行的资产负债表的状况。于是金融衍生产品交易规模日趋扩大,出于赢利目的进行的投机交易越来越多,不但使整个市场的潜在风险增大了,而且传统的监管手段也受到前所未有的挑战:传统的财务报表变得不准确,许多与金融衍生产品相关的业务没有得到真实的反映,经营透明度下降。

(三)金融技术的现代化

一方面是现代化的金融技术理论层出不穷,如波浪理论、随机指数、动力指数等,使风险控制得到长足发展;另一方面,电脑设备及信息处理技术的升级换代,使这些金融理论在日常的交易中大显身手。大金融机构通过广揽人才,既有经济、金融、管理人才,还有数学、物理、计算机等多种专业人才,利用现代化交易设备,从事高效益、高风险的金融衍生产品交易,形成新的利润增长点。虽然他们能为交易机构本身提供规避风险的条件,但是,从整个市场来看,风险依然存在,而且随着交易量的剧增,偶发的支付和信用风险的产生,随时都可能导致一场巨大的危机,因此从这方面看是增大了市场潜在风险。

(四)金融市场的全球化

随着发达国家对国际资本流动限制的取消,以及各国金融市场的逐步开放,投资者在全球范围内追逐高收益、高流动性,并由此实现投资风险的分散化。通过计算机和卫星网络,全球性的资金调拨和融通在几秒钟之内便可完成,遍布世界各地的金融中心和金融机构紧密地联系在一起,形成了全时区、全方位的一体化的国际金融市场,极大地方便了金融衍生产品的交易。但是,与此同时,也增大了金融监管难度,使各国货币政策部分失效,降低了各国奉行独立货币政策的自主程度。所以,在当前的国际金融环境下,投资者大量参与金融衍生产品的交易是毫不奇怪的。

三、金融衍生产品风险产生的微观机制

宏观金融环境日益宽松,交易技术手段不断改进,诱使投资者去尝试新的冒险。然而,这仅仅是产生风险的外部客观条件,更主要的原因是投资机构内部的协调、配合和管理方面出现的问题,它包括管理层对风险的认识不足、管理不严密和交易员操作的失误等。

(一)管理层的认识不足

金融衍生产品只有在一定条件下,才能实现复杂的风险管理和降低交易成本的目标。而这通常不为一般企业的高层领导(甚至一些金融机构的领导)所了解,他们对于金融衍生产品的潜在风险估计不足,难以准确地把握交易时的具体细节,不能对交易的产品种类、期限、杠杆以及时机等具体事宜做出明确的判断。由于不了解潜在的巨大风险,往往当金融衍生产品带来的危机就要爆发,决策者甚至还不知道自己的决策已经失误了。

(二)内部控制薄弱

内部控制不严密,交易系统存在漏洞,对交易员缺乏有效的监督,是造成金融衍生产品灾难的一个重要原因。法兴银行巨亏、巴林银行巨亏等事件,无不提醒我们内部控制的重要性。

(三)激励机制的过度使用

许多公司把交易员的业绩与薪水联系起来,有的还实行利润分成,这对调动交易员的积极性无疑起到了重要作用,但同时也激发了他们的冒险精神。交易员为了增加收入,在交易过程中,会不自觉地加大风险系数。另外,由于奖金是按当年赢利的比例来计算,因此,交易员一般只关心当年的赢利,至于是否会因此而导致以后的灾难则漠不关心。根据高收益高风险的市场原则,交易员要获得巨额奖金,势必要承担与之相当的高风险。

(四)越权交易

虽然有的决策者对进行金融衍生产品交易做出了明确的规定,但是在交易赚取巨额利润时,并不一定会检查交易过程中是否有越权行为,交易员反而会受到表彰,以致得意忘形,风险意识逐渐淡薄,逐步加大交易金额,调高风险系数,使交易与原来决定运用金融衍生产品的初衷相背离。大量的案例表明,一旦交易员在金融衍生产品交易过程中进行违章越权操作,而机构内部的监管控制措施又不够有力时,往往可能给从事该项业务的机构造成巨额损失。

案例

被逼死的多头——德国金属巨亏案

德国工业巨头德国金属(Metallgesellschaft AG)的首席执行官亨兹·希梅尔布什(Heinz C. Schimmelbusch)1989年上任时年仅44岁,是公司最年轻的CEO。他通过一系列收购带领德国金属走上了巅峰。公司年销售额高达170亿美元,全球雇员超过5万人,拥有258家子公司,横跨铜、锌、炸药、能源等多种商品领域,股东包括戴姆勒·奔驰、科威特投资局、德国安联等。

虽然体量变得越来越庞大,但德国金属有一个弱点:其核心盈利部门金属业务容易受到东欧廉价进口产品的冲击。为了弥补这一点,德国金属通过位于美国的精炼与营销公司(MGRM)进入原油市场。20世纪90年代初,该公司以包含特殊条款的、颇为激进的十年期固定价格合同向客户出售原油。同时,通过在原油期货及衍生品市场来对冲油价变动风险。

1993年临近冬天,油价意外暴跌,直接导致这家德国百年工业巨头的原油期货和衍生品交易巨亏逾23亿德国马克(约合13亿美元),险些破产倒闭。这被市场普遍认为是现代原油交易史上最大的亏损案例。

(一)独特的现货供应合同

从1991年开始,德国金属从路易达孚能源公司挖来了W·亚瑟·本森(W. Arthur Benson),委任他为MGRM总裁兼首席原油交易员,从而将业务扩展到了衍生品领域。很快,亚瑟·本森就设计出了一套独特的能源交易模式。

1992年,MGRM推出了大量形式多样的长期能源供应合同。最受欢迎的一种是最长期限可达10年的合同,公司每个月都以固定价格向客户提供固定数量的现货。这个固定价格就是比签订合同时的现货价格高3—5美元/桶。

这种固定价格长期供货合同的最独特之处在于:它其中的一个条款给了客户选择权,客户可以一些特定情况下选择提前终止合同。如果市面上的油价高于合同上的固定供货价,客户可以选择提前解约,把合同上尚未交付的货卖回给MGRM,而MGRM则给客户支付现金,金额就是近月期货合约价格减去固定供货价之差的一半。

显然,这样可进可退的合同很为客户着想。对于许多加油站和小企业主来说,他们基本没有与大型石油公司议价的能力。而MGRM的这种特殊供货合同对他们来说很有吸引力,可以消除油价剧烈波动的风险,还能有机会赚差价。因此,虽然十年的期限非常惊人,但由于它消除风险、给予选择权的特征,这种合同一经推出就广受欢迎。到1993年9月,MGRM的长期供货合同累计相当于1.6亿桶原油。绝大多数合同也正是在1993年夏天签署的,当时油价很便宜,而且在下跌。终端用户很乐于签这种合同,毕竟油价未来可能上涨,现在就锁定低油价当然好了。

MGRM为了在美国市场的长足发展策略,也希望用这种形式抓住客户,维持长期合作关系。他们还收购了一家美国原油开采公司,保证了一部分货品供应。帮助客户消除的风险实质上由德国金属自己承担了。

很明显，这种固定价格长期供货合同让MGRM面临一种风险：一旦油价上涨，他们给客户供货的利润就会被侵蚀。即使客户选择提前解约，他们也要遵守合同预定给客户付差价。

(二)“堆叠”式对冲

为了对冲油价上涨的风险，MGRM在金融市场上采用了一种“堆叠”式对冲策略(stack hedging strategy)。

由于固定价格长期供货合同与期货近月合约挂钩，MGRM几乎将所有用于对冲风险的做多仓位都“堆积”在近月合约上。同时，还与银行等大型经纪商合作，利用场外掉期合约来对冲风险。

在1993年第四季度之前，MGRM合计持有55000张期货多头合约，覆盖原油、取暖油和天然气，当时相当于5500万桶原油。他们持有的场外掉期合约介于1—1.1亿桶之间。这些仓位都与其固定价格长期供应合同的1.6亿桶供货量相对应。

可以很明显地看出MGRM对冲策略的特点：将对冲仓位高度集中在近月合约上，场外掉期合约的期限也很短，公司必须不断地定期滚动展期，几乎每个月都要操作。从常规的避险和风控角度判断，“堆叠”式对冲策略原本无可厚非，只要现货油价在一个月的持有期内维持稳定或上涨，并且处于反向市场状态(即现货价高于期货价、近月期货合约高于远月期货合约)，这种组合就能实现对冲风险的目的，甚至有所盈利。

(三)厄运来了

然而，到了1993年深秋，悲剧发生了。油价大幅下跌，从6月的19美元跌至年底的不足15美元，累计跌幅超20%。这导致MGRM必须以更高价格进行移仓换月，而以更低价格卖出近月合约持仓。

而且，原油市场结构因为油价下跌的幅度太大而完全颠倒，变成了正向市场(即现货价低于期货价、近月期货合约低于远月期货合约)。MGRM持有的NYMEX原油近月合约本身也没有对冲，因为他们推测油价会涨，但油价却意外下跌，导致这部分仓位也出现浮亏。由于对冲组合出现大量亏损，MGRM需要追加巨额保证金。在这样的关键时刻，MGRM计划申请额外的3.5亿美元信贷融资，以弥补期货及衍生品市场的亏损。但他们惊讶地发现，无论是天时还是人和，都事与愿违，他们陷入了意想不到的困境。

(四)时运不济

德国金属的财务年度截止于每年9月30日，按照当时的监管规定，他们必须披露美国子公司MGRM的账面盈亏情况，而且期货浮亏必须体现在财务报表里，但尚未实现的未来浮盈则不能予以确认。

1993年12月初，这些财务数据被各大媒体争相刊登在头版醒目位置，迅速放大了他们的原油期货及衍生品浮亏问题，投资者和股东陷入恐慌，德国金属的信用评级被下调，从而给公司带来巨大压力。

公司最大的贷款机构和最大股东德意志银行被吓坏了，非但没有施以援手，反而釜底抽薪，立即以信贷风险为由对他们关闭了信贷窗口，还强烈要求MGRM出清期货及衍生品头寸。至此，衍生品账面浮亏变成了已实现的财务亏损。根据德国金属发布的声明，其亏损额达到13.7亿美元。很快，它演变成了一场巨大的流动性危机。

（五）事后处理

当月，德国金属的股东以德意志银行和监事会牵头，对事件进行紧急调查后迅速决定：解除包括亨兹·希梅尔布什在内的领导团队，更换了一支新的管理团队来处理危机，包括终止其长期固定价格销售合同，将所有原油头寸全部斩仓，而且清仓速度非常快。

德国金属的股票在 1994 年 1 月 6 日被迫停牌。五年后，德国金属将“闯祸的孩子”MGRM 公司一分为二，一半改头换面以 MG PLC 的名称在伦敦上市，另外一半卖给了安然（Enron）。

第三节 金融衍生工具的风险管理

“水能载舟，亦能覆舟”，金融衍生产品能够规避和对冲风险，增加金融市场的流动性，提高投资效率，优化资源配置。但是，由金融衍生产品交易失败而引起的灾难又是触目惊心、层出不穷。其实，亏损、破产的产生以及市场动荡的出现，并非金融衍生产品本身的过错，而是由于对金融衍生产品的滥用和监管不力造成的，所以当务之急是采取切实可行的措施，从多方面着手，分层次地来管理控制这些风险。

一、金融机构内部自我监管

内部风险管理制度永远是控制风险的第一道屏障。1998 年 1 月 19 日，巴塞尔委员会发表《内部控制制度的评估框架》草案，认为经营环境的改变、新人员的加入、业务的快速增长、公司重组、国外业务的扩大等因素是导致市场参与者内部风险控制系统崩溃的重要原因。加强中介机构和银行的内部风险控制应为最有效而成本又最为低廉的措施。在金融衍生工具的内部风险控制方面，其他国家的金融管理当局如美国联邦储备委员会、美国证券交易委员会、加拿大金融机构监管办公室以及国际金融监管机构等已提出了具体框架，包括业务、部门设置、信息处理的及时性、有关方法和假设等，为进行金融衍生工具的监管提供了参照标准。

金融机构是进行金融衍生产品交易的投资主体。最高管理层应该明确交易的目的是降低、分散风险，增强赢利能力，提高经营效率和深化金融发展。应建立适当的“从宏观至微观”的控制系统，规定交易种类、交易量和本金限额，慎重选择、使用金融衍生产品的类型。

要加强内部控制，严格控制交易程序，将操作权、结算权、监督权分开，要有严格的层次分明的业务授权，加大对越权交易的处罚力度；设立专门的风险管理和监管部门，对交易人员的交易进行记录、确认、市值试算，评价、度量和防范在金融衍生产品交易过程中面临的风险。该部门应直接对决策层负责，及时汇报有关市场情况和本公司的交易情况。

修改银行资本充足率标准，提高银行抗风险能力。1993 年 4 月，巴塞尔银行监管委员会在 1988 年《巴塞尔协议》的基础上发表了《市场风险的资本标准建议》，把银行的资产和负债分成银行项目（包括传统的银行存、贷款业务）和交易项目（短期交易头寸和套期保值头寸）两大类。在各项目下又作进一步的细分，分别考虑其风险，以此计算每类产品的资本要求。但该办法过于复杂,操作性不强。巴塞尔委员会又于 1996 年 1 月颁布《测定市场风险的巴塞尔补充协议》,要求各国最迟于 1997 年底开始实施。该补充协议与 1993 年的《市场风险的资本标准建议》相比更为完善、灵活,能激励银行改善风险管理。监管部门可参照该协议加强银行资本金管理。

二、交易所系统内部监管

交易所是衍生产品交易的组织者和市场管理者,它通过制定场内交易规则,监督市场的业务操作,保证交易在公开、公正、竞争的条件下进行。交易所对抵御金融衍生产品风险起着至关重要的作用。

要完善交易制度,合理制定并及时调整保证金比例,以避免发生连锁性的合同违约风险。根据各机构实际资本大小确定持仓限额,区别套期保值者、投机者、套利者与做市商的不同,鼓励套期保值,适当抑制投机成分,避免内幕交易、操纵市场的事情发生。

建立合理而严格的清算制度,广泛实行逐日盯市制度,加强清算、结算和支付系统的管理;协调现货和期货衍生市场、境内和境外市场;增加市场衍生产品的流动性和应变能力。

加强财务监督和信息披露制度,根据衍生产品的特点,改革传统的会计记账方法和原则;制定统一的资料披露规则和程序,以便管理层和用户可以清晰明了地掌握风险暴露情况;制定相应对策,建立合理、科学的风险控制系统,降低和防止风险的发生。

三、中央银行的宏观调控与监管

中央银行作为一国货币政策的制定者和金融监管的主要执行者,对管理金融衍生产品交易起着举足轻重的作用。

完善金融法规,加强金融法制建设。金融是一国经济的核心,金融衍生工具以其"零和博弈"的特征使得现代金融业的经营风险成倍放大,因此,加强金融法制建设应为金融业稳健经营的重心。在成熟的市场经济国家,金融监管都是以完备、严格的法律为准绳,通过法律来设定监管指标,约束金融主体行为,规范金融市场秩序。要完善立法,对金融衍生产品设立完备的法律,制定有关交易管理的统一标准,将交易纳入有效的内部控制系统下进行。

加强对从事金融衍生产品交易的金融机构的监管,规定从事交易的金融机构的最低资本额,确定风险承担限额。对金融机构进行定期与不定期的、现场与非现场的检查,形成有效的控制与约束机制;提高金融衍生市场的透明度,制定统一的会计标准。由于衍生交易属表外业务,市场参与者无法通过财务报表获得充分的信息、做出正确的投资决策,以及分析交易对手的资信状况,也给监管带来了不便。因此,国际金融机构进行了一些有益的探索。美国金融会计标准委员会分别于 1994 年和 1996 年公布了有关衍生交易的会计准则和会计标准。对规范美国衍生金融市场发挥了重要作用。另外,还应完善市场交易主体的公开披露和监管申报制度,申报的内容应包括金融监管当局分析被监管机构稳健性的资料和进行宏观决策的数据,衍生市场的透明度越高,越有助于降低市场风险。

规范金融机构的经营行为,严格区分银行业务与非银行业务,控制金融机构业务交叉的程度。同时，中央银行在某个金融机构因突发事件发生危机时，应及时采取相应的挽救措施，迅速注入资金或进行暂时干预，以避免金融市场产生过度震荡。

四、国际监管和国际合作

金融衍生产品交易在世界范围内蓬勃开展，交易的超国界性和超政府性，使单一国家和地区对金融衍生产品的管理鞭长莫及，不能有效地对风险进行全面的控制，因此加强对金融衍生产品的国际监管和国际合作，成为国际金融界和各国金融当局的共识。在巴林银行事件之后，国际清算银行已着手对金融衍生产品交易进行全面的调查与监督，加强对银行表外业务资本充足性的监督。在《巴塞尔协议》中补充了关于表外业务中金融衍生产品的市场风险比例，把金融衍生产品潜在风险计算在银行的资本金范围内，增加商业银行防范风险的能力。

在美国次贷危机之后，国际清算银行于 2010 年 9 月公布的《监管理事会宣布更高的全球最低资本标准》[①]标志着《巴塞尔协议Ⅲ》框架正式形成。可以预计，今后对金融衍生产品风险的控制和监管将越来越全面、严格和有效。

案例

GME 轧空事件

从 2021 年 1 月 11 日游戏驿站(GameStop，以下简称 GME)发布利好消息，引起股价大涨，后遭遇机构做空，及机构和散户轧空，直至 2 月 1 日及 2 日的暴跌，GME 事件历时约 19 天，期间股价持续异动，更发生了引起美国监管震动和全球范围内广泛热议的所谓“散户抱团轧空”现象。

1 月 19 日，香橼研究 Citron Research 发布了对 GME 的沽空报告。其创始人安德鲁·莱夫特认为游戏驿站股价被严重高估，最终会跌至 20 美元，还辱骂高价买入 GameStop 股票的散户是“蠢货”。多家对冲基金参战，卖空 GME，押注股价将继续下跌，一度有相当于 GME 总股本 140%的股份被做空。

然而，对于仍在新冠流行中的美股股民来说，这些业余投资者受到了新冠肺炎大流行积累的储蓄、两轮刺激支出和接近零利率的支持，在对公司基本面并不了解的情况下，通过网络论坛 Reddit 上一个专门讨论股票的版面 r/wallstreetbets(简称“WSB”)，组织起来集体疯狂买入并炒高 GME 股价。

1 月 26 日，GME 股价单日上涨 92.7%。硅谷科技领袖埃隆·马斯克也在社交媒体发布了推文“Gamestonk!!!”，英文“Stonk”意思为猛烈炮击。与 GME 的词缀形成“Gamestonk”，似乎展示出对媒体渲染的散户大战(炮轰)华尔街的一种赞赏，这进一步激发了散户的热情。截至 1 月 27 日，GME 实现了两周内上涨 1500%。1 月 28 日，GME 的

① Basel Committee on Banking Supervision，Group of Governors and Heads of Supervision announces higher global minimum capital standards，2010.

股价达到历史峰值483美元。

1月29日，发布过沽空报告的香橼研究，甚至在社交媒体发布消息称“在发布了20多年的做空报告后，香橼将停止做空研究，不再发布做空报告。未来将重点为个人投资者而提供多头交易机会”。此举也被报道为“向散户低头”。但是在随后的2月1日，GME股价大跌30%、周二暴跌60%，市值较巅峰水平蒸发逾270亿美元。

在本次轧空过程中，推高股价的势力共有三股：第一股多头势力就是散户的投机者，通过股价的上涨获利；第二股多头势力则是在现货市场的那些大量卖空现货的对冲基金，由于股价出现了暴涨，为了防止亏损继续增加，他们不得不在市场上通过多头GME股票的方式来对冲手中的空头持仓；第三股的做多势力则是来自于期权市场的一种变相的影响。美国的散户除了购买GME的股票，还通过购买GME看涨期权的方式加入市场的投机中，这些散户的交易对手则是卖出看涨期权的机构或是做市商。根据看涨期权的盈亏特征，在股价暴涨的情况下，看涨期权的卖方面临巨额亏损的可能，这些机构为了对冲空头看涨期权的风险，不得不在市场购买GME看涨期权来对冲风险，客观上继续推高了GME看涨期权的价格。

在GME事件中，1月份空方损失约200亿美元，大多为机构损失，其中Point72(对冲基金)损失7.5亿美元；Citadel(对冲基金)损失约20亿美元；Melvin Capital的空头头寸亏损至少40亿美元。但在2月1日股价下跌后，损失最大的则是跟随买入却未在高点抛出的散户。多头方盈利最多的九名投资者，包括富达(Fidelity)的FMR和贝莱德(BlackRock)等大型基金运营机构，以及Chewy联合创始人瑞安·科恩(Ryan Cohen，1月11日入主GME董事会)等持仓情况良好的个人。仅仅在一月份，这九名投资者就总共获得了他们在GME股份中的大约160亿美元(账面浮盈)，第九名也获利10亿美元。这意味着他们在214亿美元(1月29日GME的市值为227亿美元，而一个月前仅为13亿美元)的总收益中约占四分之三。

至此，GME事件在市场交易层面阶段性告一段落，但其造成的政治、经济、社会余波远未结束。

第四节　场外金融衍生工具监管

场外金融衍生工具市场的不断壮大，其中一个重要的原因是监管环境宽松。1998年美国长期资本管理公司(LTCM)事件发生后，各国对场外衍生工具的监管进行了更为激烈的讨论。

一、美国对场外金融衍生工具的监管

根据美国的《商品交易法》，由于场外金融衍生工具不是标准的合约而对其进行监管豁免。2000年的《商品期货现代化法》也进一步明确，外汇产品的场外买卖是不受《商品交易法》监管的。1995年美国会计总署发表了一个关于衍生品的报告，批评了大部分衍生品逃避监管的事实。他们认为，作为证券公司主要附属机构的场外衍生品交易足以带

来系统性威胁。因为场外衍生品交易主要是双边交易，一个银行倒闭时，其手中的场外衍生品头寸足以影响其交易对手，从而可能影响整个金融体系。1998 年 LTCM 公司的情况证明了这种威胁，以至其他大银行只好联手救援。

会计总署认为，对主要证券公司和保险公司从事衍生品交易的附属机构的联邦监管很有限或者说根本不存在。监管者收集的信息不足以进行充分的监管，缺乏资本标准，没有综合的监管审查来保证证券公司和保险公司的附属机构有充分的风险管理措施。

在此之后，美国加强了对场外衍生工具尤其是对衍生品公司（Derivative Product Company，DPC）的监管。要求一般衍生品公司在与对方签订一个合同的同时再与它的发起公司签订一个反向合同。这样一来，DPC 的市场风险被传给了发起公司。

二、英国对场外金融衍生工具的监管

由于没有单独对于 DPC 市场的监管制度，英国的监管是根据投入资产工具来分类的。英国的经纪公司受英国证券期货局（The Securities and Futures Authority，SFA）监管，包括期货和证券公司，这些公司都具有双重功能，即交易商和经纪商。1999 年 SFA 有过一个法规，即按 1986 年《金融服务法》第 43 条制定的《现货批发和场外衍生市场规则》，对批发和 OTC 金融衍生工具制定了监管规定，公司必须清楚说明和董事局或相等的高层管理机构监察的风险管理政策和程序、清楚界定的买卖管理，以及须提供准确、资料充实和及时的报告，适用于货币、利率、金银、债券类，不适用于一般的金融衍生工具。

如果一个公司需要开发一种新的 OTC 产品，该公司须事先和 SFA 沟通，并且能够提出足够的证据表明公司有足够的能力和系统来管理该产品的风险，包括一些模型。一般来说，公司只要能够在财务上满足 SFA 的要求，其产品的头寸并不受其他限制。

三、香港对场外金融衍生工具的监管

香港证监会对场外金融衍生工具的监管也十分重视，1994 年 8 月发布了由证监会国际组织发出的有关受监管的证券及期货公司在参与金融衍生工具场外交易活动时的核心运作和财务风险管理机制的指引附表，主要有 8 项要点：

1. 风险管理架构。公司必须设有清楚说明和董事局或相等的高层管理机构监察的风险管理政策和程序，清楚界定的买卖管理，以及须提供准确、资料充实和及时的报告。

2. 独立的市场风险管理。公司必须设有独立的市场风险管理职能，以监察限制风险政策是否得到执行，以及检讨和审批定价模式及估值系统。

3. 独立的信用风险管理。公司必须设有独立的信用风险管理职能，以签订和监察信用限额，以及检讨杠杆比率、集中持仓量和削减风险的安排。

4. 内部专业技能及资源。公司应就风险管理控制的各个层面投入足够的资源，包括办公室后勤系统、会计及监督制度，以及确保员工有足够培训的制度。

5. 削减风险的技巧。公司应在适当情况下使用削减风险的技巧，例如，使用同意协议书、净额计算安排、要求交易须备有抵押品及由第三者提供信用保证，例如信用证和担保函。公司也应考虑削减风险的技巧以应付运作风险，包括制定应急计划。

6. 估值及风险承担。公司应利用或接纳的定价方法，按市价计算盈亏及识别集中持仓量的情况，以便每日准确地评估风险。对于其可能承担的信用及市场风险，公司也应使用适当的方法计算。如果净额计算安排是可接纳和可执行的话，公司所承受的风险可以合并计算。

7. 信息系统。公司的会计、风险管理以及资讯系统应在适当情况下确保有充分和及时的文件记录、处理、确认和批核，进行交易对账及审核前台和后台部门使用的估值系统。按照公司在世界各地的业务运作，以公司整体为基础来评估风险，向管理层提供准确而及时的报告，以及由管理层向外界的有关当局做出申报。此外，公司也应进行独立的内部和由外界机构进行的系统检讨，以核查有关系统是否按照其设计要求运作。

8. 流动资金比率、资金安排和财务表现。公司需持续地监督其财务表现，包括损益、资金需求及来源，以及现金流动情况。

阅读材料

中国场外衍生品市场的发展历程和市场概况①

我国的场外衍生品市场起步晚于场内衍生品市场，但是经过十几年的发展，已经取得了一定的进步，在资本市场中的影响力愈加凸显。

一、发展演进

国内最早具有场外衍生品性质的业务是九十年代中期商业银行和国有企业之间开展的远期结售汇业务。在这一时期，我国金融改革不久，国内商业银行普遍缺乏参与衍生品交易的专业人才，而外资银行由于其丰富的业务经验和较强的专业能力成为了早期国内场外衍生品市场的重要参与者。其时我国尚未建立完备的场外衍生品业务制度，而参与业务较多的外资银行通常需要满足其海外母公司的合规要求，因此业务开展初期大多采用了由国际互换与衍生品协会(ISDA)发布的场外衍生品主协议作为交易的协议基础。

上世纪末，外汇交易中心和银行间同业拆借中心等交易平台相继成立，由人民银行主导的银行间场外衍生品市场开始逐步发展。为了规范国内的场外衍生品交易，外汇交易中心和银行间交易商协会在 2007 年分别发布了适用于人民币外汇衍生品和金融衍生品的场外衍生品交易主协议，并在 2009 年推出了统一的《中国银行间市场金融衍生产品交易主协议(2009 年版)》，也就是我们熟知的“NAFMII 主协议”。在人民银行的推动和指导下，银行间场外衍生品市场逐步形成了以平台交易为主、柜台交易为辅，NAFMII 主协议为交易框架文本的市场格局。

进入本世纪，证券期货市场场外衍生品业务也进入加速发展阶段。证券业协会以及期货业协会先后推出了证券公司和期货风险管理公司开展场外衍生品业务的相关制度和规范，2013 年中国证券业协会首次发布了《中国证券市场金融衍生品交易主协议(2013 年版)》，即根据证监会监管框架制定的“SAC 主协议”。该主协议随后几经修订，最终形成了《中国证券期货市场衍生品交易主协议(2018 年版)》。

① 根据《中国场外衍生品市场的演进和格局》整理(作者：赵恒珩、刘颖出)

自证券期货市场场外衍生品业务发展以来，依托于证券公司和期货风险管理公司较强的专业能力和灵活性，业务规模不断扩大，参与机构不断增加，已取得了一定的市场规模和影响力。

至此，中国境内的场外衍生品市场形成了由人民银行主导的以NAFMII主协议为交易基础的银行间市场、由证监会主导的以SAC主协议为交易基础的证券期货市场，以及由外资机构主导的以ISDA主协议为交易基础的柜台市场三大市场体系。三大市场各有特色，相互促进，共同构成了今日我国三足鼎立的场外衍生品市场格局。

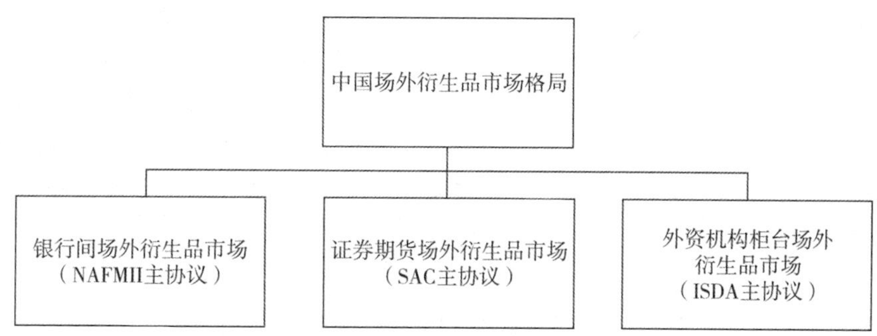

二、市场概况

经过十几年的发展，我国的场外衍生品市场已经颇具规模。由于银行间市场业务起步较早，相关的制度和基础设施也更加完备，目前银行间市场的场外衍生品业务规模最大，商业银行是该市场最活跃的参与机构。2019年全年银行间场外衍生品共成交约138.4万亿元，其中外汇衍生品占比最高，全年累计交易约119.8万亿元。证券期货场外衍生品市场虽然起步晚于银行间场外衍生品市场，但由于其主要参与机构证券公司和期货风险管理公司等普遍具有更强的灵活性和专业能力，近年来业务规模和产品序列持续增加，未来发展前景广阔。2019年，证券期货市场开展的场外衍生品业务涉及名义本金30081.32亿元。其中证券公司柜台市场的场外衍生品业务规模最大，全年新增交易约18138.49亿元。

虽然中国场外衍生品发展取得了一定的进步，但是与国外相比，我国场外衍生品在国民经济和金融市场的地位和作用还有很大的提升空间，也存在诸多的问题和不足。仅就市场格局而言，突出有以下几方面的问题：

一是各市场之间相互割裂呈碎片化发展。由于国内的金融市场是分业监管，场外衍生品市场同样是在不同的监管体系下独立发展，每个子市场之间标准不一定，市场准入、投资者适当性、市场组织形态等多个方面有很大的不一致，既增加了市场参与者的交易成本和合规成本，也容易滋生监管套利行为。以商品类为例，目前在人民银行体系下的上海黄金交易所、上海清算所、银行柜台和证监会体系下的券商柜台、报价系统、期货风险管理公司柜台以及大连商品交易所均可以开展业务。但是每一个交易场所的业务制度和组织体系都有所差异。这种差异增加了市场的复杂度和监管难度，也导致了市场的碎片化进一步加剧。

二是行业基础服务不足，生态体系亟待完善。金融危机后，欧美各国均加强了对于场外衍生品市场的监管。《匹兹堡宣言》有关加强场外衍生品监管的四点共识都涉及了行业基础设施的建设问题，但在我国有关场外衍生品交易流程的询报价、交易确认、清算、担保品管理、交易报告、定价与估值等环节的基础设施建设仍有很大不足，尚需补齐短板。同时在监控监测环节，数据标准不统一，数据共享不足等问题也比较突出。在市场形态方面，也存在市场参与者数量不足、参与者类型单一、市场分层不足，机构间市场发展不足等问题。整个场外衍生品的生态体系有待进一步完善。

三是市场内在自律调节不足，"后发劣势"逐步显现。与境外衍生品市场较为不同的是，我国的场外衍生品市场是在充分吸收了国外经验教训的基础上自上而下发展而来。这种发展模式在市场发展的早期阶段在市场培育和防范风险方面发挥了许多积极的作用。但是与之相对应的是导致市场一直以来都没有形成有效的自我完善和自我调节机制，在遇到具体问题或变化时，既无法自我调节，也很难快速的反馈监管，往往一个新业务既很难推动创新又很难加强监管。尤其是场外衍生品天然的跨界性和我国分业监管的现状，使得这种矛盾更加突出，监管成本和创新成本同时加剧。自上而下发展模式带来"后发劣势"逐步显现。

第五节　金融衍生工具的国际监管合作

金融衍生工具是金融创新的产物，从某一方面来说也是规避监管的产物。随着金融衍生工具在国际金融市场中的作用越来越大，而且在多次金融风暴和金融危机中都有金融衍生工具的影子，对国际金融体系的安全造成很大的威胁。因此对金融衍生工具的国际监管合作也日益受到重视。可以说每一次危机都促进了国际监管合作的发展。目前，对世界金融衍生工具市场调查研究，并发布各类指导性文件的国际组织主要有巴塞尔委员会、国际清算银行、证监会国际组织、二十国集团(G20)等。

一、国际组织关于金融衍生工具的监管

巴塞尔委员会(Basel Committee on Banking Supervision)和证监会国际组织(International Organization of Securities Commissions，IOSCO)等十分重视对金融衍生工具的监管问题，他们发布了大量关于金融衍生工具监管方面的文件。这些文件从不具备，也从未试图具备任何法律效力。不过这些文件制定了广泛的监管标准和指导原则，提供了最佳的监管方法，期望各国采取措施，根据本国的情况，通过具体的立法及其他安排予以实施。他们鼓励各国采取共同的标准和办法，但不强求各国在监管技术上完全一致。

二、次贷危机后金融衍生品的监管

美国次贷危机随后演变为全球金融危机，究其原因，是由于美国监管当局放松管制，特别是对金融衍生产品的监管不缜密，以致国内信贷过度膨胀扩张，引起了房市的泡沫经济，最终触发金融市场内的大量坏账和流动性危机。自危机发生以来，各国际组织开始洞察危机根源，相继提出相关监管改革的指导方针与政策意见。在金融衍生品方面也提出了新的监管方法。

G20在2009年9月的匹兹堡峰会中提出了完善场外衍生品市场的3个重要举措,金融稳定理事会(Financial Stability Board,FSB)及其成员负责就执行情况展开评估。2008年11月,美国总统金融市场工作组(President's Working Group on Financial Markets,PWG)在金融稳定论坛建议的基础上提出了"场外衍生品市场的政策目标":一是提升信用违约互换市场的进明度与诚信;二是强化场外衍生品的风险管理;三是加强场外衍生品市场的基础设施;四是监管机构的持续合作。

在纽约联储的领导下,监管部门和金融行业在危机后加快了完善场外衍生品市场基础设施的进程。2009年9月成立的"场外衍生品监管者论坛"(OTC Derivatives Regulators Forum,ORF),为场外衍生品市场中央对手方和交易登记机构的监管提供了国际合作框架。2007年12月,运作管理工作组(OMG)成立,作为一个高层次策略性的工作组,其任务是调查与实施各类衍生产品从前台到后台所有交易流程的基础性变革。2009年,依据国际互换与衍生品协会(ISDA)发布的行业治理模型,OMG更名为运作指导委员会(OSC),其成员有14家最大的衍生品交易商、9家作为买方客户的大型投资基金,以及ISDA等3家行业协会组织。

综合来看,改革场外衍生品市场的措施主要有五方面的内容。

(一)扩大中央对手方清算的使用

引入中央对手方(central counterparty,CCP)清算是管理交易对手信用风险和降低系统性金融风险的重要手段,同时也有助于提高市场流动性和效率。许多国家在金融危机后都出台了鼓励使用中央对手方的政策。

中央对手方清算的广泛运用使其在金融体系中的系统重要性日益突出,场外衍生产品的集中清算相对于交易所市场和现货产品也更为复杂,因此中央对手方的风险管理与监管显得非常重要。2010年5月,国际清算银行支付结算系统委员会(Committee on Payment and Settlement Systems,CPSS)和国际证监会组织技术委员会专门针对场外衍生品市场的中央对手方清算发布了相关监管建议适用指引的征求意见稿,提出了中央对手方在资本、风险管理、保证金与操作管理上的标准,有关内容将成为未来各国实施监管的重要参考。

(二)提高市场透明度

提高市场透明度是场外衍生品市场改革的重要目标,对监管机构的头寸透明度有助于其评估市场风险,对市场参与者的交易透明度则有助于提高市场运行效率。市场基础设施是重要的信息来源,交易登记机构(trade repository,TR)是其中对交易进行集中登记的电子数据库,建立和使用交易登记机构成为提升交易透明度的重要手段,也为场外衍生品交易的结算和清算提供了支持。G20公报要求,"场外衍生品合约必须向交易登记机构报告"。监管部门可以通过对中央对手方和交易登记机构的数据报告要求了解市场情况,也可以直接从市场参与者获取信息。针对交易登记机构的公开信息披露要求则成为向市场提供交易透明度的有效机制。

交易登记机构属于较新出现的市场基础设施,为避免数据分散和降低成本,在全球范围内为每类衍生品合约建立一个中央数据登记机构最为理想,国际信息分享机制可以保证各方对数据的可获得性。CPSS和IOSCO在2010年5月发布征求意见稿,指出了场外衍生品市场中的交易登记机构在设计、运作和监管中需要考虑的因素。当前提升市场透明度的工作还存在一定的困难,交易数据报告要求在某些国家面临法律障碍,公开信息披露也需要考虑保密要求和对市场流动性的负面影响。

(三)全面推进标准化

场外衍生品市场的标准化包括合约标准化,处理流程标准化和法律标准化。标准化让市场参与者以更加简单直接的方式交易、结算和管理头寸,降低了衍生产品不必要的复杂性,有利于风险管理。ISDA 的标准化文件为场外衍生品合约提供了可靠和普遍适用的法律基础。标准化是实现许多监管目标的关键,为促进集中清算的使用,监管部门一直大力推动标准化。在监管机构的指导和 ISDA 的支持下,金融行业为推进标准化做了大量工作,如发布了新的关于股票衍生品的确认主协议,启动了信用衍生品的拍卖结算机制,实现了监管部门提出的电子化确认目标。提升标准化的下一步工作集中于标的资产定义、确认模板、交易后和产品周期事件的市场惯例等方面,其最终目标在于实现交易的直接处理(straight-through processing,STP)。

(四)完善双边交易的抵押安排

在无法采用中央对手方清算的情况下,抵押安排对于管理交易对手信用风险至关重要。ISDA 主协议及其信用支持文件所确立的抵押安排在法律上为场外衍生品的双边交易提供了一套稳健的风险管理机制。2009 年,全球场外衍生品交易的抵押协议数量达 17 万份,其中 92%为 ISDA 协议。

ISDA 及其成员根据监管部门的要求,从 2008 年 10 月开始着手改革抵押品管理,主要工作集中于核对投资组合、发布完善抵押管理的路线图和建立新的抵押品争议解决机制三方面。扩大抵押的使用已成为长期趋势,ISDA 在 2009 年的调查显示,70%的场外衍生品交易使用了抵押,在信用衍生品交易中这一比例更高达 93%。

(五)实施更为严格的监管资本要求

金融危机表明现有资本计量要求低估了真实风险,巴塞尔银行监管委员会已着手对 Basel Ⅱ新资本框架进行修订。巴塞尔委员会风险管理和建模工作组(risk management and modeling group,RMMG)正在研究解决与交易对手信用风险相关的问题,包括使资本计量要求对违约因素更为敏感,对场外交易提出更严格的资本要求,扩大双边清算与集中清算的资本要求差异以促进中央对手方的使用。巴塞尔委员会交易账户工作组(TBG)也在对交易活动中的市场风险展开评估,衍生品合约的流动性和价格透明度将成为市场风险计量的考虑因素。

三、巴塞尔协议Ⅲ简介

(一)巴塞尔协议Ⅲ的出台

巴塞尔协议一直都秉承稳健经营和公平竞争的理念,也正因为如此,巴塞尔协议对现代商业银行而言显得日益重要,已成为全球银行业最具有影响力的监管标准之一。

新巴塞尔协议(也即巴塞尔协议Ⅱ)经过近十年的修订和磨合,于 2007 年在全球范围内实施,但正是在这一年,爆发了次贷危机,这次席卷全球的次贷危机真正考验了巴塞尔新资本协议。显然,巴塞尔新资本协议存在顺周期效应、对非正态分布复杂风险缺乏有效测量和监管、风险度量模型有内在局限性以及支持性数据可得性存在困难等固有问题。

在全球金融危机余波未了，欧美经济仍在衰退边缘挣扎的时候，巴塞尔银行监管委员会的来自27个经济体的央行和银行监管机构负责人于2010年9月12日一致通过了关于加强全球银行体系资本要求的改革方案，即巴塞尔协议Ⅲ，成为本轮危机后首个全球范围内的重磅监管改革产物。

新协议在现有规约的基础之上，不仅上调了针对银行的资本充足比率要求，新增了资本缓冲要求，更注重银行资本的质量，并配合以流动性约束，其目的在于确保银行经营的稳健性，进而保障整个金融体系的稳定和安全。

（二）巴塞尔协议Ⅲ的主要内容

1. 一级资本金比率

根据巴塞尔协议Ⅲ，普通股最低要求，即资本结构中吸收损失的最高要素，将从当前的2%提升至4.5%。这一严格的资本要求将分阶段实施并从2013年1月1日开始，2015年1月1日之前实现。一级资本金（包括普通股和其他符合要求的资本）比率将在同一时间范围内从4%提升至6%。

2. 资本留存缓冲

巴塞尔协议Ⅲ引入了2.5%的资本留存缓冲（capital conservation buffer），由扣除递延税项及其他项目后的普通股权益组成。这一留存缓冲的目的在于确保银行持有缓冲资金用于在金融和经济危机时期“吸收”损失。尽管银行在危机期间可以利用这一缓冲，但资本比率越是接近最低要求，受到的限制也会越大。一旦银行的资本留存缓冲比率达不到该要求，监管机构将限制银行拍卖、回购股份和分发红利等。这一机制可以防止一些银行在资本头寸恶化时也肆意发放奖金和高红利的情况。

3. 逆周期缓冲

巴塞尔协议Ⅲ还提出了“逆周期缓冲”的资本要求，这一新的缓冲比率为普通股或其他能完全“吸收”亏损的资本的0～2.5%，将根据各国情况具体执行。“逆周期缓冲”是基于一项更广泛的宏观审慎目标，要求银行在信贷过分充足的情况下居安思危、未雨绸缪。对一国而言，这一缓冲仅仅在“信贷增速过快并导致系统范围内风险积累”的情况下才会生效。一旦“逆周期缓冲”生效，将作为留存缓冲范围的延伸。

4. 杠杆率要求

除了上述这些基于风险的资本要求，还有一项并不基于风险的“杠杆率”要求作为辅助。巴塞尔协议Ⅲ要求各国对3%的一级杠杆率在同一时期进行平行测试。基于平行期的测试结果，再于2017年上半年进行最终调整，并希望在2018年1月1日进入新协议的第一支柱部分。

5. 系统重要性银行

对系统重要性银行（systemically important bank）提出1%的附加资本要求，降低“大而不能倒”带来的道德风险。同时，巴塞尔委员会与金融稳定局（FSB）正在研究一项针对具有“系统重要性”银行的综合方案，可能包括资本附加费（capital surcharges）、或有资本（contingent capital）、保释债（bail-in debt）等。此外，有关清算制度的相关工作也将持续进行。

6. 引入流动性监管指标

巴塞尔协议Ⅲ将引入流动性覆盖比率(liquidity coverage ratio,LCR)和净稳定资金比率(net stable funding ratio,NSFR)对银行的流动性进行监管。其中流动性覆盖比率(LCR)用来确定在监管部门设定的短期严重压力情境下,银行所持有的无变现障碍的、优质的流动性资产的数量,以便应对此种情境下的资金净流出;而净稳定资金比率(NSFR)主要用于确保各项资产和业务融资,至少具有与流动性风险状况相匹配的满足最低限额的稳定资金来源。

(三)巴塞尔协议Ⅲ主要规则的实施时间安排

根据2010年9月12日达成的巴塞尔协议Ⅲ的要求,所有成员国执行期将从2013年1月1日开始,而且必须在此日期之前将协议规则转化为国家法律规范。新协议的严格要求将于一系列不同的过渡期分阶段执行,这也有助于确保全球银行业能在满足更高要求的同时保持合理的盈利水平并进行融资,为经济发展提供信贷支持。最终达成一致的落实期各项规则虽有所不同,但最晚均至2019年1月1日。

(四)巴塞尔协议Ⅲ反映出的资本监管理念

1. 加强银行资本监管已成为国际共识

巴塞尔协议Ⅲ要求将商业银行核心一级资本(普通股和留存收益)的最低要求从原来的2%提高到4.5%,同时新增要求商业银行持有2.5%的资本留存超额资本作为应对将来可能出现困难的缓冲。上述两项加总,使得核心一级资本(Tier 1)要求达到7%,这反映了国际社会对加强资本监管的共识和决心,也反映了巴塞尔委员会对银行自营交易、衍生品和资产证券化等银行活动提出更高资本要求的态度。

2. 银行资本监管的思路发生了改变

巴塞尔协议Ⅱ的一个基本思路是强调银行管理与监管应以风险识别为基础,金融危机暴露了巴塞尔协议Ⅱ的框架存在不少漏洞。巴塞尔协议Ⅱ强调对分母——风险资产的计量,而此次巴塞尔协议Ⅲ则更加强调对分子——资本的计量,直接表现就是诸多条款的核心要求便是增加资本,提高资本的充足率。

3. 重新界定监管资本,强化监管资本基础

一是将原来核心资本和附属资本重新界定并区分为核心一级资本(主要包括普通股及留存收益)、其他一级资本和二级资本(Tier 2),并建立严格的合格标准。二是在巴塞尔协议Ⅲ中,核心资本要求被大大提升,原来的附属资本概念被弱化。三是对资本扣减要求进一步严格,全部从核心一级资本中扣减。

4. 银行监管的核心价值观发生了根本转变

巴塞尔协议Ⅲ对商业银行各项安全指标的大幅提升,意味着在经历有史以来最严重金融危机的洗礼之后,全球银行业的监管迎来了新的时代,其最显著的特征是,在银行业监管的核心价值观选择上,安全已经远远超越了效率,对银行业安全的关注可谓史无前例。

四、多德-弗兰克法案

发源于美国的次贷危机宣告了独立投资银行时代的终结。在实施一系列救市措施的同时,人们也在反思金融危机爆发并蔓延的原因。而在这些原因中,监管缺位显然难辞其

咎。因此,加强政府对投资银行的监管成为共识,以康涅狄格州参议员克里斯托弗·J·多德(Christopher J.Dodd)和马萨诸塞州众议员巴尼·弗兰克(Barney Frank)命名的《多德-弗兰克法案》应运而生。

《多德-弗兰克法案》全称《多德-弗兰克华尔街改革和消费者保护法》(Dodd-Frank Wall Street Reform and Consumer Protection Act),它是在美国众议院与参议院分别通过的法案版本基础上整合而成的,分别于 2010 年 6 月 30 日和 7 月 15 日获众议院和参议院通过,最后由美国总统签署。该法案被认为是 20 世纪 30 年代以来美国改革力度最大、影响最深远的金融监管改革。该法案旨在通过改善金融体系问责制和透明度,以促进美国金融稳定、解决"大而不倒"问题、保护纳税人利益、保护消费者利益。目前,多德-弗兰克法案中的具体措施如下:

(一)强制清算制度和场内交易制度

在 2013 年第一季度,多德-弗兰克法案就要求包括利率互换和信用指数(Credit Indices)在内的所有标准化场外衍生品合约通过受监管的中央对手方结算机构进行统一清算。通过中央对手方这种统一的清算制度,其通过转移信贷风险从交易对手到清算所,可以降低金融系统的风险。与交易商不同,清算所不占有实际交易位置,有很强的激励来开展有效率的风险管理措施,可以通过提供多边的净效率来削减交易对手所面对的市场参与者的信贷和流动性风险。

在 2014 年第二季度,法案新增了互换交易平台(swap execution facility,SEF),废除了原有的覆盖品种有限的场外监管平台——衍生品交易平台(derivatives transaction execution facility,DTEF)。在 SEF 平台上,众多参与人能够发出买卖报价或者进行互换交易。法案要求小规模的场外衍生品(如利率互换及信用指数衍生产品)都必须在受监管的交易所、SEF 或证券互换交易平台(SSEF)内交易。

SEF 的出现强化了市场基础。创造了一个更有效的价格发现机制,增加了透明度,使得许多互换合约逐步走向标准化,有助于较小型的交易者进入以增强市场流动性。并最终有助于减少内部交易及其他市场滥用行为。

(二)报告和透明度要求

在 2012 年第一季度,多德-弗兰克法案规定所有现存互换交易都需要向互换数据存储机构(swap data repository,SDR)或者商品期货交易委员会(CFTC)报告。新的报告制度要求建立足够大的数据存储和处理中心,并且要求公布低于大宗金额衍生产品和某些现金产品的交易信息,包括交易主体、交易头寸和交易价格等信息。通过报告制度使得场外互换衍生品的交易透明度大大提高,从而使整个金融系统及所有市场参与者普遍受惠。

(三)沃尔克规则和推出规则

为了分离商业银行和场外金融衍生品交易,美国政府推出了沃尔克规则(volcker rule)的基本原则。这项法则是最受争议的,也被认为是影响场外衍生品市场最重要的规则,其核心是通过限制商业银行从事自营业务,阻止其对对冲基金和私募基金提供支持,促使商业银行回归其吸收存款、发放贷款等信用中介的基本功能。美国总统奥巴马在 2010 年 7 月 21 日签署的最终法案中,沃尔克规则的主要内容包括:银行最多可将一级资本的 3%投资于私募基金和对冲基金;银行虽然不能从事自营交易,但可从事做市交易和对冲交易。此外,银行也可继续交易美国机构债券和市政债券,可保留利率互换、货币互换等衍生品业务,但需将农产品互换、能源互换等业务分拆到附属公司。在 2015 年第三季度沃尔克法则才正式生效。

同时,多德-弗兰克法案将银行的互换交易"推出"(push-out)了银行,即信用衍生产品(不包括已清算的投资级)、股票衍生品和商品衍生品(不含贵金属衍生品)都要记录在非商业银行账上,这意味着从事这些衍生品交易的交易商或主要参与者(已纳入联邦存款保险的存款机构除外)均不能获得联邦救助。由于该项措施将银行衍生品业务推出银行,要求这些机构放弃或分立原有的互换交易部门(成为一个非银行分支机构),进而使其满足获得联邦救助的标准,对银行影响较大。因此,该法案提供了一个不超过 24 个月的缓冲期(具体时间由联邦银行监管当局、CFTC 和 SEC 来确定),预计在 2015 年第三季度开始实施。

(四)最低保证金制度

在 2015 年第四季度,多德-弗兰克法案对未集中清算的互换(uncleared swaps)提出最低保证金要求,即要求这些产品的抵押品必须真实可靠。同时,对抵押品的金额提出最低资本金要求。对于存款机构,其保证金水平由其监管机构和 CFTC 或 SEC 协商后确定;对于非存款机构,其保证金水平则直接由 CFTC 或 SEC 确定,原则是不低于存款机构资本充足率的设定标准。由于之前这些场外衍生品均未集中清算,因此,该项措施可以抵消合约潜在的高风险。不仅如此,对于在所有交易所、SEFs 或境外交易场所中的交易,该法案均施加头寸限制。限制额度由 CFTC(针对互换)或 SEC(针对基于证券的互换)来制定。法案同时也赋予了 CFTC 或 SEC 关于头寸限制有针对性的豁免权。

本章摘要

1. 金融衍生工具的风险概括为信用风险、市场风险、流动性风险、操作风险和法律风险五大类。

2. 金融衍生工具风险产生的原因既有潜在的原因又有外在的原因,既有宏观层面的原因又有微观层面的原因。

3. 金融衍生工具风险的管理要从多方面着手,分层次地来管理控制这些风险。首先是金融机构内部自我监督管理;其次是交易所系统内部监管,作为衍生产品交易组织者和市场管理者,它通过制定场内交易规则,监督市场的业务操作,保证交易在公开、公正、竞争的条件下进行。同时还要加强中央银行的监管和国际合作。

4. 自次贷危机发生以来,各国际组织开始洞察危机根源,相继提出相关监管改革的指导方针与政策意见。其中最为重要的便是《巴塞尔协议Ⅲ》的出台以及《多德-弗兰克法案》的生效。

5. 巴塞尔协议Ⅲ是在原有规约的基础之上,上调了针对银行的资本充足比率要求,新增了资本缓冲要求,注重银行资本的质量,并配合以流动性约束,其目的在于确保银行经营的稳健性,进而保障整个金融体系的稳定和安全。

6. 多德-弗兰克法案被认为是大萧条以来最全面、最严厉的金融改革法案,为全球金融监管改革树立新的标尺。核心内容就是在金融系统当中保护消费者。

练习与思考

一、名词解释

流动性风险、操作风险、法律风险

二、单选题

1.从银行看,具有金融衍生交易业务的银行均存在因标的金融资产价格波动带来的市场风险,这种风险将随着交易期限而( )

A.增长 B.减少 C.不变 D.增长或减少

2.金融衍生产品的交易多采用( )

A.现金交易 B.保证金交易 C.实物交易 D.现货交易

3.( )是衍生品交易的组织者和市场管理者

A.金融机构 B.交易所 C.中央银行 D.国际间监管

4.金融衍生工具的风险被概括为( )

A.信用风险 B.市场风险 C.流动性风险

D.操作风险 E.法律风险

5.金融衍生工具的信用风险包括( )

A.交割前面临的风险 B.交割时面临的风险

C.交割后面临的风险 D.市场波动面临的风险

6.流动性风险包括( )

A.市场流动风险 B.公司流动风险

C.资金流动风险 D.货币流动风险

7.操作风险的表现形式主要有( )

A.越权交易 B.误导客户

C.主体不合法 D.进行私下对冲

8.通常按客户要求设计的金融衍生产品( )

A.易于在市场转让 B.难以在市场转让

C.流动性风险大 D.流动性风险小

9.金融衍生工具风险产生的宏观条件是( )

A.金融自由化 B.银行业务的表外化

C.金融技术的现代化 D.金融市场的全球化

10.* 2008 年美国次贷危机中,信用违约互换市场出现了巨大风险,也由此促发了 2010 年通过了( )。

A.多德-弗兰克法案 B.萨班斯法案

C.爱国者法案 D.格拉斯-斯蒂格尔法案

11.*“想买买不到,想卖卖不掉”属于( )风险。

A.代理风险 B.现金流风险 C.流动性风险 D.操作风险

12.*( )是指在股指期货交易中,由于相关行为(如签订的合同、交易的对象、税收的处理等)与相应的法规发生冲突,致使无法获得当初所期待的经济效果甚至蒙受损失的风险。

A.操作风险　　B.现金流风险　　C.法律风险　　D.系统风险

13.＊股指投资者由于缺乏交易对手而无法及时以合理价格建立或者了结股指期货头寸的风险是（　　）。

A.流动性风险　　B.现金流风险　　C.市场风险　　D.操作风险

14.＊股指期货价格剧烈波动或连续出现涨跌停板，造成投资者损失的风险属于（　　）。

A.代理风险　　B.交割风险　　C.信用风险　　D.市场风险

15.＊关于以下金融相关法案，以下说法错误的是（　　）。

A.多德-弗兰克法案是2008年金融危机后为有效控制系统性风险，保护纳税人和消费者利益，维护金融稳定防范金融危机而颁布的

B.萨班斯法案是安然公司丑闻曝光后，美国国会和政府通过的，以提升在美上市公司合规性和加强保护投资者的法案

C.巴塞尔协议主要目的是规范和提升银行业参与场外衍生品交易的净资本要求

D. 1933年的格拉斯-斯蒂格尔法案也称作《1933年银行法》，该法案令美国金融业形成银行、证券分业经营的模式

三、简答题

1.金融衍生工具的风险有哪些？

2.金融衍生工具风险产生的原因是什么？

3.金融衍生工具风险如何防范？

4.简述巴塞尔协议III的主要内容。

5.简述多德-弗兰克法案的主要内容。

参考文献

1.刘岚.金融衍生工具的信用风险管理[D].西安石油大学，2005.

2.涂德君.全球金融危机后的场外金融衍生品市场变革[J].中国货币市场.2010(7)

3.王元凯，陈丰.《多德－弗兰克法案》究竟影响几何—浅析法案实施后美国场外衍生品市场发展[J].金融与经济.2015(2)

4.Hull J.Options，Futures，and Other Derivatives [M].Prentice Hall，2014.

5.Philippe Jorion.Financial Risk Manager Handbook [M].Wiley，2009.

6.Hull J.Risk Management and Financial Institutions [M].Wiley，2015.

7.张元萍，郗文泽.金融衍生工具[M].首都经济贸易大学出版社，2015.

8.黄昱程.期货与选择权：衍生性金融商品入门经典[M].华泰文化，2015.

附 录

附录 1:布朗运动

一、简介

布朗运动(Brownian motion)是由罗伯特·布朗(Robert Brown)于 1828 年首先观察花粉颗粒浮于液体内不规则运动的一种物理现象。

1900 年,巴舍利耶(Louis Bachelier)在他的博士论文中正式将布朗运动引入证券市场,用来描述股价的变动。之后,在 1923 年由维纳(Norbert Wiener)研究布朗运动的数学理论,并对其严谨定义,因此布朗运动也称为维纳过程(Wiener process)。

萨缪尔森(Paul Samuelson)于 1969 年将布朗运动再度引入金融经济学模型,至此,布朗运动在研究金融经济学及金融工程学中的重要地位稳固建立。

二、布朗运动的定义

对于随机过程 $W_t=\{W(t):t\geqslant 0\}$,若满足以下四个条件,则称 $W(t)$ 为布朗运动。

1. $W(t)$ 连续且 $W(0)=0$
2. $W(t)\sim N(0,t)$
3. $W(s+t)-W(s)\sim N(0,t)$
4. $W(t)$ 是独立增量(increments)过程

从上述定义中的条件 2 可以看出,布朗运动 W_t 服从均值为 0,方差为 t 的正态分布;条件 3 当中,布朗运动的增量 $W(s+t)-W(s)$ 服从的分布与其初始时间 s 无关,只与增量中的时间变化 t 有关;关于条件 4,若 $0\leqslant s_1<t_1\leqslant s_2<t_2$,则 $W(t_1)-W(s_1)$ 和 $W(t_2)-W(s_2)$ 两个增量是独立的,根据条件 3,可以进一步得到:

$$\begin{aligned}&\mathrm{Cov}[W(t_1)-W(s_1),W(t_2)-W(s_2)]\\&=E([W(t_1)-W(s_1)][W(t_2)-W(s_2)]=0\end{aligned}$$

三、布朗运动的性质

根据前面的定义,布朗运动具有如下性质:

1. $\mathrm{E}[W(t)]=0$
2. $\mathrm{Var}[W(t)]=t=\mathrm{E}[W^2(t)]$

3. 若 $s<t$，则 $\mathrm{Cov}[W(s),W(t)]=s=\mathrm{E}[W(s)W(t)]$

性质 3 证明：根据定义中的条件 3 可知：$\mathrm{Var}[W(t)-W(s)]=t-s$

$$\mathrm{Var}[W(t)-W(s)]=\mathrm{Var}[W(t)]+\mathrm{Var}[W(s)]-2\mathrm{Cov}[W(t),W(s)]$$

$$t-s=t+s-2\mathrm{Cov}[W(t),W(s)]$$

因此：$\mathrm{Cov}[W(s),W(t)]=\mathrm{Cov}[W(t),W(s)]=s$

又：$\mathrm{Cov}[W(s),W(t)]=\mathrm{E}[W(s)W(t)]-\mathrm{E}[W(s)]E[W(t)]$

根据定义中的条件 2 可知：$\mathrm{E}[W(s)]=\mathrm{E}[W(t)]=0$

因此：

$$\mathrm{Cov}[W(s),W(t)]=\mathrm{E}[W(s)W(t)]=s$$ 证毕

根据定义，我们可知：

$$W(t+\Delta t)-W(t)\sim N(0,\Delta t)$$

当 $\Delta t\rightarrow 0$ 时，定义：

$$\mathrm{d}W(t)=\lim_{\Delta t\rightarrow 0}[W(t+\Delta t)-W(t)]$$

此时 $\mathrm{d}W(t)$ 称作 $W(t)$ 的瞬时增量(instantaneous increment)，相应地：

$$\mathrm{d}W(t)\sim N(0,\mathrm{d}t)$$

需要注意的是，$\mathrm{d}W(t)$ 也常常表示为 $R(t)\mathrm{d}t$，其中 $R(t)$ 称作高斯白噪声(Gaussian white noise)，并且满足 $R(t)\sim N(0,1)$。

根据二次变差(quadratic variation)的相关知识，$\mathrm{d}W(t)$ 具有如下结论：

1. $\mathrm{d}W(t)\mathrm{d}W(t)=\mathrm{d}t$
2. $[\mathrm{d}W(t)]\mathrm{d}t=0$
3. $\mathrm{d}t\cdot\mathrm{d}t=(\mathrm{d}t)^2=0$

上述三个结论在金融工程的相关计算中经常用到。

四、广义布朗运动

前面所介绍的是标准布朗运动。在实际应用的时候，我们往往要关注更加普遍的广义布朗运动 $X(t)$，其具体形式为：

$$\mathrm{d}X(t)=\mu\mathrm{d}t+\sigma\mathrm{d}W(t) \tag{1}$$

其中：μ 表示漂移率(drift)，σ 表示波动率(volatility)，$W(t)$ 是前面所介绍的基础布朗运动。上式的右侧第一项可看作是确定项(deterministic term)，第二项则是随机项(stochastic term)。前面提及的标准布朗运动，可看作是确定项为 0，随机项的波动率 σ 等于 1 的广义布朗运动的特殊情形。

根据概率统计的基础知识，结合 $\mathrm{d}W(t)\sim N(0,\mathrm{d}t)$，我们不难得到如下结论：

$$\mathrm{d}X(t)\sim N(\mu\mathrm{d}t,\sigma^2\mathrm{d}t)$$

五、几何布朗运动

在 Black-Scholes 期权定价模型中，我们假定标的物价格变动服从几何布朗运动，其形式为：

$$\mathrm{d}S(t)=\mu S(t)\mathrm{d}t+\sigma S(t)\mathrm{d}W(t)$$

也可以写作：

$$\frac{\mathrm{d}S(t)}{S(t)}=\mu\mathrm{d}t+\sigma\mathrm{d}W(t)$$

与前面所述类似，上式的右侧第一项是确定项，第二项是随机项。然而，前面的标准/广义布朗运动取值在实数域上；而几何布朗运动中的变量 $S(t)\geqslant 0$，该取值范围与股价非负的特征类似。因此，在对股票价格走势的随机性刻画中，我们采用的是几何布朗运动(Geometric Brownian motion)。

附录 2：伊藤公式

普通布朗运动假定漂移率和波动率均为常数，若某变量 X 的漂移率和波动率均为变量 X 和时间 t 的函数，就说变量 X 服从伊藤过程。

假定过程 $X(t)$满足如下形式的伊藤过程

$$\mathrm{d}X(t)=\mu(t)\mathrm{d}t+\sigma(t)\mathrm{d}W(t) \tag{2}$$

定义过程 $Z(t)=f(t,X(t))$，则 Z 满足如下形式的方程

$$\mathrm{d}f(t,X(t))=\left[\frac{\partial f}{\partial t}+\mu\frac{\partial f}{\partial X}+\frac{1}{2}\sigma^2\frac{\partial^2 f}{\partial X^2}\right]\mathrm{d}t+\sigma\frac{\partial f}{\partial X}\mathrm{d}W(t) \tag{3}$$

该方程称作伊藤公式(Itô's formula)，也称为伊藤引理(Itô's lemma)。

证明：

在证明伊藤公式之前，首先回顾一下微积分中的泰勒展开式(Taylor expansion)。对于二元连续函数 $f(x,y)$，其包含二阶各项的泰勒展开式为：

$$\mathrm{d}f(x,y)=\frac{\partial f}{\partial x}\mathrm{d}x+\frac{\partial f}{\partial y}\mathrm{d}y+\frac{1}{2}\frac{\partial^2 f}{\partial x^2}(\mathrm{d}x)^2+\frac{1}{2}\frac{\partial^2 f}{\partial y^2}(\mathrm{d}y)^2+\frac{\partial^2 f}{\partial x\partial y}\mathrm{d}x\mathrm{d}y \tag{4}$$

利用这个结论，令 $x=t$，$y=X(t)$，可得：

$$\mathrm{d}f(t,X(t))=\frac{\partial f}{\partial t}\mathrm{d}t+\frac{\partial f}{\partial X}\mathrm{d}X+\frac{1}{2}\frac{\partial^2 f}{\partial t^2}(\mathrm{d}t)^2+\frac{1}{2}\frac{\partial^2 f}{\partial X^2}(\mathrm{d}X)^2+\frac{\partial^2 f}{\partial t\partial X}\mathrm{d}t\mathrm{d}X$$

注意到上式中的$\frac{1}{2}\frac{\partial^2 f}{\partial X^2}(\mathrm{d}t)^2$ 和$\frac{\partial^2 f}{\partial t\partial X}\mathrm{d}t\mathrm{d}X$ 两项，存在$(\mathrm{d}t)^2$ 和 $\mathrm{d}t\mathrm{d}W(t)$项，根据附录 1 中的结论$(\mathrm{d}t)^2=\mathrm{d}t\mathrm{d}W(t)=0$，可以将这两项删去，最终上式可简化为：

$$\mathrm{d}f(t,X(t))=\frac{\partial f}{\partial t}\mathrm{d}t+\frac{\partial f}{\partial X}\mathrm{d}X+\frac{1}{2}\frac{\partial^2 f}{\partial X^2}(\mathrm{d}X)^2 \tag{5}$$

另外：

$$\begin{aligned}(\mathrm{d}X)^2&=[\mu\mathrm{d}t+\sigma\mathrm{d}W(t)]^2\\&=\mu^2(\mathrm{d}t)^2+\sigma^2[\mathrm{d}W(t)]^2+2\mu\sigma\mathrm{d}t\mathrm{d}W(t)\\&=\sigma^2\mathrm{d}t\end{aligned}$$

因此：

$$\mathrm{d}f(t,X(t))=\frac{\partial f}{\partial t}\mathrm{d}t+\frac{\partial f}{\partial X}[\mu\mathrm{d}t+\sigma\mathrm{d}W(t)]+\frac{1}{2}\frac{\partial^2 f}{\partial X^2}\sigma^2\mathrm{d}t$$

$$=\left[\frac{\partial f}{\partial t}+\mu\frac{\partial f}{\partial X}+\frac{1}{2}\sigma^2\frac{\partial^2 f}{\partial X^2}\right]\mathrm{d}t+\sigma\frac{\partial f}{\partial X}\mathrm{d}W(t). \qquad \text{证毕}$$

需要说明的是，为了书写方便，这里均将 $\mu(t)$ 和 $\sigma(t)$ 简写成 μ 和 σ。

例 1： 令 $f(W(t))=W^2(t)$，其中 $W(t)$ 是标准布朗运动，试求 $f(W(t))$ 的动态过程。

解答： 由于 $W(t)$ 是标准布朗运动，因此 $\mathrm{d}X(t)=\mu(t)\mathrm{d}t+\sigma(t)\mathrm{d}W(t)$ 中的 $\mu(t)=0$，$\sigma(t)=1$，$X(t)=W(t)$。

因此：$\frac{\partial f}{\partial t}=0$，$\frac{\partial f}{\partial W}=2W(t)$，$\frac{\partial^2 f}{\partial W^2}=2$

将上面各式代入伊藤公式，可得：

$$\begin{aligned}\mathrm{d}f(t,W(t))&=\left[\frac{\partial f}{\partial t}+\mu\frac{\partial f}{\partial W}+\frac{1}{2}\sigma^2\frac{\partial^2 f}{\partial W^2}\right]\mathrm{d}t+\sigma\frac{\partial f}{\partial W}\mathrm{d}W(t)\\&=\left[0+0\cdot 2W(t)+\frac{1}{2}\cdot 2\right]\mathrm{d}t+2W(t)\mathrm{d}W(t)\\&=\mathrm{d}t+2W(t)\mathrm{d}W(t)\end{aligned}$$

因此：$\mathrm{d}f(W(t))=\mathrm{d}(W^2(t))=\mathrm{d}t+2W(t)\mathrm{d}W(t)$

例 2： 令 $f(S(t))=\ln S(t)$，其中 $S(t)$ 服从的随机过程为

$$\mathrm{d}S(t)=\mu S(t)\mathrm{d}t+\sigma S(t)\mathrm{d}W(t)$$

试求 $f(S(t))$ 的动态过程。

解答： 根据 $\mathrm{d}X(t)=\mu(t)\mathrm{d}t+\sigma(t)\mathrm{d}W(t)$，可得：$\mu(t)=\mu S(t)$，$\sigma(t)=\sigma S(t)$，$X(t)=S(t)$。

因此：$\frac{\partial f}{\partial t}=0$，$\frac{\partial f}{\partial S}=\frac{1}{S}$，$\frac{\partial^2 f}{\partial S^2}=-\frac{1}{S^2}$

将上面各式代入伊藤公式，可得：

$$\begin{aligned}\mathrm{d}f&=\left[\frac{\partial f}{\partial t}+\mu(t)\frac{\partial f}{\partial S}+\frac{1}{2}\sigma^2(t)\frac{\partial^2 f}{\partial S^2}\right]\mathrm{d}t+\sigma(t)\frac{\partial f}{\partial S}\mathrm{d}W(t)\\&=\left[0+\mu S\frac{1}{S}+\frac{1}{2}\sigma^2S^2\left(-\frac{1}{S^2}\right)\right]\mathrm{d}t+\sigma S\frac{1}{S}\mathrm{d}W(t)\\&=\left[\mu-\frac{1}{2}\sigma^2\right]\mathrm{d}t+\sigma\mathrm{d}W(t)\end{aligned}$$

因此：$\mathrm{d}\ln S(t)=\left(\mu-\frac{1}{2}\sigma^2\right)\mathrm{d}t+\sigma\mathrm{d}W(t)$

例 3： 令 $f(S,t)=S-Ke^{-r(T-t)}$，其中 $S(t)$ 服从的随机过程为

$$\mathrm{d}S(t)=\mu S(t)\mathrm{d}t+\sigma S(t)\mathrm{d}W(t)$$

试求 $f(S,t)$ 的动态过程。

解答： 根据 $\mathrm{d}X(t)=\mu(t)\mathrm{d}t+\sigma(t)\mathrm{d}W(t)$，可得：$\mu(t)=\mu S(t)$，$\sigma(t)=\sigma S(t)$，$X(t)=S(t)$。

因此：$\frac{\partial f}{\partial t}=-rKe^{-r(T-t)}$，$\frac{\partial f}{\partial S}=1$，$\frac{\partial^2 f}{\partial S^2}=0$

将上面各式代入伊藤公式，可得：

$$
\begin{aligned}
\mathrm{d}f &= \left[\frac{\partial f}{\partial t}+\mu(t)\frac{\partial f}{\partial S}+\frac{1}{2}\sigma^2(t)\frac{\partial^2 f}{\partial S^2}\right]\mathrm{d}t+\sigma(t)\frac{\partial f}{\partial S}\mathrm{d}W(t)\\
&=\left[-rKe^{-r(T-t)}+\mu S\cdot 1+\frac{1}{2}\sigma^2 S^2\cdot 0\right]\mathrm{d}t+\sigma S\cdot 1\mathrm{d}W(t)\\
&=[\mu S-rKe^{-r(T-t)}]\mathrm{d}t+\sigma S\mathrm{d}W(t)
\end{aligned}
$$

因此：$\mathrm{d}f(S,t)=[\mu S-rKe^{-r(T-t)}]\mathrm{d}t+\sigma S\mathrm{d}W(t)$

例 4：令 $f(S,t)=Se^{r(T-t)}$，其中 $S(t)$ 服从的随机过程为

$$\mathrm{d}S(t)=\mu S(t)\mathrm{d}t+\sigma S(t)\mathrm{d}W(t)$$

试求 $f(S,t)$ 的动态过程。

解答：根据 $\mathrm{d}X(t)=\mu(t)\mathrm{d}t+\sigma(t)\mathrm{d}W(t)$，可得：$\mu(t)=\mu S(t)$，$\sigma(t)=\sigma S(t)$，$X(t)=S(t)$。

因此：$\frac{\partial f}{\partial t}=-rSe^{r(T-t)}$，$\frac{\partial f}{\partial S}=e^{r(T-t)}$，$\frac{\partial^2 f}{\partial S^2}=0$

将上面各式代入伊藤公式，可得：

$$
\begin{aligned}
\mathrm{d}f &= \left[\frac{\partial f}{\partial t}+\mu(t)\frac{\partial f}{\partial S}+\frac{1}{2}\sigma^2(t)\frac{\partial^2 f}{\partial S^2}\right]\mathrm{d}t+\sigma(t)\frac{\partial f}{\partial S}\mathrm{d}W(t)\\
&=\left[-rSe^{r(T-t)}+\mu Se^{r(T-t)}+\frac{1}{2}\sigma^2 S^2\cdot 0\right]\mathrm{d}t+\sigma Se^{r(T-t)}\mathrm{d}W(t)\\
&=(\mu-r)Se^{r(T-t)}\mathrm{d}t+\sigma Se^{r(T-t)}\mathrm{d}W(t)\\
&=f(S,t)[(\mu-r)\mathrm{d}t+\sigma\mathrm{d}W(t)]
\end{aligned}
$$

因此：$\mathrm{d}f(S,t)=f(S,t)[(\mu-r)\mathrm{d}t+\sigma\mathrm{d}W(t)]$

例 5：$S(t)$ 服从的随机过程为

$$\mathrm{d}S(t)=\mu S(t)\mathrm{d}t+\sqrt{V}S(t)\mathrm{d}W_1(t)$$
$$\mathrm{d}V=(a+bV)\mathrm{d}t+\xi V^{\alpha}\mathrm{d}W_2(t)$$

其中：$\mathrm{d}W_1(t)=R_1\mathrm{d}t$，$\mathrm{d}W_2(t)=R_2\mathrm{d}t$，$R_1,R_2\sim N(0,1)$，并且 $\mathrm{corr}(R_1,R_2)=\rho$

试求 $f(S,V,t)$ 的动态过程。

解答：根据泰勒展开式，可得：

$$
\begin{aligned}
\mathrm{d}f(S,V,t)=&\frac{\partial f}{\partial S}\mathrm{d}S+\frac{\partial f}{\partial V}\mathrm{d}V+\frac{\partial f}{\partial t}\mathrm{d}t+\frac{1}{2}\frac{\partial^2 f}{\partial S^2}(\mathrm{d}S)^2+\frac{1}{2}\frac{\partial^2 f}{\partial V^2}(\mathrm{d}V)^2\\
&+\frac{1}{2}\frac{\partial^2 f}{\partial t^2}(\mathrm{d}t)^2+\frac{\partial^2 f}{\partial S\partial V}\mathrm{d}S\mathrm{d}V+\frac{\partial^2 f}{\partial S\partial t}\mathrm{d}S\mathrm{d}t+\frac{\partial^2 f}{\partial V\partial t}\mathrm{d}V\mathrm{d}t
\end{aligned}
$$

根据 $(\mathrm{d}t)^2=\mathrm{d}t\mathrm{d}W=0$，$[\mathrm{d}W(t)]^2=\mathrm{d}t$，不难得到：

$$(\mathrm{d}S)^2=VS^2\mathrm{d}t,\qquad (\mathrm{d}V)^2=\xi^2V^{2\alpha}\mathrm{d}t,\qquad \mathrm{d}S\mathrm{d}t=\mathrm{d}V\mathrm{d}t=0$$

$$\mathrm{d}S\mathrm{d}V=\sqrt{V}S\cdot\xi V^{\alpha}\mathrm{corr}(R_1,R_2)\mathrm{d}t=\rho V^{\alpha+1/2}\xi S\mathrm{d}t$$

因此：

$$
\begin{aligned}
\mathrm{d}f=&\frac{\partial f}{\partial S}[\mu S\mathrm{d}t+\sqrt{V}SW_1(t)]+\frac{\partial f}{\partial V}[(a+bV)\mathrm{d}t+\xi V^{\alpha}W_2(t)]+\frac{\partial f}{\partial t}\mathrm{d}t\\
&+\frac{1}{2}\frac{\partial^2 f}{\partial S^2}VS^2\mathrm{d}t+\frac{1}{2}\frac{\partial^2 f}{\partial V^2}\xi^2V^{2\alpha}\mathrm{d}t+\frac{\partial^2 f}{\partial S\partial V}\rho V^{\alpha+1/2}\xi S\mathrm{d}t
\end{aligned}
$$

需要说明的是,例 2—4 中的 $S(t)$ 是股票价格的随机过程,$f(S(t))=\ln S(t)$ 是股票的连续复利收益率;$f(S,t)=S-Ke^{-r(T-t)}$ 是远期合约的价格;$f(S,t)=Se^{r(T-t)}$ 是股票的远期价格。例 5 中的随机过程包含两个部分:一个是股票价格的过程,另一个是相应波动率的随机过程。该模型也因此称为随机波动率模型(stochastic volatility model),由 Steve Heston 于 1993 年提出,它是对 Black-Scholes 模型的直接推广。

从例 2 中,我们不难得出如下结论:

$$d\ln S(t)\sim N\left(\left(\mu-\frac{1}{2}\sigma^2\right)dt,\sigma^2 dt\right)$$

由此可见,股票的连续复利收益率服从期望值为 $\left(\mu-\frac{1}{2}\sigma^2\right)dt$,方差为 $\sigma^2 dt$ 的正态分布。该结论在 Black-Scholes 模型的推导中扮演着非常重要的角色。

附录 3:Black-Scholes 模型的推导

一、使用概率论知识推导

Black-Scholes 模型当中的重要理论假设是标的物价格 S 变动服从几何布朗运动,即:$dS=\mu S dt+\sigma S dW(t)$。在风险中性测度下,所有证券的预期收益率 μ 都等于无风险利率 r。根据附录 2 例 2 的结论,可知:

$$d\ln S(t)=\left(r-\frac{1}{2}\sigma^2\right)dt+\sigma dW(t) \tag{6}$$

由于方程右端没有 $\ln S(t)$ 项,因此可以对方程两端同时取定积分:

$$\int_t^T d\ln S(t)=\int_t^T\left(r-\frac{1}{2}\sigma^2\right)dt+\int_t^T\sigma dW(t)$$

$$\ln[S(T)]-\ln[S(t)]=\left(r-\frac{1}{2}\sigma^2\right)(T-t)+\sigma[W(T)-W(t)]$$

$$\ln[S(T)]=\ln[S(t)]+\left(r-\frac{1}{2}\sigma^2\right)(T-t)+\sigma[W(T)-W(t)]$$

因此:

$$\ln[S(T)]\sim N\left[\ln[S(t)]+\left(r-\frac{1}{2}\sigma^2\right)(T-t),\sigma^2(T-t)\right] \tag{7}$$

$$\begin{aligned}S(T)&=\exp\left\{\ln[S(t)]+\left(r-\frac{1}{2}\sigma^2\right)(T-t)+\sigma[W(T)-W(t)]\right\}\\&=S(t)\exp\left\{\left(r-\frac{1}{2}\sigma^2\right)(T-t)+\sigma[W(T)-W(t)]\right\}\end{aligned}$$

令 $\hat{\mu}=\ln[S(t)]+\left(r-\frac{1}{2}\sigma^2\right)(T-t)$,$\hat{\sigma}=\sigma\sqrt{T-t}$,则:

$$\begin{aligned}&\ln[S(T)]\sim N(\hat{\mu},\hat{\sigma}^2)\\&S(T)=\exp[\hat{\mu}+\hat{\sigma}Z]\end{aligned} \tag{8}$$

其中:$Z\sim N(0,1)$

注意到，当 $S(T)-X\geqslant 0$ 时，$Z\geqslant\frac{\ln(X)-\hat{\mu}}{\hat{\sigma}}$，令 $d_2=-Z$，则：

$$d_2=-\frac{\ln(X)-\hat{\mu}}{\hat{\sigma}}=\frac{\ln(S/X)+\left(r-\frac{1}{2}\sigma^2\right)(T-t)}{\sigma\sqrt{T-t}} \tag{9}$$

在风险中性测度下，当看涨期权到期之时，其价值为：

$$\hat{\mathrm{E}}(\max[S(T)-X,0])\doteq\hat{\mathrm{E}}[S(T)-X]^+ \tag{10}$$

因此：

$$\begin{aligned}\hat{\mathrm{E}}[S(T)-X]^+ &=\int_{-d_2}^{\infty}[\exp(\hat{\mu}+\hat{\sigma}Z)-X]\frac{1}{\sqrt{2\pi}}\exp\left[-\frac{1}{2}Z^2\right]\mathrm{d}Z\\&=\frac{1}{\sqrt{2\pi}}\int_{-d_2}^{\infty}\exp\left(\hat{\mu}+\hat{\sigma}Z-\frac{1}{2}Z^2\right)\mathrm{d}Z-\frac{X}{\sqrt{2\pi}}\int_{-d_2}^{\infty}\exp\left[-\frac{1}{2}Z^2\right]\mathrm{d}Z\\&=\frac{1}{\sqrt{2\pi}}\int_{-d_2}^{\infty}\exp\left[-\frac{1}{2}(Z-\hat{\sigma})^2+\left(\hat{\mu}+\frac{1}{2}\hat{\sigma}^2\right)\right]\mathrm{d}Z-XN(d_2)\\&=\exp\left(\hat{\mu}+\frac{1}{2}\hat{\sigma}^2\right)N(d_1)-XN(d_2)\end{aligned}$$

其中：$d_1=d_2+\hat{\sigma}$

由于

$$\hat{\mu}+\frac{1}{2}\hat{\sigma}^2=\ln[S(t)]+\left(r-\frac{1}{2}\sigma^2\right)(T-t)+\frac{1}{2}\sigma^2(T-t)=\ln[S(t)]+r(T-t)$$

看涨期权在时刻 t 的价格，应当是其到期时期望价值的贴现，因此：

$$C(S,t)=e^{-r(T-t)}\hat{\mathrm{E}}[S(T)-X]^+=S(t)N(d_1)-Xe^{r(T-t)}N(d_2)$$

其中：

$$d_1=\frac{\ln(S/X)+\left(r+\frac{1}{2}\sigma^2\right)(T-t)}{\sigma\sqrt{T-t}},\qquad d_2=d_1-\sigma\sqrt{T-t}$$

二、使用偏微分方程方法推导

假设 f 是基于标的物价格 S 的衍生品价格，根据伊藤公式以及附录 2 例 2 的结论，可知：

$$\mathrm{d}f=\left[\frac{\partial f}{\partial t}+\mu S\frac{\partial f}{\partial S}+\frac{1}{2}\sigma^2S^2\frac{\partial^2 f}{\partial S^2}\right]\mathrm{d}t+\sigma S\frac{\partial f}{\partial S}\mathrm{d}W(t)$$

$$\mathrm{d}S=\mu S\,\mathrm{d}t+\sigma S\,\mathrm{d}W(t)$$

接下来，构造一个无风险投资组合，其中包含一份衍生证券的空头，以及 Δ 股的标的资产（这里假设为股票），则该组合的当前价值为：

$$\Pi=-f+\Delta S \tag{11}$$

于是，投资组合的价值变动为：

$\mathrm{d}\Pi=-\mathrm{d}f+\Delta\mathrm{d}S$

$$=-\left[\frac{\partial f}{\partial t}+\mu S\frac{\partial f}{\partial S}+\frac{1}{2}\sigma^2S^2\frac{\partial^2 f}{\partial S^2}\right]\mathrm{d}t-\sigma S\frac{\partial f}{\partial S}\mathrm{d}W(t)+\Delta[\mu S\mathrm{d}t+\sigma S\mathrm{d}W(t)]$$

$$=-\left[\frac{\partial f}{\partial t}+\mu S\frac{\partial f}{\partial S}+\frac{1}{2}\sigma^2S^2\frac{\partial^2 f}{\partial S^2}-\Delta\mu S\right]\mathrm{d}t+\left[\Delta\sigma S-\sigma S\frac{\partial f}{\partial S}\right]\mathrm{d}W(t)$$

我们构造这个资产组合的最终目标是实现风险的完全对冲。要实现这一目标，需使得上式中的随机因素 $\mathrm{d}W(t)$项的系数等于零。于是可得：

$$\Delta=\frac{\partial f}{\partial S}$$

因此：

$$\mathrm{d}\Pi=-\left[\frac{\partial f}{\partial t}+\mu S\frac{\partial f}{\partial S}+\frac{1}{2}\sigma^2S^2\frac{\partial^2 f}{\partial S^2}-\frac{\partial f}{\partial S}\mu S\right]\mathrm{d}t$$

$$=-\left[\frac{\partial f}{\partial t}+\frac{1}{2}\sigma^2S^2\frac{\partial^2 f}{\partial S^2}\right]\mathrm{d}t$$

最终，投资组合的价值变动仅与时间 $\mathrm{d}t$ 有关，该组合已经消除了随机因素 $\mathrm{d}W(t)$带来的不确定性。根据无套利定价原理，该投资组合的收益率应该等于无风险利率 r，因此下式的微分方程应当成立：

$$\mathrm{d}\Pi=r\Pi\mathrm{d}t \tag{12}$$

又由于在风险中性测度下，所有证券的预期收益率 μ 都等于无风险利率 r。最终可得：

$$-\left[\frac{\partial f}{\partial t}+\frac{1}{2}\sigma^2S^2\frac{\partial^2 f}{\partial S^2}\right]\mathrm{d}t=r\left(-f+\frac{\partial f}{\partial S}S\right)\mathrm{d}t$$

$$\frac{\partial f}{\partial t}+rS\frac{\partial f}{\partial S}+\frac{1}{2}\sigma^2S^2\frac{\partial^2 f}{\partial S^2}=rf \tag{13}$$

式(13)就是著名的 Black-Scholes 偏微分方程(Partial Differential Equation，PDE)。求解该方程，最终得到的 $f(S,t)$就是衍生品的合理价格。但是该式有很多解，为此需要添加必要的边界条件(Boundary Condition)才能得到唯一的解。比如：对于欧式看涨期权来说，该边界条件是 $f(S,T)=\max(S_T-S,0)$；而对于欧式看跌期权来说，边界条件为 $f(S,T)=\max(X-S_T,0)$。

接下来，我们以欧式看涨期权为例，介绍如何使用偏微分方程的知识推导 Black-Scholes 模型。由上所述，欧式看涨期权 *Black-Scholes* 偏微分方程及其边界条件分别为：

$$\begin{cases}\dfrac{\partial f}{\partial t}+rS\dfrac{\partial f}{\partial S}+\dfrac{1}{2}\sigma^2S^2\dfrac{\partial^2 f}{\partial S^2}=rf\\ f(S,T)=\max(S-X,0)\doteq(S-X)^+=h(S)\end{cases} \tag{14}$$

该方程，与物理学中的热传导方程(heat equation)非常相似，对于初值为 $\phi(x)$的热传导方程：

$$\begin{cases}\dfrac{\partial g}{\partial t}(x,t)=k\dfrac{\partial^2 g}{\partial x^2}(x,t), \quad t>0\\ f(x,0)=\phi(x)\end{cases} \tag{15}$$

它的解是：

$$g(x,t)=\int_{-\infty}^{\infty}\phi(z)\exp\left[-\frac{(x-z)^2}{4kt}\right]\frac{1}{\sqrt{4\pi kt}}\mathrm{d}z,\quad t>0 \tag{16}$$

要将 Black-Scholes 偏微分方程转化成热传导方程，只需进行如下代换：

$$\begin{cases}g(S,t)=e^{rt}f\left(\exp\left[\sigma S+\left(\frac{1}{2}\sigma^2-r\right)t\right],T-t\right)\\ g(S,0)=h[\exp(\sigma S)]\end{cases} \tag{17}$$

最终 Black-Scholes 偏微分方程变成如下形式：

$$\begin{cases}\frac{\partial g}{\partial t}(S,t)=\frac{1}{2}\frac{\partial^2 g}{\partial S^2}(S,t)\\ g(S,0)=h[\exp(\sigma S)]\end{cases} \tag{18}$$

由此可见，Black-Scholes 偏微分方程通过变量代换的方法，可以转变成形如式(15)的热传导方程。求解式(17)可得：

$$\begin{aligned}g(S,t)&=\int_{-\infty}^{\infty}h[\exp(\sigma z)]\exp\left[-\frac{(S-z)^2}{2t}\right]\frac{1}{\sqrt{2\pi t}}\mathrm{d}z\\ &=\int_{-\infty}^{\infty}[\exp(\sigma z)-X]^+\exp\left[-\frac{(S-z)^2}{2t}\right]\frac{1}{\sqrt{2\pi t}}\mathrm{d}z\\ &=\frac{1}{\sqrt{2\pi t}}\int_{\frac{\ln X}{\sigma}}^{\infty}[\exp(\sigma z)-X]\exp\left[-\frac{(S-z)^2}{2t}\right]\mathrm{d}z\\ &=\frac{1}{\sqrt{2\pi t}}\left\{\int_{\frac{\ln X}{\sigma}}^{\infty}\exp\left[-\frac{(S-z)^2}{2t}+\sigma z\right]\mathrm{d}z-X\int_{\frac{\ln X}{\sigma}}^{\infty}\exp\left[-\frac{(S-z)^2}{2t}\right]\mathrm{d}z\right\}\\ &=\exp\left[\sigma S+\frac{1}{2}\sigma^2 t\right]N\left(-\frac{\ln X-\sigma S-\sigma^2 t}{\sigma\sqrt{t}}\right)-XN\left(-\frac{\ln X-\sigma S}{\sigma\sqrt{t}}\right)\end{aligned} \tag{19}$$

令 $M=\exp\left[\sigma S+\left(\frac{1}{2}\sigma^2-r\right)t\right]$，$\tau=T-t$，则：

$$f(M,\tau)=e^{-r(T-\tau)}g\left(\frac{\ln M-\left(\frac{1}{2}\sigma^2-r\right)(T-\tau)}{\sigma},T-\tau\right)$$

将 M，τ 分别替换成 S，t，可得：

$$f(S,t)=e^{-r(T-t)}g\left(\frac{\ln S-\left(\frac{1}{2}\sigma^2-r\right)(T-t)}{\sigma},T-t\right) \tag{20}$$

令 $S'=\dfrac{\ln S-\left(\frac{1}{2}\sigma^2-r\right)(T-t)}{\sigma}$，$t'=T-t$，将式(19)代入(20)，可得：

$$\begin{aligned}g(S',t')=&\exp\left[\ln S-\left(\frac{1}{2}\sigma^2-r\right)(T-t)+\frac{1}{2}\sigma^2(T-t)\right]\\ &\times N\left[-\frac{\ln X-\ln S+\left(\frac{1}{2}\sigma^2-r\right)(T-t)-\sigma^2(T-t)}{\sigma\sqrt{T-t}}\right]\end{aligned}$$

$$-XN\left[-\frac{\ln X-\ln S+\left(\frac{1}{2}\sigma^2-r\right)(T-t)}{\sigma\sqrt{T-t}}\right]$$

$$=Se^{r(T-t)}N\left[\frac{\ln(S/X)+\left(r+\frac{1}{2}\sigma^2\right)(T-t)}{\sigma\sqrt{T-t}}\right]-XN\left[\frac{\ln(S/X)+\left(r-\frac{1}{2}\sigma^2\right)(T-t)}{\sigma\sqrt{T-t}}\right]$$

$$=Se^{r(T-t)}N(d_1)-XN(d_2)$$

因此：

$$\begin{aligned}f(S,t)&=e^{-r(T-t)}g(S',t')\\&=e^{-r(T-t)}[Se^{r(T-t)}N(d_1)-XN(d_2)]\\&=SN(d_1)-Xe^{-r(T-t)}N(d_2)\end{aligned}\tag{21}$$

可见，通过偏微分方程方法得到的结果，与使用概率论知识得到的结果完全相同。

附录 4：期权价格敏感性指标相关专题

一、Delta，Gamma 和 Theta 之间的关系

根据 Black-Scholes 偏微分方程

$$\frac{\partial f}{\partial t}+rS\frac{\partial f}{\partial S}+\frac{1}{2}\sigma^2S^2\frac{\partial^2 f}{\partial S^2}=rf$$

结合第九章第六节关于期权价格敏感性的指标，我们可得：

$$\text{Theta}+rS\cdot\text{Delta}+\frac{1}{2}\sigma^2S^2\cdot\text{Gamma}=rf\tag{22}$$

式(22)展示了 Theta，Delta 和 Gamma 之间的关系。对于一个 Delta 中性的组合 Π 来说，其 Delta=0，则上式变为：

$$\text{Theta}+\frac{1}{2}\sigma^2S^2\cdot\text{Gamma}=r\Pi\tag{23}$$

式(23)反映了 Delta 中性情况下，Theta 和 Gamma 之间的换算关系。通过该式，我们可以更容易地由 Delta 中性组合的 Gamma 值推算出其 Theta 值。

另外，对于 Delta 和 Gamma 均是中性的组合来说，式(23)可以进一步改写为：

$$\text{Theta}=r\Pi\tag{24}$$

这意味着 Delta 和 Gamma 均是中性的组合，其价值将随着时间以无风险连续复利率的速度增长。

二、Delta-Gamma 中性

在第十章第三节，我们已经介绍了期权的动态套期保值，也就是 Delta 中性方法。同时我们也指出在实践当中，该方法只考虑了期权价格与标的资产价格线性变动关系，并未考虑到非线性关系对套期保值的影响。因此，需要在原先的 Delta 中性的基础上，利用 Gamma 中性对投资组合提供额外的保护。

值得注意的是,由于保持 Gamma 中性只能通过期权头寸的调整获得,实现 Gamma 中性的结果往往会造成 Delta 非中性,因此常常还需要运用标的资产或期货头寸进行调整,才能使得证券组合同时实现 Delta 和 Gamma 中性。

例 6:假设某个 Delta 中性的保值组合 Gamma 值为-5000,该组合标的资产的某个看涨期权多头 Delta 值为 0.8,Gamma 值为 2。为使得该组合 Delta 和 Gamma 均中性,该组合应该购买多少份期权,同时卖出多少份标的资产?

解答:我们注意到,对于标的资产多头而言,其 Delta 值必为 1,Gamma 值必为 0,构造的组合当中需要多头期权,同时空头标的资产。因此假设多头期权的数量为 x,空头标的资产的数量为 y,从而可得出如下方程组:

$$\begin{cases} 0.8x-y=0, & \text{Delta 中性} \\ 2x-5000=0, & \text{Gamma 中性} \end{cases}$$

解得:$x=2500$,$y=2000$

因此,要实现 Delta-Gamma 中性,应该购买 2500 份期权,同时卖出 2000 份标的资产。这里需要说明的是,标的资产由于是空头,因而其 Delta 值应该为-1。

例 7:假设某个 Delta 中性的投资组合 Gamma 值为-4500,以该组合作为标的资产的看涨期权 Delta 值为 0.51,Gamma 值为 1.5。

问:应该怎样做才能实现 Delta-Gamma 中性?

解答:要实现 Delta-Gamma 中性,就是使得组合的 Delta 和 Gamma 均为零。因此,组合的 Gamma 由负值(-4500)变为零,应该要多头看涨期权(其 Delta 值为正)。在原先 Delta 中性的投资组合里加入了 Delta 值为正的看涨期权头寸,新的组合头寸 Delta 值必然为正。为了维持原来的 Delta 中性状态,需要再空头一定数量的标的资产。为此,我们可以通过多头 x 份看涨期权,同时空头 y 份标的资产的方式实现 Delta-Gamma 中性。从而可得出如下方程组:

$$\begin{cases} 1.5x-4500=0 \\ 0.51x-y=0 \end{cases} \Rightarrow \begin{cases} x=3000 \\ y=1530 \end{cases}$$

因此,要实现 Delta-Gamma 中性,应该多头 3000 份期权,同时空头 1530 份标的资产。

三、Delta-Gamma-Vega 中性

前面所述的 Delta-Gamma 中性是为了对冲难以预测的价格变动风险,并未关注价格波动率的不确定性。在对冲价格变动风险的同时,若还要对冲价格波动率变动所产生的风险,就要使用 Delta-Gamma-Vega 中性方法。与前文内容类似,该方法通过加入期权等金融衍生品的头寸,最终使得组合的 Delta、Gamma 和 Vega 均为零。

例 8:假设某投资者购入 10 份 Delta、Gamma 和 Vega 值分别为 0.8、0.3 和 0.2 的看涨期权 A。投资者考虑通过交易同一标的资产的看涨期权 B 和看跌期权 C 来实现 Delta-Gamma-Vega 中性。看涨期权 B 的 Delta、Gamma 和 Vega 值分别为 0.4、0.2 和 0.1,看跌期权 C 的 Delta、Gamma 和 Vega 值分别为-0.6、0.3 和 0.1。问:投资者应该如何实现 Delta-Gamma-Vega 中性?

解答:相关数据如下表所示:

	Delta	Gamma	Vega
看涨期权 A	0.8	0.3	0.2
看涨期权 B	0.4	0.2	0.1
看跌期权 C	−0.6	0.3	0.1
标的资产	1	0	0

假设投资者通过 x 份看涨期权 B、y 份看跌期权 C 和 z 份标的资产可以实现 Delta-Gamma-Vega 中性,则可得到如下方程组:

$$\begin{cases}0.8\times10+0.4x-0.6y+z=0\\0.3\times10+0.2x+0.3y=0\\0.2\times10+0.1x+0.1y=0\end{cases}\Rightarrow\begin{cases}x=-30\\y=10\\z=10\end{cases}$$

因此,要实现 Delta-Gamma-Vega 中性,应该空头 30 份看涨期权 B,多头 10 份看跌期权 C,同时多头 10 份标的资产。

附录 5:欧式和美式期权二项式定价的 MATLAB 代码

一、欧式期权二项式定价的代码

```
function [price,lattice] = BinoEurCP(S0,X,r,T,sig,N,arg)
dt = T/N;
u = exp(sig * sqrt(dt));
d = 1/u;
p = (exp(r * dt) - d)/(u - d);              %风险中性概率
lattice = zeros(N + 1,N + 1);
if arg = = 1                                %求看涨期权的价值
  for j = 0:N
    lattice(j + 1,N + 1) = max(0,S0 * (u^(N - j)) * (d^j) - X);      %求出最后一期
看涨期权的可能价值
  end
else                                        %求看跌期权的价值
  for j = 0:N
    lattice(j + 1,N + 1) = max(0,X - S0 * (u^(N - j)) * (d^j));
  end
end
  for j = N:- 1:1                           %从最后一列一直循环至第一列
    for i = 1:j                             %从每列开始依次计算前一期
```

```
        lattice(i,j) = exp( - r * dt) * (p * lattice(i,j + 1) + (1 - p) * lattice(i + 1,j +
1));
      end
    end
  price = lattice(1,1);
  end
```

代码说明:上述代码是 MATLAB 函数,在使用时需要以文件名 BinoEurCP.m 存放到工作目录(working directory)当中才能调用。

比如:对于 $S_0=50, X=45, r=0.1, \sigma=0.4, T=1$ 的欧式期权,求期间数为 $N=50$ 的看涨和看跌期权的价格,相应的函数调用代码分别如下:

[A,B]=BinoEurCP(50,45,0.1,1,.4,50,1)

[C,D]=BinoEurCP(50,45,0.1,1,.4,50,2)

生成的结果当中,变量 A 和 C 分别是欧式看涨和看跌期权的价格;变量 B 和 D 分别是欧式看涨和看跌期权的价格二叉树。

二、美式期权二项式定价的代码

```
function[price,lattice] = BinoAmCP(S0,X,r,T,sig,N,arg)
dt = T/N;
u = exp(sig * sqrt(dt));
d = 1/u;
p = (exp(r * dt) - d)/(u - d);          %风险中性概率
lattice = zeros(N + 1,N + 1);

if arg = = 1                            %求看涨期权的价值
  for j = 0:N
    lattice(j + 1,N + 1) = max(0,S0 * (u^(N - j)) * (d^j) - X);       %求出最后一期
看涨期权的可能价值
  end
  for j = N: - 1:1                      %从最后一列一直循环至第一列
    for i = 1:j                         %从每列开始依次计算前一期
      lattice(i,j) = max(S0 * (u^(j - i)) * (d^(i - 1)) - X,exp( - r * dt) * (p *
lattice(i,j + 1) + (1 - p) * lattice(i + 1,j + 1)));
    end
  end
else                                    %求看跌期权的价值
  for j = 0:N
    lattice(j + 1,N + 1) = max(0,X - S0 * (u^(N - j)) * (d^j));
  end                                   %注意,这里的循环不能合并
```

```
for j = N: - 1:1                   %从最后一列一直循环至第一列
for i = 1:j                        %从每列开始依次计算前一期
  lattice(i,j) = max(X - S0 * (u^(j - i)) * (d^(i - 1)),exp( - r * dt) * (p *
lattice(i,j + 1) + (1 - p) * lattice(i + 1,j + 1)));
    end
  end
end
price = lattice(1,1);
end
```

代码说明:上述代码是 MATLAB 函数,在使用时需要以文件名 BinoAmCP.m 存放到工作目录当中才能调用。

比如:对于 $S_0=50, X=45, r=0.1, \sigma=0.4, T=1$ 的美式期权,求期间数为 $N=50$ 的看涨和看跌期权的价格,相应的函数调用代码分别如下:

[A,B]=BinoAmCP(50,45,0.1,1,.4,50,1)

[C,D]=BinoAmCP(50,45,0.1,1,.4,50,2)

生成的结果当中,变量 A 和 C 分别是美式看涨和看跌期权的价格;变量 B 和 D 分别是美式看涨和看跌期权的价格二叉树。

附录 6:欧式期权定价的数值方法之 Monte Carlo 模拟

在期权的定价当中,除了以 Black-Scholes 模型为代表的解析方法外,相关的数值方法还有二项式定价法、Monte Carlo 模拟法以及有限元方法等。这里以欧式看涨期权为例,简单介绍如何使用 Monte Carlo 模拟法对欧式看涨期权进行数值方法的定价。在介绍基本步骤之前,先引入有名的 Feynman-Kac 公式。

Feynman-Kac 公式连接了抛物型偏微分方程(PDE)和随机过程。对于如下偏微分方程:

$$\frac{\partial u}{\partial t}(x,t)+\mu(x,t)\frac{\partial u}{\partial x}(x,t)+\frac{1}{2}\sigma^2(x,t)\frac{\partial^2 u}{\partial x^2}(x,t)-V(x,t)u(x,t)+f(x,t)=0$$

其中:$x\in\mathbb{R}, t\in[0,T]$,并且满足以下终值条件:

$$u(x,T)=\psi(x)$$

其中的 μ,σ,ψ,V,f 是已知的函数,T 是时间参数,u 是未知的变量。Feynman - Kac 公式告诉我们,u 的解可写成如下条件均值:

$$u(x,t)=\mathrm{E}^{\mathrm{Q}}\left[\int_t^T f(X_r,r)\exp\left(-\int_t^r V(X_\tau,\tau)\mathrm{d}\tau\right)\mathrm{d}r+\psi(X_T)\exp\left(-\int_t^T V(X_\tau,\tau)\mathrm{d}\tau\right)\,\middle|\, X_t=x\right]$$

在概率测度 $\mathbb{Q}$ 下,X 服从如下伊藤过程:

$$\mathrm{d}X=\mu(X,t)\mathrm{d}t+\sigma(X,t)\mathrm{d}W^{\mathrm{Q}}$$

其中:W^{Q} 是测度 $\mathbb{Q}$ 下的布朗运动,并且初始条件为 $X(t)=x$。

根据附录 3,Black-Scholes 偏微分方程(BS PDE)及其终值条件(这里以欧式看涨期权为例)分别如下:

$$\begin{cases}\dfrac{\partial f}{\partial t}+rS\dfrac{\partial f}{\partial S}+\dfrac{1}{2}\sigma^2S^2\dfrac{\partial^2 f}{\partial S^2}=rf & BS\ PDE\\ f(S,T)=\max(S_T-X,0) & \text{终值条件}\end{cases} \tag{25}$$

参照 Feynman-Kac 公式,上式的解为:

$$f(S,t)=\mathrm{E}^{\mathrm{Q}}[e^{-r(T-t)}\max(S_T-X,0)\,|\,S_t=S] \tag{26}$$

其中:在概率测度Q下,S 服从如下伊藤过程:

$$\mathrm{d}S=rS\mathrm{d}t+\sigma S\mathrm{d}W^{\mathrm{Q}} \tag{27}$$

其中:W^{Q} 是测度Q下的布朗运动,并且初始条件为 $S(t)=S$。

蒙特卡罗模拟(Monte Carlo simulation)也称统计模拟方法,是使用电子计算机产生的随机数来解决很多计算问题的方法,在金融工程学,宏观经济学,计算物理学等领域应用广泛。

Monte Carlo 模拟对欧式期权定价的步骤如下:

1. 根据式(27),产生一组随机数,作为标的资产的可能路径,此处设定路径均分为 M 小段,并且路径的初始值设定为当前时刻标的资产价格 S;

2. 根据式(27),可以得到路径当中每段数值的计算公式如下(这里采用的是欧拉方法进行路径的近似构造):

$$S_i-S_{i-1}=rS_{i-1}\Delta t+\sigma S_{i-1}\sqrt{\Delta t}Z$$

$$S_i=S_{i-1}(1+r\Delta t+\sigma\sqrt{\Delta t}Z),i=2,\cdots,M$$

其中:$Z\sim N(0,1),S_1=S$;

3. 根据式(25)中的终值条件,计算出该路径下价格 S_M 的支付(payoff),即 $\max(S_M-X,0)$;

4. 重复步骤 1—3,重复次数为 N;

5. 根据式(26),将前面模拟得到的 N 个可能支付的数值取均值,并对结果进行贴现,最终可得到欧式看涨期权当前价格的数值解。

相关步骤的 MATLAB 函数代码如下:

```
function result = mc_call(S,X,r,tau,sigma,M,N)
        %   S 是标的资产当前价格;X 是期权的协定价格
        %   r 是无风险利率;tau 是期权的到期时间(tau = T - t)
        %   sigma 是标的资产波动率;M 是每条路径的分段数
        %   N 是模拟的路径数量
    dt = tau/M;
    s = zeros(M + 1,N);    % s 用于存储每条路径中的各个价格
    s(1,:) = S;        %价格路径的初始值就是当前时刻标的资产价格 S
    %以下代码模拟资产价格变动的可能路径,每条路径分成 M 段,共模拟 N 条路径
  for j = 1:N
```

```
    for i=2:M+1
s(i,j)=s(i-1,j)*(1+r*dt+sigma*sqrt(dt)*randn);
    end
  end
    %得到每条路径下的可能支付
payoff = max(s(end,:)-X,0);
    %将所有可能支付数值求均值,并进行贴现,得到看涨期权当前价格的数值解
result = exp(-r*tau)*mean(payoff);
```

代码说明:上述代码是 MATLAB 函数,在使用时需要以文件名 mc_call.m 存放到工作目录当中才能调用。

比如:对于 $S_0=50, X=55, r=0.05, T=1, \sigma=0.5$ 的欧式看涨期权,求路径数为 $N=10000$,分段数为 $M=4000$ 的看涨期权的价格,相应的函数调用代码如下:

mc_call(50,55,0.05,1,0.5,4000,10000)